Korean Verb Conjugation Dictionary for Foreigners

Jong Rok Kim

Pagijong Press

Korean Verb Conjugation Dictionary for Foreigners

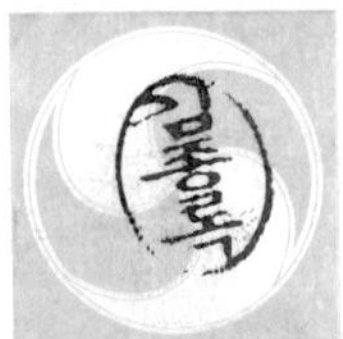

Published by Pagijong Press
129-162 Yongdu-dong Dongdaemun-gu Seoul
Tel : 82-2-922-1192
Fax : 82-2-928-4683
www.pjbook.com
Printed in seoul, Korea

ISBN 978-89-6292-346-9 (93700)

About the author

Jong Rok Kim is a professor of Korean linguistics at Handong University. He began his study of Korean language education at Kyungpook National University, where he received B.A., M.A. and Ph.D. in Korean linguistics.

He began teaching at Handong University in 1995 and promoted to full professor in 2006. Today, he teaches undergraduate and graduate courses in Korean linguistics and Korean language for foreigners.

He is also author of the popular introductory textbook *Korean School Grammar and Grammar Education*(『학교문법과 문법교육』, 공저, 2005, 박이정), and *Standard Korean Grammar for foreigners*(『외국인을 위한 표준 한국어 문법』, 2008, 박이정).

He has held visiting professorships at The University of California at Irvine and University of Oxford.

Preface

One of the distinctive features of Korean is that verb endings are significantly developed and conjugated in a great variety. There are four types of conjugational endings in Korean. These conjugational endings can be applied either regularly or irregularly.

For foreigners, understanding and applying various forms of Korean verb conjugation might be very difficult, since it is hard even to get a sense of the usage of verb endings. However, I believe that this book will help foreigners to learn how verb endings are used in Korean. Hopefully, you could find yourself enjoying learning Korean.

In chapter I , basic elements to understand Korean verb conjugation are briefly explained. In the following chapter, 220 Korean verb application tables are presented to give detailed information about verb conjugation. In the last chapter, list of 2,020 Korean verbs are given so that readers can get a better sense regular and irregular verb forms.

This book is an English version of *Standard Dictionary of Korean Verb Conjugation for Foreigners*(『외국인을 위한 표준 한국어 동사 활용 사전』, 2009, 박이정) published in Korean. This English version will make it easier for foreigners to learn Korean verb conjugation.

This book is written based on sources compiled from my Korean lectures provided in Handong University for the last ten years. I would like to express my appreciation for foreign students who took my courses. I also want to thank Ae Rin Lee who is a professional translator, Ji Eun Jeong who studies Korean language education for foreigners in graduate school and my daughter Yun Hee Kim who studies undergraduate of English literature. They read through my book from the beginning to the end to smooth my English translation and correct some errors. Lastly, I thank God for designing my life and guiding me where to go.

I sincerely hope this book would be helpful for those all around the world who want to learn Korean.

November 2012

Jong Rok Kim

How to use this book

This book is designed to help foreigners better understand Korean verb conjugation and use it in a proper way. Here are some tips for using this book more efficiently.

First, in chapter Ⅰ includes grammar information and some principles which will help readers understand Korean verb conjugation systematically. Therefore, reading this chapter carefully will be a great help to those who want to learn Korean verb conjugation.

In pages 13 to 17, vowels, consonants and their phonetic values are well explained with examples. In addition, vowel harmony and vowel length are described as well.

In pages 18 to 49, types of Korean verb endings and major features of Korean verb conjugation are explained. In particular, pre-final endings, usage of sentential ending and characteristics of regular and irregular conjugation are carefully described with examples. It would be better to study them with verb conjugation tables presented in chapter Ⅱ.

Korean honorifics are explained in pages 50 to 54. It is very important to comprehend Korean since honorifics are expressed by verb endings.

Second, in chapter Ⅱ, 220 verbs are categorized by the way of conjugation. This list contains both regular verbs and irregular verbs. Therefore, having a full understanding of conjugation will make it much easier to learn other verbs.

In this table, readers can find 189 widely used verb conjugational forms. Knowing these verbs will allow one to have a good command of high-level Korean.

Third, in this book, 2,020 frequently used verbs are presented in alphabetical order. Readers can learn how to use most of Korean verbs by using this section.

Therefore, if you want to find certain verb conjugation, look up the verb conjugation tables in chapter Ⅱ first. If you cannot find one, check chapter Ⅲ to find out how the verb conjugates. Then, find the verb which conjugates in the same way in chapter Ⅱ.

Forth, if terms used in chapter Ⅱ and Ⅲ are not clear, refer to chapter Ⅰ, which outlines the terms related to Korean verb conjugation.

Fifth, if you learn abbreviations used in this book, you could make good use of the book. Frequently used abbreviations in the book are Avi(intransitive action verb), Avt(transitive action verb), Avti(transitive & intransitive action verb), Dv(Descriptive verb), reg(rerular conjugation), irreg(irregular conjugation), conti (continuous), retro(retrospect), gue(guessing), abi(ability), lev(level).

chapter 01

The basic elements of Korean verb conjugation _ 13

chapter 02

220 Tables of Korean verb conjugation _ 59

chapter 01

The basic elements of Korean verb conjugation

1. Consonants and Vowels of Korean

1.1 Korean vowels and their Phonetic value

There are twenty-one vowels(모음) in Korean language. Ten of them are monophthong(single vowel, 단모음) and the other eleven are diphthongs(이중모음).

First, as shown in the following table, monophthong can be classified by three criteria; Height of the tongue, front-back position of the tongue and shape of the mouth.

Front/ Back Round/unround High/Low	Front Vowels		Back vowels	
	Unrounded	Rounded	Unrounded	Rounded
High vowels	ㅣ i	ㅟ y	ㅡ ɨ	ㅜ u
Middle Vowels	ㅔ e	ㅚ ø	ㅓ ə	ㅗ o
Low Vowels	ㅐ ɛ		ㅏa	

Examples and phonetic value of monophthongs are :

아, [a] : 가다to go, 달다to be sweet, 맞다to be right, 알다to know
어, [ə] : 걸다to hang, 넓다to be wide, 넣다to put in, 먹다to eat, 서다to stand
오, [o] : 돕다to help, 보다to see, 쏘다to shoot, 오다to come, 좁다to be narrow
우, [u] : 무겁다to be heavy, 바꾸다to change, 웃다to laugh, 주다to give
으, [ɨ] : 가르치다to teach, 들다to lift, 바쁘다to be busy, 쓰다to write, 틀리다to be wrong

이, [i] : 길다to be long, 마시다to drink, 믿다to believe, 신다to wear shoes, 싣다to load

애, [ɛ] : 개다to fold up, 매다to tie, 배우다to learn, 빼다to extract, 재다to measure

에, [e] : 게으르다to be lazy, 데다to burnt, 베다to cut, 세다to count, 헤어지다 to break up

외, [ø] : 되다to become, 외롭다to be lonely, 뵙다to meet, 쐬다to sunbathe

위, [y] : 뉘우치다to repent, 뛰다to jump, 쉬다to rest, 쥐다to hold, 휘다to bend

Second, diphthongs are classified into rising diphthongs(상향 이중모음) such as '야, 여, 요, 유, 얘, 예, 와, 워, 왜, 웨', and falling diphthong(하향 이중모음) such as '의'.

Examples and phonetic value of diphthong are :

야, [ja] : 약하다to be week, 얇다to be thin, 양보하다to concede, 얕다to be shallow

여, [jə] : 살펴보다to examine, 열다to open, 펼치다to unfold, 협력하다to cooperate

요, [jo] : 뾰족하다to be pointed, 사용하다to use, 요구하다to require, 용서하다to forgive

유, [ju] : 유명하다to be famous, 유쾌하다to be merry, 유행하다to be in fashion, 자유롭다to be free

얘, [jɛ] : 얘기하다to talk, 하얘지다to become white

예, [je] : 무례하다to be rude, 설계하다to plan, 예쁘다to be pretty, 예습하다 to prepare lessons

와, [wa] : 사과하다to apologize, 완성하다to accomplish, 정확하다to be exact

워, [wə] : 권하다to persuade, 시원하다to be cool, 애원하다to implore, 원하다to want

왜, [wɛ] : 불쾌하다to be displeased, 왜곡하다to distort, 왜소하다to be small

웨, [we] : 꿰다to thread, 웬일what matter, 웬만하다to be passable

의, [ɨi] : 씌우다to cover, 의논하다to talk with, 희다to be white

1.2 Vowel Harmony

Korean vowels can be categorized into three types by characteristics of sound.

yang vowel : 아, 야, 오, 요
yin vowel : 어, 여, 우, 유, 애, 에, 외, 위, ㅡ
neutral vowel : ㅣ

Yang vowels(양성모음) have light, positive, good and joyful nuance, while yin vowels(음성모음) tend to have dark, negative, bad and sorrowful nuance. Neutral vowel(중성모음) and diphthongs with neutral vowel have the same property as yin vowels.

When creating onomatopoeic and mimetic expressions or conjugation words, there is a strong tendency for yang vowels to harmonize with yang vowels, while yin vowels tend to harmonize with yin vowels. This is called 'vowel harmony(모음조화)'.

살랑살랑[아-아-아-아] ↔ 설렁설렁[어-어-어-어]
깡총깡총[아-오-아-오] ↔ 껑충껑충[어-우-어-우]
몰랑몰랑[오-아-오-아] ↔ 물렁물렁[우-어-우-어]

살다(to live): 살-아서 → 살아서, 살-아라 → 살아라, 살-았-다 → 살았다
먹다(to eat): 먹-어서 → 먹어서, 먹-어라 → 먹어라, 먹-었-다 → 먹었다

1.3 Rhythms of Vowels

Caution is need when pronouncing vowels because the meaning of the word could be completely different depending on whether one pronounces the vowel long or short (길이, marcron).

아[a] : 밤 [밤] night ↔ 밤 [밤:] chestnut
어[ə] : 벌 [벌] punishment ↔ 벌 [벌:] a bee
오[o] : 동경 [동경] Tokyo ↔ 동경 [동:경] yearning
우[u] : 눈 [눈] eye ↔ 눈 [눈:] snow

으[ɨ] : 듣다 [듣다] to hear ↔ 듣다 [듣:다] to drop
이[i] : 이상 [이상] more than ↔ 이상 [이:상] an ideal
야[ja] : 양 [양] a sheep ↔ 양 [양:] amount
여[jə] : 연정 [연정] combined government ↔ 연정 [연:정] tender passion
요[yo] : 교감 [교감] consensus ↔ 교감 [교:감] an assistant principal
유[ju] : 유리 [유리] glass ↔ 유리 [유:리] profitable

1.4 Korean Consonants and their Phonetic value

There are nineteen consonants(자음) in Korean. Most of them are tensed and aspirated consonants. The following table categorizes consonants by place of articulation and manner of pronunciation.

Manner \ Place		Bilabial	Alveolar	Palatal	Velar	Glottal
Plosive	Relaxed	ㅂ p	ㄷ t		ㄱ k	
	Tensed	ㅃ p'	ㄸ t'		ㄲ k'	
	Aspirated	ㅍ p^h	ㅌ t^h		ㅋ k^h	
Fricative	Relaxed		ㅅ s			ㅎ h
	Tensed		ㅆ s'			
Affricate	Relaxed			ㅈ tɕ		
	Tensed			ㅉ tɕ'		
	Aspirated			ㅊ $tɕ^h$		
Nasal		ㅁ m	ㄴ n		ㅇ ŋ	
liquid			ㄹ r/l			

In particular, plosive(파열음), fricative(마찰음) and affricate sounds(파찰음) are classified into relaxed(예사소리), tensed(된소리), aspirated sound(거센소리). The meaning of the word is changed by types of consonant used. However, the meaning of a word in Korean is not changed regardless of whether voiced consonants(유성음) or voiceless consonants(무성음) are used.

Relaxed sound is lax consonant and it is pronounced softly and plainly. Tensed sound is pronounced as a plain sound with 'tension(긴장)'. Aspirated sound is a rough sound which can be pronounced as a plain sound with 'h'.

ㄱ[k] : 가깝다to be near, 걷다to walk, 고르다to select, 깊다to be deep
ㄲ[k'] : 깨다to wake up, 꺼내다to pull out, 꾸다to dream, 끄다to extinguish
ㅋ[k^h] : 크다to be big, 캐다to dig up, 켜다to turn on, 키우다to rear
ㄷ[t] : 다르다to be different, 대답하다to answer, 덥다to be warm, 돕다to help
ㄸ[t'] : 떠나다to leave, 뛰다to jump, 뚱뚱하다to be fat, 뜨다to float
ㅌ[t^h] : 타다to ride, 털다to dust off, 트다to sprout, 틀리다to be wrong
ㅂ[p] : 밝다to be bright, 배우다to learn, 버리다to abandon, 보다to see
ㅃ[p'] : 빠르다to be fast, 뻗다to spread, 뽑다to pull out, 뿌리다to scatter
ㅍ[p^h] : 파다to dig, 퍼지다to prevail, 펴다to spread, 품다to embrace
ㅅ[s] : 사다to buy, 서다to stand, 숨다to hide, 쉬다to rest
ㅆ[s'] : 싸다to be cheap, 썩다to spoil, 쏘다to shoot, 쓰다to write
ㅈ[ʨ] : 자다to sleep, 적다to be little, 좁다to be narrow, 주다to give
ㅉ[ʨ'] : 짜다to be salty, 짧다to be short, 찌다to steam, 찍다to stamp
ㅊ[$ʨ^h$] : 차다to kick, 춥다to be cold, 취하다to get drunk, 치다to hit
ㄴ[n] : 낳다to bear, 넘다to cross over, 넣다to put in, 놀다to play
ㄹ[r] : 물리다to be bitten, 사라지다to disappear, 파랗다to be blue
ㄹ[l] : 갈다to change, 날다to fly, 알다to know, 팔다to sell
ㅁ[m] : 마시다to drink, 모으다to collect, 밀다to push
ㅇ[ŋ] : 공부하다to learn, 망설이다to hesitate, 사랑하다to love, 영리하다to be clever
ㅎ[h] : 향기롭다to be fragrant, 흐르다to flow, 힘들다to be hard

2. Conjugation of Korean verb endings

Only verbs conjugate in Korean and these verbs act as predicates in sentences. There are three types of verb; Action verbs(동작동사), Descriptive verbs(상태동사), and Copula(계사). Commonly action verb indicates a verb and descriptive verbs are used as an adjective, also copula is called as indicative verb as well.

In this book, grammatical terminology such as action verb, descriptive verb, and copula are used.

2.1 Categories of Korean verb endings

As seen in the following examples, when conjugating Korean verbs, a sentential ending or a connective ending is added after a verb stem(동사 어간). Therefore the verb expresses tense and aspect, level of elevation, voices, and mood.

먹다(to eat)

먹(verb stem)- + -다(basic sentential ending · dictionary form)

먹-는(present tense ending)-다(declarative ending) → 먹는다

먹-었(past tense ending)-니(interrogative ending)? → 먹었니?

먹-으면([condition] connective ending) → 먹으면

먹-음(nominal ending) → 먹음

먹-은(past tense adnominal ending) → 먹은

먹-이(causative ending)-다 → 먹이다

먹-히(passive ending)-다 → 먹히다

Korean verb endings can be divided into two major sections. One is final ending(어말어미) which is located at the end of a word, another is pre-final ending(선어말어미) which is placed in the middle of a word. Moreover, there are three types of Final endings - sentential ending, connective ending and transformative ending. There are four types of pre-final endings ; tense-aspect ending, honorific ending, causative ending and passive ending.

2.1.1 Pre-final endings

● First, Tenses and Aspects of pre-final endings

Tense and aspect of pre-final endings(시제와 양상의 선어말어미) indicate the time and the aspects about what happened.

The tense shows 'past, present and future' depending on the time the sentence is spoken and the incident that actually happened. And according to the aspect, a sentence can be categorized into 'perfect, continuous, retrospect, experience, possibility, convey ; and guessing, will, intention, ability'.

As the following table shows, in Korean, many pre-final endings can have both characteristics of tense and aspect. Also, these pre-final endings may have several meanings. So you should find the exact definition of endings by carefully looking into the situations described in the sentence.

Pre-Final endings	Tense	Aspects
-는-	Present	Continuous
-었-	Past	Perfect
-겠-	Future	Guessing/Will/ability
-리-	Future	Guessing/Will/ability
-더-	Past	Retrospect/Convey
-었었-	Past	Experience
-었더-	Past	Retrospect/Convey
-었겠-	Past	Guessing/Will/Ability
-었겠더-	Past	Possibility/Guessing, Convey
-었었겠-	Past	Experience/Guessing
-겠더-	Future/Past	Possibility/Guessing, Convey

● Second, Honorific and humble pre-final endings

Honorific pre-final ending(높임의 선어말어미) includes '-(으)시-' and '-사오-' forms. In particular, when it comes to '-(으)시-' form, the speaker honors the subject of the sentence or things related to the subject.

아버지께서 서울에 오셨다.(◁오-시-었-다)
My father came to Seoul.

사장님께서는 재산이 많으십니다.(◁많-으시-ㅂ니다)
My boss has a lot of fortune.

'-(으)오-, -(으)옵-, -사오-, -사옵-' forms are used when the speaker is the subject. By lowering the subject, the hearer is indirectly honored. Therefore, this method of speaking is called humbleness of pre-final endings.

제가 그 일을 하겠사옵니다.(◁하-겠-사옵-니다)
I will do the job.

정성을 다해 모시겠사오니 한번 방문해 주시기 바랍니다.(◁모시-겠-사오-니)
I will be honored to have you back.

결혼식이 잘 끝나기를 바라옵니다.(◁바라-옵-니다)
I hope your wedding goes out well.

● Third, Causative Pre-final Endings

Causative pre-final endings(사동의 선어말어미) consist of '-이-, -히-, -리-, -기-, -우-, -구-, -추-, -애-'. These endings allow the subject to affect an object to have a motion or put the object in a specific status.

그녀는 방에 불을 밝혔다.(◁밝-히-었-다)
She turned the lights on in the room.

어머니는 아기를 침대에 눕혔다.(◁눕-히-었-다)
The mother laid down the baby in the bed.

태풍이 농작물에 큰 피해를 입혔다.(◁입-히-었-다)
The typhoon damaged the harvest crops severely.

Following descriptive verbs have the same grammatical feature as above :

높다to be high→높이다to let high, 줄다to decrease→줄이다to let decrease ; 넓다to be wide→넓히다to let wide, 붉다to be red→붉히다to let red ; (배가)부르다to be full→불리다to let full, (방이)너르다to be wide→널리다to let wide ; 크다to be big→키우다to let big, 비다to be empty→비우다to let empty ; 낮다to be low→낮추다to let low, 늦다to be late→늦추다to let late ; 없다to not exist→없애다to let not exist

In addition, these are the examples of action verbs.

먹다to eat→먹이다to let eat, 보다to see→보이다to let see ; 앉다to sit→앉히다to let sit, 눕다to lie→눕히다to let lie ; 날다to fly→날리다to let fly, 울다to cry→울리다to let cry ; 웃다to, laugh→웃기다to let laugh, 숨다to hide→숨기다to let hide ; 깨다to wake up→깨우다to let wake up, 타다to ride→태우다to let ride ; 솟다to rise high→솟구다to let rise high ; 맞다to hit→맞추다to let hit, (햇빛이)비치다to shine→비추다to let shine ; (옷이 물에)젖다to get wet→적시다to let get wet ; (물결이)일다to rise→일으키다to let rise

There is an alternative way to create causative sentences.
When '-게 하다, -게 만들다' are attached at the ends of action verbs and descriptive verbs, they also have the same effect of constructing 'causative pre-final ending'.

그녀는 방을 밝게 했다.(◁밝-게 하-였-다)
She made the room brighter.

태풍이 농작물에 큰 피해를 입게 하였다.(◁입-게 하-였-다)
The typhoon made damage to the harvest.

어머니는 아기를 침대에 눕게 만들었다.(◁눕-게 만들-었-다)
The mother made the baby lie in bed.

● Forth, Passive pre-final endings

Passive pre-final endings(피동의 선어말어미) consist of '-이-, -히-, -리-, -기-'. Such verbal endings indicate that the action of the subject is made by others' intention or behavior.

아기가 어머니에게 안겼다.(◁안-기-었-다)
The baby clung to her mother.

도둑이 경찰에게 잡혔다.(◁잡-히-었-다)
The robber was caught by the police.

Following action verbs have the same grammatical feature :

묶다to tie→묶이다to be tied, 보다to see→보이다to be seen, 섞다to mix→섞이다to be mixed, 쓰다to use→쓰이다to be used ; 닫다to close→닫히다to be closed, 먹다to eat→먹히다to be eaten, 묻다to bury→묻히다to be buried, 잡다to seize→잡히다to be seized ; 누르다to press→눌리다to be pressed, 듣다to hear→들리다to be heard, 물다to bite→물리다to be bitten, 밀다to push→밀리다to be pushed 감다to roll→감기다to be rolled, 안다to embrace→안기다to be embraced, 끊다to cut→끊기다to be cut, 찢다to tear→찢기다to be teared

There is also an alternative way to create passive sentences.

When '-아/어지다, -게 되다' are attached at the ends of action verbs and descriptive verbs, they also have the same effect of constructing 'passive pre-final ending'.

그녀는 요즘 뚱뚱해졌다.(◁뚱뚱하-어 지-었-다)
She gained weight lately.

순희는 늘 고국을 그리워하게 되었다.(◁그리워하-게 되-었-다)
Sunhee began to miss her home country.

그는 드디어 과학자로서의 꿈을 이루게 되었다.(◁이루-게 되-었-다)
He finally made his dream of becoming a scientist.

2.1.2 Final Endings

2.1.2.1 Sentential Endings

Sentential ending(문장 종결어미) is located at the end of the sentence, and the function is to complete the sentence. Korean has five types of sentential endings ; declarative ending(평서형 어미), interrogative ending(의문형 어미), imperative ending (명령형 어미), suggestive ending(청유형 어미) and exclamatory ending(감탄형 어미).

● First, Declarative endings

Declarative endings(평서형 어미) are used when the speaker intends to express his thoughts, feelings, convey related information, or to answer a question.

순희가 춤을 추고 있습니다.(◁있-습니다)
Sunhee is dancing.

저 분이 누구죠?
Who is that person?

저 분은 저의 어머니예요.(◁어머니-이-에요)
She is my mother.

There are about sixty different declarative endings including '-(스)ㅂ니다, -아/어요, -아/어, -지, -(ㄴ/는)다, -(ㄴ/는)단다, -(으)마'. When constructing an indirect quotative sentence, all declarative endings are changed into '-(ㄴ/는)다고'.

영수는 "우리 아버지께서는 일찍 돌아가셨다."고 말했다.
Youngsu said, "My dad passed away when I was young."

영수는 자기 아버지께서 일찍 돌아가셨다고 말했다.(◁돌아가-시-었-다고)
Youngsu said that when he was young, his father passed away.

● Second, Interrogative endings

Interrogative endings(의문형 어미) are used when questioning a person for an answer.

서점에서 무슨 책을 샀습니까?(◁사-았-습니까)
Which book did you buy at the bookstore?

한국어 책을 샀습니다.
I bought a Korean book.

올해 여름은 더웠니?(◁덥-었-니)
Was it hot in summer this year?

아니, 별로 덥지 않았어.
No, it wasn't really hot.

There are more than sixty interrogative endings including '-(스)ㅂ니까? -아/어요? -아/어? -지? -(으/느)냐? -(ㄴ/는)다면서? -(ㄴ/는)대?'. When used in an indirect quotative sentence, all endings alter into '-(으/느)냐고' form.

영수는 순희에게 "숙제 다 했니?" 하고 물었다.
Youngsu asked, "Did you do your homework?" to Sunhee.

영수는 순희에게 숙제 다 했느냐고 물었다.(◁하-였-느냐고)
Youngsu asked Sunhee if she did all her homework.

● Third, Imperative endings

Imperative endings(명령형 어미) are used when a speaker asks the hearer to do or not to do something.

점심을 먹어라.(◁먹-어라)
Eat your lunch.

이쪽으로 오세요.(◁오-세요)
Come here.

There are more than twenty imperative endings including '-(으)십시오, -아/어요, -(으)세요, -아/어, -지, -아/어라, -(으)라니까, -(으)오, -게', and when used in an indirect quotative sentence, they are changed into '-(으)라고'.

영수는 순희에게 "점심을 먹어라." 하고 말했다.
Youngsu said, "Eat your lunch," to Sunhee.

영수는 순희에게 점심을 먹으라고 말했다.(◁먹-으라고)
Youngsu said to Sunhee to eat her lunch.

Imperative endings may be combined with action verbs, but not with the descriptive verbs or copula.

먹다to eat→먹어라
나누다to divide→나누어라
작다to be small→*작아라
예쁘다to be pretty→*예뻐라
(사람)이다to be→*(사람)이어라
웃다to laugh→웃어라
공부하다to learn→공부해라
좋다to be good→*좋아라
높다to be high→*높아라

● Forth, Suggestive endings

Suggestive endings(청유형 어미) are used when the speaker suggests that the hearer do a certain action together.

저녁 먹으러 갑시다.(◁가-ㅂ시다)
Let's go eat dinner.

우리 함께 책을 읽어요.(◁읽-어요)
Let's read the book together.

There are about twenty suggestive endings in the Korean language, including '-(으)ㅂ시다, -아/어요, -(으)세요, -아/어, -지, -자, -세'. All of them are changed into '-자고' in an indirect quotative sentences.

영수는 순희에게 "점심을 먹자." 하고 말했다.
Youngsu said, "Let's eat lunch,"to Sunhee.
영수는 순희에게 점심을 먹자고 말했다.(◁먹-자고)
Youngsu said to Sunhee to eat luch.

Suggestive endings can be combined with action verbs. As in the case of imperative endings, descriptive verbs and copula cannot be combined.

가다to go→가자
달리다to run→달리자
크다to be big→*크자
길다to be long→*길자
(사람)이다to be→*(사람)이자

살다to live→살자
돕다to help→도우자
싫다to be bad→*싫자
낮다to be low→*낮자

● Fifth, Exclamatory endings

Exclamatory endings(감탄형 어미) are used when speaker is freely expressing his emotion or will. ie. joy, sorrow, surprises to a question, etc., In addition, these endings are used with exclamations such as '야, 와, 어머나, 글쎄, 아니, 예, 그래'.

야, 경치 좋네!(◁좋-네)
Wow, what a great landscape!

정말 오랜만이구나!(◁오랜만이-구나)
It's been a long time!

There are twenty exclamatory endings, including '-(는)군! -(는)구려! -아/어! -지! -(는)구나! -(는)도/로다!'. When used in an indirect quotative sentence, all exclamatory endings are changed into '-(ㄴ/는)다고'.

영수는 순희에게 "설악산 경치가 좋네!" 하고 말했다.
Youngsu said, "The landscape of Mount Seol-Ak is pretty nice,"to Sunhee.

영수는 순희에게 설악산 경치가 좋다고 말했다.(◁좋-다고)
Youngsu said to Sunhee that the landscape of Mount Seol-Ak is nice.

2.1.2.2 Connective endings

The function of connective ending is to connect the heading clause and the following clause. It can be classified into coordinative connection and subordinate connection.

Coordinative connection :
누나는 책을 읽고 형은 컴퓨터 게임을 하고 있다.(◁읽-고)
My sister is reading the book, and my brother is playing computer games.

Subordinate connection :
봄이 오면 꽃이 핀다.(◁오-면)
When spring comes, flowers bloom.

● First, Coordinative connective endings

Coordinative connection(대등적 연결) is to link the heading clause and the following clause so that the two clauses have grammatical and semantic equality. There is no change in the meaning, even if the position of the heading clause and the following clause is switched. Also, its distinctive grammatical feature is the structural and semantic symmetry between the heading and the following clause. There are three semantic functions as shown in the table below.

	Meaning	Connective endings
1	Serial	-고, -(으)며
2	Selection	-거나/건, -든지/든, -든가
3	Contrast	-아/어도, -(으)나, -지만, -(으)되

[1] Serial(나열관계)

'-고, -(으)며' are the grammatical endings that list two or more circumstances or facts. These can also connect several clauses with similar or correlative meanings. The semantic function is similar to the English word "and."

영수는 학교에 가-{고, 으며} 순희는 집에 간다.
Youngsu is going to school, and Sunhee is going home.

순희는 지식이 많-{고, 으며} 영수는 지혜가 많다.
Sunhee has a lot of knowledge, and Youngsu has a lot of wisdom.

5월 5일은 어린이날이-{고, 으며} 5월 15일은 스승의 날이다.
May 5th is Children's Day, and May 15th is Teacher's Day.

[2] Selection(선택관계)

'-거나, -든지, -든가' are connective endings in a selection and '-거나, -든지' can be condensed as '-건', '-든'. Usually, these endings are used to choose one situation mentioned either in the heading clause or the following clause. In addition to the object of selection can be more than two, or none at all. The meaning function is close to "or".

오늘은 비가 오-{거나, 든지} 눈이 올 것 같다.
Today, it will either rain or snow.

영수가 밥을 먹-{거나, 든지}, 빵을 먹-{거나, 든지} 나는 상관없다.
I don't care if Youngsu eats rice or bread.

[3] Contrast(대립 · 대조 관계)

Contrast endings are '-아/어도, -지만, -(으)나, -(으)되' and these endings connect two clauses with contrary or conflicting meanings. Since they are very similar to 'but' in English, they also can mean "in contrast" or "while".

영수는 축구는 잘 하-{아도, 지만, 으나} 야구는 잘 못한다.
Yonugsu is good at soccer, but bad at baseball.

인생은 짧-{아도, 지만, 으나} 예술은 길다.
Life is short, but art lasts long.

그는 돈은 많-{아도, 지만, 으나} 지식은 적다.
He has a lot of money, but only lakes knowledge.

● Second, Subordinate ending

Subordinate connection(종속적 연결) is a way of connecting the heading and the following clauses so that one of the clauses subordinates to another. The position of the heading and the following clause can change the meaning of the sentence. Therefore, it is important not to change the order of the heading and the following clause. In addition, the heading clause and the following clause do not have semantic and structural symmetry. Generally, the heading close is semantically subordinate to the following clause.

The following table shows fifteen different kinds of subordinate endings.

	meaning	Connective ending
1	Simultaneity	-(으)면서, -(으)며, -고, -자
2	Completion	-아/어서, -고(서), -자, -자마자
3	interruption, conversion	-다가
4	Concession	-아/어도, -더라도, -(으)ㄹ지라도, -(으)ㄹ지언정, -(으)ㄴ들, -(으)ㄴ/는데도, -기로서니, -(으)나마, -(으)ㄹ망정, -았/었자
5	Condition	-(으)면, -거든, -거들랑, -아/어야, -(ㄴ/는)다면, -았/었던들
6	Cause, reason	-아/어서, -(으)니까, -(으)므로, -느라(고), -기에, -길래, -(으)ㄴ/는지라, -(으)ㄹ세라, -(으/느)니만큼
7	Aim, Intention	-(으)러, -(으)려(고), -고자
8	Result	-도록
9	Circumstance	-(으)ㄴ/는데, -(으)니, -다시피
10	Comparison	-느니
11	Simile, figure	-듯(이)
12	Proportion	-(으)ㄹ수록
13	Degree	-(으)리만큼, -(으)리만치
14	Addition	-거니와, -(으)ㄹ뿐더러, -(으)려니와
15	Repetition	-고는

[1] Simultaneity(동시 관계)

Connective endings such as '-(으)면서, -(으)며, -고, -자' connect the heading and the following clause to show that the situation described in each clause happened at the same time. The function of these endings is almost the same as 'as soon as' in English, and they mean 'simultaneous, at the same time'.

영수는 텔레비전을 보면서, 아침을 먹었다.
Youngsu ate breakfast while watching TV.

이 노트북은 성능도 좋고, 값도 싼 편이다.
This laptop has high quality and low price.

그는 의사이-{며, 자} 화가이다.
He is a doctor and painter.

그녀는 뉴욕에 도착하<u>자</u> 바로 사업을 시작했다.
She started business right after she came to New York.

[2] Completion(계기 관계)

Completion relation endings include '-아/어서, -고(서), -자, -자마자'. These endings connect the heading clause and the following clause so that the situation in the heading clause happens prior to the situation in the following clause. They are close to 'and then' in English.

영수는 서울에 가<u>서</u>, (서울에서) 친구를 만났다.
Youngsu went to Seoul and met his friends.

순희는 어머니를 만나<u>자마자</u> (곧장) 고향으로 돌아가자고 했다.
Sunhee asked her mom to go back to their hometown (right after) she saw her.

형은 나를 만나<u>자</u> (1년 후에는 꼭) 고향으로 돌아가자고 했다.
After seeing me, my brother asked me to move back to our homeland (after one year).

[3] Interruption and conversion(중단 · 전환 관계)

Interruption and conversion ending '-다가' is used to show that the action or status in the heading clause changes into a new action or status in a following clause.

그는 학교에 가<u>다가</u> 왔다.
He came back here while going to school.

그는 학교에 갔<u>다가</u> 왔다.(◁가-았-<u>다가</u>)
He came back here after he went to school.

과속을 하<u>다가</u> 결국 사고를 냈다.
He ended up running an accident after speeding up.

[4] Concession(양보 관계)

Concession endings have a similar function to 'Even if, although' in English. They connect the heading clause and the following clause to indicate that the speaker acknowledges the action or status in the heading clause but the action or status anticipated by the speaker does not happen in the following clause. Concession endings include '-아/어도, -더라도, -(으)ㄹ지라도, -(으)ㄹ지언정, -(으)ㄴ들, -(으)ㄴ/는데도, -기로서니, -(으)나마, -(으)ㄹ망정, -았/었자, -건만'.

비록 비가 많이 오-{아도, 더라도, ㄹ지라도} 우리는 소풍을 간다.
Even if it rains a lot, we will go for a picnic.

시험에 떨어질지언정 부정행위는 절대로 하지 않겠다.
I will not cheat even if it means failing the test.

비록 돈이 적으나마 받으세요.
Do feel free to take this money even though it isn't a lot.

네가 아무리 발버둥 쳐 보았자 도망 갈 수 없다.
You won't be able to run away no matter how much you try.

아무리 거짓말을 하기로서니 그렇게 왕따를 시켜서야 되겠는가?
You shouldn't have bullied him even if he lied to you.

고추가 맵다 한들 시집살이보다야 맵겠어요?
They say do not underestimate the little man, but would it be worse than living under with the in-laws?

내가 그렇게 도둑질을 하지 말라고 말렸건만 그는 내 말을 듣지 않았다.
He didn't listen to me no matter how much I asked him not to steal.

[5] Condition(가정 · 조건 관계)

'-(으)면, -거든, -거들랑, -아/어야, -(ㄴ/는)다면, -았/었던들' makes conditional sentences in Korean language. The heading clause become the condition or assumption to realize what was said in the following clause, while the following clause become the outcome on condition of the heading clause. The function of these endings is equivalent as "if" in English.

내일 날씨가 좋으면 함께 소풍 갑시다.
Let's go have a picnic together if the weather is nice tomorrow.

봄이 오거든 한국에 꼭 놀러 오너라.
Do come to Korea if spring comes.

영수를 만나야 그 일을 해결할 수 있다.
I can only fix that problem when Youngsu comes.

네가 졸지만 않았던들, 자동차 사고는 나지 않았을 것이다.
If you weren't dozing, there wouldn't have been a car accident.

진정으로 영희를 사랑한다면 제발 영희 곁을 떠나 다오.
Please leave Younghee if you truly love her.

[6] Cause and Reason(원인 · 이유 관계)

'-아/어서, -(으)니까, -(으)므로, -느라(고), -기에, -길래, -(으)ㄴ/는지라, -(으)ㄹ세라, -(느)니만큼' show why and wherefores in the sentence. The heading clause becomes the cause or reason for the following clause, while the following clause becomes the result or consequence. These endings are similar to "because" in English.

비가 너무 많이 와서 학교에 갈 수 없었다.(◁오-아서)
I couldn't go to school because it rained so much.

영수가 고등학생이 되니까 좀 더 의젓해 보인다.
Youngsu looks more mature after he has become a high school student.

그가 범죄 사실을 고백했으므로 용서를 해 줍시다.
Let's forgive him as he confessed his crimes.

시험공부를 하느라고 한잠도 못 잤다.
I couldn't sleep at all studying for test.

[7] Aim and Intention(목적 · 의도 관계)

Aim and intention connective endings include '-(으)러, -(으)려(고), -고자.' The heading clause shows the "purpose" or "intention" of the speaker and the following clause expresses the detailed measure or method to fulfill that purpose or intention. These endings are similar to "in order to" in English.

영수는 경영학을 공부하러 미국으로 유학을 갔다.
Youngsu went to America to study business.

영수는 축구를 하려고 운동장으로 나갔다.
Youngsu went out to the field to play soccer.

나는 약속을 꼭 지키고자 노력했다.
I tried hard to keep the promise.

[8] Result(결과 관계)

'-도록' is used to show that the action or status in the following clause arrives at the action or status in the heading clause. It is very similar to "so that" in English.

자동차사고가 나지 않도록 교통법규를 잘 지켜라.
Follow the traffic regulations well so that you don't get into a car accident.

어머님의 건강이 좋아지도록 그는 하나님께 정성껏 기도했다.
He prayed dearly to God so that his mother can get better.

[9] Circumstance(상황제시 관계)

Circumstance connective endings include '-(으)ㄴ/는데, -(으)니, -다시피'. They put forward an adequate situation in the heading clause in order to effectively convey the content in the following clause.

오후 3시경에 인천 공항에 도착했는데 뉴욕으로 가는 비행기가 출발하고 없었다.
When I arrived at Incheon Airport at around 3 pm, the plane to New York had already left.

약속 장소에 도착을 해 보니 이미 많은 사람들이 와 있었다.
A lot of people had already come when I arrived at the meeting place.

너도 알다시피 내가 지난 번 마라톤 대회에서 우승을 했잖니?
As you know, I've won in the marathon last time.

[10] Comparison relation(비교 관계)

The ending '-느니' shows that what is stated in the following clause is better than what is stated in the heading clause. If used in combination with postposition '-보다' and adverb '차라리', it can make the meaning of comparison even clearer.

한국문화를 알려면 백화점에 가느니(보다) 재래시장에 가는 것이 더 낫다.
To learn Korean culture, it is better to go to traditional markets than department stores.

나는 오래된 아파트에 사느니 차라리 한옥에 살겠다.
I would rather live in Korean-style houses than in old apartments.

[11] Simile, figure(비유 관계)

Connective ending '-듯(이)' is used when the speaker wants to make a simile and figure in the sentence. Simile and figurative word is presented in the heading clause and the corresponding word is presented in the following clause. As a result, it shows that contents of the heading clause and the following clause are nearly the same.

구름에 달 가듯(이) 잘도 가는구나!
You just go like that! (so smoothly like clouds that pass by the moon)

거대한 파도가 밀려오듯(이) 슬픔이 내게 밀려 왔다.
Sadness came to me like big waves.

[12] Proportion(비례 관계)

Sentences with connective ending '-(으)ㄹ수록' have a similar structure to 'the more …, the more…' structure in English.

문화재는 세월이 갈수록 그 가치가 높아진다.(◁가-ㄹ수록)
Cultural assets grow their value as time pass by.

한국어 공부는 하면 할수록 재미가 있다.
Studying Korean is getting more exciting every time.

[13] Degree(정도 관계)

Connective endings '-(으)리만큼, -(으)리만치' are used to present the degree of a state or a motion described in the heading clause. These endings also represent that the degree of an action or state described in the following clause is as equivalent to that of the heading clause.

거짓말을 한 마디도 못하-{으리만큼, 으리만치} 그는 정직한 사람이다.
He is so honest that he can never tell lies.

뇌물과 선물을 구별하지 못하-{으리만큼, 으리만치} 나는 바보가 아니다.
I am not a fool who can't tell the difference between bribe and present.

[14] Addition(첨가 관계)

Connective endings '-거니와, -(으)ㄹ뿐더러, -(으)려니와' are used to express the following clause is additional information of the heading clause. Using adverb '게다가' in the beginning of the sentence would make the meaning clearer.

순희는 노래도 잘 하거니와 피아노도 잘 친다.
Sunhee not only sings well, but also plays the piano as well.

영수는 공부도 잘 할뿐더러 운동도 잘 한다.(◁하-ㄹ뿐더러)
Youngsu not only is smart, but he plays sports well too.

한국은 봄도 좋으려니와 가을은 더욱 좋다.
Spring in Korea is nice, and fall is even better.

[15] Repetition(반복 관계)

Ending '-고는' is often used in the '-고는 하다' form, which shows that the action described in the heading clause is habitually repeated. It is often used as an contracted form '-곤'. Adding adverbs '늘, 항상' in the heading clause makes the meaning clearer.

그는 토요일에는 (늘) 등산을 가곤 했었다.
He used to (always) go hiking every Saturday.

한국 사람들은 기쁠 때는 (항상) 노래를 부르고 춤을 추곤 했다.
Korean people used to (always) sing and dance when they were happy.

2.1.2.3 Transformative endings

Transformative endings(전성어미) change the grammatical function of action verbs, descriptive verbs, copula into adnominals, nouns and adverbs. Transformative endings include adnominal endings(관형사형 어미), nominal endings(명사형 어미) and adverbial endings(부사형 어미).

● First, Adnominal endings

Adnominal endings(관형사형 어미) are attached to the verb stem of action verbs, descriptive verbs, copula into adnominal(관형어) to change them into adnominals.

그는 사랑하는 순희에게 선물을 주었다.(◁사랑하-는)
He gave presents to his loved Sunhee.

영수는 어제 샀던 책을 잃어 버렸다.(◁사-았-던)
Youngsu lost his book he bought yesterday.

내일 만날 분이 바로 저의 선생님입니다.(◁만나-ㄹ)
The person I am meeting tomorrow is my teacher.

Adnominal endings can be categorized by tense and aspect as shown in the table below

	Present-Continuous	Past-perfect	Past-retrospect	Past-perfect-Retrospect	Future-Guessing /Will/Ability
Action Verb	-는-	-ㄴ/은	-던	-았/었던	-ㄹ/을
Descriptive Verb	-ㄴ/은	-ㄴ/은	-던	-았/었던	ㄹ/을
Copular	-ㄴ	-ㄴ	-던	-었던	-ㄹ
있다	-는	은	-던	-었던	-을

● Second, Nominal endings

Nominal endings(명사형 어미) are attached to the verb stem of action verb, descriptive verb, copula to change them into a word that is functionally equivalent to a noun. They act as a subject, object and adverb in a sentence.

Subject : 순희가 범인임이 드러났다.(◁범인-이-ㅁ)
It has been proven that Sunhee is the criminal.

Object : 내년에는 대학에 합격하기를 바란다.(◁합격하-기)
I hope that next year you enter the university you applied to.

Adverbial phrase : 영수는 노래를 잘 부르는 것에 관심이 많다.(◁부르-는 것)
Youngsu is interested in learning to sing well.

Nominal endings include '-음/ㅁ, -기, -은 것, -는 것, -을 것'.

● Third, Adverbial endings

Adverbial endings(부사형 어미) are attached to the verb stem of action verb, descriptive verb and copular to change them into adverbs.

무궁화 꽃이 예쁘게 피었다.(◁예쁘-게)
Mugungwha has blossomed beautifully.

나는 김치를 먹어 보았다. (◁먹-어)
I have tasted Kimchi.

영수는 순희에게 사랑한다고 고백하지 않았다.(◁고백하-지)
Youngsu did not confess his love to Sunhee.

순희는 서울에서 온 아이들과는 달리 매우 순수한다.(◁다르-이)
Sunhee is very naive unlike the kids from Seoul.

Adverbial endings include '-아/어, -게, -지, -이.

2.2 Characteristics of Korean Verb Conjugation

2.2.1 Restrictive selection of endings and insertion of semi-vowels

Action verbs indicate the motion of the subject in the sentence, Descriptive verbs show the status or characteristics of the subject, and copular presents the circumstance or nature of subject. All of these are used as predicates in a sentence.

Unlike action verbs, descriptive verbs and copula cannot be changed into imperative, suggestive, or progressive forms.

Basic	-(ㄴ/는)다	-니?	-아/어라	-자	-고 있다
보다 to see	본다	보니?	보아라	보자	보고 있다
작다 to be small	작다	작니?	*작아라	*작자	*작고 있다
(책)이다 to be	(책)이다	(책)이니?	*(책)이어라	*(책)이자	*(책)이고 있다

(cf) [*] refers to ungrammatical words

There are endings which have the same meaning in slightly different forms such as '-(으)세요, -(으)ㄹ까요?[sentential endings] ; -(으)니, -(으)면,[connective endings] ; -(으)시-, -(으)리-[pre-final endings]' etc, and these are called allomorph. If the ve rb stem ends with a consonant such as '잡(to catch)-, 얻(to get)-, 작(to be small)-', it is combined with gliding sound '-으-'. However, if the verb stem ends with vowels like '가(to go)-, 서(to stop)-, 크(to be big)-, '-으-' is unnecessary. Among these, '으' is an gliding sound that makes the pronunciation softer and more natural.

Basic	-(으)세요	-(으)사-	-(으)며	-(으)면	-(으)니
잡다 to catch	잡으세요 *잡세요	잡으셨다 *잡셨다	잡으며 *잡며	잡으면 *잡면	잡으니 *잡니
얻다 to get	얻으세요 *얻세요	얻으셨다 *얻셨다	얻으며 *얻며	얻으면 *얻면	얻으니 *얻니
가다 to go	가세요 *가으세요	가셨다 *가으셨다	가며 *가으며	가면 *가으면	가니 *가으니
서다 to stop	서세요 *서으세요	서셨다 *서으셨다	서며 *서으며	서면 *서으면	서니 *서으니

2.2.2 Regularity and Irregularity of verb conjunction

When a certain ending comes after the verb stem, verb stem of action verb, descriptive verb, or copular may either change or not. If there is a change in the verb stem or ending, it is called irregular conjugation. Therefore, if there is not any change, it is called regular conjugation.

However, regular and irregular conjugations are the same in dictionary form. Therefore, it is important to distinguish between regular and irregular conjugation by observing the changes in verb stem or endings.

2.2.2.1 Regular Conjugation of Verb Ending

Regular conjugation is when there is no change in the verb stem even though any kind of endings, whether it be sentential endings, connective endings or pre-final endings, is attached to verb stem. Action verb and descriptive verb which conjugate this way are called regular action verb and regular descriptive verb.

For instance, '잡다(to grasp)' is a 'ㅂ' regular action verb, because the verb stem of '잡-' does not change no matter which verb endings come after it.

잡(verb stem)-다(basic sentential ending · dictionary form)
잡-는(present tense ending)-다(sentential ending) → 잡는다
잡-으면([condition] connective ending) → 잡으면
잡-는(present tense adnominal ending) → 잡는
잡-히(passive ending)-다 → 잡히다

In regular conjugation, however, the vowel may be dropped or contracted to make the pronunciation easier.

● First, when the stem ends with '아/어, 여' and is combined with '-아/어, -아/어서 ; -아/어요 ; -았/었-', a part of the stem '아/어' must be dropped.

Basic	-아/어	-아/어서	-아/어요	-았/었-	-(으)니까
사다 to buy	사 ˙사아	사서 ˙사아서	사요 ˙사아요	샀다 ˙사았다	사니까
서다 to stop	서 ˙서어	서서 ˙서어서	서요 ˙서어요	섰다 ˙서었다	서니까
켜다 to turn on	켜 ˙켜어	켜서 ˙켜어서	켜요 ˙켜어요	켰다 ˙켜었다	켜니까

● Second, when the stem ends with '오' and is followed by '-아/어, -아/어서 ; -아/어요 ; -았/었-', a part of the stem '아/어' must be contracted with the verb endings that follow. However, when the stem ends with 'consonant+오' such as '보다, 쏘다, 꼬다', it might not be contracted.

Basic	-아/어	-아/어서	-아/어요	-았/었-	-(으)니까
오다 to come	와 *오아	와서 *오아서	와요 *오아요	왔다 *오았다	오니까
보다 to see	봐 보아	봐서 보아서	봐요 보아요	봤다 보았다	보니까
쏘다 to shoot	쏴 쏘아	쏴서 쏘아서	쏴요 쏘아요	쐈다 쏘았다	쏘니까

● Third, when the stem ends with '우' and is followed by '-아/어, -아/어서 ; -아/어요 ; -았/었-' etc, '우' and the following endings are contracted. However if the stem ends with 'consonant+우' such as '주다, 바꾸다, 멈추다, 부수다', it might not contracted.

Basic	-아/어	-아/어서	-아/어요	-았/었-	-(으)니까
싸우다 to fight	싸워 *싸우어	싸워 *싸우어	싸워요 *싸우어요	싸웠다 *싸우었다	싸우니까
지우다 to erase	지워 *지우어	지워서 *지우어서	지워요 *지우어요	지웠다 *지우었다	지우니까
주다 to give	줘 주어	줘서 주어서	줘요 주어요	줬다 주었다	주니까

● Fourth, when the stem ends with '이, 시, 지, 찌, 치' and is followed by '-아/어, -아/어서 ; -아/어요 ; -았/었-', it is natural if the '이' and the following ending are contracted. However, other stems such as '기, 리, 비, 미, 히' might not be contracted.

Basic	-아/어	-아/어서	-아/어요	-았/었-	-(으)니까
계시다 to be	계셔 ?계시어	계셔서 ?계시어서	계셔요 ?계시어요	계셨다 ?계시었다	계시니까
켜지다 to be lighten	켜져 ?켜지어	켜져서 ?켜지어서	켜져요 ?켜지어요	켜졌다 ?켜지었다	켜지니까
살찌다 to gain weight	살쪄 ?살찌어	살쪄서 ?살찌어서	살쪄요 ?살찌어요	살쪘다 ?살찌었다	살찌니까
바치다 to give	바쳐 ?바치어	바쳐서 ?바치어서	바쳐요 ?바치어요	바쳤다 ?바치었다	바치니까
기다 to creep	겨 기어	겨서 기어서	겨요 기어요	겼다 기었다	기니까
잡히다 to be caught	잡혀 잡히어	잡혀서 잡히어서	잡혀요 잡히어요	잡혔다 잡히었다	잡히니까

(cf), [?] indicates grammatically awkward words.

● Fifth, It is natural to have contracted form if the stem ends with '애, 에, 외, 웨, 의' and is followed by '-아/어, -아/어서 ; -아/어요 ; -았/었-'.

Basic	-아/어	-아/어서	-아/어요	-았/었-	-(으)니까
보내다 to send	보내 보내어	보내서 보내어서	보내요 보내어요	보냈다 보내었다	보내니까
건네다 to give	건네 ?건네어	건네서 ?건네어서	건네요 ?건네어요	건넸다 ?건네었다	건네니까
되다 to become	돼 되어	돼서 되어서	돼요 되어요	됐다 되었다	되니까
꿰다 to thread	꿰 꿰어	꿰서 꿰어서	꿰요 꿰어요	뀄다 꿰었다	꿰니까

● Sixth, when the stem ends with '위, 의' and is followed by '-아/어, -아/어서 ; -아/어요 ; -았/었-', it cannot be contracted. However, when the stem ends with '춰', both the original and the contracted form can be used.

Basic	-아/어	-아/어서	-아/어요	-았/었-	-(으)니까
야위다 to become thin	*야워 야위어	*야워서 야위어서	*야워요 야위어요	*야웠다 야위었다	야위니까
쉬다 to rest	*쉬워 쉬어	*쉬서 쉬어서	*쉬요 쉬어요	*시웠다 쉬었다	쉬니까
뛰다 to jump	*뛰 뛰어	*뛰서 뛰어서	*뛰요 뛰어요	*뛨다 뛰었다	뛰니까
사귀다 to make friend	*사귀 사귀어	*사귀 사귀어	*사귀요 사귀어요	*사귔다 사귀었다	사귀니까
비취다 to be shined	비춰 비추어	비춰서 비춰어서	비춰요 비춰어요	비췄다 비춰었다	비취니까
희다 to be white	*혀 희어	*혀서 희어서	*혀요 희어요	*혔다 희었다	희니까

2.2.2.2 Irregular Conjugation of Verb Ending

Irregular conjugation is when there is a change in the verb stem or verb ending if an ending is attached to it. Action verb and descriptive verb which conjugate this way are called irregular action verbs and irregular descriptive verbs.

For example, since '짓다(to make)' is 'ㅅ' irregular action verb, 'ㅅ' in '짓다' is dropped and '짓-' becomes '지-' when an ending is attached to it.

짓(verb stem)-다(basic sentential ending · dictionary form)
짓-는(present tense ending)-다(sentential ending) → 짓는다
지-으면([condition] connective ending) → 지으면['ㅅ' dropped]
짓-은(past tense adnominal ending) → 지은['ㅅ' dropped]
짓-었(past tense pre-final ending) -다 → 지었다['ㅅ' dropped]

In Korean, there are twelve irregular conjugations. There are eleven irregular conjugation in action verb excluding 'ㅎ', and eight in descriptive verb excluding 'ㄷ', 우, -거라, -너라.

There are three types of irregular conjugation in Korean.

① ㄷ, ㄹ, ㅂ, ㅅ, 르, 우, 으
② -거라, -너라, -러, -여
③ ㅎ

① verb stem is changed ② verb ending is changed ③ both verb stem and verb ending are changed.

● **First,** 'ㄷ' irregular conjugation **: Verb stem 'ㄷ' is altered to 'ㄹ' when '-아/어, -으' ending is followed.**

Basic	-아/어요	-았/었-	-아/어서	-(으)면	-(으)니
듣다 to hear	들어요 *듣어요	들었다 *듣었다	들어서 *듣어서	들으면 *듣으면	들으니 *듣으니
걷다 to walk	걸어요 *걷어요	걸었다 *걷었다	걸어서 *걷어서	걸으면 *걷으면	걸으니 *걷으니
깨닫다 to realize	깨달아요 *깨닫아요	깨달았다 *깨닫았다	깨달아서 *깨닫아서	깨달으면 *깨닫으면	깨달으니 *깨닫으니

(cf) [*] in the table indicates a grammatically incorrect word.

Action verbs that conjugate as above include '걷다(to walk), 싣다(to load), 붇다(to swell), 일컫다(to call), 눋다(to scorch), 내닫다(to start off), 긷다(to pump' etc.

However, '묻다(to stick, bury), 닫다(to shut), 믿다(to believe), 얻다(to get)' are regular verbs, therefore, stem 'ㄷ' is not changed even though an ending beginning with a vowel is attached.

Basic	-아/어요	-았/었-	-아/어서	-(으)면	-(으)니
믿다 to hear	믿어요 *밀어요	믿었다 *밀었다	믿어서 *밀어서	믿으면 *밀으면	믿으니 *밀으니
묻다 to bury	묻어요 *물어요	묻었다 *물었다	묻어서 *물어서	묻으면 *물으면	묻으니 *물으니
닫다 to shut	닫아요 *달아요	닫았다 *달았다	닫아서 *달아서	닫으면 *달으면	닫으니 *달으니

Descriptive verbs do not have 'ㄷ' irregular conjugation.

Basic	-아/어요	-았/었-	-아/어서	-(으)면	-(으)니
굳다 to be hard	굳어요 *굴어요	굳었다 *굴었다	굳어서 *굴어서	굳으면 *굴으면	굳으니 *굴으니
곧다 to be straight	곧아요 *골아요	곧았다 *골았다	곧아서 *골아서	곧으면 *골으면	곧으니 *골으니

● Second, 'ㄹ' irregular conjugation : The verb stem 'ㄹ' is dropped before pre-final ending '-(으)시-', adnominal endings '-는, -ㄴ/은, - ㄹ/을', final ending '-ㅂ/습니다', or connective endings beginning with '-ㄴ' such as '-(으)니, -(으)니까, -느라(고)'.

Basic	-ㄴ/는	-ㄴ/은	-(스)ㅂ니다	-(으)니까	-느라고
밀다 to push	미는 *밀는	민 *밀은	밉니다 *밀습니다	미니까 *밀니까	미느라고 *밀느라고
들다 to lift	드는 *들는	든 *들은	듭니다 *들습니다	드니까 *들니까	드느라고 *들느라고
살다 to live	사는 *살는	산 *살은	삽니다 *살습니다	사니까 *살니까	사느라고 *살느라고
길다 to be long	긴 *길는	긴 *길은	깁니다 *길습니다	기니까 *길니까	기느라고 *길느라고
달다 to be sweet	단 *달는	단 *달은	답니다 *달습니다	다니까 *달니까	다느라고 *달느라고

Same conjugation will be applicable to the action verbs '알다(to know), 돌다(to go round), 울다(to cry), 빌다(to beg), 틀다(to turn on), 털다(to shake off), 끌다(to draw)'and descriptive verbs '달다, 가늘다, 잘다, 솔다'.

● Third, 'ㅂ' irregular conjugation : When the verb stem 'ㅂ' is followed by endings starting with vowel '-아/-어, -으', the stem ㅂ is altered into '오' or '우'.

Basic	-아/어요	-았/었-	-아/어서	-(으)면	-(으)니
눕다 to lie	누워요 *눕어요	누웠다 *눕었다	누워서 *눕어서	누우면 *눕으면	누우니 *눕으니
굽다 to roast	구워요 *굽어요	구웠다 *굽었다	구워서 *굽어서	구우면 *굽으면	구우니 *굽으니
돕다 to help	도와요 *돕아요	도왔다 *돕았다	도와서 *돕아서	도우면 *돕으면	도우니 *돕으니
춥다 to be cold	추워요 *춥어요	추웠다 *춥었다	추워서 *춥어서	추우면 *춥으며	추우니 *춥으니
곱다 to be pretty	고와요 *곱아요	고왔다 *곱았다	고와서 *곱아서	고우면 *곱으면	고우니 *곱으니

The same conjugation can be applied to action verbs such as 줍다(to pick up), 눕다(to lie down), 여쭙다(to ask) and so on, and descriptive verbs like 덥다(to be warm), 밉다(to be hateful), 괴롭다(to be painful), 가볍다(to be light), 쉽다(to be easy), 어렵다(to be difficult), 어둡다(to be dark), 새롭다(to be new), 사랑스럽다(to be lovable), 아름답다(to be beautiful), 향기롭다(to be sweet-smelling) and so on.

However, since '잡다(to catch), 뽑다(to pull out), 접다(to fold), 씹다(to chew), 입다(to wear)' are regular action verbs, 'ㅂ' in verbs does not change into '오' or '우'. Likewise, in regular adjective such as '좁다(to be narrow), 곱다(to be numb)' 'ㅂ' does not alter into '오' or '우'.

Basic	-아/어요	-았/었-	-아/어서	-(으)면	-(으)니
씹다 to chew	씹어요 *씨워요	씹었다 *씨웠다	씹어서 *씨워서	씹으면 *씨우면	씹으니 *씨우니
접다 to fold	접어요 *저워요	접었다 *저웠다	접어서 *저워서	접으면 *저우면	접으니 *저우니
잡다 to catch	잡아요 *자와요	잡았다 *자왔다	잡아서 *자와서	잡으면 *자오면	잡으니 *자오니
좁다 to be narrow	좁아요 *조와요	좁았다 *조왔다	좁아서 *조와서	좁으면 *조오면	좁으니 *조오니

● Forth, 'ㅅ' irregular conjugation : When the verb stem 'ㅅ' is combined with an ending starting with a vowel such as '-아/-어', the stem 'ㅅ' should be dropped.

Basic	-아/어요	-았/었-	-아/어서	-(으)면	-(으)니
잇다 to link	이어요 *잇어요	이었다 *잇었다	이어서 *잇어서	이으면 *잇으면	이으니 *잇으니
긋다 to draw	그어요 *긋어요	그었다 *긋었다	그어서 *긋어서	그으면 *긋으면	그으니 *긋으니
낫다 to be better	나아요 *낫아요	나았다 *낫았다	나아서 *낫아서	나으면 *낫으면	나으니 *낫으니

Similarly, this can be applied to action verbs '짓다(to make), 젓다(to row), 낫다(to recover), 붓다(to swell) etc, but in case of descriptive verb, it can only be applied to '낫다(to be better).

However, '웃다(to laugh), 벗다(to undress), 빼앗다(to take something by force), 씻다(to wash), 솟다(to rise)'are regular action verbs, so 'ㅅ' in the verb stem is not dropped.

Basic	-아/어요	-았/었-	-아/어서	-(으)면	-(으)니
씻다 to wash	씻어요 *씨어요	씻었다 *씨었다	씻어서 *씨어서	씻으면 *씨으면	씻으니 *씨으니
웃다 to laugh	웃어요 *우어요	웃었다 *우었다	웃어서 *우어서	웃으면 *우으면	웃으니 *우으니
솟다 to rise	솟아요 *소아요	솟았다 *소았다	솟아서 *소아서	솟으면 *소으면	솟으니 *소으니
빼앗다 to snatch	빼앗아요 *빼아아요	빼앗았다 *빼아았다	빼앗아서 *빼아아서	빼앗으면 *빼아으면	빼앗으니 *빼아으니

● Fifth, '르' irregular conjugation : When verb stem ends with '르' and is combined with endings that starts with vowel '–아/–어', 'ㅡ' in the '르' is dropped, and 'ㄹ' is moved to the front syllable, and 'ㄹ' is attached to the ending '아/어' is to become '라/러'.

Basic	-아/어요	-았/었-	-아/어서	-(으)면	-(으)니
흐르다 to flow	흘러요 *흐르어요	흘렀다 *흐르었다	흘러서 *흐르어서	흐르면 *흘르면	흐르니 *흘르니
부르다 to call	불러요 *부르어요	불렀다 *부르었다	불러서 *부르어서	부르면 *불르면	부르니 *불르니
가르다 to divide	갈라요 *가르아요	갈랐다 *가르았다	갈라서 *가르아서	가르면 *갈르면	가르니 *갈르니

다르다 to be different	달라요 *다르아요	달랐다 *다르았다	달라서 *다르아서	다르면 *달르면	다르니 *달르니
이르다 to be early	일러요 *이르어요	일렀다 *이르었다	일러서 *이르어서	이르면 *일르면	이르니 *일르니

Action verbs which conjugate in the same way are '고르다(to choose), 나르다, 모르다, 오르다, 이르다(to reach), 흐르다(to flow), 자르다(to cut), 마르다(to dry up), 누르다(to press), 조르다(to tighten), 끄르다(to untie)' and so on, and in descriptive verbs '고르다(to be even), 게으르다, 배부르다, 무르다(to be soft)' etc.

● Sixth, '우' irregular conjugation : When the vowel verb ending '-아/-어' is attached to verb stem '우', '우' should be dropped.

Basic	-아/어요	-았/었-	-아/어서	-(으)면	-(으)니
푸다 to scoop	퍼요 *푸어요 *풔요	펐다 *푸었다 *풨다	퍼서 *푸어서 *풔서	푸면 *프면 *퍼면	푸니 *프니 *퍼니

The only example of this conjugation is action verb '푸다'.

Note that other action verbs such as '주다(to give), 두다(to put), 낮추다(to make low), 멈추다(to stop), 지우다(to erase), 피우다(to make a fire), 비우다(to empty out), 세우다(to found), 데우다(to make warm), 배우다(to learn), 싸우다(to fight), 부수다(to break), 이루다(to accomplish), 그만두다(to cease), 바꾸다(to change)' are regular action verbs, so '우' in these verbs are not dropped.

Basic	-아/어요	-았/었-	-아/어서	-(으)면	-(으)니
주다 to give	주어요 줘요 *저요	주었다 줬다 *젔다	주어서 줘서 *저서	주면	주니
배우다 to learn	*배우어요 배워요 *배어요	*배우었다 배웠다 *배었다	*배우어서 배워서 *배어서	배우면 *배어면	배우니 *배어니

● Seventh, '으' irregular conjugation : When the verb stem '으' is followed by '–아/–어, the stem is dropped.

Basic	-아/어요	-았/었-	-아/어서	-(으)면	-(으)니
쓰다 to write	써요 *쓰어요 *쓰요	썼다 *쓰었다 *쓨다	써서 *쓰어서 *쓰서	쓰면	쓰니
모으다 to collect	모아요 *모으아요	모았다 *모으았다	모아서 *모으아서	모으면	모으니
슬프다 to be sad	슬퍼요 *슬프어요	슬펐다 *슬프었다	슬퍼서 *슬프어서	슬프면	슬프니
바쁘다 to be busy	바빠요 *바쁘아요	바빴다 *바쁘았다	바빠서 *바쁘아서	바쁘면	바쁘니

Examples of '으' irregular action verbs are '따르다(to follow, pour), 치르다(to pay), 끄다(to extinguish), 모으다(to collect), 트다(to sprout), 들르다(to drop in), 뜨다(to float)' etc, and irregular descriptive verbs '배고프다(to be hungry), 크다(to be big), 나쁘다(to be bad), 뜨다(to be slow)' etc.

● Eighth, '-거라' irregular conjugation : Imperative sentential endings '-어라' is altered into '-거라'.

Basic	-(ㄴ/는)다	-니?	-아/어라	-자	-(으)면
가다 to go	간다	가니?	가거라 가라	가자	가면
올라가다 to go up	올라간다	올라가니?	올라가거라 올라가라	올라가자	올라가면

Examples include '가다(to go)' and '가다' compound verbs such as '나아가다(to advance), 들어가다(to enter), 살아가다(to lead a life), 올라가다(to climb up)' etc. However, in the contemporary Korean language, '가다' is increasingly used by senior speaker to the younger hearer in the imperative form.

Basic	-(ㄴ/는)다	-니?	-아/어라	-자	-(으)면
먹다 to eat	먹는다	먹니?	먹어라 먹거라	먹자	먹으면
부르다 to call	부른다	부르니?	불러라 부르거라	부르자	부르면
사다 to buy	산다	사니?	사라 사거라	사자	사면
살다 to live	산다	사니?	살아라 살거라	살자	살면

However '차다(to kick), 싸다(to wrap), 사다(to buy), 만나다(to meet)'are regular action verbs.

● Ninth, '–너라' irregular conjugation : Imperative sentential ending '–어라' is altered into '–너라'.

Basic	-(ㄴ/는)다	-니?	-아/어라	-자	-(으)면
오다 to come	온다	오니?	오너라 와라	오자	오면
들어오다 to come in	들어온다	들어오니?	들어오너라 들어와라	들어오자	들어오면

Examples include '오다(to go)' and '오다' compound verbs such '나오다(to come out), 들어오다(to come in), 내려오다(to come down), 넘어오다(to come over), 돌아오다(to come back)' etc. However, in the contemporary Korean language, '오다' is considered as a regular verb, therefore '와라' is often spoken in the imperative form.

However, '보다(to see), 쏘다(to shoot), 쪼다(to pick), 꼬다(to twist)' etc. are regular action verbs.

● Tenth, '–러' irregular conjugation : when the last syllable of stem '르' combines with an ending starting with such vowels as '–아/–어', the ending '–어 inserted so it becomes '러'.

Basic	-아/어요	-았/었-	-아/어서	-(으)면	-(으)니
이르다 to reach	이르러요 *이르어요	이르렀다 *이르었다	이르러서 *이르르서	이르면 *이르르면	이르니 *이르으니
푸르다 to be blue	푸르러요 *푸르어요	푸르렀다 *푸르었다	푸르러서 *푸르어서	푸르면 *푸르르면	푸르니 *푸르르니

The only two examples of this conjugation are '이르다(to reach)' and '푸르다(to be blue)'

● Eleventh, '–여'irregular conjugation : When all '하다' verb are added with an ending which begins with '–어', '–어' is changed into '–여'.

Basic	-아/어요	-았/었-	-아/어서	-(으)면	-(으)니
하다 to do	하여요 해요 *하어요	하였다 했다 *하었다	하여서 해서 *하어서	하면	하니
공부하다 to study	공부하여요 공부해요 *공부하어요	공부하였다 공부했다 *공부하었다	공부하여서 공부해서 *공부하어서	공부하면	공부하니
깨끗하다 to be clean	깨끗하여요 깨끗해요 *깨끗하아요	깨끗하였다 깨끗했다 *깨끗하았다	깨끗하여서 깨끗해서 *깨끗하아서	깨끗하면	깨끗하니
튼튼하다 to be strong	튼튼하여요 튼튼해요 *튼튼하아요	튼튼하였다 튼튼했다 *튼튼하았다	튼튼하여서 튼튼해서 *튼튼하아서	튼튼하면	튼튼하니

Action verbs which conjugate in the same way are '공부하다(to study), 사랑하다(to love), 생각하다(to think), 일하다(to work), 말하다(to say)' etc and which conjugate likewise include 부지런하다(to be diligent), 축축하다(to be damp), 익숙하다(to be skillful)' etc.

Also, note that consonants and vowels can be contracted, especially in daily conversation.

> 하여요 → 해요, 하여서 → 해서, 하였다 → 했다, 하였지만 → 했지만, 하였으면 → 했으면, 하였던 → 했던

● Twelfth, 'ㅎ'irregular conjugation : When the last syllable of the verb stem 'ㅎ' is added with an ending starting with the consonant starting with '-으' such as '-(으)ㄴ, -(으)ㄴ데, -(으)니까, -(으)면' etc, verb stem 'ㅎ' and '-으' are dropped out. In addition, if the vowel ends in '-아/어', part of the stem will be mixed with part the ending to construct a new syllable '애'.

Basic	노랗다 to be yellow	파랗다 to be blue	이렇다 to be like this
-(으)ㄴ	노란/*노랗은	파란/*파랗은	이런/*이렇은
-ㄴ/은데	노란데/*노랗은데	파란/*파랗은데	노란/*노랗은데
-(으)니까	노라니까/*노랗니까	파라니까/*파랗니까	이러니까/*이렇니까
-(으)면	노라면/*노랗으면	파라면/*파랗으면	이러면/*이렇으면
-고	노랗고/*노라고	파랗고/*파라고	이렇고/*이러고
-(스)ㅂ니다	노랗습니다/ *노라습니다	파랗습니다/ *파라습니다	이렇습니다/ *이러습니다
-아/어요	노래요/*노랗아요	파래요/*파랗아요	이래요/*이렇어요
-았/었-	노랬어요/*노랗었어요	파랬어요/*파랗었어요	이랬어요/*이렇었어요
-아/어서	노래서/*노랗아서	파래서/*파랗아서	이래서/*이렇어서
-거든	노랗거든/*노라거든	파랗거든/*파라거든	이렇거든/*이러거든

Descriptive verbs using this irregular conjugation are '누렇다(to be golden yellow), 빨갛다(to be red), 까맣다(to be deep black), 하얗다(to be white) ; 둥그렇다(to be round), 널따랗다(to be rather wide) ; 이렇다(to be like this), 그렇다(to be so), 저렇다 (to be like that)' etc. No action verb uses such conjugation however.

3. Honorifics in Korean

This section shall classify sentential endings according to the level of elevation. In Korean honorific, there are the subject honorific (honoring the subject in the sentence, 주체 높임), object honorific (honoring objective or adverbial phrase, 객체 높임), and hearer honorific (honoring the listener, 청자 높임). This section will touch upon the hearer honorific. since the hearer honorific has a close relation with conjugation of sentential endings.

'Hearer honorific(청자 높임)' depends on whether the listener is older or younger in age, superior or subordinate in position, and how familiar the listener is with the speaker. Sentential ending represents the hearer honorifics in the sentence, and it can be divided into four types.

High honorific style: 이 책을 읽으시오.(◁ 읽-으시오)
Ordinary honorific style: 이 책을 읽어요.(◁ 읽-어요)
Ordinary non-honorific : 이 책을 읽어.(◁ 읽-어)
Low non-honorific : 이 책을 읽어라.(◁ 읽-어라)

The four types of the hearer honorific, however, is not strictly separated from each other. Therefore, Koreans usually mix up a couple of the hearer honorific. i.e. high honorific & ordinary honorific, ordinary honorific & ordinary non-honorific, and ordinary non-honorific & low non-honorific.

Moreover, there is a printed form of honorifics - low non-honorifics - which is used only in newspapers or magazines. However, this honorific style is intended for unspecified individuals, so, it does not lower or honor reader.

3.1 High honorific style

Highly honorific style(아주높임), also well known as '-(스)ㅂ니다' form, is normally used to honor the listener when he or she is much older than the speaker or in a superior position. 'High honorific' is used in official occasions, such as in lectures, seminars, debates, interviews, and reports on the television or radio. Therefore 'High honorific style' can be called the official speech style. The following shows examples of sentential endings of 'High honorific style'.

	Basic form	읽다 to read	바쁘다 to be busy
Declarative	-(스)ㅂ니다	읽습니다	바쁩니다
Interrogative	-(스)ㅂ니까?	읽습니까?	바쁩니까?
Imperative	-(으)시오 -(으)십시오	읽으시오 읽으십시오	*바쁘시오 *바쁘십시오
Suggestive	-(으)ㅂ시다 -(으)십시다	읽읍시다 읽으십시다	*바쁩시다 *바쁘십시다
Exclamatory	-(으)시(는)구나!	읽으시는구나!	바쁘시구나!

3.2 Ordinary honorific style

Ordinary honorific style(예사높임) is used when the listener is slightly older than the speaker or slightly superior in position. There are two types of ordinary honorific style; '-아/어요' form and '-(으)오' form.

● '-아/어요' form

'-아/어요' form is the most commonly used form. This is a courteous way of showing the speaker's familiarity with the listener. Examples of ordinary honorific sentential ending '-아/어요' are mentioned below.

	Basic form	읽다 to read	바쁘다 to be busy
Declarative	-아/어요	읽어요	바빠요
Interrogative	-아/어요?	읽어요?	바빠요?
Imperative	-아/어요	읽어요	*바빠요
Suggestive	-아/어요	읽어요	*바빠요
Exclamatory	-아/어요!	읽어요!	바빠요!

Following sentential endings have the same honorific feature as above :

[Declarative] -거든요, -네요, -(으)ㄴ/는걸요, -(는)군요, -(ㄴ/는)다고요, -(ㄴ/는)다나요, -(ㄴ/는)다니까요, -(으)ㄴ/는데요, -(ㄴ/는)대요, -(으)세요, -아/어야지요, -(으)라고요, -(으)라니까요, -(으)ㄹ걸요, -(으)ㄹ게요, -(으)ㄹ래요, -(으)ㄹ테지요, -지요

[Interrogative] -거요? -고서요? -고요? -(느)냐고요? -(으)ㄴ/는가요? -(ㄴ/는)다니요? -(ㄴ/는)다며요? -(ㄴ/는)다면서요? -(으)ㄴ/는데요? -(ㄴ/는)대요? -(는)지요? -아/어야지요? -(으)라고요? -(으)라면서요? -(으)려고요? -(으)세요? -(으)ㄹ까요? -(으)ㄹ래요? -자면서요? -지요?

[Imperative] -(으)라고요, -(으)라니까요, -(으)세요, -자고요, -자니까요, -지요

[Suggestive] -지요, -세요

[Exclamatory] -(는)군요! -세요!

● '-(으)오' form

'-(으)오' form presents an authoritative male style. This form is used by those who about sixty years old or older. and also in historical soaps. This form is now outdated and hardly ever used. Examples of the sentential endings are as follows.

	Basic form	읽다 to read	바쁘다 to be busy
Declarative	-(으)오	읽으오	바쁘오
Interrogative	-(으)오?	읽으오?	바쁘오?
Imperative	-(으)오	읽으오	*바쁘오
Suggestive	-(으)오	읽으오	*바쁘오
Exclamatory	-(는)구려!	읽는구려!	바쁘구려!

Following sentential endings also have ordinary honorific feature :

[Declarative] -(ㄴ/는)다오, -소, -소이다, -(으)오이다
[Interrogative] -소? -소이까? -(으)오이까?
[Imperative] -(으)소
[Suggestive] -(으)오
[Exclamatory] -(는)구려!

3.3 Ordinary non-honorific style

Ordinary non-honorific style(예사낮춤) is used when the listener is the same age or younger, or when the listener is in a subordinate position to the speaker. Therefore, this is used to slightly lower the listener. '-아/어' form and '-네' form are two types of the ordinary non-honorific style.

● '-아/어' form

Sentential ending '-아/어' is commonly called 'half speech(반말)', and used between people in the same age or people who are in a very friendly relationship. Notice that even when the listener is of the same age, '-아/어' form should not be used if they do not know each other well. since it can be considered as rude. If '-아/어' form is used in such a situation, the listener might feel seriously offended.

However, when the speaker and the listener are in a very close relationship, '-아/어' form can be used regardless of the age and position. For instance, son or daughter may use this form to his or her parents, or the younger sibling to the older sibling. Examples of sentential ending '-아/어' are described below.

	Basic form	읽다 to read	바쁘다 to be busy
Declarative	-아/어	읽어	바빠
Interrogative	-아/어?	읽어?	바빠?
Imperative	-아/어	읽어	*바빠
Suggestive	-아/어	읽어	*바빠
Exclamatory	-아/어!	읽어!	바빠!

In addition to '-어', following endings are used to make ordinary non-honorific style.

[Declarative] -거든, -(으)ㄴ/는걸, -(ㄴ/는)다고, -(ㄴ/는)다나, -(ㄴ/는)다니까, -(으)ㄴ/는데, -(ㄴ/는)대, -아/어야지, -(으)라고, -(으)라니까, -(으)ㄹ걸, -(으)ㄹ게, -(으)ㄹ래, -(으)ㄹ테지, -지

[Interrogative] -게? -고서? -고? -나? -(느)냐고? -(ㄴ/는)다니? -(ㄴ/는)다며? -(ㄴ/는)다면서? -(으)ㄴ/는데? -(ㄴ/는)대? -니? -아/어야지? -(으)라고? -(으)라면서? -(으)려고? -(으)ㄹ까? -(으)ㄹ래? -자면서? -지?

[Imperative] -(으)라고, -(으)라니까, -자고, -자니까, -지

[Suggestive] -지

[Exclamatory] -지! -(으)리!

'-네' form

'-네' form is the friendly adult speech style. As in the case of '-(으)오' form, this form is hardly ever used in contemporary Korean language. It is mainly used by a senior person to younger person with a social standing. It is also spoken between the elderly to show respect to each other. Example of sentential endings '-네' are described below.

	Basic form	읽다 to read	바쁘다 to be busy
Declarative	-네	읽네	바쁘네
Interrogative	-ㄴ/는가?	읽는가?	바쁜가?
Imperative	-게	읽게	*바쁘게
Suggestive	-세	읽세	*바쁘세
Exclamatory	-(는)군!	읽는군!	바쁘군!

Following sentential endings have the same honorific feature as above :

[Declarative] -(ㄴ/는)다네, -(ㄴ/는)단다, -(으)마
[Interrogative] -(느)뇨?
[Imperative] -게나
[Suggestive] -세나
[Exclamatory] -(는)구먼!

3.4 Low non-honorific style

Low non-honorific style(아주낮춤) is spoken between close friends of the same age, parents to children, an older sibling to a younger sibling, teacher to student, father-in-law to son-in-law, and with young people. The younger speakers are, the more this style is used.

Using the low non-honorific style does not mean that the speaker is ignoring the listener or the listener is in a low position. This style rather shows that the speaker and the listener are in a very intimate relationship;

Examples of sentential ending of the low non-honorific style are mentioned below.

	Basic form	읽다 to read	바쁘다 to be busy
Declarative	-(ㄴ/는)다	읽는다	바쁘다
Interrogative	-(느)냐?	읽느냐?	바쁘냐?
Imperative	-아/어라	읽어라	*바빠라
Suggestive	-자	읽자	*바쁘자
Exclamatory	-(는)구나!	읽는구나!	바쁘구나!

chapter 02

220 Tables of Korean verb conjugation

가깝다 [가깝따, kak'apt'a]

'ㅂ' irregular conjugation, Dv

to be near ; to be close ; to be resemble ; to be friendly, to be intimate

causative	*가깝히다, 가깝게 하다, 가깝게 만들다	passive	*가깝히다, 가깝게 되다, 가까워지다

adnominal : present-conti	past-perfect	past-retrospective	past-perfect-retro	future-gue/will
가까운	가까운	가깝던	가까웠던	가까울

quotational : declarative	interrogative	imperative	suggestive	nominal	adverbial
가깝다고	가까우냐고	*가까우라고	*가깝자고	가깝기, 가까움	가까워, 가깝게

high honorific level		indicative style	retrospective style
declarative	present	가깝습니다	가깝습디다
	present-continuous	*가깝고 있습니다, *가깝는 중입니다	*가깝고 있습디다
	past-perfect	가까웠습니다	가까웠습디다
	pastt-experience	가까웠었습니다	가까웠었습디다
	pastt-guessing	가까웠겠습니다	가까웠겠습디다
	futuret-gue/will/abi	가깝겠습니다, *가까우렵니다, 가까울 겁니다, 가까울 수 있습니다	가깝겠습디다
introgative	present	가깝습니까?	가깝습디까?
	past-perfect	가까웠습니까?	가까웠습디까?
	pastt-experience	가까웠었습니까?	가까웠었습디까?
	future-gue/will/abi	가깝겠습니까? *가까우렵니까? *가까울 겁니까? *가까우리이까? *가까울 수 있겠습니까?	가깝겠습디까?
imperative		*가까우시오, *가까우십시오	
suggestive		*가까웁시다, *가까우십시다	
exclamatory		가까우시구나!	

ordinary honorific lev		'-어요' form	'-으오' form
declarative	present	가까워요, 가깝지요, 가까우세요, *가까울래요, 가까울걸요, 가까운데요, 가깝대요, *가까울게요, 가깝잖아요	가까우오
	presentt-continuous	*가깝고 있어요, *가깝고 있지요, *가깝고 있으세요, *가깝는 중이에요	*가깝고 있소
	past-perfect	가까웠어요, 가까웠지요, 가까웠으세요, 가까웠잖아요	가까웠소
	pastt-experience	가까웠었어요, 가까웠었지요, 가까웠었으세요	가까웠었소
	pastt-guessing	가까웠겠어요, 가까웠겠지요, 가까웠겠으세요	가까웠겠소
	futuret-gue/will/abi	가깝겠어요, 가깝겠지요, 가깝겠으세요, 가까울 수 있어요	가깝겠소
introgative	present	가까워요? 가깝지요? 가까우세요? 가깝나요? 가까울까요? *가까울래요? 가까운가요? 가까운데요? 가깝대요? 가깝다면서요? 가깝다지요?	가까우오? 가깝소?
	past-perfect	가까웠어요? 가까웠지요? 가까웠으세요?	가까웠소?
	pastt-experience	가까웠었어요? 가까웠었지요? 가까웠었으세요?	가까웠었소?
	futuret-gue/will/abi	가깝겠어요? 가깝겠지요? 가깝겠으세요? 가까우리요? *가까울 거예요? *가까울 거지요? *가까울 수 있겠어요?	가깝겠소?
imperative		*가까워요, *가깝지요, *가까우세요, *가까우라니까요	*가까우오,*가깝구려
suggestive		*가까워요, *가깝지요, *가까우세요, *가깝자니까요	*가까우오
exclamatory		가깝군요! 가까우리요!	가까우오!

ㄱ

ordinary non-honorific lev		'-어' form	'-네' form
declarative	present	가까워, 가깝지, *가까울래, 가까울걸, 가까운데, 가깝대, *가까울게, 가깝단다, *가까우마, 가깝잖아	가깝네
	presentt-continuous	*가깝고 있어, *가깝고 있지, *가깝는 중이야	*가깝고 있네
	pastt-perfect	가까웠어, 가까웠지, 가까웠잖아	가까웠네
	futuret-gue/will/abi	가깝겠어, 가깝겠지, 가까울 수 있어	가깝겠네
introgative	present	가까워? 가깝지? 가깝니? 가깝나? 가까울까? 가까우랴? *가까울래? 가까운데? 가깝대? 가깝다면서? 가깝다지?	가까운가?
	past-perfect	가까웠어? 가까웠지? 가까웠니? 가까웠을까? 가까웠대? 가까웠다면서?	가까웠는가?
	futuret-gue/will/abi	가깝겠어? 가깝겠지? 가깝겠니? 가까우리? *가까울 거야? *가까울 거지? *가까울 거니? *가까울 수 있겠어?	가깝겠는가?
imperative		*가까워, *가깝지, *가까우렴, *가까우려무나, *가까우라니까	*가깝게
suggestive		*가까워, *가깝지, *가깝자니까	*가깝세
exclamatory		가까워! 가깝지! 가까우리!	가깝네!

low non-honorific lev		indicative style	retrospective style
declarative	present	가깝다	가깝더라
	presentt-continuous	*가깝고 있다, *가깝는 중이다	*가깝고 있더라
	pastt-perfect	가까웠다	가까웠더라
	futuret-gue/will/abi	가깝겠다, *가까우리다, *가까우련다, 가까울 거다, 가까울 수 있다	가깝겠더라
introgative	present	가까우냐?	가깝더냐?
	past-perfect	가까웠느냐?	가까웠더냐?
	futuret-gue/will/abi	가깝겠느냐?	가깝겠더냐?
imperative		*가까워라	
suggestive		*가깝자	
exclamatory		가깝구나! 가깝다! 가깝도다!	가깝더구나!

connective	endings	connective	endings
serial	가깝고, 가까우며	comparison	*가깝느니
selection	가깝거나, 가깝든지, 가깝든가	degree	가까우리만큼
contrast	가까워도, 가깝지만, 가까우나, 가까운데, 가까우면서도, 가깝되, 가깝지	condition	가까우면, 가깝거든, 가깝거들랑, 가까워야, 가깝다면, 가까웠던들
simultaneity	가까우면서, 가까우며	circumstance	가까운데, 가까우니, *가깝다시피
completion	*가깝고서, *가까워서, *가깝자, *가깝자마자	figure	가깝듯이
conversion	가깝다가	proportion	가까울수록
concession	가까워도, 가깝더라도, 가까울지라도, 가까울지언정, 가까운들, 가까운데도, 가깝기로서니, 가까우나마, 가까울망정, 가까워 보았자	cause	가까워서, 가까우니까, *가깝느라고, 가깝기에, 가깝길래, 가까우니만큼, 가까운지라, 가까울세라, 가까우므로
intention	*가까우러, *가까우려고, *가깝고자	addition	가깝거니와, 가까울뿐더러, 가까우려니와
result	가깝도록, 가깝게끔	repetition	*가깝곤

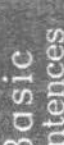

- 우리 학교는 집에서 가까워요. My school is near by my house.
- 그는 나와는 아주 가까웠던 친구였다. He used to be closer friend of mine.
- 초복이 가까워 오면서 날씨가 점점 더워졌다.
  As it's getting closer to Chobok, the weather is getting hotter.

가늘다 [가늘다, kanɨlda]

'ㄹ' irregular conjugation, Dv

to be thin ; to be fine ; to be small

causative	*가늘히다, 가늘게 하다, 가늘게 만들다	passive	*가늘히다, 가늘게 되다, 가늘어지다

adnominal : present-conti	past-perfect	past-retrospective	past-perfect-retro	future-gue/will
가는	가는	가늘던	가늘었던	가늘

quotational : declarative	interrogative	imperative	suggestive	nominal	adverbial
가늘다고	가느냐고	*가늘라고	*가늘자고	가늘기, 가늚	가늘어, 가늘게

high honorific level		indicative style	retrospective style
declarative	present	가늡니다	가늡디다
	present-continuous	*가늘고 있습니다, *가는 중입니다	*가늘고 있습디다
	past-perfect	가늘었습니다	가늘었습디다
	past-experience	가늘었었습니다	가늘었었습디다
	past-guessing	가늘었겠습니다	가늘었겠습디다
	future-gue/will/abi	가늘겠습니다, *가늘렵니다, 가늘 겁니다, 가늘 수 있습니다	가늘겠습디다
introgative	present	가늡니까?	가늡디까?
	past-perfect	가늘었습니까?	가늘었습디까?
	past-experience	가늘었었습니까?	가늘었었습디까?
	future-gue/will/abi	가늘겠습니까? *가늘렵니까? *가늘 겁니까? *가늘리이까? *가늘 수 있겠습니까?	가늘겠습디까?
imperative		*가느시오, *가느십시오	
suggestive		*가늡시다, *가느십시다	
exclamatory		가느시구나!	

ordinary honorific lev		'-어요' form	'-으오' form
declarative	present	가늘어요, 가늘지요, 가느세요, *가늘래요, 가늘걸요, 가는데요, 가늘대요, *가늘게요, 가늘잖아요	가느오
	present-continuous	*가늘고 있어요, *가늘고 있지요, *가늘고 있으세요, *가는 중이에요	*가늘고 있소
	past-perfect	가늘었어요, 가늘었지요, 가늘었으세요, 가늘었잖아요	가늘었소
	past-experience	가늘었었어요, 가늘었었지요, 가늘었었으세요	가늘었었소
	past-guessing	가늘었겠어요, 가늘었겠지요, 가늘었겠으세요	가늘었겠소
	future-gue/will/abi	가늘겠어요, 가늘겠지요, 가늘겠으세요, 가늘 수 있어요	가늘겠소
introgative	present	가늘어요? 가늘지요? 가느세요? 가느나요? 가늘까요? *가늘래요? 가는가요? 가는데요? 가늘대요? 가늘다면서요? 가늘다지요?	가느오? *가늘소?
	past-perfect	가늘었어요? 가늘었지요? 가늘었으세요?	가늘었소?
	past-experience	가늘었었어요? 가늘었었지요? 가늘었었으세요?	가늘었었소?
	future-gue/will/abi	가늘겠어요? 가늘겠지요? 가늘겠으세요? 가늘리요? *가늘 거예요? *가늘 거지요? *가늘 수 있겠어요?	가늘겠소?
imperative		*가늘어요, *가늘지요, *가느세요, *가늘라니까요	*가느오, *가늘구려
suggestive		*가늘어요, *가늘지요, *가느세요, *가늘자니까요	*가느오
exclamatory		가늘군요! 가늘리요!	가느오!

ordinary non-honorific lev		'-어' form	'-네' form
declarative	present	가늘어, 가늘지, *가늘래, 가늘걸, 가는데, 가늘대, *가늘게, 가늘단다, *가늘마, 가늘잖아	가느네
	present-continuous	*가늘고 있어, *가늘고 있지, *가는 중이야	*가늘고 있네
	past-perfect	가늘었어, 가늘었지, 가늘었잖아	가늘었네
	future-gue/will/abi	가늘겠어, 가늘겠지, 가늘 수 있어	가늘겠네
introgative	present	가늘어? 가늘지? 가느니? 가느나? 가늘까? 가늘랴? *가늘래? 가는데? 가늘대? 가늘다면서? 가늘다지?	가는가?
	past-perfect	가늘었어? 가늘었지? 가늘었니? 가늘었을까? 가늘었대? 가늘었다면서?	가늘었는가?
	future-gue/will/abi	가늘겠어? 가늘겠지? 가늘겠니? 가늘리? *가늘 거야? *가늘 거지? *가늘 거니? *가늘 수 있겠어?	가늘겠는가?
imperative		*가늘어, *가늘지, *가늘렴, *가늘려무나, *가늘라니까	*가늘게
suggestive		*가늘어, *가늘지, *가늘자니까	*가느세
exclamatory		가늘어! 가늘지! 가늘리!	가느네!

low non-honorific lev		indicative style	retrospective style
declarative	present	가늘다	가늘더라
	present-continuous	*가늘고 있다, *가는 중이다	*가늘고 있더라
	past-perfect	가늘었다	가늘었더라
	future-gue/will/abi	가늘겠다, *가늘리다, *가늘련다, 가늘 거다, 가늘 수 있다	가늘겠더라
introgative	present	가느냐?	가늘더냐?
	past-perfect	가늘었느냐?	가늘었더냐?
	future-gue/will/abi	가늘겠느냐?	가늘겠더냐?
imperative		*가늘어라	
suggestive		*가늘자	
exclamatory		가늘구나! 가늘다! 가늘도다!	가늘더구나!

connective	endings	connective	endings
serial	가늘고, 가늘며	comparison	*가느느니
selection	가늘거나, 가늘든지, 가늘든가	degree	가늘리만큼
contrast	가늘어도, 가늘지만, 가느나, 가는데, 가늘면서도, 가늘되, 가늘지	condition	가늘면, 가늘거든, 가늘거들랑, 가늘어야, 가늘다면, 가늘었던들
simultaneity	가늘면서, 가늘며	circumstance	가는데, 가느니, *가늘다시피
completion	*가늘고서, *가늘어서, *가늘자, *가늘자마자	figure	가늘듯이
conversion	가늘다가	proportion	가늘수록
concession	가늘어도, 가늘더라도, 가늘지라도, 가늘지언정, 가는들, 가는데도, 가늘기로서니, 가느나마, 가늘망정, 가늘어 보았자	cause	가늘어서, 가느니까, *가느느라고, 가늘기에, 가늘길래, 가느니만큼, 가는지라, 가늘세라, 가늘므로
intention	*가늘러, *가늘려고, *가늘고자	addition	가늘거니와, 가늘뿐더러, 가늘려니와
result	가늘도록, 가늘게끔	repetition	*가늘곤

Basic sentences

- 낚싯줄이 너무 가늘다. The fishline is too thin.
- 가는 봄비가 하루 종일 흩날렸다. The fine spring rain fell all day.
- 신음소리가 가늘게 들려왔다. The groaning sound was heard very faintly.

가다1 [가다, kada]

'거라' irregular conjugation, Avi

to go ; to travel ; to attend ; to be out ; to die, to pass away

causative	*가히다, 가게 하다, 가게 만들다	passive	*가히다, 가게 되다, *가아지다

adnominal : present-conti	past-perfect	past-retrospective	past-perfect-retro	future-gue/will
가는	간	가던	갔던	갈

quotational : declarative	interrogative	imperative	suggestive	nominal	adverbial
간다고	가느냐고	가라고	가자고	가기, 감	가, 가게

high honorific level		indicative style	retrospective style
declarative	present	갑니다	갑디다
	present-continuous	가고 있습니다, 가는 중입니다	가고 있습디다
	past-perfect	갔습니다	갔습디다
	past-experience	갔었습니다	갔었습디다
	past-guessing	갔겠습니다	갔겠습디다
	future-gue/will/abi	가겠습니다, 가렵니다, 갈 겁니다, 갈 수 있습니다	가겠습디다
introgative	present	갑니까?	갑디까?
	past-perfect	갔습니까?	갔습디까?
	past-experience	갔었습니까?	갔었습디까?
	future-gue/will/abi	가겠습니까? 가렵니까? 갈 겁니까? 가리이까? 갈 수 있겠습니까?	가겠습디까?
imperative		가시오, 가십시오	
suggestive		갑시다, 가십시다	
exclamatory		가시는구나!	

ordinary honorific lev		'-어요' form	'-으오' form
declarative	present	가요, 가지요, 가세요, 갈래요, 갈걸요, 가는데요, 간대요, 갈게요, 가잖아요	가오
	present-continuous	가고 있어요, 가고 있지요, 가고 있으세요, 가는 중이에요	가고 있소
	past-perfect	갔어요, 갔지요, 갔으세요, 갔잖아요	갔소
	past-experience	갔었어요, 갔었지요, 갔었으세요	갔었소
	past-guessing	갔겠어요, 갔겠지요, 갔겠으세요	갔겠소
	future-gue/will/abi	가겠어요, 가겠지요, 가겠으세요, 갈 수 있어요	가겠소
introgative	present	가요? 가지요? 가세요? 가나요? 갈까요? 갈래요? 가는가요? 가는데요? 간대요? 간다면서요? 간다지요?	가오? *가소?
	past-perfect	갔어요? 갔지요? 갔으세요?	갔소?
	past-experience	갔었어요? 갔었지요? 갔었으세요?	갔었소?
	future-gue/will/abi	가겠어요? 가겠지요? 가겠으세요? 가리요? 갈 거예요? 갈 거지요? 갈 수 있겠어요?	가겠소?
imperative		가요, 가지요, 가세요, 가라니까요	가오, 가구려
suggestive		가요, 가지요, 가세요, 가자니까요	가오
exclamatory		가는군요! 가리요!	가오!

ordinary non-honorific lev		'-어' form	'-네' form
declarative	present	가, 가지, 갈래, 갈걸, 가는데, 간대, 갈게, 간단다, 가마, 가잖아	가네
	present-continuous	가고 있어, 가고 있지, 가는 중이야	가고 있네
	past-perfect	갔어, 갔지, 갔잖아	갔네
	future-gue/will/abi	가겠어, 가겠지, 갈 수 있어	가겠네
introgative	present	가? 가지? 가니? 가나? 갈까? 가랴? 갈래? 가는데? 간대? 간다면서? 간다지?	가는가?
	past-perfect	갔어? 갔지? 갔니? 갔을까? 갔대? 갔다면서?	갔는가?
	future-gue/will/abi	가겠어? 가겠지? 가겠니? 가리? 갈 거야? 갈 거지? 갈 거니? 갈 수 있겠어?	가겠는가?
imperative		가, 가지, 가렴, 가려무나, 가라니까	가게
suggestive		가, 가지, 가자니까	가세
exclamatory		가! 가지! 가리!	가네!

low non-honorific lev		indicative style	retrospective style
declarative	present	간다	가더라
	present-continuous	가고 있다, 가는 중이다	가고 있더라
	past-perfect	갔다	갔더라
	future-gue/will/abi	가겠다, 가리다, 가련다, 갈 거다, 갈 수 있다	가겠더라
introgative	present	가느냐?	가더냐?
	past-perfect	갔느냐?	갔더냐?
	future-gue/will/abi	가겠느냐?	가겠더냐?
imperative		가거라/가라	
suggestive		가자	
exclamatory		가는구나! 간다! 가는도다!	가더구나!

connective	endings	connective	endings
serial	가고, 가며	comparison	가느니
selection	가거나, 가든지, 가든가	degree	가리만큼
contrast	가도, 가지만, 가나, 가는데, 가면서도, 가되, 가지	condition	가면, 가거든, 가거들랑, 가야, 간다면, 갔던들
simultaneity	가면서, 가며	circumstance	가는데, 가니, 가다시피
completion	가고서, 가서, 가자, 가자마자	figure	가듯이
conversion	가다가	proportion	갈수록
concession	가도, 가더라도, 갈지라도, 갈지언정, 간들, 가는데도, 가기로서니, 가나마, 갈망정, 가 보았자	cause	가서, 가니까, 가느라고, 가기에, 가길래, 가느니만큼, 가는지라, 갈세라, 가므로
intention	가러, 가려고, 가고자	addition	가거니와, 갈뿐더러, 가려니와
result	가도록, 가게끔	repetition	가곤

- 그는 일요일에는 항상 교회에 간다. He always goes to church on Sundays.
- 서울에 간 친구한테서 편지가 왔다. A letter came from a friend who went to Seoul.
- 종로에 가려면 몇 번 버스를 타야 합니까? What bus should I take if I were to go to Jongro?

가렵다 [가렵따, karjəpt'a]

'ㅂ' irregular conjugation, Dv

to be itchy, be itching

causative	*가렵히다, 가렵게 하다, 가렵게 만들다	passive	*가렵히다, 가렵게 되다, 가려워지다

adnominal : present-conti	past-perfect	past-retrospective	past-perfect-retro	future-gue/will
가려운	가려운	가렵던	가려웠던	가려울

quotational : declarative	interrogative	imperative	suggestive	nominal	adverbial
가렵다고	가려우냐고	*가려우라고	*가렵자고	가렵기, 가려움	가려워, 가렵게

high honorific level		indicative style	retrospective style
declarative	present	가렵습니다	가렵습디다
	present-continuous	*가렵고 있습니다, *가렵는 중입니다	*가렵고 있습디다
	past-perfect	가려웠습니다	가려웠습디다
	past-experience	가려웠었습니다	가려웠었습디다
	past-guessing	가려웠겠습니다	가려웠겠습디다
	future-gue/will/abi	가렵겠습니다, *가려우렵니다, 가려울 겁니다, 가려울 수 있습니다	가렵겠습디다
introgative	present	가렵습니까?	가렵습디까?
	past-perfect	가려웠습니까?	가려웠습디까?
	past-experience	가려웠었습니까?	가려웠었습디까?
	future-gue/will/abi	가렵겠습니까? *가려우렵니까? *가려울 겁니까? *가려우리이까? *가려울 수 있겠습니까?	가렵겠습디까?
imperative		*가려우시오, *가려우십시오	
suggestive		*가려웁시다, *가려우십시다	
exclamatory		가려우시구나!	

ordinary honorific lev		'-어요' form	'-으오' form
declarative	present	가려워요, 가렵지요, 가려우세요, *가려울래요, 가려울걸요, 가려운데요, 가렵대요, *가려울게요, 가렵잖아요	가려우오
	present-continuous	*가렵고 있어요, *가렵고 있지요, *가렵고 있으세요, *가렵는 중이에요	*가렵고 있소
	past-perfect	가려웠어요, 가려웠지요, 가려웠으세요, 가려웠잖아요	가려웠소
	past-experience	가려웠었어요, 가려웠었지요, 가려웠었으세요	가려웠었소
	past-guessing	가려웠겠어요, 가려웠겠지요, 가려웠겠으세요	가려웠겠소
	future-gue/will/abi	가렵겠어요, 가렵겠지요, 가렵겠으세요, 가려울 수 있어요	가렵겠소
introgative	present	가려워요? 가렵지요? 가려우세요? 가렵나요? 가려울까요? *가려울래요? 가려운가요? 가려운데요? 가렵대요? 가렵다면서요? 가렵다지요?	가려우오? 가렵소?
	past-perfect	가려웠어요? 가려웠지요? 가려웠으세요?	가려웠소?
	past-experience	가려웠었어요? 가려웠었지요? 가려웠었으세요?	가려웠었소?
	future-gue/will/abi	가렵겠어요? 가렵겠지요? 가렵겠으세요? 가려우리요? *가려울 거예요? *가려울 거지요? *가려울 수 있겠어요?	가렵겠소?
imperative		*가려워요, *가렵지요, *가려우세요, *가려우라니까요	*가려우오, *가렵구려
suggestive		*가려워요, *가렵지요, *가려우세요, *가렵자니까요	*가려우오
exclamatory		가렵군요! 가려우리요!	가려우오!

ordinary non-honorific lev		'-어' form	'-네' form
declarative	present	가려워, 가렵지, *가려울래, 가려울걸, 가려운데, 가렵대, *가려울게, 가렵단다, *가려우마, 가렵잖아	가렵네
	present-continuous	*가렵고 있어, *가렵고 있지, *가렵는 중이야	*가렵고 있네
	past-perfect	가려웠어, 가려웠지, 가려웠잖아	가려웠네
	future-gue/will/abi	가렵겠어, 가렵겠지, 가려울 수 있어	가렵겠네
introgative	present	가려워? 가렵지? 가렵니? 가렵나? 가려울까? 가려우랴? *가려울래? 가려운데? 가렵대? 가렵다면서? 가렵다지?	가려운가?
	past-perfect	가려웠어? 가려웠지? 가려웠니? 가려웠을까? 가려웠대? 가려웠다면서?	가려웠는가?
	future-gue/will/abi	가렵겠어? 가렵겠지? 가렵겠니? 가려우리? *가려울 거야? *가려울 거지? *가려울 거니? *가려울 수 있겠어?	가렵겠는가?
imperative		*가려워, *가렵지, *가려우렴, *가려우려무나, *가려우라니까	*가렵게
suggestive		*가려워, *가렵지, *가렵자니까	*가렵세
exclamatory		가려워! 가렵지! 가려우리!	가렵네!

low non-honorific lev		indicative style	retrospective style
declarative	present	가렵다	가렵더라
	present-continuous	*가렵고 있다, *가렵는 중이다	*가렵고 있더라
	past-perfect	가려웠다	가려웠더라
	future-gue/will/abi	가렵겠다, *가려우리다, *가려우련다, 가려울 거다, 가려울 수 있다	가렵겠더라
introgative	present	가려우냐?	가렵더냐?
	past-perfect	가려웠느냐?	가려웠더냐?
	future-gue/will/abi	가렵겠느냐?	가렵겠더냐?
imperative		*가려워라	
suggestive		*가렵자	
exclamatory		가렵구나! 가렵다! 가렵도다!	가렵더구나!

connective	endings	connective	endings
serial	가렵고, 가려우며	comparison	*가렵느니
selection	가렵거나, 가렵든지, 가렵든가	degree	가려우리만큼
contrast	가려워도, 가렵지만, 가려우나, 가려운데, 가려우면서도, 가렵되, 가렵지	condition	가려우면, 가렵거든, 가렵거들랑, 가려워야, 가렵다면, 가려웠던들
simultaneity	가려우면서, 가려우며	circumstance	가려운데, 가려우니, *가렵다시피
completion	*가렵고서, *가려워서, *가렵자, *가렵자마자	figure	가렵듯이
conversion	가렵다가	proportion	가려울수록
concession	가려워도, 가렵더라도, 가려울지라도, 가려울지언정, 가려운들, 가려운데도, 가렵기로서니, 가려우나마, 가려울망정, 가려워 보았자	cause	가려워서, 가려우니까, *가렵느라고, 가렵기에, 가렵길래, 가려우니만큼, 가려운지라, 가려울세라, 가려우므로
intention	*가려우러, *가려우려고, *가렵고자	addition	가렵거니와, 가려울뿐더러, 가려우려니와
result	가렵도록, 가렵게끔	repetition	*가렵곤

Basic sentences

- 나는 등이 매우 가렵다. My back is very itchy.
- 가려운 데를 좀 긁어 주겠니? Would you please scratch my back? It itches.
- 그는 가려운데도 잘 참았다. Although it was itchy, he endured well.

가르다 [가르다, karɨda]

'ㄹ' irregular conjugation, Avt

to divide ; to distribute ; to classify ; to separate

causative	*가르히다, 가르게 하다, 가르게 만들다	passive	*갈리다, 가르게 되다, 갈라지다

adnominal : present-conti	past-perfect	past-retrospective	past-perfect-retro	future-gue/will
가르는	가른	가르던	갈랐던	가를

quotational : declarative	interrogative	imperative	suggestive	nominal	adverbial
가른다고	가르느냐고	가르라고	가르자고	가르기, 가름	갈라, 가르게

high honorific level		indicative style	retrospective style
declarative	present	가릅니다	가릅디다
	present-continuous	가르고 있습니다, 가르는 중입니다	가르고 있습디다
	past-perfect	갈랐습니다	갈랐습디다
	past-experience	갈랐었습니다	갈랐었습디다
	past-guessing	갈랐겠습니다	갈랐겠습디다
	future-gue/will/abi	가르겠습니다, 가르렵니다, 가를 겁니다, 가를 수 있습니다	가르겠습디다
introgative	present	가릅니까?	가릅디까?
	past-perfect	갈랐습니까?	갈랐습디까?
	past-experience	갈랐었습니까?	갈랐었습디까?
	future-gue/will/abi	가르겠습니까? 가르렵니까? 가를 겁니까? 가르리이까? 가를 수 있겠습니까?	가르겠습디까?
imperative		가르시오, 가르십시오	
suggestive		가릅시다, 가르십시다	
exclamatory		가르시는구나!	

ordinary honorific lev		'-어요' form	'-으오' form
declarative	present	갈라요, 가르지요, 가르세요, 가를래요, 가를걸요, 가르는데요, 가른대요, 가를게요, 가르잖아요	가르오
	present-continuous	가르고 있어요, 가르고 있지요, 가르고 있으세요, 가르는 중이에요	가르고 있소
	past-perfect	갈랐어요, 갈랐지요, 갈랐으세요, 갈랐잖아요	갈랐소
	past-experience	갈랐었어요, 갈랐었지요, 갈랐었으세요	갈랐었소
	past-guessing	갈랐겠어요, 갈랐겠지요, 갈랐겠으세요	갈랐겠소
	future-gue/will/abi	가르겠어요, 가르겠지요, 가르겠으세요, 가를 수 있어요	가르겠소
introgative	present	갈라요? 가르지요? 가르세요? 가르나요? 가를까요? 가를래요? 가르는가요? 가르는데요? 가른대요? 가른다면서요? 가른다지요?	가르오? *가르소?
	past-perfect	갈랐어요? 갈랐지요? 갈랐으세요?	갈랐소?
	past-experience	갈랐었어요? 갈랐었지요? 갈랐었으세요?	갈랐었소?
	future-gue/will/abi	가르겠어요? 가르겠지요? 가르겠으세요? 가르리요? 가를 거예요? 가를 거지요? 가를 수 있겠어요?	가르겠소?
imperative		갈라요, 가르지요, 가르세요, 가르라니까요	가르오, 가르구려
suggestive		갈라요, 가르지요, 가르세요, 가르자니까요	가르오
exclamatory		가르는군요! 가르리요!	가르오!

ordinary non-honorific lev		'-어' form	'-네' form
declarative	present	갈라, 가르지, 가를래, 가를걸, 가르는데, 가른대, 가를게, 가른단다, 가르마, 가르잖아	가르네
	present-continuous	가르고 있어, 가르고 있지, 가르는 중이야	가르고 있네
	past-perfect	갈랐어, 갈랐지, 갈랐잖아	갈랐네
	future-gue/will/abi	가르겠어, 가르겠지, 가를 수 있어	가르겠네
introgative	present	갈라? 가르지? 가르니? 가르나? 가를까? 가르랴? 가를래? 가르는데? 가른대? 가른다면서? 가른다지?	가르는가?
	past-perfect	갈랐어? 갈랐지? 갈랐니? 갈랐을까? 갈랐대? 갈랐다면서?	갈랐는가?
	future-gue/will/abi	가르겠어? 가르겠지? 가르겠니? 가르리? 가를 거야? 가를 거지? 가를 거니? 가를 수 있겠어?	가르겠는가?
imperative		갈라, 가르지, 가르렴, 가르려무나, 가르라니까	가르게
suggestive		갈라, 가르지, 가르자니까	가르세
exclamatory		갈라! 가르지! 가르리!	가르네!

low non-honorific lev		indicative style	retrospective style
declarative	present	가른다	가르더라
	present-continuous	가르고 있다, 가르는 중이다	가르고 있더라
	past-perfect	갈랐다	갈랐더라
	future-gue/will/abi	가르겠다, 가르리다, 가르련다, 가를 거다, 가를 수 있다	가르겠더라
introgative	present	가르느냐?	가르더냐?
	past-perfect	갈랐느냐?	갈랐더냐?
	future-gue/will/abi	가르겠느냐?	가르겠더냐?
imperative		갈라라	
suggestive		가르자	
exclamatory		가르는구나! 가른다! 가르는도다!	가르더구나!

connective	endings	connective	endings
serial	가르고, 가르며	comparison	가르느니
selection	가르거나, 가르든지, 가르든가	degree	가르리만큼
contrast	갈라도, 가르지만, 가르나, 가르는데, 가르면서도, 가르되, 가르지	condition	가르면, 가르거든, 가르거들랑, 갈라야, 가른다면, 갈랐던들
simultaneity	가르면서, 가르며	circumstance	가르는데, 가르니, 가르다시피
completion	가르고서, 갈라서, 가르자, 가르자마자	figure	가르듯이
conversion	가르다가	proportion	가를수록
concession	갈라도, 가르더라도, 가를지라도, 가를지언정, 가른들, 가르는데도, 가르기로서니, 가르나마, 가를망정, 갈라 보았자	cause	갈라서, 가르니까, 가르느라고, 가르기에, 가르길래, 가르느니만큼, 가르는지라, 가를세라, 가르므로
intention	가르라, 가르려고, 가르고자	addition	가르거니와, 가를뿐더러, 가르려니와
result	가르도록, 가르게끔	repetition	가르곤

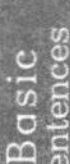

- 자녀들에게 재산을 골고루 갈라 주었다. I evenly shared my fortune between my children.
- 강물을 가르는 요트 위에서 데이트를 했다. We had date on the river splitting yacht.
- 남자와 여자로 갈라서 경기를 하자.
  Let's divide the team to males and females to play the match.

가지다 [가지다, katɕida]

'이' regular conjugation, Avt

to have, own ; to conceive, become pregnant

causative	*가지히다, 가지게 하다, 가지게 만들다	passive	*가지히다, 가지게 되다, 가져지다

adnominal : present-conti	past-perfect	past-retrospective	past-perfect-retro	future-gue/will
가지는	가진	가지던	가졌던	가질

quotational : declarative	interrogative	imperative	suggestive	nominal	adverbial
가진다고	가지느냐고	가지라고	가지자고	가지기, 가짐	가져, 가지게

high honorific level		indicative style	retrospective style
declarative	present	가집니다	가집디다
	present-continuous	가지고 있습니다, 가지는 중입니다	가지고 있습디다
	past-perfect	가졌습니다	가졌습디다
	past-experience	가졌었습니다	가졌었습디다
	past-guessing	가졌겠습니다	가졌겠습디다
	future-gue/will/abi	가지겠습니다, 가지렵니다, 가질 겁니다, 가질 수 있습니다	가지겠습디다
introgative	present	가집니까?	가집디까?
	past-perfect	가졌습니까?	가졌습디까?
	past-experience	가졌었습니까?	가졌었습디까?
	future-gue/will/abi	가지겠습니까? 가지렵니까? 가질 겁니까? 가지리이까? 가질 수 있겠습니까?	가지겠습디까?
imperative		가지시오, 가지십시오	
suggestive		가집시다, 가지십시다	
exclamatory		가지시는구나!	

ordinary honorific lev		'-어요' form	'-으오' form
declarative	present	가져요, 가지지요, 가지세요, 가질래요, 가질걸요, 가지는데요, 가진대요, 가질게요, 가지잖아요	가지오
	present-continuous	가지고 있어요, 가지고 있지요, 가지고 있으세요, 가지는 중이에요	가지고 있소
	past-perfect	가졌어요, 가졌지요, 가졌으세요, 가졌잖아요	가졌소
	past-experience	가졌었어요, 가졌었지요, 가졌었으세요	가졌었소
	past-guessing	가졌겠어요, 가졌겠지요, 가졌겠으세요	가졌겠소
	future-gue/will/abi	가지겠어요, 가지겠지요, 가지겠으세요, 가질 수 있어요	가지겠소
introgative	present	가져요? 가지지요? 가지세요? 가지나요? 가질까요? 가질래요? 가지는가요? 가지는데요? 가진대요? 가진다면서요? 가진다지요?	가지오? *가지소?
	past-perfect	가졌어요? 가졌지요? 가졌으세요?	가졌소?
	past-experience	가졌었어요? 가졌었지요? 가졌었으세요?	가졌었소?
	future-gue/will/abi	가지겠어요? 가지겠지요? 가지겠으세요? 가지리요? 가질 거예요? 가질 거지요? 가질 수 있겠어요?	가지겠소?
imperative		가져요, 가지지요, 가지세요, 가지라니까요	가지오, 가지구려
suggestive		가져요, 가지지요, 가지세요, 가지자니까요	가지오
exclamatory		가지는군요! 가지리요!	가지오!

ordinary non-honorific lev		'-어' form	'-네' form
declarative	present	가져, 가지지, 가질래, 가질걸, 가지는데, 가진대, 가질게, 가진단다, 가지마, 가지잖아	가지네
	present-continuous	가지고 있어, 가지고 있지, 가지는 중이야	가지고 있네
	past-perfect	가졌어, 가졌지, 가졌잖아	가졌네
	future-gue/will/abi	가지겠어, 가지겠지, 가질 수 있어	가지겠네
introgative	present	가져? 가지지? 가지니? 가지나? 가질까? 가지랴? 가질래? 가지는데? 가진대? 가진다면서? 가진다지?	가지는가?
	past-perfect	가졌어? 가졌지? 가졌니? 가졌을까? 가졌대? 가졌다면서?	가졌는가?
	future-gue/will/abi	가지겠어? 가지겠지? 가지겠니? 가지리? 가질 거야? 가질 거지? 가질 거니? 가질 수 있겠어?	가지겠는가?
imperative		가져, 가지지, 가지렴, 가지려무나, 가지라니까	가지게
suggestive		가져, 가지지, 가지자니까	가지세
exclamatory		가져! 가지지! 가지리!	가지네!

low non-honorific lev		indicative style	retrospective style
declarative	present	가진다	가지더라
	present-continuous	가지고 있다, 가지는 중이다	가지고 있더라
	past-perfect	가졌다	가졌더라
	future-gue/will/abi	가지겠다, 가지리다, 가지련다, 가질 거다, 가질 수 있다	가지겠더라
introgative	present	가지느냐?	가지더냐?
	past-perfect	가졌느냐?	가졌더냐?
	future-gue/will/abi	가지겠느냐?	가지겠더냐?
imperative		가져라	
suggestive		가지자	
exclamatory		가지는구나! 가지는다! 가지는도다!	가지더구나!

connective	endings	connective	endings
serial	가지고, 가지며	comparison	가지느니
selection	가지거나, 가지든지, 가지든가	degree	가지리만큼
contrast	가져도, 가지지만, 가지나, 가지는데, 가지면서도, 가지되, 가지지	condition	가지면, 가지거든, 가지거들랑, 가져야, 가진다면, 가졌던들
simultaneity	가지면서, 가지며	circumstance	가지는데, 가지니, 가지다시피
completion	가지고서, 가져서, 가지자, 가지자마자	figure	가지듯이
conversion	가지다가	proportion	가질수록
concession	가져도, 가지더라도, 가질지라도, 가질지언정, 가진들, 가지는데도, 가지기로서니, 가지나마, 가질망정, 가져 보았자	cause	가져서, 가지니까, 가지느라고, 가지기에, 가지길래, 가지느니만큼, 가지는지라, 가질세라, 가지므로
intention	가지러, 가지려고, 가지고자	addition	가지거니와, 가질뿐더러, 가지려니와
result	가지도록, 가지게끔	repetition	가지곤

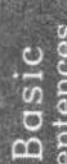

- 그는 이야기책을 많이 가지고 있다. He has a lot of storybooks.
- 초승달 같이 예쁜 눈썹을 가진 사람 없어요?
  Isn't there someone who has eyebrows shaped like a cresent moon?
- 그녀는 아이를 가졌지만 입덧이 심하지 않았다.
  She is pregnant with a child but her morning sickness isn't severe.

건너다 [건너다, kənnəta]

'어' regular conjugation, Avt

to go over, pass over ; to, cross (over) ; to ferry

causative	*건너히다, 건너게 하다, 건너게 만들다	passive	*건너히다, 건너게 되다, 건너지다

adnominal : present-conti	past-perfect	past-retrospective	past-perfect-retro	future-gue/will
건너는	건넌	건너던	건넜던	건널

quotational : declarative	interrogative	imperative	suggestive	nominal	adverbial
건넌다고	건너느냐고	건너라고	건너자고	건너기, 건넘	건너, 건너게

high honorific level		indicative style	retrospective style
declarative	present	건넙니다	건넙디다
	present-continuous	건너고 있습니다, 건너는 중입니다	건너고 있습디다
	past-perfect	건넜습니다	건넜습디다
	past-experience	건넜었습니다	건넜었습디다
	past-guessing	건넜겠습니다	건넜겠습디다
	future-gue/will/abi	건너겠습니다, 건너렵니다, 건널 겁니다, 건널 수 있습니다	건너겠습디다
introgative	present	건넙니까?	건넙디까?
	past-perfect	건넜습니까?	건넜습디까?
	past-experience	건넜었습니까?	건넜었습디까?
	future-gue/will/abi	건너겠습니까? 건너렵니까? 건널 겁니까? 건너리이까? 건널 수 있겠습니까?	건너겠습디까?
imperative		건너시오, 건너십시오	
suggestive		건넙시다, 건너십시다	
exclamatory		건너시는구나!	

ordinary honorific lev		'-어요' form	'-으오' form
declarative	present	건너요, 건너지요, 건너세요, 건널래요, 건널걸요, 건너는데요, 건넌대요, 건널게요, 건너잖아요	건너오
	present-continuous	건너고 있어요, 건너고 있지요, 건너고 있으세요, 건너는 중이에요	건너고 있소
	past-perfect	건넜어요, 건넜지요, 건넜으세요, 건넜잖아요	건넜소
	past-experience	건넜었어요, 건넜었지요, 건넜었으세요	건넜었소
	past-guessing	건넜겠어요, 건넜겠지요, 건넜겠으세요	건넜겠소
	future-gue/will/abi	건너겠어요, 건너겠지요, 건너겠으세요, 건널 수 있어요	건너겠소
introgative	present	건너요? 건너지요? 건너세요? 건너나요? 건널까요? 건널래요? 건너는가요? 건너는데요? 건넌대요? 건넌다면서요? 건넌다지요?	건너오? 건너소?
	past-perfect	건넜어요? 건넜지요? 건넜으세요?	건넜소?
	past-experience	건넜었어요? 건넜었지요? 건넜었으세요?	건넜었소?
	future-gue/will/abi	건너겠어요? 건너겠지요? 건너겠으세요? 건너리요? 건널 거예요? 건널 거지요? 건널 수 있겠어요?	건너겠소?
imperative		건너요, 건너지요, 건너세요, 건너라니까요	건너오, 건너구려
suggestive		건너요, 건너지요, 건너세요, 건너자니까요	건너오
exclamatory		건너는군요! 건너리요!	건너오!

ordinary non-honorific lev		'-어' form	'-네' form
declarative	present	건너, 건너지, 건널래, 건널걸, 건너는데, 건넌대, 건널게, 건넌단다, 건너마, 건너잖아	건너네
	present-continuous	건너고 있어, 건너고 있지, 건너는 중이야	건너고 있네
	past-perfect	건넜어, 건넜지, 건넜잖아	건넜네
	future-gue/will/abi	건너겠어, 건너겠지, 건널 수 있어	건너겠네
introgative	present	건너? 건너지? 건너니? 건너나? 건널까? 건너랴? 건널래? 건너는데? 건넌대? 건넌다면서? 건넌다지?	건너는가?
	past-perfect	건넜어? 건넜지? 건넜니? 건넜을까? 건넜대? 건넜다면서?	건넜는가?
	future-gue/will/abi	건너겠어? 건너겠지? 건너겠니? 건너리? 건널 거야? 건널 거지? 건널 거니? 건널 수 있겠어?	건너겠는가?
imperative		건너, 건너지, 건너렴, 건너려무나, 건너라니까	건너게
suggestive		건너, 건너지, 건너자니까	건너세
exclamatory		건너! 건너지! 건너리!	건너네!

low non-honorific lev		indicative style	retrospective style
declarative	present	건넌다	건너더라
	present-continuous	건너고 있다, 건너는 중이다	건너고 있더라
	past-perfect	건넜다	건넜더라
	future-gue/will/abi	건너겠다, 건너리다, 건너련다, 건널 거다, 건널 수 있다	건너겠더라
introgative	present	건너느냐?	건너더냐?
	past-perfect	건넜느냐?	건넜더냐?
	future-gue/will/abi	건너겠느냐?	건너겠더냐?
imperative		건너라	
suggestive		건너자	
exclamatory		건너는구나! 건넌다! 건너는도다!	건너더구나!

connective	endings	connective	endings
serial	건너고, 건너며	comparison	건너느니
selection	건너거나, 건너든지, 건너든가	degree	건너리만큼
contrast	건너도, 건너지만, 건너나, 건너는데, 건너면서도, 건너되, 건너지	condition	건너면, 건너거든, 건너거들랑, 건너야, 건넌다면, 건넜던들
simultaneity	건너면서, 건너며	circumstance	건너는데, 건너니, 건너다시피
completion	건너고서, 건너서, 건너자, 건너자마자	figure	건너듯이
conversion	건너다가	proportion	건널수록
concession	건너도, 건너더라도, 건널지라도, 건널지언정, 건넌들, 건너는데도, 건너기로서니, 건너나마, 건널망정, 건너 보았자	cause	건너서, 건너니까, 건너느라고, 건너기에, 건너길래, 건너느니만큼, 건너는지라, 건널세라, 건너므로
intention	건너러, 건너려고, 건너고자	addition	건너거니와, 건널뿐더러, 건너려니와
result	건너도록, 건너게끔	repetition	건너곤

Basic sentences

- 그는 나룻배로 강을 건넜다. He crossed the river by ferry.
- 내가 건넜던 강만 해도 십 개는 된다. I have crossed at least ten rivers.
- 한강을 건너야 고향으로 갈 수가 있다.
  I have to cross the Han river in order to go to my hometown.

걷다1 [걷:따, kəd:t'a]

'ㄷ' irregular conjugation, Avi

to walk, step

causative	걸리다, 걷게 하다, 걷게 만들다	passive	*걷히다, 걷게 되다, 걸어지다

adnominal : present-conti	past-perfect	past-retrospective	past-perfect-retro	future-gue/will
걷는	걸은	걷던	걸었던	걸을

quotational : declarative	interrogative	imperative	suggestive	nominal	adverbial
걷는다고	걷느냐고	걸으라고	걷자고	걷기, 걸음	걸어, 걷게

high honorific level		indicative style	retrospective style
declarative	present	걷습니다	걷습디다
	present-continuous	걷고 있습니다, 걷는 중입니다	걷고 있습디다
	past-perfect	걸었습니다	걸었습디다
	past-experience	걸었었습니다	걸었었습디다
	past-guessing	걸었겠습니다	걸었겠습디다
	future-gue/will/abi	걷겠습니다, 걸으렵니다, 걸을 겁니다, 걸을 수 있습니다	걷겠습디다
introgative	present	걷습니까?	걷습디까?
	past-perfect	걸었습니까?	걸었습디까?
	past-experience	걸었었습니까?	걸었었습디까?
	future-gue/will/abi	걷겠습니까? 걸으렵니까? 걸을 겁니까? 걸으리이까? 걸을 수 있겠습니까?	걷겠습디까?
imperative		걸으시오, 걸으십시오	
suggestive		걸읍시다, 걸으십시다	
exclamatory		걸으시는구나!	

ordinary honorific lev		'-어요' form	'-으오' form
declarative	present	걸어요, 걷지요, 걸으세요, 걸을래요, 걸을걸요, 걷는데요, 걷는대요, 걸을게요, 걷잖아요	걸으오
	present-continuous	걷고 있어요, 걷고 있지요, 걷고 있으세요, 걷는 중이에요	걷고 있소
	past-perfect	걸었어요, 걸었지요, 걸었으세요, 걸었잖아요	걸었소
	past-experience	걸었었어요, 걸었었지요, 걸었었으세요	걸었었소
	past-guessing	걸었겠어요, 걸었겠지요, 걸었겠으세요	걸었겠소
	future-gue/will/abi	걷겠어요, 걷겠지요, 걷겠으세요, 걸을 수 있어요	걷겠소
introgative	present	걸어요? 걷지요? 걸으세요? 걷나요? 걸을까요? 걸을래요? 걷는가요? 걷는데요? 걷는대요? 걷는다면서요? 걷는다지요?	걸으오? 걷소?
	past-perfect	걸었어요? 걸었지요? 걸었으세요?	걸었소?
	past-experience	걸었었어요? 걸었었지요? 걸었었으세요?	걸었었소?
	future-gue/will/abi	걷겠어요? 걷겠지요? 걷겠으세요? 걸으리요? 걸을 거예요? 걸을 거지요? 걸을 수 있겠어요?	걷겠소?
imperative		걸어요, 걷지요, 걸으세요, 걸으라니까요	걸으오, 걷구려
suggestive		걸어요, 걷지요, 걸으세요, 걷자니까요	걸으오
exclamatory		걷는군요! 걸으리요!	걸으오!

ordinary non-honorific lev		'-어' form	'-네' form
declarative	present	걸어, 걷지, 걸을래, 걸을걸, 걷는데, 걷는대, 걸을게, 걷는단다, 걸으마, 걷잖아	걷네
	present-continuous	걷고 있어, 걷고 있지, 걷는 중이야	걷고 있네
	past-perfect	걸었어, 걸었지, 걸었잖아	걸었네
	future-gue/will/abi	걷겠어, 걷겠지, 걸을 수 있어	걷겠네
introgative	present	걸어? 걷지? 걷니? 걷나? 걸을까? 걸으랴? 걸을래? 걷는데? 걷는대? 걷는다면서? 걷는다지?	걷는가?
	past-perfect	걸었어? 걸었지? 걸었니? 걸었을까? 걸었대? 걸었다면서?	걸었는가?
	future-gue/will/abi	걷겠어? 걷겠지? 걷겠니? 걸으리? 걸을 거야? 걸을 거지? 걸을 거니? 걸을 수 있겠어?	걷겠는가?
imperative		걸어, 걷지, 걸으렴, 걸으려무나, 걸으라니까	걷게
suggestive		걸어, 걷지, 걷자니까	걷세
exclamatory		걸어! 걷지! 걸으리!	걷네!

low non-honorific lev		indicative style	retrospective style
declarative	present	걷는다	걷더라
	present-continuous	걷고 있다, 걷는 중이다	걷고 있더라
	past-perfect	걸었다	걸었더라
	future-gue/will/abi	걷겠다, 걸으리다, 걸으련다, 걸을 거다, 걸을 수 있다	걷겠더라
introgative	present	걷느냐?	걷더냐?
	past-perfect	걸었느냐?	걸었더냐?
	future-gue/will/abi	걷겠느냐?	걷겠더냐?
imperative		걸어라	
suggestive		걷자	
exclamatory		걷는구나! 걷는다! 걷는도다!	걷더구나!

connective	endings	connective	endings
serial	걷고, 걸으며	comparison	걷느니
selection	걷거나, 걷든지, 걷든가	degree	걸으리만큼
contrast	걸어도, 걷지만, 걸으나, 걷는데, 걸으면서도, 걷되, 걷지	condition	걸으면, 걷거든, 걷거들랑, 걸어야, 걷는다면, 걸었던들
simultaneity	걸으면서, 걸으며	circumstance	걷는데, 걸으니, 걷다시피
completion	걷고서, 걸어서, 걷자, 걷자마자	figure	걷듯이
conversion	걷다가	proportion	걸을수록
concession	걸어도, 걷더라도, 걸을지라도, 걸을지언정, 걸은들, 걷는데도, 걷기로서니, 걸으나마, 걸을망정, 걸어 보았자	cause	걸어서, 걸으니까, 걷느라고, 걷기에, 걷길래, 걷느니만큼, 걷는지라, 걸을세라, 걸으므로
intention	걸으러, 걸으려고, 걷고자	addition	걷거니와, 걸을뿐더러, 걸으려니와
result	걷도록, 걷게끔	repetition	걷곤

Basic sentences

- 그는 구도자처럼 머나먼 길을 걷고 또 걸었다.
  He walked and walked a long way like an inquirer.
- 건강하게 살려면 많이 걷는 게 좋아요. If you want to live a healthy life, you should walk a lot.
- 걷기도 전에 뛰려고 하면 되겠니? You had better learn how to walk before you learn how to run.

게으르다 [게으르다, keirida]

'ㄹ' irregular conjugation, Dv

to be idle, be lazy, be indolent, be slothful

causative	*게으르히다, 게으르게 하다, 게으르게 만들다	passive	*게으르히다, 게으르게 되다, 게을러지다

adnominal : present-conti	past-perfect	past-retrospective	past-perfect-retro	future-gue/will
게으른	게으른	게으르던	게을렀던	게으를

quotational : declarative	interrogative	imperative	suggestive	nominal	adverbial
게으르다고	게으르냐고	*게으르라고	*게으르자고	게으르기, 게으름	게을러, 게으르게

high honorific level		indicative style	retrospective style
declarative	present	게으릅니다	게으릅디다
	present-continuous	*게으르고 있습니다, *게으르는 중입니다	*게으르고 있습디다
	past-perfect	게을렀습니다	게을렀습디다
	past-experience	게을렀었습니다	게을렀었습디다
	past-guessing	게을렀겠습니다	게을렀겠습디다
	future-gue/will/abi	게으르겠습니다, *게으르렵니다, 게으를 겁니다, 게으를 수 있습니다	게으르겠습디다
introgative	present	게으릅니까?	게으릅디까?
	past-perfect	게을렀습니까?	게을렀습디까?
	past-experience	게을렀었습니까?	게을렀었습디까?
	future-gue/will/abi	게으르겠습니까? *게으르렵니까? *게으를 겁니까? *게으르리이까? *게으를 수 있겠습니까?	게으르겠습디까?
imperative		*게으르시오, *게으르십시오	
suggestive		*게으릅시다, *게으르십시다	
exclamatory		게으르시구나!	

ordinary honorific lev		'-어요' form	'-으오' form
declarative	present	게을러요, 게으르지요, 게으르세요, *게으를래요, 게으를걸요, 게으른데요, 게으르대요, *게으를게요, 게으르잖아요	게으르오
	present-continuous	*게으르고 있어요, *게으르고 있지요, *게으르고 있으세요, *게으르는 중이에요	*게으르고 있소
	past-perfect	게을렀어요, 게을렀지요, 게을렀으세요, 게을렀잖아요	게을렀소
	past-experience	게을렀었어요, 게을렀었지요, 게을렀었으세요	게을렀었소
	past-guessing	게을렀겠어요, 게을렀겠지요, 게을렀겠으세요	게을렀겠소
	future-gue/will/abi	게으르겠어요, 게으르겠지요, 게으르겠으세요, 게으를 수 있어요	게으르겠소
introgative	present	게을러요? 게으르지요? 게으르세요? 게으르나요? 게으를까요? *게으를래요? 게으른가요? 게으른데요? 게으르대요? 게으르다면서요? 게으르다지요?	게으르오? *게으르소?
	past-perfect	게을렀어요? 게을렀지요? 게을렀으세요?	게을렀소?
	past-experience	게을렀었어요? 게을렀었지요? 게을렀었으세요?	게을렀었소?
	future-gue/will/abi	게으르겠어요? 게으르겠지요? 게으르겠으세요? 게으르리요? *게으를 거예요? *게으를 거지요? *게으를 수 있겠어요?	게으르겠소?
imperative		*게을러요, *게으르지요, *게으르세요, *게으르라니까요	*게으르오,*게으르구려
suggestive		*게을러요, *게으르지요, *게으르세요, *게으르자니까요	*게으르오
exclamatory		게으르군요! 게으르리요!	게으르오!

ordinary non-honorific lev		'-어' form	'-네' form
declarative	present	게을러, 게으르지, *게으를래, 게으를걸, 게으른데, 게으르대, *게으를게, 게으르단다, *게으르마, 게으르잖아	게으르네
	present-continuous	*게으르고 있어, *게으르고 있지, *게으르는 중이야	*게으르고 있네
	past-perfect	게을렀어, 게을렀지, 게을렀잖아	게을렀네
	future-gue/will/abi	게으르겠어, 게으르겠지, 게으를 수 있어	게으르겠네
introgative	present	게을러? 게으르지? 게으르니? 게으르나? 게으를까? 게으르랴? *게으를래? 게으른데? 게으르대? 게으르다면서? 게으르다지?	게으른가?
	past-perfect	게을렀어? 게을렀지? 게을렀니? 게을렀을까? 게을렀대? 게을렀다면서?	게을렀는가?
	future-gue/will/abi	게으르겠어? 게으르겠지? 게으르겠니? 게으르리? *게으를 거야? *게으를 거지? *게으를 거니? *게으를 수 있겠어?	게으르겠는가?
imperative		*게을러, *게으르지, *게으르렴, *게으르려무나, *게으르라니까	*게으르게
suggestive		*게을러, *게으르지, *게으르자니까	*게으르세
exclamatory		게을러! 게으르지! 게으르리!	게으르네!

low non-honorific lev		indicative style	retrospective style
declarative	present	게으르다	게으르더라
	present-continuous	*게으르고 있다, *게으르는 중이다	*게으르고 있더라
	past-perfect	게을렀다	게을렀더라
	future-gue/will/abi	게으르겠다, *게으르리다, *게으르련다, 게으를 거다, 게으를 수 있다	게으르겠더라
introgative	present	게으르냐?	게으르더냐?
	past-perfect	게을렀느냐?	게을렀더냐?
	future-gue/will/abi	게으르겠느냐?	게으르겠더냐?
imperative		*게을러라	
suggestive		*게으르자	
exclamatory		게으르구나! 게으르다! 게으르도다!	게으르더구나!

connective	endings	connective	endings
serial	게으르고, 게으르며	comparison	*게으르느니
selection	게으르거나, 게으르든지, 게으르든가	degree	게으르리만큼
contrast	게을러도, 게으르지만, 게으르나, 게으른데, 게으르면서도, 게으르되, 게으르지	condition	게으르면, 게으르거든, 게으르거들랑, 게을러야, 게으르다면, 게을렀던들
simultaneity	게으르면서, 게으르며	circumstance	게으른데, 게으르니, *게으르다시피
completion	*게으르고서, *게을러서, *게으르자, *게으르자마자	figure	게으르듯이
conversion	게으르다가	proportion	게으를수록
concession	게을러도, 게으르더라도, 게으를지라도, 게으를지언정, 게으른들, 게으른데도, 게으르기로서니, 게으르나마, 게으를망정, 게을러 보았자	cause	게을러서, 게으르니까, *게으르느라고, 게으르기에, 게으르길래, 게으르니만큼, 게으른지라, 게으를세라, 게으르므로
intention	*게으르러, *게으르려고, *게으르고자	addition	게으르거니와, 게으를뿐더러, 게으르려니와
result	게으르도록, 게으르게끔	repetition	*게으르곤

Basic sentences

- 영수는 매우 게으르다. Young-soo is very lazy.
- 저렇게 게으른 사람은 처음 봤다. I have never seen such a lazy person before.
- 게으르게 살면 남는 건 가난밖에 없다. A sluggish life will end up in poverty.

계시다 [계:시다, kje:sida]

'이' regular conjugation, Avi

to be ; to stay

causative	*계시히다, 계시게 하다, 계시게 만들다	passive	*계시히다, 계시게 되다, 계셔지다

adnominal : present-conti	past-perfect	past-retrospective	past-perfect-retro	future-gue/will
계시는	계신	계시던	계셨던	계실

quotational : declarative	interrogative	imperative	suggestive	nominal	adverbial
계신다고	계시느냐고	계시라고	계시자고	계시기, 계심	계셔, 계시게

high honorific level		indicative style	retrospective style
declarative	present	계십니다	계십디다
	present-continuous	계시고 있습니다, 계시는 중입니다	계시고 있습디다
	past-perfect	계셨습니다	계셨습디다
	past-experience	계셨었습니다	계셨었습디다
	past-guessing	계셨겠습니다	계셨겠습디다
	future-gue/will/abi	계시겠습니다, 계시렵니다, 계실 겁니다, 계실 수 있습니다	계시겠습디다
introgative	present	계십니까?	계십디까?
	past-perfect	계셨습니까?	계셨습디까?
	past-experience	계셨었습니까?	계셨었습디까?
	future-gue/will/abi	계시겠습니까? 계시렵니까? 계실 겁니까? 계시리이까? 계실 수 있겠습니까?	계시겠습디까?
imperative		계시시오, 계시십시오	
suggestive		계십시다, 계시십시다	
exclamatory		계시는구나!	

ordinary honorific lev		'-어요' form	'-으오' form
declarative	present	계셔요, 계시지요, 계시세요, 계실래요, 계실걸요, 계시는데요, 계신대요, *계실게요, 계시잖아요	계시오
	present-continuous	계시고 있어요, 계시고 있지요, 계시고 있으세요, 계시는 중이에요	계시고 있소
	past-perfect	계셨어요, 계셨지요, 계셨으세요, 계셨잖아요	계셨소
	past-experience	계셨었어요, 계셨었지요, 계셨었으세요	계셨었소
	past-guessing	계셨겠어요, 계셨겠지요, 계셨겠으세요	계셨겠소
	future-gue/will/abi	계시겠어요, 계시겠지요, 계시겠으세요, 계실 수 있어요	계시겠소
introgative	present	계셔요? 계시지요? 계시세요? 계시나요? 계실까요? 계실래요? 계시는가요? 계시는데요? 계신대요? 계시다면서요? 계시다지요?	계시오? *계시소?
	past-perfect	계셨어요? 계셨지요? 계셨으세요?	계셨소?
	past-experience	계셨었어요? 계셨었지요? 계셨었으세요?	계셨었소?
	future-gue/will/abi	계시겠어요? 계시겠지요? 계시겠으세요? 계시리요? 계실 거예요? 계실 거지요? 계실 수 있겠어요?	계시겠소?
imperative		계셔요, 계시지요, 계시세요, 계시라니까요	계시오, 계시구려
suggestive		계셔요, 계시지요, 계시세요, 계시자니까요	계시오
exclamatory		계시는군요!/계시군요! 계시리요!	계시오!

ordinary non-honorific lev		'-어' form	'-네' form
declarative	present	계셔, 계시지, *계실래, 계실걸, 계시는데, 계신대, *계실게, 계신단다, 계시마, 계시잖아	계시네
	present-continuous	계시고 있어, 계시고 있지, 계시는 중이야	계시고 있네
	past-perfect	계셨어, 계셨지, 계셨잖아	계셨네
	future-gue/will/abi	계시겠어, 계시겠지, 계실 수 있어	계시겠네
introgative	present	계셔? 계시지? 계시니? 계시나? 계실까? 계시랴? *계실래? 계시는데? 계신대? 계신다면서? 계신다지?	계시는가?
	past-perfect	계셨어? 계셨지? 계셨니? 계셨을까? 계셨대? 계셨다면서?	계셨는가?
	future-gue/will/abi	계시겠어? 계시겠지? 계시겠니? 계시리? 계실 거야? 계실 거지? 계실 거니? 계실 수 있겠어?	계시겠는가?
imperative		계셔, 계시지, *계시렴, *계시려무나, 계시라니까	계시게
suggestive		계셔, 계시지, 계시자니까	계시세
exclamatory		계셔! 계시지! 계시리!	계시네!

low non-honorific lev		indicative style	retrospective style
declarative	present	계신다	계시더라
	present-continuous	계시고 있다, 계시는 중이다	계시고 있더라
	past-perfect	계셨다	계셨더라
	future-gue/will/abi	계시겠다, 계시리다, *계시련다, 계실 거다, 계실 수 있다	계시겠더라
introgative	present	계시느냐?	계시더냐?
	past-perfect	계셨느냐?	계셨더냐?
	future-gue/will/abi	계시겠느냐?	계시겠더냐?
imperative		계셔라	
suggestive		계시자	
exclamatory		계시는구나! 계신다! 계시는도다!/계시도다!	계시더구나!

connective	endings	connective	endings
serial	계시고, 계시며	comparison	계시느니
selection	계시거나, 계시든지, 계시든가	degree	계시리만큼
contrast	계셔도, 계시지만, 계시나, 계시는데, 계시면서도, 계시되, 계시지	condition	계시면, 계시거든, 계시거들랑, 계셔야, 계신다면, 계셨던들
simultaneity	계시면서, 계시며	circumstance	계시는데, 계시니, 계시다시피
completion	계시고서, 계셔서, 계시자, 계시자마자	figure	계시듯이
conversion	계시다가	proportion	계실수록
concession	계셔도, 계시더라도, 계실지라도, 계실지언정, 계신들, 계시는데도, 계시기로서니, 계시나마, 계실망정, 계셔 보았자	cause	계셔서, 계시니까, 계시느라고, 계시기에, 계시길래, 계시니만큼, 계시는지라, 계실세라, 계시므로
intention	계시러, 계시려고, 계시고자	addition	계시거니와, 계실뿐더러, 계시려니와
result	계시도록, 계시게끔	repetition	계시곤

Basic sentences

- 김 선생님, 댁에 계십니까? Teacher Kim, are you at home?
- 한국에 계신 지가 얼마나 되셨어요? How long have you stayed in Korea?
- 어머니는 미국에 오래 계셨지만 영어를 잘 못 하신다.
  My mother stayed in America for a long time, but she is not good in English.

고되다 [고되다, kodøda]

'외' regular conjugation, Dv

to be tired, be hard, be painful

causative	*고되히다, 고되게 하다, 고되게 만들다	passive	*고되히다, 고되게 되다, 고돼지다

adnominal : present-conti	past-perfect	past-retrospective	past-perfect-retro	future-gue/will
고된	고된	고되던	고됐던	고될

quotational : declarative	interrogative	imperative	suggestive	nominal	adverbial
고되다고	고되냐고	*고되라고	*고되자고	고되기, 고됨	고돼, 고되게

high honorific level		indicative style	retrospective style
declarative	present	고됩니다	고됩디다
	present-continuous	*고되고 있습니다, *고되는 중입니다	*고되고 있습디다
	past-perfect	고됐습니다	고됐습디다
	past-experience	고됐었습니다	고됐었습디다
	past-guessing	고됐겠습니다	고됐겠습디다
	future-gue/will/abi	고되겠습니다, *고되렵니다, 고될 겁니다, 고될 수 있습니다	고되겠습디다
introgative	present	고됩니까?	고됩디까?
	past-perfect	고됐습니까?	고됐습디까?
	past-experience	고됐었습니까?	고됐었습디까?
	future-gue/will/abi	고되겠습니까? *고되렵니까? *고될 겁니까? *고되리이까? *고될 수 있겠습니까?	고되겠습디까?
imperative		*고되시오, *고되십시오	
suggestive		*고됩시다, *고되십시다	
exclamatory		고되시구나!	

ordinary honorific lev		'-어요' form	'-으오' form
declarative	present	고돼요, 고되지요, 고되세요, *고될래요, 고될걸요, 고된데요, 고되대요, *고될게요, 고되잖아요	고되오
	present-continuous	*고되고 있어요, *고되고 있지요, *고되고 있으세요, *고되는 중이에요	*고되고 있소
	past-perfect	고됐어요, 고됐지요, 고됐으세요, 고됐잖아요	고됐소
	past-experience	고됐었어요, 고됐었지요, 고됐었으세요	고됐었소
	past-guessing	고됐겠어요, 고됐겠지요, 고됐겠으세요	고됐겠소
	future-gue/will/abi	고되겠어요, 고되겠지요, 고되겠으세요, 고될 수 있어요	고되겠소
introgative	present	고돼요? 고되지요? 고되세요? 고되나요? 고될까요? *고될래요? 고된가요? 고된데요? 고되대요? 고되다면서요? 고되다지요?	고되오? *고되소?
	past-perfect	고됐어요? 고됐지요? 고됐으세요?	고됐소?
	past-experience	고됐었어요? 고됐었지요? 고됐었으세요?	고됐었소?
	future-gue/will/abi	고되겠어요? 고되겠지요? 고되겠으세요? 고되리요? *고될 거예요? *고될 거지요? *고될 수 있겠어요?	고되겠소?
imperative		*고돼요, *고되지요, *고되세요, *고되라니까요	*고되오, *고되구려
suggestive		*고돼요, *고되지요, *고되세요, *고되자니까요	*고되오
exclamatory		고되군요! 고되리요!	고되오!

ordinary non-honorific lev		'-어' form	'-네' form
declarative	present	고돼, 고되지, *고될래, 고될걸, 고된데, 고되대, *고될게, 고되단다, *고되마, 고되잖아	고되네
	present-continuous	*고되고 있어, *고되고 있지, *고되는 중이야	*고되고 있네
	past-perfect	고됐어, 고됐지, 고됐잖아	고됐네
	future-gue/will/abi	고되겠어, 고되겠지, 고될 수 있어	고되겠네
introgative	present	고돼? 고되지? 고되니? 고되나? 고될까? 고되랴? *고될래? 고된데? 고되대? 고되다면서? 고되다지?	고된가?
	past-perfect	고됐어? 고됐지? 고됐니? 고됐을까? 고됐대? 고됐다면서?	고됐는가?
	future-gue/will/abi	고되겠어? 고되겠지? 고되겠니? 고되리? *고될 거야? *고될 거지? *고될 거니? *고될 수 있겠어?	고되겠는가?
imperative		*고돼, *고되지, *고되렴, *고되려무나, *고되라니까	*고되게
suggestive		*고돼, *고되지, *고되자니까	*고되세
exclamatory		고돼! 고되지! 고되리!	고되네!

low non-honorific lev		indicative style	retrospective style
declarative	present	고되다	고되더라
	present-continuous	*고되고 있다, *고되는 중이다	*고되고 있더라
	past-perfect	고됐다	고됐더라
	future-gue/will/abi	고되겠다, *고되리다, *고되련다, 고될 거다, 고될 수 있다	고되겠더라
introgative	present	고되냐?	고되더냐?
	past-perfect	고됐느냐?	고됐더냐?
	future-gue/will/abi	고되겠느냐?	고되겠더냐?
imperative		*고돼라	
suggestive		*고되자	
exclamatory		고되구나! 고되다! 고되도다!	고되더구나!

connective	endings	connective	endings
serial	고되고, 고되며	comparison	*고되느니
selection	고되거나, 고되든지, 고되든가	degree	고되리만큼
contrast	고돼도, 고되지만, 고되나, 고된데, 고되면서도, 고되되, 고되지	condition	고되면, 고되거든, 고되거들랑, 고돼야, 고되다면, 고됐던들
simultaneity	고되면서, 고되며	circumstance	고된데, 고되니, *고되다시피
completion	*고되고서, *고돼서, *고되자, *고되자마자	figure	고되듯이
conversion	고되다가	proportion	고될수록
concession	고돼도, 고되더라도, 고될지라도, 고될지언정, 고된들, 고된데도, 고되기로서니, 고되나마, 고될망정, 고돼 보았자	cause	고돼서, 고되니까, *고되느라고, 고되기에, 고되길래, 고되니만큼, 고된지라, 고될세라, 고되므로
intention	*고되러, *고되려고, *고되고자	addition	고되거니와, 고될뿐더러, 고되려니와
result	고되도록, 고되게끔	repetition	*고되곤

- 그 일은 내게 너무 고되다. The work is very hard for me.
- 그는 고된 줄도 모르고 열심히 일했다. He worked hard without realizing that it was tough.
- 아무리 고돼도 결코 포기하지 마라. No matter how hard it is, don't give up.

고르다1 [고르다, korɨda]

'르' irregular conjugation, Dv

to be even ; to be equal ; to be regular

causative	*고르히다, 고르게 하다, 고르게 만들다	passive	*고르히다, 고르게 되다, 골라지다

adnominal : present-conti	past-perfect	past-retrospective	past-perfect-retro	future-gue/will
고른	고른	고르던	골랐던	고를

quotational : declarative	interrogative	imperative	suggestive	nominal	adverbial
고르다고	고르냐고	*고르라고	*고르자고	고르기, 고름	골라, 고르게

high honorific level		indicative style	retrospective style
declarative	present	고릅니다	고릅디다
	present-continuous	*고르고 있습니다, *고르는 중입니다	*고르고 있습디다
	past-perfect	골랐습니다	골랐습디다
	past-experience	골랐었습니다	골랐었습디다
	past-guessing	골랐겠습니다	골랐겠습디다
	future-gue/will/abi	고르겠습니다, *고르렵니다, 고를 겁니다, 고를 수 있습니다	고르겠습디다
introgative	present	고릅니까?	고릅디까?
	past-perfect	골랐습니까?	골랐습디까?
	past-experience	골랐었습니까?	골랐었습디까?
	future-gue/will/abi	고르겠습니까? *고르렵니까? *고를 겁니까? *고르리이까? *고를 수 있겠습니까?	고르겠습디까?
imperative		*고르시오, *고르십시오	
suggestive		*고릅시다, *고르십시다	
exclamatory		고르시구나!	

ordinary honorific lev		'-어요' form	'-으오' form
declarative	present	골라요, 고르지요, 고르세요, *고를래요, 고를걸요, 고른데요, 고르대요, *고를게요, 고르잖아요	고르오
	present-continuous	*고르고 있어요, *고르고 있지요, *고르고 있으세요, *고르는 중이에요	*고르고 있소
	past-perfect	골랐어요, 골랐지요, 골랐으세요, 골랐잖아요	골랐소
	past-experience	골랐었어요, 골랐었지요, 골랐었으세요	골랐었소
	past-guessing	골랐겠어요, 골랐겠지요, 골랐겠으세요	골랐겠소
	future-gue/will/abi	고르겠어요, 고르겠지요, 고르겠으세요, 고를 수 있어요	고르겠소
introgative	present	골라요? 고르지요? 고르세요? 고르나요? 고를까요? *고를래요? 고른가요? 고른데요? 고르대요? 고르다면서요? 고르다지요?	고르오? *고르소?
	past-perfect	골랐어요? 골랐지요? 골랐으세요?	골랐소?
	past-experience	골랐었어요? 골랐었지요? 골랐었으세요?	골랐었소?
	future-gue/will/abi	고르겠어요? 고르겠지요? 고르겠으세요? 고르리요? *고를 거예요? *고를 거지요? *고를 수 있겠어요?	고르겠소?
imperative		*골라요, *고르지요, *고르세요, *고르라니까요	*고르오, *고르구려
suggestive		*골라요, *고르지요, *고르세요, *고르자니까요	*고르오
exclamatory		고르군요! 고르리요!	고르오!

ordinary non-honorific lev		'-어' form	'-네' form
declarative	present	골라, 고르지, *고를래, 고를걸, 고른데, 고르대, *고를게, 고르단다, *고르마, 고르잖아	고르네
	present-continuous	*고르고 있어, *고르고 있지, *고르는 중이야	*고르고 있네
	past-perfect	골랐어, 골랐지, 골랐잖아	골랐네
	future-gue/will/abi	고르겠어, 고르겠지, 고를 수 있어	고르겠네
introgative	present	골라? 고르지? 고르니? 고르나? 고를까? 고르랴? *고를래? 고른데? 고르대? 고르다면서? 고르다지?	고른가?
	past-perfect	골랐어? 골랐지? 골랐니? 골랐을까? 골랐대? 골랐다면서?	골랐는가?
	future-gue/will/abi	고르겠어? 고르겠지? 고르겠니? 고르리? *고를 거야? *고를 거지? *고를 거니? *고를 수 있겠어?	고르겠는가?
imperative		*골라, *고르지, *고르렴, *고르려무나, *고르라니까	*고르게
suggestive		*골라, *고르지, *고르자니까	*고르세
exclamatory		골라! 고르지! 고르리!	고르네!

low non-honorific lev		indicative style	retrospective style
declarative	present	고르다	고르더라
	present-continuous	*고르고 있다, *고르는 중이다	*고르고 있더라
	past-perfect	골랐다	골랐더라
	future-gue/will/abi	고르겠다, *고르리다, *고르련다, 고를 거다, 고를 수 있다	고르겠더라
introgative	present	고르냐?	고르더냐?
	past-perfect	골랐느냐?	골랐더냐?
	future-gue/will/abi	고르겠느냐?	고르겠더냐?
imperative		*골라라	
suggestive		*고르자	
exclamatory		고르구나! 고르다! 고르도다!	고르더구나!

connective	endings	connective	endings
serial	고르고, 고르며	comparison	*고르느니
selection	고르거나, 고르든지, 고르든가	degree	고르리만큼
contrast	골라도, 고르지만, 고르나, 고른데, 고르면서도, 고르되, 고르지	condition	고르면, 고르거든, 고르거들랑, 골라야, 고르다면, 골랐던들
simultaneity	고르면서, 고르며	circumstance	고른데, 고르니, *고르다시피
completion	*고르고서, *골라서, *고르자, *고르자마자	figure	고르듯이
conversion	고르다가	proportion	고를수록
concession	골라도, 고르더라도, 고를지라도, 고를지언정, 고른들, 고른데도, 고르기로서니, 고르나마, 고를망정, 골라 보았자	cause	골라서, 고르니까, *고르느라고, 고르기에, 고르길래, 고르니만큼, 고른지라, 고를세라, 고르므로
intention	*고르러, *고르려고, *고르고자	addition	고르거니와, 고를뿐더러, 고르려니와
result	고르도록, 고르게끔	repetition	*고르곤

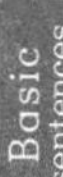

- 이번 중간고사는 아이들 성적이 골랐다. This children had evenly distributed score this midterm.
- 아이들의 고르지 못한 날씨 때문에 감기환자가 많다.
  Due to lack of regular weather, many children caught a cold.
- 박자가 고르지 않아서 노래를 부르기 어려웠다.
  It was hard to sing because the rhythm was not regular.

고르다3 [고:르다, ko:rida]

'ㄹ' irregular conjugation, Avt

to select, choose, pick out

causative	*고르히다, 고르게 하다, 고르게 만들다	passive	*고르히다, 고르게 되다, 골라지다

adnominal : present-conti	past-perfect	past-retrospective	past-perfect-retro	future-gue/will
고르는	고른	고르던	골랐던	고를

quotational : declarative	interrogative	imperative	suggestive	nominal	adverbial
고른다고	고르느냐고	고르라고	고르자고	고르기, 고름	골라, 고르게

high honorific level		indicative style	retrospective style
declarative	present	고릅니다	고릅디다
	present-continuous	고르고 있습니다, 고르는 중입니다	고르고 있습디다
	past-perfect	골랐습니다	골랐습디다
	past-experience	골랐었습니다	골랐었습디다
	past-guessing	골랐겠습니다	골랐겠습디다
	future-gue/will/abi	고르겠습니다, 고르렵니다, 고를 겁니다, 고를 수 있습니다	고르겠습디다
introgative	present	고릅니까?	고릅디까?
	past-perfect	골랐습니까?	골랐습디까?
	past-experience	골랐었습니까?	골랐었습디까?
	future-gue/will/abi	고르겠습니까? 고르렵니까? 고를 겁니까? 고르리이까? 고를 수 있겠습니까?	고르겠습디까?
imperative		고르시오, 고르십시오	
suggestive		고르읍시다, 고르십시다	
exclamatory		고르시는구나!	

ordinary honorific lev		'-어요' form	'-으오' form
declarative	present	골라요, 고르지요, 고르세요, 고를래요, 고를걸요, 고르는데요, 고른대요, 고를게요, 고르잖아요	고르오
	present-continuous	고르고 있어요, 고르고 있지요, 고르고 있으세요, 고르는 중이에요	고르고 있소
	past-perfect	골랐어요, 골랐지요, 골랐으세요, 골랐잖아요	골랐소
	past-experience	골랐었어요, 골랐었지요, 골랐었으세요	골랐었소
	past-guessing	골랐겠어요, 골랐겠지요, 골랐겠으세요	골랐겠소
	future-gue/will/abi	고르겠어요, 고르겠지요, 고르겠으세요, 고를 수 있어요	고르겠소
introgative	present	골라요? 고르지요? 고르세요? 고르나요? 고를까요? 고를래요? 고르는가요? 고르는데요? 고른대요? 고른다면서요? 고른다지요?	고르오? *고르소?
	past-perfect	골랐어요? 골랐지요? 골랐으세요?	골랐소?
	past-experience	골랐었어요? 골랐었지요? 골랐었으세요?	골랐었소?
	future-gue/will/abi	고르겠어요? 고르겠지요? 고르겠으세요? 고르리요? 고를 거예요? 고를 거지요? 고를 수 있겠어요?	고르겠소?
imperative		골라요, 고르지요, 고르세요, 고르라니까요	고르오, 고르구려
suggestive		골라요, 고르지요, 고르세요, 고르자니까요	고르오
exclamatory		고르는군요! 고르리요!	고르오!

ordinary non-honorific lev		'-어' form	'-네' form
declarative	present	골라, 고르지, 고를래, 고를걸, 고른데, 고른대, 고를게, 고른단다, 고르마, 고르잖아	고르네
	present-continuous	고르고 있어, 고르고 있지, 고르는 중이야	고르고 있네
	past-perfect	골랐어, 골랐지, 골랐잖아	골랐네
	future-gue/will/abi	고르겠어, 고르겠지, 고를 수 있어	고르겠네
introgative	present	골라? 고르지? 고르니? 고르나? 고를까? 고르랴? 고를래? 고르는데? 고른대? 고른다면서? 고른다지?	고르는가?
	past-perfect	골랐어? 골랐지? 골랐니? 골랐을까? 골랐대? 골랐다면서?	골랐는가?
	future-gue/will/abi	고르겠어? 고르겠지? 고르겠니? 고르리? 고를 거야? 고를 거지? 고를 거니? 고를 수 있겠어?	고르겠는가?
imperative		골라, 고르지, 고르렴, 고르려무나, 고르라니까	고르게
suggestive		골라, 고르지, 고르자니까	고르세
exclamatory		골라! 고르지! 고르리!	고르네!

low non-honorific lev		indicative style	retrospective style
declarative	present	고른다	고르더라
	present-continuous	고르고 있다, 고르는 중이다	고르고 있더라
	past-perfect	골랐다	골랐더라
	future-gue/will/abi	고르겠다, 고르리다, 고르련다, 고를 거다, 고를 수 있다	고르겠더라
introgative	present	고르느냐?	고르더냐?
	past-perfect	골랐느냐?	골랐더냐?
	future-gue/will/abi	고르겠느냐?	고르겠더냐?
imperative		골라라	
suggestive		고르자	
exclamatory		고르는구나! 고른다! 고르는도다!	고르더구나!

connective	endings	connective	endings
serial	고르고, 고르며	comparison	고르느니
selection	고르거나, 고르든지, 고르든가	degree	고르리만큼
contrast	골라도, 고르지만, 고르나, 고르는데, 고르면서도, 고르되, 고르지	condition	고르면, 고르거든, 고르거들랑, 골라야, 고른다면, 골랐던들
simultaneity	고르면서, 고르며	circumstance	고르는데, 고르니, 고르다시피
completion	고르고서, 골라서, 고르자, 고르자마자	figure	고르듯이
conversion	고르다가	proportion	고를수록
concession	골라도, 고르더라도, 고를지라도, 고를지언정, 고른들, 고르는데도, 고르기로서니, 고르나마, 고를망정, 골라 보았자	cause	골라서, 고르니까, 고르느라고, 고르기에, 고르길래, 고르느니만큼, 고르는지라, 고를세라, 고르므로
intention	고르러, 고르려고, 고르고자	addition	고르거니와, 고를뿐더러, 고르려니와
result	고르도록, 고르게끔	repetition	고르곤

Basic sentences

- 셋 중에서 하나를 골라라. Pick one out of the three.
- 쌀에서 돌을 고르는 일은 결코 쉽지 않아요. Picking out the stones among the rice is not easy.
- 며느리를 잘 골라서 집안이 평안하다. The house is peaceful because of the daughter-in-law.

고맙다 [고:맙따, ko:mapt'a]

'ㅂ' irregular conjugation, Dv

to be thankful, be appreciate, be appreciate

causative	*고맙히다, 고맙게 하다, 고맙게 만들다	passive	*고맙히다, 고맙게 되다, 고마워지다

adnominal : present-conti	past-perfect	past-retrospective	past-perfect-retro	future-gue/will
고마운	고마운	고맙던	고마웠던	고마울

quotational : declarative	interrogative	imperative	suggestive	nominal	adverbial
고맙다고	고마우냐고	*고마우라고	*고맙자고	고맙기, 고마움	고마워, 고맙게

high honorific level		indicative style	retrospective style
declarative	present	고맙습니다	고맙습디다
	present-continuous	*고맙고 있습니다, *고맙는 중입니다	*고맙고 있습디다
	past-perfect	고마웠습니다	고마웠습디다
	past-experience	고마웠었습니다	고마웠었습디다
	past-guessing	고마웠겠습니다	고마웠겠습디다
	future-gue/will/abi	고맙겠습니다, *고마우렵니다, 고마울 겁니다, 고마울 수 있습니다	고맙겠습디다
introgative	present	고맙습니까?	고맙습디까?
	past-perfect	고마웠습니까?	고마웠습디까?
	past-experience	고마웠었습니까?	고마웠었습디까?
	future-gue/will/abi	고맙겠습니까? *고마우렵니까? *고마울 겁니까? 고마우리이까? *고마울 수 있겠습니까?	고맙겠습디까?
imperative		*고마우시오, *고마우십시오	
suggestive		*고마웁시다, *고마우십시다	
exclamatory		고마우시구나!	

ordinary honorific lev		'-어요' form	'-으오' form
declarative	present	고마워요, 고맙지요, 고마우세요, *고마울래요, 고마울걸요, 고마운데요, 고맙대요, *고마울게요, 고맙잖아요	고마우오
	present-continuous	*고맙고 있어요, *고맙고 있지요, *고맙고 있으세요, *고맙는 중이에요	*고맙고 있소
	past-perfect	고마웠어요, 고마웠지요, 고마웠으세요, 고마웠잖아요	고마웠소
	past-experience	고마웠었어요, 고마웠었지요, 고마웠었으세요	고마웠었소
	past-guessing	고마웠겠어요, 고마웠겠지요, 고마웠겠으세요	고마웠겠소
	future-gue/will/abi	고맙겠어요, 고맙겠지요, 고맙겠으세요, 고마울 수 있어요	고맙겠소
introgative	present	고마워요? 고맙지요? 고마우세요? 고맙나요? 고마울까요? *고마울래요? 고마운가요? 고마운데요? 고맙대요? 고맙다면서요? 고맙다지요?	고마우오? 고맙소?
	past-perfect	고마웠어요? 고마웠지요? 고마웠으세요?	고마웠소?
	past-experience	고마웠었어요? 고마웠었지요? 고마웠었으세요?	고마웠었소?
	future-gue/will/abi	고맙겠어요? 고맙겠지요? 고맙겠으세요? 고마우리요? *고마울 거예요? *고마울 거지요? *고마울 수 있겠어요?	고맙겠소?
imperative		*고마워요, *고맙지요, *고마우세요, *고마우라니까요	*고마우오, *고맙구려
suggestive		*고마워요, *고맙지요, *고마우세요, *고맙자니까요	*고마우오
exclamatory		고맙군요! 고마우리요!	고마우오!

ㄱ

ordinary non-honorific lev		'-어' form	'-네' form
declarative	present	고마워, 고맙지, *고마울래, 고마울걸, 고마운데, 고맙대, *고마울게, 고맙단다, *고마우마, 고맙잖아	고맙네
	present-continuous	*고맙고 있어, *고맙고 있지, *고맙는 중이야	*고맙고 있네
	past-perfect	고마웠어, 고마웠지, 고마웠잖아	고마웠네
	future-gue/will/abi	고맙겠어, 고맙겠지, 고마울 수 있어	고맙겠네
introgative	present	고마워? 고맙지? 고맙니? 고맙나? 고마울까? 고마우랴? *고마울래? 고마운데? 고맙대? 고맙다면서? 고맙다지?	고마운가?
	past-perfect	고마웠어? 고마웠지? 고마웠니? 고마웠을까? 고마웠대? 고마웠다면서?	고마웠는가?
	future-gue/will/abi	고맙겠어? 고맙겠지? 고맙겠니? 고마우리? *고마울 거야? *고마울 거지? *고마울 거니? *고마울 수 있겠어?	고맙겠는가?
imperative		*고마워, *고맙지, *고마우렴, *고마우려무나, *고마우라니까	*고맙게
suggestive		*고마워, *고맙지, *고맙자니까	*고맙세
exclamatory		고마워! 고맙지! 고마우리!	고맙네!

low non-honorific lev		indicative style	retrospective style
declarative	present	고맙다	고맙더라
	present-continuous	*고맙고 있다, *고맙는 중이다	*고맙고 있더라
	past-perfect	고마웠다	고마웠더라
	future-gue/will/abi	고맙겠다, *고마우리다, *고마우련다, 고마울 거다, 고마울 수 있다	고맙겠더라
introgative	present	고마우냐?	고맙더냐?
	past-perfect	고마웠느냐?	고마웠더냐?
	future-gue/will/abi	고맙겠느냐?	고맙겠더냐?
imperative		*고마워라	
suggestive		*고맙자	
exclamatory		고맙구나! 고맙다! 고맙도다!	고맙더구나!

connective	endings	connective	endings
serial	고맙고, 고마우며	comparison	*고맙느니
selection	고맙거나, 고맙든지, 고맙든가	degree	고마우리만큼
contrast	고마워도, 고맙지만, 고마우나, 고마운데, 고마우면서도, 고맙되, 고맙지	condition	고마우면, 고맙거든, 고맙거들랑, 고마워야, 고맙다면, 고마웠던들
simultaneity	고마우면서, 고마우며	circumstance	고마운데, 고마우니, *고맙다시피
completion	*고맙고서, *고마워서, *고맙자, *고맙자마자	figure	고맙듯이
conversion	고맙다가	proportion	고마울수록
concession	고마워도, 고맙더라도, 고마울지라도, 고마울지언정, 고마운들, 고마운데도, 고맙기로서니, 고마우나마, 고마울망정, 고마워 보았자	cause	고마워서, 고마우니까, *고맙느라고, 고맙기에, 고맙길래, 고마우니만큼, 고마운지라, 고마울세라, 고마우므로
intention	*고마우러, *고마우려고, *고맙고자	addition	고맙거니와, 고마울뿐더러, 고마우려니와
result	고맙도록, 고맙게끔	repetition	*고맙곤

- 도와주셔서 정말 고맙습니다. Thank you for your help.
- 고마운 마음을 담아 편지를 보냅니다. I send this letter with a thankful heart.
- 선생님의 은혜가 고마워서 가만히 있을 수가 없었다. I was very thankful to my teacher.

고프다 [고프다kopʰɨda]

'으' irregular conjugation, Dv

to be hungry, be famished

causative	*고프히다, 고프게 하다, 고프게 만들다	passive	*고프히다, 고프게 되다, 고파지다

adnominal : present-conti	past-perfect	past-retrospective	past-perfect-retro	future-gue/will
고픈	고픈	고프던	고팠던	고플

quotational : declarative	interrogative	imperative	suggestive	nominal	adverbial
고프다고	고프냐고	*고프라고	*고프자고	고프기, 고픔	고파, 고프게

high honorific level		indicative style	retrospective style
declarative	present	고픕니다	고픕디다
	present-continuous	*고프고 있습니다, *고프는 중입니다	*고프고 있습디다
	past-perfect	고팠습니다	고팠습디다
	past-experience	고팠었습니다	고팠었습디다
	past-guessing	고팠겠습니다	고팠겠습디다
	future-gue/will/abi	고프겠습니다, *고프렵니다, 고플 겁니다, 고플 수 있습니다	고프겠습디다
introgative	present	고픕니까?	고픕디까?
	past-perfect	고팠습니까?	고팠습디까?
	past-experience	고팠었습니까?	고팠었습디까?
	future-gue/will/abi	고프겠습니까? *고프렵니까? *고플 겁니까? *고프리이까? *고플 수 있겠습니까?	고프겠습디까?
imperative		*고프시오, *고프십시오	
suggestive		*고프읍시다, *고프십시다	
exclamatory		고프시구나!	

ordinary honorific lev		'-어요' form	'-으오' form
declarative	present	고파요, 고프지요, 고프세요, *고플래요, 고플걸요, 고픈데요, 고프대요, *고플게요, 고프잖아요	고프오
	present-continuous	*고프고 있어요, *고프고 있지요, *고프고 있으세요, *고프는 중이에요	*고프고 있소
	past-perfect	고팠어요, 고팠지요, 고팠으세요, 고팠잖아요	고팠소
	past-experience	고팠었어요, 고팠었지요, 고팠었으세요	고팠었소
	past-guessing	고팠겠어요, 고팠겠지요, 고팠겠으세요	고팠겠소
	future-gue/will/abi	고프겠어요, 고프겠지요, 고프겠으세요, 고플 수 있어요	고프겠소
introgative	present	고파요? 고프지요? 고프세요? 고프나요? 고플까요? *고플래요? 고픈가요? 고픈데요? 고프대요? 고프다면서요? 고프다지요?	고프오? *고프소?
	past-perfect	고팠어요? 고팠지요? 고팠으세요?	고팠소?
	past-experience	고팠었어요? 고팠었지요? 고팠었으세요?	고팠었소?
	future-gue/will/abi	고프겠어요? 고프겠지요? 고프겠으세요? 고프리요? *고플 거예요? *고플 거지요? *고플 수 있겠어요?	고프겠소?
imperative		*고파요, *고프지요, *고프세요, *고프라니까요	*고프오, *고프구려
suggestive		*고파요, *고프지요, *고프세요, *고프자니까요	*고프오
exclamatory		고프군요! 고프리요!	고프오!

ordinary non-honorific lev		'-어' form	'-네' form
declarative	present	고파, 고프지, *고플래, 고플걸, 고픈데, 고프대, *고플게, 고프단다, *고프마, 고프잖아	고프네
	present-continuous	*고프고 있어, *고프고 있지, *고프는 중이야	*고프고 있네
	past-perfect	고팠어, 고팠지, 고팠잖아	고팠네
	future-gue/will/abi	고프겠어, 고프겠지, 고플 수 있어	고프겠네
introgative	present	고파? 고프지? 고프니? 고프나? 고플까? 고프랴? *고플래? 고픈데? 고프대? 고프다면서? 고프다지?	고픈가?
	past-perfect	고팠어? 고팠지? 고팠니? 고팠을까? 고팠대? 고팠다면서?	고팠는가?
	future-gue/will/abi	고프겠어? 고프겠지? 고프겠니? 고프리? *고플 거야? *고플 거지? *고플 거니? *고플 수 있겠어?	고프겠는가?
imperative		*고파, *고프지, *고프렴, *고프려무나, *고프라니까	*고프게
suggestive		*고파, *고프지, *고프자니까	*고프세
exclamatory		고파! 고프지! 고프리!	고프네!

low non-honorific lev		indicative style	retrospective style
declarative	present	고프다	고프더라
	present-continuous	*고프고 있다, *고프는 중이다	*고프고 있더라
	past-perfect	고팠다	고팠더라
	future-gue/will/abi	고프겠다, *고프리다, *고프련다, 고플 거다, 고플 수 있다	고프겠더라
introgative	present	고프냐?	고프더냐?
	past-perfect	고팠느냐?	고팠더냐?
	future-gue/will/abi	고프겠느냐?	고프겠더냐?
imperative		*고파라	
suggestive		*고프자	
exclamatory		고프구나! 고프다! 고프도다!	고프더구나!

connective	endings	connective	endings
serial	고프고, 고프며	comparison	*고프느니
selection	고프거나, 고프든지, 고프든가	degree	고프리만큼
contrast	고파도, 고프지만, 고프나, 고픈데, 고프면서도, 고프되, 고프지	condition	고프면, 고프거든, 고프거들랑, 고파야, 고프다면, 고팠던들
simultaneity	고프면서, 고프며	circumstance	고픈데, 고프니, *고프다시피
completion	*고프고서, 고파서, *고프자, *고프자마자	figure	고프듯이
conversion	고프다가	proportion	고플수록
concession	고파도, 고프더라도, 고플지라도, 고플지언정, 고픈들, 고픈데도, 고프기로서니, 고프나마, 고플망정, 고파 보았자	cause	고파서, 고프니까, *고프느라고, 고프기에, 고프길래, 고프니만큼, 고픈지라, 고플세라, 고프므로
intention	*고프러, *고프려고, *고프고자	addition	고프거니와, 고플뿐더러, 고프려니와
result	고프도록, 고프게끔	repetition	고프곤

- 배가 고프다. I am hungry.
- 배가 고픈 사람에게는 빵이 최고의 선물이다. The best gift for a hungry person is a bread.
- 배가 고파 보았자 얼마나 고프겠어? How hungry could you get?

곧다 [곧따, kott'a]

'ㄷ' regular conjugation, Dv

to be straight, be erect, be upright

causative	*곧히다, 곧게 하다, 곧게 만들다	passive	*곧히다, 곧게 되다, 곧아지다

adnominal : present-conti	past-perfect	past-retrospective	past-perfect-retro	future-gue/will
곧은	곧은	곧던	곧았던	곧을

quotational : declarative	interrogative	imperative	suggestive	nominal	adverbial
곧다고	곧으냐고	*곧으라고	*곧자고	곧기, 곧음	곧아, 곧게

high honorific level		indicative style	retrospective style
declarative	present	곧습니다	곧습디다
	present-continuous	곧고 있습니다, 곧는 중입니다	곧고 있습디다
	past-perfect	곧았습니다	곧았습디다
	past-experience	곧았었습니다	곧았었습디다
	past-guessing	곧았겠습니다	곧았겠습디다
	future-gue/will/abi	곧겠습니다, *곧으렵니다, 곧을 겁니다, 곧을 수 있습니다	곧겠습디다
introgative	present	곧습니까?	곧습디까?
	past-perfect	곧았습니까?	곧았습디까?
	past-experience	곧았었습니까?	곧았었습디까?
	future-gue/will/abi	곧겠습니까? *곧으렵니까? *곧을 겁니까? *곧으리이까? *곧을 수 있겠습니까?	곧겠습디까?
imperative		*곧으시오, *곧으십시오	
suggestive		*곧읍시다, *곧으십시다	
exclamatory		곧으시구나!	

ordinary honorific lev		'-어요' form	'-으오' form
declarative	present	곧아요, 곧지요, 곧으세요, *곧을래요, 곧을걸요, 곧은데요, 곧대요, *곧을게요, 곧잖아요	곧으오
	present-continuous	곧고 있어요, 곧고 있지요, 곧고 있으세요, 곧는 중이에요	곧고 있소
	past-perfect	곧았어요, 곧았지요, 곧았으세요, 곧았잖아요	곧았소
	past-experience	곧았었어요, 곧았었지요, 곧았었으세요	곧았었소
	past-guessing	곧았겠어요, 곧았겠지요, 곧았겠으세요	곧았겠소
	future-gue/will/abi	곧겠어요, 곧겠지요, 곧겠으세요, 곧을 수 있어요	곧겠소
introgative	present	곧아요? 곧지요? 곧으세요? 곧나요? 곧을까요? *곧을래요? 곧은가요? 곧은데요? 곧대요? 곧다면서요? 곧다지요?	곧으오? 곧소?
	past-perfect	곧았어요? 곧았지요? 곧았으세요?	곧았소?
	past-experience	곧았었어요? 곧았었지요? 곧았었으세요?	곧았었소?
	future-gue/will/abi	곧겠어요? 곧겠지요? 곧겠으세요? 곧으리요? *곧을 거예요? *곧을 거지요? *곧을 수 있겠어요?	곧겠소?
imperative		*곧아요, *곧지요, *곧으세요, *곧으라니까요	*곧으오, *곧구려
suggestive		*곧아요, *곧지요, *곧으세요, *곧자니까요	*곧으오
exclamatory		곧군요! 곧으리요!	곧으오!

ordinary non-honorific lev		'-어' form	'-네' form
declarative	present	곧아, 곧지, *곧을래, 곧을걸, 곧은데, 곧대, *곧을게, 곧단다, *곧으마, 곧잖아	곧네
	present-continuous	곧고 있어, 곧고 있지, 곧는 중이야	곧고 있네
	past-perfect	곧았어, 곧았지, 곧았잖아	곧았네
	future-gue/will/abi	곧겠어, 곧겠지, 곧을 수 있어	곧겠네
introgative	present	곧아? 곧지? 곧니? 곧나? 곧을까? 곧으랴? *곧을래? 곧은데? 곧대? 곧다면서? 곧다지?	곧은가?
	past-perfect	곧았어? 곧았지? 곧았니? 곧았을까? 곧았대? 곧았다면서?	곧았는가?
	future-gue/will/abi	곧겠어? 곧겠지? 곧겠니? 곧으리? *곧을 거야? *곧을 거지? *곧을 거니? *곧을 수 있겠어?	곧겠는가?
imperative		*곧아, *곧지, *곧으렴, *곧으려무나, *곧으라니까	*곧게
suggestive		*곧아, *곧지, *곧자니까	*곧세
exclamatory		곧아! 곧지! 곧으리!	곧네!

low non-honorific lev		indicative style	retrospective style
declarative	present	곧다	곧더라
	present-continuous	곧고 있다, 곧는 중이다	곧고 있더라
	past-perfect	곧았다	곧았더라
	future-gue/will/abi	곧겠다, *곧으리다, *곧으련다, 곧을 거다, 곧을 수 있다	곧겠더라
introgative	present	곧으냐?	곧더냐?
	past-perfect	곧았느냐?	곧았더냐?
	future-gue/will/abi	곧겠느냐?	곧겠더냐?
imperative		*곧아라	
suggestive		*곧자	
exclamatory		곧구나! 곧다! 곧도다!	곧더구나!

connective	endings	connective	endings
serial	곧고, 곧으며	comparison	*곧느니
selection	곧거나, 곧든지, 곧든가	degree	곧으리만큼
contrast	곧아도, 곧지만, 곧으나, 곧은데, 곧으면서도, 곧되, 곧지	condition	곧으면, 곧거든, 곧거들랑, 곧아야, 곧다면, 곧았던들
simultaneity	곧으면서, 곧으며	circumstance	곧은데, 곧으니, *곧다시피
completion	*곧고서, *곧아서, *곧자, *곧자마자	figure	곧듯이
conversion	곧다가	proportion	곧을수록
concession	곧아도, 곧더라도, 곧을지라도, 곧을지언정, 곧은들, 곧은데도, 곧기로서니, 곧으나마, 곧을망정, 곧아 보았자	cause	곧아서, 곧으니까, *곧느라고, 곧기에, 곧길래, 곧으니만큼, 곧은지라, 곧을세라, 곧으므로
intention	*곧으러, *곧으려고, *곧고자	addition	곧거니와, 곧을뿐더러, 곧으려니와
result	곧도록, 곧게끔	repetition	*곧곤

- 이 나무는 매우 곧다. This tree is very straight.
- 그는 대쪽같이 곧은 마음을 가지고 있다. He has a very upright personality.
- 길이 너무 곧아서 운전하기 힘들었다. The road was hard to drive in because it was too straight.

곱다1 [곱따, kopt'a]

'ㅂ' regular conjugation, Dv

to be numb, be stiff, be deadened

causative	*곱히다, 곱게 하다, 곱게 만들다	passive	*곱히다, 곱게 되다, 곱아지다

adnominal : present-conti	past-perfect	past-retrospective	past-perfect-retro	future-gue/will
곱은	곱은	곱던	곱았던	곱을

quotational : declarative	interrogative	imperative	suggestive	nominal	adverbial
곱다고	곱으냐고	*곱으라고	*곱자고	곱기, 곱음	곱아, 곱게

high honorific level		indicative style	retrospective style
declarative	present	곱습니다	곱습디다
	present-continuous	*곱고 있습니다, *곱는 중입니다	*곱고 있습디다
	past-perfect	곱았습니다	곱았습디다
	past-experience	곱았었습니다	곱았었습디다
	past-guessing	곱았겠습니다	곱았겠습디다
	future-gue/will/abi	곱겠습니다, *곱으렵니다, 곱을 겁니다, 곱을 수 있습니다	곱겠습디다
introgative	present	곱습니까?	곱습디까?
	past-perfect	곱았습니까?	곱았습디까?
	past-experience	곱았었습니까?	곱았었습디까?
	future-gue/will/abi	곱겠습니까? *곱으렵니까? *곱을 겁니까? *곱으리이까? *곱을 수 있겠습니까?	곱겠습디까?
imperative		*곱으시오, *곱으십시오	
suggestive		*곱읍시다, *곱으십시다	
exclamatory		곱으시구나!	

ordinary honorific lev		'-어요' form	'-으오' form
declarative	present	곱아요, 곱지요, 곱으세요, *곱을래요, 곱을걸요, 곱은데요, 곱대요, *곱을게요, 곱잖아요	곱으오
	present-continuous	*곱고 있어요, *곱고 있지요, *곱고 있으세요, *곱는 중이에요	*곱고 있소
	past-perfect	곱았어요, 곱았지요, 곱았으세요, 곱았잖아요	곱았소
	past-experience	곱았었어요, 곱았었지요, 곱았었으세요	곱았었소
	past-guessing	곱았겠어요, 곱았겠지요, 곱았겠으세요	곱았겠소
	future-gue/will/abi	곱겠어요, 곱겠지요, 곱겠으세요, 곱을 수 있어요	곱겠소
introgative	present	곱아요? 곱지요? 곱으세요? 곱나요? 곱을까요? *곱을래요? 곱은가요? 곱은데요? 곱대요? 곱다면서요? 곱다지요?	곱으오? 곱소?
	past-perfect	곱았어요? 곱았지요? 곱았으세요?	곱았소?
	past-experience	곱았었어요? 곱았었지요? 곱았었으세요?	곱았었소?
	future-gue/will/abi	곱겠어요? 곱겠지요? 곱겠으세요? 곱으리요? *곱을 거예요? *곱을 거지요? *곱을 수 있겠어요?	곱겠소?
imperative		*곱아요, *곱지요, *곱으세요, *곱으라니까요	*곱으오, *곱구려
suggestive		*곱아요, *곱지요, *곱으세요, *곱자니까요	*곱으오
exclamatory		곱군요! 곱으리요!	곱으오!

ordinary non-honorific lev		'-어' form	'-네' form
declarative	present	곱아, 곱지, *곱을래, 곱을걸, 곱은데, 곱대, *곱을게, 곱단다, *곱으마, 곱잖아	곱네
	present-continuous	*곱고 있어, *곱고 있지, *곱는 중이야	*곱고 있네
	past-perfect	곱았어, 곱았지, 곱았잖아	곱았네
	future-gue/will/abi	곱겠어, 곱겠지, 곱을 수 있어	곱겠네
introgative	present	곱아? 곱지? 곱니? 곱나? 곱을까? 곱으랴? *곱을래? 곱은데? 곱대? 곱다면서? 곱다지?	곱은가?
	past-perfect	곱았어? 곱았지? 곱았니? 곱았을까? 곱았대? 곱았다면서?	곱았는가?
	future-gue/will/abi	곱겠어? 곱겠지? 곱겠니? 곱으리? *곱을 거야? *곱을 거지? *곱을 거니? *곱을 수 있겠어?	곱겠는가?
imperative		*곱아, *곱지, *곱으렴, *곱으려무나, *곱으라니까	*곱게
suggestive		*곱아, *곱지, *곱자니까	*곱세
exclamatory		곱아! 곱지! 곱으리!	곱네!

low non-honorific lev		indicative style	retrospective style
declarative	present	곱다	곱더라
	present-continuous	*곱고 있다, *곱는 중이다	*곱고 있더라
	past-perfect	곱았다	곱았더라
	future-gue/will/abi	곱겠다, *곱으리다, *곱으련다, 곱을 거다, 곱을 수 있다	곱겠더라
introgative	present	곱으냐?	곱더냐?
	past-perfect	곱았느냐?	곱았더냐?
	future-gue/will/abi	곱겠느냐?	곱겠더냐?
imperative		*곱아라	
suggestive		*곱자	
exclamatory		곱구나! 곱다! 곱도다!	곱더구나!

connective	endings	connective	endings
serial	곱고, 곱으며	comparison	*곱느니
selection	곱거나, 곱든지, 곱든가	degree	곱으리만큼
contrast	곱아도, 곱지만, 곱으나, 곱은데, 곱으면서도, 곱되, 곱지	condition	곱으면, 곱거든, 곱거들랑, 곱아야, 곱다면, 곱았던들
simultaneity	곱으면서, 곱으며	circumstance	곱은데, 곱으니, *곱다시피
completion	*곱고서, 곱아서, *곱자, *곱자마자	figure	곱듯이
conversion	곱다가	proportion	곱을수록
concession	곱아도, 곱더라도, 곱을지라도, 곱을지언정, 곱은들, 곱은데도, 곱기로서니, 곱으나마, 곱을망정, 곱아 보았자	cause	곱아서, 곱으니까, *곱느라고, 곱기에, 곱길래, 곱으니만큼, 곱은지라, 곱을세라, 곱으므로
intention	*곱으러, *곱으려고, *곱고자	addition	곱거니와, 곱을뿐더러, 곱으려니와
result	곱도록, 곱게끔	repetition	곱곤

- 날씨가 추워서 손이 곱았다. My hand are numb because of the cold weather.
- 곱은 손가락을 녹이는 데 많은 시간이 걸렸다. It took a long time to thaw our numb fingers.
- 손가락이 곱아서 글씨를 쓸 수가 없다. I can't write because my finders are numb.

곱다2 [곱:따, ko:pt'a]

'ㅂ' irregular conjugation, Dv

to be beautiful, be pretty, be lovely, be fine

causative	*곱히다, 곱게 하다, 곱게 만들다	passive	*곱히다, 곱게 되다, 고와지다

adnominal : present-conti	past-perfect	past-retrospective	past-perfect-retro	future-gue/will
고운	고운	곱던	고왔던	고울

quotational : declarative	interrogative	imperative	suggestive	nominal	adverbial
곱다고	고우냐고	*고우라고	*곱자고	곱기, 고움	고와, 곱게

high honorific level		indicative style	retrospective style
declarative	present	곱습니다	곱습디다
	present-continuous	*곱고 있습니다, *곱는 중입니다	*곱고 있습디다
	past-perfect	고왔습니다	고왔습디다
	past-experience	고왔었습니다	고왔었습디다
	past-guessing	고왔겠습니다	고왔겠습디다
	future-gue/will/abi	곱겠습니다, *고우렵니다, 고울 겁니다, 고울 수 있습니다	곱겠습디다
introgative	present	곱습니까?	곱습디까?
	past-perfect	고왔습니까?	고왔습디까?
	past-experience	고왔었습니까?	고왔었습디까?
	future-gue/will/abi	곱겠습니까? *고우렵니까? *고울 겁니까? *고우리이까? *고울 수 있겠습니까?	곱겠습디까?
imperative		*고우시오, *고우십시오	
suggestive		*고웁시다, *고우십시다	
exclamatory		*고우시는구나! 고우시구나!	

ordinary honorific lev		'-어요' form	'-으오' form
declarative	present	고와요, 곱지요, 고우세요, *고울래요, 고울걸요, 고운데요, 곱대요, 고울게요, 곱잖아요	고우오
	present-continuous	*곱고 있어요, *곱고 있지요, *곱고 있으세요, *곱는 중이에요	*곱고 있소
	past-perfect	고왔어요, 고왔지요, 고왔으세요, 고왔잖아요	고왔소
	past-experience	고왔었어요, 고왔었지요, 고왔었으세요	고왔었소
	past-guessing	고왔겠어요, 고왔겠지요, 고왔겠으세요	고왔겠소
	future-gue/will/abi	곱겠어요, 곱겠지요, 곱겠으세요, 고울 수 있어요	곱겠소
introgative	present	고와요? 곱지요? 고우세요? 곱나요? 고울까요? *고울래요? 고운가요? 고운데요? 곱대요? 곱다면서요? 곱다지요?	고우오? 곱소?
	past-perfect	고왔어요? 고왔지요? 고왔으세요?	고왔소?
	past-experience	고왔었어요? 고왔었지요? 고왔었으세요?	고왔었소?
	future-gue/will/abi	곱겠어요? 곱겠지요? 곱겠으세요? *고우리요? *고울 거예요? *고울 거지요? *고울 수 있겠어요?	곱겠소?
imperative		*고와요, *곱지요, *고우세요, *고우라니까요	*고우오, *곱구려
suggestive		*고와요, *곱지요, *고우세요, *곱자니까요	*고우오
exclamatory		곱군요! 고우리요!	고우오!

ordinary non-honorific lev		'-어' form	'-네' form
declarative	present	고와, 곱지, *고울래, 고울걸, 고운데, 곱대, *고울게, 곱단다, *고우마, 곱잖아	곱네
	present-continuous	*곱고 있어, *곱고 있지, *곱는 중이야	*곱고 있네
	past-perfect	고왔어, 고왔지, 고왔잖아	고왔네
	future-gue/will/abi	곱겠어, 곱겠지, 고울 수 있어	곱겠네
introgative	present	고와? 곱지? 곱니? 곱나? 고울까? 고우랴? *고울래? 고운데? 곱대? 곱다면서? 곱다지?	고운가?
	past-perfect	고왔어? 고왔지? 고왔니? 고왔을까? 고왔대? 고왔다면서?	고왔는가?
	future-gue/will/abi	곱겠어? 곱겠지? 곱겠니? *고우리? *고울 거야? *고울 거지? *고울 거니? *고울 수 있겠어?	곱겠는가?
imperative		*고와, *곱지, *고우렴, *고우려무나, *고우라니까	*곱게
suggestive		*고와, *곱지, *곱자니까	*곱세
exclamatory		고와! 곱지! 고우리!	곱네!

low non-honorific lev		indicative style	retrospective style
declarative	present	곱다	곱더라
	present-continuous	*곱고 있다, *곱는 중이다	*곱고 있더라
	past-perfect	고왔다	고왔더라
	future-gue/will/abi	곱겠다, *고우리다, *고우련다, 고울 거다, 고울 수 있다	곱겠더라
introgative	present	고우냐?	곱더냐?
	past-perfect	고왔느냐?	고왔더냐?
	future-gue/will/abi	곱겠느냐?	곱겠더냐?
imperative		*고와라	
suggestive		*곱자	
exclamatory		곱구나! 곱다! 곱도다!	곱더구나!

connective	endings	connective	endings
serial	곱고, 고우며	comparison	*곱느니
selection	곱거나, 곱든지, 곱든가	degree	고우리만큼
contrast	고와도, 곱지만, 고우나, 고운데, 고우면서도, 곱되, 곱지	condition	고우면, 곱거든, 곱거들랑, 고와야, 곱다면, 고왔던들
simultaneity	고우면서, 고우며	circumstance	고운데, 고우니, *곱다시피
completion	곱고서, 고와서, 곱자, 곱자마자	figure	곱듯이
conversion	곱다가	proportion	고울수록
concession	고와도, 곱더라도, 고울지라도, 고울지언정, 고운들, 고운데도, 곱기로서니, 고우나마, 고울망정, 고와 보았자	cause	고와서, 고우니까, *곱느라고, 곱기에, 곱길래, 고우니만큼, 고운지라, 고울세라, 고우므로
intention	*고우러, *고우려고, *곱고자	addition	곱거니와, 고울뿐더러, 고우려니와
result	곱도록, 곱게끔	repetition	*곱곤

- 살결이 너무 곱구나! You've got beautiful skin!
- 나는 마음씨가 고운 여자가 좋다. I like a women with a beautiful heart.
- 비단결이 고와서 많이들 샀다. Many people bought the fine silk.

공부하다 [공부하다, koŋbuhada]

'여' irregular conjugation, Avt

to study, learn, work at (one's studies)

causative	*공부하히다, 공부하게 하다, 공부하게 만들다	passive	*공부하히다, 공부하게 되다, 공부해지다

adnominal : present-conti	past-perfect	past-retrospective	past-perfect-retro	future-gue/will
공부하는	공부한	공부하던	공부했던	공부할

quotational : declarative	interrogative	imperative	suggestive	nominal	adverbial
공부한다고	공부하느냐고	공부하라고	공부하자고	공부하기, 공부함	공부해, 공부하게

high honorific level		indicative style	retrospective style
declarative	present	공부합니다	공부합디다
	present-continuous	공부하고 있습니다, 공부하는 중입니다	공부하고 있습디다
	past-perfect	공부했습니다	공부했습디다
	past-experience	공부했었습니다	공부했었습디다
	past-guessing	공부했겠습니다	공부했겠습디다
	future-gue/will/abi	공부하겠습니다, 공부하렵니다, 공부할 겁니다, 공부할 수 있습니다	공부하겠습디다
introgative	present	공부합니까?	공부합디까?
	past-perfect	공부했습니까?	공부했습디까?
	past-experience	공부했었습니까?	공부했었습디까?
	future-gue/will/abi	공부하겠습니까? 공부하렵니까? 공부할 겁니까? 공부하리이까? 공부할 수 있겠습니까?	공부하겠습디까?
imperative		공부하시오, 공부하십시오	
suggestive		공부합시다, 공부하십시다	
exclamatory		공부하시는구나!	

ordinary honorific lev		'-어요' form	'-으오' form
declarative	present	공부해요, 공부하지요, 공부하세요, 공부할래요, 공부할걸요, 공부하는데요, 공부한대요, 공부할게요, 공부하잖아요	공부하오
	present-continuous	공부하고 있어요, 공부하고 있지요, 공부하고 있으세요, 공부하는 중이에요	공부하고 있소
	past-perfect	공부했어요, 공부했지요, 공부했으세요, 공부했잖아요	공부했소
	past-experience	공부했었어요, 공부했었지요, 공부했었으세요	공부했었소
	past-guessing	공부했겠어요, 공부했겠지요, 공부했겠으세요	공부했겠소
	future-gue/will/abi	공부하겠어요, 공부하겠지요, 공부하겠으세요, 공부할 수 있어요	공부하겠소
introgative	present	공부해요? 공부하지요? 공부하세요? 공부하나요? 공부할까요? 공부할래요? 공부하는가요? 공부하는데요? 공부한대요? 공부한다면서요? 공부한다지요?	공부하오? *공부하소?
	past-perfect	공부했어요? 공부했지요? 공부했으세요?	공부했소?
	past-experience	공부했었어요? 공부했었지요? 공부했었으세요?	공부했었소?
	future-gue/will/abi	공부하겠어요? 공부하겠지요? 공부하겠으세요? 공부하리요? 공부할 거예요? 공부할 거지요? 공부할 수 있겠어요?	공부하겠소?
imperative		공부해요, 공부하지요, 공부하세요, 공부하라니까요	공부하오, 공부하구려
suggestive		공부해요, 공부하지요, 공부하세요, 공부하자니까요	공부하오
exclamatory		공부하는군요! 공부하리요!	공부하오!

ordinary non-honorific lev		'-어' form	'-네' form
declarative	present	공부해, 공부하지, 공부할래, 공부할걸, 공부하는데, 공부한대, 공부할게, 공부한단다, 공부하마, 공부하잖아	공부하네
	present-continuous	공부하고 있어, 공부하고 있지, 공부하는 중이야	공부하고 있네
	past-perfect	공부했어, 공부했지, 공부했잖아	공부했네
	future-gue/will/abi	공부하겠어, 공부하겠지, 공부할 수 있어	공부하겠네
introgative	present	공부해? 공부하지? 공부하니? 공부하나? 공부할까? 공부하랴? 공부할래? 공부하는데? 공부한대? 공부한다면서? 공부한다지?	공부하는가?
	past-perfect	공부했어? 공부했지? 공부했니? 공부했을까? 공부했대? 공부했다면서?	공부했는가?
	future-gue/will/abi	공부하겠어? 공부하겠지? 공부하겠니? 공부하리? 공부할 거야? 공부할 거지? 공부할 거니? 공부할 수 있겠어?	공부하겠는가?
imperative		공부해, 공부하지, 공부하렴, 공부하려무나, 공부하라니까	공부하게
suggestive		공부해, 공부하지, 공부하자니까	공부하세
exclamatory		공부해! 공부하지! 공부하리!	공부하네!

low non-honorific lev		indicative style	retrospective style
declarative	present	공부한다	공부하더라
	present-continuous	공부하고 있다, 공부하는 중이다	공부하고 있더라
	past-perfect	공부했다	공부했더라
	future-gue/will/abi	공부하겠다, 공부하리다, 공부하련다, 공부할 거다, 공부할 수 있다	공부하겠더라
introgative	present	공부하느냐?	공부하더냐?
	past-perfect	공부했느냐?	공부했더냐?
	future-gue/will/abi	공부하겠느냐?	공부하겠더냐?
imperative		공부해라	
suggestive		공부하자	
exclamatory		공부하는구나! 공부한다! 공부하는도다!	공부하더구나!

connective	endings	connective	endings
serial	공부하고, 공부하며	comparison	공부하느니
selection	공부하거나, 공부하든지, 공부하든가	degree	공부하리만큼
contrast	공부해도, 공부하지만, 공부하나, 공부하는데, 공부하면서도, 공부하되, 공부하지	condition	공부하면, 공부하거든, 공부하거들랑, 공부해야, 공부한다면, 공부했던들
simultaneity	공부하면서, 공부하며	circumstance	공부하는데, 공부하니, 공부하다시피
completion	공부하고서, 공부해서, 공부하자, 공부하자마자	figure	공부하듯이
conversion	공부하다가	proportion	공부할수록
concession	공부해도, 공부하더라도, 공부할지라도, 공부할지언정, 공부한들, 공부하는데도, 공부하기로서니, 공부하나마, 공부할망정, 공부해 보았자	cause	공부해서, 공부하니까, 공부하느라고, 공부하기에, 공부하길래, 공부하느니만큼, 공부하는지라, 공부할세라, 공부하므로
intention	공부하러, 공부하려고, 공부하고자	addition	공부하거니와, 공부할뿐더러, 공부하려니와
result	공부하도록, 공부하게끔	repetition	공부하곤

- 영수는 대학에서 물리학을 공부하고 있다. Youngsu is studying physics in college.
- 한국학을 공부한 소감이 어떠냐? How does it feel to learn Korean studies?
- 그는 역사를 공부하고 나서 철학을 공부했다. He studied philosophy after studying history.

굳다1 [굳따, kudt'a]

'ㄷ' regular conjugation, Dv

to be firm, be strong ; to be hard ; to be tightfisted

causative	굳히다, 굳게 하다, 굳게 만들다	passive	굳히다, 굳게 되다, 굳어지다

adnominal : present-conti	past-perfect	past-retrospective	past-perfect-retro	future-gue/will
굳은	굳은	굳던	굳었던	굳을

quotational : declarative	interrogative	imperative	suggestive	nominal	adverbial
굳다고	굳냐고	*굳으라고	*굳자고	굳기, 굳음	굳어, 굳게

high honorific level		indicative style	retrospective style
declarative	present	굳습니다	굳습디다
	present-continuous	굳고 있습니다, 굳는 중입니다	굳고 있습디다
	past-perfect	굳었습니다	굳었습디다
	past-experience	굳었었습니다	굳었었습디다
	past-guessing	굳었겠습니다	굳었겠습디다
	future-gue/will/abi	굳겠습니다, *굳으렵니다, 굳을 겁니다, 굳을 수 있습니다	굳겠습디다
introgative	present	굳습니까?	굳습디까?
	past-perfect	굳었습니까?	굳었습디까?
	past-experience	굳었었습니까?	굳었었습디까?
	future-gue/will/abi	굳겠습니까? *굳으렵니까? *굳을 겁니까? *굳으리이까? *굳을 수 있겠습니까?	굳겠습디까?
imperative		*굳으시오, *굳으십시오	
suggestive		*굳읍시다, *굳으십시다	
exclamatory		굳으시구나!	

ordinary honorific lev		'-어요' form	'-으오' form
declarative	present	굳어요, 굳지요, 굳으세요, *굳을래요, 굳을걸요, 굳은데요, 굳대요, *굳을게요, 굳잖아요	굳으오
	present-continuous	굳고 있어요, 굳고 있지요, 굳고 있으세요, 굳는 중이에요	굳고 있소
	past-perfect	굳었어요, 굳었지요, 굳었으세요, 굳었잖아요	굳었소
	past-experience	굳었었어요, 굳었었지요, 굳었었으세요	굳었었소
	past-guessing	굳었겠어요, 굳었겠지요, 굳었겠으세요	굳었겠소
	future-gue/will/abi	굳겠어요, 굳겠지요, 굳겠으세요, 굳을 수 있어요	굳겠소
introgative	present	굳어요? 굳지요? 굳으세요? 굳나요? 굳을까요? *굳을래요? 굳은가요? 굳은데요? 굳대요? 굳다면서요? 굳다지요?	굳으오? 굳소?
	past-perfect	굳었어요? 굳었지요? 굳었으세요?	굳었소?
	past-experience	굳었었어요? 굳었었지요? 굳었었으세요?	굳었었소?
	future-gue/will/abi	굳겠어요? 굳겠지요? 굳겠으세요? 굳으리요? *굳을 거예요? *굳을 거지요? *굳을 수 있겠어요?	굳겠소?
imperative		*굳어요, *굳지요, *굳으세요, *굳으라니까요	*굳으오, *굳구려
suggestive		*굳어요, *굳지요, *굳으세요, *굳자니까요	*굳으오
exclamatory		굳군요! 굳으리요!	굳으오!

ordinary non-honorific lev		'-어' form	'-네' form
declarative	present	굳어, 굳지, *굳을래, 굳을걸, 굳은데, 굳대, *굳을게, 굳단다, *굳으마, 굳잖아	굳네
	present-continuous	굳고 있어, 굳고 있지, 굳는 중이야	굳고 있네
	past-perfect	굳었어, 굳었지, 굳었잖아	굳었네
	future-gue/will/abi	굳겠어, 굳겠지, 굳을 수 있어	굳겠네
introgative	present	굳어? 굳지? 굳니? 굳나? 굳을까? 굳으랴? *굳을래? 굳은데? 굳대? 굳다면서? 굳다지?	굳은가?
	past-perfect	굳었어? 굳었지? 굳었니? 굳었을까? 굳었대? 굳었다면서?	굳었는가?
	future-gue/will/abi	굳겠어? 굳겠지? 굳겠니? 굳으리? *굳을 거야? *굳을 거지? *굳을 거니? *굳을 수 있겠어?	굳겠는가?
imperative		*굳어, *굳지, *굳으렴, *굳으려무나, *굳으라니까	*굳게
suggestive		*굳어, *굳지, *굳자니까	*굳세
exclamatory		굳어! 굳지! 굳으리!	굳네!

low non-honorific lev		indicative style	retrospective style
declarative	present	굳다	굳더라
	present-continuous	굳고 있다, 굳는 중이다	굳고 있더라
	past-perfect	굳었다	굳었더라
	future-gue/will/abi	굳겠다, *굳으리다, *굳으련다, 굳을 거다, 굳을 수 있다	굳겠더라
introgative	present	굳으냐?	굳더냐?
	past-perfect	굳었느냐?	굳었더냐?
	future-gue/will/abi	굳겠느냐?	굳겠더냐?
imperative		*굳어라	
suggestive		*굳자	
exclamatory		굳구나! 굳다! 굳도다!	굳더구나!

connective	endings	connective	endings
serial	굳고, 굳으며	comparison	*굳느니
selection	굳거나, 굳든지, 굳든가	degree	굳으리만큼
contrast	굳어도, 굳지만, 굳으나, 굳은데, 굳으면서도, 굳되, 굳지	condition	굳으면, 굳거든, 굳거들랑, 굳어야, 굳다면, 굳었던들
simultaneity	굳으면서, 굳으며	circumstance	굳은데, 굳으니, *굳다시피
completion	*굳고서, 굳어서, *굳자, *굳자마자	figure	굳듯이
conversion	굳다가	proportion	굳을수록
concession	굳어도, 굳더라도, 굳을지라도, 굳을지언정, 굳은들, 굳은데도, 굳기로서니, 굳으나마, 굳을망정, 굳어 보았자	cause	굳어서, 굳으니까, *굳느라고, 굳기에, 굳길래, 굳으니만큼, 굳은지라, 굳을세라, 굳으므로
intention	*굳으러, *굳으려고, *굳고자	addition	굳거니와, 굳을뿐더러, 굳으려니와
result	굳도록, 굳게끔	repetition	굳곤

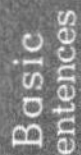

- 그는 will가 굳은 사람이다. He is a man of strong will
- 그녀는 굳은 신념을 지니고 있다. She got strong convictions.
- 성문이 굳게 닫혀 아무도 들어갈 수 없었다.
  The gate of catsle was closed so that no one could enter.

굽다1 [굽따, kupt'a]

'ㅂ' regular conjugation, Avi

to bend, curve ; to stoop ; to wind

causative	굽히다, 굽게 하다, 굽게 만들다	passive	*굽히다, 굽게 되다, 굽어지다

adnominal : present-conti	past-perfect	past-retrospective	past-perfect-retro	future-gue/will
굽는	굽은	굽던	굽었던	굽을

quotational : declarative	interrogative	imperative	suggestive	nominal	adverbial
굽는다고	굽느냐고	굽으라고	굽자고	굽기, 굽음	굽어, 굽게

high honorific level		indicative style	retrospective style
declarative	present	굽습니다	굽습디다
	present-continuous	굽고 있습니다, 굽는 중입니다	굽고 있습디다
	past-perfect	굽었습니다	굽었습디다
	past-experience	굽었었습니다	굽었었습디다
	past-guessing	굽었겠습니다	굽었겠습디다
	future-gue/will/abi	굽겠습니다, 굽으렵니다, 굽을 겁니다, 굽을 수 있습니다	굽겠습디다
introgative	present	굽습니까?	굽습디까?
	past-perfect	굽었습니까?	굽었습디까?
	past-experience	굽었었습니까?	굽었었습디까?
	future-gue/will/abi	굽겠습니까? 굽으렵니까? 굽을 겁니까? 굽으리이까? 굽을 수 있겠습니까?	굽겠습디까?
imperative		굽으시오, 굽으십시오	
suggestive		굽읍시다, 굽으십시다	
exclamatory		굽으시는구나!	

ordinary honorific lev		'-어요' form	'-으오' form
declarative	present	굽어요, 굽지요, 굽으세요, 굽을래요, 굽을걸요, 굽는데요, 굽는대요, 굽을게요, 굽잖아요	굽으오
	present-continuous	굽고 있어요, 굽고 있지요, 굽고 있으세요, 굽는 중이에요	굽고 있소
	past-perfect	굽었어요, 굽었지요, 굽었으세요, 굽었잖아요	굽었소
	past-experience	굽었었어요, 굽었었지요, 굽었었으세요	굽었었소
	past-guessing	굽었겠어요, 굽었겠지요, 굽었겠으세요	굽었겠소
	future-gue/will/abi	굽겠어요, 굽겠지요, 굽겠으세요, 굽을 수 있어요	굽겠소
introgative	present	굽어요? 굽지요? 굽으세요? 굽나요? 굽을까요? 굽을래요? 굽는가요? 굽는데요? 굽는대요? 굽는다면서요? 굽는다지요?	굽으오? 굽소?
	past-perfect	굽었어요? 굽었지요? 굽었으세요?	굽었소?
	past-experience	굽었었어요? 굽었었지요? 굽었었으세요?	굽었었소?
	future-gue/will/abi	굽겠어요? 굽겠지요? 굽겠으세요? 굽으리요? 굽을 거예요? 굽을 거지요? 굽을 수 있겠어요?	굽겠소?
imperative		굽어요, 굽지요, 굽으세요, 굽으라니까요	굽으오, 굽구려
suggestive		굽어요, 굽지요, 굽으세요, 굽자니까요	굽으오
exclamatory		굽는군요! 굽으리요!	굽으오!

ㄱ

ordinary non-honorific lev		'-어' form	'-네' form
declarative	present	굽어, 굽지, 굽을래, 굽을걸, 굽는데, 굽는대, 굽을게, 굽는단다, 굽으마, 굽잖아	굽네
	present-continuous	굽고 있어, 굽고 있지, 굽는 중이야	굽고 있네
	past-perfect	굽었어, 굽었지, 굽었잖아	굽었네
	future-gue/will/abi	굽겠어, 굽겠지, 굽을 수 있어	굽겠네
introgative	present	굽어? 굽지? 굽니? 굽나? 굽을까? 굽으랴? 굽을래? 굽는데? 굽는대? 굽는다면서? 굽는다지?	굽는가?
	past-perfect	굽었어? 굽었지? 굽었니? 굽었을까? 굽었대? 굽었다면서?	굽었는가?
	future-gue/will/abi	굽겠어? 굽겠지? 굽겠니? 굽으리? 굽을 거야? 굽을 거지? 굽을 거니? 굽을 수 있겠어?	굽겠는가?
imperative		굽어, 굽지, 굽으렴, 굽으려무나, 굽으라니까	굽게
suggestive		굽어, 굽지, 굽자니까	굽세
exclamatory		굽어! 굽지! 굽으리!	굽세!

low non-honorific lev		indicative style	retrospective style
declarative	present	굽는다	굽더라
	present-continuous	굽고 있다, 굽는 중이다	굽고 있더라
	past-perfect	굽었다	굽었더라
	future-gue/will/abi	굽겠다, 굽으리다, 굽으련다, 굽을 거다, 굽을 수 있다	굽겠더라
introgative	present	굽느냐?	굽더냐?
	past-perfect	굽었느냐?	굽었더냐?
	future-gue/will/abi	굽겠느냐?	굽겠더냐?
imperative		굽어라	
suggestive		굽자	
exclamatory		굽는구나! 굽는다! 굽는도다!	굽더구나!

connective	endings	connective	endings
serial	굽고, 굽으며	comparison	굽느니
selection	굽거나, 굽든지, 굽든가	degree	굽으리만큼
contrast	굽어도, 굽지만, 굽으나, 굽는데, 굽으면서도, 굽되, 굽지	condition	굽으면, 굽거든, 굽거들랑, 굽어야, 굽는다면, 굽었던들
simultaneity	굽으면서, 굽으며	circumstance	굽는데, 굽으니, 굽다시피
completion	굽고서, 굽어서, 굽자, 굽자마자	figure	굽듯이
conversion	굽다가	proportion	굽을수록
concession	굽어도, 굽더라도, 굽을지라도, 굽을지언정, 굽은들, 굽는데도, 굽기로서니, 굽으나마, 굽을망정, 굽어 보았자	cause	굽어서, 굽으니까, 굽느라고, 굽기에, 굽길래, 굽느니만큼, 굽는지라, 굽을세라, 굽으므로
intention	굽으러, 굽으려고, 굽고자	addition	굽거니와, 굽을뿐더러, 굽으려니와
result	굽도록, 굽게끔	repetition	굽곤

Basic sentences

- 우리 할머니는 걸으실 때 허리가 많이 굽으셨다. My grandmother stoops when she walks.
- 어릴 때는 굽은 들길을 많이 걸어 다녔다. I walked many winding paths when I was young.
- 그는 허리가 굽어도 여전히 일을 잘 했다. Although he stooped, he was a good worker.

굽다2 [굽:따, ku:pt'a]

'ㅂ' irregular conjugation, Avt

to roast, broil, bake ; to toast ; to grill

causative	*굽히다, 굽게 하다, 굽게 만들다	passive	굽히다, 굽게 되다, 구워지다

adnominal : present-conti	past-perfect	past-retrospective	past-perfect-retro	future-gue/will
굽는	구운	굽던	구웠던	구울

quotational : declarative	interrogative	imperative	suggestive	nominal	adverbial
굽는다고	굽느냐고	구우라고	굽자고	굽기, 구움	구워, 굽게

high honorific level		indicative style	retrospective style
declarative	present	굽습니다	굽습디다
	present-continuous	굽고 있습니다, 굽는 중입니다	굽고 있습디다
	past-perfect	구웠습니다	구웠습디다
	past-experience	구웠었습니다	구웠었습디다
	past-guessing	구웠겠습니다	구웠겠습디다
	future-gue/will/abi	굽겠습니다, 구우렵니다, 구울 겁니다, 구울 수 있습니다	굽겠습디다
introgative	present	굽습니까?	굽습디까?
	past-perfect	구웠습니까?	구웠습디까?
	past-experience	구웠었습니까?	구웠었습디까?
	future-gue/will/abi	굽겠습니까? 구우렵니까? 구울 겁니까? 구우리이까? 구울 수 있겠습니까?	굽겠습디까?
imperative		구우시오, 구우십시오	
suggestive		구웁시다, 구우십시다	
exclamatory		구우시는구나!	

ordinary honorific lev		'-어요' form	'-으오' form
declarative	present	구워요, 굽지요, 구우세요, 구울래요, 구울걸요, 굽는데요, 굽는대요, 구울게요, 굽잖아요	구우오
	present-continuous	굽고 있어요, 굽고 있지요, 굽고 있으세요, 굽는 중이에요	굽고 있소
	past-perfect	구웠어요, 구웠지요, 구웠으세요, 구웠잖아요	구웠소
	past-experience	구웠었어요, 구웠었지요, 구웠었으세요	구웠었소
	past-guessing	구웠겠어요, 구웠겠지요, 구웠겠으세요	구웠겠소
	future-gue/will/abi	굽겠어요, 굽겠지요, 굽겠으세요, 구울 수 있어요	굽겠소
introgative	present	구워요? 굽지요? 구우세요? 굽나요? 구울까요? 구울래요? 굽는가요? 굽는데요? 굽는대요? 굽는다면서요? 굽는다지요?	구우오? 굽소?
	past-perfect	구웠어요? 구웠지요? 구웠으세요?	구웠소?
	past-experience	구웠었어요? 구웠었지요? 구웠었으세요?	구웠었소?
	future-gue/will/abi	굽겠어요? 굽겠지요? 굽겠으세요? 구우리요? 구울 거예요? 구울 거지요? 구울 수 있겠어요?	굽겠소?
imperative		구워요, 굽지요, 구우세요, 구우라니까요	구우오, 굽구려
suggestive		구워요, 굽지요, 구우세요, 굽자니까요	구우오
exclamatory		굽는군요! 구우리요!	구우오!

ㄱ

ordinary non-honorific lev		'-어' form	'-네' form
declarative	present	구워, 굽지, 구울래, 구울걸, 굽는데, 굽는대, 구울게, 굽는단다, 구우마, 굽잖아	굽네
	present-continuous	굽고 있어, 굽고 있지, 굽는 중이야	굽고 있네
	past-perfect	구웠어, 구웠지, 구웠잖아	구웠네
	future-gue/will/abi	굽겠어, 굽겠지, 구울 수 있어	굽겠네
introgative	present	구워? 굽지? 굽니? 굽나? 구울까? 구우랴? 구울래? 굽는데? 굽는대? 굽는다면서? 굽는다지?	굽는가?
	past-perfect	구웠어? 구웠지? 구웠니? 구웠을까? 구웠대? 구웠다면서?	구웠는가?
	future-gue/will/abi	굽겠어? 굽겠지? 굽겠니? 구우리? 구울 거야? 구울 거지? 구울 거니? 구울 수 있겠어?	굽겠는가?
imperative		구워, 굽지, 구우렴, 구우려무나, 구우라니까	굽게
suggestive		구워, 굽지, 굽자니까	굽세
exclamatory		구워! 굽지! 구우리!	굽네!

low non-honorific lev		indicative style	retrospective style
declarative	present	굽는다	굽더라
	present-continuous	굽고 있다, 굽는 중이다	굽고 있더라
	past-perfect	구웠다	구웠더라
	future-gue/will/abi	굽겠다, 구우리다, 구우련다, 구울 거다, 구울 수 있다	굽겠더라
introgative	present	굽느냐?	굽더냐?
	past-perfect	구웠느냐?	구웠더냐?
	future-gue/will/abi	굽겠느냐?	굽겠더냐?
imperative		구워라	
suggestive		굽자	
exclamatory		굽는구나! 굽는다! 굽는도다!	굽더구나!

connective	endings	connective	endings
serial	굽고, 구우며	comparison	굽느니
selection	굽거나, 굽든지, 굽든가	degree	구우리만큼
contrast	구워도, 굽지만, 구우나, 굽는데, 구우면서도, 굽되, 굽지	condition	구우면, 굽거든, 굽거들랑, 구워야, 굽는다면, 구웠던들
simultaneity	구우면서, 구우며	circumstance	굽는데, 구우니, 굽다시피
completion	굽고서, 구워서, 굽자, 굽자마자	figure	굽듯이
conversion	굽다가	proportion	구울수록
concession	구워도, 굽더라도, 구울지라도, 구울지언정, 구운들, 굽는데도, 굽기로서니, 구우나마, 구울망정, 구워 보았자	cause	구워서, 구우니까, 굽느라고, 굽기에, 굽길래, 굽느니만큼, 굽는지라, 구울세라, 구우므로
intention	구우러, 구우려고, 굽고자	addition	굽거니와, 구울뿐더러, 구우려니와
result	굽도록, 굽게끔	repetition	굽곤

Basic sentences

- 쇠고기를 구워 먹자. Let's eat grilled beef.
- 구운 고기는 맛은 좋지만 건강에는 안 좋다.
  Roasted meet tastes good, but it is not good for your health.
- 빵을 구워 내는 솜씨가 대단하다. His baking skill is brilliant.

그렇다 [그러타, kirətha]

'ㅎ' irregular conjugation, Dv

to be like that ; yes ; so

causative	*그렇히다, 그렇게 하다, 그렇게 만들다	passive	*그렇히다, 그렇게 되다, 그래지다

adnominal : present-conti	past-perfect	past-retrospective	past-perfect-retro	future-gue/will
그런	그런	그렇던	그랬던	그럴

quotational : declarative	interrogative	imperative	suggestive	nominal	adverbial
그렇다고	그러냐고	*그러라고	*그러자고	그렇기, 그럼	그래, 그렇게

high honorific level		indicative style	retrospective style
declarative	present	그렇습니다	그렇습디다
	present-continuous	*그렇고 있습니다, *그러는 중입니다	*그렇고 있습디다
	past-perfect	그랬습니다	그랬습디다
	past-experience	그랬었습니다	그랬었습디다
	past-guessing	그랬겠습니다	그랬겠습디다
	future-gue/will/abi	그렇겠습니다, *그러렵니다, 그럴 겁니다, 그럴 수 있습니다	그렇겠습디다
introgative	present	그렇습니까?	그렇습디까?
	past-perfect	그랬습니까?	그랬습디까?
	past-experience	그랬었습니까?	그랬었습디까?
	future-gue/will/abi	그렇겠습니까? *그러렵니까? *그럴 겁니까? *그러리이까? 그럴 수 있겠습니까?	그렇겠습디까?
imperative		*그러시오, *그러십시오	
suggestive		그럽시다, 그러십시다	
exclamatory		그러시구나!	

ordinary honorific lev		'-어요' form	'-으오' form
declarative	present	그래요, 그렇지요, 그러세요, *그럴래요, 그럴걸요, 그런데요, 그렇대요, 그럴게요, 그렇잖아요	그러오
	present-continuous	*그렇고 있어요, *그렇고 있지요, *그렇고 있으세요, *그러는 중이에요	*그렇고 있소
	past-perfect	그랬어요, 그랬지요, 그랬으세요, 그랬잖아요	그랬소
	past-experience	그랬었어요, 그랬었지요, 그랬었으세요	그랬었소
	past-guessing	그랬겠어요, 그랬겠지요, 그랬겠으세요	그랬겠소
	future-gue/will/abi	그렇겠어요, 그렇겠지요, 그렇겠으세요, 그럴 수 있어요	그렇겠소
introgative	present	그래요? 그렇지요? 그러세요? 그렇나요? 그럴까요? *그럴래요? 그런가요? 그런데요? 그렇대요? 그렇다면서요? 그렇다지요?	그러오? 그렇소?
	past-perfect	그랬어요? 그랬지요? 그랬으세요?	그랬소?
	past-experience	그랬었어요? 그랬었지요? 그랬었으세요?	그랬었소?
	future-gue/will/abi	그렇겠어요? 그렇겠지요? 그렇겠으세요? 그러리요? *그럴 거예요? *그럴 거지요? 그럴 수 있겠어요?	그렇겠소?
imperative		*그래요, *그렇지요, *그러세요, *그러라니까요	*그러오, *그렇구려
suggestive		*그래요, *그렇지요, *그러세요, *그렇자니까요	*그러오
exclamatory		그렇군요! 그러리요!	그러오!

ordinary non-honorific lev		'-어' form	'-네' form
declarative	present	그래, 그렇지, *그럴래, 그럴걸, 그런데, 그렇대, 그럴게, 그렇단다, *그러마, 그렇잖아	그렇네
	present-continuous	*그렇고 있어, *그렇고 있지, *그러는 중이야	*그렇고 있네
	past-perfect	그랬어, 그랬지, 그랬잖아	그랬네
	future-gue/will/abi	그렇겠어, 그렇겠지, 그럴 수 있어	그렇겠네
introgative	present	그래? 그렇지? 그렇니? 그렇나? 그럴까? 그러랴? *그럴래? 그런데? 그렇대? 그렇다면서? 그렇다지?	그런가?
	past-perfect	그랬어? 그랬지? 그랬니? 그랬을까? 그랬대? 그랬다면서?	그랬는가?
	future-gue/will/abi	그렇겠어? 그렇겠지? 그렇겠니? 그러리? *그럴 거야? *그럴 거지? *그럴 거니? 그럴 수 있겠어?	그렇겠는가?
imperative		*그래, *그렇지, *그러렴, *그러려무나, *그러라니까	*그렇게
suggestive		그래, 그렇지, 그렇자니까	그렇세
exclamatory		그래! 그렇지! 그러리!	그렇네!

low non-honorific lev		indicative style	retrospective style
declarative	present	그렇다	그렇더라
	present-continuous	*그렇고 있다, *그러는 중이다	*그렇고 있더라
	past-perfect	그랬다	그랬더라
	future-gue/will/abi	그렇겠다, *그러리다, *그러련다, 그럴 거다, 그럴 수 있다	그렇겠더라
introgative	present	그러냐?	그렇더냐?
	past-perfect	그랬느냐?	그랬더냐?
	future-gue/will/abi	그렇겠느냐?	그렇겠더냐?
imperative		*그래라	
suggestive		그렇자	
exclamatory		그렇구나! 그렇다! 그렇도다!	그렇더구나!

connective	endings	connective	endings
serial	그렇고, 그러며	comparison	*그렇느니
selection	그렇거나, 그렇든지, 그렇든가	degree	그러리만큼
contrast	그래도, 그렇지만, 그러나, 그런데, 그러면서도, 그렇되, 그렇지	condition	그러면, 그렇거든, 그렇거들랑, 그래야, 그렇다면, 그랬던들
simultaneity	그러면서, 그러며	circumstance	그런데, 그러니, *그렇다시피
completion	그렇고서, 그래서, *그렇자, *그렇자마자	figure	그렇듯이
conversion	그렇다가	proportion	그럴수록
concession	그래도, 그렇더라도, 그럴지라도, 그럴지언정, 그런들, 그런데도, 그렇기로서니, 그러나마, 그럴망정, 그래 보았자	cause	그래서, 그러니까, *그렇느라고, 그렇기에, 그렇길래, 그러니만큼, 그런지라, 그럴세라, 그러므로
intention	*그러러, *그러려고, *그렇고자	addition	그렇거니와, 그럴뿐더러, 그러려니와
result	그렇도록, 그렇게끔	repetition	그렇곤

Basic sentences

- 네, 그렇습니다. Yes, it is so.
- 그렇게 하시지요. Let's do it like that.
- 자네 생각이 그렇다면 나도 할 수 없지. If that is your thought, what can I say more.

긋다2 [귿따, kitt'a]

'ㅅ' irregular conjugation, Avt

to draw, mark, to strike ; to charge

causative	*긋히다, 긋게 하다, 긋게 만들다	passive	*긋히다, 긋게 되다, 그어지다

adnominal : present-conti	past-perfect	past-retrospective	past-perfect-retro	future-gue/will
긋는	그은	긋던	그었던	그을

quotational : declarative	interrogative	imperative	suggestive	nominal	adverbial
긋는다고	긋느냐고	그으라고	긋자고	긋기, 그음	그어, 긋게

high honorific level		indicative style	retrospective style
declarative	present	긋습니다	긋습디다
	present-continuous	긋고 있습니다, 긋는 중입니다	긋고 있습디다
	past-perfect	그었습니다	그었습디다
	past-experience	그었었습니다	그었었습디다
	past-guessing	그었겠습니다	그었겠습디다
	future-gue/will/abi	긋겠습니다, 그으렵니다, 그을 겁니다, 그을 수 있습니다	긋겠습디다
introgative	present	긋습니까?	긋습디까?
	past-perfect	그었습니까?	그었습디까?
	past-experience	그었었습니까?	그었었습디까?
	future-gue/will/abi	긋겠습니까? 그으렵니까? 그을 겁니까? 그으리이까? 그을 수 있겠습니까?	긋겠습디까?
imperative		그으시오, 그으십시오	
suggestive		그읍시다, 그으십시다	
exclamatory		그으시는구나!	

ordinary honorific lev		'-어요' form	'-으오' form
declarative	present	그어요, 긋지요, 그으세요, 그을래요, 그을걸요, 긋는데요, 긋는대요, 그을게요, 긋잖아요	그으오
	present-continuous	긋고 있어요, 긋고 있지요, 긋고 있으세요, 긋는 중이에요	긋고 있소
	past-perfect	그었어요, 그었지요, 그었으세요, 그었잖아요	그었소
	past-experience	그었었어요, 그었었지요, 그었었으세요	그었었소
	past-guessing	그었겠어요, 그었겠지요, 그었겠으세요	그었겠소
	future-gue/will/abi	긋겠어요, 긋겠지요, 긋겠으세요, 그을 수 있어요	긋겠소
introgative	present	그어요? 긋지요? 그으세요? 긋나요? 그을까요? 그을래요? 긋는가요? 긋는데요? 긋는대요? 긋는다면서요? 긋는다지요?	그으오? 긋소?
	past-perfect	그었어요? 그었지요? 그었으세요?	그었소?
	past-experience	그었었어요? 그었었지요? 그었었으세요?	그었었소?
	future-gue/will/abi	긋겠어요? 긋겠지요? 긋겠으세요? 그으리요? 그을 거예요? 그을 거지요? 그을 수 있겠어요?	긋겠소?
imperative		그어요, 긋지요, 그으세요, 그으라니까요	그으오, 긋구려
suggestive		그어요, 긋지요, 그으세요, 긋자니까요	그으오
exclamatory		긋는군요! 그으리요!	그으오!

ordinary non-honorific lev		'-어' form	'-네' form
declarative	present	그어, 긋지, 그을래, 그을걸, 긋는데, 긋는대, 그을게, 긋는단다, 그으마, 긋잖아	긋네
	present-continuous	긋고 있어, 긋고 있지, 긋는 중이야	긋고 있네
	past-perfect	그었어, 그었지, 그었잖아	그었네
	future-gue/will/abi	긋겠어, 긋겠지, 그을 수 있어	긋겠네
introgative	present	그어? 긋지? 긋니? 긋나? 그을까? 그으랴? 그을래? 긋는데? 긋는대? 긋는다면서? 긋는다지?	긋는가?
	past-perfect	그었어? 그었지? 그었니? 그었을까? 그었대? 그었다면서?	그었는가?
	future-gue/will/abi	긋겠어? 긋겠지? 긋겠니? 그으리? 그을 거야? 그을 거지? 그을 거니? 그을 수 있겠어?	긋겠는가?
imperative		그어, 긋지, 그으렴, 그으려무나, 그으라니까	긋게
suggestive		그어, 긋지, 긋자니까	긋세, 그으세
exclamatory		그어! 긋지! 그으리!	긋네!

low non-honorific lev		indicative style	retrospective style
declarative	present	긋는다	긋더라
	present-continuous	긋고 있다, 긋는 중이다	긋고 있더라
	past-perfect	그었다	그었더라
	future-gue/will/abi	긋겠다, 그으리다, 그으련다, 그을 거다, 그을 수 있다	긋겠더라
introgative	present	긋느냐?	긋더냐?
	past-perfect	그었느냐?	그었더냐?
	future-gue/will/abi	긋겠느냐?	긋겠더냐?
imperative		그어라	
suggestive		긋자	
exclamatory		긋는구나! 긋는다! 긋는도다!	긋더구나!

connective	endings	connective	endings
serial	긋고, 그으며	comparison	긋느니
selection	긋거나, 긋든지, 긋든가	degree	그으리만큼
contrast	그어도, 긋지만, 그으나, 긋는데, 그으면서도, 긋되, 긋지	condition	그으면, 긋거든, 긋거들랑, 그어야, 긋는다면, 그었던들
simultaneity	그으면서, 그으며	circumstance	긋는데, 그으니, 긋다시피
completion	긋고서, 그어서, 긋자, 긋자마자	figure	긋듯이
conversion	긋다가	proportion	그을수록
concession	그어도, 긋더라도, 그을지라도, 그을지언정, 그은들, 긋는데도, 긋기로서니, 그으나마, 그을망정, 그어 보았자	cause	그어서, 그으니까, 긋느라고, 긋기에, 긋길래, 긋느니만큼, 긋는지라, 그을세라, 그으므로
intention	그으러, 그으려고, 긋고자	addition	긋거니와, 그을뿐더러, 그으려니와
result	긋도록, 긋게끔	repetition	긋곤

- 그는 붉은 볼펜으로 밑줄을 그었다. He drew a line with a red pen.
- 그 사건은 헌정사에 큰 획을 긋는 중요한 일이다.
  This case is a very important case that changed our constitutional history.
- 그 사람과는 어느 degree 선을 긋고 사는 것이 좋을 듯하다.
  It's good to keep some distance from that person.

기뻐하다 [기뻐하다, kip'əhada]

'여' irregular conjugation, Avti

to be pleased, be glad, be delighted ; to be happy

causative	*기뻐하히다, 기뻐하게 하다, 기뻐하게 만들다	passive	*기뻐하히다, 기뻐하게 되다, 기뻐지다

adnominal : present-conti	past-perfect	past-retrospective	past-perfect-retro	future-gue/will
기뻐하는	기뻐한	기뻐하던	기뻐했던	기뻐할

quotational : declarative	interrogative	imperative	suggestive	nominal	adverbial
기뻐한다고	기뻐하느냐고	기뻐하라고	기뻐하자고	기뻐하기, 기뻐함	기뻐해, 기뻐하게

high honorific level		indicative style	retrospective style
declarative	present	기뻐합니다	기뻐합디다
	present-continuous	기뻐하고 있습니다, 기뻐하는 중입니다	기뻐하고 있습디다
	past-perfect	기뻐했습니다	기뻐했습디다
	past-experience	기뻐했었습니다	기뻐했었습디다
	past-guessing	기뻐했겠습니다	기뻐했겠습디다
	future-gue/will/abi	기뻐하겠습니다, 기뻐하렵니다, 기뻐할 겁니다, 기뻐할 수 있습니다	기뻐하겠습디다
introgative	present	기뻐합니까?	기뻐합디까?
	past-perfect	기뻐했습니까?	기뻐했습디까?
	past-experience	기뻐했었습니까?	기뻐했었습디까?
	future-gue/will/abi	기뻐하겠습니까? 기뻐하렵니까? 기뻐할 겁니까? 기뻐하리이까? 기뻐할 수 있겠습니까?	기뻐하겠습디까?
imperative		기뻐하시오, 기뻐하십시오	
suggestive		기뻐합시다, 기뻐하십시다	
exclamatory		기뻐하시는구나!	

ordinary honorific lev		'-어요' form	'-으오' form
declarative	present	기뻐해요, 기뻐하지요, 기뻐하세요, 기뻐할래요, 기뻐할걸요, 기뻐하는데요, 기뻐한대요, 기뻐할게요, 기뻐하잖아요	기뻐하오
	present-continuous	기뻐하고 있어요, 기뻐하고 있지요, 기뻐하고 있으세요, 기뻐하는 중이에요	기뻐하고 있소
	past-perfect	기뻐했어요, 기뻐했지요, 기뻐했으세요, 기뻐했잖아요	기뻐했소
	past-experience	기뻐했었어요, 기뻐했었지요, 기뻐했었으세요	기뻐했었소
	past-guessing	기뻐했겠어요, 기뻐했겠지요, 기뻐했겠으세요	기뻐했겠소
	future-gue/will/abi	기뻐하겠어요, 기뻐하겠지요, 기뻐하겠으세요, 기뻐할 수 있어요	기뻐하겠소
introgative	present	기뻐해요? 기뻐하지요? 기뻐하세요? 기뻐하나요? 기뻐할까요? 기뻐할래요? 기뻐하는가요? 기뻐하는데요? 기뻐한대요? 기뻐한다면서요? 기뻐한다지요?	기뻐하오? *기뻐하소?
	past-perfect	기뻐했어요? 기뻐했지요? 기뻐했으세요?	기뻐했소?
	past-experience	기뻐했었어요? 기뻐했었지요? 기뻐했었으세요?	기뻐했었소?
	future-gue/will/abi	기뻐하겠어요? 기뻐하겠지요? 기뻐하겠으세요? 기뻐하리요? 기뻐할 거예요? 기뻐할 거지요? 기뻐할 수 있겠어요?	기뻐하겠소?
imperative		기뻐해요, 기뻐하지요, 기뻐하세요, 기뻐하라니까요	기뻐하오, 기뻐하구려
suggestive		기뻐해요, 기뻐하지요, 기뻐하세요, 기뻐하자니까요	기뻐하오
exclamatory		기뻐하는군요! 기뻐하리요!	기뻐하오!

ordinary non-honorific lev		'-어' form	'-네' form
declarative	present	기뻐해, 기뻐하지, 기뻐할래, 기뻐할걸, 기뻐하는데, 기뻐한대, 기뻐할게, 기뻐하는단다, 기뻐하마, 기뻐하잖아	기뻐하네
	present-continuous	기뻐하고 있어, 기뻐하고 있지, 기뻐하는 중이야	기뻐하고 있네
	past-perfect	기뻐했어, 기뻐했지, 기뻐했잖아	기뻐했네
	future-gue/will/abi	기뻐하겠어, 기뻐하겠지, 기뻐할 수 있어	기뻐하겠네
introgative	present	기뻐해? 기뻐하지? 기뻐하니? 기뻐하나? 기뻐할까? 기뻐하랴? 기뻐할래? 기뻐하는데? 기뻐한대? 기뻐한다면서? 기뻐한다지?	기뻐하는가?
	past-perfect	기뻐했어? 기뻐했지? 기뻐했니? 기뻐했을까? 기뻐했대? 기뻐했다면서?	기뻐했는가?
	future-gue/will/abi	기뻐하겠어? 기뻐하겠지? 기뻐하겠니? 기뻐하리? 기뻐할 거야? 기뻐할 거지? 기뻐할 거니? 기뻐할 수 있겠어?	기뻐하겠는가?
imperative		기뻐해, 기뻐하지, 기뻐하렴, 기뻐하려무나, 기뻐하라니까	기뻐하게
suggestive		기뻐해, 기뻐하지, 기뻐하자니까	기뻐하세
exclamatory		기뻐해! 기뻐하지! 기뻐하리!	기뻐하네!

low non-honorific lev		indicative style	retrospective style
declarative	present	기뻐한다	기뻐하더라
	present-continuous	기뻐하고 있다, 기뻐하는 중이다	기뻐하고 있더라
	past-perfect	기뻐했다	기뻐했더라
	future-gue/will/abi	기뻐하겠다, 기뻐하리다, 기뻐하련다, 기뻐할 거다, 기뻐할 수 있다	기뻐하겠더라
introgative	present	기뻐하느냐?	기뻐하더냐?
	past-perfect	기뻐했느냐?	기뻐했더냐?
	future-gue/will/abi	기뻐하겠느냐?	기뻐하겠더냐?
imperative		기뻐해라	
suggestive		기뻐하자	
exclamatory		기뻐하는구나! 기뻐한다! 기뻐하는도다!	기뻐하더구나!

connective	endings	connective	endings
serial	기뻐하고, 기뻐하며	comparison	기뻐하느니
selection	기뻐하거나, 기뻐하든지, 기뻐하든가	degree	기뻐하리만큼
contrast	기뻐해도, 기뻐하지만, 기뻐하나, 기뻐하는데, 기뻐하면서도, 기뻐하되, 기뻐하지	condition	기뻐하면, 기뻐하거든, 기뻐하거들랑, 기뻐해야, 기뻐한다면, 기뻐했던들
simultaneity	기뻐하면서, 기뻐하며	circumstance	기뻐하는데, 기뻐하니, 기뻐하다시피
completion	기뻐하고서, 기뻐해서, 기뻐하자, 기뻐하자마자	figure	기뻐하듯이
conversion	기뻐하다가	proportion	기뻐할수록
concession	기뻐해도, 기뻐하더라도, 기뻐할지라도, 기뻐할지언정, 기뻐한들, 기뻐하는데도, 기뻐하기로서니, 기뻐하나마, 기뻐할망정, 기뻐해 보았자	cause	기뻐해서, 기뻐하니까, 기뻐하느라고, 기뻐하기에, 기뻐하길래, 기뻐하느니만큼, 기뻐하는지라, 기뻐할세라, 기뻐하므로
intention	기뻐하러, 기뻐하려고, 기뻐하고자	addition	기뻐하거니와, 기뻐할뿐더러, 기뻐하려니와
result	기뻐하도록, 기뻐하게끔	repetition	기뻐하곤

Basic sentences

- 그는 자기의 아이가 태어난 것을 매우 기뻐했다. He was very happy to see his baby born.
- 내게 가장 기뻤던 일은 네가 무사히 유학을 마치고 귀국을 한 것이다.
  The happiest time was when I arrived after finishing my studies.
- 그의 아버지는 그가 합격했다는 소식을 듣고 매우 기뻐하셨다.
  His father was so glad to hear the news that he passed the examination.

기쁘다 [기쁘다, kip'ida]

'으' irregular conjugation, Dv

to be glad, be joyful, to be pleasant ; to be happy

causative	*기쁘히다, 기쁘게 하다, 기쁘게 만들다	passive	*기쁘히다, 기쁘게 되다, 기뻐지다

adnominal : present-conti	past-perfect	past-retrospective	past-perfect-retro	future-gue/will
기쁜	기쁜	기쁘던	기뻤던	기쁠

quotational : declarative	interrogative	imperative	suggestive	nominal	adverbial
기쁘다고	기쁘냐고	*기쁘라고	*기쁘자고	기쁘기, 기쁨	기뻐, 기쁘게

high honorific level		indicative style	retrospective style
declarative	present	기쁩니다	기쁩디다
	present-continuous	*기쁘고 있습니다, *기쁘는 중입니다	*기쁘고 있습디다
	past-perfect	기뻤습니다	기뻤습디다
	past-experience	기뻤었습니다	기뻤었습디다
	past-guessing	기뻤겠습니다	기뻤겠습디다
	future-gue/will/abi	기쁘겠습니다, *기쁘렵니다, 기쁠 겁니다, 기쁠 수 있습니다	기쁘겠습디다
introgative	present	기쁩니까?	기쁩디까?
	past-perfect	기뻤습니까?	기뻤습디까?
	past-experience	기뻤었습니까?	기뻤었습디까?
	future-gue/will/abi	기쁘겠습니까? *기쁘렵니까? *기쁠 겁니까? *기쁘리이까? *기쁠 수 있겠습니까?	기쁘겠습디까?
imperative		*기쁘시오, *기쁘십시오	
suggestive		*기쁩시다, *기쁘십시다	
exclamatory		기쁘시구나!	

ordinary honorific lev		'-어요' form	'-으오' form
declarative	present	기뻐요, 기쁘지요, 기쁘세요, *기쁠래요, 기쁠걸요, 기쁜데요, 기쁘대요, *기쁠게요, 기쁘잖아요	기쁘오
	present-continuous	*기쁘고 있어요, *기쁘고 있지요, *기쁘고 있으세요, *기쁘는 중이에요	*기쁘고 있소
	past-perfect	기뻤어요, 기뻤지요, 기뻤으세요, 기뻤잖아요	기뻤소
	past-experience	기뻤었어요, 기뻤었지요, 기뻤었으세요	기뻤었소
	past-guessing	기뻤겠어요, 기뻤겠지요, 기뻤겠으세요	기뻤겠소
	future-gue/will/abi	기쁘겠어요, 기쁘겠지요, 기쁘겠으세요, 기쁠 수 있어요	기쁘겠소
introgative	present	기뻐요? 기쁘지요? 기쁘세요? 기쁘나요? 기쁠까요? *기쁠래요? 기쁜가요? 기쁜데요? 기쁘대요? 기쁘다면서요? 기쁘다지요?	기쁘오? *기쁘소?
	past-perfect	기뻤어요? 기뻤지요? 기뻤으세요?	기뻤소?
	past-experience	기뻤었어요? 기뻤었지요? 기뻤었으세요?	기뻤었소?
	future-gue/will/abi	기쁘겠어요? 기쁘겠지요? 기쁘겠으세요? 기쁘리요? *기쁠 거예요? *기쁠 거지요? *기쁠 수 있겠어요?	기쁘겠소?
imperative		*기뻐요, *기쁘지요, *기쁘세요, *기쁘라니까요	*기쁘오, *기쁘구려
suggestive		*기뻐요, *기쁘지요, *기쁘세요, *기쁘자니까요	*기쁘오
exclamatory		기쁘군요! 기쁘리요!	기쁘오!

ordinary non-honorific lev		'-어' form	'-네' form
declarative	present	기뻐, 기쁘지, *기쁠래, 기쁠걸, 기쁜데, 기쁘대, *기쁠게, 기쁘단다, *기쁘마, 기쁘잖아	기쁘네
	present-continuous	*기쁘고 있어, *기쁘고 있지, *기쁘는 중이야	*기쁘고 있네
	past-perfect	기뻤어, 기뻤지, 기뻤잖아	기뻤네
	future-gue/will/abi	기쁘겠어, 기쁘겠지, 기쁠 수 있어	기쁘겠네
introgative	present	기뻐? 기쁘지? 기쁘니? 기쁘나? 기쁠까? 기쁘랴? *기쁠래? 기쁜데? 기쁘대? 기쁘다면서? 기쁘다지?	기쁜가?
	past-perfect	기뻤어? 기뻤지? 기뻤니? 기뻤을까? 기뻤대? 기뻤다면서?	기뻤는가?
	future-gue/will/abi	기쁘겠어? 기쁘겠지? 기쁘겠니? 기쁘리? *기쁠 거야? *기쁠 거지? *기쁠 거니? *기쁠 수 있겠어?	기쁘겠는가?
imperative		*기뻐, *기쁘지, *기쁘렴, *기쁘려무나, *기쁘라니까	*기쁘게
suggestive		*기뻐, *기쁘지, *기쁘자니까	*기쁘세
exclamatory		기뻐! 기쁘지! 기쁘리!	기쁘네!

low non-honorific lev		indicative style	retrospective style
declarative	present	기쁘다	기쁘더라
	present-continuous	*기쁘고 있다, *기쁘는 중이다	*기쁘고 있더라
	past-perfect	기뻤다	기뻤더라
	future-gue/will/abi	기쁘겠다, *기쁘리다, *기쁘련다, 기쁠 거다, 기쁠 수 있다	기쁘겠더라
introgative	present	기쁘냐?	기쁘더냐?
	past-perfect	기뻤느냐?	기뻤더냐?
	future-gue/will/abi	기쁘겠느냐?	기쁘겠더냐?
imperative		*기뻐라	
suggestive		*기쁘자	
exclamatory		기쁘구나! 기쁘다! 기쁘도다!	기쁘더구나!

connective	endings	connective	endings
serial	기쁘고, 기쁘며	comparison	*기쁘느니
selection	기쁘거나, 기쁘든지, 기쁘든가	degree	기쁘리만큼
contrast	기뻐도, 기쁘지만, 기쁘나, 기쁜데, 기쁘면서도, 기쁘되, 기쁘지	condition	기쁘면, 기쁘거든, 기쁘거들랑, 기뻐야, 기쁘다면, 기뻤던들
simultaneity	기쁘면서, 기쁘며	circumstance	기쁜데, 기쁘니, *기쁘다시피
completion	*기쁘고서, 기뻐서, *기쁘자, *기쁘자마자	figure	기쁘듯이
conversion	기쁘다가	proportion	기쁠수록
concession	기뻐도, 기쁘더라도, 기쁠지라도, 기쁠지언정, 기쁜들, 기쁜데도, 기쁘기로서니, 기쁘나마, 기쁠망정, 기뻐 보았자	cause	기뻐서, 기쁘니까, *기쁘느라고, 기쁘기에, 기쁘길래, 기쁘니만큼, 기쁜지라, 기쁠세라, 기쁘므로
intention	*기쁘러, *기쁘려고, *기쁘고자	addition	기쁘거니와, 기쁠뿐더러, 기쁘려니와
result	기쁘도록, 기쁘게끔	repetition	기쁘곤

- 너를 만나게 돼서 무척 기쁘다. I am very glad to meet you.
- 오늘같이 기쁜 날이 있겠니? There can't be a happier day than today.
- 나는 매우 기뻤지만 기쁜 표정을 짓지 않았다.
  I was very happy but I didn't make a happy face.

길다 [길:다, kil:da]

'ㄹ' irregular conjugation, Dv

to be long

causative	길우다, 길게 하다, 길게 만들다	passive	*길히다, 길게 되다, 길어지다

adnominal : present-conti	past-perfect	past-retrospective	past-perfect-retro	future-gue/will
긴	긴	길던	길었던	길

quotational : declarative	interrogative	imperative	suggestive	nominal	adverbial
길다고	기냐고	*길라고	*길자고	길기, 긺	길어, 길게

high honorific level		indicative style	retrospective style
declarative	present	깁니다	깁디다
	present-continuous	길고 있습니다, 기는 중입니다	길고 있습디다
	past-perfect	길었습니다	길었습디다
	past-experience	길었었습니다	길었었습디다
	past-guessing	길었겠습니다	길었겠습디다
	future-gue/will/abi	길겠습니다, *길렵니다, 길 겁니다, 길 수 있습니다	길겠습디다
introgative	present	깁니까?	깁디까?
	past-perfect	길었습니까?	길었습디까?
	past-experience	길었었습니까?	길었었습디까?
	future-gue/will/abi	길겠습니까? *길렵니까? *길 겁니까? *길리이까? *길 수 있겠습니까?	길겠습디까?
imperative		*기시오, *기십시오	
suggestive		*깁시다, *기십시다	
exclamatory		기시구나!	

ordinary honorific lev		'-어요' form	'-으오' form
declarative	present	길어요, 길지요, 기세요, *길래요, 길걸요, 긴데요, 길대요, *길게요, 길잖아요	기오
	present-continuous	길고 있어요, 길고 있지요, 길고 있으세요, 기는 중이에요	길고 있소
	past-perfect	길었어요, 길었지요, 길었으세요, 길었잖아요	길었소
	past-experience	길었었어요, 길었었지요, 길었었으세요	길었었소
	past-guessing	길었겠어요, 길었겠지요, 길었겠으세요	길었겠소
	future-gue/will/abi	길겠어요, 길겠지요, 길겠으세요, 길 수 있어요	길겠소
introgative	present	길어요? 길지요? 기세요? 기나요? 길까요? *길래요? 긴가요? 긴데요? 길대요? 길다면서요? 길다지요?	기오? *길소?
	past-perfect	길었어요? 길었지요? 길었으세요?	길었소?
	past-experience	길었었어요? 길었었지요? 길었었으세요?	길었었소?
	future-gue/will/abi	길겠어요? 길겠지요? 길겠으세요? *길리요? *길 거예요? *길 거지요? *길 수 있겠어요?	길겠소?
imperative		*길어요, *길지요, *기세요, *길라니까요	*기오, *길구려
suggestive		*길어요, *길지요, *기세요, *길자니까요	*기오
exclamatory		길군요! 길리요!	기오!

ordinary non-honorific lev		'-어' form	'-네' form
declarative	present	길어, 길지, *길래, 길걸, 긴데, 길대, *길게, 길단다, *길마, 길잖아	기네
	present-continuous	길고 있어, 길고 있지, 기는 중이야	길고 있네
	past-perfect	길었어, 길었지, 길었잖아	길었네
	future-gue/will/abi	길겠어, 길겠지, 길 수 있어	길겠네
introgative	present	길어? 길지? 기니? 기나? 길까? 길랴? *길래? 긴데? 길대? 길다면서? 길다지?	긴가?
	past-perfect	길었어? 길었지? 길었니? 길었을까? 길었대? 길었다면서?	길었는가?
	future-gue/will/abi	길겠어? 길겠지? 길겠니? *길리? *길 거야? *길 거지? *길 거니? *길 수 있겠어?	길겠는가?
imperative		*길어, *길지, *길렴, *길려무나, *길라니까	*길게
suggestive		*길어, *길지, *길자니까	*기세
exclamatory		길어! 길지! 길리!	기네!

low non-honorific lev		indicative style	retrospective style
declarative	present	길다	길더라
	present-continuous	길고 있다, 기는 중이다	길고 있더라
	past-perfect	길었다	길었더라
	future-gue/will/abi	길겠다, *길리다, *길련다, 길 거다, 길 수 있다	길겠더라
introgative	present	기냐?	길더냐?
	past-perfect	길었느냐?	길었더냐?
	future-gue/will/abi	길겠느냐?	길겠더냐?
imperative		*길어라	
suggestive		*길자	
exclamatory		길구나! 길다! 길도다!	길더구나!

connective	endings	connective	endings
serial	길고, 길며	comparison	*기느니
selection	길거나, 길든지, 길든가	degree	*길리만큼
contrast	길어도, 길지만, 기나, 긴데, 길면서도, 길되, 길지	condition	길면, 길거든, 길거들랑, 길어야, 길다면, 길었던들
simultaneity	길면서, *길며	circumstance	긴데, 기니, *길다시피
completion	*길고서, 길어서, *길자, *길자마자	figure	길듯이
conversion	길다가	proportion	길수록
concession	길어도, 길더라도, 길지라도, 길지언정, 긴들, 긴데도, 길기로서니, 기나마, 길망정, 길어 보았자	cause	길어서, 기니까, *기느라고, 길기에, 길길래, 기니만큼, 긴지라, 길세라, 길므로
intention	*길러, *길려고, *길고자	addition	길거니와, 길뿐더러, 길려니와
result	길도록, 길게끔	repetition	길곤

- 한강대교는 매우 길다. The Han River Bridge is very long.
- 그녀는 유난히 긴 속눈썹을 가졌다. She has very long eyelashes.
- 연설이 너무 길어서 지겹다. The speech is boring because it is too long.

깊다 [깁따, kipt'a]

'ㅍ' regular conjugation, Dv

to be deep ; to be profound ; to be close, be intimate

causative	*깊히다, 깊게 하다, 깊게 만들다	passive	*깊히다, 깊게 되다, 깊어지다

adnominal : present-conti	past-perfect	past-retrospective	past-perfect-retro	future-gue/will
깊은	깊은	깊던	깊었던	깊을

quotational : declarative	interrogative	imperative	suggestive	nominal	adverbial
깊다고	깊으냐고	*깊으라고	*깊자고	깊기, 깊음	깊어, 깊게

high honorific level		indicative style	retrospective style
declarative	present	깊습니다	깊습디다
	present-continuous	*깊고 있습니다, *깊는 중입니다	*깊고 있습디다
	past-perfect	깊었습니다	깊었습디다
	past-experience	깊었었습니다	깊었었습디다
	past-guessing	깊었겠습니다	깊었겠습디다
	future-gue/will/abi	깊겠습니다, *깊으렵니다, 깊을 겁니다, 깊을 수 있습니다	깊겠습디다
introgative	present	깊습니까?	깊습디까?
	past-perfect	깊었습니까?	깊었습디까?
	past-experience	깊었었습니까?	깊었었습디까?
	future-gue/will/abi	깊겠습니까? *깊으렵니까? *깊을 겁니까? *깊으리이까? *깊을 수 있겠습니까?	깊겠습디까?
imperative		*깊으시오, *깊으십시오	
suggestive		*깊읍시다, *깊으십시다	
exclamatory		깊으시구나!	

ordinary honorific lev		'-어요' form	'-으오' form
declarative	present	깊어요, 깊지요, 깊으세요, *깊을래요, 깊을걸요, 깊은데요, 깊대요, *깊을게요, 깊잖아요	깊으오
	present-continuous	*깊고 있어요, *깊고 있지요, *깊고 있으세요, *깊는 중이에요	*깊고 있소
	past-perfect	깊었어요, 깊었지요, 깊었으세요, 깊었잖아요	깊었소
	past-experience	깊었었어요, 깊었었지요, 깊었었으세요	깊었었소
	past-guessing	깊었겠어요, 깊었겠지요, 깊었겠으세요	깊었겠소
	future-gue/will/abi	깊겠어요, 깊겠지요, 깊겠으세요, 깊을 수 있어요	깊겠소
introgative	present	깊어요? 깊지요? 깊으세요? 깊나요? 깊을까요? *깊을래요? 깊은가요? 깊은데요? 깊대요? 깊다면서요? 깊다지요?	깊으오? 깊소?
	past-perfect	깊었어요? 깊었지요? 깊었으세요?	깊었소?
	past-experience	깊었었어요? 깊었었지요? 깊었었으세요?	깊었었소?
	future-gue/will/abi	깊겠어요? 깊겠지요? 깊겠으세요? 깊으리요? *깊을 거예요? *깊을 거지요? *깊을 수 있겠어요?	깊겠소?
imperative		*깊어요, *깊지요, *깊으세요, *깊으라니까요	*깊으오, *깊구려
suggestive		*깊어요, *깊지요, *깊으세요, *깊자니까요	*깊으오
exclamatory		깊군요! 깊으리요!	깊으오!

ordinary non-honorific lev		'-어' form	'-네' form
declarative	present	깊어, 깊지, *깊을래, 깊을걸, 깊은데, 깊대, *깊을게, 깊단다, *깊으마, 깊잖아	깊네
	present-continuous	*깊고 있어, *깊고 있지, *깊는 중이야	*깊고 있네
	past-perfect	깊었어, 깊었지, 깊었잖아	깊었네
	future-gue/will/abi	깊겠어, 깊겠지, 깊을 수 있어	깊겠네
introgative	present	깊어? 깊지? 깊니? 깊나? 깊을까? 깊으랴? *깊을래? 깊은데? 깊대? 깊다면서? 깊다지?	깊은가?
	past-perfect	깊었어? 깊었지? 깊었니? 깊었을까? 깊었대? 깊었다면서?	깊었는가?
	future-gue/will/abi	깊겠어? 깊겠지? 깊겠니? 깊으리? *깊을 거야? *깊을 거지? *깊을 거니? *깊을 수 있겠어?	깊겠는가?
imperative		*깊어, *깊지, *깊으렴, *깊으려무나, *깊으라니까	*깊게
suggestive		*깊어, *깊지, *깊자니까	*깊세
exclamatory		깊어! 깊지! 깊으리!	깊네!

low non-honorific lev		indicative style	retrospective style
declarative	present	깊다	깊더라
	present-continuous	*깊고 있다, *깊는 중이다	*깊고 있더라
	past-perfect	깊었다	깊었더라
	future-gue/will/abi	깊겠다, *깊으리다, *깊으련다, 깊을 거다, 깊을 수 있다	깊겠더라
introgative	present	깊으냐?	깊더냐?
	past-perfect	깊었느냐?	깊었더냐?
	future-gue/will/abi	깊겠느냐?	깊겠더냐?
imperative		*깊어라	
suggestive		*깊자	
exclamatory		깊구나! 깊다! 깊도다!	깊더구나!

connective	endings	connective	endings
serial	깊고, 깊으며	comparison	*깊느니
selection	깊거나, 깊든지, 깊든가	degree	깊으리만큼
contrast	깊어도, 깊지만, 깊으나, 깊은데, 깊으면서도, 깊되, 깊지	condition	깊으면, 깊거든, 깊거들랑, 깊어야, 깊다면, 깊었던들
simultaneity	깊으면서, 깊으며	circumstance	깊은데, 깊으니, *깊다시피
completion	*깊고서, 깊어서, *깊자, *깊자마자	figure	깊듯이
conversion	깊다가	proportion	깊을수록
concession	깊어도, 깊더라도, 깊을지라도, 깊을지언정, 깊은들, 깊은데도, 깊기로서니, 깊으나마, 깊을망정, 깊어 보았자	cause	깊어서, 깊으니까, *깊느라고, 깊기에, 깊길래, 깊으니만큼, 깊은지라, 깊을세라, 깊으므로
intention	*깊으러, *깊으려고, *깊고자	addition	깊거니와, 깊을뿐더러, 깊으려니와
result	깊도록, 깊게끔	repetition	깊곤

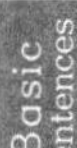

- 이 연못은 매우 깊다. This pond is very deep.
- 그녀는 깊은 잠에 빠져 있다. She is in deep sleep.
- 가을이 깊어 가거든 나를 찾아오세요. Come find me in late autumn.

까맣다 [까:마타, ka:matʰa]

'ㅎ' irregular conjugation, Dv

to be black ; to be dark-colored ; to be black-hearted ; to be evil-hearted

causative	*까맣히다, 까맣게 하다, 까맣게 만들다	passive	*까맣히다, 까맣게 되다, 까매지다

adnominal : present-conti	past-perfect	past-retrospective	past-perfect-retro	future-gue/will
까만	까만	까맣던	까맸던	까말

quotational : declarative	interrogative	imperative	suggestive	nominal	adverbial
까맣다고	까마냐고	*까마라고	*까맣자고	까맣기, 까맘	까매, 까맣게

high honorific level		indicative style	retrospective style
declarative	present	까맣습니다	까맣습디다
	present-continuous	*까맣고 있습니다, *까맣는 중입니다	*까맣고 있습디다
	past-perfect	까맸습니다	까맸습디다
	past-experience	까맸었습니다	까맸었습디다
	past-guessing	까맸겠습니다	까맸겠습디다
	future-gue/will/abi	까맣겠습니다, *까마렵니다, 까말 겁니다, 까말 수 있습니다	까맣겠습디다
introgative	present	까맣습니까?	까맣습디까?
	past-perfect	까맸습니까?	까맸습디까?
	past-experience	까맸었습니까?	까맸었습디까?
	future-gue/will/abi	까맣겠습니까? *까마렵니까? *까말 겁니까? *까마리이까? *까말 수 있겠습니까?	까맣겠습디까?
imperative		*까마시오, *까마십시오	
suggestive		*까맙시다, *까마십시다	
exclamatory		까마시구나!	

ordinary honorific lev		'-어요' form	'-으오' form
declarative	present	까매요, 까맣지요, 까마세요, *까말래요, 까말걸요, 까만데요, 까맣대요, *까말게요, 까맣잖아요	까마오
	present-continuous	*까맣고 있어요, *까맣고 있지요, *까맣고 있으세요, *까맣는 중이에요	*까맣고 있소
	past-perfect	까맸어요, 까맸지요, 까맸으세요, 까맸잖아요	까맸소
	past-experience	까맸었어요, 까맸었지요, 까맸었으세요	까맸었소
	past-guessing	까맸겠어요, 까맸겠지요, 까맸겠으세요	까맸겠소
	future-gue/will/abi	까맣겠어요, 까맣겠지요, 까맣겠으세요, 까말 수 있어요	까맣겠소
introgative	present	까매요? 까맣지요? 까마세요? 까맣나요? 까말까요? *까말래요? 까만가요? 까만데요? 까맣대요? 까맣다면서요? 까맣다지요?	까마오? 까맣소?
	past-perfect	까맸어요? 까맸지요? 까맸으세요?	까맸소?
	past-experience	까맸었어요? 까맸었지요? 까맸었으세요?	까맸었소?
	future-gue/will/abi	까맣겠어요? 까맣겠지요? 까맣겠으세요? 까마리요? *까말 거예요? *까말 거지요? *까말 수 있겠어요?	까맣겠소?
imperative		*까매요, *까맣지요, *까마세요, *까마라니까요	*까마오, *까맣구려
suggestive		*까매요, *까맣지요, *까마세요, *까맣자니까요	*까마오
exclamatory		까맣군요! 까마리요!	까마오!

ordinary non-honorific lev		'-어' form	'-네' form
declarative	present	까매, 까맣지, *까말래, 까말걸, 까만데, 까맣대, *까말게, 까맣단다, *까마마, 까맣잖아	까맣네
	present-continuous	*까맣고 있어, *까맣고 있지, *까맣는 중이야	*까맣고 있네
	past-perfect	까맸어, 까맸지, 까맸잖아	까맸네
	future-gue/will/abi	까맣겠어, 까맣겠지, 까말 수 있어	까맣겠네
introgative	present	까매? 까맣지? 까맣니? 까맣나? 까말까? 까마랴? *까말래? 까만데? 까맣대? 까맣다면서? 까맣다지?	까만가?
	past-perfect	까맸어? 까맸지? 까맸니? 까맸을까? 까맸대? 까맸다면서?	까맸는가?
	future-gue/will/abi	까맣겠어? 까맣겠지? 까맣겠니? 까마리? *까말 거야? *까말 거지? *까말 거니? 까말 수 있겠어?	까맣겠는가?
imperative		*까매, *까맣지, *까마렴, *까마려무나, *까마라니까	*까맣게
suggestive		*까매, *까맣지, *까맣자니까	*까맣세
exclamatory		까매! 까맣지! 까마리!	까맣네!

low non-honorific lev		indicative style	retrospective style
declarative	present	까맣다	까맣더라
	present-continuous	*까맣고 있다, *까맣는 중이다	*까맣고 있더라
	past-perfect	까맸다	까맸더라
	future-gue/will/abi	까맣겠다, *까마리다, *까마련다, 까말 거다, 까말 수 있다	까맣겠더라
introgative	present	까마냐?	까맣더냐?
	past-perfect	까맸느냐?	까맸더냐?
	future-gue/will/abi	까맣겠느냐?	까맣겠더냐?
imperative		*까매라	
suggestive		*까맣자	
exclamatory		까맣구나! 까맣다! 까맣도다!	까맣더구나!

connective	endings	connective	endings
serial	까맣고, 까마며	comparison	*까맣느니
selection	까맣거나, 까맣든지, 까맣든가	degree	까마리만큼
contrast	까매도, 까맣지만, 까마나, 까만데, 까마면서도, 까맣되, 까맣지	condition	까마면, 까맣거든, 까맣거들랑, 까매야, 까맣다면, 까맸던들
simultaneity	까마면서, 까마며	circumstance	까만데, 까마니, *까맣다시피
completion	*까맣고서, 까매서, *까맣자, *까맣자마자	figure	까맣듯이
conversion	까맣다가	proportion	까말수록
concession	까매도, 까맣더라도, 까말지라도, 까말지언정, 까마만들, 까만데도, 까맣기로서니, 까마나마, 까말망정, 까매 보았자	cause	까매서, 까마니까, *까맣느라고, 까맣기에, 까맣길래, 까마니만큼, 까만지라, 까말세라, 까마므로
intention	*까마러, *까마려고, *까맣고자	addition	까맣거니와, 까말뿐더러, 까마려니와
result	까맣도록, 까맣게끔	repetition	까말곤

Basic sentences

- 그는 얼굴이 까맣다. He has dark skin.
- 나는 그와의 약속을 까맣게 잊었다. I totally forgot about the promise I made with him.
- 그 보석은 까맣고 반짝반짝 빛이 났다. That jewelry was black and it was shining.

깨끗하다 [깨끄타다, k'ɛk'ɨtʰada]

'여' irregular conjugation, Dv

to be clean, be neat, be smart ; to be pure ; to be fair, be just

causative	*깨끗하히다, 깨끗하게 하다, 깨끗하게 만들다	passive	*깨끗하히다, 깨끗하게 되다, 깨끗해지다

adnominal : present-conti	past-perfect	past-retrospective	past-perfect-retro	future-gue/will
깨끗한	깨끗한	깨끗하던	깨끗했던	깨끗할

quotational : declarative	interrogative	imperative	suggestive	nominal	adverbial
깨끗하다고	깨끗하냐고	*깨끗하라고	*깨끗하자고	깨끗하기, 깨끗함	깨끗해, 깨끗하게

high honorific level		indicative style	retrospective style
declarative	present	깨끗합니다	깨끗합디다
	present-continuous	*깨끗하고 있습니다, *깨끗하는 중입니다	*깨끗하고 있습디다
	past-perfect	깨끗했습니다	깨끗했습디다
	past-experience	깨끗했었습니다	깨끗했었습디다
	past-guessing	깨끗했겠습니다	깨끗했겠습디다
	future-gue/will/abi	깨끗하겠습니다, *깨끗하렵니다, 깨끗할 겁니다, 깨끗할 수 있습니다	깨끗하겠습디다
introgative	present	깨끗합니까?	깨끗합디까?
	past-perfect	깨끗했습니까?	깨끗했습디까?
	past-experience	깨끗했었습니까?	깨끗했었습디까?
	future-gue/will/abi	깨끗하겠습니까? *깨끗하렵니까? *깨끗할 겁니까? *깨끗하리이까? *깨끗할 수 있겠습니까?	깨끗하겠습디까?
imperative		*깨끗하시오, *깨끗하십시오	
suggestive		*깨끗합시다, *깨끗하십시다	
exclamatory		깨끗하시구나!	

ordinary honorific lev		'-어요' form	'-으오' form
declarative	present	깨끗해요, 깨끗하지요, 깨끗하세요, *깨끗할래요, 깨끗할걸요, 깨끗한데요, 깨끗하대요, *깨끗할게요, 깨끗하잖아요	깨끗하오
	present-continuous	*깨끗하고 있어요, *깨끗하고 있지요, *깨끗하고 있으세요, *깨끗하는 중이에요	*깨끗하고 있소
	past-perfect	깨끗했어요, 깨끗했지요, 깨끗했으세요, 깨끗했잖아요	깨끗했소
	past-experience	깨끗했었어요, 깨끗했었지요, 깨끗했었으세요	깨끗했었소
	past-guessing	깨끗했겠어요, 깨끗했겠지요, 깨끗했겠으세요	깨끗했겠소
	future-gue/will/abi	깨끗하겠어요, 깨끗하겠지요, 깨끗하겠으세요, 깨끗할 수 있어요	깨끗하겠소
introgative	present	깨끗해요? 깨끗하지요? 깨끗하세요? 깨끗하나요? 깨끗할까요? *깨끗할래요? 깨끗한가요? 깨끗한데요? 깨끗하대요? 깨끗하다면서요? 깨끗하다지요?	깨끗하오? *깨끗하소?
	past-perfect	깨끗했어요? 깨끗했지요? 깨끗했으세요?	깨끗했소?
	past-experience	깨끗했었어요? 깨끗했었지요? 깨끗했었으세요?	깨끗했었소?
	future-gue/will/abi	깨끗하겠어요? 깨끗하겠지요? 깨끗하겠으세요? 깨끗하리요? *깨끗할 거예요? *깨끗할 거지요? *깨끗할 수 있겠어요?	깨끗하겠소?
imperative		*깨끗해요, *깨끗하지요, *깨끗하세요, *깨끗하라니까요	*깨끗하오,*깨끗하구려
suggestive		*깨끗해요, *깨끗하지요, *깨끗하세요, *깨끗하자니까요	*깨끗하오
exclamatory		깨끗하군요! 깨끗하리요!	깨끗하오!

ordinary non-honorific lev		'-어' form	'-네' form
declarative	present	깨끗해, 깨끗하지, *깨끗할래, 깨끗할걸, 깨끗한데, 깨끗하대, *깨끗할게, 깨끗하단다, *깨끗하마, 깨끗하잖아	깨끗하네
	present-continuous	*깨끗하고 있어, *깨끗하고 있지, *깨끗하는 중이야	*깨끗하고 있네
	past-perfect	깨끗했어, 깨끗했지, 깨끗했잖아	깨끗했네
	future-guc/will/abi	깨끗하겠어, 깨끗하겠지, 깨끗할 수 있어	깨끗하겠네
introgative	present	깨끗해? 깨끗하지? 깨끗하니? 깨끗하나? 깨끗할까? 깨끗하랴? *깨끗할래? 깨끗한데? 깨끗하대? 깨끗하다면서? 깨끗하다지?	깨끗한가?
	past-perfect	깨끗했어? 깨끗했지? 깨끗했니? 깨끗했을까? 깨끗했대? 깨끗했다면서?	깨끗했는가?
	future-gue/will/abi	깨끗하겠어? 깨끗하겠지? 깨끗하겠니? 깨끗하리? *깨끗할 거야? *깨끗할 거지? *깨끗할 거니? *깨끗할 수 있겠어?	깨끗하겠는가?
imperative		*깨끗해, *깨끗하지, *깨끗하렴, *깨끗하려무나, *깨끗하라니까	*깨끗하게
suggestive		*깨끗해, *깨끗하지, *깨끗하자니까	*깨끗하세
exclamatory		깨끗해! 깨끗하지! 깨끗하리!	깨끗하네!

low non-honorific lev		indicative style	retrospective style
declarative	present	깨끗하다	깨끗하더라
	present-continuous	*깨끗하고 있다, *깨끗하는 중이다	*깨끗하고 있더라
	past-perfect	깨끗했다	깨끗했더라
	future-gue/will/abi	깨끗하겠다, *깨끗하리다, *깨끗하련다, 깨끗할 거다, 깨끗할 수 있다	깨끗하겠더라
introgative	present	깨끗하냐?	깨끗하더냐?
	past-perfect	깨끗했느냐?	깨끗했더냐?
	future-gue/will/abi	깨끗하겠느냐?	깨끗하겠더냐?
imperative		*깨끗해라	
suggestive		*깨끗하자	
exclamatory		깨끗하구나! 깨끗하다! 깨끗하도다!	깨끗하더구나!

connective	endings	connective	endings
serial	깨끗하고, 깨끗하며	comparison	*깨끗하느니
selection	깨끗하거나, 깨끗하든지, 깨끗하든가	degree	깨끗하리만큼
contrast	깨끗해도, 깨끗하지만, 깨끗하나, 깨끗한데, 깨끗하면서도, 깨끗하되, 깨끗하지	condition	깨끗하면, 깨끗하거든, 깨끗하거들랑, 깨끗해야, 깨끗하다면, 깨끗했던들
simultaneity	깨끗하면서, 깨끗하며	circumstance	깨끗한데, 깨끗하니, *깨끗하다시피
completion	*깨끗하고서, *깨끗해서, *깨끗하자, *깨끗하자마자	figure	깨끗하듯이
conversion	깨끗하다가	proportion	깨끗할수록
concession	깨끗해도, 깨끗하더라도, 깨끗할지라도, 깨끗할지언정, 깨끗한들, 깨끗한데도, 깨끗하기로서니, 깨끗하나마, 깨끗할망정, 깨끗해 보았자	cause	깨끗해서, 깨끗하니까, *깨끗하느라고, 깨끗하기에, 깨끗하길래, 깨끗하니만큼, 깨끗한지라, 깨끗할세라, 깨끗하므로
intention	*깨끗하러, *깨끗하려고, *깨끗하고자	addition	깨끗하거니와, 깨끗할뿐더러, 깨끗하려니와
result	깨끗하도록, 깨끗하게끔	repetition	깨끗하곤

Basic sentences

- 그 애는 옷이 늘 깨끗하다. That boy's clothes are always clean.
- 깨끗한 물을 마셔야 건강해진다. In order to be healthy, one has to drink clean water.
- 그는 행동이 늘 깨끗해서 누구에게나 사랑 받는다.
  He is loved by everyone because his actions are always neat.

깨다1 [깨:다, k'ɛ:da]

'애' regular conjugation, Avi

to wake up ; to become sober ; to become civilized

causative	깨우다, 깨게 하다, 깨게 만들다	passive	깨이다, 깨게 되다, 깨지다

adnominal : present-conti	past-perfect	past-retrospective	past-perfect-retro	future-gue/will
깨는	깬	깨던	깼던	깰

quotational : declarative	interrogative	imperative	suggestive	nominal	adverbial
깬다고	깨느냐고	깨라고	깨자고	깨기, 깸	깨, 깨게

high honorific level		indicative style	retrospective style
declarative	present	깹니다	깹디다
	present-continuous	깨고 있습니다, 깨는 중입니다	깨고 있습디다
	past-perfect	깼습니다	깼습디다
	past-experience	깼었습니다	깼었습디다
	past-guessing	깼겠습니다	깼겠습디다
	future-gue/will/abi	깨겠습니다, 깨렵니다, 깰 겁니다, 깰 수 있습니다	깨겠습디다
introgative	present	깹니까?	깹디까?
	past-perfect	깼습니까?	깼습디까?
	past-experience	깼었습니까?	깼었습디까?
	future-gue/will/abi	깨겠습니까? 깨렵니까? 깰 겁니까? 깨리이까? 깰 수 있겠습니까?	깨겠습디까?
imperative		깨시오, 깨십시오	
suggestive		깹시다, 깨십시다	
exclamatory		깨시는구나!	

ordinary honorific lev		'-어요' form	'-으오' form
declarative	present	깨요, 깨지요, 깨세요, 깰래요, 깰걸요, 깨는데요, 깬대요, 깰게요, 깨잖아요	깨오
	present-continuous	깨고 있어요, 깨고 있지요, 깨고 있으세요, 깨는 중이에요	깨고 있소
	past-perfect	깼어요, 깼지요, 깼으세요, 깼잖아요	깼소
	past-experience	깼었어요, 깼었지요, 깼었으세요	깼었소
	past-guessing	깼겠어요, 깼겠지요, 깼겠으세요	깼겠소
	future-gue/will/abi	깨겠어요, 깨겠지요, 깨겠으세요, 깰 수 있어요	깨겠소
introgative	present	깨요? 깨지요? 깨세요? 깨나요? 깰까요? 깰래요? 깨는가요? 깨는데요? 깬대요? 깬다면서요? 깬다지요?	깨오? *깨소?
	past-perfect	깼어요? 깼지요? 깼으세요?	깼소?
	past-experience	깼었어요? 깼었지요? 깼었으세요?	깼었소?
	future-gue/will/abi	깨겠어요? 깨겠지요? 깨겠으세요? 깨리요? 깰 거예요? 깰 거지요? 깰 수 있겠어요?	깨겠소?
imperative		깨요, 깨지요, 깨세요, 깨라니까요	깨오, 깨구려
suggestive		깨요, 깨지요, 깨세요, 깨자니까요	깨오
exclamatory		깨는군요! 깨리요!	깨오!

ordinary non-honorific lev		'-어' form	'-네' form
declarative	present	깨, 깨지, 깰래, 깰걸, 깨는데, 깬대, 깰게, 깬단다, 깨마, 깨잖아	깨네
	present-continuous	깨고 있어, 깨고 있지, 깨는 중이야	깨고 있네
	past-perfect	깼어, 깼지, 깼잖아	깼네
	future-gue/will/abi	깨겠어, 깨겠지, 깰 수 있어	깨겠네
introgative	present	깨? 깨지? 깨니? 깨나? 깰까? 깨랴? 깰래? 깨는데? 깬대? 깬다면서? 깬다지?	깨는가?
	past-perfect	깼어? 깼지? 깼니? 깼을까? 깼대? 깼다면서?	깼는가?
	future-gue/will/abi	깨겠어? 깨겠지? 깨겠니? 깨리? 깰 거야? 깰 거지? 깰 거니? 깰 수 있겠어?	깨겠는가?
imperative		깨, 깨지, 깨렴, 깨려무나, 깨라니까	깨게
suggestive		깨, 깨지, 깨자니까	깨세
exclamatory		깨! 깨지! 깨리!	깨네!

low non-honorific lev		indicative style	retrospective style
declarative	present	깬다	깨더라
	present-continuous	깨고 있다, 깨는 중이다	깨고 있더라
	past-perfect	깼다	깼더라
	future-gue/will/abi	깨겠다, 깨리다, 깨련다, 깰 거다, 깰 수 있다	깨겠더라
introgative	present	깨느냐?	깨더냐?
	past-perfect	깼느냐?	깼더냐?
	future-gue/will/abi	깨겠느냐?	깨겠더냐?
imperative		깨라	
suggestive		깨자	
exclamatory		깨는구나! 깬다! 깨는도다!	깨더구나!

connective	endings	connective	endings
serial	깨고, 깨며	comparison	깨느니
selection	깨거나, 깨든지, 깨든가	degree	깨리만큼
contrast	깨도, 깨지만, 깨나, 깨는데, 깨면서도, 깨되, 깨지	condition	깨면, 깨거든, 깨거들랑, 깨야, 깬다면, 깼던들
simultaneity	깨면서, 깨며	circumstance	깨는데, 깨니, 깨다시피
completion	깨고서, 깨서, 깨자, 깨자마자	figure	깨듯이
conversion	깨다가	proportion	깰수록
concession	깨도, 깨더라도, 깰지라도, 깰지언정, 깬들, 깨는데도, 깨기로서니, 깨나마, 깰망정, 깨 보았자	cause	깨서, 깨니까, 깨느라고, 깨기에, 깨길래, 깨느니만큼, 깨는지라, 깰세라, 깨므로
intention	깨러, 깨려고, 깨고자	addition	깨거니와, 깰뿐더러, 깨려니와
result	깨도록, 깨게끔	repetition	깨곤

Basic sentences

- 그는 자다가 자주 잠을 깬다. He wakes up frequently while asleep.
- 환상에서 깬 기분이 어때? How does it feel to be awake from fantasy?
- 아이들의 잠을 깨우더라도 기분 좋게 깨우세요. Wake the children up in a good maner.

깨닫다 [깨닫따, k'ɛdadt'a]

'ㄷ' irregular conjugation, Avt

to realize, perceive, understand ; to be spiritually awakened

causative	*깨닫히다, 깨닫게 하다, 깨닫게 만들다	passive	*깨닫히다, 깨닫게 되다, 깨달아지다,

adnominal : present-conti	past-perfect	past-retrospective	past-perfect-retro	future-gue/will
깨달은	깨닫는	깨닫던	깨달았던	깨달을

quotational : declarative	interrogative	imperative	suggestive	nominal	adverbial
깨닫는다고	깨닫느냐고	깨달으라고	깨닫자고	깨닫기, 깨달음	깨달아, 깨닫게

high honorific level		indicative style	retrospective style
declarative	present	깨닫습니다	깨닫습디다
	present-continuous	깨닫고 있습니다, 깨닫는 중입니다	깨닫고 있습디다
	past-perfect	깨달았습니다	깨달았습디다
	past-experience	깨달았었습니다	깨달았었습디다
	past-guessing	깨달았겠습니다	깨달았겠습디다
	future-gue/will/abi	깨닫겠습니다, 깨달으렵니다, 깨달을 겁니다, 깨달을 수 있습니다	깨닫겠습디다
introgative	present	깨닫습니까?	깨닫습디까?
	past-perfect	깨달았습니까?	깨달았습디까?
	past-experience	깨달았었습니까?	깨달았었습디까?
	future-gue/will/abi	깨닫겠습니까? 깨달으렵니까? 깨달을 겁니까? 깨달으리이까? 깨달을 수 있겠습니까?	깨닫겠습디까?
imperative		깨달으시오, 깨달으십시오	
suggestive		깨달읍시다, 깨달으십시다	
exclamatory		깨달으시는구나!	

ordinary honorific lev		'-어요' form	'-으오' form
declarative	present	깨달아요, 깨닫지요, 깨달으세요, 깨달을래요, 깨달을걸요, 깨닫는데요, 깨닫는대요, 깨달을게요, 깨닫잖아요	깨달으오
	present-continuous	깨닫고 있어요, 깨닫고 있지요, 깨닫고 있으세요, 깨닫는 중이에요	깨닫고 있소
	past-perfect	깨달았어요, 깨달았지요, 깨달았으세요, 깨달았잖아요	깨달았소
	past-experience	깨달았었어요, 깨달았었지요, 깨달았었으세요	깨달았었소
	past-guessing	깨달았겠어요, 깨달았겠지요, 깨달았겠으세요	깨달았겠소
	future-gue/will/abi	깨닫겠어요, 깨닫겠지요, 깨닫겠으세요, 깨달을 수 있어요	깨닫겠소
introgative	present	깨달아요? 깨닫지요? 깨달으세요? 깨닫나요? 깨달을까요? 깨달을래요? 깨닫는가요? 깨닫는데요? 깨닫는대요? 깨닫는다면서요? 깨닫는다지요?	깨달으오? 깨닫소?
	past-perfect	깨달았어요? 깨달았지요? 깨달았으세요?	깨달았소?
	past-experience	깨달았었어요? 깨달았었지요? 깨달았었으세요?	깨달았었소?
	future-gue/will/abi	깨닫겠어요? 깨닫겠지요? 깨닫겠으세요? 깨달으리요? 깨달을 거예요? 깨달을 거지요? 깨달을 수 있겠어요?	깨닫겠소?
imperative		깨달아요, 깨닫지요, 깨달으세요, 깨달으라니까요	깨달으오, 깨닫구려
suggestive		깨달아요, 깨닫지요, 깨달으세요, 깨닫자니까요	깨달으오
exclamatory		깨닫는군요! 깨달으리요!	깨달으오!

ordinary non-honorific lev		'-어' form	'-네' form
declarative	present	깨달아, 깨닫지, 깨달을래, 깨달을걸, 깨닫는데, 깨닫는대, 깨달을게, 깨닫는단다, 깨달으마, 깨닫잖아	깨닫네
	present-continuous	깨닫고 있어, 깨닫고 있지, 깨닫는 중이야	깨닫고 있네
	past-perfect	깨달았어, 깨달았지, 깨달았잖아	깨달았네
	future-gue/will/abi	깨닫겠어, 깨닫겠지, 깨달을 수 있어	깨닫겠네
introgative	present	깨달아? 깨닫지? 깨닫니? 깨닫나? 깨달을까? 깨달으랴? 깨달을래? 깨닫는데? 깨닫는대? 깨닫는다면서? 깨닫는다지?	깨닫는가?
	past-perfect	깨달았어? 깨달았지? 깨달았니? 깨달았을까? 깨달았대? 깨달았다면서?	깨달았는가?
	future-gue/will/abi	깨닫겠어? 깨닫겠지? 깨닫겠니? 깨달으리? 깨달을 거야? 깨달을 거지? 깨달을 거니? 깨달을 수 있겠어?	깨닫겠는가?
imperative		깨달아, 깨닫지, 깨달으렴, 깨달으려무나, 깨달으라니까	깨닫게
suggestive		깨달아, 깨닫지, 깨닫자니까	깨달으세
exclamatory		깨달아! 깨닫지! 깨달으리!	깨닫네!

low non-honorific lev		indicative style	retrospective style
declarative	present	깨닫는다	깨닫더라
	present-continuous	깨닫고 있다, 깨닫는 중이다	깨닫고 있더라
	past-perfect	깨달았다	깨달았더라
	future-gue/will/abi	깨닫겠다, 깨달으리다, 깨달으련다, 깨달을 거다, 깨달을 수 있다	깨닫겠더라
introgative	present	깨닫느냐?	깨닫더냐?
	past-perfect	깨달았느냐?	깨달았더냐?
	future-gue/will/abi	깨닫겠느냐?	깨닫겠더냐?
imperative		깨달아라	
suggestive		깨닫자	
exclamatory		깨닫는구나! 깨닫는다! 깨닫는도다!	깨닫더구나!

connective	endings	connective	endings
serial	깨닫고, 깨달으며	comparison	깨닫느니
selection	깨닫거나, 깨닫든지, 깨닫든가	degree	깨달으리만큼
contrast	깨달아도, 깨닫지만, 깨달으나, 깨닫는데, 깨달으면서도, 깨닫되, 깨닫지	condition	깨달으면, 깨닫거든, 깨닫거들랑, 깨달아야, 깨닫는다면, 깨달았던들
simultaneity	깨달으면서, 깨달으며	circumstance	깨닫는데, 깨달으니, 깨닫다시피
completion	깨닫고서, 깨달아서, 깨닫자, 깨닫자마자	figure	깨닫듯이
conversion	깨닫다가	proportion	깨달을수록
concession	깨달아도, 깨닫더라도, 깨달을지라도, 깨달을지언정, 깨달은들, 깨닫는데도, 깨닫기로서니, 깨달으나마, 깨달을망정, 깨달아 보았자	cause	깨달아서, 깨달으니까, 깨닫느라고, 깨닫기에, 깨닫길래, 깨닫느니만큼, 깨닫는지라, 깨달을세라, 깨달으므로
intention	깨달으러, 깨달으려고, 깨닫고자	addition	깨닫거니와, 깨달을뿐더러, 깨달으려니와
result	깨닫도록, 깨닫게끔	repetition	깨닫곤

- 뒤늦게 잘못을 깨달았다. It was too late when I realized my fault.
- 진리를 깨닫는 게 매우 어렵다. It's very hard to realize the truth.
- 아침에 도를 깨달으면 저녁에 죽어도 한이 없다.
  If I realize the truth in the morning, I shall die without regrets in the evening.

꿰다1 [꿰:다, k'we:da]

'웨' regular conjugation, Avt

to thread, run a thread through a needle

causative	*꿰히다, 꿰게 하다, 꿰게 만들다	passive	꿰이다, 꿰게 되다, 꿰어지다

adnominal : present-conti	past-perfect	past-retrospective	past-perfect-retro	future-gue/will
꿰는	꿴	꿰던	꿰었던	꿸

quotational : declarative	interrogative	imperative	suggestive	nominal	adverbial
꿴다고	꿰느냐고	꿰라고	꿰자고	꿰기, 꿤	꿰어, 꿰게

high honorific level		indicative style	retrospective style
declarative	present	꿰습니다	꿰습디다
	present-continuous	꿰고 있습니다, 꿰는 중입니다	꿰고 있습디다
	past-perfect	꿰었습니다	꿰었습디다
	past-experience	꿰었었습니다	꿰었었습디다
	past-guessing	꿰었겠습니다	꿰었겠습디다
	future-gue/will/abi	꿰겠습니다, 꿰렵니다, 꿸 겁니다, 꿸 수 있습니다	꿰겠습디다
introgative	present	꿰습니까?	꿰습디까?
	past-perfect	꿰었습니까?	꿰었습디까?
	past-experience	꿰었었습니까?	꿰었었습디까?
	future-gue/will/abi	꿰겠습니까? 꿰렵니까? 꿸 겁니까? 꿰리이까? 꿸 수 있겠습니까?	꿰겠습디까?
imperative		꿰시오, 꿰십시오	
suggestive		꿥시다, 꿰십시다	
exclamatory		꿰시는구나!	

ordinary honorific lev		'-어요' form	'-으오' form
declarative	present	꿰어요, 꿰지요, 꿰세요, 꿸래요, 꿸걸요, 꿰는데요, 꿴대요, 꿸게요, 꿰잖아요	꿰오
	present-continuous	꿰고 있어요, 꿰고 있지요, 꿰고 있으세요, 꿰는 중이에요	꿰고 있소
	past-perfect	꿰었어요, 꿰었지요, 꿰었으세요, 꿰었잖아요	꿰었소
	past-experience	꿰었었어요, 꿰었었지요, 꿰었었으세요	꿰었었소
	past-guessing	꿰었겠어요, 꿰었겠지요, 꿰었겠으세요	꿰었겠소
	future-gue/will/abi	꿰겠어요, 꿰겠지요, 꿰겠으세요, 꿸 수 있어요	꿰겠소
introgative	present	꿰어요? 꿰지요? 꿰세요? 꿰나요? 꿸까요? 꿸래요? 꿰는가요? 꿰는데요? 꿴대요? 꿴다면서요? 꿴다지요?	꿰오? *꿰소?
	past-perfect	꿰었어요? 꿰었지요? 꿰었으세요?	꿰었소?
	past-experience	꿰었었어요? 꿰었었지요? 꿰었었으세요?	꿰었었소?
	future-gue/will/abi	꿰겠어요? 꿰겠지요? 꿰겠으세요? 꿰리요? 꿸 거예요? 꿸 거지요? 꿸 수 있겠어요?	꿰겠소?
imperative		꿰어요, 꿰지요, 꿰세요, 꿰라니까요	꿰오, 꿰구려
suggestive		꿰어요, 꿰지요, 꿰세요, 꿰자니까요	꿰오
exclamatory		꿰는군요! 꿰리요!	꿰오!

ordinary non-honorific lev		'-어' form	'-네' form
declarative	present	꿰어, 꿰지, 꿸래, 꿸걸, 꿰는데, 꿴대, 꿸게, 꿴단다, 꿰마, 꿰잖아	꿰네
	present-continuous	꿰고 있어, 꿰고 있지, 꿰는 중이야	꿰고 있네
	past-perfect	꿰었어, 꿰었지, 꿰었잖아	꿰었네
	future-gue/will/abi	꿰겠어, 꿰겠지, 꿸 수 있어	꿰겠네
introgative	present	꿰어? 꿰지? 꿰니? 꿰나? 꿸까? 꿰랴? 꿸래? 꿰는데? 꿴대? 꿴다면서? 꿴다지?	꿰는가?
	past-perfect	꿰었어? 꿰었지? 꿰었니? 꿰었을까? 꿰었대? 꿰었다면서?	꿰었는가?
	future-gue/will/abi	꿰겠어? 꿰겠지? 꿰겠니? 꿰리? 꿸 거야? 꿸 거지? 꿸 거니? 꿸 수 있겠어?	꿰겠는가?
imperative		꿰어, 꿰지, 꿰렴, 꿰려무나, 꿰라니까	꿰게
suggestive		꿰어, 꿰지, 꿰자니까	꿰세
exclamatory		꿰어! 꿰지! 꿰리!	꿰네!

low non-honorific lev		indicative style	retrospective style
declarative	present	꿴다	꿰더라
	present-continuous	꿰고 있다, 꿰는 중이다	꿰고 있더라
	past-perfect	꿰었다	꿰었더라
	future-gue/will/abi	꿰겠다, 꿰리다, 꿰련다, 꿸 거다, 꿸 수 있다	꿰겠더라
introgative	present	꿰느냐?	꿰더냐?
	past-perfect	꿰었느냐?	꿰었더냐?
	future-gue/will/abi	꿰겠느냐?	꿰겠더냐?
imperative		꿰어라	
suggestive		꿰자	
exclamatory		꿰는구나! 꿴다! 꿰는도다!	꿰더구나!

connective	endings	connective	endings
serial	꿰고, 꿰며	comparison	꿰느니
selection	꿰거나, 꿰든지, 꿰든가	degree	꿰리만큼
contrast	꿰어도, 꿰지만, 꿰나, 꿰는데, 꿰면서도, 꿰되, 꿰지	condition	꿰면, 꿰거든, 꿰거들랑, 꿰어야, 꿴다면, 꿰었던들
simultaneity	꿰면서, 꿰며	circumstance	꿰는데, 꿰니, 꿰다시피
completion	꿰고서, 꿰어서, 꿰자, 꿰자마자	figure	꿰듯이
conversion	꿰다가	proportion	꿸수록
concession	꿰어도, 꿰더라도, 꿸지라도, 꿸지언정, 꿴들, 꿰는데도, 꿰기로서니, 꿰나마, 꿸망정, 꿰어 보았자	cause	꿰어서, 꿰니까, 꿰느라고, 꿰기에, 꿰길래, 꿰느니만큼, 꿰는지라, 꿸세라, 꿰므로
intention	꿰러, 꿰려고, 꿰고자	addition	꿰거니와, 꿸뿐더러, 꿰려니와
result	꿰도록, 꿰게끔	repetition	꿰곤

Basic sentences

- 그녀는 바늘에 실을 꿰었다. She passed the thread through the needle.
- 그녀는 바늘에 실을 꿰는 것을 잘 한다. She is good at passing the thread through a needle.
- 바닷가에서는 오징어를 막대기에 꿰어서 말린다.
  By the ocean, we stick squids to a stick to dry them.

끄다 [끄다, k'ɨda]

'으' irregular conjugation, Avt

to extinguish, turn off, switch off ; to pay back

causative	*끄히다, 끄게 하다, 끄게 만들다	passive	*끄이다, 끄게 되다, 꺼지다

adnominal : present-conti	past-perfect	past-retrospective	past-perfect-retro	future-gue/will
끄는	끈	끄던	껐던	끌

quotational : declarative	interrogative	imperative	suggestive	nominal	adverbial
끈다고	끄느냐고	끄라고	끄자고	끄기, 끔	꺼, 끄게

high honorific level		indicative style	retrospective style
declarative	present	끕니다	끕디다
	present-continuous	끄고 있습니다, 끄는 중입니다	끄고 있습디다
	past-perfect	껐습니다	껐습디다
	past-experience	껐었습니다	껐었습디다
	past-guessing	껐겠습니다	껐겠습디다
	future-gue/will/abi	끄겠습니다, 끄렵니다, 끌 겁니다, 끌 수 있습니다	끄겠습디다
introgative	present	끕니까?	끕디까?
	past-perfect	껐습니까?	껐습디까?
	past-experience	껐었습니까?	껐었습디까?
	future-gue/will/abi	끄겠습니까? 끄렵니까? 끌 겁니까? 끄리이까? 끌 수 있겠습니까?	끄겠습디까?
imperative		끄시오, 끄십시오	
suggestive		끕시다, 끄십시다	
exclamatory		끄시는구나!	

ordinary honorific lev		'-어요' form	'-으오' form
declarative	present	꺼요, 끄지요, 끄세요, 끌래요, 끌걸요, 끄는데요, 끈대요, 끌게요, 끄잖아요	끄오
	present-continuous	끄고 있어요, 끄고 있지요, 끄고 있으세요, 끄는 중이에요	끄고 있소
	past-perfect	껐어요, 껐지요, 껐으세요, 껐잖아요	껐소
	past-experience	껐었어요, 껐었지요, 껐었으세요	껐었소
	past-guessing	껐겠어요, 껐겠지요, 껐겠으세요	껐겠소
	future-gue/will/abi	끄겠어요, 끄겠지요, 끄겠으세요, 끌 수 있어요	끄겠소
introgative	present	꺼요? 끄지요? 끄세요? 끄나요? 끌까요? 끌래요? 끄는가요? 끄는데요? 끈대요? 끈다면서요? 끈다지요?	끄오? *끄소?
	past-perfect	껐어요? 껐지요? 껐으세요?	껐소?
	past-experience	껐었어요? 껐었지요? 껐었으세요?	껐었소?
	future-gue/will/abi	끄겠어요? 끄겠지요? 끄겠으세요? 끄리요? 끌 거예요? 끌 거지요? 끌 수 있겠어요?	끄겠소?
imperative		꺼요, 끄지요, 끄세요, 끄라니까요	끄오, 끄구려
suggestive		꺼요, 끄지요, 끄세요, 끄자니까요	끄오
exclamatory		끄는군요! 끄리요!	끄오!

ordinary non-honorific lev		'-어' form	'-네' form
declarative	present	꺼, 끄지, 끌래, 끌걸, 끄는데, 끈대, 끌게, 끈단다, 끄마, 끄잖아	끄네
	present-continuous	끄고 있어, 끄고 있지, 끄는 중이야	끄고 있네
	past-perfect	껐어, 껐지, 껐잖아	껐네
	future-gue/will/abi	끄겠어, 끄겠지, 끌 수 있어	끄겠네
introgative	present	꺼? 끄지? 끄니? 끄나? 끌까? 끄랴? 끌래? 끄는데? 끈대? 끈다면서? 끈다지?	끄는가?
	past-perfect	껐어? 껐지? 껐니? 껐을까? 껐대? 껐다면서?	껐는가?
	future-gue/will/abi	끄겠어? 끄겠지? 끄겠니? 끄리? 끌 거야? 끌 거지? 끌 거니? 끌 수 있겠어?	끄겠는가?
imperative		꺼, 끄지, 끄렴, 끄려무나, 끄라니까	끄게
suggestive		꺼, 끄지, 끄자니까	끄세
exclamatory		꺼! 끄지! 끄리!	끄네!

low non-honorific lev		indicative style	retrospective style
declarative	present	끈다	끄더라
	present-continuous	끄고 있다, 끄는 중이다	끄고 있더라
	past-perfect	껐다	껐더라
	future-gue/will/abi	끄겠다, 끄리다, 끄련다, 끌 거다, 끌 수 있다	끄겠더라
introgative	present	끄느냐?	끄더냐?
	past-perfect	껐느냐?	껐더냐?
	future-gue/will/abi	끄겠느냐?	끄겠더냐?
imperative		꺼라	
suggestive		끄자	
exclamatory		끄는구나! 끈다! 끄는도다!	끄더구나!

connective	endings	connective	endings
serial	끄고, 끄며	comparison	끄느니
selection	끄거나, 끄든지, 끄든가	degree	끄리만큼
contrast	꺼도, 끄지만, 끄나, 끄는데, 끄면서도, 끄되, 끄지	condition	끄면, 끄거든, 끄거들랑, 꺼야, 끈다면, 껐던들
simultaneity	끄면서, 끄며	circumstance	끄는데, 끄니, 끄다시피
completion	끄고서, 꺼서, 끄자, 끄자마자	figure	끄듯이
conversion	끄다가	proportion	끌수록
concession	꺼도, 끄더라도, 끌지라도, 끌지언정, 끈들, 끄는데도, 끄기로서니, 끄나마, 끌망정, 꺼 보았자	cause	꺼서, 끄니까, 끄느라고, 끄기에, 끄길래, 끄느니만큼, 끄는지라, 끌세라, 끄므로
intention	끄러, 끄려고, 끄고자	addition	끄거니와, 끌뿐더러, 끄려니와
result	끄도록, 끄게끔	repetition	끄곤

Basic sentences

- 주민들이 힘을 합해 산불을 빨리 껐다.
  The citizens worked together to extinguish the mountain fire.
- 내리막에서 시동을 끈 상태로 운전을 하지 마세요.
  Do not drive with the car engine turned off on the way down.
- 낮에는 밝으니까 전등을 끄고 있자. Switch off the electric lamp during day time.

나가다 [나가다, nakada]

'거라' irregular conjugation, Avi

to go out ; to go forth ; to sell ; to go out of one's mind ; to run for

causative	*나가히다, 나가게 하다, 나가게 만들다	passive	*나가히다, 나가게 되다, 나가지다

adnominal : present-conti	past-perfect	past-retrospective	past-perfect-retro	future-gue/will
나가는	나가는	나가던	나갔던	나갈

quotational : declarative	interrogative	imperative	suggestive	nominal	adverbial
나간다고	나가느냐고	나가라고	나가자고	나가기, 나감	나가, 나가게

high honorific level		indicative style	retrospective style
declarative	present	나갑니다	나갑디다
	present-continuous	나가고 있습니다, 나가는 중입니다	나가고 있습디다
	past-perfect	나갔습니다	나갔습디다
	past-experience	나갔었습니다	나갔었습디다
	past-guessing	나갔겠습니다	나갔겠습디다
	future-gue/will/abi	나가겠습니다, 나가렵니다, 나갈 겁니다, 나갈 수 있습니다	나가겠습디다
introgative	present	나갑니까?	나갑디까?
	past-perfect	나갔습니까?	나갔습디까?
	past-experience	나갔었습니까?	나갔었습디까?
	future-gue/will/abi	나가겠습니까? 나가렵니까? 나갈 겁니까? 나가리이까? 나갈 수 있겠습니까?	나가겠습디까?
imperative		나가시오, 나가십시오	
suggestive		나갑시다, 나가십시다	
exclamatory		나가시는구나!	

ordinary honorific lev		'-어요' form	'-으오' form
declarative	present	나가요, 나가지요, 나가세요, 나갈래요, 나갈걸요, 나가는데요, 나간대요, 나갈게요, 나가잖아요	나가오
	present-continuous	나가고 있어요, 나가고 있지요, 나가고 있으세요, 나가는 중이에요	나가고 있소
	past-perfect	나갔어요, 나갔지요, 나갔으세요, 나갔잖아요	나갔소
	past-experience	나갔었어요, 나갔었지요, 나갔었으세요	나갔었소
	past-guessing	나갔겠어요, 나갔겠지요, 나갔겠으세요	나갔겠소
	future-gue/will/abi	나가겠어요, 나가겠지요, 나가겠으세요, 나갈 수 있어요	나가겠소
introgative	present	나가요? 나가지요? 나가세요? 나가나요? 나갈까요? 나갈래요? 나가는가요? 나가는데요? 나간대요? 나간다면서요? 나간다지요?	나가오? *나가소?
	past-perfect	나갔어요? 나갔지요? 나갔으세요?	나갔소?
	past-experience	나갔었어요? 나갔었지요? 나갔었으세요?	나갔었소?
	future-gue/will/abi	나가겠어요? 나가겠지요? 나가겠으세요? 나가리요? 나갈 거예요? 나갈 거지요? 나갈 수 있겠어요?	나가겠소?
imperative		나가요, 나가지요, 나가세요, 나가라니까요	나가오, 나가구려
suggestive		나가요, 나가지요, 나가세요, 나가자니까요	나가오
exclamatory		나가는군요! 나가리요!	나가오!

ordinary non-honorific lev		'-어' form	'-네' form
declarative	present	나가, 나가지, 나갈래, 나갈걸, 나가는데, 나간대, 나갈게, 나간단다, 나가마, 나가잖아	나가네
	present-continuous	나가고 있어, 나가고 있지, 나가는 중이야	나가고 있네
	past-perfect	나갔어, 나갔지, 나갔잖아	나갔네
	future-gue/will/abi	나가겠어, 나가겠지, 나갈 수 있어	나가겠네
introgative	present	나가? 나가지? 나가니? 나가나? 나갈까? 나가랴? 나갈래? 나가는데? 나간대? 나간다면서? 나간다지?	나가는가?
	past-perfect	나갔어? 나갔지? 나갔니? 나갔을까? 나갔대? 나갔다면서?	나갔는가?
	future-gue/will/abi	나가겠어? 나가겠지? 나가겠니? 나가리? 나갈 거야? 나갈 거지? 나갈 거니? 나갈 수 있겠어?	나가겠는가?
imperative		나가, 나가지, 나가렴, 나가려무나, 나가라니까	나가게
suggestive		나가, 나가지, 나가자니까	나가세
exclamatory		나가! 나가지! 나가리!	나가네!

low non-honorific lev		indicative style	retrospective style
declarative	present	나간다	나가더라
	present-continuous	나가고 있다, 나가는 중이다	나가고 있더라
	past-perfect	나갔다	나갔더라
	future-gue/will/abi	나가겠다, 나가리다, 나가련다, 나갈 거다, 나갈 수 있다	나가겠더라
introgative	present	나가느냐?	나가더냐?
	past-perfect	나갔느냐?	나갔더냐?
	future-gue/will/abi	나가겠느냐?	나가겠더냐?
imperative		나가라	
suggestive		나가자	
exclamatory		나가는구나! 나간다! 나가는도다!	나가더구나!

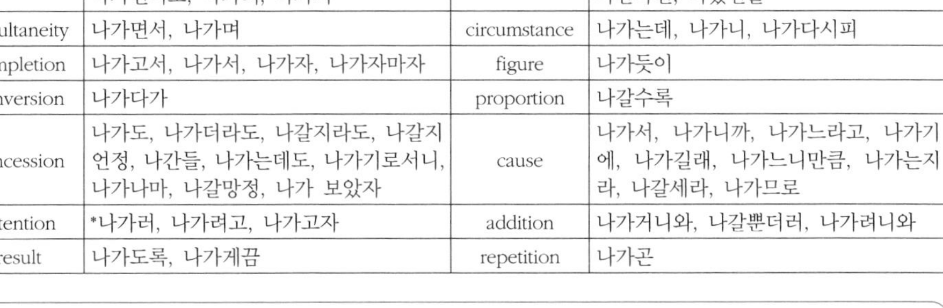

connective	endings	connective	endings
serial	나가고, 나가며	comparison	나가느니
selection	나가거나, 나가든지, 나가든가	degree	나가리만큼
contrast	나가도, 나가지만, 나가나, 나가는데, 나가면서도, 나가되, 나가지	condition	나가면, 나가거든, 나가거들랑, 나가야, 나간다면, 나갔던들
simultaneity	나가면서, 나가며	circumstance	나가는데, 나가니, 나가다시피
completion	나가고서, 나가서, 나가자, 나가자마자	figure	나가듯이
conversion	나가다가	proportion	나갈수록
concession	나가도, 나가더라도, 나갈지라도, 나갈지언정, 나간들, 나가는데도, 나가기로서니, 나가나마, 나갈망정, 나가 보았자	cause	나가서, 나가니까, 나가느라고, 나가기에, 나가길래, 나가느니만큼, 나가는지라, 나갈세라, 나가므로
intention	*나가러, 나가려고, 나가고자	addition	나가거니와, 나갈뿐더러, 나가려니와
result	나가도록, 나가게끔	repetition	나가곤

- 잠깐 집 밖으로 나갑시다. Lets go out the house for a moment.
- 그는 시장 후보로 나갈 예정이다. He is about to run for mayor.
- 지난달에는 식비가 너무 많이 나가서 적자가 났다.
  Last month, there was a deficit because we spent too much money on food.

나르다 [나르다, narida]

'르' irregular conjugation, Avt

to carry, convey, transport

causative	*나르히다, 나르게 하다, 나르게 만들다	passive	*나르히다, 나르게 되다, 날라지다

adnominal : present-conti	past-perfect	past-retrospective	past-perfect-retro	future-gue/will
나르는	나른	나르던	날랐던	나를

quotational : declarative	interrogative	imperative	suggestive	nominal	adverbial
나른다고	나르느냐고	나르라고	나르자고	나르기, 나름	날라, 나르게

high honorific level		indicative style	retrospective style
declarative	present	나릅니다	나릅디다
	present-continuous	나르고 있습니다, 나르는 중입니다	나르고 있습디다
	past-perfect	날랐습니다	날랐습디다
	past-experience	날랐었습니다	날랐었습디다
	past-guessing	날랐겠습니다	날랐겠습디다
	future-gue/will/abi	나르겠습니다, 나르렵니다, 나를 겁니다, 나를 수 있습니다	나르겠습디다
introgative	present	나릅니까?	나릅디까?
	past-perfect	날랐습니까?	날랐습디까?
	past-experience	날랐었습니까?	날랐었습디까?
	future-gue/will/abi	나르겠습니까? 나르렵니까? 나를 겁니까? 나르리이까? 나를 수 있겠습니까?	나르겠습디까?
imperative		나르시오, 나르십시오	
suggestive		나릅시다, 나르십시다	
exclamatory		나르시는구나!	

ordinary honorific lev		'-어요' form	'-으오' form
declarative	present	날라요, 나르지요, 나르세요, 나를래요, 나를걸요, 나르는데요, 나른대요, 나를게요, 나르잖아요	나르오
	present-continuous	나르고 있어요, 나르고 있지요, 나르고 있으세요, 나르는 중이에요	나르고 있소
	past-perfect	날랐어요, 날랐지요, 날랐으세요, 날랐잖아요	날랐소
	past-experience	날랐었어요, 날랐었지요, 날랐었으세요	날랐었소
	past-guessing	날랐겠어요, 날랐겠지요, 날랐겠으세요	날랐겠소
	future-gue/will/abi	나르겠어요, 나르겠지요, 나르겠으세요, 나를 수 있어요	나르겠소
introgative	present	날라요? 나르지요? 나르세요? 나르나요? 나를까요? 나를래요? 나르는가요? 나르는데요? 나른대요? 나른다면서요? 나른다지요?	나르오? *나르소?
	past-perfect	날랐어요? 날랐지요? 날랐으세요?	날랐소?
	past-experience	날랐었어요? 날랐었지요? 날랐었으세요?	날랐었소?
	future-gue/will/abi	나르겠어요? 나르겠지요? 나르겠으세요? 나르리요? 나를 거예요? 나를 거지요? 나를 수 있겠어요?	나르겠소?
imperative		날라요, 나르지요, 나르세요, 나르라니까요	나르오, 나르구려
suggestive		날라요, 나르지요, 나르세요, 나르자니까요	나르오
exclamatory		나르는군요! 나르리요!	나르오!

ordinary non-honorific lev		'-어' form	'-네' form
declarative	present	날라, 나르지, 나를래, 나를걸, 나르는데, 나른대, 나를게, 나른단다, 나르마, 나르잖아	나르네
	present-continuous	나르고 있어, 나르고 있지, 나르는 중이야	나르고 있네
	past-perfect	날랐어, 날랐지, 날랐잖아	날랐네
	future-gue/will/abi	나르겠어, 나르겠지, 나를 수 있어	나르겠네
introgative	present	날라? 나르지? 나르니? 나르나? 나를까? 나르랴? 나를래? 나르는데? 나른대? 나른다면서? 나른다지?	나르는가?
	past-perfect	날랐어? 날랐지? 날랐니? 날랐을까? 날랐대? 날랐다면서?	날랐는가?
	future-gue/will/abi	나르겠어? 나르겠지? 나르겠니? 나르리? 나를 거야? 나를 거지? 나를 거니? 나를 수 있겠어?	나르겠는가?
imperative		날라, 나르지, 나르렴, 나르려무나, 나르라니까	나르게
suggestive		날라, 나르지, 나르자니까	나르세
exclamatory		날라! 나르지! 나르리!	나르네!

low non-honorific lev		indicative style	retrospective style
declarative	present	나른다	나르더라
	present-continuous	나르고 있다, 나르는 중이다	나르고 있더라
	past-perfect	날랐다	날랐더라
	future-gue/will/abi	나르겠다, 나르리다, 나르련다, 나를 거다, 나를 수 있다	나르겠더라
introgative	present	나르느냐?	나르더냐?
	past-perfect	날랐느냐?	날랐더냐?
	future-gue/will/abi	나르겠느냐?	나르겠더냐?
imperative		날라라	
suggestive		나르자	
exclamatory		나르는구나! 나른다! 나르는도다!	나르더구나!

connective	endings	connective	endings
serial	나르고, 나르며	comparison	나르느니
selection	나르거나, 나르든지, 나르든가	degree	나르리만큼
contrast	날라도, 나르지만, 나르나, 나르는데, 나르면서도, 나르되, 나르지	condition	나르면, 나르거든, 나르거들랑, 날라야, 나른다면, 날랐던들
simultaneity	나르면서, 나르며	circumstance	나르는데, 나르니, 나르다시피
completion	나르고서, 날라서, 나르자, 나르자마자	figure	나르듯이
conversion	나르다가	proportion	나를수록
concession	날라도, 나르더라도, 나를지라도, 나를지언정, 나른들, 나르는데도, 나르기로서니, 나르나마, 나를망정, 날라 보았자	cause	날라서, 나르니까, 나르느라고, 나르기에, 나르길래, 나르느니만큼, 나르는지라, 나를세라, 나르므로
intention	나르러, 나르려고, 나르고자	addition	나르거니와, 나를뿐더러, 나르려니와
result	나르도록, 나르게끔	repetition	나르곤

Basic sentences

- 트럭으로 이삿짐을 날랐다. We transported the loads by truck.
- 버스로 나른 승객의 수가 얼마입니까? How many people were transported by bus?
- 유리컵을 나를 때는 깨지지 않도록 주의하세요. Be careful when transporting glass cups.

나쁘다 [나쁘다[nap'ida]

'으' irregular conjugation, Dv

to be bad ; to be wrong ; to be evil ; to be inferior ; to be harmful ; to be poor

causative	*나쁘히다, 나쁘게 하다, 나쁘게 만들다	passive	*나쁘히다, 나쁘게 되다, 나빠지다

adnominal : present-conti	past-perfect	past-retrospective	past-perfect-retro	future-gue/will
나쁜	나쁜	나쁘던	나빴던	나쁠

quotational : declarative	interrogative	imperative	suggestive	nominal	adverbial
나쁘다고	나쁘냐고	*나쁘라고	*나쁘자고	나쁘기, 나쁨	나빠 나쁘게

high honorific level		indicative style	retrospective style
declarative	present	나쁩니다	나쁩디다
	present-continuous	*나쁘고 있습니다, *나쁘는 중입니다	*나쁘고 있습디다
	past-perfect	나빴습니다	나빴습디다
	past-experience	나빴었습니다	나빴었습디다
	past-guessing	나빴겠습니다	나빴겠습디다
	future-gue/will/abi	나쁘겠습니다, *나쁘렵니다, 나쁠 겁니다, 나쁠 수 있습니다	나쁘겠습디다
introgative	present	나쁩니까?	나쁩디까?
	past-perfect	나빴습니까?	나빴습디까?
	past-experience	나빴었습니까?	나빴었습디까?
	future-gue/will/abi	나쁘겠습니까? *나쁘렵니까? *나쁠 겁니까? *나쁘리이까? *나쁠 수 있겠습니까?	나쁘겠습디까?
imperative		*나쁘시오, *나쁘십시오	
suggestive		*나쁩시다, *나쁘십시다	
exclamatory		나쁘시구나!	

ordinary honorific lev		'-어요' form	'-으오' form
declarative	present	나빠요, 나쁘지요, 나쁘세요, *나쁠래요, 나쁠걸요, 나쁜데요, 나쁘대요, *나쁠게요, 나쁘잖아요	나쁘오
	present-continuous	*나쁘고 있어요, *나쁘고 있지요, *나쁘고 있으세요, *나쁘는 중이에요	*나쁘고 있소
	past-perfect	나빴어요, 나빴지요, 나빴으세요, 나빴잖아요	나빴소
	past-experience	나빴었어요, 나빴었지요, 나빴었으세요	나빴었소
	past-guessing	나빴겠어요, 나빴겠지요, 나빴겠으세요	나빴겠소
	future-gue/will/abi	나쁘겠어요, 나쁘겠지요, 나쁘겠으세요, 나쁠 수 있어요	나쁘겠소
introgative	present	나빠요? 나쁘지요? 나쁘세요? 나쁘나요? 나쁠까요? *나쁠래요? 나쁜가요? 나쁜데요? 나쁘대요? 나쁘다면서요? 나쁘다지요?	나쁘오? *나쁘소?
	past-perfect	나빴어요? 나빴지요? 나빴으세요?	나빴소?
	past-experience	나빴었어요? 나빴었지요? 나빴었으세요?	나빴었소?
	future-gue/will/abi	나쁘겠어요? 나쁘겠지요? 나쁘겠으세요? 나쁘리요? *나쁠 거예요? *나쁠 거지요? *나쁠 수 있겠어요?	나쁘겠소?
imperative		*나빠요, *나쁘지요, *나쁘세요, *나쁘라니까요	*나쁘오, *나쁘구려
suggestive		*나빠요, *나쁘지요, *나쁘세요, *나쁘자니까요	*나쁘오
exclamatory		나쁘군요! 나쁘리요!	나쁘오!

ordinary non-honorific lev		'-어' form	'-네' form
declarative	present	나빠, 나쁘지, *나쁠래, 나쁠걸, 나쁜데, 나쁘대, *나쁠게, 나쁘단다, *나쁘마, 나쁘잖아	나쁘네
	present-continuous	*나쁘고 있어, *나쁘고 있지, *나쁘는 중이야	*나쁘고 있네
	past-perfect	나빴어, 나빴지, 나빴잖아	나빴네
	future-gue/will/abi	나쁘겠어, 나쁘겠지, 나쁠 수 있어	나쁘겠네
introgative	present	나빠? 나쁘지? 나쁘니? 나쁘나? 나쁠까? 나쁘랴? *나쁠래? 나쁜데? 나쁘대? 나쁘다면서? 나쁘다지?	나쁜가?
	past-perfect	나빴어? 나빴지? 나빴니? 나빴을까? 나빴대? 나빴다면서?	나빴는가?
	future-gue/will/abi	나쁘겠어? 나쁘겠지? 나쁘겠니? 나쁘리? *나쁠 거야? *나쁠 거지? *나쁠 거니? *나쁠 수 있겠어?	나쁘겠는가?
imperative		*나빠, *나쁘지, *나쁘렴, *나쁘려무나, *나쁘라니까	*나쁘게
suggestive		*나빠, *나쁘지, *나쁘자니까	*나쁘세
exclamatory		나빠! 나쁘지! 나쁘리!	나쁘네!

low non-honorific lev		indicative style	retrospective style
declarative	present	나쁘다	나쁘더라
	present-continuous	*나쁘고 있다, *나쁘는 중이다	*나쁘고 있더라
	past-perfect	나빴다	나빴더라
	future-gue/will/abi	나쁘겠다, *나쁘리다, *나쁘련다, 나쁠 거다, 나쁠 수 있다	나쁘겠더라
introgative	present	나쁘냐?	나쁘더냐?
	past-perfect	나빴느냐?	나빴더냐?
	future-gue/will/abi	나쁘겠느냐?	나쁘겠더냐?
imperative		*나빠라	
suggestive		*나쁘자	
exclamatory		나쁘구나! 나쁘다! 나쁘도다!	나쁘더구나!

connective	endings	connective	endings
serial	나쁘고, 나쁘며	comparison	*나쁘느니
selection	나쁘거나, 나쁘든지, 나쁘든가	degree	나쁘리만큼
contrast	나빠도, 나쁘지만, 나쁘나, 나쁜데, 나쁘면서도, 나쁘되, 나쁘지	condition	나쁘면, 나쁘거든, 나쁘거들랑, 나빠야, 나쁘다면, 나빴던들
simultaneity	나쁘면서, 나쁘며	circumstance	나쁜데, 나쁘니, *나쁘다시피
completion	*나쁘고서, 나빠서, *나쁘자, *나쁘자마자	figure	나쁘듯이
conversion	나쁘다가	proportion	나쁠수록
concession	나빠도, 나쁘더라도, 나쁠지라도, 나쁠지언정, 나쁜들, 나쁜데도, 나쁘기로서니, 나쁘나마, 나쁠망정, 나빠 보았자	cause	나빠서, 나쁘니까, *나쁘느라고, 나쁘기에, 나쁘길래, 나쁘니만큼, 나쁜지라, 나쁘세라, 나쁘므로
intention	*나쁘러, *나쁘려고, *나쁘고자	addition	나쁘거니와, 나쁠뿐더러, 나쁘려니와
result	나쁘도록, 나쁘게끔	repetition	나쁘곤

Basic sentences

- 나는 그의 말을 듣고 매우 기분이 나빴다. I was very unhappy after hearing from him.
- 거짓말을 하는 것은 나쁘다고 아이들에게 가르쳐야 한다.
  We should teach the children that lying is not good.
- 그는 눈이 나빠서 안경을 끼어요. He wears glasses because he has bad eyesight.

날다1 [날다, nalda]

'ㄹ' irregular conjugation, Avi

to fly ; to go very fast ; to flee, escape

causative	날리다, 날게 하다, 날게 만들다	passive	날리다, 날게 되다, ?날아지다

adnominal : present-conti	past-perfect	past-retrospective	past-perfect-retro	future-gue/will
	나는	난	날던	날았던

quotational : declarative	interrogative	imperative	suggestive	nominal	adverbial
난다고	나느냐고	날라고	날자고	날기, 낢	날아, 날게

high honorific level		indicative style	retrospective style
declarative	present	납니다	납디다
	present-continuous	날고 있습니다, 나는 중입니다	날고 있습디다
	past-perfect	날았습니다	날았습디다
	past-experience	날았었습니다	날았었습디다
	past-guessing	날았겠습니다	날았겠습디다
	future-gue/will/abi	날겠습니다, 날렵니다, 날 겁니다, 날 수 있습니다	날겠습디다
introgative	present	납니까?	납디까?
	past-perfect	날았습니까?	날았습디까?
	past-experience	날았었습니까?	날았었습디까?
	future-gue/will/abi	날겠습니까? 날렵니까? 날 겁니까? 날리이까? 날 수 있겠습니까?	날겠습디까?
imperative		나시오, 나십시오	
suggestive		납시다, 나십시다	
exclamatory		나시는구나!	

ordinary honorific lev		'-어요' form	'-으오' form
declarative	present	날아요, 날지요, 나세요, 날래요, 날걸요, 나는데요, 난대요, 날게요, 날잖아요	나오
	present-continuous	날고 있어요, 날고 있지요, 날고 있으세요, 나는 중이에요	날고 있소
	past-perfect	날았어요, 날았지요, 날았으세요, 날았잖아요	날았소
	past-experience	날았었어요, 날았었지요, 날았었으세요	날았었소
	past-guessing	날았겠어요, 날았겠지요, 날았겠으세요	날았겠소
	future-gue/will/abi	날겠어요, 날겠지요, 날겠으세요, 날 수 있어요	날겠소
introgative	present	날아요? 날지요? 나세요? 나나요? 날까요? 날래요? 나는가요? 나는데요? 난대요? 난다면서요? 난다지요?	나오? *날소?
	past-perfect	날았어요? 날았지요? 날았으세요?	날았소?
	past-experience	날았었어요? 날았었지요? 날았었으세요?	날았었소?
	future-gue/will/abi	날겠어요? 날겠지요? 날겠으세요? 날리요? 날 거예요? 날 거지요? 날 수 있겠어요?	날겠소?
imperative		날아요, 날지요, 나세요, 날라니까요	나오, 날구려
suggestive		날아요, 날지요, 나세요, 날자니까요	나오
exclamatory		나는군요! 날리요!	나오!

ordinary non-honorific lev		'-어' form	'-네' form
declarative	present	날아, 날지, 날래, 날걸, 나는데, 난대, 날게, 난단다, 날마, 날잖아	나네
	present-continuous	날고 있어, 날고 있지, 나는 중이야	날고 있네
	past-perfect	날았어, 날았지, 날았잖아	날았네
	future-gue/will/abi	날겠어, 날겠지, 날 수 있어	날겠네
introgative	present	날아? 날지? 나니? 나나? 날까? 날랴? 날래? 나는데? 난대? 난다면서? 난다지?	나는가?
	past-perfect	날았어? 날았지? 날았니? 날았을까? 날았대? 날았다면서?	날았는가?
	future-gue/will/abi	날겠어? 날겠지? 날겠니? 날리? 날 거야? 날 거지? 날 거니? 날 수 있겠어?	날겠는가?
imperative		날아, 날지, 날렴, 날려무나, 날라니까	날게
suggestive		날아, 날지, 날자니까	나세
exclamatory		날아! 날지! 날리!	나네!

low non-honorific lev		indicative style	retrospective style
declarative	present	난다	날더라
	present-continuous	날고 있다, 나는 중이다	날고 있더라
	past-perfect	날았다	날았더라
	future-gue/will/abi	날겠다, 날리다, 날련다, 날 거다, 날 수 있다	날겠더라
introgative	present	나느냐?	날더냐?
	past-perfect	날았느냐?	날았더냐?
	future-gue/will/abi	날겠느냐?	날겠더냐?
imperative		날아라	
suggestive		날자	
exclamatory		나는구나! 나는다! 나는도다!	날더구나!

connective	endings	connective	endings
serial	날고, 날며	comparison	나느니
selection	날거나, 날든지, 날든가	degree	날리만큼
contrast	날아도, 날지만, 나나, 나는데, 날면서도, 날되, 날지	condition	날면, 날거든, 날거들랑, 날아야, 난다면, 날았던들
simultaneity	날면서, 날며	circumstance	나는데, 나니, 날다시피
completion	날고서, 날아서, 날자, 날자마자	figure	날듯이
conversion	날다가	proportion	날수록
concession	날아도, 날더라도, 날지라도, 날지언정, 난들, 나는데도, 날기로서니, 나나마, 날망정, 날아 보았자	cause	날아서, 나니까, 나느라고, 날기에, 날길래, 나느니만큼, 나는지라, 날세라, 날므로
intention	날러, 날려고, 날고자	addition	날거니와, 날뿐더러, 날려니와
result	날도록, 날게끔	repetition	날곤

Basic sentences

- 바람이 불어서 연이 잘 난다. The kite flys well because of the strong wind.
- 나는 새도 떨어뜨린다. A bird that fly can also fall.
- 나비가 훨훨 날아서 도망가 버렸다. The butterfly took off and flew away.

날래다 [날래다, nalrɛda]

'애' regular conjugation, Dv

to be quick, be fast

causative	*날래히다, 날래게 하다, 날래게 만들다	passive	*날래히다, 날래게 되다, 날래지다

adnominal : present-conti	past-perfect	past-retrospective	past-perfect-retro	future-gue/will
날랜	날랜	날래던	날랬던	날랠

quotational : declarative	interrogative	imperative	suggestive	nominal	adverbial
날래다고	날래냐고	*날래라고	*날래자고	날래기, 날램	날래, 날래게

high honorific level		indicative style	retrospective style
declarative	present	날랩니다	날랩디다
	present-continuous	*날래고 있습니다, *날래는 중입니다	*날래고 있습디다
	past-perfect	날랬습니다	날랬습디다
	past-experience	날랬었습니다	날랬었습디다
	past-guessing	날랬겠습니다	날랬겠습디다
	future-gue/will/abi	날래겠습니다, *날래렵니다, 날랠 겁니다, 날랠 수 있습니다	날래겠습디다
introgative	present	날랩니까?	날랩디까?
	past-perfect	날랬습니까?	날랬습디까?
	past-experience	날랬었습니까?	날랬었습디까?
	future-gue/will/abi	날래겠습니까? *날래렵니까? *날랠 겁니까? *날래리이까? *날랠 수 있겠습니까?	날래겠습디까?
imperative		*날래시오, *날래십시오	
suggestive		*날랩시다, *날래십시다	
exclamatory		날래시구나!	

ordinary honorific lev		'-어요' form	'-으오' form
declarative	present	날래요, 날래지요, 날래세요, *날랠래요, 날랠걸요, 날랜데요, 날래대요, *날랠게요, 날래잖아요	날래오
	present-continuous	*날래고 있어요, *날래고 있지요, *날래고 있으세요, *날래는 중이에요	*날래고 있소
	past-perfect	날랬어요, 날랬지요, 날랬으세요, 날랬잖아요	날랬소
	past-experience	날랬었어요, 날랬었지요, 날랬었으세요	날랬었소
	past-guessing	날랬겠어요, 날랬겠지요, 날랬겠으세요	날랬겠소
	future-gue/will/abi	날래겠어요, 날래겠지요, 날래겠으세요, 날랠 수 있어요	날래겠소
introgative	present	날래요? 날래지요? 날래세요? 날래나요? 날랠까요? *날랠래요? 날랜가요? 날랜데요? 날래대요? 날래다면서요? 날래다지요?	날래오? *날래소?
	past-perfect	날랬어요? 날랬지요? 날랬으세요?	날랬소?
	past-experience	날랬었어요? 날랬었지요? 날랬었으세요?	날랬었소?
	future-gue/will/abi	날래겠어요? 날래겠지요? 날래겠으세요? 날래리요? *날랠 거예요? *날랠 거지요? *날랠 수 있겠어요?	날래겠소?
imperative		*날래요, *날래지요, *날래세요, *날래라니까요	*날래오, *날래구려
suggestive		*날래요, *날래지요, *날래세요, *날래자니까요	*날래오
exclamatory		날래군요! 날래리요!	날래오!

ordinary non-honorific lev		'-어' form	'-네' form
declarative	present	날래, 날래지, *날랠래, 날랠걸, 날랜데, 날래대, *날랠게, 날래단다, *날래마, 날래잖아	날래네
	present-continuous	*날래고 있어, *날래고 있지, *날래는 중이야	*날래고 있네
	past-perfect	날랬어, 날랬지, 날랬잖아	날랬네
	future-gue/will/abi	날래겠어, 날래겠지, 날랠 수 있어	날래겠네
introgative	present	날래? 날래지? 날래니? 날래나? 날랠까? 날래랴? *날랠래? 날랜데? 날래대? 날래다면서? 날래다지?	날랜가?
	past-perfect	날랬어? 날랬지? 날랬니? 날랬을까? 날랬대? 날랬다면서?	날랬는가?
	future-gue/will/abi	날래겠어? 날래겠지? 날래겠니? 날래리? *날랠 거야? *날랠 거지? *날랠 거니? *날랠 수 있겠어?	날래겠는가?
imperative		*날래, *날래지, *날래렴, *날래려무나, *날래라니까	*날래게
suggestive		*날래, *날래지, *날래자니까	*날래세
exclamatory		날래! 날래지! 날래리!	날래네!

low non-honorific lev		indicative style	retrospective style
declarative	present	날래다	날래더라
	present-continuous	*날래고 있다, *날래는 중이다	*날래고 있더라
	past-perfect	날랬다	날랬더라
	future-gue/will/abi	날래겠다, *날래리다, *날래련다, 날랠 거다, 날랠 수 있다	날래겠더라
introgative	present	날래냐?	날래더냐?
	past-perfect	날랬느냐?	날랬더냐?
	future-gue/will/abi	날래겠느냐?	날래겠더냐?
imperative		*날래라	
suggestive		*날래자	
exclamatory		날래구나! 날래다! 날래도다!	날래더구나!

connective	endings	connective	endings
serial	날래고, 날래며	comparison	*날래느니
selection	날래거나, 날래든지, 날래든가	degree	날래리만큼
contrast	날래도, 날래지만, 날래나, 날랜데, 날래면서도, 날래되, 날래지	condition	날래면, 날래거든, 날래거들랑, 날래야, 날래다면, 날랬던들
simultaneity	날래면서, 날래며	circumstance	날랜데, 날래니, *날래다시피
completion	*날래고서, *날래서, *날래자, *날래자마자	figure	날래듯이
conversion	날래다가	proportion	날랠수록
concession	날래도, 날래더라도, 날랠지라도, 날랠지언정, 날랜들, 날랜데도, 날래기로서니, 날래나마, 날랠망정, 날래 보았자	cause	날래서, 날래니까, *날래느라고, 날래기에, 날래길래, 날래니만큼, 날랜지라, 날랠세라, 날래므로
intention	*날래러, *날래려고, *날래고자	addition	날래거니와, 날랠뿐더러, 날래려니와
result	날래도록, 날래게끔	repetition	*날래곤

Basic sentences

- 나는 예전에는 걸음걸이가 날랬었다. I used to walk quickly.
- 그녀가 날랜 솜씨로 빵을 잘라 내고 있다. She is slicing the bread skifully.
- 그는 발걸음이 얼마나 날랜지 따라 가지를 못하겠다.
  He was so fast that I couldn't catch up with him.

남다 [남:따, nam:t'a]

'ㅁ' regular conjugation, Avt

to remain ; to linger ; to stay ; to survive

causative	남기다, 남게 하다, 남게 만들다	passive	*남히다, 남게 되다, 남아지다

adnominal : present-conti	past-perfect	past-retrospective	past-perfect-retro	future-gue/will
남는	남은	남던	남았던	남을

quotational : declarative	interrogative	imperative	suggestive	nominal	adverbial
남는다고	남느냐고	남으라고	남자고	남기, 남음	남아, 남게

high honorific level		indicative style	retrospective style
declarative	present	남습니다	남습디다
	present-continuous	남고 있습니다, 남는 중입니다	남고 있습디다
	past-perfect	남았습니다	남았습디다
	past-experience	남았었습니다	남았었습디다
	past-guessing	남았겠습니다	남았겠습디다
	future-gue/will/abi	남겠습니다, 남으렵니다, 남을 겁니다, 남을 수 있습니다	남겠습디다
introgative	present	남습니까?	남습디까?
	past-perfect	남았습니까?	남았습디까?
	past-experience	남았었습니까?	남았었습디까?
	future-gue/will/abi	남겠습니까? 남으렵니까? 남을 겁니까? 남으리이까? 남을 수 있겠습니까?	남겠습디까?
imperative		남으시오, 남으십시오	
suggestive		남읍시다, 남으십시다	
exclamatory		남으시는구나!	

ordinary honorific lev		'-어요' form	'-으오' form
declarative	present	남아요, 남지요, 남으세요, 남을래요, 남을걸요, 남는데요, 남는대요, 남을게요, 남잖아요	남으오
	present-continuous	남고 있어요, 남고 있지요, 남고 있으세요, 남는 중이에요	남고 있소
	past-perfect	남았어요, 남았지요, 남았으세요, 남았잖아요	남았소
	past-experience	남았었어요, 남았었지요, 남았었으세요	남았었소
	past-guessing	남았겠어요, 남았겠지요, 남았겠으세요	남았겠소
	future-gue/will/abi	남겠어요, 남겠지요, 남겠으세요, 남을 수 있어요	남겠소
introgative	present	남아요? 남지요? 남으세요? 남나요? 남을까요? 남을래요? 남는가요? 남는데요? 남는대요? 남는다면서요? 남는다지요?	남으오? 남소?
	past-perfect	남았어요? 남았지요? 남았으세요?	남았소?
	past-experience	남았었어요? 남았었지요? 남았었으세요?	남았었소?
	future-gue/will/abi	남겠어요? 남겠지요? 남겠으세요? 남으리요? 남을 거예요? 남을 거지요? 남을 수 있겠어요?	남겠소?
imperative		남아요, 남지요, 남으세요, 남으라니까요	남으오, 남구려
suggestive		남아요, 남지요, 남으세요, 남자니까요	남으오
exclamatory		남는군요! 남으리요!	남으오!

ordinary non-honorific lev		'-어' form	'-네' form
declarative	present	남아, 남지, 남을래, 남을걸, 남는데, 남는대, 남을게, 남는단다, 남으마, 남잖아	남네
	present-continuous	남고 있어, 남고 있지, 남는 중이야	남고 있네
	past-perfect	남았어, 남았지, 남았잖아	남았네
	future-gue/will/abi	남겠어, 남겠지, 남을 수 있어	남겠네
introgative	present	남아? 남지? 남니? 남나? 남을까? 남으랴? 남을래? 남는데? 남는대? 남는다면서? 남는다지?	남는가?
	past-perfect	남았어? 남았지? 남았니? 남았을까? 남았대? 남았다면서?	남았는가?
	future-gue/will/abi	남겠어? 남겠지? 남겠니? 남으리? 남을 거야? 남을 거지? 남을 거니? 남을 수 있겠어?	남겠는가?
imperative		남아, 남지, 남으렴, 남으려무나, 남으라니까	남게
suggestive		남아, 남지, 남자니까	남세
exclamatory		남아! 남지! 남으리!	남네!

low non-honorific lev		indicative style	retrospective style
declarative	present	남는다	남더라
	present-continuous	남고 있다, 남는 중이다	남고 있더라
	past-perfect	남았다	남았더라
	future-gue/will/abi	남겠다, 남으리다, 남으련다, 남을 거다, 남을 수 있다	남겠더라
introgative	present	남느냐?	남더냐?
	past-perfect	남았느냐?	남았더냐?
	future-gue/will/abi	남겠느냐?	남겠더냐?
imperative		남아라	
suggestive		남자	
exclamatory		남는구나! 남는다! 남는도다!	남더구나!

connective	endings	connective	endings
serial	남고, 남으며	comparison	남느니
selection	남거나, 남든지, 남든가	degree	남으리만큼
contrast	남아도, 남지만, 남으나, 남는데, 남으면서도, 남되, 남지	condition	남으면, 남거든, 남거들랑, 남아야, 남는다면, 남았던들
simultaneity	남으면서, 남으며	circumstance	남는데, 남으니, 남다시피
completion	남고서, 남아서, 남자, 남자마자	figure	남듯이
conversion	남다가	proportion	남을수록
concession	남아도, 남더라도, 남을지라도, 남을지언정, 남은들, 남는데도, 남기로서니, 남으나마, 남을망정, 남아 보았자	cause	남아서, 남으니까, 남느라고, 남기에, 남길래, 남느니만큼, 남는지라, 남을세라, 남으므로
intention	남으러, 남으려고, 남고자	addition	남거니와, 남을뿐더러, 남으려니와
result	남도록, 남게끔	repetition	남곤

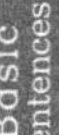

Basic sentences

- 그는 고향에 남아 있다. He remains in his hometown.
- 팔고 남은 수박이 몇 개냐? How many watermelons are left unsold?
- 그녀는 용돈이 남으면 항상 저축을 했다. She always saved what was left of her allowance.

낫다1 [낟:따, nat:t'a]

'ㅅ' irregular conjugation, Dv

to be better (than), be superior to, be preferable

causative	*낫히다, 낫게 하다, 낫게 만들다	passive	*낫히다, 낫게 되다, 나아지다

adnominal : present-conti	past-perfect	past-retrospective	past-perfect-retro	future-gue/will
나은	나은	낫던	나았던	나을

quotational : declarative	interrogative	imperative	suggestive	nominal	adverbial
낫는다고	낫느냐고	*나으라고	*낫자고	낫기, 나음	나아, 낫게

high honorific level		indicative style	retrospective style
declarative	present	낫습니다	낫습디다
	present-continuous	*낫고 있습니다, *낫는 중입니다	*낫고 있습디다
	past-perfect	나았습니다	나았습디다
	past-experience	나았었습니다	나았었습디다
	past-guessing	나았겠습니다	나았겠습디다
	future-gue/will/abi	낫겠습니다, 나으렵니다, 나을 겁니다, 나을 수 있습니다	낫겠습디다
introgative	present	낫습니까?	낫습디까?
	past-perfect	나았습니까?	나았습디까?
	past-experience	나았었습니까?	나았었습디까?
	future-gue/will/abi	낫겠습니까? *나으렵니까? *나을 겁니까? *나으리이까? *나을 수 있겠습니까?	낫겠습디까?
imperative		*나으시오, *나으십시오	
suggestive		*나읍시다, *나으십시다	
exclamatory		나으시는구나!	

ordinary honorific lev		'-어요' form	'-으오' form
declarative	present	나아요, 낫지요, 나으세요, *나을래요, 나을걸요, 나은데요, 낫대요, *나을게요, 낫잖아요	나으오
	present-continuous	*낫고 있어요, *낫고 있지요, *낫고 있으세요, *낫는 중이에요	*낫고 있소
	past-perfect	나았어요, 나았지요, 나았으세요, 나았잖아요	나았소
	past-experience	나았었어요, 나았었지요, 나았었으세요	나았었소
	past-guessing	나았겠어요, 나았겠지요, 나았겠으세요	나았겠소
	future-gue/will/abi	낫겠어요, 낫겠지요, 낫겠으세요, 나을 수 있어요	낫겠소
introgative	present	나아요? 낫지요? 나으세요? 낫나요? 나을까요? *나을래요? 나은가요? 나은데요? 낫대요? 낫다면서요? 낫다지요?	나으오? 낫소?
	past-perfect	나았어요? 나았지요? 나았으세요?	나았소?
	past-experience	나았었어요? 나았었지요? 나았었으세요?	나았었소?
	future-gue/will/abi	낫겠어요? 낫겠지요? 낫겠으세요? 나으리요? 나을 거예요? *나을 거지요? *나을 수 있겠어요?	낫겠소?
imperative		*나아요, *낫지요, *나으세요, *나으라니까요	*나으오, *낫구려
suggestive		*나아요, *낫지요, *나으세요, *낫자니까요	*나으오
exclamatory		낫군요! 나으리요!	나으오!

ordinary non-honorific lev		'-어' form	'-네' form
declarative	present	나아, 낫지, *나을래, 나을걸, 나은데, 낫대, *나을게, 낫단다, *나으마, 낫잖아	낫네
	present-continuous	*낫고 있어, *낫고 있지, *나은 중이야	*낫고 있네
	past-perfect	나았어, 나았지, 나았잖아	나았네
	future-gue/will/abi	낫겠어, 낫겠지, 나을 수 있어	낫겠네
introgative	present	나아? 낫지? 낫니? 낫나? 나을까? 나으랴? *나을래? 나은데? 낫대? 낫다면서? 낫다지?	나은가?
	past-perfect	나았어? 나았지? 나았니? 나았을까? 나았대? 나았다면서?	나았는가?
	future-gue/will/abi	낫겠어? 낫겠지? 낫겠니? *나으리? *나을 거야? *나을 거지? *나을 거니? *나을 수 있겠어?	낫겠는가?
imperative		*나아, *낫지, *나으렴, *나으려무나, 나으라니까	*낫게
suggestive		*나아, *낫지, *낫자니까	*낫세
exclamatory		나아! 낫지! 나으리!	낫네!

low non-honorific lev		indicative style	retrospective style
declarative	present	낫다	낫더라
	present-continuous	*낫고 있다, *낫는 중이다	*낫고 있더라
	past-perfect	나았다	나았더라
	future-gue/will/abi	낫겠다, *나으리다, *나으련다, 나을 거다, 나을 수 있다	낫겠더라
introgative	present	나으냐?	낫더냐?
	past-perfect	나았느냐?	나았더냐?
	future-gue/will/abi	낫겠느냐?	낫겠더냐?
imperative		*나아라	
suggestive		*낫자	
exclamatory		낫구나! 낫다! 낫도다!	낫더구나!

connective	endings	connective	endings
serial	낫고, 나으며	comparison	*낫느니
selection	낫거나, 낫든지, 낫든가	degree	나으리만큼
contrast	나아도, 낫지만, 나으나, 나은데, 나으면서도, 낫되, 낫지	condition	나으면, 낫거든, 낫거들랑, 나아야, 낫다면, 나았던들
simultaneity	나으면서, 나으며	circumstance	나은데, 나으니, *낫다시피
completion	*낫고서, 나아서, *낫자, *낫자마자	figure	낫듯이
conversion	낫다가	proportion	나을수록
concession	나아도, 낫더라도, 나을지라도, 나을지언정, 나은들, 나은데도, 낫기로서니, 나으나마, 나을망정, 나아 보았자	cause	나아서, 나으니까, *낫느라고, 낫기에, 낫길래, 나으니만큼, 나은지라, 나을세라, 나으므로
intention	*나으러, *나으려고, *낫고자	addition	낫거니와, 나을뿐더러, 나으려니와
result	낫도록, 낫게끔	repetition	낫곤

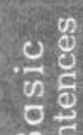

Basic sentences

- 그가 순희보다 인품이 낫다. He has a better character than Sun-Hui.
- 나보다 남을 낫게 여기는 마음을 가지면 좋겠다. It is good to have a humble heart before others.
- 수입이 나보다 나으니만큼 나를 좀 도와 주세요.
  Since your income is better than mine, please help me.

낫다2 [낟:따, nat:t'a]

'ㅅ' irregular conjugation, Avi

to recover, heal, get well

causative	낫우다, 낫게 하다, 낫게 만들다	passive	*낫히다, 낫게 되다, 나아지다

adnominal : present-conti	past-perfect	past-retrospective	past-perfect-retro	future-gue/will
낫는	나은	낫던	나았던	나을

quotational : declarative	interrogative	imperative	suggestive	nominal	adverbial
낫는다고	낫느냐고	나으라고	낫자고	낫기, 나음	나아, 낫게

high honorific level		indicative style	retrospective style
declarative	present	낫습니다	낫습디다
	present-continuous	낫고 있습니다, 낫는 중입니다	낫고 있습디다
	past-perfect	나았습니다	나았습디다
	past-experience	나았었습니다	나았었습디다
	past-guessing	나았겠습니다	나았겠습디다
	future-gue/will/abi	낫겠습니다, 나으렵니다, 나을 겁니다, 나을 수 있습니다	낫겠습디다
introgative	present	낫습니까?	낫습디까?
	past-perfect	나았습니까?	나았습디까?
	past-experience	나았었습니까?	나았었습디까?
	future-gue/will/abi	낫겠습니까? 나으렵니까? 나을 겁니까? 나으리이까? 나을 수 있겠습니까?	낫겠습디까?
imperative		나으시오, 나으십시오	
suggestive		나읍시다, 나으십시다	
exclamatory		나으시는구나!	

ordinary honorific lev		'-어요' form	'-으오' form
declarative	present	나아요, 낫지요, 나으세요, 나을래요, 나을걸요, 낫는데요, 낫는대요, 나을게요, 낫잖아요	나으오
	present-continuous	낫고 있어요, 낫고 있지요, 낫고 있으세요, 낫는 중이에요	낫고 있소
	past-perfect	나았어요, 나았지요, 나았으세요, 나았잖아요	나았소
	past-experience	나았었어요, 나았었지요, 나았었으세요	나았었소
	past-guessing	나았겠어요, 나았겠지요, 나았겠으세요	나았겠소
	future-gue/will/abi	낫겠어요, 낫겠지요, 낫겠으세요, 나을 수 있어요	낫겠소
introgative	present	나아요? 낫지요? 나으세요? 낫나요? 나을까요? 나을래요? 낫는가요? 낫는데요? 낫는대요? 낫는다면서요? 낫는다지요?	나으오? 낫소?
	past-perfect	나았어요? 나았지요? 나았으세요?	나았소?
	past-experience	나았었어요? 나았었지요? 나았었으세요?	나았었소?
	future-gue/will/abi	낫겠어요? 낫겠지요? 낫겠으세요? 나으리요? 나을 거예요? 나을 거지요? 나을 수 있겠어요?	낫겠소?
imperative		나아요, 낫지요, 나으세요, 나으라니까요	나으오, 낫구려
suggestive		나아요, 낫지요, 나으세요, 낫자니까요	나으오
exclamatory		낫는군요! 나으리요!	나으오!

ordinary non-honorific lev		'-어' form	'-네' form
declarative	present	나아, 낫지, 나을래, 나을걸, 낫는데, 낫는대, 나을게, 낫는단다, 나으마, 낫잖아	낫네
	present-continuous	낫고 있어, 낫고 있지, 낫는 중이야	낫고 있네
	past-perfect	나았어, 나았지, 나았잖아	나았네
	future-gue/will/abi	낫겠어, 낫겠지, 나을 수 있어	낫겠네
introgative	present	나아? 낫지? 낫니? 낫나? 나을까? 나으랴? 나을래? 낫는데? 낫는대? 낫는다면서? 낫는다지?	낫는가?
	past-perfect	나았어? 나았지? 나았니? 나았을까? 나았대? 나았다면서?	나았는가?
	future-gue/will/abi	낫겠어? 낫겠지? 낫겠니? 나으리? 나을 거야? 나을 거지? 나을 거니? 나을 수 있겠어?	낫겠는가?
imperative		나아, 낫지, 나으렴, 나으려무나, 나으라니까	낫게
suggestive		나아, 낫지, 낫자니까	낫세
exclamatory		나아! 낫지! 나으리!	낫네!

low non-honorific lev		indicative style	retrospective style
declarative	present	낫는다	낫더라
	present-continuous	낫고 있다, 낫는 중이다	낫고 있더라
	past-perfect	나았다	나았더라
	future-gue/will/abi	낫겠다, 나으리다, 나으련다, 나을 거다, 나을 수 있다	낫겠더라
introgative	present	낫느냐?	낫더냐?
	past-perfect	나았느냐?	나았더냐?
	future-gue/will/abi	낫겠느냐?	낫겠더냐?
imperative		나아라	
suggestive		낫자	
exclamatory		낫는구나! 낫는다! 낫는도다!	낫더구나!

connective	endings	connective	endings
serial	낫고, 나으며	comparison	낫느니
selection	낫거나, 낫든지, 낫든가	degree	나으리만큼
contrast	나아도, 낫지만, 나으나, 낫는데, 나으면서도, 낫되, 낫지	condition	나으면, 낫거든, 낫거들랑, 나아야, 낫는다면, 나았던들
simultaneity	나으면서, 나으며	circumstance	낫는데, 나으니, 낫다시피
completion	낫고서, 나아서, 낫자, 낫자마자	figure	낫듯이
conversion	낫다가	proportion	나을수록
concession	나아도, 낫더라도, 나을지라도, 나을지언정, 나은들, 낫는데도, 낫기로서니, 나으나마, 나을망정, 나아 보았자	cause	나아서, 나으니까, 낫느라고, 낫기에, 낫길래, 낫느니만큼, 낫는지라, 나을세라, 나으므로
intention	나으러, 나으려고, 낫고자	addition	낫거니와, 나을뿐더러, 나으려니와
result	낫도록, 낫게끔	repetition	낫곤

Basic sentences

- 이제 감기가 다 나았다. My cold got healed.
- 그는 위암에 걸렸다가 나은 experienced이 있다.
  He has an experience of fighting off stomach cancer.
- 병이 나으면 앞으로 건강관리를 잘 해야겠다.
  After I recover from my illness, I should take better care of my health.

내리다1 [내리다, nɛrida]

'이' regular conjugation, Avi

to come down ; to get off ; to land ; to fall

causative	*내리히다, 내리게 하다, 내리게 만들다	passive	*내리히다, 내리게 되다, 내려지다

adnominal : present-conti	past-perfect	past-retrospective	past-perfect-retro	future-gue/will
내리는	내린	내리던	내렸던	내릴

quotational : declarative	interrogative	imperative	suggestive	nominal	adverbial
내린다고	내리느냐고	내리라고	내리자고	내리기, 내림	내려, 내리게

high honorific level		indicative style	retrospective style
declarative	present	내립니다	내립디다
	present-continuous	내리고 있습니다, 내리는 중입니다	내리고 있습디다
	past-perfect	내렸습니다	내렸습디다
	past-experience	내렸었습니다	내렸었습디다
	past-guessing	내렸겠습니다	내렸겠습디다
	future-gue/will/abi	내리겠습니다, 내리렵니다, 내릴 겁니다, 내릴 수 있습니다	내리겠습디다
introgative	present	내립니까?	내립디까?
	past-perfect	내렸습니까?	내렸습디까?
	past-experience	내렸었습니까?	내렸었습디까?
	future-gue/will/abi	내리겠습니까? 내리렵니까? 내릴 겁니까? 내리리이까? 내릴 수 있겠습니까?	내리겠습디까?
imperative		내리시오, 내리십시오	
suggestive		내립시다, 내리십시다	
exclamatory		내리시는구나!	

ordinary honorific lev		'-어요' form	'-으오' form
declarative	present	내려요, 내리지요, 내리세요, 내릴래요, 내릴걸요, 내리는데요, 내린대요, 내릴게요, 내리잖아요	내리오
	present-continuous	내리고 있어요, 내리고 있지요, 내리고 있으세요, 내리는 중이에요	내리고 있소
	past-perfect	내렸어요, 내렸지요, 내렸으세요, 내렸잖아요	내렸소
	past-experience	내렸었어요, 내렸었지요, 내렸었으세요	내렸었소
	past-guessing	내렸겠어요, 내렸겠지요, 내렸겠으세요	내렸겠소
	future-gue/will/abi	내리겠어요, 내리겠지요, 내리겠으세요, 내릴 수 있어요	내리겠소
introgative	present	내려요? 내리지요? 내리세요? 내리나요? 내릴까요? 내릴래요? 내리는가요? 내리는데요? 내린대요? 내린다면서요? 내린다지요?	내리오? *내리소?
	past-perfect	내렸어요? 내렸지요? 내렸으세요?	내렸소?
	past-experience	내렸었어요? 내렸었지요? 내렸었으세요?	내렸었소?
	future-gue/will/abi	내리겠어요? 내리겠지요? 내리겠으세요? 내리리요? 내릴 거예요? 내릴 거지요? 내릴 수 있겠어요?	내리겠소?
imperative		내려요, 내리지요, 내리세요, 내리라니까요	내리오, 내리구려
suggestive		내려요, 내리지요, 내리세요, 내리자니까요	내리오
exclamatory		내리는군요! 내리리요!	내리오!

ordinary non-honorific lev		'-어' form	'-네' form
declarative	present	내려, 내리지, 내릴래, 내릴걸, 내리는데, 내린대, 내릴게, 내린단다, 내리마, 내리잖아	내리네
	present-continuous	내리고 있어, 내리고 있지, 내리는 중이야	내리고 있네
	past-perfect	내렸어, 내렸지, 내렸잖아	내렸네
	future-gue/will/abi	내리겠어, 내리겠지, 내릴 수 있어	내리겠네
introgative	present	내려? 내리지? 내리니? 내리나? 내릴까? 내리랴? 내릴래? 내리는데? 내린대? 내린다면서? 내린다지?	내리는가?
	past-perfect	내렸어? 내렸지? 내렸니? 내렸을까? 내렸대? 내렸다면서?	내렸는가?
	future-gue/will/abi	내리겠어? 내리겠지? 내리겠니? 내리리? 내릴 거야? 내릴 거지? 내릴 거니? 내릴 수 있겠어?	내리겠는가?
imperative		내려, 내리지, 내리렴, 내리려무나, 내리라니까	내리게
suggestive		내려, 내리지, 내리자니까	내리세
exclamatory		내려! 내리지! 내리리!	내리네!

low non-honorific lev		indicative style	retrospective style
declarative	present	내린다	내리더라
	present-continuous	내리고 있다, 내리는 중이다	내리고 있더라
	past-perfect	내렸다	내렸더라
	future-gue/will/abi	내리겠다, 내리리다, 내리련다, 내릴 거다, 내릴 수 있다	내리겠더라
introgative	present	내리느냐?	내리더냐?
	past-perfect	내렸느냐?	내렸더냐?
	future-gue/will/abi	내리겠느냐?	내리겠더냐?
imperative		내려라	
suggestive		내리자	
exclamatory		내리는구나! 내린다! 내리는도다!	내리더구나!

connective	endings	connective	endings
serial	내리고, 내리며	comparison	내리느니
selection	내리거나, 내리든지, 내리든가	degree	내리리만큼
contrast	내려도, 내리지만, 내리나, 내리는데, 내리면서도, 내리되, 내리지	condition	내리면, 내리거든, 내리거들랑, 내려야, 내린다면, 내렸던들
simultaneity	내리면서, 내리며	circumstance	내리는데, 내리니, 내리다시피
completion	내리고서, 내려서, 내리자, 내리자마자	figure	내리듯이
conversion	내리다가	proportion	내릴수록
concession	내려도, 내리더라도, 내릴지라도, 내릴지언정, 내린들, 내리는데도, 내리기로서니, 내리나마, 내릴망정, 내려 보았자	cause	내려서, 내리니까, 내리느라고, 내리기에, 내리길래, 내리느니만큼, 내리는지라, 내릴세라, 내리므로
intention	내리러, 내리려고, 내리고자	addition	내리거니와, 내릴뿐더러, 내리려니와
result	내리도록, 내리게끔	repetition	내리곤

- 그녀는 방금 비행기에서 내렸다. She just got off the plane.
- 나는 커튼을 내린 어두운 방에서 편히 잠을 잤다. I slept well in a dark room with closed curtains.
- 물가가 내리더라도 낭비는 하지 마세요. Don't waste your money even if the prices fall.

넣다 [너타, nətʰa]

'ㅎ' regular conjugation, Avt

to put in, pour in, insert ; to include ; to admit into ; to deposit

causative	*넣히다, 넣게 하다, 넣게 만들다	passive	넣이다, 넣게 되다, 넣어지다

adnominal : present-conti	past-perfect	past-retrospective	past-perfect-retro	future-gue/will
넣는	넣은	넣던	넣었던	넣을

quotational : declarative	interrogative	imperative	suggestive	nominal	adverbial
넣는다고	넣느냐고	넣으라고	넣자고	넣기, 넣음	넣어, 넣게

high honorific level		indicative style	retrospective style
declarative	present	넣습니다	넣습디다
	present-continuous	넣고 있습니다, 넣는 중입니다	넣고 있습디다
	past-perfect	넣었습니다	넣었습디다
	past-experience	넣었었습니다	넣었었습디다
	past-guessing	넣었겠습니다	넣었겠습디다
	future-gue/will/abi	넣겠습니다, 넣으렵니다, 넣을 겁니다, 넣을 수 있습니다	넣겠습디다
introgative	present	넣습니까?	넣습디까?
	past-perfect	넣었습니까?	넣었습디까?
	past-experience	넣었었습니까?	넣었었습디까?
	future-gue/will/abi	넣겠습니까? 넣으렵니까? 넣을 겁니까? 넣으리이까? 넣을 수 있겠습니까?	넣겠습디까?
imperative		넣으시오, 넣으십시오	
suggestive		넣읍시다, 넣으십시다	
exclamatory		넣으시는구나!	

ordinary honorific lev		'-어요' form	'-으오' form
declarative	present	넣어요, 넣지요, 넣으세요, 넣을래요, 넣을걸요, 넣는데요, 넣는대요, 넣을게요, 넣잖아요	넣으오
	present-continuous	넣고 있어요, 넣고 있지요, 넣고 있으세요, 넣는 중이에요	넣고 있소
	past-perfect	넣었어요, 넣었지요, 넣었으세요, 넣었잖아요	넣었소
	past-experience	넣었었어요, 넣었었지요, 넣었었으세요	넣었었소
	past-guessing	넣었겠어요, 넣었겠지요, 넣었겠으세요	넣었겠소
	future-gue/will/abi	넣겠어요, 넣겠지요, 넣겠으세요, 넣을 수 있어요	넣겠소
introgative	present	넣어요? 넣지요? 넣으세요? 넣나요? 넣을까요? 넣을래요? 넣는가요? 넣는데요? 넣는대요? 넣는다면서요? 넣는다지요?	넣으오? 넣소?
	past-perfect	넣었어요? 넣었지요? 넣었으세요?	넣었소?
	past-experience	넣었었어요? 넣었었지요? 넣었었으세요?	넣었었소?
	future-gue/will/abi	넣겠어요? 넣겠지요? 넣겠으세요? 넣으리요? 넣을 거예요? 넣을 거지요? 넣을 수 있겠어요?	넣겠소?
imperative		넣어요, 넣지요, 넣으세요, 넣으라니까요	넣으오, 넣구려
suggestive		넣어요, 넣지요, 넣으세요, 넣자니까요	넣으오
exclamatory		넣는군요! 넣으리요!	넣으오!

ordinary non-honorific lev		'-어' form	'-네' form
declarative	present	넣어, 넣지, 넣을래, 넣을걸, 넣는데, 넣는대, 넣을게, 넣는단다, 넣으마, 넣잖아	넣네
	present-continuous	넣고 있어, 넣고 있지, 넣는 중이야	넣고 있네
	past-perfect	넣었어, 넣었지, 넣었잖아	넣었네
	future-gue/will/abi	넣겠어, 넣겠지, 넣을 수 있어	넣겠네
introgative	present	넣어? 넣지? 넣니? 넣나? 넣을까? 넣으랴? 넣을래? 넣는데? 넣는대? 넣는다면서? 넣는다지?	넣는가?
	past-perfect	넣었어? 넣었지? 넣었니? 넣었을까? 넣었대? 넣었다면서?	넣었는가?
	future-gue/will/abi	넣겠어? 넣겠지? 넣겠니? 넣으리? 넣을 거야? 넣을 거지? 넣을 거니? 넣을 수 있겠어?	넣겠는가?
imperative		넣어, 넣지, 넣으렴, 넣으려무나, 넣으라니까	넣게
suggestive		넣어, 넣지, 넣자니까	넣세
exclamatory		넣어! 넣지! 넣으리!	넣네!

low non-honorific lev		indicative style	retrospective style
declarative	present	넣는다	넣더라
	present-continuous	넣고 있다, 넣는 중이다	넣고 있더라
	past-perfect	넣었다	넣었더라
	future-gue/will/abi	넣겠다, 넣으리다, 넣으련다, 넣을 거다, 넣을 수 있다	넣겠더라
introgative	present	넣느냐?	넣더냐?
	past-perfect	넣었느냐?	넣었더냐?
	future-gue/will/abi	넣겠느냐?	넣겠더냐?
imperative		넣어라	
suggestive		넣자	
exclamatory		넣는구나! 넣는다! 넣는도다!	넣더구나!

connective	endings	connective	endings
serial	넣고, 넣으며	comparison	넣느니
selection	넣거나, 넣든지, 넣든가	degree	넣으리만큼
contrast	넣어도, 넣지만, 넣으나, 넣는데, 넣으면서도, 넣되, 넣지	condition	넣으면, 넣거든, 넣거들랑, 넣어야, 넣는다면, 넣었던들
simultaneity	넣으면서, 넣으며	circumstance	넣는데, 넣으니, 넣다시피
completion	넣고서, 넣어서, 넣자, 넣자마자	figure	넣듯이
conversion	넣다가	proportion	넣을수록
concession	넣어도, 넣더라도, 넣을지라도, 넣을지언정, 넣은들, 넣는데도, 넣기로서니, 넣으나마, 넣을망정, 넣어 보았자	cause	넣어서, 넣으니까, 넣느라고, 넣기에, 넣길래, 넣느니만큼, 넣는지라, 넣을세라, 넣으므로
intention	넣으러, 넣으려고, 넣고자	addition	넣거니와, 넣을뿐더러, 넣으려니와
result	넣도록, 넣게끔	repetition	넣곤

- 가방 안에 책을 넣어 주세요. Put the book in the bag.
- 그는 적금을 넣은 통장이 대여섯 개나 된다. He has about five to six investment saving.
- 그 아이는 눈에 넣어도 아프지 않을 사람이다. The baby is very precious to me

놀다1 [놀:다, nol:da]

'ㄹ' irregular conjugation, Avi

to play, enjoy oneself ; to make marry ; to shake

causative	놀리다, 놀게 하다, 놀게 만들다	passive	*놀히다, 놀게 되다, ?놀아지다, 놀려지다

adnominal : present-conti	past-perfect	past-retrospective	past-perfect-retro	future-gue/will
노는	논	놀던	놀았던	놀

quotational : declarative	interrogative	imperative	suggestive	nominal	adverbial
논다고	노느냐고	놀라고	놀자고	놀기, 놂	놀아, 놀게

high honorific level		indicative style	retrospective style
declarative	present	놉니다	놉디다
	present-continuous	놀고 있습니다, 노는 중입니다	놀고 있습디다
	past-perfect	놀았습니다	놀았습디다
	past-experience	놀았었습니다	놀았었습디다
	past-guessing	놀았겠습니다	놀았겠습디다
	future-gue/will/abi	놀겠습니다, 놀렵니다, 놀 겁니다, 놀 수 있습니다	놀겠습디다
introgative	present	놉니까?	놉디까?
	past-perfect	놀았습니까?	놀았습디까?
	past-experience	놀았었습니까?	놀았었습디까?
	future-gue/will/abi	놀겠습니까? 놀렵니까? 놀 겁니까? 놀리이까? 놀 수 있겠습니까?	놀겠습디까?
imperative		노시오, 노십시오	
suggestive		놉시다, 노십시다	
exclamatory		노시는구나!	

ordinary honorific lev		'-어요' form	'-으오' form
declarative	present	놀아요, 놀지요, 노세요, 놀래요, 놀걸요, 노는데요, 논대요, 놀게요, 놀잖아요	노오
	present-continuous	놀고 있어요, 놀고 있지요, 놀고 있으세요, 노는 중이에요	놀고 있소
	past-perfect	놀았어요, 놀았지요, 놀았으세요, 놀았잖아요	놀았소
	past-experience	놀았었어요, 놀았었지요, 놀았었으세요	놀았었소
	past-guessing	놀았겠어요, 놀았겠지요, 놀았겠으세요	놀았겠소
	future-gue/will/abi	놀겠어요, 놀겠지요, 놀겠으세요, 놀 수 있어요	놀겠소
introgative	present	놀아요? 놀지요? 노세요? 노나요? 놀까요? 놀래요? 노는가요? 노는데요? 논대요? 논다면서요? 논다지요?	노오? *노소?
	past-perfect	놀았어요? 놀았지요? 놀았으세요?	놀았소?
	past-experience	놀았었어요? 놀았었지요? 놀았었으세요?	놀았었소?
	future-gue/will/abi	놀겠어요? 놀겠지요? 놀겠으세요? 놀리요? 놀 거예요? 놀 거지요? 놀 수 있겠어요?	놀겠소?
imperative		놀아요, 놀지요, 노세요, 놀라니까요	노오, 놀구려
suggestive		놀아요, 놀지요, 노세요, 놀자니까요	노오
exclamatory		노는군요! 놀리요!	노오!

ordinary non-honorific lev		'-어' form	'-네' form
declarative	present	놀아, 놀지, 놀래, 놀걸, 노는데, 논대, 놀게, 논단다, 놀마, 놀잖아	노네
	present-continuous	놀고 있어, 놀고 있지, 노는 중이야	놀고 있네
	past-perfect	놀았어, 놀았지, 놀았잖아	놀았네
	future-gue/will/abi	놀겠어, 놀겠지, 놀 수 있어	놀겠네
introgative	present	놀아? 놀지? 노니? 노나? 놀까? 놀랴? 놀래? 노는데? 논대? 논다면서? 논다지?	노는가?
	past-perfect	놀았어? 놀았지? 놀았니? 놀았을까? 놀았대? 놀았다면서?	놀았는가?
	future-gue/will/abi	놀겠어? 놀겠지? 놀겠니? 놀리? 놀 거야? 놀 거지? 놀 거니? 놀 수 있겠어?	놀겠는가?
imperative		놀아, 놀지, 놀렴, 놀려무나, 놀라니까	놀게
suggestive		놀아, 놀지, 놀자니까	노세
exclamatory		놀아! 놀지! 놀리!	노네!

low non-honorific lev		indicative style	retrospective style
declarative	present	논다	놀더라
	present-continuous	놀고 있다, 노는 중이다	놀고 있더라
	past-perfect	놀았다	놀았더라
	future-gue/will/abi	놀겠다, 놀리다, 놀련다, 놀 거다, 놀 수 있다	놀겠더라
introgative	present	노느냐?	놀더냐?
	past-perfect	놀았느냐?	놀았더냐?
	future-gue/will/abi	놀겠느냐?	놀겠더냐?
imperative		놀아라	
suggestive		놀자	
exclamatory		노는구나! 논다! 노는도다!	놀더구나!

connective	endings	connective	endings
serial	놀고, 놀며	comparison	노느니
selection	놀거나, 놀든지, 놀든가	degree	놀리만큼
contrast	놀아도, 놀지만, 노나, 노는데, 놀면서도, 놀되, 놀지	condition	놀면, 놀거든, 놀거들랑, 놀아야, 논다면, 놀았던들
simultaneity	놀면서, 놀며	circumstance	노는데, 노니, 놀다시피
completion	놀고서, 놀아서, 놀자, 놀자마자	figure	놀듯이
conversion	놀다가	proportion	놀수록
concession	놀아도, 놀더라도, 놀지라도, 놀지언정, 논들, 노는데도, 놀기로서니, 노나마, 놀망정, 놀아 보았자	cause	놀아서, 노니까, 노느라고, 놀기에, 놀길래, 노느니만큼, 노는지라, 놀세라, 놀므로
intention	놀러, 놀려고, 놀고자	addition	놀거니와, 놀뿐더러, 놀려니와
result	놀도록, 놀게끔	repetition	놀곤

Basic sentences

- 너는 하루 종일 놀기만 하는구나. You do is play all day long.
- 빈둥빈둥 노는 놈에게는 밥도 주지 말자. Do not give food to those who just waste time.
- 순진한 여자 그만 가지고 노세요. Please stop fooling around with a naive woman.

높다 [놉따, nopt'a]

'ㅍ' regular conjugation, Dv

to be high, be tall ; be elevated ; to be lofty, be noble ; to be loud

causative	높이다, 높게 하다, 높게 만들다	passive	*높히다, 높게 되다, 높아지다

adnominal : present-conti	past-perfect	past-retrospective	past-perfect-retro	future-gue/will
높은	높은	높던	높았던	높을

quotational : declarative	interrogative	imperative	suggestive	nominal	adverbial
높다고	높으냐고	*높으라고	*높자고	높기, 높음	높아, 높게

high honorific level		indicative style	retrospective style
declarative	present	높습니다	높습디다
	present-continuous	*높고 있습니다, *높는 중입니다	*높고 있습디다
	past-perfect	높았습니다	높았습디다
	past-experience	높았었습니다	높았었습디다
	past-guessing	높았겠습니다	높았겠습디다
	future-gue/will/abi	높겠습니다, *높으렵니다, 높을 겁니다, 높을 수 있습니다	높겠습디다
introgative	present	높습니까?	높습디까?
	past-perfect	높았습니까?	높았습디까?
	past-experience	높았었습니까?	높았었습디까?
	future-gue/will/abi	높겠습니까? *높으렵니까? *높을 겁니까? *높으리이까? *높을 수 있겠습니까?	높겠습디까?
imperative		*높으시오, *높으십시오	
suggestive		*높읍시다, *높으십시다	
exclamatory		높으시구나!	

ordinary honorific lev		'-어요' form	'-으오' form
declarative	present	높아요, 높지요, 높으세요, *높을래요, 높을걸요, 높은데요, 높대요, *높을게요, 높잖아요	높으오
	present-continuous	*높고 있어요, *높고 있지요, *높고 있으세요, *높는 중이에요	*높고 있소
	past-perfect	높았어요, 높았지요, 높았으세요, 높았잖아요	높았소
	past-experience	높았었어요, 높았었지요, 높았었으세요	높았었소
	past-guessing	높았겠어요, 높았겠지요, 높았겠으세요	높았겠소
	future-gue/will/abi	높겠어요, 높겠지요, 높겠으세요, 높을 수 있어요	높겠소
introgative	present	높아요? 높지요? 높으세요? 높나요? 높을까요? *높을래요? 높은가요? 높은데요? 높대요? 높다면서요? 높다지요?	높으오? 높소?
	past-perfect	높았어요? 높았지요? 높았으세요?	높았소?
	past-experience	높았었어요? 높았었지요? 높았었으세요?	높았었소?
	future-gue/will/abi	높겠어요? 높겠지요? 높겠으세요? 높으리요? *높을 거예요? *높을 거지요? *높을 수 있겠어요?	높겠소?
imperative		*높아요, *높지요, *높으세요, *높으라니까요	*높으오, *높구려
suggestive		*높아요, *높지요, *높으세요, *높자니까요	*높으오
exclamatory		높군요! 높으리요!	높으오!

ordinary non-honorific lev		'-어' form	'-네' form
declarative	present	높아, 높지, *높을래, 높을걸, 높은데, 높대, *높을게, 높단다, *높으마, 높잖아	높네
	present-continuous	*높고 있어, *높고 있지, *높는 중이야	*높고 있네
	past-perfect	높았어, 높았지, 높았잖아	높았네
	future-gue/will/abi	높겠어, 높겠지, 높을 수 있어	높겠네
introgative	present	높아? 높지? 높니? 높나? 높을까? 높으랴? *높을래? 높은데? 높대? 높다면서? 높다지?	높은가?
	past-perfect	높았어? 높았지? 높았니? 높았을까? 높았대? 높았다면서?	높았는가?
	future-gue/will/abi	높겠어? 높겠지? 높겠니? 높으리? *높을 거야? *높을 거지? *높을 거니? *높을 수 있겠어?	높겠는가?
imperative		*높아, *높지, *높으렴, *높으려무나, *높으라니까	*높게
suggestive		*높아, *높지, *높자니까	*높세
exclamatory		높아! 높지! 높으리!	높네!

low non-honorific lev		indicative style	retrospective style
declarative	present	높다	높더라
	present-continuous	*높고 있다, *높는 중이다	*높고 있더라
	past-perfect	높았다	높았더라
	future-gue/will/abi	높겠다, *높으리다, *높으련다, 높을 거다, 높을 수 있다	높겠더라
introgative	present	높으냐?	높더냐?
	past-perfect	높았느냐?	높았더냐?
	future-gue/will/abi	높겠느냐?	높겠더냐?
imperative		*높아라	
suggestive		*높자	
exclamatory		높구나! 높다! 높도다!	높더구나!

connective	endings	connective	endings
serial	높고, 높으며	comparison	*높느니
selection	높거나, 높든지, 높든가	degree	높으리만큼
contrast	높아도, 높지만, 높으나, 높은데, 높으면서도, 높되, 높지	condition	높으면, 높거든, 높거들랑, 높아야, 높다면, 높았던들
simultaneity	높으면서, 높으며	circumstance	높은데, 높으니, *높다시피
completion	*높고서, *높아서, *높자, *높자마자	figure	높듯이
conversion	높다가	proportion	높을수록
concession	높아도, 높더라도, 높을지라도, 높을지언정, 높은들, 높은데도, 높기로서니, 높으나마, 높을망정, 높아 보았자	cause	높아서, 높으니까, *높느라고, 높기에, 높길래, 높으니만큼, 높은지라, 높을세라, 높으므로
intention	*높으러, *높으려고, *높고자	addition	높거니와, 높을뿐더러, 높으려니와
result	높도록, 높게끔	repetition	*높곤

Basic sentences

- 한국은 요즘 기온이 매우 높다. The temperature in Korea is very high nowadays.
- 높은 산에 올라가니 매우 시원했다. It was very cool on top of the high mountain.
- 산이 높으면 골이 깊은 법이다. When mountains are high, valleys are low.

놓다1 [노타, not^h a]

'ㅎ' regular conjugation, Avt

to put, lay down, place ; to release ; to let go ; to set (fire) ; to inject

causative	놓이다, 놓게 하다, 놓게 만들다	passive	놓이다, 놓게 되다, 놓아지다

adnominal : present-conti	past-perfect	past-retrospective	past-perfect-retro	future-gue/will
놓는	놓은	놓던	놓았던	놓을

quotational : declarative	interrogative	imperative	suggestive	nominal	adverbial
놓는다고	놓느냐고	놓으라고	놓자고	놓기, 놓음	놓아, 놓게

high honorific level		indicative style	retrospective style
declarative	present	놓습니다	놓습디다
	present-continuous	놓고 있습니다, 놓는 중입니다	놓고 있습디다
	past-perfect	놓았습니다	놓았습디다
	past-experience	놓았었습니다	놓았었습디다
	past-guessing	놓았겠습니다	놓았겠습디다
	future-gue/will/abi	놓겠습니다, 놓으렵니다, 놓을 겁니다, 놓을 수 있습니다	놓겠습디다
introgative	present	놓습니까?	놓습디까?
	past-perfect	놓았습니까?	놓았습디까?
	past-experience	놓았었습니까?	놓았었습디까?
	future-gue/will/abi	놓겠습니까? 놓으렵니까? 놓을 겁니까? 놓으리이까? 놓을 수 있겠습니까?	놓겠습디까?
imperative		놓으시오, 놓으십시오	
suggestive		놓읍시다, 놓으십시다	
exclamatory		놓으시는구나!	

ordinary honorific lev		'-어요' form	'-으오' form
declarative	present	놓아요, 놓지요, 놓으세요, 놓을래요, 놓을걸요, 놓는데요, 놓는대요, 놓을게요, 놓잖아요	놓으오
	present-continuous	놓고 있어요, 놓고 있지요, 놓고 있으세요, 놓는 중이에요	놓고 있소
	past-perfect	놓았어요, 놓았지요, 놓았으세요, 놓았잖아요	놓았소
	past-experience	놓았었어요, 놓았었지요, 놓았었으세요	놓았었소
	past-guessing	놓았겠어요, 놓았겠지요, 놓았겠으세요	놓았겠소
	future-gue/will/abi	놓겠어요, 놓겠지요, 놓겠으세요, 놓을 수 있어요	놓겠소
introgative	present	놓아요? 놓지요? 놓으세요? 놓나요? 놓을까요? 놓을래요? 놓는가요? 놓는데요? 놓는대요? 놓는다면서요? 놓는다지요?	놓으오? 놓소?
	past-perfect	놓았어요? 놓았지요? 놓았으세요?	놓았소?
	past-experience	놓았었어요? 놓았었지요? 놓았었으세요?	놓았었소?
	future-gue/will/abi	놓겠어요? 놓겠지요? 놓겠으세요? 놓으리요? 놓을 거예요? 놓을 거지요? 놓을 수 있겠어요?	놓겠소?
imperative		놓아요, 놓지요, 놓으세요, 놓으라니까요	놓으오, 놓구려
suggestive		놓아요, 놓지요, 놓으세요, 놓자니까요	놓으오
exclamatory		놓는군요! 놓으리요!	놓으오!

ㄴ

ordinary non-honorific lev		'-어' form	'-네' form
declarative	present	놓아, 놓지, 놓을래, 놓을걸, 놓는데, 놓는대, 놓을게, 놓는단다, 놓으마, 놓잖아	놓네
	present-continuous	놓고 있어, 놓고 있지, 놓는 중이야	놓고 있네
	past-perfect	놓았어, 놓았지, 놓았잖아	놓았네
	future-gue/will/abi	놓겠어, 놓겠지, 놓을 수 있어	놓겠네
introgative	present	놓아? 놓지? 놓니? 놓나? 놓을까? 놓으랴? 놓을래? 놓는데? 놓는대? 놓는다면서? 놓는다지?	놓는가?
	past-perfect	놓았어? 놓았지? 놓았니? 놓았을까? 놓았대? 놓았다면서?	놓았는가?
	future-gue/will/abi	놓겠어? 놓겠지? 놓겠니? 놓으리? 놓을 거야? 놓을 거지? 놓을 거니? 놓을 수 있겠어?	놓겠는가?
imperative		놓아, 놓지, 놓으렴, 놓으려무나, 놓으라니까	놓게
suggestive		놓아, 놓지, 놓자니까	놓세
exclamatory		놓아! 놓지! 놓으리!	놓네!

low non-honorific lev		indicative style	retrospective style
declarative	present	놓는다	놓더라
	present-continuous	놓고 있다, 놓는 중이다	놓고 있더라
	past-perfect	놓았다	놓았더라
	future-gue/will/abi	놓겠다, 놓으리다, 놓으련다, 놓을 거다, 놓을 수 있다	놓겠더라
introgative	present	놓느냐?	놓더냐?
	past-perfect	놓았느냐?	놓았더냐?
	future-gue/will/abi	놓겠느냐?	놓겠더냐?
imperative		놓아라	
suggestive		놓자	
exclamatory		놓는구나! 놓는다! 놓는도다!	놓더구나!

connective	endings	connective	endings
serial	놓고, 놓으며	comparison	놓느니
selection	놓거나, 놓든지, 놓든가	degree	놓으리만큼
contrast	놓아도, 놓지만, 놓으나, 놓는데, 놓으면서도, 놓되, 놓지	condition	놓으면, 놓거든, 놓거들랑, 놓아야, 놓는다면, 놓았던들
simultaneity	놓으면서, 놓으며	circumstance	놓는데, 놓으니, 놓다시피
completion	놓고서, 놓아서, 놓자, 놓자마자	figure	놓듯이
conversion	놓다가	proportion	놓을수록
concession	놓아도, 놓더라도, 놓을지라도, 놓을지언정, 놓은들, 놓는데도, 놓기로서니, 놓으나마, 놓을망정, 놓아 보았자	cause	놓아서, 놓으니까, 놓느라고, 놓기에, 놓길래, 놓느니만큼, 놓는지라, 놓을세라, 놓으므로
intention	놓으러, 놓으려고, 놓고자	addition	놓거니와, 놓을뿐더러, 놓으려니와
result	놓도록, 놓게끔	repetition	놓곤

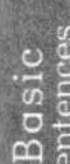

- 그는 컵을 탁자위에 놓았다. He put the cup on the table.
- 침을 놓은 자리가 아직도 아프다. It still hurts where I had acupuncture.
- 이제 농촌에도 수도를 놓아서 살기가 좋다.
  It is good to live in rural areas now because it has water works now.

누렇다 [누러타, nurətʰa]

'ㅎ' irregular conjugation, Dv

to be golden yellow, be deep yellow, be ripe yellow

causative	*누렇히다, 누렇게 하다, 누렇게 만들다	passive	*누렇히다, 누렇게 되다, 누래지다

adnominal : present-conti	past-perfect	past-retrospective	past-perfect-retro	future-gue/will
누런	누런	누렇던	누랬던	누럴

quotational : declarative	interrogative	imperative	suggestive	nominal	adverbial
누렇다고	누러냐고	*누러라고	*누렇자고	누렇기, 누럼	누래, 누렇게

high honorific level		indicative style	retrospective style
declarative	present	누렇습니다	누렇습디다
	present-continuous	*누렇고 있습니다, *누렇는 중입니다	*누렇고 있습디다
	past-perfect	누랬습니다	누랬습디다
	past-experience	누랬었습니다	누랬었습디다
	past-guessing	누랬겠습니다	누랬겠습디다
	future-gue/will/abi	누렇겠습니다, *누러렵니다, 누럴 겁니다, 누럴 수 있습니다	누렇겠습디다
introgative	present	누렇습니까?	누렇습디까?
	past-perfect	누랬습니까?	누랬습디까?
	past-experience	누랬었습니까?	누랬었습디까?
	future-gue/will/abi	누렇겠습니까? *누르렵니까? *누럴 겁니까? *누러리이까? *누럴 수 있겠습니까?	누렇겠습디까?
imperative		*누러시오, *누러십시오	
suggestive		*누럽시다, *누러십시다	
exclamatory		누러시구나!	

ordinary honorific lev		'-어요' form	'-으오' form
declarative	present	누래요, 누렇지요, 누러세요, *누럴래요, 누럴걸요, 누런데요, 누렇대요, *누럴게요, 누렇잖아요	누러오
	present-continuous	*누렇고 있어요, *누렇고 있지요, *누렇고 있으세요, *누렇는 중이에요	*누렇고 있소
	past-perfect	누랬어요, 누랬지요, 누랬으세요, 누랬잖아요	누랬소
	past-experience	누랬었어요, 누랬었지요, 누랬었으세요	누랬었소
	past-guessing	누랬겠어요, 누랬겠지요, 누랬겠으세요	누랬겠소
	future-gue/will/abi	누렇겠어요, 누렇겠지요, 누렇겠으세요, 누럴 수 있어요	누렇겠소
introgative	present	누래요? 누렇지요? 누렇세요? 누렇나요? 누럴까요? *누럴래요? 누런가요? 누런데요? 누렇대요? 누렇다면서요? 누렇다지요?	누러오? 누렇소?
	past-perfect	누랬어요? 누랬지요? 누랬으세요?	누랬소?
	past-experience	누랬었어요? 누랬었지요? 누랬었으세요?	누랬었소?
	future-gue/will/abi	누렇겠어요? 누렇겠지요? 누렇겠으세요? 누러리요? *누럴 거예요? *누럴 거지요? *누럴 수 있겠어요?	누렇겠소?
imperative		*누래요, *누렇지요, *누러세요, *누러라니까요	*누러오, *누렇구려
suggestive		*누래요, *누렇지요, *누러세요, *누렇자니까요	*누러오
exclamatory		누렇군요! 누러리요!	누러오!

ordinary non-honorific lev		'-어' form	'-네' form
declarative	present	누래, 누렇지, *누럴래, 누럴걸, 누런데, 누렇대, *누럴게, 누렇단다, *누러마, 누렇잖아	누렇네
	present-continuous	*누렇고 있어, *누렇고 있지, *누렇는 중이야	*누렇고 있네
	past-perfect	누랬어, 누랬지, 누랬잖아	누랬네
	future-gue/will/abi	누렇겠어, 누렇겠지, 누럴 수 있어	누렇겠네
introgative	present	누래? 누렇지? 누렇니? 누렇나? 누럴까? 누러랴? *누럴래? 누런데? 누렇대? 누렇다면서? 누렇다지?	누런가?
	past-perfect	누랬어? 누랬지? 누랬니? 누랬을까? 누랬대? 누랬다면서?	누랬는가?
	future-gue/will/abi	누렇겠어? 누렇겠지? 누렇겠니? 누렇리? *누럴 거야? *누럴 거지? *누럴 거니? *누럴 수 있겠어?	누렇겠는가?
imperative		*누래, *누렇지, *누렇렴, *누렇려무나, *누렇라니까	*누렇게
suggestive		*누래, *누렇지, *누렇자니까	*누렇세
exclamatory		누래! 누렇지! 누렇리!	누렇네!

low non-honorific lev		indicative style	retrospective style
declarative	present	누렇다	누렇더라
	present-continuous	*누렇고 있다, *누렇는 중이다	*누렇고 있더라
	past-perfect	누랬다	누랬더라
	future-gue/will/abi	누렇겠다, *누러리다, *누러련다, 누럴 거다, 누럴 수 있다	누렇겠더라
introgative	present	누렇냐?	누렇더냐?
	past-perfect	누랬느냐?	누랬더냐?
	future-gue/will/abi	누렇겠느냐?	누렇겠더냐?
imperative		*누래라	
suggestive		*누렇자	
exclamatory		누렇구나! 누렇다! 누렇도다!	누렇더구나!

connective	endings	connective	endings
serial	누렇고, 누러며	comparison	*누렇느니
selection	누렇거나, 누렇든지, 누렇든가	degree	누러리만큼
contrast	누래도, 누렇지만, 누러나, 누런데, 누러면서도, 누렇되, 누렇지	condition	누러면, 누렇거든, 누렇거들랑, 누래야, 누렇다면, 누랬던들
simultaneity	누러면서, 누렇며	circumstance	누런데, 누러니, *누렇다시피
completion	*누렇고서, *누래서, *누렇자, *누렇자마자	figure	누렇듯이
conversion	누렇다가	proportion	누럴수록
concession	누래도, 누렇더라도, 누럴지라도, 누럴지언정, 누런들, 누런데도, 누렇기로서니, 누러나마, 누럴망정, 누래 보았자	cause	누래서, 누러니까, *누렇느라고, 누렇기에, 누렇길래, 누렇니만큼, 누런지라, 누럴세라, 누러므로
intention	*누러러, *누러려고, *누렇고자	addition	누렇거니와, 누럴뿐더러, 누러려니와
result	누렇도록, 누렇게끔	repetition	*누렇곤

Basic sentences

- 그놈은 싹수가 누렇다. His future is hopeless.
- 가을들판에 곡식이 누렇게 익고 있다. The grains are ripening and turning yellow.
- 그녀는 얼굴이 누렇고 행색이 초라해 보였다.
  Her face was yellow and her appearance didn't look good.

눋다 [눋:따, nud:t'a]

'ㄷ' irregular conjugation, Avi

to get scorch ; to be scorched, be burned

causative	*눋히다, 눋게 하다, 눋게 만들다	passive	*눋히다, 눋게 되다, 눌어지다

adnominal : present-conti	past-perfect	past-retrospective	past-perfect-retro	future-gue/will
눋는	눌은	눋던	눌었던	눌을

quotational : declarative	interrogative	imperative	suggestive	nominal	adverbial
눋는다고	눋느냐고	눌으라고	눋자고	눋기, 눌음	눌어, 눋게

high honorific level		indicative style	retrospective style
declarative	present	눋습니다	눋습디다
	present-continuous	눋고 있습니다, 눋는 중입니다	눋고 있습디다
	past-perfect	눌었습니다	눌었습디다
	past-experience	눌었었습니다	눌었었습디다
	past-guessing	눌었겠습니다	눌었겠습디다
	future-gue/will/abi	눋겠습니다, *눌으렵니다, *눌을 겁니다, 눌을 수 있습니다	눋겠습디다
introgative	present	눋습니까?	눋습디까?
	past-perfect	눌었습니까?	눌었습디까?
	past-experience	눌었었습니까?	눌었었습디까?
	future-gue/will/abi	눋겠습니까? *눌으렵니까? *눌을 겁니까? *눌으리이까? 눌을 수 있겠습니까?	눋겠습디까?
imperative		*눌으시오, *눌으십시오	
suggestive		*눌읍시다, *눌으십시다	
exclamatory		눌으시는구나!	

ordinary honorific lev		'-어요' form	'-으오' form
declarative	present	눌어요, 눋지요, 눌으세요, *눌을래요, 눌을걸요, 눋는데요, 눋는대요, *눌을게요, 눋잖아요	눌으오
	present-continuous	눋고 있어요, 눋고 있지요, 눋고 있으세요, 눋는 중이에요	눋고 있소
	past-perfect	눌었어요, 눌었지요, 눌었으세요, 눌었잖아요	눌었소
	past-experience	눌었었어요, 눌었었지요, 눌었었으세요	눌었었소
	past-guessing	눌었겠어요, 눌었겠지요, 눌었겠으세요	눌었겠소
	future-gue/will/abi	눋겠어요, 눋겠지요, 눋겠으세요, 눌을 수 있어요	눋겠소
introgative	present	눌어요? 눋지요? 눌으세요? 눋나요? 눌을까요? *눌을래요? 눋는가요? 눋는데요? 눋는대요? 눋는다면서요? 눋는다지요?	눌으오? 눋소?
	past-perfect	눌었어요? 눌었지요? 눌었으세요?	눌었소?
	past-experience	눌었었어요? 눌었었지요? 눌었었으세요?	눌었었소?
	future-gue/will/abi	눋겠어요? 눋겠지요? 눋겠으세요? *눌으리요? *눌을 거예요? *눌을 거지요? 눌을 수 있겠어요?	눋겠소?
imperative		*눌어요, *눋지요, *눌으세요, *눌으라니까요	*눌으오, *눋구려
suggestive		*눌어요, *눋지요, *눌으세요, *눋자니까요	*눌으오
exclamatory		눋는군요! 눌으리요!	눌으오!

ordinary non-honorific lev		'-어' form	'-네' form
declarative	present	눌어, 눋지, 눌을래, 눌을걸, 눋는데, 눋는대, 눌을게, 눋는단다, 눌으마, 눋잖아	눋네
	present-continuous	눋고 있어, 눋고 있지, 눋는 중이야	눋고 있네
	past-perfect	눌었어, 눌었지, 눌었잖아	눌었네
	future-gue/will/abi	눋겠어, 눋겠지, 눌을 수 있어	눋겠네
introgative	present	눌어? 눋지? 눋니? 눋나? 눌을까? 눌으랴? *눌을래? 눋는데? 눋는대? 눋는다면서? 눋는다지?	눋는가?
	past-perfect	눌었어? 눌었지? 눌었니? 눌었을까? 눌었대? 눌었다면서?	눌었는가?
	future-gue/will/abi	눋겠어? 눋겠지? 눋겠니? *눌으리? *눌을 거야? *눌을 거지? *눌을 거니? 눌을 수 있겠어?	눋겠는가?
imperative		*눌어, *눋지, *눌으렴, *눌으려무나, *눌으라니까	*눋게
suggestive		*눌어, *눋지, *눋자니까	*눋세
exclamatory		눌어! 눋지! 눌으리!	눋네!

low non-honorific lev		indicative style	retrospective style
declarative	present	눋는다	눋더라
	present-continuous	눋고 있다, 눋는 중이다	눋고 있더라
	past-perfect	눌었다	눌었더라
	future-gue/will/abi	눋겠다, *눌으리다, *눌으련다, 눌을 거다, 눌을 수 있다	눋겠더라
introgative	present	눋느냐?	눋더냐?
	past-perfect	눌었느냐?	눌었더냐?
	future-gue/will/abi	눋겠느냐?	눋겠더냐?
imperative		*눌어라	
suggestive		*눋자	
exclamatory		눋는구나! 눋는다! 눋는도다!	눋더구나!

connective	endings	connective	endings
serial	눋고, 눌으며	comparison	눋느니
selection	눋거나, 눋든지, 눋든가	degree	눌으리만큼
contrast	눌어도, 눋지만, 눌으나, 눋는데, 눌으면서도, 눋되, 눋지	condition	눌으면, 눋거든, 눋거들랑, 눌어야, 눋는다면, 눌었던들
simultaneity	눌으면서, 눌으며	circumstance	눋는데, 눌으니, 눋다시피
completion	눋고서, 눌어서, 눋자, 눋자마자	figure	눋듯이
conversion	눋다가	proportion	눌을수록
concession	눌어도, 눋더라도, 눌을지라도, 눌을지언정, 눌은들, 눋는데도, 눋기로서니, 눌으나마, 눌을망정, 눌어 보았자	cause	눌어서, 눌으니까, 눋느라고, 눋기에, 눋길래, 눋느니만큼, 눋는지라, 눌을세라, 눌으므로
intention	눌으러, 눌으려고, 눋고자	addition	눋거니와, 눌을뿐더러, 눌으려니와
result	눋도록, 눋게끔	repetition	눋곤

- 밥이 많이 눌었니? Is the rice scorched enough?
- 보리와 콩이 눌은 숭늉은 구수한 맛을 낸다.
  It tastes pleasant, when scorched rice-tea is scorched with barley and bean.
- 밥이 눌면 누룽지를 만들어 먹자. When the rice is scorched, lets make scorched rice and eat.

눕다 [눕따, nupt'a]

'ㅂ' irregular conjugation, Avi

to lie down ; to lay oneself down ; to recline

causative	눕히다, 눕게 하다, 눕게 만들다	passive	눕히다, 눕게 되다, 누워지다

adnominal : present-conti	past-perfect	past-retrospective	past-perfect-retro	future-gue/will
눕는	누운	눕던	누웠던	누울

quotational : declarative	interrogative	imperative	suggestive	nominal	adverbial
읽는다고	읽느냐고	읽으라고	읽자고	읽기, 읽음	읽어, 읽게

high honorific level		indicative style	retrospective style
declarative	present	눕습니다	눕습디다
	present-continuous	눕고 있습니다, 눕는 중입니다	눕고 있습디다
	past-perfect	누웠습니다	누웠습디다
	past-experience	누웠었습니다	누웠었습디다
	past-guessing	누웠겠습니다	누웠겠습디다
	future-gue/will/abi	눕겠습니다, 누우렵니다, 누울 겁니다, 누울 수 있습니다	눕겠습디다
introgative	present	눕습니까?	눕습디까?
	past-perfect	누웠습니까?	누웠습디까?
	past-experience	누웠었습니까?	누웠었습디까?
	future-gue/will/abi	눕겠습니까? 누우렵니까? 누울 겁니까? 누우리이까? 누울 수 있겠습니까?	눕겠습디까?
imperative		누우시오, 누우십시오	
suggestive		누웁시다, 누우십시다	
exclamatory		누우시는구나!	

ordinary honorific lev		'-어요' form	'-으오' form
declarative	present	누워요, 눕지요, 누우세요, 누울래요, 누울걸요, 눕는데요, 눕는대요, 누울게요, 눕잖아요	누우오
	present-continuous	눕고 있어요, 눕고 있지요, 눕고 있으세요, 눕는 중이에요	눕고 있소
	past-perfect	누웠어요, 누웠지요, 누웠으세요, 누웠잖아요	누웠소
	past-experience	누웠었어요, 누웠었지요, 누웠었으세요	누웠었소
	past-guessing	누웠겠어요, 누웠겠지요, 누웠겠으세요	누웠겠소
	future-gue/will/abi	눕겠어요, 눕겠지요, ?눕겠으세요, 누울 수 있어요	눕겠소
introgative	present	누워요? 눕지요? 누우세요? 눕나요? 누울까요? 누울래요? 눕는가요? 눕는데요? 눕는대요? 눕는다면서요? 눕는다지요?	누우오? 눕소?
	past-perfect	누웠어요? 누웠지요? 누웠으세요?	누웠소?
	past-experience	누웠었어요? 누웠었지요? 누웠었으세요?	누웠었소?
	future-gue/will/abi	눕겠어요? 눕겠지요? 눕겠으세요? 누우리요? 누울 거예요? 누울 거지요? 누울 수 있겠어요?	눕겠소?
imperative		누워요, 눕지요, 누우세요, 누우라니까요	누우오, 눕구려
suggestive		누워요, 눕지요, 누우세요, 눕자니까요	누우오
exclamatory		눕는군요! 누우리요!	누우오!

ordinary non-honorific lev		'-어' form	'-네' form
declarative	present	누워, 눕지, 누울래, 누울걸, 눕는데, 눕는대, 누울게, 눕는단다, 누우마, 눕잖아	눕네
	present-continuous	눕고 있어, 눕고 있지, 눕는 중이야	눕고 있네
	past-perfect	누웠어, 누웠지, 누웠잖아	누웠네
	future-gue/will/abi	눕겠어, 눕겠지, 누울 수 있어	눕겠네
introgative	present	누워? 눕지? 눕니? 눕나? 누울까? 누우랴? 누울래? 눕는데? 눕는대? 눕는다면서? 눕는다지?	눕는가?
	past-perfect	누웠어? 누웠지? 누웠니? 누웠을까? 누웠대? 누웠다면서?	누웠는가?
	future-gue/will/abi	눕겠어? 눕겠지? 눕겠니? 누우리? 누울 거야? 누울 거지? 누울 거니? 누울 수 있겠어?	눕겠는가?
imperative		누워, 눕지, 누우렴, 누우려무나, 누우라니까	눕게
suggestive		누워, 눕지, 눕자니까	*눕세, 누우세
exclamatory		누워! 눕지! 누우리!	눕네!

low non-honorific lev		indicative style	retrospective style
declarative	present	눕는다	눕더라
	present-continuous	눕고 있다, 눕는 중이다	눕고 있더라
	past-perfect	누웠다	누웠더라
	future-gue/will/abi	눕겠다, 누우리다, 누우련다, 누울 거다, 누울 수 있다	눕겠더라
introgative	present	눕느냐?	눕더냐?
	past-perfect	누웠느냐?	누웠더냐?
	future-gue/will/abi	눕겠느냐?	눕겠더냐?
imperative		누워라	
suggestive		눕자	
exclamatory		눕는구나! 눕는다! 눕는도다!	눕더구나!

connective	endings	connective	endings
serial	눕고, 누우며	comparison	눕느니
selection	눕거나, 눕든지, 눕든가	degree	누우리만큼
contrast	누워도, 눕지만, 누우나, 눕는데, 누우면서도, 눕되, 눕지	condition	누우면, 눕거든, 눕거들랑, 누워야, 눕는다면, 누웠던들
simultaneity	누우면서, 누우며	circumstance	눕는데, 누우니, 눕다시피
completion	눕고서, 누워서, 눕자, 눕자마자	figure	눕듯이
conversion	눕다가	proportion	누울수록
concession	누워도, 눕더라도, 누울지라도, 누울지언정, 누운들, 눕는데도, 눕기로서니, 누우나마, 누울망정, 누워 보았자	cause	누워서, 누우니까, 눕느라고, 눕기에, 눕길래, 눕느니만큼, 눕는지라, 누울세라, 누우므로
intention	누우러, 누우려고, 눕고자	addition	눕거니와, 누울뿐더러, 누우려니와
result	눕도록, 눕게끔	repetition	눕곤

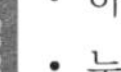
Basic sentences

- 하루 종일 방에 누워 있었다. I was lying in the room all day.
- 누워서는 뭐든지 먹지 마라. Do not eat anything while lying down.
- 누우면 죽고 걸으면 산다는 말이 있다.
  Say that you will die if you lie down, but you will live if you keep walking.

느리다 [느리다, nirida]

'이' regular conjugation, Dv

to be slow ; to be tardy

causative	*느리히다, 느리게 하다, 느리게 만들다	passive	*느리히다, 느리게 되다, 느려지다

adnominal : present-conti	past-perfect	past-retrospective	past-perfect-retro	future-gue/will
느리는	느린	느리던	느렸던	느릴

quotational : declarative	interrogative	imperative	suggestive	nominal	adverbial
느리다고	느리냐고	*느리라고	*느리자고	느리기, 느림	느려, 느리게

high honorific level		indicative style	retrospective style
declarative	present	느립니다	느립디다
	present-continuous	*느리고 있습니다, *느리는 중입니다	*느리고 있습디다
	past-perfect	느렸습니다	느렸습디다
	past-experience	느렸었습니다	느렸었습디다
	past-guessing	느렸겠습니다	느렸겠습디다
	future-gue/will/abi	느리겠습니다, *느리렵니다, 느릴 겁니다, 느릴 수 있습니다	느리겠습디다
introgative	present	느립니까?	느립디까?
	past-perfect	느렸습니까?	느렸습디까?
	past-experience	느렸었습니까?	느렸었습디까?
	future-gue/will/abi	느리겠습니까? *느리렵니까? *느릴 겁니까? *느리리이까? 느릴 수 있겠습니까?	느리겠습디까?
imperative		*느리시오, *느리십시오	
suggestive		*느립시다, *느리십시다	
exclamatory		느리시구나!	

ordinary honorific lev		'-어요' form	'-으오' form
declarative	present	느려요, 느리지요, 느리세요, *느릴래요, 느릴걸요, 느린데요, 느리대요, *느릴게요, 느리잖아요	느리오
	present-continuous	*느리고 있어요, *느리고 있지요, *느리고 있으세요, *느리는 중이에요	*느리고 있소
	past-perfect	느렸어요, 느렸지요, 느렸으세요, 느렸잖아요	느렸소
	past-experience	느렸었어요, 느렸었지요, 느렸었으세요	느렸었소
	past-guessing	느렸겠어요, 느렸겠지요, 느렸겠으세요	느렸겠소
	future-gue/will/abi	느리겠어요, 느리겠지요, 느리겠으세요, 느릴 수 있어요	느리겠소
introgative	present	느려요? 느리지요? 느리세요? 느리나요? 느릴까요? *느릴래요? 느린가요? 느린데요? 느리대요? 느리다면서요? 느리다지요?	느리오? *느리소?
	past-perfect	느렸어요? 느렸지요? 느렸으세요?	느렸소?
	past-experience	느렸었어요? 느렸었지요? 느렸었으세요?	느렸었소?
	future-gue/will/abi	느리겠어요? 느리겠지요? 느리겠으세요? 느리리요? *느릴 거예요? *느릴 거지요? 느릴 수 있겠어요?	느리겠소?
imperative		*느려요, *느리지요, *느리세요, *느리라니까요	*느리오, *느리구려
suggestive		*느려요, *느리지요, *느리세요, *느리자니까요	*느리오
exclamatory		느리군요! 느리리요!	느리오!

ordinary non-honorific lev		'-어' form	'-네' form
declarative	present	느려, 느리지, *느릴래, 느릴걸, 느린데, 느리대, *느릴게, 느리단다, *느리마, 느리잖아	느리네
	present-continuous	*느리고 있어, *느리고 있지, *느리는 중이야	*느리고 있네
	past-perfect	느렸어, 느렸지, 느렸잖아	느렸네
	future-gue/will/abi	느리겠어, 느리겠지, 느릴 수 있어	느리겠네
introgative	present	느려? 느리지? 느리니? 느리나? 느릴까? 느리랴? *느릴래? 느린데? 느리대? 느리다면서? 느리다지?	느린가?
	past-perfect	느렸어? 느렸지? 느렸니? 느렸을까? 느렸대? 느렸다면서?	느렸는가?
	future-gue/will/abi	느리겠어? 느리겠지? 느리겠니? 느리리? *느릴 거야? *느릴 거지? *느릴 거니? 느릴 수 있겠어?	느리겠는가?
imperative		*느려, *느리지, *느리렴, *느리려무나, *느리라니까	*느리게
suggestive		*느려, *느리지, *느리자니까	*느리세
exclamatory		느려! 느리지! 느리리!	느리네!

low non-honorific lev		indicative style	retrospective style
declarative	present	느리다	느리더라
	present-continuous	*느리고 있다, *느리는 중이다	*느리고 있더라
	past-perfect	느렸다	느렸더라
	future-gue/will/abi	느리겠다, *느리리다, *느리련다, 느릴 거다, 느릴 수 있다	느리겠더라
introgative	present	느리냐?	느리더냐?
	past-perfect	느렸느냐?	느렸더냐?
	future-gue/will/abi	느리겠느냐?	느리겠더냐?
imperative		*느려라	
suggestive		*느리자	
exclamatory		느리구나! 느리다! 느리도다!	느리더구나!

connective	endings	connective	endings
serial	느리고, 느리며	comparison	*느리느니
selection	느리거나, 느리든지, 느리든가	degree	느리리만큼
contrast	느려도, 느리지만, 느리나, 느린데, 느리면서도, 느리되, 느리지	condition	느리면, 느리거든, 느리거들랑, 느려야, 느리다면, 느렸던들
simultaneity	느리면서, 느리며	circumstance	느린데, 느리니, *느리다시피
completion	*느리고서, 느려서, *느리자, *느리자마자	figure	느리듯이
conversion	느리다가	proportion	느릴수록
concession	느려도, 느리더라도, 느릴지라도, 느릴지언정, 느린들, 느린데도, 느리기로서니, 느리나마, 느릴망정, 느려 보았자	cause	느려서, 느리니까, *느리느라고, 느리기에, 느리길래, 느리니만큼, 느린지라, 느릴세라, 느리므로
intention	*느리러, *느리려고, *느리고자	addition	느리거니와, 느릴뿐더러, 느리려니와
result	느리도록, 느리게끔	repetition	*느리곤

Basic sentences

- 그 버스는 속도가 너무 느리다. That bus speed is too slow.
- 저 멀리서 느리고 굵은 아버지의 목소리가 들려왔다.
  I could hear the low and slow voice of my father.
- 그는 일하는 속도가 거북이처럼 느려도 일을 꼼꼼하게 잘 한다.
  He works as slow as a turtle but he also worked very meticulously.

늦다1 [늗따, nitt'a]

'ㅈ' regular conjugation, Avi

to be late, be behind, be delayed, be overdue ; to be slow

causative	*늦히다, 늦게 하다, 늦게 만들다	passive	*늦히다, 늦게 되다, 늦어지다

adnominal : present-conti	past-perfect	past-retrospective	past-perfect-retro	future-gue/will
늦는	늦은	늦은	늦던	늦았던

quotational : declarative	interrogative	imperative	suggestive	nominal	adverbial
늦는다고	늦느냐고	늦으라고	늦자고	늦기, 늦음	늦어, 늦게

high honorific level		indicative style	retrospective style
declarative	present	늦습니다	늦습디다
	present-continuous	늦고 있습니다, 늦는 중입니다	늦고 있습디다
	past-perfect	늦었습니다	늦었습디다
	past-experience	늦었었습니다	늦었었습디다
	past-guessing	늦었겠습니다	늦었겠습디다
	future-gue/will/abi	늦겠습니다, 늦으렵니다, 늦을 겁니다, 늦을 수 있습니다	늦겠습디다
introgative	present	늦습니까?	늦습디까?
	past-perfect	늦었습니까?	늦었습디까?
	past-experience	늦었었습니까?	늦었었습디까?
	future-gue/will/abi	늦겠습니까? 늦으렵니까? 늦을 겁니까? 늦으리이까? 늦을 수 있겠습니까?	늦겠습디까?
imperative		늦으시오, 늦으십시오	
suggestive		늦읍시다, 늦으십시다	
exclamatory		늦으시구나!	

ordinary honorific lev		'-어요' form	'-으오' form
declarative	present	늦어요, 늦지요, 늦으세요, 늦을래요, 늦을걸요, 늦은데요, 늦대요, 늦을게요, 늦잖아요	늦으오
	present-continuous	늦고 있어요, 늦고 있지요, 늦고 있으세요, 늦는 중이에요	늦고 있소
	past-perfect	늦었어요, 늦었지요, 늦었으세요, 늦었잖아요	늦었소
	past-experience	늦었었어요, 늦었었지요, 늦었었으세요	늦었었소
	past-guessing	늦었겠어요, 늦었겠지요, 늦었겠으세요	늦었겠소
	future-gue/will/abi	늦겠어요, 늦겠지요, 늦겠으세요, 늦을 수 있어요	늦겠소
introgative	present	늦어요? 늦지요? 늦으세요? 늦나요? 늦을까요? 늦을래요? 늦는가요? 늦는데요? 늦대요? 늦다면서요? 늦다지요?	늦으오? 늦소?
	past-perfect	늦었어요? 늦었지요? 늦었으세요?	늦었소?
	past-experience	늦었었어요? 늦었었지요? 늦었었으세요?	늦었었소?
	future-gue/will/abi	늦겠어요? 늦겠지요? 늦겠으세요? 늦으리요? 늦을 거예요? 늦을 거지요? 늦을 수 있겠어요?	늦겠소?
imperative		늦어요, 늦지요, 늦으세요, 늦으라니까요	늦으오, 늦구려
suggestive		늦어요, 늦지요, 늦으세요, 늦자니까요	늦으오
exclamatory		늦군요! 늦으리요!	늦으오!

ordinary non-honorific lev		'-어' form	'-네' form
declarative	present	늦어, 늦지, *늦을래, 늦을걸, 늦은데, 늦대, 늦을게, 늦단다, 늦으마, 늦잖아	늦네
	present-continuous	늦고 있어, 늦고 있지, 늦는 중이야	늦고 있네
	past-perfect	늦었어, 늦었지, 늦었잖아	늦었네
	future-gue/will/abi	늦겠어, 늦겠지, 늦을 수 있어	늦겠네
introgative	present	늦어? 늦지? 늦니? 늦나? 늦을까? 늦으랴? 늦을래? 늦은데? 늦대? 늦다면서? 늦다지?	늦은가?
	past-perfect	늦었어? 늦었지? 늦었니? 늦었을까? 늦었대? 늦었다면서?	늦었는가?
	future-gue/will/abi	늦겠어? 늦겠지? 늦겠니? 늦으리? *늦을 거야? *늦을 거지? *늦을 거니? 늦을 수 있겠어?	늦겠는가?
imperative		늦어, 늦지, 늦으렴, 늦으려무나, 늦으라니까	늦게
suggestive		늦어, 늦지, 늦자니까	늦세
exclamatory		늦어! 늦지! 늦으리!	늦네!

low non-honorific lev		indicative style	retrospective style
declarative	present	늦다	늦더라
	present-continuous	늦고 있다, 늦는 중이다	늦고 있더라
	past-perfect	늦었다	늦었더라
	future-gue/will/abi	늦겠다, 늦으리다, 늦으련다, 늦을 거다, 늦을 수 있다	늦겠더라
introgative	present	늦으냐?	늦더냐?
	past-perfect	늦었느냐?	늦었더냐?
	future-gue/will/abi	늦겠느냐?	늦겠더냐?
imperative		늦어라	
suggestive		늦자	
exclamatory		늦구나! 늦다! 늦도다!	늦더구나!

connective	endings	connective	endings
serial	늦고, 늦으며	comparison	늦느니
selection	늦거나, 늦든지, 늦든가	degree	늦으리만큼
contrast	늦어도, 늦지만, 늦으나, 늦은데, 늦으면서도, 늦되, 늦지	condition	늦으면, 늦거든, 늦거들랑, 늦어야, 늦다면, 늦었던들
simultaneity	늦으면서, 늦으며	circumstance	늦은데, 늦으니, 늦다시피
completion	늦고서, 늦어서, 늦자, 늦자마자	figure	늦듯이
conversion	늦다가	proportion	늦을수록
concession	늦어도, 늦더라도, 늦을지라도, 늦을지언정, 늦은들, 늦는데도, 늦기로서니, 늦으나마, 늦을망정, 늦어 보았자	cause	늦어서, 늦으니까, 늦느라고, 늦기에, 늦길래, 늦으니만큼, 늦은지라, 늦을세라, 늦으므로
intention	늦으러, 늦으려고, 늦고자	addition	늦거니와, 늦을뿐더러, 늦으려니와
result	늦도록, 늦게끔	repetition	늦곤

- 그는 회의에 자주 늦는다. He is usually late for the meeting.
- 너와의 약속 시간에 10분 늦은 적이 있다. I once 10 minutes late for our meeting.
- 늦어지더라도 회의에 꼭 참석해 주세요. Though you may be late, please attend the meeting.

다니다 [다니다, danida]

'이' regular conjugation, Avi

to come and go ; to attend ; to visit

causative	*다니히다, 다니게 하다, 다니게 만들다	passive	*다니히다, 다니게 되다, 다녀지다

adnominal : present-conti	past-perfect	past-retrospective	past-perfect-retro	future-gue/will
다니는	다닌	다니던	다녔던	다닐

quotational : declarative	interrogative	imperative	suggestive	nominal	adverbial
다닌다고	다니느냐고	다니라고	다니자고	다니기, 다님	다녀, 다니게

high honorific level		indicative style	retrospective style
declarative	present	다닙니다	다닙디다
	present-continuous	다니고 있습니다, 다니는 중입니다	다니고 있습디다
	past-perfect	다녔습니다	다녔습디다
	past-experience	다녔었습니다	다녔었습디다
	past-guessing	다녔겠습니다	다녔겠습디다
	future-gue/will/abi	다니겠습니다, 다니렵니다, 다닐 겁니다, 다닐 수 있습니다	다니겠습디다
introgative	present	다닙니까?	다닙디까?
	past-perfect	다녔습니까?	다녔습디까?
	past-experience	다녔었습니까?	다녔었습디까?
	future-gue/will/abi	다니겠습니까? 다니렵니까? 다닐 겁니까? 다니리이까? 다닐 수 있겠습니까?	다니겠습디까?
imperative		다니시오, 다니십시오	
suggestive		다닙시다, 다니십시다	
exclamatory		다니시는구나!	

ordinary honorific lev		'-어요' form	'-으오' form
declarative	present	다녀요, 다니지요, 다니세요, 다닐래요, 다닐걸요, 다니는데요, 다닌대요, 다닐게요, 다니잖아요	다니오
	present-continuous	다니고 있어요, 다니고 있지요, 다니고 있으세요, 다니는 중이에요	다니고 있소
	past-perfect	다녔어요, 다녔지요, 다녔으세요, 다녔잖아요	다녔소
	past-experience	다녔었어요, 다녔었지요, 다녔었으세요	다녔었소
	past-guessing	다녔겠어요, 다녔겠지요, 다녔겠으세요	다녔겠소
	future-gue/will/abi	다니겠어요, 다니겠지요, 다니겠으세요, 다닐 수 있어요	다니겠소
introgative	present	다녀요? 다니지요? 다니세요? 다니나요? 다닐까요? 다닐래요? 다니는가요? 다니는데요? 다닌대요? 다닌다면서요? 다닌다지요?	다니오? *다니소?
	past-perfect	다녔어요? 다녔지요? 다녔으세요?	다녔소?
	past-experience	다녔었어요? 다녔었지요? 다녔었으세요?	다녔었소?
	future-gue/will/abi	다니겠어요? 다니겠지요? 다니겠으세요? 다니리요? 다닐 거예요? 다닐 거지요? 다닐 수 있겠어요?	다니겠소?
imperative		다녀요, 다니지요, 다니세요, 다니라니까요	다니오, 다니구려
suggestive		다녀요, 다니지요, 다니세요, 다니자니까요	다니오
exclamatory		다니는군요! 다니리요!	다니오!

ordinary non-honorific lev		'-어' form	'-네' form
declarative	present	다녀, 다니지, 다닐래, 다닐걸, 다니는데, 다닌대, 다닐게, 다닌단다, 다니마, 다니잖아	다니네
	present-continuous	다니고 있어, 다니고 있지, 다니는 중이야	다니고 있네
	past-perfect	다녔어, 다녔지, 다녔잖아	다녔네
	future-gue/will/abi	다니겠어, 다니겠지, 다닐 수 있어	다니겠네
introgative	present	다녀? 다니지? 다니니? 다니나? 다닐까? 다니랴? 다닐래? 다니는데? 다닌대? 다닌다면서? 다닌다지?	다니는가?
	past-perfect	다녔어? 다녔지? 다녔니? 다녔을까? 다녔대? 다녔다면서?	다녔는가?
	future-gue/will/abi	다니겠어? 다니겠지? 다니겠니? 다니리? 다닐 거야? 다닐 거지? 다닐 거니? 다닐 수 있겠어?	다니겠는가?
imperative		다녀, 다니지, 다니렴, 다니려무나, 다니라니까	다니게
suggestive		다녀, 다니지, 다니자니까	다니세
exclamatory		다녀! 다니지! 다니리!	다니네!

low non-honorific lev		indicative style	retrospective style
declarative	present	다닌다	다니더라
	present-continuous	다니고 있다, 다니는 중이다	다니고 있더라
	past-perfect	다녔다	다녔더라
	future-gue/will/abi	다니겠다, 다니리다, 다니련다, 다닐 거다, 다닐 수 있다	다니겠더라
introgative	present	다니느냐?	다니더냐?
	past-perfect	다녔느냐?	다녔더냐?
	future-gue/will/abi	다니겠느냐?	다니겠더냐?
imperative		다녀라	
suggestive		다니자	
exclamatory		다니는구나! 다닌다! 다니는도다!	다니더구나!

connective	endings	connective	endings
serial	다니고, 다니며	comparison	다니느니
selection	다니거나, 다니든지, 다니든가	degree	다니리만큼
contrast	다녀도, 다니지만, 다니나, 다니는데, 다니면서도, 다니되, 다니지	condition	다니면, 다니거든, 다니거들랑, 다녀야, 다닌다면, 다녔던들
simultaneity	다니면서, 다니며	circumstance	다니는데, 다니니, 다니다시피
completion	다니고서, 다녀서, 다니자, 다니자마자	figure	다니듯이
conversion	다니다가	proportion	다닐수록
concession	다녀도, 다니더라도, 다닐지라도, 다닐지언정, 다닌들, 다니는데도, 다니기로서니, 다니나마, 다닐망정, 다녀 보았자	cause	다녀서, 다니니까, 다니느라고, 다니기에, 다니길래, 다니느니만큼, 다니는지라, 다닐세라, 다니므로
intention	다니러, 다니려고, 다니고자	addition	다니거니와, 다닐뿐더러, 다니려니와
result	다니도록, 다니게끔	repetition	다니곤

Basic sentences

- 그는 매일 병원에 다니고 있다. He goes to the hospital everyday.
- 한국에는 서울과 부산 간을 다니는 고속버스가 있다.
  There is a bus that runs from Seoul to Pusan in Korea.
- 그녀는 고서점에 다니면서 연구자료를 많이 수집했다.
  She collected many research resources by going to old bookstore.

다르다 [다르다, darida]

'ㄹ' irregular conjugation, Dv

to be different ; to be uncommon ; to be unusual ; to be disagree

causative	*다르히다, 다르게 하다, 다르게 만들다	passive	*다르히다, 다르게 되다, 달라지다

adnominal : present-conti	past-perfect	past-retrospective	past-perfect-retro	future-gue/will
다른	다른	다르던	달랐던	다를

quotational : declarative	interrogative	imperative	suggestive	nominal	adverbial
다르다고	다르냐고	*다르라고	*다르자고	다르기, 다름	달라, 다르게

high honorific level		indicative style	retrospective style
declarative	present	다릅니다	다릅디다
	present-continuous	*다르고 있습니다, *다르는 중입니다	*다르고 있습디다
	past-perfect	달랐습니다	달랐습디다
	past-experience	달랐었습니다	달랐었습디다
	past-guessing	달랐겠습니다	달랐겠습디다
	future-gue/will/abi	다르겠습니다, *다르렵니다, 다를 겁니다, 다를 수 있습니다	다르겠습디다
introgative	present	다릅니까?	다릅디까?
	past-perfect	달랐습니까?	달랐습디까?
	past-experience	달랐었습니까?	달랐었습디까?
	future-gue/will/abi	다르겠습니까? *다르렵니까? *다를 겁니까? *다르리이까? *다를 수 있겠습니까?	다르겠습디까?
imperative		*다르시오, *다르십시오	
suggestive		*다릅시다, *다르십시다	
exclamatory		*다르시구나!	

ordinary honorific lev		'-어요' form	'-으오' form
declarative	present	달라요, 다르지요, 다르세요, *다를래요, 다를걸요, 다른데요, 다르대요, *다를게요, 다르잖아요	다르오
	present-continuous	*다르고 있어요, *다르고 있지요, *다르고 있으세요, *다르는 중이에요	*다르고 있소
	past-perfect	달랐어요, 달랐지요, 달랐으세요, 달랐잖아요	달랐소
	past-experience	달랐었어요, 달랐었지요, 달랐었으세요	달랐었소
	past-guessing	달랐겠어요, 달랐겠지요, 달랐겠으세요	달랐겠소
	future-gue/will/abi	다르겠어요, 다르겠지요, 다르겠으세요, 다를 수 있어요	다르겠소
introgative	present	달라요? 다르지요? 다르세요? 다르나요? 다를까요? *다를래요? 다른가요? 다른데요? 다르대요? 다르다면서요? 다르다지요?	다르오? *다르소?
	past-perfect	달랐어요? 달랐지요? 달랐으세요?	달랐소?
	past-experience	달랐었어요? 달랐었지요? 달랐었으세요?	달랐었소?
	future-gue/will/abi	*다르겠어요? 다르겠지요? 다르겠으세요? 다르리요? *다를 거예요? *다를 거지요? *다를 수 있겠어요?	다르겠소?
imperative		*달라요, *다르지요, *다르세요, *다르라니까요	*다르오, *다르구려
suggestive		*달라요, *다르지요, *다르세요, *다르자니까요	*다르오
exclamatory		다르군요! 다르리요!	다르오!

ordinary non-honorific lev		'-어' form	'-네' form
declarative	present	달라, 다르지, *다를래, 다를걸, 다른데, 다르대, *다를게, 다르단다, *다르마, 다르잖아	다르네
	present-continuous	*다르고 있어, *다르고 있지, *다르는 중이야	*다르고 있네
	past-perfect	달랐어, 달랐지, 달랐잖아	달랐네
	future-gue/will/abi	다르겠어, 다르겠지, 다를 수 있어	다르겠네
introgative	present	달라? 다르지? 다르니? 다르나? 다를까? 다르랴? *다를래? 다른데? 다르대? 다르다면서? 다르다지?	다른가?
	past-perfect	달랐어? 달랐지? 달랐니? 달랐을까? 달랐대? 달랐다면서?	달랐는가?
	future-gue/will/abi	다르겠어? 다르겠지? 다르겠니? *다르리? *다를 거야? *다를 거지? *다를 거니? *다를 수 있겠어?	다르겠는가?
imperative		*달라, *다르지, *다르렴, *다르려무나, *다르라니까	*다르게
suggestive		*달라, *다르지, *다르자니까	*다르세
exclamatory		달라! 다르지! 다르리!	다르네!

low non-honorific lev		indicative style	retrospective style
declarative	present	다르다	다르더라
	present-continuous	*다르고 있다, *다르는 중이다	*다르고 있더라
	past-perfect	달랐다	달랐더라
	future-gue/will/abi	다르겠다, *다르리다, *다르련다, 다를 거다, 다를 수 있다	다르겠더라
introgative	present	다르냐?	다르더냐?
	past-perfect	달랐느냐?	달랐더냐?
	future-gue/will/abi	다르겠느냐?	다르겠더냐?
imperative		*달라라	
suggestive		*다르자	
exclamatory		다르구나! 다르다! 다르도다!	다르더구나!

connective	endings	connective	endings
serial	다르고, 다르며	comparison	*다르느니
selection	다르거나, 다르든지, 다르든가	degree	다르리만큼
contrast	달라도, 다르지만, 다르나, 다른데, 다르면서도, 다르되, 다르지	condition	다르면, 다르거든, 다르거들랑, 달라야, 다르다면, 달랐던들
simultaneity	다르면서, 다르며	circumstance	다른데, 다르니, *다르다시피
completion	*다르고서, *달라서, *다르자, *다르자마자	figure	다르듯이
conversion	다르다가	proportion	다를수록
concession	달라도, 다르더라도, 다를지라도, 다를지언정, 다른들, 다른데도, 다르기로서니, 다르나마, 다를망정, 달라 보았자	cause	달라서, 다르니까, *다르느라고, 다르기에, 다르길래, 다르니만큼, 다른지라, *다를세라, 다르므로
intention	*다르러, *다르려고, *다르고자	addition	다르거니와, 다를뿐더러, 다르려니와
result	다르도록, 다르게끔	repetition	다르곤

Basic sentences

- 동물과 식물은 그 특성이 다르다. The characteristics of plants and animals are different.
- 나는 너와는 다른 생각을 가지고 있다. You and I have different thoughts.
- 민족이 서로 다르더라도 함께 잘 살아야 한다.
  Though we are of different ethnicities, we must live in peace.

닫다 [닫따, dadt'a]

'ㄷ' regular conjugation, Avt

to shut, to close

causative	*닫히다, 닫게 하다, 닫게 만들다	passive	닫히다, 닫기다, 닫게 되다, 닫혀지다

adnominal : present-conti	past-perfect	past-retrospective	past-perfect-retro	future-gue/will
닫는	닫은	닫던	닫았던	닫을

quotational : declarative	interrogative	imperative	suggestive	nominal	adverbial
닫는다고	닫느냐고	닫으라고	닫자고	닫기, 닫음	닫아, 닫게

high honorific level		indicative style	retrospective style
declarative	present	닫습니다	닫습디다
	present-continuous	닫고 있습니다, 닫는 중입니다	닫고 있습디다
	past-perfect	닫았습니다	닫았습디다
	past-experience	닫았었습니다	닫았었습디다
	past-guessing	닫았겠습니다	닫았겠습디다
	future-gue/will/abi	닫겠습니다, 닫으렵니다, 닫을 겁니다, 닫을 수 있습니다	닫겠습디다
introgative	present	닫습니까?	닫습디까?
	past-perfect	닫았습니까?	닫았습디까?
	past-experience	닫았었습니까?	닫았었습디까?
	future-gue/will/abi	닫겠습니까? 닫으렵니까? 닫을 겁니까? 닫으리이까? 닫을 수 있겠습니까?	닫겠습디까?
imperative		닫으시오, 닫으십시오	
suggestive		닫읍시다, 닫으십시다	
exclamatory		닫으시는구나!	

ordinary honorific lev		'-어요' form	'-으오' form
declarative	present	닫아요, 닫지요, 닫으세요, 닫을래요, 닫을걸요, 닫는데요, 닫는대요, 닫을게요, 닫잖아요	닫으오
	present-continuous	닫고 있어요, 닫고 있지요, 닫고 있으세요, 닫는 중이에요	닫고 있소
	past-perfect	닫았어요, 닫았지요, 닫았으세요, 닫았잖아요	닫았소
	past-experience	닫았었어요, 닫았었지요, 닫았었으세요	닫았었소
	past-guessing	닫았겠어요, 닫았겠지요, 닫았겠으세요	닫았겠소
	future-gue/will/abi	닫겠어요, 닫겠지요, 닫겠으세요, 닫을 수 있어요	닫겠소
introgative	present	닫아요? 닫지요? 닫으세요? 닫나요? 닫을까요? 닫을래요? 닫는가요? 닫는데요? 닫는대요? 닫는다면서요? 닫는다지요?	닫으오? 닫소?
	past-perfect	닫았어요? 닫았지요? 닫았으세요?	닫았소?
	past-experience	닫았었어요? 닫았었지요? 닫았었으세요?	닫았었소?
	future-gue/will/abi	닫겠어요? 닫겠지요? 닫겠으세요? 닫으리요? 닫을 거예요? 닫을 거지요? 닫을 수 있겠어요?	닫겠소?
imperative		닫아요, 닫지요, 닫으세요, 닫으라니까요	닫으오, 닫구려
suggestive		닫아요, 닫지요, 닫으세요, 닫자니까요	닫으오
exclamatory		닫는군요! 닫으리요!	닫으오!

ordinary non-honorific lev		'-어' form	'-네' form
declarative	present	닫아, 닫지, 닫을래, 닫을걸, 닫는데, 닫는대, 닫을게, 닫는단다, 닫으마, 닫잖아	닫네
	present-continuous	닫고 있어, 닫고 있지, 닫는 중이야	닫고 있네
	past-perfect	닫았어, 닫았지, 닫았잖아	닫았네
	future-gue/will/abi	닫겠어, 닫겠지, 닫을 수 있어	닫겠네
introgative	present	닫아? 닫지? 닫니? 닫나? 닫을까? 닫으랴? 닫을래? 닫는데? 닫는대? 닫는다면서? 닫는다지?	닫는가?
	past-perfect	닫았어? 닫았지? 닫았니? 닫았을까? 닫았대? 닫았다면서?	닫았는가?
	future-gue/will/abi	닫겠어? 닫겠지? 닫겠니? 닫으리? 닫을 거야? 닫을 거지? 닫을 거니? 닫을 수 있겠어?	닫겠는가?
imperative		닫아, 닫지, 닫으렴, 닫으려무나, 닫으라니까	닫게
suggestive		닫아, 닫지, 닫자니까	닫세
exclamatory		닫아! 닫지! 닫으리!	닫네!

low non-honorific lev		indicative style	retrospective style
declarative	present	닫는다	닫더라
	present-continuous	닫고 있다, 닫는 중이다	닫고 있더라
	past-perfect	닫았다	닫았더라
	future-gue/will/abi	닫겠다, 닫으리다, 닫으련다, 닫을 거다, 닫을 수 있다	닫겠더라
introgative	present	닫느냐?	닫더냐?
	past-perfect	닫았느냐?	닫았더냐?
	future-gue/will/abi	닫겠느냐?	닫겠더냐?
imperative		닫아라	
suggestive		닫자	
exclamatory		닫는구나! 닫는다! 닫는도다!	닫더구나!

connective	endings	connective	endings
serial	닫고, 닫으며	comparison	닫느니
selection	닫거나, 닫든지, 닫든가	degree	닫으리만큼
contrast	닫아도, 닫지만, 닫으나, 닫는데, 닫으면서도, 닫되, 닫지	condition	닫으면, 닫거든, 닫거들랑, 닫아야, 닫는다면, 닫았던들
simultaneity	닫으면서, 닫으며	circumstance	닫는데, 닫으니, 닫다시피
completion	닫고서, 닫아서, 닫자, 닫자마자	figure	닫듯이
conversion	닫다가	proportion	닫을수록
concession	닫아도, 닫더라도, 닫을지라도, 닫을지언정, 닫은들, 닫는데도, 닫기로서니, 닫으나마, 닫을망정, 닫아 보았자	cause	닫아서, 닫으니까, 닫느라고, 닫기에, 닫길래, 닫느니만큼, 닫는지라, 닫을세라, 닫으므로
intention	닫으러, 닫으려고, 닫고자	addition	닫거니와, 닫을뿐더러, 닫으려니와
result	닫도록, 닫게끔	repetition	닫곤

Basic sentences

- 오늘은 일찍 가게 문을 닫자. Let's close the store early today.
- 영희는 입을 닫은 채 아무 말도 하지 않았다. Young-Hui closed her mouth and said nothing.
- 창문을 잘 닫고 외출하도록 해라.
  Before leaving the house, make sure all the windows are closed.

달다1 [달다, dalda]

'ㄹ' irregular conjugation, Dv

to be sweet, be sugary ; to have sweet sleep

causative	*달히다, 달게 하다, 달게 만들다	passive	*달히다, 달게 되다, 달아지다

adnominal : present-conti	past-perfect	past-retrospective	past-perfect-retro	future-gue/will
단	단	달던	달았던	달

quotational : declarative	interrogative	imperative	suggestive	nominal	adverbial
달다고	다냐고	*달라고	*달자고	달기, 닮	달아, 달게

high honorific level		indicative style	retrospective style
declarative	present	답니다	답디다
	present-continuous	*달고 있습니다, *다는 중입니다	*달고 있습디다
	past-perfect	달았습니다	달았습디다
	past-experience	달았었습니다	달았었습디다
	past-guessing	달았겠습니다	달았겠습디다
	future-gue/will/abi	달겠습니다, *달렵니다, 달 겁니다, 달 수 있습니다	달겠습디다
introgative	present	답니까?	답디까?
	past-perfect	달았습니까?	달았습디까?
	past-experience	달았었습니까?	달았었습디까?
	future-gue/will/abi	달겠습니까? *달렵니까? *달 겁니까? *달리이까? *달 수 있겠습니까?	달겠습디까?
imperative		*다시오, *다십시오	
suggestive		*답시다, *다십시다	
exclamatory		다시구나!	

ordinary honorific lev		'-어요' form	'-으오' form
declarative	present	달아요, 달지요, 다세요, *달래요, 달걸요, 단데요, 달대요, *달게요, 달잖아요	다오
	present-continuous	*달고 있어요, *달고 있지요, *달고 있으세요, *다는 중이에요	*달고 있소
	past-perfect	달았어요, 달았지요, 달았으세요, 달았잖아요	달았소
	past-experience	달았었어요, 달았었지요, 달았었으세요	달았었소
	past-guessing	달았겠어요, 달았겠지요, 달았겠으세요	달았겠소
	future-gue/will/abi	달겠어요, 달겠지요, 달겠으세요, 달 수 있어요	달겠소
introgative	present	달아요? 달지요? 다세요? 다나요? 달까요? *달래요? 단가요? 단데요? 달대요? 달다면서요? 달다지요?	다오? *달소?
	past-perfect	달았어요? 달았지요? 달았으세요?	달았소?
	past-experience	달았었어요? 달았었지요? 달았었으세요?	달았었소?
	future-gue/will/abi	달겠어요? 달겠지요? 달겠으세요? 달리요? *달 거예요? *달 거지요? *달 수 있겠어요?	달겠소?
imperative		*달아요, *달지요, *다세요, *달라니까요	*다오, *달구려
suggestive		*달아요, *달지요, *다세요, *달자니까요	*다오
exclamatory		달군요! 달리요!	다오!

ordinary non-honorific lev		'-어' form	'-네' form
declarative	present	달아, 달지, *달래, 달걸, 단데, 달대, *달게, 달단다, *달마, 달잖아	다네
	present-continuous	*달고 있어, *달고 있지, *다는 중이야	*달고 있네
	past-perfect	달았어, 달았지, 달았잖아	달았네
	future-gue/will/abi	달겠어, 달겠지, 달 수 있어	달겠네
introgative	present	달아? 달지? 다니? 다나? 달까? 달랴? *달래? 단데? 달대? 달다면서? 달다지?	단가?
	past-perfect	달았어? 달았지? 달았니? 달았을까? 달았대? 달았다면서?	달았는가?
	future-gue/will/abi	달겠어? 달겠지? 달겠니? 달리? *달 거야? *달 거지? *달 거니? *달 수 있겠어?	달겠는가?
imperative		*달아, *달지, *달렴, *달려무나, *달라니까	*달게
suggestive		*달아, *달지, *달자니까	*다세
exclamatory		달아! 달지! 달리!	다네!

low non-honorific lev		indicative style	retrospective style
declarative	present	달다	달더라
	present-continuous	*달고 있다, *다는 중이다	*달고 있더라
	past-perfect	달았다	달았더라
	future-gue/will/abi	달겠다, *달리다, *달련다, 달 거다, 달 수 있다	달겠더라
introgative	present	다냐?	달더냐?
	past-perfect	달았느냐?	달았더냐?
	future-gue/will/abi	달겠느냐?	달겠더냐?
imperative		*달아라	
suggestive		*달자	
exclamatory		달구나! 달다! 달도다!	달더구나!

connective	endings	connective	endings
serial	달고, 달며	comparison	*다느니
selection	달거나, 달든지, 달든가	degree	달리만큼
contrast	달아도, 달지만, 다나, 단데, 달면서도, 달되, 달지	condition	달면, 달거든, 달거들랑, 달아야, 달다면, 달았던들
simultaneity	달면서, 달며	circumstance	단데, 다니, *달다시피
completion	*달고서, 달아서, *달자, *달자마자	figure	달듯이
conversion	달다가	proportion	달수록
concession	달아도, 달더라도, 달지라도, 달지언정, 단들, 단데도, 달기로서니, 다나마, 달망정, 달아 보았자	cause	달아서, 다니까, *다느라고, 달기에, 달길래, 다니만큼, 단지라, 달세라, 달므로
intention	*달러, *달려고, *달고자	addition	달거니와, 달뿐더러, 달려니와
result	달도록, 달게끔	repetition	달곤

Basic sentences

- 수박이 꿀처럼 달구나. The water-mellon is sweet as honey.
- 너무 단 음식은 abi한 한 피해 주세요. Please avoid sweet food as much as possible.
- 이 찌개는 매우 달아서 먹기 힘들다. This soup is too sweet to eat.

달다2 [달:다, dal:da]

'ㄹ' irregular conjugation, Avt

to hang out, suspend ; to attach, fix ; to add ; to weight

causative	*달히다, 달게 하다, 달게 만들다	passive	달리다, 달게 되다, 달려지다

adnominal : present-conti	past-perfect	past-retrospective	past-perfect-retro	future-gue/will
다는	단	달던	달았던	달

quotational : declarative	interrogative	imperative	suggestive	nominal	adverbial
단다고	다느냐고	달라고	달자고	달기, 닮	달아, 달게

high honorific level		indicative style	retrospective style
declarative	present	답니다	답디다
	present-continuous	달고 있습니다, 다는 중입니다	달고 있습디다
	past-perfect	달았습니다	달았습디다
	past-experience	달았었습니다	달았었습디다
	past-guessing	달았겠습니다	달았겠습디다
	future-gue/will/abi	달겠습니다, 달렵니다, 달 겁니다, 달 수 있습니다	달겠습디다
introgative	present	답니까?	답디까?
	past-perfect	달았습니까?	달았습디까?
	past-experience	달았었습니까?	달았었습디까?
	future-gue/will/abi	달겠습니까? 달렵니까? 달 겁니까? 달리이까? 달 수 있겠습니까?	달겠습디까?
imperative		다시오, 다십시오	
suggestive		답시다, 다십시다	
exclamatory		다시는구나!	

ordinary honorific lev		'-어요' form	'-으오' form
declarative	present	달아요, 달지요, 다세요, 달래요, 달걸요, 다는데요, 단대요, 달게요, 달잖아요	다오
	present-continuous	달고 있어요, 달고 있지요, 달고 있으세요, 다는 중이에요	달고 있소
	past-perfect	달았어요, 달았지요, 달았으세요, 달았잖아요	달았소
	past-experience	달았었어요, 달았었지요, 달았었으세요	달았었소
	past-guessing	달았겠어요, 달았겠지요, 달았겠으세요	달았겠소
	future-gue/will/abi	달겠어요, 달겠지요, 달겠으세요, 달 수 있어요	달겠소
introgative	present	달아요? 달지요? 다세요? 다나요? 달까요? 달래요? 다는가요? 다는데요? 단대요? 단다면서요? 단다지요?	다오? *달소?
	past-perfect	달았어요? 달았지요? 달았으세요?	달았소?
	past-experience	달았었어요? 달았었지요? 달았었으세요?	달았었소?
	future-gue/will/abi	달겠어요? 달겠지요? 달겠으세요? 달리요? 달 거예요? 달 거지요? 달 수 있겠어요?	달겠소?
imperative		달아요, 달지요, 다세요, 달라니까요	다오, 달구려
suggestive		달아요, 달지요, 다세요, 달자니까요	다오
exclamatory		다는군요! 다리요!	다오!

ordinary non-honorific lev		'-어' form	'-네' form
declarative	present	달아, 달지, 달래, 달걸, 다는데, 단대, 달게, 단단다, 달마, 달잖아	다네
	present-continuous	달고 있어, 달고 있지, 다는 중이야	달고 있네
	past-perfect	달았어, 달았지, 달았잖아	달았네
	future-gue/will/abi	달겠어, 달겠지, 달 수 있어	달겠네
introgative	present	달아? 달지? 다니? 다나? 달까? 달랴? 달래? 다는데? 단대? 단다면서? 단다지?	다는가?
	past-perfect	달았어? 달았지? 달았니? 달았을까? 달았대? 달았다면서?	달았는가?
	future-gue/will/abi	달겠어? 달겠지? 달겠니? 달리? 달 거야? 달 거지? 달 거니? 달 수 있겠어?	달겠는가?
imperative		달아, 달지, 달렴, 달려무나, 달라니까	달게
suggestive		달아, 달지, 달자니까	달세
exclamatory		달아! 달지! 다리!	다네!

low non-honorific lev		indicative style	retrospective style
declarative	present	단다	달더라
	present-continuous	달고 있다, 다는 중이다	달고 있더라
	past-perfect	달았다	달았더라
	future-gue/will/abi	달겠다, 달리다, 달련다, 달 거다, 달 수 있다	달겠더라
introgative	present	다느냐?	달더냐?
	past-perfect	달았느냐?	달았더냐?
	future-gue/will/abi	달겠느냐?	달겠더냐?
imperative		달아라	
suggestive		달자	
exclamatory		다는구나! 단다! 다는도다!	달더구나!

connective	endings	connective	endings
serial	달고, 달며	comparison	다느니
selection	달거나, 달든지, 달든가	degree	달리만큼
contrast	달아도, 달지만, 다나, 다는데, 달면서도, 달되, 달지	condition	달면, 달거든, 달거들랑, 달아야, 단다면, 달았던들
simultaneity	달면서, 달며	circumstance	다는데, 다니, 달다시피
completion	달고서, 달아서, 달자, 달자마자	figure	달듯이
conversion	달다가	proportion	달수록
concession	달아도, 달더라도, 달지라도, 달지언정, 단들, 다는데도, 달기로서니, 다나마, 달망정, 달아 보았자	cause	달아서, 다니까, 다느라고, 달기에, 달길래, 다느니만큼, 다는지라, 달세라, 달므로
intention	달러, 달려고, 달고자	addition	달거니와, 달뿐더러, 달려니와
result	달도록, 달게끔	repetition	달곤

Basic sentences

- 국경일에는 태극기를 꼭 달아 주세요.
  On national holidays, please hang the Korean national flag.
- 가슴에 달린 액세서리가 참 예쁘군요. The jewelry on your chest is so pretty.
- 그는 늘 담배를 달고 다니는 편이죠? He usually has cigarettes on him, does he?

담그다 [담그다, damgida]

'으' irregular conjugation, Avt

to soak, pickle, put in ; to preserve with salt ; to perpare (kimchi)

causative	*담구다, 담그게 하다, 담그게 만들다	passive	담기다, 담그게 되다, 담가지다, 담기어지다

adnominal : present-conti	past-perfect	past-retrospective	past-perfect-retro	future-gue/will
담그는	담근	담그던	담갔던	담글

quotational : declarative	interrogative	imperative	suggestive	nominal	adverbial
담근다고	담그느냐고	담그라고	담그자고	담그기, 담금	담가, 담그게

high honorific level		indicative style	retrospective style
declarative	present	담급니다	담급디다
	present-continuous	담그고 있습니다, 담그는 중입니다	담그고 있습디다
	past-perfect	담갔습니다	담갔습디다
	past-experience	담갔었습니다	담갔었습디다
	past-guessing	담갔겠습니다	담갔겠습디다
	future-gue/will/abi	담그겠습니다, 담그렵니다, 담글 겁니다, 담글 수 있습니다	담그겠습디다
introgative	present	담급니까?	담급디까?
	past-perfect	담갔습니까?	담갔습디까?
	past-experience	담갔었습니까?	담갔었습디까?
	future-gue/will/abi	담그겠습니까? 담그렵니까? 담글 겁니까? 담그리이까? 담글 수 있겠습니까?	담그겠습디까?
imperative		담그시오, 담그십시오	
suggestive		담급시다, 담그십시다	
exclamatory		담그시는구나!	

ordinary honorific lev		'-어요' form	'-으오' form
declarative	present	담가요, 담그지요, 담그세요, 담글래요, 담글걸요, 담그는데요, 담근대요, 담글게요, 담그잖아요	담그오
	present-continuous	담그고 있어요, 담그고 있지요, 담그고 있으세요, 담그는 중이에요	담그고 있소
	past-perfect	담갔어요, 담갔지요, 담갔으세요, 담갔잖아요	담갔소
	past-experience	담갔었어요, 담갔었지요, 담갔었으세요	담갔었소
	past-guessing	담갔겠어요, 담갔겠지요, 담갔겠으세요	담갔겠소
	future-gue/will/abi	담그겠어요, 담그겠지요, 담그겠으세요, 담글 수 있어요	담그겠소
introgative	present	담가요? 담그지요? 담그세요? 담그나요? 담글까요? 담글래요? 담그는가요? 담그는데요? 담근대요? 담근다면서요? 담근다지요?	담그오? 담그소?
	past-perfect	담갔어요? 담갔지요? 담갔으세요?	담갔소?
	past-experience	담갔었어요? 담갔었지요? 담갔었으세요?	담갔었소?
	future-gue/will/abi	담그겠어요? 담그겠지요? 담그겠으세요? 담그리요? 담글 거예요? 담글 거지요? 담글 수 있겠어요?	담그겠소?
imperative		담가요, 담그지요, 담그세요, 담그라니까요	담그오, 담그구려
suggestive		담가요, 담그지요, 담그세요, 담그자니까요	담그오
exclamatory		담그는군요! 담그리요!	담그오!

ordinary non-honorific lev		'-어' form	'-네' form
declarative	present	담가, 담그지, 담글래, 담글걸, 담그는데, 담근대, 담글게, 담근단다, 담그마, 담그잖아	담그네
	present-continuous	담그고 있어, 담그고 있지, 담그는 중이야	담그고 있네
	past-perfect	담갔어, 담갔지, 담갔잖아	담갔네
	future-gue/will/abi	담그겠어, 담그겠지, 담글 수 있어	담그겠네
introgative	present	담가? 담그지? 담그니? 담그나? 담글까? 담그랴? 담글래? 담그는데? 담근대? 담근다면서? 담근다지?	담그는가?
	past-perfect	담갔어? 담갔지? 담갔니? 담갔을까? 담갔대? 담갔다면서?	담갔는가?
	future-gue/will/abi	담그겠어? 담그겠지? 담그겠니? 담그리? 담글 거야? 담글 거지? 담글 거니? 담글 수 있겠어?	담그겠는가?
imperative		담가, 담그지, 담그렴, 담그려무나, 담그라니까	담그게
suggestive		담가, 담그지, 담그자니까	담그세
exclamatory		담가! 담그지! 담그리!	담그네!

low non-honorific lev		indicative style	retrospective style
declarative	present	담근다	담그더라
	present-continuous	담그고 있다, 담그는 중이다	담그고 있더라
	past-perfect	담갔다	담갔더라
	future-gue/will/abi	담그겠다, 담그리다, 담그련다, 담글 거다, 담글 수 있다	담그겠더라
introgative	present	담그느냐?	담그더냐?
	past-perfect	담갔느냐?	담갔더냐?
	future-gue/will/abi	담그겠느냐?	담그겠더냐?
imperative		담가라	
suggestive		담그자	
exclamatory		담그는구나! 담근다! 담그는도다!	담그더구나!

connective	endings	connective	endings
serial	담그고, 담그며	comparison	담그느니
selection	담그거나, 담그든지, 담그든가	degree	담그리만큼
contrast	담가도, 담그지만, 담그나, 담그는데, 담그면서도, 담그되, 담그지	condition	담그면, 담그거든, 담그거들랑, 담가야, 담근다면, 담갔던들
simultaneity	담그면서, 담그며	circumstance	담그는데, 담그니, 담그다시피
completion	담그고서, 담가서, 담그자, 담그자마자	figure	담그듯이
conversion	담그다가	proportion	담글수록
concession	담가도, 담그더라도, 담글지라도, 담글지언정, 담근들, 담그는데도, 담그기로서니, 담그나마, 담글망정, 담가 보았자	cause	담가서, 담그니까, 담그느라고, 담그기에, 담그길래, 담그느니만큼, 담그는지라, 담글세라, 담그므로
intention	담그러, 담그려고, 담그고자	addition	담그거니와, 담글뿐더러, 담그려니와
result	담그도록, 담그게끔	repetition	담그곤

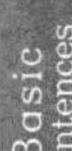

- 구더기 무서워서 장을 못 담그겠니? Would maggots stop you from making kimchi?
- 지난해 담근 된장이 잘 익었다. The toenjang that we made last year is ripe now.
- 발을 시냇물에 담그니까 금방 더위가 가셨다.
  We got cooler fast, when we soaked our legs in the stream.

덥다 [덥:따, təp:t'a]

'ㅂ' irregular conjugation, Dv

to feel hot ; to be hot ; to be heated

causative	*덥히다, 덥게 하다, 덥게 만들다	passive	*덥히다, 덥게 되다, 더워지다

adnominal : present-conti	past-perfect	past-retrospective	past-perfect-retro	future-gue/will
더운	더운	덥던	더웠던	더울

quotational : declarative	interrogative	imperative	suggestive	nominal	adverbial
덥다고	더우냐고	*더우라고	*덥자고	덥기, 더움	더워, 덥게

high honorific level		indicative style	retrospective style
declarative	present	덥습니다	덥습디다
	present-continuous	*덥고 있습니다, *덥는 중입니다	*덥고 있습디다
	past-perfect	더웠습니다	더웠습디다
	past-experience	더웠었습니다	더웠었습디다
	past-guessing	더웠겠습니다	더웠겠습디다
	future-gue/will/abi	덥겠습니다, *더우렵니다, 더울 겁니다, 더울 수 있습니다	덥겠습디다
introgative	present	덥습니까?	덥습디까?
	past-perfect	더웠습니까?	더웠습디까?
	past-experience	더웠었습니까?	더웠었습디까?
	future-gue/will/abi	덥겠습니까? *더우렵니까? *더울 겁니까? 더우리이까? *더울 수 있겠습니까?	덥겠습디까?
imperative		*더우시오, *더우십시오	
suggestive		*더웁시다, *더우십시다	
exclamatory		더우시구나!	

ordinary honorific lev		'-어요' form	'-으오' form
declarative	present	더워요, 덥지요, 더우세요, *더울래요, 더울걸요, 더운데요, 덥대요, *더울게요, 덥잖아요	더우오
	present-continuous	*덥고 있어요, *덥고 있지요, *덥고 있으세요, *덥는 중이에요	*덥고 있소
	past-perfect	더웠어요, 더웠지요, 더웠으세요, 더웠잖아요	더웠소
	past-experience	더웠었어요, 더웠었지요, 더웠었으세요	더웠었소
	past-guessing	더웠겠어요, 더웠겠지요, 더웠겠으세요	더웠겠소
	future-gue/will/abi	덥겠어요, 덥겠지요, 덥겠으세요, 더울 수 있어요	덥겠소
introgative	present	더워요? 덥지요? 더우세요? 덥나요? 더울까요? *더울래요? 더운가요? 더운데요? 덥대요? 덥다면서요? 덥다지요?	더우오? 덥소?
	past-perfect	더웠어요? 더웠지요? 더웠으세요?	더웠소?
	past-experience	더웠었어요? 더웠었지요? 더웠었으세요?	더웠었소?
	future-gue/will/abi	덥겠어요? 덥겠지요? 덥겠으세요? 더우리요? *더울 거예요? *더울 거지요? *더울 수 있겠어요?	덥겠소?
imperative		*더워요, *덥지요, *더우세요, *더우라니까요	*더우오, *덥구려
suggestive		*더워요, *덥지요, *더우세요, *덥자니까요	*더우오
exclamatory		덥군요! 더우리요!	더우오!

ordinary non-honorific lev		'-어' form	'-네' form
declarative	present	더워, 덥지, *더울래, 더울걸, 더운데, 덥대, *더울게, 덥단다, *더우마, 덥잖아	덥네
	present-continuous	*덥고 있어, *덥고 있지, *덥는 중이야	*덥고 있네
	past-perfect	더웠어, 더웠지, 더웠잖아	더웠네
	future-gue/will/abi	덥겠어, 덥겠지, 더울 수 있어	덥겠네
introgative	present	더워? 덥지? 덥니? 덥나? 더울까? 더우랴? *더울래? 더운데? 덥대? 덥다면서? 덥다지?	더운가?
	past-perfect	더웠어? 더웠지? 더웠니? 더웠을까? 더웠대? 더웠다면서?	더웠는가?
	future-gue/will/abi	덥겠어? 덥겠지? 덥겠니? 더우리? *더울 거야? *더울 거지? *더울 거니? *더울 수 있겠어?	덥겠는가?
imperative		*더워, *덥지, *더우렴, *더우려무나, *더우라니까	*덥게
suggestive		*더워, *덥지, *덥자니까	*덥세
exclamatory		더워! 덥지! 더우리!	덥네!

low non-honorific lev		indicative style	retrospective style
declarative	present	덥다	덥더라
	present-continuous	*덥고 있다, *덥는 중이다	*덥고 있더라
	past-perfect	더웠다	더웠더라
	future-gue/will/abi	덥겠다, *더우리다, *더우련다, 더울 거다, 더울 수 있다	덥겠더라
introgative	present	더우냐?	덥더냐?
	past-perfect	더웠느냐?	더웠더냐?
	future-gue/will/abi	덥겠느냐?	덥겠더냐?
imperative		*더워라	
suggestive		*덥자	
exclamatory		덥구나! 덥다! 덥도다!	덥더구나!

connective	endings	connective	endings
serial	덥고, 더우며	comparison	*덥느니
selection	덥거나, 덥든지, 덥든가	degree	더우리만큼
contrast	더워도, 덥지만, 더우나, 더운데, 더우면서도, 덥되, 덥지	condition	더우면, 덥거든, 덥거들랑, 더워야, 덥다면, 더웠던들
simultaneity	더우면서, 더우며	circumstance	더운데, 더우니, *덥다시피
completion	*덥고서, 더워서, *덥자, *덥자마자	figure	덥듯이
conversion	덥다가	proportion	더울수록
concession	더워도, 덥더라도, 더울지라도, 더울지언정, 더운들, 더운데도, 덥기로서니, 더우나마, 더울망정, 더워 보았자	cause	더워서, 더우니까, *덥느라고, 덥기에, 덥길래, 더우니만큼, 더운지라, 더울세라, 더우므로
intention	*더우러, *더우려고, *덥고자	addition	덥거니와, 더울뿐더러, 더우려니와
result	덥도록, 덥게끔	repetition	덥곤

Basic sentences

- 한국의 가을 날씨는 덥지 않다. The autumn weather in korea is not hot.
- 더울 때는 아이스크림이 최고다. Icecream is best when the weather is hot.
- 더워도 조금만 참아라. Be patient though it is hot.

데다 [데:다, te:da]

'에' regular conjugation, Avi

to be burnt, be scalded ; to suffer a burn ; to have a bad bitter experience

causative	*데히다, 데게 하다, 데게 만들다	passive	데이다, 데게 되다, 데지다

adnominal : present-conti	past-perfect	past-retrospective	past-perfect-retro	future-gue/will
데는	덴	데던	데었던	델

quotational : declarative	interrogative	imperative	suggestive	nominal	adverbial
덴다고	데느냐고	데라고	데자고	데기, 뎀	데, 데게

high honorific level		indicative style	retrospective style
declarative	present	뎁니다	뎁디다
	present-continuous	데고 있습니다, 데는 중입니다	데고 있습디다
	past-perfect	데었습니다	데었습디다
	past-experience	데었었습니다	데었었습디다
	past-guessing	데었겠습니다	데었겠습디다
	future-gue/will/abi	데겠습니다, 데렵니다, 델 겁니다, 델 수 있습니다	데겠습디다
introgative	present	뎁니까?	뎁디까?
	past-perfect	데었습니까?	데었습디까?
	past-experience	데었었습니까?	데었었습디까?
	future-gue/will/abi	데겠습니까? 데렵니까? 델 겁니까? 데리이까? 델 수 있겠습니까?	데겠습디까?
imperative		데시오, 데십시오	
suggestive		뎁시다, 데십시다	
exclamatory		데시는구나!	

ordinary honorific lev		'-어요' form	'-으오' form
declarative	present	데요, 데지요, 데세요, 델래요, 델걸요, 데는데요, 덴대요, 델게요, 데잖아요	데오
	present-continuous	데고 있어요, 데고 있지요, 데고 있으세요, 데는 중이에요	데고 있소
	past-perfect	데었어요, 데었지요, 데었으세요, 데었잖아요	데었소
	past-experience	데었었어요, 데었었지요, 데었었으세요	데었었소
	past-guessing	데었겠어요, 데었겠지요, 데었겠으세요	데었겠소
	future-gue/will/abi	데겠어요, 데겠지요, 데겠으세요, 델 수 있어요	데겠소
introgative	present	데요? 데지요? 데세요? 데나요? 델까요? 델래요? 데는가요? 데는데요? 덴대요? 덴다면서요? 덴다지요?	데오? *데소?
	past-perfect	데었어요? 데었지요? 데었으세요?	데었소?
	past-experience	데었었어요? 데었었지요? 데었었으세요?	데었었소?
	future-gue/will/abi	데겠어요? 데겠지요? 데겠으세요? 데리요? 델 거예요? 델 거지요? 델 수 있겠어요?	데겠소?
imperative		데요, 데지요, 데세요, 데라니까요	데오, 데구려
suggestive		데요, 데지요, 데세요, 데자니까요	데오
exclamatory		데는군요! 데리요!	데오!

ordinary non-honorific lev		'-어' form	'-네' form
declarative	present	데, 데지, 델래, 델걸, 데는데, 덴대, 델게, 덴단다, 데마, 데잖아	데네
	present-continuous	데고 있어, 데고 있지, 데는 중이야	데고 있네
	past-perfect	데었어, 데었지, 데었잖아	데었네
	future-gue/will/abi	데겠어, 데겠지, 델 수 있어	데겠네
introgative	present	데? 데지? 데니? 데나? 델까? 데랴? 델래? 데는데? 덴대? 덴다면서? 덴다지?	데는가?
	past-perfect	데었어? 데었지? 데었니? 데었을까? 데었대? 데었다면서?	데었는가?
	future-gue/will/abi	데겠어? 데겠지? 데겠니? 데리? 델 거야? 델 거지? 델 거니? 델 수 있겠어?	데겠는가?
imperative		데, 데지, 데렴, 데려무나, 데라니까	데게
suggestive		데, 데지, 데자니까	데세
exclamatory		데! 데지! 데리!	데네!

low non-honorific lev		indicative style	retrospective style
declarative	present	덴다	데더라
	present-continuous	데고 있다, 데는 중이다	데고 있더라
	past-perfect	데었다	데었더라
	future-gue/will/abi	데겠다, 데리다, 데련다, 델 거다, 델 수 있다	데겠더라
introgative	present	데느냐?	데더냐?
	past-perfect	데었느냐?	데었더냐?
	future-gue/will/abi	데겠느냐?	데겠더냐?
imperative		데라	
suggestive		데자	
exclamatory		데는구나! 덴다! 데는도다!	데더구나!

connective	endings	connective	endings
serial	데고, 데며	comparison	데느니
selection	데거나, 데든지, 데든가	degree	데리만큼
contrast	데도, 데지만, 데나, 데는데, 데면서도, 데되, 데지	condition	데면, 데거든, 데거들랑, 데야, 덴다면, 데었던들
simultaneity	데면서, 데며	circumstance	데는데, 데니, 데다시피
completion	데고서, 데서, 데자, 데자마자	figure	데듯이
conversion	데다가	proportion	델수록
concession	데도, 데더라도, 델지라도, 델지언정, 덴들, 데는데도, 데기로서니, 데나마, 델망정, 데 보았자	cause	데서, 데니까, 데느라고, 데기에, 데길래, 데느니만큼, 데는지라, 델세라, 데므로
intention	데러, 데려고, 데고자	addition	데거니와, 델뿐더러, 데려니와
result	데도록, 데게끔	repetition	데곤

Basic sentences

- 그녀는 불에 데었다. She suffered a burn.
- 나는 어릴 때 덴 흉터 자국을 수술했다.
  I got a surgery for a burn mark I got when I was a kid.
- 뜨거운 물에 데더라도 놀라지 마세요.
  Don't be surprised even if you are scalded with hot water.

돕다 [돕따, topt'a]

'ㅂ' irregular conjugation, Avt

to help ; to aid ; to relieve ; to promote ; to contribute

causative	*돕히다, 돕게 하다, 돕게 만들다	passive	*돕히다, 돕게 되다, 도와지다

adnominal : present-conti	past-perfect	past-retrospective	past-perfect-retro	future-gue/will
돕는	도운	돕던	도왔던	도울

quotational : declarative	interrogative	imperative	suggestive	nominal	adverbial
돕는다고	돕느냐고	도우라고	돕자고	돕기, 도움	도와, 돕게

high honorific level		indicative style	retrospective style
declarative	present	돕습니다	돕습디다
	present-continuous	돕고 있습니다, 돕는 중입니다	돕고 있습디다
	past-perfect	도왔습니다	도왔습디다
	past-experience	도왔었습니다	도왔었습디다
	past-guessing	도왔겠습니다	도왔겠습디다
	future-gue/will/abi	돕겠습니다, 도우렵니다, 도울 겁니다, 도울 수 있습니다	돕겠습디다
introgative	present	돕습니까?	돕습디까?
	past-perfect	도왔습니까?	도왔습디까?
	past-experience	도왔었습니까?	도왔었습디까?
	future-gue/will/abi	돕겠습니까? 도우렵니까? 도울 겁니까? 도우리이까? 도울 수 있겠습니까?	돕겠습디까?
imperative		도우시오, 도우십시오	
suggestive		도웁시다, 도우십시다	
exclamatory		도우시는구나!	

ordinary honorific lev		'-어요' form	'-으오' form
declarative	present	도와요, 돕지요, 도우세요, 도울래요, 도울걸요, 돕는데요, 돕는대요, 도울게요, 돕잖아요	도우오
	present-continuous	돕고 있어요, 돕고 있지요, 돕고 있으세요, 돕는 중이에요	돕고 있소
	past-perfect	도왔어요, 도왔지요, 도왔으세요, 도왔잖아요	도왔소
	past-experience	도왔었어요, 도왔었지요, 도왔었으세요	도왔었소
	past-guessing	도왔겠어요, 도왔겠지요, 도왔겠으세요	도왔겠소
	future-gue/will/abi	돕겠어요, 돕겠지요, 돕겠으세요, 도울 수 있어요	돕겠소
introgative	present	도와요? 돕지요? 도우세요? 돕나요? 도울까요? 도울래요? 돕는가요? 돕는데요? 돕는대요? 돕는다면서요? 돕는다지요?	도우오? 돕소?
	past-perfect	도왔어요? 도왔지요? 도왔으세요?	도왔소?
	past-experience	도왔었어요? 도왔었지요? 도왔었으세요?	도왔었소?
	future-gue/will/abi	돕겠어요? 돕겠지요? 돕겠으세요? 도우리요? 도울 거예요? 도울 거지요? 도울 수 있겠어요?	돕겠소?
imperative		도와요, 돕지요, 도우세요, 도우라니까요	도우오, 돕구려
suggestive		도와요, 돕지요, 도우세요, 돕자니까요	도우오
exclamatory		돕는군요! 도우리요!	도우오!

ordinary non-honorific lev		'-어' form	'-네' form
declarative	present	도와, 돕지, 도울래, 도울걸, 돕는데, 돕는대, 도울게, 돕는단다, 도우마, 돕잖아	돕네
	present-continuous	돕고 있어, 돕고 있지, 돕는 중이야	돕고 있네
	past-perfect	도왔어, 도왔지, 도왔잖아	도왔네
	future-gue/will/abi	돕겠어, 돕겠지, 도울 수 있어	돕겠네
introgative	present	도와? 돕지? 돕니? 돕나? 도울까? 도우랴? 도울래? 돕는데? 돕는대? 돕는다면서? 돕는다지?	돕는가?
	past-perfect	도왔어? 도왔지? 도왔니? 도왔을까? 도왔대? 도왔다면서?	도왔는가?
	future-gue/will/abi	돕겠어? 돕겠지? 돕겠니? 도우리? 도울 거야? 도울 거지? 도울 거니? 도울 수 있겠어?	돕겠는가?
imperative		도와, 돕지, 도우렴, 도우려무나, 도우라니까	돕게
suggestive		도와, 돕지, 돕자니까	돕세
exclamatory		도와! 돕지! 도우리!	돕네!

low non-honorific lev		indicative style	retrospective style
declarative	present	돕는다	돕더라
	present-continuous	돕고 있다, 돕는 중이다	돕고 있더라
	past-perfect	도왔다	도왔더라
	future-gue/will/abi	돕겠다, 도우리다, 도우련다, 도울 거다, 도울 수 있다	돕겠더라
introgative	present	돕느냐?	돕더냐?
	past-perfect	도왔느냐?	도왔더냐?
	future-gue/will/abi	돕겠느냐?	돕겠더냐?
imperative		도와라	
suggestive		돕자	
exclamatory		돕는구나! 돕는다! 돕는도다!	돕더구나!

connective	endings	connective	endings
serial	돕고, 도우며	comparison	돕느니
selection	돕거나, 돕든지, 돕든가	degree	도우리만큼
contrast	도와도, 돕지만, 도우나, 돕는데, 도우면서도, 돕되, 돕지	condition	도우면, 돕거든, 돕거들랑, 도와야, 돕는다면, 도왔던들
simultaneity	도우면서, 도우며	circumstance	돕는데, 도우니, 돕다시피
completion	돕고서, 도와서, 돕자, 돕자마자	figure	돕듯이
conversion	돕다가	proportion	도울수록
concession	도와도, 돕더라도, 도울지라도, 도울지언정, 도운들, 돕는데도, 돕기로서니, 도우나마, 도울망정, 도와 보았자	cause	도와서, 도우니까, 돕느라고, 돕기에, 돕길래, 돕느니만큼, 돕는지라, 도울세라, 도우므로
intention	도우러, 도우려고, 돕고자	addition	돕거니와, 도울뿐더러, 도우려니와
result	돕도록, 돕게끔	repetition	돕곤

Basic sentences

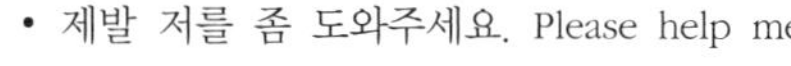

- 제발 저를 좀 도와주세요. Please help me.
- 도움이 필요한 사람은 반드시 도와 드리세요. Please do help those who need help.
- 남을 도와주면 언젠가는 나도 도움을 받을 수 있다.
  You will get help one day, when you help others today.

되다1 [되:다, dø:da]

'외' regular conjugation, Dv

to be hard ; to be tight, be tense ; to be tough ; to be severe

causative	*되히다, 되게 하다, 되게 만들다	passive	*되히다, 되게 되다, 돼지다

adnominal : present-conti	past-perfect	past-retrospective	past-perfect-retro	future-gue/will
된	된	되던	됐던	될

quotational : declarative	interrogative	imperative	suggestive	nominal	adverbial
되다고	되냐고	*되라고	*되자고	되기, 됨	돼, 되게

high honorific level		indicative style	retrospective style
declarative	present	됩니다	됩디다
	present-continuous	*되고 있습니다, *되는 중입니다	*되고 있습디다
	past-perfect	됐습니다	됐습디다
	past-experience	됐었습니다	됐었습디다
	past-guessing	됐겠습니다	됐겠습디다
	future-gue/will/abi	되겠습니다, *되렵니다, 될 겁니다, 될 수 있습니다	되겠습디다
introgative	present	됩니까?	됩디까?
	past-perfect	됐습니까?	됐습디까?
	past-experience	됐었습니까?	됐었습디까?
	future-gue/will/abi	되겠습니까? *되렵니까? *될 겁니까? *되리이까? *될 수 있겠습니까?	되겠습디까?
imperative		*되시오, *되십시오	
suggestive		*됩시다, *되십시다	
exclamatory		되시구나!	

ordinary honorific lev		'-어요' form	'-으오' form
declarative	present	돼요, 되지요, 되세요, *될래요, 될걸요, 된데요, 되대요, *될게요, 되잖아요	되오
	present-continuous	*되고 있어요, *되고 있지요, *되고 있으세요, *되는 중이에요	*되고 있소
	past-perfect	됐어요, 됐지요, 됐으세요, 됐잖아요	됐소
	past-experience	됐었어요, 됐었지요, 됐었으세요	됐었소
	past-guessing	됐겠어요, 됐겠지요, 됐겠으세요	됐겠소
	future-gue/will/abi	되겠어요, 되겠지요, 되겠으세요, 될 수 있어요	되겠소
introgative	present	돼요? 되지요? 되세요? 되나요? 될까요? *될래요? 된가요? 된데요? 되대요? 되다면서요? 되다지요?	되오? *되소?
	past-perfect	됐어요? 됐지요? 됐으세요?	됐소?
	past-experience	됐었어요? 됐었지요? 됐었으세요?	됐었소?
	future-gue/will/abi	되겠어요? 되겠지요? 되겠으세요? 되리요? *될 거예요? *될 거지요? *될 수 있겠어요?	되겠소?
imperative		*돼요, *되지요, *되세요, *되라니까요	*되오, *되구려
suggestive		*돼요, *되지요, *되세요, *되자니까요	*되오
exclamatory		되군요! 되리요!	되오!

ordinary non-honorific lev		'-어' form	'-네' form
declarative	present	돼, 되지, *될래, 될걸, 된데, 되대, *될게, 되단다, *되마, 되잖아	되네
	present-continuous	*되고 있어, *되고 있지, *되는 중이야	*되고 있네
	past-perfect	됐어, 됐지, 됐잖아	됐네
	future-gue/will/abi	되겠어, 되겠지, 될 수 있어	되겠네
introgative	present	돼? 되지? 되니? 되나? 될까? 되랴? *될래? 된데? 되대? 되다면서? 되다지?	된가?
	past-perfect	됐어? 됐지? 됐니? 됐을까? 됐대? 됐다면서?	됐는가?
	future-gue/will/abi	되겠어? 되겠지? 되겠니? 되리? *될 거야? *될 거지? *될 거니? *될 수 있겠어?	되겠는가?
imperative		*돼, *되지, *되렴, *되려무나, *되라니까	*되게
suggestive		*돼, *되지, *되자니까	*되세
exclamatory		돼! 되지! 되리!	되네!

low non-honorific lev		indicative style	retrospective style
declarative	present	되다	되더라
	present-continuous	*되고 있다, *되는 중이다	*되고 있더라
	past-perfect	됐다	됐더라
	future-gue/will/abi	되겠다, *되리다, *되련다, 될 거다, 될 수 있다	되겠더라
introgative	present	되냐?	되더냐?
	past-perfect	됐느냐?	됐더냐?
	future-gue/will/abi	되겠느냐?	되겠더냐?
imperative		*돼라	
suggestive		*되자	
exclamatory		되구나! 되다! 되도다!	되더구나!

connective	endings	connective	endings
serial	되고, 되며	comparison	*되느니
selection	되거나, 되든지, 되든가	degree	되리만큼
contrast	돼도, 되지만, 되나, 된데, 되면서도, 되되, 되지	condition	되면, 되거든, 되거들랑, 돼야, 되다면, 됐던들
simultaneity	되면서, 되며	circumstance	된데, 되니, *되다시피
completion	*되고서, 돼서, *되자, *되자마자	figure	되듯이
conversion	되다가	proportion	될수록
concession	돼도, 되더라도, 될지라도, 될지언정, 된들, 된데도, 되기로서니, 되나마, 될망정, 돼 보았자	cause	돼서, 되니까, *되느라고, 되기에, 되길래, 되니만큼, 된지라, 될세라, 되므로
intention	*되러, *되려고, *되고자	addition	되거니와, 될뿐더러, 되려니와
result	되도록, 되게끔	repetition	되곤

Basic sentences

- 팥죽이 너무 되다. Korean red bean gruel is a very thick gruel.
- 된 밥을 먹는 것은 매우 어렵다. It is very difficult to have hard-boiled rice.
- 일이 그에게 좀 되었던 모양이군요. The work seems to have been a little too hard for him.

되다2 [되다, dø da]

'외' regular conjugation, Avi

to become ; to turn into ; to consist of ; to succeed

causative	*되히다, 되게 하다, 되게 만들다	passive	*되히다, 되게 되다, 돼지다

adnominal : present-conti	past-perfect	past-retrospective	past-perfect-retro	future-gue/will
되는	된	되던	됐던	될

quotational : declarative	interrogative	imperative	suggestive	nominal	adverbial
된다고	되느냐고	되라고	되자고	되기, 됨	되어, 되게

high honorific level		indicative style	retrospective style
declarative	present	됩니다	됩디다
	present-continuous	되고 있습니다, 되는 중입니다	되고 있습디다
	past-perfect	됐습니다	됐습디다
	past-experience	됐었습니다	됐었습디다
	past-guessing	됐겠습니다	됐겠습디다
	future-gue/will/abi	되겠습니다, 되렵니다, 될 겁니다, 될 수 있습니다	되겠습디다
introgative	present	됩니까?	됩디까?
	past-perfect	됐습니까?	됐습디까?
	past-experience	됐었습니까?	됐었습디까?
	future-gue/will/abi	되겠습니까? 되렵니까? 될 겁니까? 되리이까? 될 수 있겠습니까?	되겠습디까?
imperative		되시오, 되십시오	
suggestive		됩시다, 되십시다	
exclamatory		되시는구나!	

ordinary honorific lev		'-어요' form	'-으오' form
declarative	present	돼요, 되지요, 되세요, 될래요, 될걸요, 되는데요, 된대요, 될게요, 되잖아요	되오
	present-continuous	되고 있어요, 되고 있지요, 되고 있으세요, 되는 중이에요	되고 있소
	past-perfect	됐어요, 됐지요, 됐으세요, 됐잖아요	됐소
	past-experience	됐었어요, 됐었지요, 됐었으세요	됐었소
	past-guessing	됐겠어요, 됐겠지요, 됐겠으세요	됐겠소
	future-gue/will/abi	되겠어요, 되겠지요, 되겠으세요, 될 수 있어요	되겠소
introgative	present	돼요? 되지요? 되세요? 되나요? 될까요? 될래요? 되는가요? 되는데요? 된대요? 된다면서요? 된다지요?	되오? *되소?
	past-perfect	됐어요? 됐지요? 됐으세요?	됐소?
	past-experience	됐었어요? 됐었지요? 됐었으세요?	됐었소?
	future-gue/will/abi	되겠어요? 되겠지요? 되겠으세요? 되리요? 될 거예요? 될 거지요? 될 수 있겠어요?	되겠소?
imperative		돼요, 되지요, 되세요, 되라니까요	되오, 되구려
suggestive		돼요, 되지요, 되세요, 되자니까요	되오
exclamatory		되는군요! 되리요!	되오!

ㄷ

ordinary non-honorific lev		'-어' form	'-네' form
declarative	present	돼, 되지, 될래, 될걸, 되는데, 된대, 될게, 된단다, 되마, 되잖아	되네
	present-continuous	되고 있어, 되고 있지, 되는 중이야	되고 있네
	past-perfect	됐어, 됐지, 됐잖아	됐네
	future-gue/will/abi	되겠어, 되겠지, 될 수 있어	되겠네
introgative	present	돼? 되지? 되니? 되나? 될까? 되랴? 될래? 되는데? 된대? 된다면서? 된다지?	되는가?
	past-perfect	됐어? 됐지? 됐니? 됐을까? 됐대? 됐다면서?	됐는가?
	future-gue/will/abi	되겠어? 되겠지? 되겠니? 되리? 될 거야? 될 거지? 될 거니? 될 수 있겠어?	되겠는가?
imperative		돼, 되지, 되렴, 되려무나, 되라니까	되게
suggestive		돼, 되지, 되자니까	되세
exclamatory		돼! 되지! 되리!	되네!

low non-honorific lev		indicative style	retrospective style
declarative	present	된다	되더라
	present-continuous	되고 있다, 되는 중이다	되고 있더라
	past-perfect	됐다	됐더라
	future-gue/will/abi	되겠다, 되리다, 되련다, 될 거다, 될 수 있다	되겠더라
introgative	present	되느냐?	되더냐?
	past-perfect	됐느냐?	됐더냐?
	future-gue/will/abi	되겠느냐?	되겠더냐?
imperative		돼라	
suggestive		되자	
exclamatory		되는구나! 된다! 되는도다!	되더구나!

connective	endings	connective	endings
serial	되고, 되며	comparison	되느니
selection	되거나, 되든지, 되든가	degree	되리만큼
contrast	돼도, 되지만, 되나, 되는데, 되면서도, 되되, 되지	condition	되면, 되거든, 되거들랑, 돼야, 된다면, 됐던들
simultaneity	되면서, 되며	circumstance	되는데, 되니, 되다시피
completion	되고서, 돼서, 되자, 되자마자	figure	되듯이
conversion	되다가	proportion	될수록
concession	돼도, 되더라도, 될지라도, 될지언정, 된들, 되는데도, 되기로서니, 되나마, 될망정, 돼 보았자	cause	돼서, 되니까, 되느라고, 되기에, 되길래, 되느니만큼, 되는지라, 될세라, 되므로
intention	되러, 되려고, 되고자	addition	되거니와, 될뿐더러, 되려니와
result	되도록, 되게끔	repetition	되곤

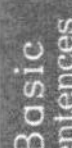
Basic sentences

- 그는 출발할 준비가 다 됐다. He is ready to start.
- 흙벽돌로 된 집에 살면 건강이 좋아진다. Makes you healthier living in a brick house.
- 부자가 되더라도 가난했던 때를 잊지 마세요.
  Although you have become rich now, remember the times when you were poor.

두다1 [두다, duda]

'우' regular conjugation, Avt

to put, place ; to keep ; to leave, station ; to move (a chessman)

causative	*두히다, 두게 하다, 두게 만들다	passive	*두히다, 두게 되다, 두어지다

adnominal : present-conti	past-perfect	past-retrospective	past-perfect-retro	future-gue/will
두는	둔	두던	두었던	둘

quotational : declarative	interrogative	imperative	suggestive	nominal	adverbial
둔다고	두느냐고	두라고	두자고	두기, 둠	두어, 두게

high honorific level		indicative style	retrospective style
declarative	present	둡니다	둡디다
	present-continuous	두고 있습니다, 두는 중입니다	두고 있습디다
	past-perfect	두었습니다	두었습디다
	past-experience	두었었습니다	두었었습디다
	past-guessing	두었겠습니다	두었겠습디다
	future-gue/will/abi	두겠습니다, 두렵니다, 둘 겁니다, 둘 수 있습니다	두겠습디다
introgative	present	둡니까?	둡디까?
	past-perfect	두었습니까?	두었습디까?
	past-experience	두었었습니까?	두었었습디까?
	future-gue/will/abi	두겠습니까? 두렵니까? 둘 겁니까? 두리이까? 둘 수 있겠습니까?	두겠습디까?
imperative		두시오, 두십시오	
suggestive		둡시다, 두십시다	
exclamatory		두시는구나!	

ordinary honorific lev		'-어요' form	'-으오' form
declarative	present	두어요, 두지요, 두세요, 둘래요, 둘걸요, 두는데요, 둔대요, 둘게요, 두잖아요	두오
	present-continuous	두고 있어요, 두고 있지요, 두고 있으세요, 두는 중이에요	두고 있소
	past-perfect	두었어요, 두었지요, 두었으세요, 두었잖아요	두었소
	past-experience	두었었어요, 두었었지요, 두었었으세요	두었었소
	past-guessing	두었겠어요, 두었겠지요, 두었겠으세요	두었겠소
	future-gue/will/abi	두겠어요, 두겠지요, 두겠으세요, 둘 수 있어요	두겠소
introgative	present	두어요? 두지요? 두세요? 두나요? 둘까요? 둘래요? 두는가요? 두는데요? 둔대요? 둔다면서요? 둔다지요?	두오? *두소?
	past-perfect	두었어요? 두었지요? 두었으세요?	두었소?
	past-experience	두었었어요? 두었었지요? 두었었으세요?	두었었소?
	future-gue/will/abi	두겠어요? 두겠지요? 두겠으세요? 두리요? 둘 거예요? 둘 거지요? 둘 수 있겠어요?	두겠소?
imperative		두어요, 두지요, 두세요, 두라니까요	두오, 두구려
suggestive		두어요, 두지요, 두세요, 두자니까요	두오
exclamatory		두는군요! 두리요!	두오!

ordinary non-honorific lev		'-어' form	'-네' form
declarative	present	두어, 두지, 둘래, 둘걸, 두는데, 둔대, 둘게, 둔단다, 두마, 두잖아	두네
	present-continuous	두고 있어, 두고 있지, 두는 중이야	두고 있네
	past-perfect	두었어, 두었지, 두었잖아	두었네
	future-gue/will/abi	두겠어, 두겠지, 둘 수 있어	두겠네
introgative	present	두어? 두지? 두니? 두나? 둘까? 두랴? 둘래? 두는데? 둔대? 둔다면서? 둔다지?	두는가?
	past-perfect	두었어? 두었지? 두었니? 두었을까? 두었대? 두었다면서?	두었는가?
	future-gue/will/abi	두겠어? 두겠지? 두겠니? 두리? 둘 거야? 둘 거지? 둘 거니? 둘 수 있겠어?	두겠는가?
imperative		두어, 두지, 두렴, 두려무나, 두라니까	두게
suggestive		두어, 두지, 두자니까	두세
exclamatory		두어! 두지! 두리!	두네!

low non-honorific lev		indicative style	retrospective style
declarative	present	둔다	두더라
	present-continuous	두고 있다, 두는 중이다	두고 있더라
	past-perfect	두었다	두었더라
	future-gue/will/abi	두겠다, 두리다, 두련다, 둘 거다, 둘 수 있다	두겠더라
introgative	present	두느냐?	두더냐?
	past-perfect	두었느냐?	두었더냐?
	future-gue/will/abi	두겠느냐?	두겠더냐?
imperative		두어라	
suggestive		두자	
exclamatory		두는구나! 둔다! 두는도다!	두더구나!

connective	endings	connective	endings
serial	두고, 두며	comparison	두느니
selection	두거나, 두든지, 두든가	degree	두리만큼
contrast	두어도, 두지만, 두나, 두는데, 두면서도, 두되, 두지	condition	두면, 두거든, 두거들랑, 두어야, 둔다면, 두었던들
simultaneity	두면서, 두며	circumstance	두는데, 두니, 두다시피
completion	두고서, 두어서, 두자, 두자마자	figure	두듯이
conversion	두다가	proportion	둘수록
concession	두어도, 두더라도, 둘지라도, 둘지언정, 둔들, 두는데도, 두기로서니, 두나마, 둘망정, 두어 보았자	cause	두어서, 두니까, 두느라고, 두기에, 두길래, 두느니만큼, 두는지라, 둘세라, 두므로
intention	두러, 두려고, 두고자	addition	두거니와, 둘뿐더러, 두려니와
result	두도록, 두게끔	repetition	두곤

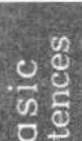

- 그녀는 컵을 탁자위에 두었다. She left the cup on the table.
- 분과 위원회를 몇 개 두는 것이 어떻겠습니까?
  How about holding a few more separate commitees?
- 당신은 똑똑한 아들을 둬서 좋겠습니다. You are so lucky to have such a smart son.

둥글다 [둥글다, du ŋ kɨlda]

'ㄹ' irregular conjugation, Dv

to be round ; be circular ; to be globular

causative	*둥글히다, 둥글게 하다, 둥글게 만들다	passive	*둥글히다, 둥글게 되다, 둥글어지다

adnominal : present-conti	past-perfect	past-retrospective	past-perfect-retro	future-gue/will
둥근	둥근	둥글던	둥글었던	둥글

quotational : declarative	interrogative	imperative	suggestive	nominal	adverbial
둥글다고	둥그냐고	*둥글라고	*둥글자고	둥글기, 둥긂	둥글어, 둥글게

high honorific level		indicative style	retrospective style
declarative	present	둥급니다	둥급디다
	present-continuous	*둥글고 있습니다, *둥그는 중입니다	*둥글고 있습디다
	past-perfect	둥글었습니다	둥글었습디다
	past-experience	둥글었었습니다	둥글었었습디다
	past-guessing	둥글었겠습니다	둥글었겠습디다
	future-gue/will/abi	둥글겠습니다, *둥글렵니다, 둥글 겁니다, 둥글 수 있습니다	둥글겠습디다
introgative	present	둥급니까?	둥급디까?
	past-perfect	둥글었습니까?	둥글었습디까?
	past-experience	둥글었었습니까?	둥글었었습디까?
	future-gue/will/abi	둥글겠습니까? *둥글렵니까? *둥글 겁니까? *둥글리이까? *둥글 수 있겠습니까?	둥글겠습디까?
imperative		*둥그시오, *둥그십시오	
suggestive		*둥급시다, *둥그십시다	
exclamatory		둥그시구나!	

ordinary honorific lev		'-어요' form	'-으오' form
declarative	present	둥글어요, 둥글지요, 둥그세요, *둥글래요, 둥글걸요, 둥근데요, 둥글대요, *둥글게요, 둥글잖아요	둥그오
	present-continuous	*둥글고 있어요, *둥글고 있지요, *둥글고 있으세요, *둥그는 중이에요	*둥글고 있소
	past-perfect	둥글었어요, 둥글었지요, 둥글었으세요, 둥글었잖아요	둥글었소
	past-experience	둥글었었어요, 둥글었었지요, 둥글었었으세요	둥글었었소
	past-guessing	둥글었겠어요, 둥글었겠지요, 둥글었겠으세요	둥글었겠소
	future-gue/will/abi	둥글겠어요, 둥글겠지요, 둥글겠으세요, 둥글 수 있어요	둥글겠소
introgative	present	둥글어요? 둥글지요? 둥그세요? 둥그나요? 둥글까요? *둥글래요? 둥근가요? 둥근데요? 둥글대요? 둥글다면서요? 둥글다지요?	둥그오? 둥글소?
	past-perfect	둥글었어요? 둥글었지요? 둥글었으세요?	둥글었소?
	past-experience	둥글었었어요? 둥글었었지요? 둥글었었으세요?	둥글었었소?
	future-gue/will/abi	둥글겠어요? 둥글겠지요? 둥글겠으세요? 둥글리요? *둥글 거예요? *둥글 거지요? *둥글 수 있겠어요?	둥글겠소?
imperative		*둥글어요, *둥글지요, *둥그세요, *둥글라니까요	*둥그오, *둥글구려
suggestive		*둥글어요, *둥글지요, *둥그세요, *둥글자니까요	*둥그오
exclamatory		둥글군요! 둥글리요!	둥그오!

ㄷ

ordinary non-honorific lev		'-어' form	'-네' form
declarative	present	둥글어, 둥글지, *둥글래, 둥글걸, 둥근데, 둥글대, *둥글게, 둥글단다, *둥글마, 둥글잖아	둥그네
	present-continuous	*둥글고 있어, *둥글고 있지, *둥그는 중이야	*둥글고 있네
	past-perfect	둥글었어, 둥글었지, 둥글었잖아	둥글었네
	future-gue/will/abi	둥글겠어, 둥글겠지, 둥글 수 있어	둥글겠네
introgative	present	둥글어? 둥글지? 둥그니? 둥그나? 둥글까? 둥글랴? *둥글래? 둥근데? 둥글대? 둥글다면서? 둥글다지?	둥근가?
	past-perfect	둥글었어? 둥글었지? 둥글었니? 둥글었을까? 둥글었대? 둥글었다면서?	둥글었는가?
	future-gue/will/abi	둥글겠어? 둥글겠지? 둥글겠니? 둥글리? *둥글 거야? *둥글 거지? *둥글 거니? *둥글 수 있겠어?	둥글겠는가?
imperative		*둥글어, *둥글지, *둥글렴, *둥글려무나, *둥글라니까	*둥글게
suggestive		*둥글어, *둥글지, *둥글자니까	*둥그세
exclamatory		둥글어! 둥글지! 둥글리!	둥그네!

low non-honorific lev		indicative style	retrospective style
declarative	present	둥글다	둥글더라
	present-continuous	*둥글고 있다, *둥그는 중이다	*둥글고 있더라
	past-perfect	둥글었다	둥글었더라
	future-gue/will/abi	둥글겠다, *둥글리다, *둥글련다, 둥글 거다, 둥글 수 있다	둥글겠더라
introgative	present	둥그냐?	둥글더냐?
	past-perfect	둥글었느냐?	둥글었더냐?
	future-gue/will/abi	둥글겠느냐?	둥글겠더냐?
imperative		*둥글어라	
suggestive		*둥글자	
exclamatory		둥글구나! 둥글다! 둥글도다!	둥글더구나!

connective	endings	connective	endings
serial	둥글고, 둥글며	comparison	*둥그느니
selection	둥글거나, 둥글든지, 둥글든가	degree	둥글리만큼
contrast	둥글어도, 둥글지만, 둥그나, 둥근데, 둥글면서도, 둥글되, 둥글지	condition	둥글면, 둥글거든, 둥글거들랑, 둥글어야, 둥글다면, 둥글었던들
simultaneity	둥글면서, 둥글며	circumstance	둥근데, 둥그니, *둥글다시피
completion	*둥글고서, *둥글어서, *둥글자, *둥글자마자	figure	둥글듯이
conversion	둥글다가	proportion	둥글수록
concession	둥글어도, 둥글더라도, 둥글지라도, 둥글지언정, 둥근들, 둥근데도, 둥글기로서니, 둥그나마, 둥글망정, 둥글어 보았자	cause	둥글어서, 둥그니까, *둥그느라고, 둥글기에, 둥글길래, 둥그니만큼, 둥근지라, 둥글세라, 둥글므로
intention	*둥글러, *둥글려고, *둥글고자	addition	둥글거니와, 둥글뿐더러, 둥글려니와
result	둥글도록, 둥글게끔	repetition	둥글곤

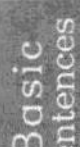

- 둥글게 원을 그려라. Draw a round circle.
- 둥근 달이 떴구나. A round moon is up.
- 그는 둥글고 넓은 이마를 가졌다. He has a round and wide forehead.

드물다 [드물다, dimulda]

'ㄹ' irregular conjugation, Dv

to be rare ; to be unusual, be uncommon ; to be few ; to be few and far

causative	*드물히다, 드물게 하다, 드물게 만들다	passive	*드물히다, 드물게 되다, 드물어지다

adnominal : present-conti	past-perfect	past-retrospective	past-perfect-retro	future-gue/will
드문	드문	드물던	드물었던	드물

quotational : declarative	interrogative	imperative	suggestive	nominal	adverbial
드물다고	드무냐고	*드물라고	*드물자고	드물기, 드묾	드물어, 드물게

high honorific level		indicative style	retrospective style
declarative	present	드뭅니다	드뭅디다
	present-continuous	*드물고 있습니다, *드무는 중입니다	*드물고 있습디다
	past-perfect	드물었습니다	드물었습디다
	past-experience	드물었었습니다	드물었었습디다
	past-guessing	드물었겠습니다	드물었겠습디다
	future-gue/will/abi	드물겠습니다, *드물렵니다, 드물 겁니다, 드물 수 있습니다	드물겠습디다
introgative	present	드뭅니까?	드뭅디까?
	past-perfect	드물었습니까?	드물었습디까?
	past-experience	드물었었습니까?	드물었었습디까?
	future-gue/will/abi	드물겠습니까? *드물렵니까? *드물 겁니까? *드물리이까? *드물 수 있겠습니까?	드물겠습디까?
imperative		*드무시오, *드무십시오	
suggestive		*드뭅시다, *드무십시다	
exclamatory		드무시구나!	

ordinary honorific lev		'-어요' form	'-으오' form
declarative	present	드물어요, 드물지요, 드무세요, *드물래요, 드물걸요, 드문데요, 드물대요, *드물게요, 드물잖아요	드무오
	present-continuous	*드물고 있어요, *드물고 있지요, *드물고 있으세요, *드무는 중이에요	*드물고 있소
	past-perfect	드물었어요, 드물었지요, 드물었으세요, 드물었잖아요	드물었소
	past-experience	드물었었어요, 드물었었지요, 드물었었으세요	드물었었소
	past-guessing	드물었겠어요, 드물었겠지요, 드물었겠으세요	드물었겠소
	future-gue/will/abi	드물겠어요, 드물겠지요, 드물겠으세요, 드물 수 있어요	드물겠소
introgative	present	드물어요? 드물지요? 드무세요? 드무나요? 드물까요? *드물래요? 드문가요? 드문데요? 드물대요? 드물다면서요? 드물다지요?	드무오? *드물소?
	past-perfect	드물었어요? 드물었지요? 드물었으세요?	드물었소?
	past-experience	드물었었어요? 드물었었지요? 드물었었으세요?	드물었었소?
	future-gue/will/abi	드물겠어요? 드물겠지요? 드물겠으세요? 드물리요? *드물 거예요? *드물 거지요? *드물 수 있겠어요?	드물겠소?
imperative		*드물어요, *드물지요, *드무세요, *드물라니까요	*드무오, *드물구려
suggestive		*드물어요, *드물지요, *드무세요, *드물자니까요	*드무오
exclamatory		드물군요! 드물리요!	드무오!

ordinary non-honorific lev		'-어' form	'-네' form
declarative	present	드물어, 드물지, *드물래, 드물걸, 드문데, 드물대, *드물게, 드물단다, *드물마, 드물잖아	드무네
	present-continuous	*드물고 있어, *드물고 있지, *드무는 중이야	*드물고 있네
	past-perfect	드물었어, 드물었지, 드물었잖아	드물었네
	future-gue/will/abi	드물겠어, 드물겠지, 드물 수 있어	드물겠네
introgative	present	드물어? 드물지? 드무니? 드무나? 드물까? 드물랴? *드물래? 드문데? 드물대? 드물다면서? 드물다지?	드문가?
	past-perfect	드물었어? 드물었지? 드물었니? 드물었을까? 드물었대? 드물었다면서?	드물었는가?
	future-gue/will/abi	드물겠어? 드물겠지? 드물겠니? 드물리? *드물 거야? *드물 거지? *드물 거니? *드물 수 있겠어?	드물겠는가?
imperative		*드물어, *드물지, *드물렴, *드물려무나, *드물라니까	*드물게
suggestive		*드물어, *드물지, *드물자니까	*드무세
exclamatory		드물어! 드물지! 드물리!	드무네!

low non-honorific lev		indicative style	retrospective style
declarative	present	드물다	드물더라
	present-continuous	*드물고 있다, *드무는 중이다	*드물고 있더라
	past-perfect	드물었다	드물었더라
	future-gue/will/abi	드물겠다, *드물리다, *드물련다, 드물 거다, 드물 수 있다	드물겠더라
introgative	present	드무냐?	드물더냐?
	past-perfect	드물었느냐?	드물었더냐?
	future-gue/will/abi	드물겠느냐?	드물겠더냐?
imperative		*드물어라	
suggestive		*드물자	
exclamatory		드물구나! 드물다! 드물도다!	드물더구나!

connective	endings	connective	endings
serial	드물고, 드물며	comparison	*드무느니
selection	드물거나, 드물든지, 드물든가	degree	드물리만큼
contrast	드물어도, 드물지만, 드무나, 드문데, 드물면서도, 드물되, 드물지	condition	드물면, 드물거든, 드물거들랑, 드물어야, 드물다면, 드물었던들
simultaneity	드물면서, 드물며	circumstance	드문데, 드무니, *드물다시피
completion	*드물고서, 드물어서, *드물자, *드물자마자	figure	드물듯이
conversion	드물다가	proportion	드물수록
concession	드물어도, 드물더라도, 드물지라도, 드물지언정, 드문들, 드문데도, 드물기로서니, 드무나마, 드물망정, 드물어 보았자	cause	드물어서, 드무니까, *드무느라고, 드물기에, 드물길래, 드무니만큼, 드문지라, 드물세라, 드물므로
intention	*드물러, *드물려고, *드물고자	addition	드물거니와, 드물뿐더러, 드물려니와
result	드물도록, 드물게끔	repetition	드물곤

- 한국에서는 폭설이 드물다. Heavy snow is rare in Korea.
- 영희가 결석하는 것은 매우 보기 드문 일이다.
  Young-Hui being absent is a very uncommon thing to see.
- 그는 드물게 보는 미남이다. He is one of those rare handsome guys.

듣다2 [듣따, didt'a]

'ㄷ' irregular conjugation, Avt

to hear, listen to ; to praise ; to obey, follow

causative	*듣히다, 듣게 하다, 듣게 만들다	passive	들리다, 듣게 되다, 들어지다, 들려지다

adnominal : present-conti	past-perfect	past-retrospective	past-perfect-retro	future-gue/will
듣는	들은	듣던	들었던	들을

quotational : declarative	interrogative	imperative	suggestive	nominal	adverbial
듣는다고	듣느냐고	들으라고	듣자고	듣기, 들음	들어, 듣게

high honorific level		indicative style	retrospective style
declarative	present	듣습니다	듣습디다
	present-continuous	듣고 있습니다, 듣는 중입니다	듣고 있습디다
	past-perfect	들었습니다	들었습디다
	past-experience	들었었습니다	들었었습디다
	past-guessing	들었겠습니다	들었겠습디다
	future-gue/will/abi	듣겠습니다, 들으렵니다, 들을 겁니다, 들을 수 있습니다	듣겠습디다
introgative	present	듣습니까?	듣습디까?
	past-perfect	들었습니까?	들었습디까?
	past-experience	들었었습니까?	들었었습디까?
	future-gue/will/abi	듣겠습니까? 들으렵니까? 들을 겁니까? 들으리이까? 들을 수 있겠습니까?	듣겠습디까?
imperative		들으시오, 들으십시오	
suggestive		듣읍시다, 들으십시다	
exclamatory		들으시는구나!	

ordinary honorific lev		'-어요' form	'-으오' form
declarative	present	들어요, 듣지요, 들으세요, 들을래요, 들을걸요, 듣는데요, 듣는대요, 들을게요, 듣잖아요	들으오
	present-continuous	듣고 있어요, 듣고 있지요, 듣고 있으세요, 듣는 중이에요	듣고 있소
	past-perfect	들었어요, 들었지요, 들었으세요, 들었잖아요	들었소
	past-experience	들었었어요, 들었었지요, 들었었으세요	들었었소
	past-guessing	들었겠어요, 들었겠지요, 들었겠으세요	들었겠소
	future-gue/will/abi	듣겠어요, 듣겠지요, 듣겠으세요, 들을 수 있어요	듣겠소
introgative	present	들어요? 듣지요? 들으세요? 듣나요? 들을까요? 들을래요? 듣는가요? 듣는데요? 듣는대요? 듣는다면서요? 듣는다지요?	들으오? 듣소?
	past-perfect	들었어요? 들었지요? 들었으세요?	들었소?
	past-experience	들었었어요? 들었었지요? 들었었으세요?	들었었소?
	future-gue/will/abi	듣겠어요? 듣겠지요? 듣겠으세요? 들으리요? 들을 거예요? 들을 거지요? 들을 수 있겠어요?	듣겠소?
imperative		들어요, 듣지요, 들으세요, 들으라니까요	들으오, 듣구려
suggestive		들어요, 듣지요, 들으세요, 듣자니까요	들으오
exclamatory		듣는군요! 들으리요!	들으오!

ordinary non-honorific lev		'-어' form	'-네' form
declarative	present	들어, 듣지, 들을래, 들을걸, 듣는데, 듣는대, 들을게, 듣는단다, 들으마, 듣잖아	듣네
	present-continuous	듣고 있어, 듣고 있지, 듣는 중이야	듣고 있네
	past-perfect	들었어, 들었지, 들었잖아	들었네
	future-gue/will/abi	듣겠어, 듣겠지, 들을 수 있어	듣겠네
introgative	present	들어? 듣지? 듣니? 듣나? 들을까? 들으랴? 들을래? 듣는데? 듣는대? 듣는다면서? 듣는다지?	듣는가?
	past-perfect	들었어? 들었지? 들었니? 들었을까? 들었대? 들었다면서?	들었는가?
	future-gue/will/abi	듣겠어? 듣겠지? 듣겠니? 들으리? 들을 거야? 들을 거지? 들을 거니? 들을 수 있겠어?	듣겠는가?
imperative		들어, 듣지, 들으렴, 들으려무나, 들으라니까	듣게
suggestive		들어, 듣지, 듣자니까	듣세
exclamatory		들어! 듣지! 들으리!	듣네!

low non-honorific lev		indicative style	retrospective style
declarative	present	듣는다	듣더라
	present-continuous	듣고 있다, 듣는 중이다	듣고 있더라
	past-perfect	들었다	들었더라
	future-gue/will/abi	듣겠다, 들으리다, 들으련다, 들을 거다, 들을 수 있다	듣겠더라
introgative	present	듣느냐?	듣더냐?
	past-perfect	들었느냐?	들었더냐?
	future-gue/will/abi	듣겠느냐?	듣겠더냐?
imperative		들어라	
suggestive		듣자	
exclamatory		듣는구나! 듣는다! 듣는도다!	듣더구나!

connective	endings	connective	endings
serial	듣고, 들으며	comparison	듣느니
selection	듣거나, 듣든지, 듣든가	degree	들으리만큼
contrast	들어도, 듣지만, 들으나, 듣는데, 들으면서도, 듣되, 듣지	condition	들으면, 듣거든, 듣거들랑, 들어야, 듣는다면, 들었던들
simultaneity	들으면서, 들으며	circumstance	듣는데, 들으니, 듣다시피
completion	듣고서, 들어서, 듣자, 듣자마자	figure	듣듯이
conversion	듣다가	proportion	들을수록
concession	들어도, 듣더라도, 들을지라도, 들을지언정, 들은들, 듣는데도, 듣기로서니, 들으나마, 들을망정, 들어 보았자	cause	들어서, 들으니까, 듣느라고, 듣기에, 듣길래, 듣느니만큼, 듣는지라, 들을세라, 들으므로
intention	들으러, 들으려고, 듣고자	addition	듣거니와, 들을뿐더러, 들으려니와
result	듣도록, 듣게끔	repetition	듣곤

Basic sentences

- 영수가 시험에 합격했다는 소식을 들었다. I heard the news that Young-Su passed the test.
- 그 사람에 대한 소식은 전혀 들은 적이 없다. I never heard any news of that person.
- 들으면 병이요 안 들으면 약이다. Better to not hear and not worry that to hear and worry.

들다3 [들다, tɨlda]

'ㄹ' irregular conjugation, Avt

to raise, lift ; to hold sth in one's hand ; to eat, drink

causative	들리다, 들게 하다, 들게 만들다	passive	들리다, 들게 되다, 들어지다

adnominal : present-conti	past-perfect	past-retrospective	past-perfect-retro	future-gue/will
드는	든	들던	들었던	들

quotational : declarative	interrogative	imperative	suggestive	nominal	adverbial
든다고	드느냐고	들라고	들자고	들기, 들음	들어, 들게

high honorific level		indicative style	retrospective style
declarative	present	듭니다	듭디다
	present-continuous	들고 있습니다, 드는 중입니다	들고 있습디다
	past-perfect	들었습니다	들었습디다
	past-experience	들었었습니다	들었었습디다
	past-guessing	들었겠습니다	들었겠습디다
	future-gue/will/abi	들겠습니다, 들렵니다, 들 겁니다, 들 수 있습니다	들겠습디다
introgative	present	듭니까?	듭디까?
	past-perfect	들었습니까?	들었습디까?
	past-experience	들었었습니까?	들었었습디까?
	future-gue/will/abi	들겠습니까? 들렵니까? 들 겁니까? 들리이까? 들 수 있겠습니까?	들겠습디까?
imperative		드시오, 드십시오	
suggestive		듭시다, 드십시다	
exclamatory		드시는구나!	
ordinary honorific lev		'-어요' form	'-으오' form
declarative	present	들어요, 들지요, 드세요, 들래요, 들걸요, 드는데요, 든대요, 들게요, 들잖아요	드오
	present-continuous	들고 있어요, 들고 있지요, 들고 있으세요, 드는 중이에요	들고 있소
	past-perfect	들었어요, 들었지요, 들었으세요, 들었잖아요	들었소
	past-experience	들었었어요, 들었었지요, 들었었으세요	들었었소
	past-guessing	들었겠어요, 들었겠지요, 들었겠으세요	들었겠소
	future-gue/will/abi	들겠어요, 들겠지요, 들겠으세요, 들 수 있어요	들겠소
introgative	present	들어요? 들지요? 드세요? 드나요? 들까요? 들래요? 드는가요? 드는데요? 든대요? 든다면서요? 든다지요?	드오? *드소?
	past-perfect	들었어요? 들었지요? 들었으세요?	들었소?
	past-experience	들었었어요? 들었었지요? 들었었으세요?	들었었소?
	future-gue/will/abi	들겠어요? 들겠지요? 들겠으세요? 들리요? 들 거예요? 들 거지요? 들 수 있겠어요?	들겠소?
imperative		들어요, 들지요, 드세요, 들라니까요	드오, 들구려
suggestive		들어요, 들지요, 드세요, 들자니까요	드오
exclamatory		드는군요! 들리요!	드오!

ordinary non-honorific lev		'-어' form	'-네' form
declarative	present	들어, 들지, 들래, 들걸, 드는데, 든대, 들게, 든단다, 들마, 들잖아	드네
	present-continuous	들고 있어, 들고 있지, 드는 중이야	들고 있네
	past-perfect	들었어, 들었지, 들었잖아	들었네
	future-gue/will/abi	들겠어, 들겠지, 들 수 있어	들겠네
introgative	present	들어? 들지? 드니? 드나? 들까? 들랴? 들래? 드는데? 든대? 든다면서? 든다지?	드는가?
	past-perfect	들었어? 들었지? 들었니? 들었을까? 들었대? 들었다면서?	들었는가?
	future-gue/will/abi	들겠어? 들겠지? 들겠니? 들리? 들 거야? 들 거지? 들 거니? 들 수 있겠어?	들겠는가?
imperative		들어, 들지, 들렴, 들려무나, 들라니까	들게
suggestive		들어, 들지, 들자니까	드세
exclamatory		들어! 들지! 들리!	드네!

low non-honorific lev		indicative style	retrospective style
declarative	present	든다	들더라
	present-continuous	들고 있다, 드는 중이다	들고 있더라
	past-perfect	들었다	들었더라
	future-gue/will/abi	들겠다, 들리다, 들련다, 들 거다, 들 수 있다	들겠더라
introgative	present	드느냐?	들더냐?
	past-perfect	들었느냐?	들었더냐?
	future-gue/will/abi	들겠느냐?	들겠더냐?
imperative		들어라	
suggestive		들자	
exclamatory		드는구나! 든다! 드는도다!	들더구나!

connective	endings	connective	endings
serial	들고, 들며	comparison	드느니
selection	들거나, 들든지, 들든가	degree	들리만큼
contrast	들어도, 들지만, 드나, 드는데, 들면서도, 들되, 들지	condition	들면, 들거든, 들거들랑, 들어야, 든다면, 들었던들
simultaneity	들면서, 들며	circumstance	드는데, 드니, 들다시피
completion	들고서, 들어서, 들자, 들자마자	figure	들듯이
conversion	들다가	proportion	들수록
concession	들어도, 들더라도, 들지라도, 들지언정, 든들, 드는데도, 들기로서니, 드나마, 들망정, 들어 보았자	cause	들어서, 드니까, 드느라고, 들기에, 들길래, 드느니만큼, 드는지라, 들세라, 들므로
intention	들러, 들려고, 들고자	addition	들거니와, 들뿐더러, 들려니와
result	들도록, 들게끔	repetition	들곤

- 답을 아는 사람은 손을 드세요. Raise your hand, if you know the answer.
- 핸드폰을 든 저 사람이 누구죠? Who is that man holding his cellphone in his hand?
- 예를 들어서 설명을 좀 해 주세요. Please explain with examples.

따르다1 [따르다, t'arida]

'으' irregular conjugation, Avti

to accompany, follow ; to obey ; to agree ; to act on

causative	*따르히다, 따르게 하다, 따르게 만들다	passive	딸리다, 따르게 되다, 따라지다

adnominal : present-conti	past-perfect	past-retrospective	past-perfect-retro	future-gue/will
따르는	따른	따르던	따랐던	따를

quotational : declarative	interrogative	imperative	suggestive	nominal	adverbial
따른다고	따르느냐고	따르라고	따르자고	따르기, 따름	따라, 따르게

high honorific level		indicative style	retrospective style
declarative	present	따릅니다	따릅디다
	present-continuous	따르고 있습니다, 따르는 중입니다	따르고 있습디다
	past-perfect	따랐습니다	따랐습디다
	past-experience	따랐었습니다	따랐었습디다
	past-guessing	따랐겠습니다	따랐겠습디다
	future-gue/will/abi	따르겠습니다, 따르렵니다, 따를 겁니다, 따를 수 있습니다	따르겠습디다
introgative	present	따릅니까?	따릅디까?
	past-perfect	따랐습니까?	따랐습디까?
	past-experience	따랐었습니까?	따랐었습디까?
	future-gue/will/abi	따르겠습니까? 따르렵니까? 따를 겁니까? 따르리이까? 따를 수 있겠습니까?	따르겠습디까?
imperative		따르시오, 따르십시오	
suggestive		따릅시다, 따르십시다	
exclamatory		따르시는구나!	

ordinary honorific lev		'-어요' form	'-으오' form
declarative	present	따라요, 따르지요, 따르세요, 따를래요, 따를걸요, 따르는데요, 따른대요, 따를게요, 따르잖아요	따르오
	present-continuous	따르고 있어요, 따르고 있지요, 따르고 있으세요, 따르는 중이에요	따르고 있소
	past-perfect	따랐어요, 따랐지요, 따랐으세요, 따랐잖아요	따랐소
	past-experience	따랐었어요, 따랐었지요, 따랐었으세요	따랐었소
	past-guessing	따랐겠어요, 따랐겠지요, 따랐겠으세요	따랐겠소
	future-gue/will/abi	따르겠어요, 따르겠지요, 따르겠으세요, 따를 수 있어요	따르겠소
introgative	present	따라요? 따르지요? 따르세요? 따르나요? 따를까요? 따를래요? 따르는가요? 따르는데요? 따른대요? 따른다면서요? 따른다지요?	따르오? *따르소?
	past-perfect	따랐어요? 따랐지요? 따랐으세요?	따랐소?
	past-experience	따랐었어요? 따랐었지요? 따랐었으세요?	따랐었소?
	future-gue/will/abi	따르겠어요? 따르겠지요? 따르겠으세요? 따르리요? 따를 거예요? 따를 거지요? 따를 수 있겠어요?	따르겠소?
imperative		따라요, 따르지요, 따르세요, 따르라니까요	따르오, 따르구려
suggestive		따라요, 따르지요, 따르세요, 따르자니까요	따르오
exclamatory		따르는군요! 따르리요!	따르오!

ordinary non-honorific lev		'-어' form	'-네' form
declarative	present	따라, 따르지, 따를래, 따를걸, 따르는데, 따른대, 따를게, 따른단다, 따르마, 따르잖아	따르네
	present-continuous	따르고 있어, 따르고 있지, 따르는 중이야	따르고 있네
	past-perfect	따랐어, 따랐지, 따랐잖아	따랐네
	future-gue/will/abi	따르겠어, 따르겠지, 따를 수 있어	따르겠네
introgative	present	따라? 따르지? 따르니? 따르나? 따를까? 따르랴? 따를래? 따르는데? 따른대? 따른다면서? 따른다지?	따르는가?
	past-perfect	따랐어? 따랐지? 따랐니? 따랐을까? 따랐대? 따랐다면서?	따랐는가?
	future-gue/will/abi	따르겠어? 따르겠지? 따르겠니? 따르리? 따를 거야? 따를 거지? 따를 거니? 따를 수 있겠어?	따르겠는가?
imperative		따라, 따르지, 따르렴, 따르려무나, 따르라니까	따르게
suggestive		따라, 따르지, 따르자니까	따르세
exclamatory		따라! 따르지! 따르리!	따르네!

low non-honorific lev		indicative style	retrospective style
declarative	present	따른다	따르더라
	present-continuous	따르고 있다, 따르는 중이다	따르고 있더라
	past-perfect	따랐다	따랐더라
	future-gue/will/abi	따르겠다, 따르리다, 따르련다, 따를 거다, 따를 수 있다	따르겠더라
introgative	present	따르느냐?	따르더냐?
	past-perfect	따랐느냐?	따랐더냐?
	future-gue/will/abi	따르겠느냐?	따르겠더냐?
imperative		따라라	
suggestive		따르자	
exclamatory		따르는구나! 따른다! 따르는도다!	따르더구나!

connective	endings	connective	endings
serial	따르고, 따르며	comparison	따르느니
selection	따르거나, 따르든지, 따르든가	degree	따르니만큼
contrast	따라도, 따르지만, 따르나, 따르는데, 따르면서도, 따르되, 따르지	condition	따르면, 따르거든, 따르거들랑, 따라야, 따른다면, 따랐던들
simultaneity	따르면서, 따르며	circumstance	따르는데, 따르니, 따르다시피
completion	따르고서, 따라서, 따르자, 따르자마자	figure	따르듯이
conversion	따르다가	proportion	따를수록
concession	따라도, 따르더라도, 따를지라도, 따를지언정, 따른들, 따르는데도, 따르기로서니, 따르나마, 따를망정, 따라 보았자	cause	따라서, 따르니까, 따르느라고, 따르기에, 따르길래, 따르느니만큼, 따르는지라, 따를세라, 따르므로
intention	따르러, 따르려고, 따르고자	addition	따르거니와, 따를뿐더러, 따르려니와
result	따르도록, 따르게끔	repetition	따르곤

Basic sentences

- 이젠 그냥 제 뜻을 따라 주세요. Please follow my opinion now.
- 나는 당신의 뜻을 따를 수 없네요. I cannot follow your decision.
- 친구를 따라 시장에 갔다. I went to the market with my friend.

떨다1 [떨:다, t'əl:da]

'ㄹ' irregular conjugation, Avti

to tremble, quake, shake ; to thrill, vibrate ; to shudder

causative	떨구다, 떨게 하다, 떨게 만들다	passive	떨리다, 떨게 되다, 떨어지다

adnominal : present-conti	past-perfect	past-retrospective	past-perfect-retro	future-gue/will
떠는	떤	떨던	떨었던	떨

quotational : declarative	interrogative	imperative	suggestive	nominal	adverbial
떤다고	떠느냐고	떨라고	떨자고	떨기, 떨음	떨어, 떨게

high honorific level		indicative style	retrospective style
declarative	present	떱니다	떱디다
	present-continuous	떨고 있습니다, 떠는 중입니다	떨고 있습디다
	past-perfect	떨었습니다	떨었습디다
	past-experience	떨었었습니다	떨었었습디다
	past-guessing	떨었겠습니다	떨었겠습디다
	future-gue/will/abi	떨겠습니다, 떨렵니다, 떨 겁니다, 떨 수 있습니다	떨겠습디다
introgative	present	떱니까?	떱디까?
	past-perfect	떨었습니까?	떨었습디까?
	past-experience	떨었었습니까?	떨었었습디까?
	future-gue/will/abi	떨겠습니까? 떨렵니까? 떨 겁니까? 떨리이까? 떨 수 있겠습니까?	떨겠습디까?
imperative		떠시오, 떠십시오	
suggestive		떱시다, 떠십시다	
exclamatory		떠시는구나!	

ordinary honorific lev		'-어요' form	'-으오' form
declarative	present	떨어요, 떨지요, 떠세요, 떨래요, 떨걸요, 떠는데요, 떤대요, 떨게요, 떨잖아요	떠오
	present-continuous	떨고 있어요, 떨고 있지요, 떨고 있으세요, 떠는 중이에요	떨고 있소
	past-perfect	떨었어요, 떨었지요, 떨었으세요, 떨었잖아요	떨었소
	past-experience	떨었었어요, 떨었었지요, 떨었었으세요	떨었었소
	past-guessing	떨었겠어요, 떨었겠지요, 떨었겠으세요	떨었겠소
	future-gue/will/abi	떨겠어요, 떨겠지요, 떨겠으세요, 떨 수 있어요	떨겠소
introgative	present	떨어요? 떨지요? 떠세요? 떠나요? 떨까요? 떨래요? 떠는가요? 떠는데요? 떤대요? 떤다면서요? 떤다지요?	떠오? *떨소?
	past-perfect	떨었어요? 떨었지요? 떨었으세요?	떨었소?
	past-experience	떨었었어요? 떨었었지요? 떨었었으세요?	떨었었소?
	future-gue/will/abi	떨겠어요? 떨겠지요? 떨겠으세요? 떨리요? 떨 거예요? 떨 거지요? 떨 수 있겠어요?	떨겠소?
imperative		떨어요, 떨지요, 떠세요, 떨라니까요	떠오, 떨구려
suggestive		떨어요, 떨지요, 떠세요, 떨자니까요	떠오
exclamatory		떠는군요! 떨리요!	떠오!

ㄷ

ordinary non-honorific lev		'-어' form	'-네' form
declarative	present	떨어, 떨지, 떨래, 떨걸, 떠는데, 떤대, 떨게, 떤단다, 떨마, 떨잖아	떠네
	present-continuous	떨고 있어, 떨고 있지, 떠는 중이야	떨고 있네
	past-perfect	떨었어, 떨었지, 떨었잖아	떨었네
	future-gue/will/abi	떨겠어, 떨겠지, 떨 수 있어	떨겠네
introgative	present	떨어? 떨지? 떠니? 떠나? 떨까? 떨랴? 떨래? 떠는데? 떤대? 떤다면서? 떤다지?	떠는가?
	past-perfect	떨었어? 떨었지? 떨었니? 떨었을까? 떨었대? 떨었다면서?	떨었는가?
	future-gue/will/abi	떨겠어? 떨겠지? 떨겠니? 떨리? 떨 거야? 떨 거지? 떨 거니? 떨 수 있겠어?	떨겠는가?
imperative		떨어, 떨지, 떨렴, 떨려무나, 떨라니까	떨게
suggestive		떨어, 떨지, 떨자니까	떠세
exclamatory		떨어! 떨지! 떨리!	떠네!

low non-honorific lev		indicative style	retrospective style
declarative	present	떤다	떨더라
	present-continuous	떨고 있다, 떠는 중이다	떨고 있더라
	past-perfect	떨었다	떨었더라
	future-gue/will/abi	떨겠다, 떨리다, 떨련다, 떨 거다, 떨 수 있다	떨겠더라
introgative	present	떠느냐?	떨더냐?
	past-perfect	떨었느냐?	떨었더냐?
	future-gue/will/abi	떨겠느냐?	떨겠더냐?
imperative		떨어라	
suggestive		떨자	
exclamatory		떠는구나! 떤다! 떠는도다!	떨더구나!

connective	endings	connective	endings
serial	떨고, 떨며	comparison	떠느니
selection	떨거나, 떨든지, 떨든가	degree	떨리만큼
contrast	떨어도, 떨지만, 떠나, 떠는데, 떨면서도, 떨되, 떨지	condition	떨면, 떨거든, 떨거들랑, 떨어야, 떤다면, 떨었던들
simultaneity	떨면서, 떨며	circumstance	떠는데, 떠니, 떨다시피
completion	떨고서, 떨어서, 떨자, 떨자마자	figure	떨듯이
conversion	떨다가	proportion	떨수록
concession	떨어도, 떨더라도, 떨지라도, 떨지언정, 떤들, 떠는데도, 떨기로서니, 떠나마, 떨망정, 떨어 보았자	cause	떨어서, 떠니까, 떠느라고, 떨기에, 떨길래, 떠느니만큼, 떠는지라, 떠세라, 떨므로
intention	떨러, 떨려고, 떨고자	addition	떨거니와, 떨뿐더러, 떨려니와
result	떨도록, 떨게끔	repetition	떨곤

- 그는 날씨가 추워서 매우 떨었다. He trembled because the weather was cold.
- 무서워도 떨지 마세요. Don't shudder even if you're scared.
- 손을 떨면 중풍이 오는 징조다. A trembling hand is a sign of paralysis.

뜨겁다 [뜨겁따, t'ikəpt'a]

'ㅂ' irregular conjugation, Dv

to be hot ; to be heated ; to be burning

causative	*뜨겁히다, 뜨겁게 하다, 뜨겁게 만들다	passive	*뜨겁히다, 뜨겁게 되다, 뜨거워지다

adnominal : present-conti	past-perfect	past-retrospective	past-perfect-retro	future-gue/will
뜨거운	뜨거운	뜨겁던	뜨거웠던	뜨거울

quotational : declarative	interrogative	imperative	suggestive	nominal	adverbial
뜨겁다고	뜨거우냐고	*뜨거우라고	*뜨겁자고	뜨겁기, 뜨거움	뜨거워, 뜨겁게

high honorific level		indicative style	retrospective style
declarative	present	뜨겁습니다	뜨겁습디다
	present-continuous	*뜨겁고 있습니다, *뜨겁는 중입니다	*뜨겁고 있습디다
	past-perfect	뜨거웠습니다	뜨거웠습디다
	past-experience	뜨거웠었습니다	뜨거웠었습디다
	past-guessing	뜨거웠겠습니다	뜨거웠겠습디다
	future-gue/will/abi	뜨겁겠습니다, *뜨거우렵니다, 뜨거울 겁니다, 뜨거울 수 있습니다	뜨겁겠습디다
introgative	present	뜨겁습니까?	뜨겁습디까?
	past-perfect	뜨거웠습니까?	뜨거웠습디까?
	past-experience	뜨거웠었습니까?	뜨거웠었습디까?
	future-gue/will/abi	뜨겁겠습니까? *뜨거우렵니까? *뜨거울 겁니까? 뜨거우리이까? *뜨거울 수 있겠습니까?	뜨겁겠습디까?
imperative		*뜨거우시오, *뜨거우십시오	
suggestive		*뜨거웁시다, *뜨거우십시다	
exclamatory		뜨거우시구나!	

ordinary honorific lev		'-어요' form	'-으오' form
declarative	present	뜨거워요, 뜨겁지요, 뜨거우세요, *뜨거울래요, 뜨거울걸요, 뜨거운데요, 뜨겁대요, *뜨거울게요, 뜨겁잖아요	뜨거우오
	present-continuous	*뜨겁고 있어요, *뜨겁고 있지요, *뜨겁고 있으세요, *뜨겁는 중이에요	*뜨겁고 있소
	past-perfect	뜨거웠어요, 뜨거웠지요, 뜨거웠으세요, 뜨거웠잖아요	뜨거웠소
	past-experience	뜨거웠었어요, 뜨거웠었지요, 뜨거웠었으세요	뜨거웠었소
	past-guessing	뜨거웠겠어요, 뜨거웠겠지요, 뜨거웠겠으세요	뜨거웠겠소
	future-gue/will/abi	뜨겁겠어요, 뜨겁겠지요, 뜨겁겠으세요, 뜨거울 수 있어요	뜨겁겠소
introgative	present	뜨거워요? 뜨겁지요? 뜨거우세요? 뜨겁나요? 뜨거울까요? *뜨거울래요? 뜨거운가요? 뜨거운데요? 뜨겁대요? 뜨겁다면서요? 뜨겁다지요?	뜨거우오? 뜨겁소?
	past-perfect	뜨거웠어요? 뜨거웠지요? 뜨거웠으세요?	뜨거웠소?
	past-experience	뜨거웠었어요? 뜨거웠었지요? 뜨거웠었으세요?	뜨거웠었소?
	future-gue/will/abi	뜨겁겠어요? 뜨겁겠지요? 뜨겁겠으세요? 뜨거우리요? *뜨거울 거예요? *뜨거울 거지요? *뜨거울 수 있겠어요?	뜨겁겠소?
imperative		*뜨거워요, *뜨겁지요, *뜨거우세요, *뜨거우라니까요	*뜨거우오, *뜨겁구려
suggestive		*뜨거워요, *뜨겁지요, *뜨거우세요, *뜨겁자니까요	*뜨거우오
exclamatory		뜨겁군요! 뜨거우리요!	뜨거우오!

ordinary non-honorific lev		'-어' form	'-네' form
declarative	present	뜨거워, 뜨겁지, *뜨거울래, 뜨거울걸, 뜨거운데, 뜨겁대, *뜨거울게, 뜨겁단다, *뜨거우마, 뜨겁잖아	뜨겁네
	present-continuous	*뜨겁고 있어, *뜨겁고 있지, *뜨겁는 중이야	*뜨겁고 있네
	past-perfect	뜨거웠어, 뜨거웠지, 뜨거웠잖아	뜨거웠네
	future-gue/will/abi	뜨겁겠어, 뜨겁겠지, 뜨거울 수 있어	뜨겁겠네
introgative	present	뜨거워? 뜨겁지? 뜨겁니? 뜨겁나? 뜨거울까? 뜨거우랴? *뜨거울래? 뜨거운데? 뜨겁대? 뜨겁다면서? 뜨겁다지?	뜨거운가?
	past-perfect	뜨거웠어? 뜨거웠지? 뜨거웠니? 뜨거웠을까? 뜨거웠대? 뜨거웠다면서?	뜨거웠는가?
	future-gue/will/abi	뜨겁겠어? 뜨겁겠지? 뜨겁겠니? 뜨거우리? *뜨거울 거야? *뜨거울 거지? *뜨거울 거니? *뜨거울 수 있겠어?	뜨겁겠는가?
imperative		*뜨거워, *뜨겁지, *뜨거우렴, *뜨거우려무나, *뜨거우라니까	*뜨겁게
suggestive		*뜨거워, *뜨겁지, *뜨겁자니까	*뜨겁세
exclamatory		뜨거워! 뜨겁지! 뜨거우리!	뜨겁네!

low non-honorific lev		indicative style	retrospective style
declarative	present	뜨겁다	뜨겁더라
	present-continuous	*뜨겁고 있다, *뜨겁는 중이다	*뜨겁고 있더라
	past-perfect	뜨거웠다	뜨거웠더라
	future-gue/will/abi	뜨겁겠다, *뜨거우리다, *뜨거우련다, 뜨거울 거다, 뜨거울 수 있다	뜨겁겠더라
introgative	present	뜨거우냐?	뜨겁더냐?
	past-perfect	뜨거웠느냐?	뜨거웠더냐?
	future-gue/will/abi	뜨겁겠느냐?	뜨겁겠더냐?
imperative		*뜨거워라	
suggestive		*뜨겁자	
exclamatory		뜨겁구나! 뜨겁다! 뜨겁도다!	뜨겁더구나!

connective	endings	connective	endings
serial	뜨겁고, 뜨거우며	comparison	*뜨겁느니
selection	뜨겁거나, 뜨겁든지, 뜨겁든가	degree	뜨거우리만큼
contrast	뜨거워도, 뜨겁지만, 뜨거우나, 뜨거운데, 뜨거우면서도, 뜨겁되, 뜨겁지	condition	뜨거우면, 뜨겁거든, 뜨겁거들랑, 뜨거워야, 뜨겁다면, 뜨거웠던들
simultaneity	뜨거우면서, 뜨거우며	circumstance	뜨거운데, 뜨거우니, *뜨겁다시피
completion	*뜨겁고서, 뜨거워서, *뜨겁자, *뜨겁자마자	figure	뜨겁듯이
conversion	뜨겁다가	proportion	뜨거울수록
concession	뜨거워도, 뜨겁더라도, 뜨거울지라도, 뜨거울지언정, 뜨거운들, 뜨거운데도, 뜨겁기로서니, 뜨거우나마, 뜨거울망정, 뜨거워 보았자	cause	뜨거워서, 뜨거우니까, *뜨겁느라고, 뜨겁기에, 뜨겁길래, 뜨거우니만큼, 뜨거운지라, 뜨거울세라, 뜨거우므로
intention	*뜨거우러, *뜨거우려고, *뜨겁고자	addition	뜨겁거니와, 뜨거울뿐더러, 뜨거우려니와
result	뜨겁도록, 뜨겁게끔	repetition	뜨겁곤

Basic sentences

- 쇠고기국이 너무 뜨겁다. The beef soup is too hot.
- 뜨거운 물로 목욕을 하면 건강에 좋다. It's good to take a bath in hot water.
- 방이 뜨거워서 잘 수가 없다. I can't sleep because the room is too hot.

뜨다1 [뜨다, t'ida]

'으' irregular conjugation, Dv

to be slow, be slow-footed ; to be dull ; to be blunt

causative	*뜨히다, 뜨게 하다, 뜨게 만들다	passive	*뜨히다, 뜨게 되다, 떠지다

adnominal : present-conti	past-perfect	past-retrospective	past-perfect-retro	future-gue/will
뜬	뜬	뜨던	떴던	뜰

quotational : declarative	interrogative	imperative	suggestive	nominal	adverbial
뜨다고	뜨냐고	*뜨라고	*뜨자고	뜨기, 뜸	떠, 뜨게

high honorific level		indicative style	retrospective style
declarative	present	뜹니다	뜹디다
	present-continuous	*뜨고 있습니다, *뜨는 중입니다	*뜨고 있습디다
	past-perfect	떴습니다	떴습디다
	past-experience	떴었습니다	떴었습디다
	past-guessing	떴겠습니다	떴겠습디다
	future-gue/will/abi	뜨겠습니다, *뜨렵니다, 뜰 겁니다, 뜰 수 있습니다	뜨겠습디다
introgative	present	뜹니까?	뜹디까?
	past-perfect	떴습니까?	떴습디까?
	past-experience	떴었습니까?	떴었습디까?
	future-gue/will/abi	뜨겠습니까? *뜨렵니까? *뜰 겁니까? *뜨리이까? *뜰 수 있겠습니까?	뜨겠습디까?
imperative		*뜨시오, *뜨십시오	
suggestive		*뜹시다, *뜨십시다	
exclamatory		뜨시구나!	

ordinary honorific lev		'-어요' form	'-으오' form
declarative	present	떠요, 뜨지요, 뜨세요, *뜰래요, 뜰걸요, 뜬데요, 뜨대요, *뜰게요, 뜨잖아요	뜨오
	present-continuous	*뜨고 있어요, *뜨고 있지요, *뜨고 있으세요, *뜨는 중이에요	*뜨고 있소
	past-perfect	떴어요, 떴지요, 떴으세요, 떴잖아요	떴소
	past-experience	떴었어요, 떴었지요, 떴었으세요	떴었소
	past-guessing	떴겠어요, 떴겠지요, 떴겠으세요	떴겠소
	future-gue/will/abi	뜨겠어요, 뜨겠지요, 뜨겠으세요, 뜰 수 있어요	뜨겠소
introgative	present	떠요? 뜨지요? 뜨세요? 뜨나요? 뜰까요? *뜰래요? 뜬가요? 뜬데요? 뜨대요? 뜨다면서요? 뜨다지요?	뜨오? *뜨소?
	past-perfect	떴어요? 떴지요? 떴으세요?	떴소?
	past-experience	떴었어요? 떴었지요? 떴었으세요?	떴었소?
	future-gue/will/abi	뜨겠어요? 뜨겠지요? 뜨겠으세요? 뜨리요? *뜰 거예요? *뜰 거지요? *뜰 수 있겠어요?	뜨겠소?
imperative		*떠요, *뜨지요, *뜨세요, *뜨라니까요	*뜨오, *뜨구려
suggestive		*떠요, *뜨지요, *뜨세요, *뜨자니까요	*뜨오
exclamatory		뜨군요! 뜨리요!	뜨오!

ordinary non-honorific lev		'-어' form	'-네' form
declarative	present	떠, 뜨지, *뜰래, 뜰걸, 뜬데, 뜨대, *뜰게, 뜨단다, *뜨마, 뜨잖아	뜨네
	present-continuous	*뜨고 있어, *뜨고 있지, *뜨는 중이야	*뜨고 있네
	past-perfect	떴어, 떴지, 떴잖아	떴네
	future-gue/will/abi	뜨겠어, 뜨겠지, 뜰 수 있어	뜨겠네
introgative	present	떠? 뜨지? 뜨니? 뜨나? 뜰까? 뜨랴? *뜰래? 뜬데? 뜨대? 뜨다면서? 뜨다지?	뜬가?
	past-perfect	떴어? 떴지? 떴니? 떴을까? 떴대? 떴다면서?	떴는가?
	future-gue/will/abi	뜨겠어? 뜨겠지? 뜨겠니? 뜨리? *뜰 거야? *뜰 거지? *뜰 거니? *뜰 수 있겠어?	뜨겠는가?
imperative		*떠, *뜨지, *뜨렴, *뜨려무나, *뜨라니까	*뜨게
suggestive		*떠, *뜨지, *뜨자니까	*뜨세
exclamatory		떠! 뜨지! 뜨리!	뜨네!

low non-honorific lev		indicative style	retrospective style
declarative	present	뜨다	뜨더라
	present-continuous	*뜨고 있다, *뜨는 중이다	*뜨고 있더라
	past-perfect	떴다	떴더라
	future-gue/will/abi	뜨겠다, *뜨리다, *뜨련다, 뜰 거다, 뜰 수 있다	뜨겠더라
introgative	present	뜨냐?	뜨더냐?
	past-perfect	떴느냐?	떴더냐?
	future-gue/will/abi	뜨겠느냐?	뜨겠더냐?
imperative		*떠라	
suggestive		*뜨자	
exclamatory		뜨구나! 뜨다! 뜨도다!	뜨더구나!

connective	endings	connective	endings
serial	뜨고, 뜨며	comparison	*뜨느니
selection	뜨거나, 뜨든지, 뜨든가	degree	뜨리만큼
contrast	떠도, 뜨지만, 뜨나, 뜬데, 뜨면서도, 뜨되, 뜨지	condition	뜨면, 뜨거든, 뜨거들랑, 떠야, 뜨다면, 떴던들
simultaneity	뜨면서, 뜨며	circumstance	뜬데, 뜨니, *뜨다시피
completion	뜨고서, 떠서, 뜨자, 뜨자마자	figure	뜨듯이
conversion	뜨다가	proportion	뜰수록
concession	떠도, 뜨더라도, 뜰지라도, 뜰지언정, 뜬들, 뜬데도, 뜨기로서니, 뜨나마, 뜰망정, 떠 보았자	cause	떠서, 뜨니까, *뜨느라고, 뜨기에, 뜨길래, 뜨니만큼, 뜬지라, 뜰세라, 뜨므로
intention	*뜨러, *뜨려고, *뜨고자	addition	뜨거니와, 뜰뿐더러, 뜨려니와
result	뜨도록, 뜨게끔	repetition	뜨곤

- 그는 걸음이 참 뜨다. He is very slow-footed.
- 그녀는 입이 뜬 사람이다. She is a man of few word.
- 이 시계는 10분이 뜬 것을 보니 고장이 났나 보다. This watch is not working well, because it is ten minutes slow.

뜨다2 [뜨다, t'ida]

'으' irregular conjugation, Avi

to float ; to rise ; to be apart from ; to get loose

causative	띄우다, 뜨게 하다, 뜨게 만들다	passive	뜨이다, 뜨게 되다, 뜨여지다

adnominal : present-conti	past-perfect	past-retrospective	past-perfect-retro	future-gue/will
뜨는	뜬	뜨던	떴던	뜰

quotational : declarative	interrogative	imperative	suggestive	nominal	adverbial
뜬다고	뜨느냐고	뜨라고	뜨자고	뜨기, 뜸	떠, 뜨게

high honorific level		indicative style	retrospective style
declarative	present	뜹니다	뜹디다
	present-continuous	뜨고 있습니다, 뜨는 중입니다	뜨고 있습디다
	past-perfect	떴습니다	떴습디다
	past-experience	떴었습니다	떴었습디다
	past-guessing	떴겠습니다	떴겠습디다
	future-gue/will/abi	뜨겠습니다, 뜨렵니다, 뜰 겁니다, 뜰 수 있습니다	뜨겠습디다
introgative	present	뜹니까?	뜹디까?
	past-perfect	떴습니까?	떴습디까?
	past-experience	떴었습니까?	떴었습디까?
	future-gue/will/abi	뜨겠습니까? 뜨렵니까? 뜰 겁니까? 뜨리이까? 뜰 수 있겠습니까?	뜨겠습디까?
imperative		뜨시오, 뜨십시오	
suggestive		뜹시다, 뜨십시다	
exclamatory		뜨시는구나!	

ordinary honorific lev		'-어요' form	'-으오' form
declarative	present	떠요, 뜨지요, 뜨세요, 뜰래요, 뜰걸요, 뜨는데요, 뜬대요, 뜰게요, 뜨잖아요	뜨오
	present-continuous	뜨고 있어요, 뜨고 있지요, 뜨고 있으세요, 뜨는 중이에요	뜨고 있소
	past-perfect	떴어요, 떴지요, 떴으세요, 떴잖아요	떴소
	past-experience	떴었어요, 떴었지요, 떴었으세요	떴었소
	past-guessing	떴겠어요, 떴겠지요, 떴겠으세요	떴겠소
	future-gue/will/abi	뜨겠어요, 뜨겠지요, 뜨겠으세요, 뜰 수 있어요	뜨겠소
introgative	present	떠요? 뜨지요? 뜨세요? 뜨나요? 뜰까요? 뜰래요? 뜨는가요? 뜨는데요? 뜬대요? 뜬다면서요? 뜬다지요?	뜨오? *뜨소?
	past-perfect	떴어요? 떴지요? 떴으세요?	떴소?
	past-experience	떴었어요? 떴었지요? 떴었으세요?	떴었소?
	future-gue/will/abi	뜨겠어요? 뜨겠지요? 뜨겠으세요? 뜨리요? 뜰 거예요? 뜰 거지요? 뜰 수 있겠어요?	뜨겠소?
imperative		떠요, 뜨지요, 뜨세요, 뜨라니까요	뜨오, 뜨구려
suggestive		떠요, 뜨지요, 뜨세요, 뜨자니까요	뜨오
exclamatory		뜨는군요! 뜨리요!	뜨오!

ㄷ

ordinary non-honorific lev		'-어' form	'-네' form
declarative	present	떠, 뜨지, 뜰래, 뜰걸, 뜨는데, 뜬대, 뜰게, 뜬단다, 뜨마, 뜨잖아	뜨네
	present-continuous	뜨고 있어, 뜨고 있지, 뜨는 중이야	뜨고 있네
	past-perfect	떴어, 떴지, 떴잖아	떴네
	future-gue/will/abi	뜨겠어, 뜨겠지, 뜰 수 있어	뜨겠네
introgative	present	떠? 뜨지? 뜨니? 뜨나? 뜰까? 뜨랴? 뜰래? 뜨는데? 뜬대? 뜬다면서? 뜬다다지?	뜨는가?
	past-perfect	떴어? 떴지? 떴니? 떴을까? 떴대? 떴다면서?	떴는가?
	future-gue/will/abi	뜨겠어? 뜨겠지? 뜨겠니? 뜨리? 뜰 거야? 뜰 거지? 뜰 거니? 뜰 수 있겠어?	뜨겠는가?
imperative		떠, 뜨지, 뜨렴, 뜨려무나, 뜨라니까	뜨게
suggestive		떠, 뜨지, 뜨자니까	뜨세
exclamatory		떠! 뜨지! 뜨리!	뜨네!

low non-honorific lev		indicative style	retrospective style
declarative	present	뜬다	뜨더라
	present-continuous	뜨고 있다, 뜨는 중이다	뜨고 있더라
	past-perfect	떴다	떴더라
	future-gue/will/abi	뜨겠다, 뜨리다, 뜨련다, 뜰 거다, 뜰 수 있다	뜨겠더라
introgative	present	뜨느냐?	뜨더냐?
	past-perfect	떴느냐?	떴더냐?
	future-gue/will/abi	뜨겠느냐?	뜨겠더냐?
imperative		떠라	
suggestive		뜨자	
exclamatory		뜨는구나! 뜬다! 뜨는도다!	뜨더구나!

connective	endings	connective	endings
serial	뜨고, 뜨며	comparison	뜨느니
selection	뜨거나, 뜨든지, 뜨든가	degree	뜨리만큼
contrast	떠도, 뜨지만, 뜨나, 뜨는데, 뜨면서도, 뜨되, 뜨지	condition	뜨면, 뜨거든, 뜨거들랑, 떠야, 뜬다면, 떴던들
simultaneity	뜨면서, 뜨며	circumstance	뜨는데, 뜨니, 뜨다시피
completion	뜨고서, 떠서, 뜨자, 뜨자마자	figure	뜨듯이
conversion	뜨다가	proportion	뜰수록
concession	떠도, 뜨더라도, 뜰지라도, 뜰지언정, 뜬들, 뜨는데도, 뜨기로서니, 뜨나마, 뜰망정, 떠 보았자	cause	떠서, 뜨니까, 뜨느라고, 뜨기에, 뜨길래, 뜨느니만큼, 뜨는지라, 뜰세라, 뜨므로
intention	뜨러, 뜨려고, 뜨고자	addition	뜨거니와, 뜰뿐더러, 뜨려니와
result	뜨도록, 뜨게끔	repetition	뜨곤

- 배가 바다위에 떠 있다. The boat is floating on the sea.
- 하늘에 떠 있는 구름이 매우 아름답다. The clouds floating in the sky are very beautiful.
- 해는 동쪽에서 떠서 서쪽으로 진다. The sun rises from the east and sets to the west.

띄다 [띄다, t'ɨjda]

'의' regular conjugation, Avi

to catch sight, be seen ; to be opened, awake ; to be prominent

causative	*띄히다, 띄게 하다, 띄게 만들다	passive	띄다, 띄게 되다, 띄어지다

adnominal : present-conti	past-perfect	past-retrospective	past-perfect-retro	future-gue/will
띄는	띈	띄던	띄었던	띌

quotational : declarative	interrogative	imperative	suggestive	nominal	adverbial
띈다고	띄느냐고	띄라고	띄자고	띄기, 띔	띄어, 띄게

high honorific level		indicative style	retrospective style
declarative	present	띕니다	띕디다
	present-continuous	띄고 있습니다, 띄는 중입니다	띄고 있습디다
	past-perfect	띄었습니다	띄었습디다
	past-experience	띄었었습니다	띄었었습디다
	past-guessing	띄었겠습니다	띄었겠습디다
	future-gue/will/abi	띄겠습니다, 띄렵니다, 띌 겁니다, 띌 수 있습니다	띄겠습디다
introgative	present	띕니까?	띕디까?
	past-perfect	띄었습니까?	띄었습디까?
	past-experience	띄었었습니까?	띄었었습디까?
	future-gue/will/abi	띄겠습니까? 띄렵니까? 띌 겁니까? 띄리이까? 띌 수 있겠습니까?	띄겠습디까?
imperative		띄시오, 띄십시오	
suggestive		띕시다, 띄십시다	
exclamatory		띄시는구나!	

ordinary honorific lev		'-어요' form	'-으오' form
declarative	present	띄어요, 띄지요, 띄세요, 띌래요, 띌걸요, 띄는데요, 띈대요, 띌게요, 띄잖아요	띄오
	present-continuous	띄고 있어요, 띄고 있지요, 띄고 있으세요, 띄는 중이에요	띄고 있소
	past-perfect	띄었어요, 띄었지요, 띄었으세요, 띄었잖아요	띄었소
	past-experience	띄었었어요, 띄었었지요, 띄었었으세요	띄었었소
	past-guessing	띄었겠어요, 띄었겠지요, 띄었겠으세요	띄었겠소
	future-gue/will/abi	띄겠어요, 띄겠지요, 띄겠으세요, 띌 수 있어요	띄겠소
introgative	present	띄어요? 띄지요? 띄세요? 띄나요? 띌까요? 띌래요? 띄는가요? 띄는데요? 띈대요? 띈다면서요? 띈다지요?	띄오? *띄소?
	past-perfect	띄었어요? 띄었지요? 띄었으세요?	띄었소?
	past-experience	띄었었어요? 띄었었지요? 띄었었으세요?	띄었었소?
	future-gue/will/abi	띄겠어요? 띄겠지요? 띄겠으세요? 띄리요? 띌 거예요? 띌 거지요? 띌 수 있겠어요?	띄겠소?
imperative		띄어요, 띄지요, 띄세요, 띄라니까요	띄오, 띄구려
suggestive		띄어요, 띄지요, 띄세요, 띄자니까요	띄오
exclamatory		띄는군요! 띄리요!	띄오!

ㄷ

ordinary non-honorific lev		'-어' form	'-네' form
declarative	present	띄어, 띄지, 띌래, 띌걸, 띄는데, 띈대, 띌게, 띈단다, 띄마, 띄잖아	띄네
	present-continuous	띄고 있어, 띄고 있지, 띄는 중이야	띄고 있네
	past-perfect	띄었어, 띄었지, 띄었잖아	띄었네
	future-gue/will/abi	띄겠어, 띄겠지, 띌 수 있어	띄겠네
introgative	present	띄어? 띄지? 띄니? 띄나? 띌까? 띄랴? 띌래? 띄는데? 띈대? 띈다면서? 띈다지?	띄는가?
	past-perfect	띄었어? 띄었지? 띄었니? 띄었을까? 띄었대? 띄었다면서?	띄었는가?
	future-gue/will/abi	띄겠어? 띄겠지? 띄겠니? 띄리? 띌 거야? 띌 거지? 띌 거니? 띌 수 있겠어?	띄겠는가?
imperative		띄어, 띄지, 띄렴, 띄려무나, 띄라니까	띄게
suggestive		띄어, 띄지, 띄자니까	띄세
exclamatory		띄어! 띄지! 띄리!	띄네!

low non-honorific lev		indicative style	retrospective style
declarative	present	띈다	띄더라
	present-continuous	띄고 있다, 띄는 중이다	띄고 있더라
	past-perfect	띄었다	띄었더라
	future-gue/will/abi	띄겠다, 띄리다, 띄련다, 띌 거다, 띌 수 있다	띄겠더라
introgative	present	띄느냐?	띄더냐?
	past-perfect	띄었느냐?	띄었더냐?
	future-gue/will/abi	띄겠느냐?	띄겠더냐?
imperative		띄어라	
suggestive		띄자	
exclamatory		띄는구나! 띈다! 띄는도다!	띄더구나!

connective	endings	connective	endings
serial	띄고, 띄며	comparison	띄느니
selection	띄거나, 띄든지, 띄든가	degree	띄리만큼
contrast	띄어도, 띄지만, 띄나, 띄는데, 띄면서도, 띄되, 띄지	condition	띄면, 띄거든, 띄거들랑, 띄어야, 띈다면, 띄었던들
simultaneity	띄면서, 띄며	circumstance	띄는데, 띄니, 띄다시피
completion	띄고서, 띄어서, 띄자, 띄자마자	figure	띄듯이
conversion	띄다가	proportion	띌수록
concession	띄어도, 띄더라도, 띌지라도, 띌지언정, 띈들, 띄는데도, 띄기로서니, 띄나마, 띌망정, 띄어 보았자	cause	띄어서, 띄니까, 띄느라고, 띄기에, 띄길래, 띄느니만큼, 띄는지라, 띌세라, 띄므로
intention	띄러, 띄려고, 띄고자	addition	띄거니와, 띌뿐더러, 띄려니와
result	띄도록, 띄게끔	repetition	띄곤

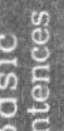

- 그는 아침 일찍 눈의 띄었다. He opened his eyes early in the morning.
- 눈에 잘 띄게 게시를 해 주세요. Please post it where it can easily attract attention.
- 그녀는 눈에 띄도록 건강해졌다. She become recognizably healthy.

마르다 [마르다, marida]

'ㄹ' irregular conjugation, Avi

to dry ; to wither ; to become thin ; to be thirsty ; to run out

causative	말리다, 마르게 하다, 마르게 만들다	passive	말리다, 마르게 되다, 말라지다

adnominal : present-conti	past-perfect	past-retrospective	past-perfect-retro	future-gue/will
마르는	마른	마르던	말랐던	마를

quotational : declarative	interrogative	imperative	suggestive	nominal	adverbial
마른다고	마르느냐고	마르라고	마르자고	마르기, 마름	말라, 마르게

high honorific level		indicative style	retrospective style
declarative	present	마릅니다	마릅디다
	present-continuous	마르고 있습니다, 마르는 중입니다	마르고 있습디다
	past-perfect	말랐습니다	말랐습디다
	past-experience	말랐었습니다	말랐었습디다
	past-guessing	말랐겠습니다	말랐겠습디다
	future-gue/will/abi	마르겠습니다, *마르렵니다, 마를 겁니다, 마를 수 있습니다	마르겠습디다
introgative	present	마릅니까?	마릅디까?
	past-perfect	말랐습니까?	말랐습디까?
	past-experience	말랐었습니까?	말랐었습디까?
	future-gue/will/abi	마르겠습니까? *마르렵니까? *마를 겁니까? 마르리이까? 마를 수 있겠습니까?	마르겠습디까?
imperative		*마르시오, *마르십시오	
suggestive		*마릅시다, *마르십시다	
exclamatory		마르시는구나!	

ordinary honorific lev		'-어요' form	'-으오' form
declarative	present	말라요, 마르지요, 마르세요, *마를래요, 마를걸요, 마르는데요, 마른대요, *마를게요, 마르잖아요	마르오
	present-continuous	마르고 있어요, 마르고 있지요, 마르고 있으세요, 마르는 중이에요	마르고 있소
	past-perfect	말랐어요, 말랐지요, 말랐으세요, 말랐잖아요	말랐소
	past-experience	말랐었어요, 말랐었지요, 말랐었으세요	말랐었소
	past-guessing	말랐겠어요, 말랐겠지요, 말랐겠으세요	말랐겠소
	future-gue/will/abi	마르겠어요, 마르겠지요, 마르겠으세요, 마를 수 있어요	마르겠소
introgative	present	말라요? 마르지요? 마르세요? 마르나요? 마를까요? *마를래요? 마르는가요? 마르는데요? 마른대요? 마른다면서요? 마른다지요?	마르오? *마르소?
	past-perfect	말랐어요? 말랐지요? 말랐으세요?	말랐소?
	past-experience	말랐었어요? 말랐었지요? 말랐었으세요?	말랐었소?
	future-gue/will/abi	마르겠어요? 마르겠지요? 마르겠으세요? 마르리요? *마를 거예요? *마를 거지요? 마를 수 있겠어요?	마르겠소?
imperative		*말라요, *마르지요, *마르세요, *마르라니까요	*마르오, *마르구려
suggestive		*말라요, *마르지요, *마르세요, *마르자니까요	*마르오
exclamatory		마르는군요! 마르리요!	마르오!

ordinary non-honorific lev		'-어' form	'-네' form
declarative	present	말라, 마르지, 마를래, 마를걸, 마르는데, 마른대, 마를게, 마른단다, 마르마, 마르잖아	마르네
	present-continuous	마르고 있어, 마르고 있지, 마르는 중이야	마르고 있네
	past-perfect	말랐어, 말랐지, 말랐잖아	말랐네
	future-gue/will/abi	마르겠어, 마르겠지, 마를 수 있어	마르겠네
introgative	present	말라? 마르지? 마르니? 마르나? 마를까? 마르랴? *마를래? 마르는데? 마른대? 마른다면서? 마른다지?	마르는가?
	past-perfect	말랐어? 말랐지? 말랐니? 말랐을까? 말랐대? 말랐다면서?	말랐는가?
	future-gue/will/abi	마르겠어? 마르겠지? 마르겠니? 마르리? *마를 거야? *마를 거지? *마를 거니? 마를 수 있겠어?	마르겠는가?
imperative		*말라, *마르지, *마르렴, *마르려무나, *마르라니까	*마르게
suggestive		*말라, *마르지, *마르자니까	*마르세
exclamatory		말라! 마르지! 마르리!	마르네!

low non-honorific lev		indicative style	retrospective style
declarative	present	마른다	마르더라
	present-continuous	마르고 있다, 마르는 중이다	마르고 있더라
	past-perfect	말랐다	말랐더라
	future-gue/will/abi	마르겠다, 마르리다, *마르련다, 마를 거다, 마를 수 있다	마르겠더라
introgative	present	마르느냐?	마르더냐?
	past-perfect	말랐느냐?	말랐더냐?
	future-gue/will/abi	마르겠느냐?	마르겠더냐?
imperative		*말라라	
suggestive		*마르자	
exclamatory		마르는구나! 마른다! 마르는도다!	마르더구나!

connective	endings	connective	endings
serial	마르고, 마르며	comparison	마르느니
selection	마르거나, 마르든지, 마르든가	degree	마르니만큼
contrast	말라도, 마르지만, 마르나, 마르는데, 마르면서도, 마르되, 마르지	condition	마르면, 마르거든, 마르거들랑, 말라야, 마른다면, 말랐던들
simultaneity	마르면서, 마르며	circumstance	마르는데, 마르니, 마르다시피
completion	마르고서, 말라서, 마르자, 마르자마자	figure	마르듯이
conversion	마르다가	proportion	마를수록
concession	말라도, 마르더라도, 마를지라도, 마를지언정, 마른들, 마르는데도, 마르기로서니, 마르나마, 마를망정, 말라 보았자	cause	말라서, 마르니까, 마르느라고, 마르기에, 마르길래, 마르느니만큼, 마르는지라, 마를세라, 마르므로
intention	*마르러, 마르려고, 마르고자	addition	마르거니와, 마를뿐더러, 마르려니와
result	마르도록, 마르게끔	repetition	마르곤

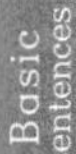

- 강에 물이 다 말랐다. The river water is all dried up.
- 말랐던 우물에서 물이 솟았다. Water gused out from a dry well.
- 목이 마르면 물을 마시세요. Drink water when thirsty.

만나다 [만나다, mannada]

'아' regular conjugation, Avt

to meet, encounter, find

causative	*만나히다, 만나게 하다, 만나게 만들다	passive	*만나히다, 만나게 되다, 만나지다

adnominal : present-conti	past-perfect	past-retrospective	past-perfect-retro	future-gue/will
만나는	만난	만나던	만났던	만날

quotational : declarative	interrogative	imperative	suggestive	nominal	adverbial
만난다고	만나느냐고	만나라고	만나자고	만나기, 만남	만나, 만나게

high honorific level		indicative style	retrospective style
declarative	present	만납니다	만납디다
	present-continuous	만나고 있습니다, 만나는 중입니다	만나고 있습디다
	past-perfect	만났습니다	만났습디다
	past-experience	만났었습니다	만났었습디다
	past-guessing	만났겠습니다	만났겠습디다
	future-gue/will/abi	만나겠습니다, 만나렵니다, 만날 겁니다, 만날 수 있습니다	만나겠습디다
introgative	present	만납니까?	만납디까?
	past-perfect	만났습니까?	만났습디까?
	past-experience	만났었습니까?	만났었습디까?
	future-gue/will/abi	만나겠습니까? 만나렵니까? 만날 겁니까? 만나리이까? 만날 수 있겠습니까?	만나겠습디까?
imperative		만나시오, 만나십시오	
suggestive		만납시다, 만나십시다	
exclamatory		만나시는구나!	

ordinary honorific lev		'-어요' form	'-으오' form
declarative	present	만나요, 만나지요, 만나세요, 만날래요, 만날걸요, 만나는데요, 만난대요, 만날게요, 만나잖아요	만나오
	present-continuous	만나고 있어요, 만나고 있지요, 만나고 있으세요, 만나는 중이에요	만나고 있소
	past-perfect	만났어요, 만났지요, 만났으세요, 만났잖아요	만났소
	past-experience	만났었어요, 만났었지요, 만났었으세요	만났었소
	past-guessing	만났겠어요, 만났겠지요, 만났겠으세요	만났겠소
	future-gue/will/abi	만나겠어요, 만나겠지요, 만나겠으세요, 만날 수 있어요	만나겠소
introgative	present	만나요? 만나지요? 만나세요? 만나나요? 만날까요? 만날래요? 만나는가요? 만나는데요? 만난대요? 만난다면서요? 만난다지요?	만나오? *만나소?
	past-perfect	만났어요? 만났지요? 만났으세요?	만났소?
	past-experience	만났었어요? 만났었지요? 만났었으세요?	만났었소?
	future-gue/will/abi	만나겠어요? 만나겠지요? 만나겠으세요? 만나리요? 만날 거예요? 만날 거지요? 만날 수 있겠어요?	만나겠소?
imperative		만나요, 만나지요, 만나세요, 만나라니까요	만나오, 만나구려
suggestive		만나요, 만나지요, 만나세요, 만나자니까요	만나오
exclamatory		만나는군요! 만나리요!	만나오!

ordinary non-honorific lev		'-어' form	'-네' form
declarative	present	만나, 만나지, 만날래, 만날걸, 만나는데, 만난대, 만날게, 만난단다, 만나마, 만나잖아	만나네
	present-continuous	만나고 있어, 만나고 있지, 만나는 중이야	만나고 있네
	past-perfect	만났어, 만났지, 만났잖아	만났네
	future-gue/will/abi	만나겠어, 만나겠지, 만날 수 있어	만나겠네
introgative	present	만나? 만나지? 만나니? 만나나? 만날까? 만나랴? 만날래? 만나는데? 만난대? 만난다면서? 만난다지?	만나는가?
	past-perfect	만났어? 만났지? 만났니? 만났을까? 만났대? 만났다면서?	만났는가?
	future-gue/will/abi	만나겠어? 만나겠지? 만나겠니? 만나리? 만날 거야? 만날 거지? 만날 거니? 만날 수 있겠어?	만나겠는가?
imperative		만나, 만나지, 만나렴, 만나려무나, 만나라니까	만나게
suggestive		만나, 만나지, 만나자니까	만나세
exclamatory		만나! 만나지! 만나리!	만나네!

low non-honorific lev		indicative style	retrospective style
declarative	present	만난다	만나더라
	present-continuous	만나고 있다, 만나는 중이다	만나고 있더라
	past-perfect	만났다	만났더라
	future-gue/will/abi	만나겠다, 만나리다, 만나련다, 만날 거다, 만날 수 있다	만나겠더라
introgative	present	만나느냐?	만나더냐?
	past-perfect	만났느냐?	만났더냐?
	future-gue/will/abi	만나겠느냐?	만나겠더냐?
imperative		만나라	
suggestive		만나자	
exclamatory		만나는구나! 만난다! 만나는도다!	만나더구나!

connective	endings	connective	endings
serial	만나고, 만나며	comparison	만나느니
selection	만나거나, 만나든지, 만나든가	degree	만나리만큼
contrast	만나도, 만나지만, 만나나, 만나는데, 만나면서도, 만나되, 만나지	condition	만나면, 만나거든, 만나거들랑, 만나야, 만난다면, 만났던들
simultaneity	만나면서, 만나며	circumstance	만나는데, 만나니, 만나다시피
completion	만나고서, 만나서, 만나자, 만나자마자	figure	만나듯이
conversion	만나다가	proportion	만날수록
concession	만나도, 만나더라도, 만날지라도, 만날지언정, 만난들, 만나는데도, 만나기로서니, 만나나마, 만날망정, 만나 보았자	cause	만나서, 만나니까, 만나느라고, 만나기에, 만나길래, 만나느니만큼, 만나는지라, 만날세라, 만나므로
intention	만나러, 만나려고, 만나고자	addition	만나거니와, 만날뿐더러, 만나려니와
result	만나도록, 만나게끔	repetition	만나곤

Basic sentences

- 나는 그녀를 서울역에서 만났다. I met her at the Seoul Station.
- 학교에서 돌아오다가 소나기를 만나 옷이 다 젖었다.
  On the way from school, all my clothes got soaked because of the rain shower.
- 여자는 좋은 신랑 만나면 행복할 수 있다.
  A woman can be happy, when she finds a good groom.

만들다1 [만들다, mandɨlda]

'ㄹ' irregular conjugation, Avt

to make ; to create ; to write ; to coin ; to constitute ; to cook

causative	*만들히다, 만들게 하다, 만들게 만들다	passive	*만들히다, 만들게 되다, 만들어지다

adnominal : present-conti	past-perfect	past-retrospective	past-perfect-retro	future-gue/will
만드는	만든	만들던	만들었던	만들

quotational : declarative	interrogative	imperative	suggestive	nominal	adverbial
만든다고	만드느냐고	만들라고	만들자고	만들기, 만듦	만들어, 만들게

high honorific level		indicative style	retrospective style
declarative	present	만듭니다	만듭디다
	present-continuous	만들고 있습니다, 만드는 중입니다	만들고 있습디다
	past-perfect	만들었습니다	만들었습디다
	past-experience	만들었었습니다	만들었었습디다
	past-guessing	만들었겠습니다	만들었겠습디다
	future-gue/will/abi	만들겠습니다, 만들렵니다, 만들 겁니다, 만들 수 있습니다	만들겠습디다
introgative	present	만듭니까?	만듭디까?
	past-perfect	만들었습니까?	만들었습디까?
	past-experience	만들었었습니까?	만들었었습디까?
	future-gue/will/abi	만들겠습니까? 만들렵니까? 만들 겁니까? 만들리이까? 만들 수 있겠습니까?	만들겠습디까?
imperative		만드시오, 만드십시오	
suggestive		만듭시다, 만드십시다	
exclamatory		만드시는구나!	

ordinary honorific lev		'-어요' form	'-으오' form
declarative	present	만들어요, 만들지요, 만드세요, 만들래요, 만들걸요, 만드는데요, 만든대요, 만들게요, 만들잖아요	만드오
	present-continuous	만들고 있어요, 만들고 있지요, 만들고 있으세요, 만드는 중이에요	만들고 있소
	past-perfect	만들었어요, 만들었지요, 만들었으세요, 만들었잖아요	만들었소
	past-experience	만들었었어요, 만들었었지요, 만들었었으세요	만들었었소
	past-guessing	만들었겠어요, 만들었겠지요, 만들었겠으세요	만들었겠소
	future-gue/will/abi	만들겠어요, 만들겠지요, 만들겠으세요, 만들 수 있어요	만들겠소
introgative	present	만들어요? 만들지요? 만드세요? 만드나요? 만들까요? 만들래요? 만드는가요? 만드는데요? 만든대요? 만든다면서요? 만든다지요?	만드오? *만들소?
	past-perfect	만들었어요? 만들었지요? 만들었으세요?	만들었소?
	past-experience	만들었었어요? 만들었었지요? ?만들었었으세요?	만들었었소?
	future-gue/will/abi	만들겠어요? 만들겠지요? 만들겠으세요? 만들리요? 만들 거예요? 만들 거지요? 만들 수 있겠어요?	만들겠소?
imperative		만들어요, 만들지요, 만드세요, 만들라니까요	만드오, 만들구려
suggestive		만들어요, 만들지요, 만드세요, 만들자니까요	만드오
exclamatory		만드는군요! 만들리요!	만드오!

ordinary non-honorific lev		'-어' form	'-네' form
declarative	present	만들어, 만들지, 만들래, 만들걸, 만드는데, 만든대, 만들게, 만든단다, 만들마, 만들잖아	만드네
	present-continuous	만들고 있어, 만들고 있지, 만드는 중이야	만들고 있네
	past-perfect	만들었어, 만들었지, 만들었잖아	만들었네
	future-gue/will/abi	만들겠어, 만들겠지, 만들 수 있어	만들겠네
introgative	present	만들어? 만들지? 만드니? 만드나? 만들까? 만들랴? 만들래? 만드는데? 만든대? 만든다면서? 만든다지?	만드는가?
	past-perfect	만들었어? 만들었지? 만들었니? 만들었을까? 만들었대? 만들었다면서?	만들었는가?
	future-gue/will/abi	만들겠어? 만들겠지? 만들겠니? 만들리? 만들 거야? 만들 거지? 만들거니? 만들 수 있겠어?	만들겠는가?
imperative		만들어, 만들지, 만들렴, 만들려무나, 만들라니까	만들게
suggestive		만들어, 만들지, 만들자니까	만드세
exclamatory		만들어! 만들지! 만들리!	만드네!

low non-honorific lev		indicative style	retrospective style
declarative	present	만든다	만들더라
	present-continuous	만들고 있다, 만드는 중이다	만들고 있더라
	past-perfect	만들었다	만들었더라
	future-gue/will/abi	만들겠다, 만들리다, 만들련다, 만들 거다, 만들 수 있다	만들겠더라
introgative	present	만드느냐?	만들더냐?
	past-perfect	만들었느냐?	만들었더냐?
	future-gue/will/abi	만들겠느냐?	만들겠더냐?
imperative		만들어라	
suggestive		만들자	
exclamatory		만드는구나! 만든다! 만드는도다!	만들더구나!

connective	endings	connective	endings
serial	만들고, 만들며	comparison	만드느니
selection	만들거나, 만들던지, 만들던가	degree	만들리만큼
contrast	만들어도, 만들지만, 만드나, 만드는데, 만들면서도, 만들되, 만들지	condition	만들면, 만들거든, 만들거들랑, 만들어야, 만든다면, 만들었던들
simultaneity	만들면서, 만들며	circumstance	만드는데, 만드니, 만들다시피
completion	만들고서, 만들어서, 만들자, 만들자마자	figure	만들듯이
conversion	만들다가	proportion	만들수록
concession	만들어도, 만들더라도, 만들지라도, 만들지언정, 만든들, 만드는데도, 만들기로서니, 만드나마, 만들망정, 만들어 보았자	cause	만들어서, 만드니까, 만드느라고, 만들기에, 만들길래, 만드느니만큼, 만드는지라, 만들세라, 만들므로
intention	만들러, 만들려고, 만들고자	addition	만들거니와, 만들뿐더러, 만들려니와
result	만들도록, 만들게끔	repetition	만들곤

Basic sentences

- 황무지를 옥토로 만들자. Let's make a waste land into a fertile land.
- 네가 만든 영화 제목이 뭐니? What is the title of the movie you made?
- 일부러 문제를 만들어서 친구를 괴롭히지 마라.
  Do not bother your friends by making more troubles.

만지다 [만지다, mantɕida]

'이' regular conjugation, Avt

to touch, finger ; to brush ; to handle

causative	*만지히다, 만지게 하다, 만지게 만들다	passive	만지다, 만지게 되다, 만져지다

adnominal : present-conti	past-perfect	past-retrospective	past-perfect-retro	future-gue/will
만지는	만진	만지던	만졌던	만질

quotational : declarative	interrogative	imperative	suggestive	nominal	adverbial
만진다고	만지느냐고	만지라고	만지자고	만지기, 만짐	만져, 만지게

high honorific level		indicative style	retrospective style
declarative	present	만집니다	만집디다
	present-continuous	만지고 있습니다, 만지는 중입니다	만지고 있습디다
	past-perfect	만졌습니다	만졌습디다
	past-experience	만졌었습니다	만졌었습디다
	past-guessing	만졌겠습니다	만졌겠습디다
	future-gue/will/abi	만지겠습니다, 만지렵니다, 만질 겁니다, 만질 수 있습니다	만지겠습디다
introgative	present	만집니까?	만집디까?
	past-perfect	만졌습니까?	만졌습디까?
	past-experience	만졌었습니까?	만졌었습디까?
	future-gue/will/abi	만지겠습니까? 만지렵니까? 만질 겁니까? 만지리이까? 만질 수 있겠습니까?	만지겠습디까?
imperative		만지시오, 만지십시오	
suggestive		만집시다, 만지십시다	
exclamatory		만지시는구나!	

ordinary honorific lev		'-어요' form	'-으오' form
declarative	present	만져요, 만지지요, 만지세요, 만질래요, 만질걸요, 만지는데요, 만진대요, 만질게요, 만지잖아요	만지오
	present-continuous	만지고 있어요, 만지고 있지요, 만지고 있으세요, 만지는 중이에요	만지고 있소
	past-perfect	만졌어요, 만졌지요, 만졌으세요, 만졌잖아요	만졌소
	past-experience	만졌었어요, 만졌었지요, 만졌었으세요	만졌었소
	past-guessing	만졌겠어요, 만졌겠지요, 만졌겠으세요	만졌겠소
	future-gue/will/abi	만지겠어요, 만지겠지요, 만지겠으세요, 만질 수 있어요	만지겠소
introgative	present	만져요? 만지지요? 만지세요? 만지나요? 만질까요? 만질래요? 만지는가요? 만지는데요? 만진대요? 만진다면서요? 만진다지요?	만지오? *만지소?
	past-perfect	만졌어요? 만졌지요? 만졌으세요?	만졌소?
	past-experience	만졌었어요? 만졌었지요? 만졌었으세요?	만졌었소?
	future-gue/will/abi	만지겠어요? 만지겠지요? 만지겠으세요? 만지리요? 만질 거예요? 만질 거지요? 만질 수 있겠어요?	만지겠소?
imperative		만져요, 만지지요, 만지세요, 만지라니까요	만지오, 만지구려
suggestive		만져요, 만지지요, 만지세요, 만지자니까요	만지오
exclamatory		만지는군요! 만지리요!	만지오!

ordinary non-honorific lev		'-어' form	'-네' form
declarative	present	만져, 만지지, 만질래, 만질걸, 만지는데, 만진대, 만질게, 만진단다, 만지마, 만지잖아	만지네
	present-continuous	만지고 있어, 만지고 있지, 만지는 중이야	만지고 있네
	past-perfect	만졌어, 만졌지, 만졌잖아	만졌네
	future-gue/will/abi	만지겠어, 만지겠지, 만질 수 있어	만지겠네
introgative	present	만져? 만지지? 만지니? 만지나? 만질까? 만지랴? 만질래? 만지는데? 만진대? 만진다면서? 만진다지?	만지는가?
	past-perfect	만졌어? 만졌지? 만졌니? 만졌을까? 만졌대? 만졌다면서?	만졌는가?
	future-gue/will/abi	만지겠어? 만지겠지? 만지겠니? 만지리? 만질 거야? 만질 거지? 만질 거니? 만질 수 있겠어?	만지겠는가?
imperative		만져, 만지지, 만지렴, 만지려무나, 만지라니까	만지게
suggestive		만져, 만지지, 만지자니까	만지세
exclamatory		만져! 만지지! 만지리!	만지네!

low non-honorific lev		indicative style	retrospective style
declarative	present	만진다	만지더라
	present-continuous	만지고 있다, 만지는 중이다	만지고 있더라
	past-perfect	만졌다	만졌더라
	future-gue/will/abi	만지겠다, 만지리다, 만지련다, 만질 거다, 만질 수 있다	만지겠더라
introgative	present	만지느냐?	만지더냐?
	past-perfect	만졌느냐?	만졌더냐?
	future-gue/will/abi	만지겠느냐?	만지겠더냐?
imperative		만져라	
suggestive		만지자	
exclamatory		만지는구나! 만진다! 만지는도다!	만지더구나!

connective	endings	connective	endings
serial	만지고, 만지며	comparison	만지느니
selection	만지거나, 만지든지, 만지든가	degree	만지리만큼
contrast	만져도, 만지지만, 만지나, 만지는데, 만지면서도, 만지되, 만지지	condition	만지면, 만지거든, 만지거들랑, 만져야, 만진다면, 만졌던들
simultaneity	만지면서, 만지며	circumstance	만지는데, 만지니, 만지다시피
completion	만지고서, 만져서, 만지자, 만지자마자	figure	만지듯이
conversion	만지다가	proportion	만질수록
concession	만져도, 만지더라도, 만질지라도, 만질지언정, 만진들, 만지는데도, 만지기로서니, 만지나마, 만질망정, 만져 보았자	cause	만져서, 만지니까, 만지느라고, 만지기에, 만지길래, 만지느니만큼, 만지는지라, 만질세라, 만지므로
intention	만지러, 만지려고, 만지고자	addition	만지거니와, 만질뿐더러, 만지려니와
result	만지도록, 만지게끔	repetition	만지곤

Basic sentences

- 이 그림은 절대 만지지 마세요. Please never touch this picture.
- 여기 컴퓨터 좀 만질 줄 아는 분 없습니까? Who can handle this computer?
- 요즘은 사업이 잘 돼서 목돈을 좀 만지고 산다.
  I make some money nowaday because business is good.

많다 [만:타, man:tʰa]

'ㄶ' regular conjugation, Dv

to be many ; to be much ; to be plenty ; to be frequent, be often

causative	*많히다, 많게 하다, 많게 만들다	passive	*많히다, 많게 되다, 많아지다

adnominal : present-conti	past-perfect	past-retrospective	past-perfect-retro	future-gue/will
많은	많은	많던	많았던	많을

quotational : declarative	interrogative	imperative	suggestive	nominal	adverbial
많다고	많으냐고	*많으라고	*많자고	많기, 많음	많아, 많게

high honorific level		indicative style	retrospective style
declarative	present	많습니다	많습디다
	present-continuous	*많고 있습니다, *많는 중입니다	*많고 있습디다
	past-perfect	많았습니다	많았습디다
	past-experience	많았었습니다	많았었습디다
	past-guessing	많았겠습니다	많았겠습디다
	future-gue/will/abi	많겠습니다, *많으렵니다, 많을 겁니다, 많을 수 있습니다	많겠습디다
introgative	present	많습니까?	많습디까?
	past-perfect	많았습니까?	많았습디까?
	past-experience	많았었습니까?	많았었습디까?
	future-gue/will/abi	많겠습니까? *많으렵니까? *많을 겁니까? *많으리이까? *많을 수 있겠습니까?	많겠습디까?
imperative		*많으시오, *많으십시오	
suggestive		*많읍시다, *많으십시다	
exclamatory		많으시구나!	

ordinary honorific lev		'-어요' form	'-으오' form
declarative	present	많아요, 많지요, 많으세요, *많을래요, 많을걸요, 많은데요, 많대요, *많을게요, 많잖아요	많으오
	present-continuous	*많고 있어요, *많고 있지요, *많고 있으세요, *많는 중이에요	*많고 있소
	past-perfect	많았어요, 많았지요, 많았으세요, 많았잖아요	많았소
	past-experience	많았었어요, 많았었지요, 많았었으세요	많았었소
	past-guessing	많았겠어요, 많았겠지요, 많았겠으세요	많았겠소
	future-gue/will/abi	많겠어요, 많겠지요, 많겠으세요, 많을 수 있어요	많겠소
introgative	present	많아요? 많지요? 많으세요? 많나요? 많을까요? *많을래요? 많은가요? 많은데요? 많대요? 많다면서요? 많다지요?	많으오? 많소?
	past-perfect	많았어요? 많았지요? 많았으세요?	많았소?
	past-experience	많았었어요? 많았었지요? 많았었으세요?	많았었소?
	future-gue/will/abi	많겠어요? 많겠지요? 많겠으세요? 많으리요? *많을 거예요? *많을 거지요? *많을 수 있겠어요?	많겠소?
imperative		*많아요, *많지요, *많으세요, *많으라니까요	*많으오, *많구려
suggestive		*많아요, *많지요, *많으세요, *많자니까요	*많으오
exclamatory		많군요! 많으리요!	많으오!

ordinary non-honorific lev		'-어' form	'-네' form
declarative	present	많아, 많지, *많을래, 많을걸, 많은데, 많대, *많을게, 많단다, *많으마, 많잖아	많네
	present-continuous	*많고 있어, *많고 있지, *많는 중이야	*많고 있네
	past-perfect	많았어, 많았지, 많았잖아	많았네
	future-gue/will/abi	많겠어, 많겠지, 많을 수 있어	많겠네
introgative	present	많아? 많지? 많니? 많나? 많을까? 많으랴? *많을래? 많은데? 많대? 많다면서? 많다지?	많은가?
	past-perfect	많았어? 많았지? 많았니? 많았을까? 많았대? 많았다면서?	많았는가?
	future-gue/will/abi	많겠어? 많겠지? 많겠니? 많으리? *많을 거야? *많을 거지? *많을 거니? *많을 수 있겠어?	많겠는가?
imperative		*많아, *많지, *많으렴, *많으려무나, *많으라니까	*많게
suggestive		*많아, *많지, *많자니까	*많세
exclamatory		많아! 많지! 많으리!	많네!

low non-honorific lev		indicative style	retrospective style
declarative	present	많다	많더라
	present-continuous	*많고 있다, *많는 중이다	*많고 있더라
	past-perfect	많았다	많았더라
	future-gue/will/abi	많겠다, *많으리다, *많으련다, 많을 거다, 많을 수 있다	많겠더라
introgative	present	많으냐?	많더냐?
	past-perfect	많았느냐?	많았더냐?
	future-gue/will/abi	많겠느냐?	많겠더냐?
imperative		*많아라	
suggestive		*많자	
exclamatory		많구나! 많다! 많도다!	많더구나!

connective	endings	connective	endings
serial	많고, 많으며	comparison	*많느니
selection	많거나, 많든지, 많든가	degree	많으리만큼
contrast	많아도, 많지만, 많으나, 많은데, 많으면서도, 많되, 많지	condition	많으면, 많거든, 많거들랑, 많아야, 많다면, 많았던들
simultaneity	많으면서, 많으며	circumstance	많은데, 많으니, *많다시피
completion	*많고서, 많아서, *많자, *많자마자	figure	많듯이
conversion	많다가	proportion	많을수록
concession	많아도, 많더라도, 많을지라도, 많을지언정, 많은들, 많은데도, 많기로서니, 많으나마, 많을망정, 많아 보았자	cause	많아서, 많으니까, *많느라고, 많기에, 많길래, 많으니만큼, 많은지라, 많을세라, 많으므로
intention	*많으러, *많으려고, *많고자	addition	많거니와, 많을뿐더러, 많으려니와
result	많도록, 많게끔	repetition	많곤

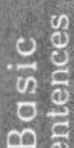

- 그는 돈이 매우 많다. He has lots of money.
- 출석한 사람이 많은 편입니까? Were there many present at the meeting?
- 자비심은 많으면 많을수록 좋다. The more mercy one has the better.

말다3 [말:다, mal:da]

'ㄹ' irregular conjugation, Avt

to stop, cease ; to give up ; to leave off work

causative	말리다, 말게 하다, 말게 만들다	passive	*말히다, 말게 되다, 말아지다

adnominal : present-conti	past-perfect	past-retrospective	past-perfect-retro	future-gue/will
만	만	말던	말았던	말

quotational : declarative	interrogative	imperative	suggestive	nominal	adverbial
만다고	마느냐고	말라고	말자고	말기, 맒	말아, 말게

high honorific level		indicative style	retrospective style
declarative	present	맙니다	맙디다
	present-continuous	말고 있습니다, 마는 중입니다	말고 있습디다
	past-perfect	말았습니다	말았습디다
	past-experience	말았었습니다	말았었습디다
	past-guessing	말았겠습니다	말았겠습디다
	future-gue/will/abi	말겠습니다, 말렵니다, 말 겁니다, 말 수 있습니다	말겠습디다
introgative	present	맙니까?	맙디까?
	past-perfect	말았습니까?	말았습디까?
	past-experience	말았었습니까?	말았었습디까?
	future-gue/will/abi	말겠습니까? 말렵니까? 말 겁니까? 말리이까? 말 수 있겠습니까?	말겠습디까?
imperative		마시오, 마십시오	
suggestive		맙시다, 마십시다	
exclamatory		마시는구나!	

ordinary honorific lev		'-어요' form	'-으오' form
declarative	present	말아요, 말지요, 마세요, 말래요, 말걸요, 마는데요, 만대요, 말게요, 말잖아요	마오
	present-continuous	말고 있어요, 말고 있지요, 말고 있으세요, 마는 중이에요	말고 있소
	past-perfect	말았어요, 말았지요, 말았으세요, 말았잖아요	말았소
	past-experience	말았었어요, 말았었지요, 말았었으세요	말았었소
	past-guessing	말았겠어요, 말았겠지요, 말았겠으세요	말았겠소
	future-gue/will/abi	말겠어요, 말겠지요, 말겠으세요, 말 수 있어요	말겠소
introgative	present	말아요? 말지요? 마세요? 마나요? 말까요? 말래요? 마는가요? 마는데요? 만대요? 만다면서요? 만다지요?	마오? *말소?
	past-perfect	말았어요? 말았지요? 말았으세요?	말았소?
	past-experience	말았었어요? 말았었지요? 말았었으세요?	말았었소?
	future-gue/will/abi	말겠어요? 말겠지요? 말겠으세요? 말리요? 말 거예요? 말 거지요? 말 수 있겠어요?	말겠소?
imperative		말아요, 말지요, 마세요, 말라니까요	마오, 말구려
suggestive		말아요, 말지요, 마세요, 말자니까요	마오
exclamatory		마는군요! 말리요!	마오!

ordinary non-honorific lev		'-어' form	'-네' form
declarative	present	말아/마, 말지, 말래, 말걸, 마는데, 만대, 말게, 만단다, 말마, 말잖아	마네
	present-continuous	말고 있어, 말고 있지, 마는 중이야	말고 있네
	past-perfect	말았어, 말았지, 말았잖아	말았네
	future-gue/will/abi	말겠어, 말겠지, 말 수 있어	말겠네
introgative	present	말아?/마? 말지? 마니? 마나? 말까? 말랴? 말래? 마는데? 만대? 만다면서? 만다지?	마는가?
	past-perfect	말았어? 말았지? 말았니? 말았을까? 말았대? 말았다면서?	말았는가?
	future-gue/will/abi	말겠어? 말겠지? 말겠니? 말리? 말 거야? 말 거지? 말 거니? 말 수 있겠어?	말겠는가?
imperative		말아/마, 말지, 말렴, 말려무나, 말라니까	말게
suggestive		말아/마, 말지, 말자니까	마세
exclamatory		말아!/마! 말지! 말리!	마네!

low non-honorific lev		indicative style	retrospective style
declarative	present	만다	말더라
	present-continuous	말고 있다, 마는 중이다	말고 있더라
	past-perfect	말았다	말았더라
	future-gue/will/abi	말겠다, 말리다, 말련다, 말 거다, 말 수 있다	말겠더라
introgative	present	마느냐?	말더냐?
	past-perfect	말았느냐?	말았더냐?
	future-gue/will/abi	말겠느냐?	말겠더냐?
imperative		말아라/마라	
suggestive		말자	
exclamatory		마는구나! 만다! 마는도다!	말더구나!

connective	endings	connective	endings
serial	말고, 말며	comparison	마느니
selection	말거나, 말든지, 말든가	degree	말리만큼
contrast	말아도, 말지만, 마나, 마는데, 말면서도, 말되, 말지	condition	말면, 말거든, 말거들랑, 말아야, 만다면, 말았던들
simultaneity	말면서, 말며	circumstance	마는데, 마니, 말다시피
completion	말고서, 말아서, 말자, 말자마자	figure	말듯이
conversion	말다가	proportion	말수록
concession	말아도, 말더라도, 말지라도, 말지언정, 만들, 마는데도, 말기로서니, 마나마, 말망정, 말아 보았자	cause	말아서, 마니까, 마느라고, 말기에, 말길래, 마느니만큼, 마는지라, 말세라, 말므로
intention	말러, 말려고, 말고자	addition	말거니와, 말뿐더러, 말려니와
result	말도록, 말게끔	repetition	말곤

- 그는 일을 반만 하고 말았습니다. He gave up halfway.
- 사업을 만 기분이 어때? How to you feel to you feel to be out of business?
- 그 일을 하지 말았더라면 좋았을 텐데. I wish I had not done with it.

말하다 [말:하다, mal:hada]

'여' irregular conjugation, Avt

to speak, talk, say ; to remark, explain, state

causative	*말하히다, 말하게 하다, 말하게 만들다	passive	*말하히다, 말하게 되다, 말해지다

adnominal : present-conti	past-perfect	past-retrospective	past-perfect-retro	future-gue/will
말하는	말한	말하던	말했던	말할

quotational : declarative	interrogative	imperative	suggestive	nominal	adverbial
말한다고	말하느냐고	말하라고	말하자고	말하기, 말함	말해, 말하게

high honorific level		indicative style	retrospective style
declarative	present	말합니다	말합디다
	present-continuous	말하고 있습니다, 말하는 중입니다	말하고 있습디다
	past-perfect	말했습니다	말했습디다
	past-experience	말했었습니다	말했었습디다
	past-guessing	말했겠습니다	말했겠습디다
	future-gue/will/abi	말하겠습니다, 말하렵니다, 말할 겁니다, 말할 수 있습니다	말하겠습디다
introgative	present	말합니까?	말합디까?
	past-perfect	말했습니까?	말했습디까?
	past-experience	말했었습니까?	말했었습디까?
	future-gue/will/abi	말하겠습니까? 말하렵니까? 말할 겁니까? 말하리이까? 말할 수 있겠습니까?	말하겠습디까?
imperative		말하시오, 말하십시오	
suggestive		말합시다, 말하십시다	
exclamatory		말하시는구나!	

ordinary honorific lev		'-어요' form	'-으오' form
declarative	present	말해요, 말하지요, 말하세요, 말할래요, 말할걸요, 말하는데요, 말한대요, 말할게요, 말하잖아요	말하오
	present-continuous	말하고 있어요, 말하고 있지요, 말하고 있으세요, 말하는 중이에요	말하고 있소
	past-perfect	말했어요, 말했지요, 말했으세요, 말했잖아요	말했소
	past-experience	말했었어요, 말했었지요, 말했었으세요	말했었소
	past-guessing	말했겠어요, 말했겠지요, 말했겠으세요	말했겠소
	future-gue/will/abi	말하겠어요, 말하겠지요, 말하겠으세요, 말할 수 있어요	말하겠소
introgative	present	말해요? 말하지요? 말하세요? 말하나요? 말할까요? 말할래요? 말하는가요? 말하는데요? 말한대요? 말한다면서요? 말한다지요?	말하오? *말하소?
	past-perfect	말했어요? 말했지요? 말했으세요?	말했소?
	past-experience	말했었어요? 말했었지요? 말했었으세요?	말했었소?
	future-gue/will/abi	말하겠어요? 말하겠지요? 말하겠으세요? 말하리요? 말할 거예요? 말할 거지요? 말할 수 있겠어요?	말하겠소?
imperative		말해요, 말하지요, 말하세요, 말하라니까요	말하오, 말하구려
suggestive		말해요, 말하지요, 말하세요, 말하자니까요	말하오
exclamatory		말하는군요! 말하리요!	말하오!

ordinary non-honorific lev		'-어' form	'-네' form
declarative	present	말해, 말하지, 말할래, 말할걸, 말하는데, 말한대, 말할게, 말한단다, 말하마, 말하잖아	말하네
	present-continuous	말하고 있어, 말하고 있지, 말하는 중이야	말하고 있네
	past-perfect	말했어, 말했지, 말했잖아	말했네
	future-gue/will/abi	말하겠어, 말하겠지, 말할 수 있어	말하겠네
introgative	present	말해? 말하지? 말하니? 말하나? 말할까? 말하랴? 말할래? 말하는데? 말한대? 말한다면서? 말한다지?	말하는가?
	past-perfect	말했어? 말했지? 말했니? 말했을까? 말했대? 말했다면서?	말했는가?
	future-gue/will/abi	말하겠어? 말하겠지? 말하겠니? 말하리? 말할 거야? 말할 거지? 말할 거니? 말할 수 있겠어?	말하겠는가?
imperative		말해, 말하지, 말하렴, 말하려무나, 말하라니까	말하게
suggestive		말해, 말하지, 말하자니까	말하세
exclamatory		말해! 말하지! 말하리!	말하네!

low non-honorific lev		indicative style	retrospective style
declarative	present	말한다	말하더라
	present-continuous	말하고 있다, 말하는 중이다	말하고 있더라
	past-perfect	말했다	말했더라
	future-gue/will/abi	말하겠다, 말하리다, 말하련다, 말할 거다, 말할 수 있다	말하겠더라
introgative	present	말하느냐?	말하더냐?
	past-perfect	말했느냐?	말했더냐?
	future-gue/will/abi	말하겠느냐?	말하겠더냐?
imperative		말해라	
suggestive		말하자	
exclamatory		말하는구나! 말한다! 말하는도다!	말하더구나!

connective	endings	connective	endings
serial	말하고, 말하며	comparison	말하느니
selection	말하거나, 말하든지, 말하든가	degree	말하리만큼
contrast	말해도, 말하지만, 말하나, 말하는데, 말하면서도, 말하되, 말하지	condition	말하면, 말하거든, 말하거들랑, 말해야, 말한다면, 말했던들
simultaneity	말하면서, 말하며	circumstance	말하는데, 말하니, 말하다시피
completion	말하고서, 말해서, 말하자, 말하자마자	figure	말하듯이
conversion	말하다가	proportion	말할수록
concession	말해도, 말하더라도, 말할지라도, 말할지언정, 말한들, 말하는데도, 말하기로서니, 말하나마, 말할망정, 말해 보았자	cause	말해서, 말하니까, 말하느라고, 말하기에, 말하길래, 말하느니만큼, 말하는지라, 말할세라, 말하므로
intention	말하러, 말하려고, 말하고자	addition	말하거니와, 말할뿐더러, 말하려니와
result	말하도록, 말하게끔	repetition	말하곤

- 그는 늘 한국어로 말한다. He always speaks in korean.
- 그가 말하는 대로 하렴. Do as he says so.
- 누구에게도 그것을 말하면 안 된다. Don't tell that to anyone.

매다1 [매다, mɛda]

'애' regular conjugation, Avt

to bind, tie, fasten a belt ; to chain, lash ; to wear

causative	*매히다, 매게 하다, 매게 만들다	passive	매이다, 매게 되다, 매어지다

adnominal : present-conti	past-perfect	past-retrospective	past-perfect-retro	future-gue/will
맨	맨	매던	매었던	맬

quotational : declarative	interrogative	imperative	suggestive	nominal	adverbial
맨다고	매느냐고	매라고	매자고	매기, 맴	매어, 매게

high honorific level		indicative style	retrospective style
declarative	present	맵니다	맵디다
	present-continuous	매고 있습니다, 매는 중입니다	매고 있습디다
	past-perfect	매었습니다	매었습디다
	past-experience	매었었습니다	매었었습디다
	past-guessing	매었겠습니다	매었겠습디다
	future-gue/will/abi	매겠습니다, 매렵니다, 맬 겁니다, 맬 수 있습니다	매겠습디다
introgative	present	맵니까?	맵디까?
	past-perfect	매었습니까?	매었습디까?
	past-experience	매었었습니까?	매었었습디까?
	future-gue/will/abi	매겠습니까? 매렵니까? 맬 겁니까? 매리이까? 맬 수 있겠습니까?	매겠습디까?
imperative		매시오, 매십시오	
suggestive		맵시다, 매십시다	
exclamatory		매시는구나!	

ordinary honorific lev		'-어요' form	'-으오' form
declarative	present	매요, 매지요, 매세요, 맬래요, 맬걸요, 매는데요, 맨대요, 맬게요, 매잖아요	매오
	present-continuous	매고 있어요, 매고 있지요, 매고 있으세요, 매는 중이에요	매고 있소
	past-perfect	매었어요, 매었지요, 매었으세요, 매었잖아요	매었소
	past-experience	매었었어요, 매었었지요, 매었었으세요	매었었소
	past-guessing	매었겠어요, 매었겠지요, 매었겠으세요	매었겠소
	future-gue/will/abi	매겠어요, 매겠지요, 매겠으세요, 맬 수 있어요	매겠소
introgative	present	매요? 매지요? 매세요? 매나요? 맬까요? 맬래요? 매는가요? 매는데요? 맨대요? 맨다면서요? 맨다지요?	매오? 매소?
	past-perfect	매었어요? 매었지요? 매었으세요?	매었소?
	past-experience	매었었어요? 매었었지요? 매었었으세요?	매었었소?
	future-gue/will/abi	매겠어요? 매겠지요? 매겠으세요? 매리요? 맬 거예요? 맬 거지요? 맬 수 있겠어요?	매겠소?
imperative		매요, 매지요, 매세요, 매라니까요	매오, 매구려
suggestive		매요, 매지요, 매세요, 매자니까요	매오
exclamatory		매는군요! 매리요!	매오!

ordinary non-honorific lev		'-어' form	'-네' form
declarative	present	매, 매지, 맬래, 맬걸, 매는데, 맨대, 맬게, 맨단다, 매마, 매잖아	매네
	present-continuous	매고 있어, 매고 있지, 매는 중이야	매고 있네
	past-perfect	매었어, 매었지, 매었잖아	매었네
	future-gue/will/abi	매겠어, 매겠지, 맬 수 있어	매겠네
introgative	present	매? 매지? 매니? 매나? 맬까? 매랴? 맬래? 매는데? 맨대? 맨다면서? 맨다지?	매는가?
	past-perfect	매었어? 매었지? 매었니? 매었을까? 매었대? 매었다면서?	매었는가?
	future-gue/will/abi	매겠어? 매겠지? 매겠니? 매리? 맬 거야? 맬 거지? 맬 거니? 맬 수 있겠어?	매겠는가?
imperative		매, 매지, 매렴, 매려무나, 매라니까	매게
suggestive		매, 매지, 매자니까	매세
exclamatory		매! 매지! 매리!	매네!

low non-honorific lev		indicative style	retrospective style
declarative	present	맨다	매더라
	present-continuous	매고 있다, 매는 중이다	매고 있더라
	past-perfect	매었다	매었더라
	future-gue/will/abi	매겠다, 매리다, 매련다, 맬 거다, 맬 수 있다	매겠더라
introgative	present	매느냐?	매더냐?
	past-perfect	매었느냐?	매었더냐?
	future-gue/will/abi	매겠느냐?	매겠더냐?
imperative		매라	
suggestive		매자	
exclamatory		매는구나! 맨다! 매는도다!	매더구나!

connective	endings	connective	endings
serial	매고, 매며	comparison	매느니
selection	매거나, 매든지, 매든가	degree	매리만큼
contrast	매어도, 매지만, 매나, 매는데, 매면서도, 매되, 매지	condition	매면, 매거든, 매거들랑, 매어야, 맨다면, 매었던들
simultaneity	매면서, 매며	circumstance	매는데, 매니, 매다시피
completion	매고서, 매어서, 매자, 매자마자	figure	매듯이
conversion	매다가	proportion	맬수록
concession	매어도, 매더라도, 맬지라도, 맬지언정, 맨들, 매는데도, 매기로서니, 매나마, 맬망정, 매어 보았자	cause	매어서, 매니까, 매느라고, 매기에, 매길래, 매느니만큼, 매는지라, 맬세라, 매므로
intention	매러, 매려고, 매고자	addition	매거니와, 맬뿐더러, 매려니와
result	매도록, 매게끔	repetition	매곤

- 그는 넥타이를 매었다. He wore a tie.
- 그는 매었던 허리띠를 풀었다. He unfastened his belt.
- 나는 밧줄을 매어서 그네를 만들었다. I made a swing by tieing ropes.

맵다 [맵따, mɛpt'a]

'ㅂ' irregular conjugation, Dv

to be hot, be spicy ; to be severe, be strict

causative	*맵히다, 맵게 하다, 맵게 만들다	passive	*맵히다, 맵게 되다, 매워지다

adnominal : present-conti	past-perfect	past-retrospective	past-perfect-retro	future-gue/will
매운	매운	맵던	매웠던	매울

quotational : declarative	interrogative	imperative	suggestive	nominal	adverbial
맵다고	매우냐고	매우라고	맵자고	맵기, 매움	매워, 맵게

high honorific level		indicative style	retrospective style
declarative	present	맵습니다	맵습디다
	present-continuous	*맵고 있습니다, *맵는 중입니다	*맵고 있습디다
	past-perfect	매웠습니다	매웠습디다
	past-experience	매웠었습니다	매웠었습디다
	past-guessing	매웠겠습니다	매웠겠습디다
	future-gue/will/abi	맵겠습니다, *매우렵니다, 매울 겁니다, 매울 수 있습니다	맵겠습디다
introgative	present	맵습니까?	맵습디까?
	past-perfect	매웠습니까?	매웠습디까?
	past-experience	매웠었습니까?	매웠었습디까?
	future-gue/will/abi	맵겠습니까? *매우렵니까? *매울 겁니까? 매우리이까? *매울 수 있겠습니까?	맵겠습디까?
imperative		*매우시오, *매우십시오	
suggestive		*매웁시다, *매우십시다	
exclamatory		매우시구나!	

ordinary honorific lev		'-어요' form	'-으오' form
declarative	present	매워요, 맵지요, 매우세요, *매울래요, 매울걸요, 매운데요, 맵대요, *매울게요, 맵잖아요	매우오
	present-continuous	*맵고 있어요, *맵고 있지요, *맵고 있으세요, *맵는 중이에요	*맵고 있소
	past-perfect	매웠어요, 매웠지요, 매웠으세요, 매웠잖아요	매웠소
	past-experience	매웠었어요, 매웠었지요, 매웠었으세요	매웠었소
	past-guessing	매웠겠어요, 매웠겠지요, 매웠겠으세요	매웠겠소
	future-gue/will/abi	맵겠어요, 맵겠지요, 맵겠으세요, 매울 수 있어요	맵겠소
introgative	present	매워요? 맵지요? 매우세요? 맵나요? 매울까요? *매울래요? 매운가요? 매운데요? 맵대요? 맵다면서요? 맵다지요?	매우오? 맵소?
	past-perfect	매웠어요? 매웠지요? 매웠으세요?	매웠소?
	past-experience	매웠었어요? 매웠었지요? 매웠었으세요?	매웠었소?
	future-gue/will/abi	맵겠어요? 맵겠지요? 맵겠으세요? 매우리요? *매울 거예요? *매울 거지요? *매울 수 있겠어요?	맵겠소?
imperative		*매워요, *맵지요, *매우세요, *매우라니까요	*매우오, *맵구려
suggestive		*매워요, *맵지요, *매우세요, *맵자니까요	*매우오
exclamatory		맵군요! 매우리요!	매우오!

ordinary non-honorific lev		'-어' form	'-네' form
declarative	present	매워, 맵지, *매울래, 매울걸, 매운데, 맵대, *매울게, 맵단다, *매우마, 맵잖아	맵네
	present-continuous	*맵고 있어, *맵고 있지, *맵는 중이야	*맵고 있네
	past-perfect	매웠어, 매웠지, 매웠잖아	매웠네
	future-gue/will/abi	맵겠어, 맵겠지, 매울 수 있어	맵겠네
introgative	present	매워? 맵지? 맵니? 맵나? 매울까? 매우랴? *매울래? 매운데? 맵대? 맵다면서? 맵다지?	매운가?
	past-perfect	매웠어? 매웠지? 매웠니? 매웠을까? 매웠대? 매웠다면서?	매웠는가?
	future-gue/will/abi	맵겠어? 맵겠지? 맵겠니? 매우리? *매울 거야? *매울 거지? *매울 거니? *매울 수 있겠어?	맵겠는가?
imperative		*매워, *맵지, *매우렴, *매우려무나, *매우라니까	*맵게
suggestive		*매워, *맵지, *맵자니까	*맵세
exclamatory		매워! 맵지! 매우리!	맵네!

low non-honorific lev		indicative style	retrospective style
declarative	present	맵다	맵더라
	present-continuous	*맵고 있다, *맵는 중이다	*맵고 있더라
	past-perfect	매웠다	매웠더라
	future-gue/will/abi	맵겠다, *매우리다, *매우련다, 매울 거다, 매울 수 있다	맵겠더라
introgative	present	매우냐?	맵더냐?
	past-perfect	매웠느냐?	매웠더냐?
	future-gue/will/abi	맵겠느냐?	맵겠더냐?
imperative		*매워라	
suggestive		*맵자	
exclamatory		맵구나! 맵다! 맵도다!	맵더구나!

connective	endings	connective	endings
serial	맵고, 매우며	comparison	*맵느니
selection	맵거나, 맵든지, 맵든가	degree	매우리만큼
contrast	매워도, 맵지만, 매우나, 매운데, 매우면서도, 맵되, 맵지	condition	매우면, 맵거든, 맵거들랑, 매워야, 맵다면, 매웠던들
simultaneity	매우면서, 매우며	circumstance	매운데, 매우니, *맵다시피
completion	*맵고서, 매워서, *맵자, *맵자마자	figure	맵듯이
conversion	맵다가	proportion	매울수록
concession	매워도, 맵더라도, 매울지라도, 매울지언정, 매운들, 매운데도, 맵기로서니, 매우나마, 매울망정, 매워 보았자	cause	매워서, 매우니까, *맵느라고, 맵기에, 맵길래, 매우니만큼, 매운지라, 매울세라, 매우므로
intention	*매우러, *매우려고, *맵고자	addition	맵거니와, 매울뿐더러, 매우려니와
result	맵도록, 맵게끔	repetition	맵곤

- 한국의 고추는 매우 맵다. Korean red pepper is very spicy.
- 매운 소스 좀 주십시오. Please, pass me the hot sauce.
- 고추는 매워야 제맛이다. Peppers taste good when spicy.

멀다1 [멀:다, məl:da]

'ㄹ' irregular conjugation, Dv

to be far, be remote, be distant

causative	멀히다, 멀게 하다, 멀게 만들다	passive	*멀히다, 멀게 되다, 멀어지다

adnominal : present-conti	past-perfect	past-retrospective	past-perfect-retro	future-gue/will
먼	먼	멀던	멀었던	멀

quotational : declarative	interrogative	imperative	suggestive	nominal	adverbial
멀다고	머냐고	*멀라고	*멀자고	멀기, 멂	멀어, 멀게

high honorific level		indicative style	retrospective style
declarative	present	멉니다	멉디다
	present-continuous	*멀고 있습니다, *머는 중입니다	*멀고 있습디다
	past-perfect	멀었습니다	멀었습디다
	past-experience	멀었었습니다	멀었었습디다
	past-guessing	멀었겠습니다	멀었겠습디다
	future-gue/will/abi	멀겠습니다, *멀렵니다, 멀 겁니다, 멀 수 있습니다	멀겠습디다
introgative	present	멉니까?	멉디까?
	past-perfect	멀었습니까?	멀었습디까?
	past-experience	멀었었습니까?	멀었었습디까?
	future-gue/will/abi	멀겠습니까? *멀렵니까? *멀 겁니까? *멀리이까? *멀 수 있겠습니까?	멀겠습디까?
imperative		*머시오, *머십시오	
suggestive		*멉시다, *머십시다	
exclamatory		머시구나!	

ordinary honorific lev		'-어요' form	'-으오' form
declarative	present	멀어요, 멀지요, 머세요, *멀래요, 멀걸요, 먼데요, 멀대요, *멀게요, 멀잖아요	머오
	present-continuous	*멀고 있어요, *멀고 있지요, *멀고 있으세요, *머는 중이에요	*멀고 있소
	past-perfect	멀었어요, 멀었지요, 멀었으세요, 멀었잖아요	멀었소
	past-experience	멀었었어요, 멀었었지요, 멀었었으세요	멀었었소
	past-guessing	멀었겠어요, 멀었겠지요, 멀었겠으세요	멀었겠소
	future-gue/will/abi	멀겠어요, 멀겠지요, 멀겠으세요, 멀 수 있어요	멀겠소
introgative	present	멀어요? 멀지요? 머세요? 머나요? 멀까요? *멀래요? 먼가요? 먼데요? 멀대요? 멀다면서요? 멀다지요?	머오? *멀소?
	past-perfect	멀었어요? 멀었지요? 멀었으세요?	멀었소?
	past-experience	멀었었어요? 멀었었지요? 멀었었으세요?	멀었었소?
	future-gue/will/abi	멀겠어요? 멀겠지요? 멀겠으세요? *멀리요? *멀 거예요? *멀 거지요? *멀 수 있겠어요?	멀겠소?
imperative		*멀어요, *멀지요, *머세요, *멀라니까요	*머오, *멀구려
suggestive		*멀어요, *멀지요, *머세요, *멀자니까요	*머오
exclamatory		멀군요! 멀리요!	머오!

ordinary non-honorific lev		'-어' form	'-네' form
declarative	present	멀어, 멀지, *멀래, 멀걸, 먼데, 멀대, *멀게, 멀단다, *멀마, 멀잖아	머네
	present-continuous	*멀고 있어, *멀고 있지, *머는 중이야	*멀고 있네
	past-perfect	멀었어, 멀었지, 멀었잖아	멀었네
	future-gue/will/abi	멀겠어, 멀겠지, 멀 수 있어	멀겠네
introgative	present	멀어? 멀지? 머니? 머나? 멀까? 멀랴? *멀래? 먼대? 멀대? 멀다면서? 멀다지?	먼가?
	past-perfect	멀었어? 멀었지? 멀었니? 멀었을까? 멀었대? 멀었다면서?	멀었는가?
	future-gue/will/abi	멀겠어? 멀겠지? 멀겠니? *멀리? *멀 거야? *멀 거지? *멀 거니? *멀 수 있겠어?	멀겠는가?
imperative		*멀어, *멀지, *멀렴, *멀려무나, *멀라니까	*멀게
suggestive		*멀어, *멀지, *멀자니까	*머세
exclamatory		멀어! 멀지! 멀리!	머네!

low non-honorific lev		indicative style	retrospective style
declarative	present	멀다	멀더라
	present-continuous	*멀고 있다, *머는 중이다	*멀고 있더라
	past-perfect	멀었다	멀었더라
	future-gue/will/abi	멀겠다, *멀리다, *멀련다, 멀 거다, 멀 수 있다	멀겠더라
introgative	present	머냐?	멀더냐?
	past-perfect	멀었느냐?	멀었더냐?
	future-gue/will/abi	멀겠느냐?	멀겠더냐?
imperative		*멀어라	
suggestive		*멀자	
exclamatory		멀구나! 멀다! 멀도다!	멀더구나!

connective	endings	connective	endings
serial	멀고, 멀며	comparison	*머느니
selection	멀거나, 멀든지, 멀든가	degree	*멀리만큼
contrast	멀어도, 멀지만, 머나, 먼데, 멀면서도, 멀되, 멀지	condition	멀면, 멀거든, 멀거들랑, 멀어야, 멀다면, 멀었던들
simultaneity	멀면서, *멀며	circumstance	먼데, 머니, *멀다시피
completion	*멀고서, 멀어서, *멀자, *멀자마자	figure	멀듯이
conversion	멀다가	proportion	멀수록
concession	멀어도, 멀더라도, 멀지라도, 멀지언정, 먼들, 먼데도, 멀기로서니, 머나마, 멀망정, 멀어 보았자	cause	멀어서, 머니까, *머느라고, 멀기에, 멀길래, 머니만큼, 먼지라, 멀세라, 멀므로
intention	*멀러, *멀려고, *멀고자	addition	멀거니와, 멀뿐더러, 멀려니와
result	멀도록, 멀게끔	repetition	멀곤

Basic sentences

- 서울에서 뉴욕까지는 거리가 매우 멀다.
  From Seoul to New York is very far apart.
- 그녀와 나는 먼 친척이다. She is a very far relative of mine.
- 너는 하루가 멀다고 찾아오는구나. You can't wait a day to come back here again.

멈추다 [멈추다, məmtɕʰuda]

'우' regular conjugation, Avt

to stop, cease, halt ; to discontinue

causative	*멈추히다, 멈추게 하다, 멈추게 만들다	passive	*멈추히다, 멈추게 되다, 멈춰지다

adnominal : present-conti	past-perfect	past-retrospective	past-perfect-retro	future-gue/will
멈추는	멈춘	멈추던	멈추었던	멈출

quotational : declarative	interrogative	imperative	suggestive	nominal	adverbial
멈춘다고	멈추느냐고	멈추라고	멈추자고	멈추기, 멈춤	멈춰, 멈추게

high honorific level		indicative style	retrospective style
declarative	present	멈춥니다	멈춥디다
	present-continuous	멈추고 있습니다, 멈추는 중입니다	멈추고 있습디다
	past-perfect	멈추었습니다	멈추었습디다
	past-experience	멈추었었습니다	멈추었었습디다
	past-guessing	멈추었겠습니다	멈추었겠습디다
	future-gue/will/abi	멈추겠습니다, 멈추렵니다, 멈출 겁니다, 멈출 수 있습니다	멈추겠습디다
introgative	present	멈춥니까?	멈춥디까?
	past-perfect	멈추었습니까?	멈추었습디까?
	past-experience	멈추었었습니까?	멈추었었습디까?
	future-gue/will/abi	멈추겠습니까? 멈추렵니까? 멈출 겁니까? 멈추리이까? 멈출 수 있겠습니까?	멈추겠습디까?
imperative		멈추시오, 멈추십시오	
suggestive		멈춥시다, 멈추십시다	
exclamatory		멈추시는구나!	

ordinary honorific lev		'-어요' form	'-으오' form
declarative	present	멈춰요, 멈추지요, 멈추세요, 멈출래요, 멈출걸요, 멈추는데요, 멈춘대요, 멈출게요, 멈추잖아요	멈추오
	present-continuous	멈추고 있어요, 멈추고 있지요, 멈추고 있으세요, 멈추는 중이에요	멈추고 있소
	past-perfect	멈추었어요, 멈추었지요, 멈추었으세요, 멈추었잖아요	멈추었소
	past-experience	멈추었었어요, 멈추었었지요, 멈추었었으세요	멈추었었소
	past-guessing	멈추었겠어요, 멈추었겠지요, 멈추었겠으세요	멈추었겠소
	future-gue/will/abi	멈추겠어요, 멈추겠지요, 멈추겠으세요, 멈출 수 있어요	멈추겠소
introgative	present	멈춰요? 멈추지요? 멈추세요? 멈추나요? 멈출까요? 멈출래요? 멈추는가요? 멈추는데요? 멈춘대요? 멈춘다면서요? 멈춘다지요?	멈추오? *멈추소?
	past-perfect	멈추었어요? 멈추었지요? 멈추었으세요?	멈추었소?
	past-experience	멈추었었어요? 멈추었었지요? 멈추었었으세요?	멈추었었소?
	future-gue/will/abi	멈추겠어요? 멈추겠지요? 멈추겠으세요? 멈추리요? 멈출 거예요? 멈출 거지요? 멈출 수 있겠어요?	멈추겠소?
imperative		멈춰요, 멈추지요, 멈추세요, 멈추라니까요	멈추오, 멈추구려
suggestive		멈춰요, 멈추지요, 멈추세요, 멈추자니까요	멈추오
exclamatory		멈추는군요! 멈추리요!	멈추오!

ordinary non-honorific lev		'-어' form	'-네' form
declarative	present	멈춰, 멈추지, 멈출래, 멈출걸, 멈추는데, 멈춘대, 멈출게, 멈춘단다, 멈추마, 멈추잖아	멈추네
	present-continuous	멈추고 있어, 멈추고 있지, 멈추는 중이야	멈추고 있네
	past-perfect	멈추었어, 멈추었지, 멈추었잖아	멈추었네
	future-gue/will/abi	멈추겠어, 멈추겠지, 멈출 수 있어	멈추겠네
introgative	present	멈춰? 멈추지? 멈추니? 멈추나? 멈출까? 멈추랴? 멈출래? 멈추는데? 멈춘대? 멈춘다면서? 멈춘다지?	멈추는가?
	past-perfect	멈추었어? 멈추었지? 멈추었니? 멈추었을까? 멈추었대? 멈추었다면서?	멈추었는가?
	future-gue/will/abi	멈추겠어? 멈추겠지? 멈추겠니? 멈추리? 멈출 거야? 멈출 거지? 멈출 거니? 멈출 수 있겠어?	멈추겠는가?
imperative		멈춰, 멈추지, 멈추렴, 멈추려무나, 멈추라니까	멈추게
suggestive		멈춰, 멈추지, 멈추자니까	멈추세
exclamatory		멈춰! 멈추지! 멈추리!	멈추네!

low non-honorific lev		indicative style	retrospective style
declarative	present	멈춘다	멈추더라
	present-continuous	멈추고 있다, 멈추는 중이다	멈추고 있더라
	past-perfect	멈추었다	멈추었더라
	future-gue/will/abi	멈추겠다, 멈추리다, 멈추련다, 멈출 거다, 멈출 수 있다	멈추겠더라
introgative	present	멈추느냐?	멈추더냐?
	past-perfect	멈추었느냐?	멈추었더냐?
	future-gue/will/abi	멈추겠느냐?	멈추겠더냐?
imperative		멈춰라	
suggestive		멈추자	
exclamatory		멈추는구나! 멈춘다! 멈추는도다!	멈추더구나!

connective	endings	connective	endings
serial	멈추고, 멈추며	comparison	멈추느니
selection	멈추거나, 멈추든지, 멈추든가	degree	멈추리만큼
contrast	멈춰도, 멈추지만, 멈추나, 멈추는데, 멈추면서도, 멈추되, 멈추지	condition	멈추면, 멈추거든, 멈추거들랑, 멈춰야, 멈춘다면, 멈추었던들
simultaneity	멈추면서, 멈추며	circumstance	멈추는데, 멈추니, 멈추다시피
completion	멈추고서, 멈춰서, 멈추자, 멈추자마자	figure	멈추듯이
conversion	멈추다가	proportion	멈출수록
concession	멈춰도, 멈추더라도, 멈출지라도, 멈출지언정, 멈춘들, 멈추는데도, 멈추기로서니, 멈추나마, 멈출망정, 멈춰 보았자	cause	멈춰서, 멈추니까, 멈추느라고, 멈추기에, 멈추길래, 멈추느니만큼, 멈추는지라, 멈출세라, 멈추므로
intention	멈추러, 멈추려고, 멈추고자	addition	멈추거니와, 멈출뿐더러, 멈추려니와
result	멈추도록, 멈추게끔	repetition	멈추곤

Basic sentences

- 잠깐만 멈추세요. Please stop for a moment.
- 차가 브레이크를 밟아도 멈추지 않았다.
  Though we pressed on the break, the car wouldn't stop.
- 눈이 멈추지 않고 내렸다. It snowed without a break.

메다2 [메다, meda]

'에' regular conjugation Avti

to shoulder ; to carry (on the shoulders) ; to wear

causative	*메히다, 메게 하다, 메게 만들다	passive	메이다, 메게 되다, 메지다

adnominal : present-conti	past-perfect	past-retrospective	past-perfect-retro	future-gue/will
메는	멘	메던	메었던	멜

quotational : declarative	interrogative	imperative	suggestive	nominal	adverbial
멘다고	메느냐고	메라고	메자고	메기, 멤	매, 메게

high honorific level		indicative style	retrospective style
declarative	present	멥니다	멥디다
	present-continuous	메고 있습니다, 메는 중입니다	메고 있습디다
	past-perfect	메었습니다	메었습디다
	past-experience	메었었습니다	메었었습디다
	past-guessing	메었겠습니다	메었겠습디다
	future-gue/will/abi	메겠습니다, 메렵니다, 멜 겁니다, 멜 수 있습니다	메겠습디다
introgative	present	멥니까?	멥디까?
	past-perfect	메었습니까?	메었습디까?
	past-experience	메었었습니까?	메었었습디까?
	future-gue/will/abi	메겠습니까? 메렵니까? 멜 겁니까? 메리이까? 멜 수 있겠습니까?	메겠습디까?
imperative		메시오, 메십시오	
suggestive		멥시다, 메십시다	
exclamatory		메시는구나!	

ordinary honorific lev		'-어요' form	'-으오' form
declarative	present	메요, 메지요, 메세요, 멜래요, 멜걸요, 메는데요, 멘대요, 멜게요, 메잖아요	메오
	present-continuous	메고 있어요, 메고 있지요, 메고 있으세요, 메는 중이에요	메고 있소
	past-perfect	메었어요, 메었지요, 메었으세요, 메었잖아요	메었소
	past-experience	메었었어요, 메었었지요, 메었었으세요	메었었소
	past-guessing	메었겠어요, 메었겠지요, 메었겠으세요	메었겠소
	future-gue/will/abi	메겠어요, 메겠지요, 메겠으세요, 멜 수 있어요	메겠소
introgative	present	메요? 메지요? 메세요? 메나요? 멜까요? 멜래요? 메는가요? 메는데요? 멘대요? 멘다면서요? 멘다지요?	메오? *메소?
	past-perfect	메었어요? 메었지요? 메었으세요?	메었소?
	past-experience	메었었어요? 메었었지요? 메었었으세요?	메었었소?
	future-gue/will/abi	메겠어요? 메겠지요? 메겠으세요? 메리요? 멜 거예요? 멜 거지요? 멜 수 있겠어요?	메겠소?
imperative		메요, 메지요, 메세요, 메라니까요	메오, 메구려
suggestive		메요, 메지요, 메세요, 메자니까요	메오
exclamatory		메는군요! 메리요!	메오!

ordinary non-honorific lev		'-어' form	'-네' form
declarative	present	메, 메지, 멜래, 멜걸, 메는데, 멘대, 멜게, 멘단다, 메마, 메잖아	메네
	present-continuous	메고 있어, 메고 있지, 메는 중이야	메고 있네
	past-perfect	메었어, 메었지, 메었잖아	메었네
	future-gue/will/abi	메겠어, 메겠지, 멜 수 있어	메겠네
introgative	present	메? 메지? 메니? 메나? 멜까? 메랴? 멜래? 메는데? 멘대? 멘다면서? 멘다지?	메는가?
	past-perfect	메었어? 메었지? 메었니? 메었을까? 메었대? 메었다면서?	메었는가?
	future-gue/will/abi	메겠어? 메겠지? 메겠니? 메리? 멜 거야? 멜 거지? 멜 거니? 멜 수 있겠어?	메겠는가?
imperative		메, 메지, 메렴, 메려무나, 메라니까	메게
suggestive		메, 메지, 메자니까	메세
exclamatory		메! 메지! 메리!	메네!

low non-honorific lev		indicative style	retrospective style
declarative	present	멘다	메더라
	present-continuous	메고 있다, 메는 중이다	메고 있더라
	past-perfect	메었다	메었더라
	future-gue/will/abi	메겠다, 메리다, 메련다, 멜 거다, 멜 수 있다	메겠더라
introgative	present	메느냐?	메더냐?
	past-perfect	메었느냐?	메었더냐?
	future-gue/will/abi	메겠느냐?	메겠더냐?
imperative		메라	
suggestive		메자	
exclamatory		메는구나! 멘다! 메는도다!	메더구나!

connective	endings	connective	endings
serial	메고, 메며	comparison	메느니
selection	메거나, 메든지, 메든가	degree	메리만큼
contrast	메도, 메지만, 메나, 메는데, 메면서도, 메되, 메지	condition	메면, 메거든, 메거들랑, 메야, 멘다면, 메었던들
simultaneity	메면서, 메며	circumstance	메는데, 메니, 메다시피
completion	메고서, 메서, 메자, 메자마자	figure	메듯이
conversion	메다가	proportion	멜수록
concession	메도, 메더라도, 멜지라도, 멜지언정, 멘들, 메는데도, 메기로서니, 메나마, 멜망정, 메 보았자	cause	메서, 메니까, 메느라고, 메기에, 메길래, 메느니만큼, 메는지라, 멜세라, 메므로
intention	메러, 메려고, 메고자	addition	메거니와, 멜뿐더러, 메려니와
result	메도록, 메게끔	repetition	메곤

Basic sentences

- 그는 어깨에 가방을 메고 있다. He is wearing the bag on his shoulder.
- 그녀가 메고 있는 것이 뭐예요? What is it that she is shouldering?
- 그는 총을 메고 걸었다. He walked with a gun on his shoulder.

모르다 [모르다, morida]

'르' irregular conjugation, Avt

to do not know ; to do not understand ; to do not feel ; to do not remember

causative	*모르히다, 모르게 하다, 모르게 만들다	passive	*모르히다, 모르게 되다, 몰라지다

adnominal : present-conti	past-perfect	past-retrospective	past-perfect-retro	future-gue/will
모르는	모르는	모르던	몰랐던	모를

quotational : declarative	interrogative	imperative	suggestive	nominal	adverbial
모른다고	모르느냐고	모르라고	모르자고	모르기, 모름	몰라, 모르게

high honorific level		indicative style	retrospective style
declarative	present	모릅니다	모릅디다
	present-continuous	모르고 있습니다, *모르는 중입니다	모르고 있습디다
	past-perfect	몰랐습니다	몰랐습디다
	past-experience	몰랐었습니다	몰랐었습디다
	past-guessing	몰랐겠습니다	몰랐겠습디다
	future-gue/will/abi	모르겠습니다, *모르렵니다, 모를 겁니다, 모를 수 있습니다	모르겠습디다
introgative	present	모릅니까?	모릅디까?
	past-perfect	몰랐습니까?	몰랐습디까?
	past-experience	몰랐었습니까?	몰랐었습디까?
	future-gue/will/abi	모르겠습니까? *모르렵니까? *모를 겁니까? 모르리이까? 모를 수 있겠습니까?	모르겠습디까?
imperative		모르시오, 모르십시오	
suggestive		모릅시다, 모르십시다	
exclamatory		모르시는구나!	

ordinary honorific lev		'-어요' form	'-으오' form
declarative	present	몰라요, 모르지요, 모르세요, *모를래요, 모를걸요, 모르는데요, 모른대요, *모를게요, 모르잖아요	모르오
	present-continuous	모르고 있어요, 모르고 있지요, 모르고 있으세요, *모르는 중이에요	모르고 있소
	past-perfect	몰랐어요, 몰랐지요, 몰랐으세요, 몰랐잖아요	몰랐소
	past-experience	몰랐었어요, 몰랐었지요, 몰랐었으세요	몰랐었소
	past-guessing	몰랐겠어요, 몰랐겠지요, 몰랐겠으세요	몰랐겠소
	future-gue/will/abi	모르겠어요, 모르겠지요, 모르겠으세요, 모를 수 있어요	모르겠소
introgative	present	몰라요? 모르지요? 모르세요? 모르나요? 모를까요? *모를래요? 모르는가요? 모르는데요? 모른대요? 모른다면서요? 모른다지요?	모르오? *모르소?
	past-perfect	몰랐어요? 몰랐지요? 몰랐으세요?	몰랐소?
	past-experience	몰랐었어요? 몰랐었지요? 몰랐었으세요?	몰랐었소?
	future-gue/will/abi	모르겠어요? 모르겠지요? 모르겠으세요? 모르리요? *모를 거예요? *모를 거지요? 모를 수 있겠어요?	모르겠소?
imperative		몰라요, 모르지요, 모르세요, 모르라니까요	모르오, 모르구려
suggestive		몰라요, 모르지요, 모르세요, 모르자니까요	모르오
exclamatory		모르는군요! 모르리요!	모르오!

ordinary non-honorific lev		'-어' form	'-네' form
declarative	present	몰라, 모르지, *모를래, 모를걸, 모르는데, 모른대, 모를게, 모른단다, 모르마, 모르잖아	모르네
	present-continuous	모르고 있어, 모르고 있지, *모르는 중이야	모르고 있네
	past-perfect	몰랐어, 몰랐지, 몰랐잖아	몰랐네
	future-gue/will/abi	모르겠어, 모르겠지, 모를 수 있어	모르겠네
introgative	present	몰라? 모르지? 모르니? 모르나? 모를까? 모르랴? 모를래? 모르는데? 모른대? 모른다면서? 모른다지?	모르는가?
	past-perfect	몰랐어? 몰랐지? 몰랐니? 몰랐을까? 몰랐대? 몰랐다면서?	몰랐는가?
	future-gue/will/abi	모르겠어? 모르겠지? 모르겠니? 모르리? *모를 거야? *모를 거지? *모를 거니? 모를 수 있겠어?	모르겠는가?
imperative		몰라, 모르지, 모르렴, 모르려무나, 모르라니까	모르게
suggestive		몰라, 모르지, 모르자니까	모르세
exclamatory		몰라! 모르지! 모르리!	모르네!

low non-honorific lev		indicative style	retrospective style
declarative	present	모른다	모르더라
	present-continuous	모르고 있다, *모르는 중이다	모르고 있더라
	past-perfect	몰랐다	몰랐더라
	future-gue/will/abi	모르겠다, 모르리다, *모르련다, 모를 거다, 모를 수 있다	모르겠더라
introgative	present	모르느냐?	모르더냐?
	past-perfect	몰랐느냐?	몰랐더냐?
	future-gue/will/abi	모르겠느냐?	모르겠더냐?
imperative		몰라라	
suggestive		모르자	
exclamatory		모르는구나! 모른다! 모르는도다!	모르더구나!

connective	endings	connective	endings
serial	모르고, 모르며	comparison	모르느니
selection	모르거나, 모르든지, 모르든가	degree	모르니만큼
contrast	몰라도, 모르지만, 모르나, 모르는데, 모르면서도, 모르되, 모르지	condition	모르면, 모르거든, 모르거들랑, 몰라야, 모른다면, 몰랐던들
simultaneity	모르면서, 모르며	circumstance	모르는데, 모르니, 모르다시피
completion	모르고서, 몰라서, 모르자, *모르자마자	figure	모르듯이
conversion	모르다가	proportion	모를수록
concession	몰라도, 모르더라도, 모를지라도, 모를지언정, 모른들, 모르는데도, 모르기로서니, 모르나마, 모를망정, 몰라 보았자	cause	몰라서, 모르니까, 모르느라고, 모르기에, 모르길래, 모르느니만큼, 모르는지라, 모를세라, 모르므로
intention	*모르러, 모르려고, 모르고자	addition	모르거니와, 모를뿐더러, 모르려니와
result	모르도록, 모르게끔	습관	모르곤

Basic sentences

- 우리 할아버지는 컴퓨터를 사용할 줄 모른다.
  My grandfather does not know how to use a computer.
- 모르는 낱말이 나오면 늘 사전을 찾아보아라.
  Always search the dictionary when there is a word you don't know.
- 그가 러시아어를 모르기 때문에 영어로 물어 보았다.
  I asked in English because he didn't understand Russian.

모으다 [모으다, moida]

'으' irregular conjugation, Avt

to gather, collect ; to concentrate ; to accumulate ; to pile up

causative	*모으히다, 모으게 하다, 모으게 만들다	passive	*모으히다, 모으게 되다, 모아지다

adnominal : present-conti	past-perfect	past-retrospective	past-perfect-retro	future-gue/will
모으는	모은	모으던	모았던	모을

quotational : declarative	interrogative	imperative	suggestive	nominal	adverbial
모은다고	모으느냐고	모으라고	모으자고	모으기, 모음	모아, 모으게

high honorific level		indicative style	retrospective style
declarative	present	모읍니다	모읍디다
	present-continuous	모으고 있습니다, 모으는 중입니다	모으고 있습디다
	past-perfect	모았습니다	모았습디다
	past-experience	모았었습니다	모았었습디다
	past-guessing	모았겠습니다	모았겠습디다
	future-gue/will/abi	모으겠습니다, 모으렵니다, 모을 겁니다, 모을 수 있습니다	모으겠습디다
introgative	present	모읍니까?	모읍디까?
	past-perfect	모았습니까?	모았습디까?
	past-experience	모았었습니까?	모았었습디까?
	future-gue/will/abi	모으겠습니까? 모으렵니까? 모을 겁니까? 모으리이까? 모을 수 있겠습니까?	모으겠습디까?
imperative		모으시오, 모으십시오	
suggestive		모읍시다, 모으십시다	
exclamatory		모으시는구나!	

ordinary honorific lev		'-어요' form	'-으오' form
declarative	present	모아요, 모으지요, 모으세요, 모을래요, 모을걸요, 모으는데요, 모은대요, 모을게요, 모으잖아요	모으오
	present-continuous	모으고 있어요, 모으고 있지요, 모으고 있으세요, 모으는 중이에요	모으고 있소
	past-perfect	모았어요, 모았지요, 모았으세요, 모았잖아요	모았소
	past-experience	모았었어요, 모았었지요, 모았었으세요	모았었소
	past-guessing	모았겠어요, 모았겠지요, 모았겠으세요	모았겠소
	future-gue/will/abi	모으겠어요, 모으겠지요, 모으겠으세요, 모을 수 있어요	모으겠소
introgative	present	모아요? 모으지요? 모으세요? 모으나요? 모을까요? 모을래요? 모으는가요? 모으는데요? 모은대요? 모은다면서요? 모은다지요?	모으오? *모으소?
	past-perfect	모았어요? 모았지요? 모았으세요?	모았소?
	past-experience	모았었어요? 모았었지요? 모았었으세요?	모았었소?
	future-gue/will/abi	모으겠어요? 모으겠지요? 모으겠으세요? 모으리요? 모을 거예요? 모을 거지요? 모을 수 있겠어요?	모으겠소?
imperative		모아요, 모으지요, 모으세요, 모으라니까요	모으오, 모으구려
suggestive		모아요, 모으지요, 모으세요, 모으자니까요	모으오
exclamatory		모으는군요! 모으리요!	모으오!

ordinary non-honorific lev		'-어' form	'-네' form
declarative	present	모아, 모으지, 모을래, 모을걸, 모으는데, 모은대, 모을게, 모은단다, 모으마, 모으잖아	모으네
	present-continuous	모으고 있어, 모으고 있지, 모으는 중이야	모으고 있네
	past-perfect	모았어, 모았지, 모았잖아	모았네
	future-gue/will/abi	모으겠어, 모으겠지, 모을 수 있어	모으겠네
introgative	present	모아? 모으지? 모으니? 모으나? 모을까? 모으랴? 모을래? 모으는데? 모은대? 모은다면서? 모은다지?	모으는가?
	past-perfect	모았어? 모았지? 모았니? 모았을까? 모았대? 모았다면서?	모았는가?
	future-gue/will/abi	모으겠어? 모으겠지? 모으겠니? 모으리? 모을 거야? 모을 거지? 모을 거니? 모을 수 있겠어?	모으겠는가?
imperative		모아, 모으지, 모으렴, 모으려무나, 모으라니까	모으게
suggestive		모아, 모으지, 모으자니까	모으세
exclamatory		모아! 모으지! 모으리!	모으네!

low non-honorific lev		indicative style	retrospective style
declarative	present	모은다	모으더라
	present-continuous	모으고 있다, 모으는 중이다	모으고 있더라
	past-perfect	모았다	모았더라
	future-gue/will/abi	모으겠다, 모으리다, 모으련다, 모을 거다, 모을 수 있다	모으겠더라
introgative	present	모으느냐?	모으더냐?
	past-perfect	모았느냐?	모았더냐?
	future-gue/will/abi	모으겠느냐?	모으겠더냐?
imperative		모아라	
suggestive		모으자	
exclamatory		모으는구나! 모은다! 모으는도다!	모으더구나!

connective	endings	connective	endings
serial	모으고, 모으며	comparison	모으느니
selection	모으거나, 모으든지, 모으든가	degree	모으리만큼
contrast	모아도, 모으지만, 모으나, 모으는데, 모으면서도, 모으되, 모으지	condition	모으면, 모으거든, 모으거들랑, 모아야, 모은다면, 모았던들
simultaneity	모으면서, 모으며	circumstance	모으는데, 모으니, 모으다시피
completion	모으고서, 모아서, 모으자, 모으자마자	figure	모으듯이
conversion	모으다가	proportion	모을수록
concession	모아도, 모으더라도, 모을지라도, 모을지언정, 모은들, 모으는데도, 모으기로서니, 모으나마, 모을망정, 모아 보았자	cause	모아서, 모으니까, 모으느라고, 모으기에, 모으길래, 모으느니만큼, 모으는지라, 모을세라, 모으므로
intention	모으러, 모으려고, 모으고자	addition	모으거니와, 모을뿐더러, 모으려니와
result	모으도록, 모으게끔	repetition	모으곤

Basic sentences

- 그는 동전을 저금통에 매일 모아 왔다. He collected coins in his piggy bank everyday.
- 나의 취미는 우표를 모으는 것이다. My hobby is to collect stamps.
- 티끌 모아 태산을 이룬다는 속담이 있다.
  There is a saying that mountain are built by collected dust.

못하다 [모:타다, mo:tʰada]

'여' irregular conjugation, Avt

can not ; to be impossible, fail to ; to be inferior, be worse than ; to not be good

causative	*못하히다, 못하게 하다, 못하게 만들다	passive	*못하히다, 못하게 되다, 못해지다

adnominal : present-conti	past-perfect	past-retrospective	past-perfect-retro	future-gue/will
못하는	못한	못하던	못했던	못할

quotational : declarative	interrogative	imperative	suggestive	nominal	adverbial
못한다고	못하느냐고	못하라고	못하자고	못하기, 못함	못해, 못하게

high honorific level		indicative style	retrospective style
declarative	present	못합니다	못합디다
	present-continuous	못하고 있습니다, 못하는 중입니다	못하고 있습디다
	past-perfect	못했습니다	못했습디다
	past-experience	못했었습니다	못했었습디다
	past-guessing	못했겠습니다	못했겠습디다
	future-gue/will/abi	못하겠습니다, *못하렵니다, 못할 겁니다, 못할 수 있습니다	못하겠습디다
introgative	present	못합니까?	못합디까?
	past-perfect	못했습니까?	못했습디까?
	past-experience	못했었습니까?	못했었습디까?
	future-gue/will/abi	못하겠습니까? *못하렵니까? *못할 겁니까? 못하리이까? 못할 수 있겠습니까?	못하겠습디까?
imperative		*못하시오, *못하십시오	
suggestive		못합시다, 못하십시다	
exclamatory		못하시는구나!	

ordinary honorific lev		'-어요' form	'-으오' form
declarative	present	못해요, 못하지요, 못하세요, 못할래요, 못할걸요, 못하는데요, 못한대요, 못할게요, 못하잖아요	못하오
	present-continuous	못하고 있어요, 못하고 있지요, 못하고 있으세요, 못하는 중이에요	못하고 있소
	past-perfect	못했어요, 못했지요, 못했으세요, 못했잖아요	못했소
	past-experience	못했었어요, 못했었지요, 못했었으세요	못했었소
	past-guessing	못했겠어요, 못했겠지요, 못했겠으세요	못했겠소
	future-gue/will/abi	못하겠어요, 못하겠지요, 못하겠으세요, 못할 수 있어요	못하겠소
introgative	present	못해요? 못하지요? 못하세요? 못하나요? 못할까요? 못할래요? 못하는가요? 못하는데요? 못한대요? 못한다면서요? 못한다지요?	못하오? *못하소?
	past-perfect	못했어요? 못했지요? 못했으세요?	못했소?
	past-experience	못했었어요? 못했었지요? 못했었으세요?	못했었소?
	future-gue/will/abi	못하겠어요? 못하겠지요? 못하겠으세요? 못하리요? 못할 거예요? 못할 거지요? 못할 수 있겠어요?	못하겠소?
imperative		못해요, 못하지요, 못하세요, 못하라니까요	못하오, 못하구려
suggestive		못해요, 못하지요, 못하세요, 못하자니까요	못하오
exclamatory		못하는군요! 못하리요!	못하오!

ordinary non-honorific lev		'-어' form	'-네' form
declarative	present	못해, 못하지, 못할래, 못할걸, 못하는데, 못한대, 못할게, 못한단다, 못하마, 못하잖아	못하네
	present-continuous	못하고 있어, 못하고 있지, 못하는 중이야	못하고 있네
	past-perfect	못했어, 못했지, 못했잖아	못했네
	future-gue/will/abi	못하겠어, 못하겠지, 못할 수 있어	못하겠네
introgative	present	못해? 못하지? 못하니? 못하나? 못할까? 못하랴? 못할래? 못하는데? 못한대? 못한다면서? 못한다지?	못하는가?
	past-perfect	못했어? 못했지? 못했니? 못했을까? 못했대? 못했다면서?	못했는가?
	future-gue/will/abi	못하겠어? 못하겠지? 못하겠니? 못하리? 못할 거야? 못할 거지? 못할 거니? 못할 수 있겠어?	못하겠는가?
imperative		못해, 못하지, 못하렴, 못하려무나, 못하라니까	못하게
suggestive		못해, 못하지, 못하자니까	못하세
exclamatory		못해! 못하지! 못하리!	못하네!

low non-honorific lev		indicative style	retrospective style
declarative	present	못한다	못하더라
	present-continuous	못하고 있다, 못하는 중이다	못하고 있더라
	past-perfect	못했다	못했더라
	future-gue/will/abi	못하겠다, 못하리다, 못하련다, 못할 거다, 못할 수 있다	못하겠더라
introgative	present	못하느냐?	못하더냐?
	past-perfect	못했느냐?	못했더냐?
	future-gue/will/abi	못하겠느냐?	못하겠더냐?
imperative		못해라	
suggestive		못하자	
exclamatory		못하는구나! 못한다! 못하는도다!	못하더구나!

connective	endings	connective	endings
serial	못하고, 못하며	comparison	못하느니
selection	못하거나, 못하든지, 못하든가	degree	못하리만큼
contrast	못해도, 못하지만, 못하나, 못하는데, 못하면서도, 못하되, 못하지	condition	못하면, 못하거든, 못하거들랑, 못해야, 못한다면, 못했던들
simultaneity	못하면서, 못하며	circumstance	못하는데, 못하니, 못하다시피
completion	못하고서, 못해서, 못하자, 못하자마자	figure	못하듯이
conversion	못하다가	proportion	못할수록
concession	못해도, 못하더라도, 못할지라도, 못할지언정, 못한들, 못하는데도, 못하기로서니, 못하나마, 못할망정, 못해 보았자	cause	못해서, 못하니까, 못하느라고, 못하기에, 못하길래, 못하느니만큼, 못하는지라, 못할세라, 못하므로
intention	*못하러, 못하려고, 못하고자	addition	못하거니와, 못할뿐더러, 못하려니와
result	못하도록, 못하게끔	repetition	못하곤

Basic sentences

- 그는 농구를 잘 못한다. He is not good at baseketball.
- 수학을 잘 못하는 학생들을 위해 보충수업을 실시했다.
  We made an extra class for those who are failing at math.
- 축구를 잘 하지는 못해도 즐기는 편이다. Though I am not good at soccer, I enjoy it.

무디다 [무디다, mudida]

'이' regular conjugation, Dv

to be dull ; to be blunt ; to be slow ; to be slow-witted

causative	*무디히다, 무디게 하다, 무디게 만들다	passive	*무디히다, 무디게 되다, 무디어지다

adnominal : present-conti	past-perfect	past-retrospective	past-perfect-retro	future-gue/will
*무디는	무딘	무디던	무디었던	무딜

quotational : declarative	interrogative	imperative	suggestive	nominal	adverbial
무디다고	무디냐고	*무디라고	*무디자고	무디기, 무딤	무뎌, 무디게

high honorific level		indicative style	retrospective style
declarative	present	무딥니다	무딥디다
	present-continuous	*무디고 있습니다, *무디는 중입니다	*무디고 있습디다
	past-perfect	무디었습니다	무디었습디다
	past-experience	무디었었습니다	무디었었습디다
	past-guessing	무디었겠습니다	무디었겠습디다
	future-gue/will/abi	무디겠습니다, *무디렵니다, 무딜 겁니다, 무딜 수 있습니다	무디겠습디다
introgative	present	무딥니까?	무딥디까?
	past-perfect	무디었습니까?	무디었습디까?
	past-experience	무디었었습니까?	무디었었습디까?
	future-gue/will/abi	무디겠습니까? *무디렵니까? *무딜 겁니까? *무디리이까? *무딜 수 있겠습니까?	무디겠습디까?
imperative		*무디시오, *무디십시오	
suggestive		*무딥시다, *무디십시다	
exclamatory		무디시구나!	

ordinary honorific lev		'-어요' form	'-으오' form
declarative	present	무뎌요, 무디지요, 무디세요, *무딜래요, 무딜걸요, 무딘데요, 무디대요, *무딜게요, 무디잖아요	무디오
	present-continuous	*무디고 있어요, *무디고 있지요, *무디고 있으세요, *무디는 중이에요	*무디고 있소
	past-perfect	무디었어요, 무디었지요, 무디었으세요, 무디었잖아요	무디었소
	past-experience	무디었었어요, 무디었었지요, 무디었었으세요	무디었었소
	past-guessing	무디었겠어요, 무디었겠지요, 무디었겠으세요	무디었겠소
	future-gue/will/abi	무디겠어요, 무디겠지요, 무디겠으세요, 무딜 수 있어요	무디겠소
introgative	present	무디어요? 무디지요? 무디세요? 무디나요? 무딜까요? *무딜래요? 무딘가요? 무딘데요? 무디대요? 무디다면서요? 무디다지요?	무디오? *무디소?
	past-perfect	무디었어요? 무디었지요? 무디었으세요?	무디었소?
	past-experience	무디었었어요? 무디었었지요? 무디었었으세요?	무디었었소?
	future-gue/will/abi	무디겠어요? 무디겠지요? 무디겠으세요? 무디리요? *무딜 거예요? *무딜 거지요? *무딜 수 있겠어요?	무디겠소?
imperative		*무뎌요, *무디지요, *무디세요, *무디라니까요	*무디오, *무디구려
suggestive		*무뎌요, *무디지요, *무디세요, *무디자니까요	*무디오
exclamatory		무디군요! 무디리요!	무디오!

ordinary non-honorific lev		'-어' form	'-네' form
declarative	present	무뎌, 무디지, *무딜래, 무딜걸, 무딘데, 무디대, *무딜게, 무디단다, *무디마, 무디잖아	무디네
	present-continuous	*무디고 있어, *무디고 있지, *무디는 중이야	*무디고 있네
	past-perfect	무디었어, 무디었지, 무디었잖아	무디었네
	future-gue/will/abi	무디겠어, 무디겠지, 무딜 수 있어	무디겠네
introgative	present	무디어? 무디지? 무디니? 무디나? 무딜까? 무디랴? *무딜래? 무딘데? 무디대? 무디다면서? 무디다지?	무딘가?
	past-perfect	무디었어? 무디었지? 무디었니? 무디었을까? 무디었대? 무디었다면서?	무디었는가?
	future-gue/will/abi	무디겠어? 무디겠지? 무디겠니? 무디리? *무딜 거야? *무딜 거지? *무딜 거니? *무딜 수 있겠어?	무디겠는가?
imperative		*무뎌, *무디지, *무디렴, *무디려무나, *무디라니까	*무디게
suggestive		*무뎌, *무디지, *무디자니까	*무디세
exclamatory		무뎌! 무디지! 무디리!	무디네!

low non-honorific lev		indicative style	retrospective style
declarative	present	무디다	무디더라
	present-continuous	*무디고 있다, *무디는 중이다	*무디고 있더라
	past-perfect	무디었다	무디었더라
	future-gue/will/abi	무디겠다, *무디리다, *무디련다, 무딜 거다, 무딜 수 있다	무디겠더라
introgative	present	무디냐?	무디더냐?
	past-perfect	무디었느냐?	무디었더냐?
	future-gue/will/abi	무디겠느냐?	무디겠더냐?
imperative		*무뎌라	
suggestive		*무디자	
exclamatory		무디구나! 무디다! 무디도다!	무디더구나!

connective	endings	connective	endings
serial	무디고, 무디며	comparison	*무디느니
selection	무디거나, 무디든지, 무디든가	degree	무디리만큼
contrast	무뎌도, 무디지만, 무디나, 무딘데, 무디면서도, 무디되, 무디지	condition	무디면, 무디거든, 무디거들랑, 무디어야, 무디다면, 무디었던들
simultaneity	무디면서, 무디며	circumstance	무딘데, 무디니, *무디다시피
completion	*무디고서, *무뎌서, *무디자, *무디자마자	figure	무디듯이
conversion	무디다가	proportion	무딜수록
concession	무뎌도, 무디더라도, 무딜지라도, 무딜지언정, 무딘들, 무딘데도, 무디기로서니, 무디나마, 무딜망정, 무디어 보았자	cause	무뎌서, 무디니까, *무디느라고, 무디기에, 무디길래, 무디니만큼, 무딘지라, 무딜세라, 무디므로
intention	*무디러, *무디려고, *무디고자	addition	무디거니와, 무딜뿐더러, 무디려니와
result	무디도록, 무디게끔	repetition	무디곤

- 이 면도기는 날이 무디다. The shaving razor is blunt.
- 눈치가 무딘 사람과 함께 일을 하는 것은 매우 어렵다. It is very difficult to work with a slow-witted person.
- 그는 늘 말을 무디게 했다. He always talked bluntly.

무섭다 [무섭따, musəpt'a]

'ㅂ' irregular conjugation, Dv

to be fearful, be deadful, be terrible ; to be frightened

causative	*무섭히다, 무섭게 하다, 무섭게 만들다	passive	*무섭히다, 무섭게 되다, 무서워지다

adnominal : present-conti	past-perfect	past-retrospective	past-perfect-retro	future-gue/will
무서운	무서운	무섭던	무서웠던	무서울

quotational : declarative	interrogative	imperative	suggestive	nominal	adverbial
무섭다고	무서우냐고	무서우라고	무섭자고	무섭기, 무서움	무서워, 무섭게

high honorific level		indicative style	retrospective style
declarative	present	무섭습니다	무섭습디다
	present-continuous	*무섭고 있습니다, *무섭는 중입니다	*무섭고 있습디다
	past-perfect	무서웠습니다	무서웠습디다
	past-experience	무서웠었습니다	무서웠었습디다
	past-guessing	무서웠겠습니다	무서웠겠습디다
	future-gue/will/abi	무섭겠습니다, *무서우렵니다, 무서울 겁니다, 무서울 수 있습니다	무섭겠습디다
introgative	present	무섭습니까?	무섭습디까?
	past-perfect	무서웠습니까?	무서웠습디까?
	past-experience	무서웠었습니까?	무서웠었습디까?
	future-gue/will/abi	무섭겠습니까? *무서우렵니까? *무서울 겁니까? *무서우리이까? *무서울 수 있겠습니까?	무섭겠습디까?
imperative		*무서우시오, *무서우십시오	
suggestive		*무서웁시다, *무서우십시다	
exclamatory		무서우시구나!	

ordinary honorific lev		'-어요' form	'-으오' form
declarative	present	무서워요, 무섭지요, 무서우세요, *무서울래요, 무서울걸요, 무섭데요, 무서운데요, 무섭대요, *무서울게요, 무섭잖아요	무서우오
	present-continuous	*무섭고 있어요, *무섭고 있지요, *무섭고 있으세요, *무섭는 중이에요	*무섭고 있소
	past-perfect	무서웠어요, 무서웠지요, 무서웠으세요, 무서웠잖아요	무서웠소
	past-experience	무서웠었어요, 무서웠었지요, 무서웠었으세요	무서웠었소
	past-guessing	무서웠겠어요, 무서웠겠지요, 무서웠겠으세요	무서웠겠소
	future-gue/will/abi	무섭겠어요, 무섭겠지요, 무섭겠으세요, 무서울 수 있어요	무섭겠소
introgative	present	무서워요? 무섭지요? 무서우세요? 무섭나요? 무서울까요? *무서울래요? 무서운가요? 무서운데요? 무섭대요? 무섭다면서요? 무섭다지요?	무서우오? 무섭소?
	past-perfect	무서웠어요? 무서웠지요? 무서웠으세요?	무서웠소?
	past-experience	무서웠었어요? 무서웠었지요? 무서웠었으세요?	무서웠었소?
	future-gue/will/abi	무섭겠어요? 무섭겠지요? 무섭겠으세요? 무서우리요? *무서울 거예요? *무서울 거지요? *무서울 수 있겠어요?	무섭겠소?
imperative		*무서워요, *무섭지요, *무서우세요, *무서우라니까요	*무서우오, *무섭구려
suggestive		*무서워요, *무섭지요, *무서우세요, *무섭자니까요	*무서우오
exclamatory		무섭군요! 무서우리요!	무서우오!

ordinary non-honorific lev		'-어' form	'-네' form
declarative	present	무서워, 무섭지, *무서울래, 무서울걸, 무서운데, 무섭대, *무서울게, 무섭단다, *무서우마, 무섭잖아	무섭네
	present-continuous	*무섭고 있어, *무섭고 있지, *무섭는 중이야	*무섭고 있네
	past-perfect	무서웠어, 무서웠지, 무서웠잖아	무서웠네
	future-gue/will/abi	무섭겠어, 무섭겠지, 무서울 수 있어	무섭겠네
introgative	present	무서워? 무섭지? 무섭니? 무섭나? 무서울까? 무서우랴? *무서울래? 무서운데? 무섭대? 무섭다면서? 무섭다지?	무서운가?
	past-perfect	무서웠어? 무서웠지? 무서웠니? 무서웠을까? 무서웠대? 무서웠다면서?	무서웠는가?
	future-gue/will/abi	무섭겠어? 무섭겠지? 무섭겠니? *무서우리? *무서울 거야? *무서울 거지? *무서울 거니? *무서울 수 있겠어?	무섭겠는가?
imperative		*무서워, *무섭지, *무서우렴, *무서우려무나, *무서우라니까	*무섭게
suggestive		*무서워, *무섭지, *무섭자니까	*무섭세
exclamatory		무서워! 무섭지! 무서우리!	무섭네!

low non-honorific lev		indicative style	retrospective style
declarative	present	무섭다	무섭더라
	present-continuous	*무섭고 있다, *무섭는 중이다	*무섭고 있더라
	past-perfect	무서웠다	무서웠더라
	future-gue/will/abi	무섭겠다, *무서우리다, *무서우련다, 무서울 거다, 무서울 수 있다	무섭겠더라
introgative	present	무서우냐?	무섭더냐?
	past-perfect	무서웠느냐?	무서웠더냐?
	future-gue/will/abi	무섭겠느냐?	무섭겠더냐?
imperative		*무서워라	
suggestive		*무섭자	
exclamatory		무섭구나! 무섭다! 무섭도다!	무섭더구나!

connective	endings	connective	endings
serial	무섭고, 무서우며	comparison	*무섭느니
selection	무섭거나, 무섭든지, 무섭든가	degree	무서우리만큼
contrast	무서워도, 무섭지만, 무서우나, 무서운데, 무서우면서도, 무섭되, 무섭지	condition	무서우면, 무섭거든, 무섭거들랑, 무서워야, 무섭다면, 무서웠던들
simultaneity	무서우면서, 무서우며	circumstance	무서운데, 무서우니, *무섭다시피
completion	*무섭고서, *무서워서, *무섭자, *무섭자마자	figure	무섭듯이
conversion	무섭다가	proportion	무서울수록
concession	무서워도, 무섭더라도, 무서울지라도, 무서울지언정, 무서운들, 무서운데도, 무섭기로서니, 무서우나마, 무서울망정, 무서워 보았자	cause	무서워서, 무서우니까, *무서우느라고, 무섭기에, 무섭길래, 무서우니만큼, 무서운지라, 무서울세라, 무서우므로
intention	*무서우러, *무서우려고, *무섭고자	addition	무섭거니와, 무서울뿐더러, 무서우려니와
result	무섭도록, 무섭게끔	repetition	무섭곤

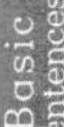

- 그 사람은 성질이 무섭다. He has bad temper.
- 무서웠던 기억이 떠올라 몸을 떨었다. I shivered because I was reminded of a scary memory.
- 강도가 무서우면 밤늦게 다니지 마세요. Do not be outdoors, if you are afraid of robbers.

묶다 [묵따, mukt'a]

'ㄲ' regular conjugation, Avt

to bind, tie, fasten ; to chain

causative	묶기다, 묶게 하다, 묶게 만들다	passive	묶히다, 묶게 되다, 묶어지다, 묶겨지다

adnominal : present-conti	past-perfect	past-retrospective	past-perfect-retro	future-gue/will
묶는	묶은	묶던	묶었던	묶을

quotational : declarative	interrogative	imperative	suggestive	nominal	adverbial
묶는다고	묶느냐고	묶으라고	묶자고	묶기, 묶음	묶어서, 묶게

high honorific level		indicative style	retrospective style
declarative	present	묶습니다	묶습디다
	present-continuous	묶고 있습니다, 묶는 중입니다	묶고 있습디다
	past-perfect	묶었습니다	묶었습디다
	past-experience	묶었었습니다	묶었었습디다
	past-guessing	묶었겠습니다	묶었겠습디다
	future-gue/will/abi	묶겠습니다, 묶으렵니다, 묶을 겁니다, 묶을 수 있습니다	묶겠습디다
introgative	present	묶습니까?	묶습디까?
	past-perfect	묶었습니까?	묶었습디까?
	past-experience	묶었었습니까?	묶었었습디까?
	future-gue/will/abi	묶겠습니까? 묶으렵니까? 묶을 겁니까? 묶으리이까? 묶을 수 있겠습니까?	묶겠습디까?
imperative		묶으시오, 묶으십시오	
suggestive		묶읍시다, 묶으십시다	
exclamatory		묶으시는구나!	

ordinary honorific lev		'-어요' form	'-으오' form
declarative	present	묶어요, 묶지요, 묶으세요, 묶을래요, 묶을걸요, 묶는데요, 묶는대요, 묶을게요, 묶잖아요	묶으오
	present-continuous	묶고 있어요, 묶고 있지요, 묶고 있으세요, 묶는 중이에요	묶고 있소
	past-perfect	묶었어요, 묶었지요, 묶었으세요, 묶었잖아요	묶었소
	past-experience	묶었었어요, 묶었었지요, 묶었었으세요	묶었었소
	past-guessing	묶었겠어요, 묶었겠지요, 묶었겠으세요	묶었겠소
	future-gue/will/abi	묶겠어요, 묶겠지요, 묶겠으세요, 묶을 수 있어요	묶겠소
introgative	present	묶어요? 묶지요? 묶으세요? 묶나요? 묶을까요? 묶을래요? 묶는가요? 묶는데요? 묶는대요? 묶는다면서요? 묶는다지요?	묶으오? 묶소?
	past-perfect	묶었어요? 묶었지요? 묶었으세요?	묶었소?
	past-experience	묶었었어요? 묶었었지요? 묶었었으세요?	묶었었소?
	future-gue/will/abi	묶겠어요? 묶겠지요? 묶겠으세요? 묶으리요? 묶을 거예요? 묶을 거지요? 묶을 수 있겠어요?	묶겠소?
imperative		묶어요, 묶지요, 묶으세요, 묶으라니까요	묶으오, 묶구려
suggestive		묶어요, 묶지요, 묶으세요, 묶자니까요	묶으오
exclamatory		묶는군요! 묶으리요!	묶으오!

ordinary non-honorific lev		'-어' form	'-네' form
declarative	present	묶어, 묶지, 묶을래, 묶을걸, 묶는데, 묶는대, 묶을게, 묶는단다, 묶으마, 묶잖아	묶네
	present-continuous	묶고 있어, 묶고 있지, 묶는 중이야	묶고 있네
	past-perfect	묶었어, 묶었지, 묶었잖아	묶었네
	future-gue/will/abi	묶겠어, 묶겠지, 묶을 수 있어	묶겠네
introgative	present	묶어? 묶지? 묶니? 묶나? 묶을까? 묶으랴? 묶을래? 묶는데? 묶는대? 묶는다면서? 묶는다지?	묶는가?
	past-perfect	묶었어? 묶었지? 묶었니? 묶었을까? 묶었대? 묶었다면서?	묶었는가?
	future-gue/will/abi	묶겠어? 묶겠지? 묶겠니? 묶으리? 묶을 거야? 묶을 거지? 묶을 거니? 묶을 수 있겠어?	묶겠는가?
imperative		묶어, 묶지, 묶으렴, 묶으려무나, 묶으라니까	묶게
suggestive		묶어, 묶지, 묶자니까	묶세
exclamatory		묶어! 묶지! 묶으리!	묶네!

low non-honorific lev		indicative style	retrospective style
declarative	present	묶는다	묶더라
	present-continuous	묶고 있다, 묶는 중이다	묶고 있더라
	past-perfect	묶었다	묶었더라
	future-gue/will/abi	묶겠다, 묶으리다, 묶으련다, 묶을 거다, 묶을 수 있다	묶겠더라
introgative	present	묶느냐?	묶더냐?
	past-perfect	묶었느냐?	묶었더냐?
	future-gue/will/abi	묶겠느냐?	묶겠더냐?
imperative		묶어라	
suggestive		묶자	
exclamatory		묶는구나! 묶는다! 묶는도다!	묶더구나!

connective	endings	connective	endings
serial	묶고, 묶으며	comparison	묶느니
selection	묶거나, 묶든지, 묶든가	degree	묶으리만큼
contrast	묶어도, 묶지만, 묶으나, 묶는데, 묶으면서도, 묶되, 묶지	condition	묶으면, 묶거든, 묶거들랑, 묶어야, 묶는다면, 묶었던들
simultaneity	묶으면서, 묶으며	circumstance	묶는데, 묶으니, 묶다시피
completion	묶고서, 묶어서, 묶자, 묶자마자	figure	묶듯이
conversion	묶다가	proportion	묶을수록
concession	묶어도, 묶더라도, 묶을지라도, 묶을지언정, 묶은들, 묶는데도, 묶기로서니, 묶으나마, 묶을망정, 묶어 보았자	cause	묶어서, 묶으니까, 묶느라고, 묶기에, 묶길래, 묶느니만큼, 묶는지라, 묶을세라, 묶으므로
intention	묶으러, 묶으려고, 묶고자	addition	묶거니와, 묶을뿐더러, 묶으려니와
result	묶도록, 묶게끔	repetition	묶곤

- 그는 손발이 묶여 있었다. His hands and legs are tied together.
- 꽃다발 한 묶음을 그녀에게 선물했다. I gave her a bundle of flower as a gift.
- 여성들을 너무 가정에 묶어 두지 마세요. Do not tie a woman too much to the family.

묻다1 [묻따, mudt'a]

'ㄷ' regular conjugation, Avi

to stick (to), adhere (to) ; to be stuck to ; to be stained with

causative	묻히다, 묻게 하다, 묻게 만들다	passive	묻히다, 묻게 되다, 묻어지다, 묻혀지다

adnominal : present-conti	past-perfect	past-retrospective	past-perfect-retro	future-gue/will
묻는	묻은	묻던	묻었던	묻을

quotational : declarative	interrogative	imperative	suggestive	nominal	adverbial
묻는다고	묻느냐고	묻으라고	묻자고	묻기, 묻음	묻어, 묻게

high honorific level		indicative style	retrospective style
declarative	present	묻습니다	묻습디다
	present-continuous	묻고 있습니다, 묻는 중입니다	묻고 있습디다
	past-perfect	묻었습니다	묻었습디다
	past-experience	묻었었습니다	묻었었습디다
	past-guessing	묻었겠습니다	묻었겠습디다
	future-gue/will/abi	묻겠습니다, 묻으렵니다, 묻을 겁니다, 묻을 수 있습니다	묻겠습디다
introgative	present	묻습니까?	묻습디까?
	past-perfect	묻었습니까?	묻었습디까?
	past-experience	묻었었습니까?	묻었었습디까?
	future-gue/will/abi	묻겠습니까? 묻으렵니까? 묻을 겁니까? 묻으리이까? 묻을 수 있겠습니까?	묻겠습디까?
imperative		묻으시오, 묻으십시오	
suggestive		묻읍시다, 묻으십시다	
exclamatory		묻으시는구나!	

ordinary honorific lev		'-어요' form	'-으오' form
declarative	present	묻어요, 묻지요, 묻으세요, 묻을래요, 묻을걸요, 묻는데요, 묻는대요, 묻을게요, 묻잖아요	묻으오
	present-continuous	묻고 있어요, 묻고 있지요, 묻고 있으세요, 묻는 중이에요	묻고 있소
	past-perfect	묻었어요, 묻었지요, 묻었으세요, 묻었잖아요	묻었소
	past-experience	묻었었어요, 묻었었지요, 묻었었으세요	묻었었소
	past-guessing	묻었겠어요, 묻었겠지요, 묻었겠으세요	묻었겠소
	future-gue/will/abi	묻겠어요, 묻겠지요, 묻겠으세요, 묻을 수 있어요	묻겠소
introgative	present	묻어요? 묻지요? 묻으세요? 묻나요? 묻을까요? 묻을래요? 묻는가요? 묻는데요? 묻는대요? 묻는다면서요? 묻는다지요?	묻으오? 묻소?
	past-perfect	묻었어요? 묻었지요? 묻었으세요?	묻었소?
	past-experience	묻었었어요? 묻었었지요? 묻었었으세요?	묻었었소?
	future-gue/will/abi	묻겠어요? 묻겠지요? 묻겠으세요? 묻으리요? 묻을 거예요? 묻을 거지요? 묻을 수 있겠어요?	묻겠소?
imperative		묻어요, 묻지요, 묻으세요, 묻으라니까요	묻으오, 묻구려
suggestive		묻어요, 묻지요, 묻으세요, 묻자니까요	묻으오
exclamatory		묻는군요! 묻으리요!	묻으오!

ordinary non-honorific lev		'-어' form	'-네' form
declarative	present	묻어, 묻지, 묻을래, 묻을걸, 묻는데, 묻는대, 묻을게, 묻는단다, 묻으마, 묻잖아	묻네
	present-continuous	묻고 있어, 묻고 있지, 묻는 중이야	묻고 있네
	past-perfect	묻었어, 묻었지, 묻었잖아	묻었네
	future-gue/will/abi	묻겠어, 묻겠지, 묻을 수 있어	묻겠네
introgative	present	묻어? 묻지? 묻니? 묻나? 묻을까? 묻으랴? 묻을래? 묻는데? 묻는대? 묻는다면서? 묻는다지?	묻는가?
	past-perfect	묻었어? 묻었지? 묻었니? 묻었을까? 묻었대? 묻었다면서?	묻었는가?
	future-gue/will/abi	묻겠어? 묻겠지? 묻겠니? 묻으리? 묻을 거야? 묻을 거지? 묻을 거니? 묻을 수 있겠어?	묻겠는가?
imperative		묻어, 묻지, 묻으렴, 묻으려무나, 묻으라니까	묻게
suggestive		묻어, 묻지, 묻자니까	묻세
exclamatory		묻어! 묻지! 묻으리!	묻네!

low non-honorific lev		indicative style	retrospective style
declarative	present	묻는다	묻더라
	present-continuous	묻고 있다, 묻는 중이다	묻고 있더라
	past-perfect	묻었다	묻었더라
	future-gue/will/abi	묻겠다, 묻으리다, 묻으련다, 묻을 거다, 묻을 수 있다	묻겠더라
introgative	present	묻느냐?	묻더냐?
	past-perfect	묻었느냐?	묻었더냐?
	future-gue/will/abi	묻겠느냐?	묻겠더냐?
imperative		묻어라	
suggestive		묻자	
exclamatory		묻는구나! 묻는다! 묻는도다!	묻더구나!

connective	endings	connective	endings
serial	묻고, 묻으며	comparison	묻느니
selection	묻거나, 묻든지, 묻든가	degree	묻으리만큼
contrast	묻어도, 묻지만, 묻으나, 묻는데, 묻으면서도, 묻되, 묻지	condition	묻으면, 묻거든, 묻거들랑, 묻어야, 묻는다면, 묻었던들
simultaneity	묻으면서, 묻으며	circumstance	묻는데, 묻으니, 묻다시피
completion	묻고서, 묻어서, 묻자, 묻자마자	figure	묻듯이
conversion	묻다가	proportion	묻을수록
concession	묻어도, 묻더라도, 묻을지라도, 묻을지언정, 묻은들, 묻는데도, 묻기로서니, 묻으나마, 묻을망정, 묻어 보았자	cause	묻어서, 묻으니까, 묻느라고, 묻기에, 묻길래, 묻느니만큼, 묻는지라, 묻을세라, 묻으므로
intention	묻으러, 묻으려고, 묻고자	addition	묻거니와, 묻을뿐더러, 묻으려니와
result	묻도록, 묻게끔	repetition	묻곤

Basic sentences

- 바지에 잉크가 묻었다. The pants are stained with ink.
- 피가 묻은 옷은 빨기가 어렵다. It is hard to wash blood stained clothes.
- 옷에 때가 묻더라도 걱정하지 마세요. Don't worry about your clothes getting dirty.

묻다2 [묻:따, mud:t'a]

'ㅂ' irregular conjugation, Avt

to ask, question ; to inquire of ; to charge of

causative	*묻히다, 묻게 하다, 묻게 만들다	passive	*묻히다, 묻게 되다, 물어지다

adnominal : present-conti	past-perfect	past-retrospective	past-perfect-retro	future-gue/will
묻는	물은	묻던	물었던	물을

quotational : declarative	interrogative	imperative	suggestive	nominal	adverbial
묻는다고	묻느냐고	물으라고	묻자고	묻기, 물음	물어, 묻게

high honorific level		indicative style	retrospective style
declarative	present	묻습니다	묻습디다
	present-continuous	묻고 있습니다, 묻는 중입니다	묻고 있습디다
	past-perfect	물었습니다	물었습디다
	past-experience	물었었습니다	물었었습디다
	past-guessing	물었겠습니다	물었겠습디다
	future-gue/will/abi	묻겠습니다, 물으렵니다, 물을 겁니다, 물을 수 있습니다	묻겠습디다
introgative	present	묻습니까?	묻습디까?
	past-perfect	물었습니까?	물었습디까?
	past-experience	물었었습니까?	물었었습디까?
	future-gue/will/abi	묻겠습니까? 물으렵니까? 물을 겁니까? 물으리이까? 물을 수 있겠습니까?	묻겠습디까?
imperative		물으시오, 물으십시오	
suggestive		물읍시다, 물으십시다	
exclamatory		물으시는구나!	

ordinary honorific lev		'-어요' form	'-으오' form
declarative	present	물어요, 묻지요, 물으세요, 물을래요, 물을걸요, 묻는데요, 묻는대요, 물을게요, 묻잖아요	물으오
	present-continuous	묻고 있어요, 묻고 있지요, 묻고 있으세요, 묻는 중이에요	묻고 있소
	past-perfect	물었어요, 물었지요, 물었으세요, 물었잖아요	물었소
	past-experience	물었었어요, 물었었지요, 물었었으세요	물었었소
	past-guessing	물었겠어요, 물었겠지요, 물었겠으세요	물었겠소
	future-gue/will/abi	묻겠어요, 묻겠지요, 묻겠으세요, 물을 수 있어요	묻겠소
introgative	present	물어요? 묻지요? 물으세요? 묻나요? 물을까요? 물을래요? 묻는가요? 묻는데요? 묻는대요? 묻는다면서요? 묻는다지요?	물으오? 묻소?
	past-perfect	물었어요? 물었지요? 물었으세요?	물었소?
	past-experience	물었었어요? 물었었지요? 물었었으세요?	물었었소?
	future-gue/will/abi	묻겠어요? 묻겠지요? 묻겠으세요? 물으리요? 물을 거예요? 물을 거지요? 물을 수 있겠어요?	묻겠소?
imperative		물어요, 묻지요, 물으세요, 물으라니까요	물으오, 묻구려
suggestive		물어요, 묻지요, 물으세요, 묻자니까요	물으오
exclamatory		묻는군요! 물으리요!	물으오!

ordinary non-honorific lev		'-어' form	'-네' form
declarative	present	물어, 묻지, 물을래, 물을걸, 묻는데, 묻는대, 물을게, 묻는단다, 물으마, 묻잖아	묻네
	present-continuous	묻고 있어, 묻고 있지, 묻는 중이야	묻고 있네
	past-perfect	물었어, 물었지, 물었잖아	물었네
	future-gue/will/abi	묻겠어, 묻겠지, 물을 수 있어	묻겠네
introgative	present	물어? 묻지? 묻니? 묻나? 물을까? 물으랴? 물을래? 묻는데? 묻는대? 묻는다면서? 묻는다지?	묻는가?
	past-perfect	물었어? 물었지? 물었니? 물었을까? 물었대? 물었다면서?	물었는가?
	future-gue/will/abi	묻겠어? 묻겠지? 묻겠니? 물으리? 물을 거야? 물을 거지? 물을 거니? 물을 수 있겠어?	묻겠는가?
imperative		물어, 묻지, 물으렴, 물으려무나, 물으라니까	묻게
suggestive		물어, 묻지, 묻자니까	묻세
exclamatory		물어! 묻지! 물으리!	묻네!

low non-honorific lev		indicative style	retrospective style
declarative	present	묻는다	묻더라
	present-continuous	묻고 있다, 묻는 중이다	묻고 있더라
	past-perfect	물었다	물었더라
	future-gue/will/abi	묻겠다, 물으리다, 물으련다, 물을 거다, 물을 수 있다	묻겠더라
introgative	present	묻느냐?	묻더냐?
	past-perfect	물었느냐?	물었더냐?
	future-gue/will/abi	묻겠느냐?	묻겠더냐?
imperative		물어라	
suggestive		묻자	
exclamatory		묻는구나! 묻는다! 묻는도다!	묻더구나!

connective	endings	connective	endings
serial	묻고, 물으며	comparison	묻느니
selection	묻거나, 묻든지, 묻든가	degree	물으리만큼
contrast	물어도, 묻지만, 물으나, 묻는데, 물으면서도, 묻되, 묻지	condition	물으면, 묻거든, 묻거들랑, 물어야, 묻는다면, 물었던들
simultaneity	물으면서, 물으며	circumstance	묻는데, 물으니, 묻다시피
completion	묻고서, 물어서, 묻자, 묻자마자	figure	묻듯이
conversion	묻다가	proportion	물을수록
concession	물어도, 묻더라도, 물을지라도, 물을지언정, 물은들, 묻는데도, 묻기로서니, 물으나마, 물을망정, 물어 보았자	cause	물어서, 물으니까, 묻느라고, 묻기에, 묻길래, 묻느니만큼, 묻는지라, 물을세라, 물으므로
intention	물으러, 물으려고, 묻고자	addition	묻거니와, 물을뿐더러, 물으려니와
result	묻도록, 묻게끔	repetition	묻곤

Basic sentences

- 친구에게 이 문제의 풀이과정을 물어 보았다.
  I asked my friends the solving process to the question.
- 네가 물은 질문의 내용을 잘 이해하지 못하겠구나.
  You didn't understand the meaning of the question, did you?
- 그 사람에 대한 소식을 물었으나 아무도 모르고 있었다. I asked his whereabout but no one knew.

물다1 [물다, mulda]

'ㄹ' irregular conjugation, Avt

to bite ; to hold in the mouth ; to gear with

causative	물리다, 물게 하다, 물게 만들다	passive	물리다, 물게 되다 ?물어지다

adnominal : present-conti	past-perfect	past-retrospective	past-perfect-retro	future-gue/will
무는	문	물던	물었던	물

quotational : declarative	interrogative	imperative	suggestive	nominal	adverbial
문다고	무느냐고	물라고	물자고	물기, 물음	물어, 물게

high honorific level		indicative style	retrospective style
declarative	present	뭅니다	뭅디다
	present-continuous	물고 있습니다, 무는 중입니다	물고 있습디다
	past-perfect	물었습니다	물었습디다
	past-experience	물었었습니다	물었었습디다
	past-guessing	물었겠습니다	물었겠습디다
	future-gue/will/abi	물겠습니다, 무렵니다, 물 겁니다, 물 수 있습니다	물겠습디다
introgative	present	뭅니까?	뭅디까?
	past-perfect	물었습니까?	물었습디까?
	past-experience	물었었습니까?	물었었습디까?
	future-gue/will/abi	물겠습니까? 물렵니까? 물 겁니까? 물리이까? 물 수 있겠습니까?	물겠습디까?
imperative		무시오, 무십시오	
suggestive		뭅시다, 무십시다	
exclamatory		무시는구나!	

ordinary honorific lev		'-어요' form	'-으오' form
declarative	present	물어요, 물지요, 무세요, 물래요, 무는데요, 문대요, 물게요, 물잖아요	무오
	present-continuous	물고 있어요, 물고 있지요, 물고 있으세요, 무는 중이에요	물고 있소
	past-perfect	물었어요, 물었지요, 물었으세요, 물었잖아요	물었소
	past-experience	물었었어요, 물었었지요, 물었었으세요	물었었소
	past-guessing	물었겠어요, 물었겠지요, 물었겠으세요	물었겠소
	future-gue/will/abi	물겠어요, 물겠지요, 물겠으세요, 물 수 있어요	물겠소
introgative	present	물어요? 물지요? 무세요? 무나요? 물까요? 물래요? 무는가요? 무는데요? 문대요? 문다면서요? 문다지요?	무오? *물소?
	past-perfect	물었어요? 물었지요? 물었으세요?	물었소?
	past-experience	물었었어요? 물었었지요? 물었었으세요?	물었었소?
	future-gue/will/abi	물겠어요? 물겠지요? 물겠으세요? 물리요? 물 거예요? 물 거지요? 물 수 있겠어요?	물겠소?
imperative		물어요, 물지요, 무세요, 물라니까요	무오, 물구려
suggestive		물어요, 물지요, 무세요, 물자니까요	무오
exclamatory		무는군요! 물리요!	무오!

ordinary non-honorific lev		'-어' form	'-네' form
declarative	present	물어, 물지, 물래, 물걸, 무는데, 문대, 물게, 문단다, 물마, 물잖아	무네
	present-continuous	물고 있어, 물고 있지, 무는 중이야	물고 있네
	past-perfect	물었어, 물었지, 물었잖아	물었네
	future-gue/will/abi	물겠어, 물겠지, 물 수 있어	물겠네
introgative	present	물어? 물지? 무니? 무나? 물까? 물랴? 물래? 무는데? 문대? 문다면서? 문다지?	무는가?
	past-perfect	물었어? 물었지? 물었니? 물었을까? 물었대? 물었다면서?	물었는가?
	future-gue/will/abi	물겠어? 물겠지? 물겠니? 물리? 물 거야? 물 거지? 물 거니? 물 수 있겠어?	물겠는가?
imperative		물어, 물지, 무렴, 물려무나, 물라니까	물게
suggestive		물어, 물지, 물자니까	무세
exclamatory		물어! 물지! 물리!	무네!

low non-honorific lev		indicative style	retrospective style
declarative	present	문다	물더라
	present-continuous	물고 있다, 무는 중이다	물고 있더라
	past-perfect	물었다	물었더라
	future-gue/will/abi	물겠다, 물리다, 물련다, 물 거다, 물 수 있다	물겠더라
introgative	present	무느냐?	물더냐?
	past-perfect	물었느냐?	물었더냐?
	future-gue/will/abi	물겠느냐?	물겠더냐?
imperative		물어라	
suggestive		물자	
exclamatory		무는구나! 문다! 무는도다!	물더구나!

connective	endings	connective	endings
serial	물고, 물며	comparison	무느니
selection	물거나, 물든지, 물든가	degree	무리만큼
contrast	물어도, 물지만, 무나, 무는데, 물면서도, 물되, 물지	condition	물면, 물거든, 물거들랑, 물어야, 문다면, 물었던들
simultaneity	물면서, 물며	circumstance	무는데, 무니, 물다시피
completion	물고서, 물어서, 물자, 물자마자	figure	물듯이
conversion	물다가	proportion	물수록
concession	물어도, 물더라도, 물지라도, 물지언정, 문들, 무는데도, 물기로서니, 무나마, 물망정, 물어 보았자	cause	물어서, 무니까, 무느라고, 물기에, 물길래, 무느니만큼, 무는지라, 물세라, 물므로
intention	물러, 물려고, 물고자	addition	물거니와, 물뿐더러, 물려니와
result	물도록, 물게끔	습관	물곤

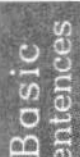

- 쥐가 고양이를 물었다. The rat bit the cat.
- 담배를 문 채로 돌아다니지 마세요. Do not walk with a cigarette in your mouth.
- 모기가 물어서 밤새도록 고생했다. I suffered all night because of the mosquito bite.

미안하다 [미안하다, mianhada]

'여' irregular conjugation, Dv

to be sorry ; to be uneasy ; to be regret

causative	*미안하히다, 미안하게 하다, 미안하게 만들다	passive	*미안하히다, 미안하게 되다, 미안해지다

adnominal : present-conti	past-perfect	past-retrospective	past-perfect-retro	future-gue/will
미안한	미안한	미안하던	미안했던	미안할

quotational : declarative	interrogative	imperative	suggestive	nominal	adverbial
미안하다고	미안하냐고	*미안하라고	*미안하자고	미안하기, 미안함	미안해, 미안하게

high honorific level		indicative style	retrospective style
declarative	present	미안합니다	미안합디다
	present-continuous	*미안하고 있습니다, *미안하는 중입니다	*미안하고 있습디다
	past-perfect	미안했습니다	미안했습디다
	past-experience	미안했었습니다	미안했었습디다
	past-guessing	미안했겠습니다	미안했겠습디다
	future-gue/will/abi	미안하겠습니다, *미안하렵니다, 미안할 겁니다, 미안할 수 있습니다	미안하겠습디다
introgative	present	미안합니까?	미안합디까?
	past-perfect	미안했습니까?	미안했습디까?
	past-experience	미안했었습니까?	미안했었습디까?
	future-gue/will/abi	미안하겠습니까? *미안하렵니까? *미안할 겁니까? *미안하리이까? *미안할 수 있겠습니까?	미안하겠습디까?
imperative		*미안하시오, *미안하십시오	
suggestive		*미안합시다, *미안하십시다	
exclamatory		미안하시구나!	

ordinary honorific lev		'-어요' form	'-으오' form
declarative	present	미안해요, 미안하지요, 미안하세요, *미안할래요, 미안할걸요, 미안한데요, 미안하대요, *미안할게요, 미안하잖아요	미안하오
	present-continuous	*미안하고 있어요, *미안하고 있지요, *미안하고 있으세요, *미안하는 중이에요	*미안하고 있소
	past-perfect	미안했어요, 미안했지요, 미안했으세요, 미안했잖아요	미안했소
	past-experience	미안했었어요, 미안했었지요, 미안했었으세요	미안했었소
	past-guessing	미안했겠어요, 미안했겠지요, 미안했겠으세요	미안했겠소
	future-gue/will/abi	미안하겠어요, 미안하겠지요, 미안하겠으세요, 미안할 수 있어요	미안하겠소
introgative	present	미안해요? 미안하지요? 미안하세요? 미안하나요? 미안할까요? *미안할래요? 미안한가요? 미안한데요? 미안하대요? 미안하다면서요? 미안하다지요?	미안하오? *미안하소?
	past-perfect	미안했어요? 미안했지요? 미안했으세요?	미안했소?
	past-experience	미안했었어요? 미안했었지요? 미안했었으세요?	미안했었소?
	future-gue/will/abi	미안하겠어요? 미안하겠지요? 미안하겠으세요? 미안하리요? *미안할 거예요? *미안할 거지요? *미안할 수 있겠어요?	미안하겠소?
imperative		*미안해요, *미안하지요, *미안하세요, *미안하라니까요	*미안하오, *미안하구려
suggestive		*미안해요, *미안하지요, *미안하세요, *미안하자니까요	*미안하오
exclamatory		미안하군요! 미안하리요!	미안하오!

ordinary non-honorific lev		'-어' form	'-네' form
declarative	present	미안해, 미안하지, *미안할래, 미안할걸, 미안한데, 미안하대, *미안할게, 미안하단다, *미안하마, 미안하잖아	미안하네
	present-continuous	*미안하고 있어, *미안하고 있지, *미안하는 중이야	*미안하고 있네
	past-perfect	미안했어, 미안했지, 미안했잖아	미안했네
	future-gue/will/abi	미안하겠어, 미안하겠지, 미안할 수 있어	미안하겠네
introgative	present	미안해? 미안하지? 미안하니? 미안하나? 미안할까? 미안하랴? *미안할래? 미안한데? 미안하대? 미안하다면서? 미안하다지?	미안한가?
	past-perfect	미안했어? 미안했지? 미안했니? 미안했을까? 미안했대? 미안했다면서?	미안했는가?
	future-gue/will/abi	미안하겠어? 미안하겠지? 미안하겠니? 미안하리? *미안할 거야? *미안할 거지? *미안할 거니? *미안할 수 있겠어?	미안하겠는가?
imperative		*미안해, *미안하지, *미안하렴, *미안하려무나, *미안하라니까	*미안하게
suggestive		*미안해, *미안하지, *미안하자니까	*미안하세
exclamatory		미안해! 미안하지! 미안하리!	미안하네!

low non-honorific lev		indicative style	retrospective style
declarative	present	미안하다	미안하더라
	present-continuous	*미안하고 있다, *미안하는 중이다	*미안하고 있더라
	past-perfect	미안했다	미안했더라
	future-gue/will/abi	미안하겠다, *미안하리다, *미안하련다, 미안할 거다, 미안할 수 있다	미안하겠더라
introgative	present	미안하냐?	미안하더냐?
	past-perfect	미안했느냐?	미안했더냐?
	future-gue/will/abi	미안하겠느냐?	미안하겠더냐?
imperative		*미안해라	
suggestive		*미안하자	
exclamatory		미안하구나! 미안하다! 미안하도다!	미안하더구나!

connective	endings	connective	endings
serial	미안하고, 미안하며	comparison	*미안하느니
selection	미안하거나, 미안하든지, 미안하든가	degree	미안하리만큼
contrast	미안해도, 미안하지만, 미안하나, 미안한데, 미안하면서도, 미안하되, 미안하지	condition	미안하면, 미안하거든, 미안하거들랑, 미안해야, 미안하다면, 미안했던들
simultaneity	미안하면서, 미안하며	circumstance	미안한데, 미안하니, *미안하다시피
completion	*미안하고서, 미안해서, *미안하자, *미안하자마자	figure	미안하듯이
conversion	미안하다가	proportion	미안할수록
concession	미안해도, 미안하더라도, 미안할지라도, 미안할지언정, 미안한들, 미안한데도, 미안하기로서니, 미안하나마, 미안할망정, 미안해 보았자	cause	미안해서, 미안하니까, *미안하느라고, 미안하기에, 미안하길래, 미안하니만큼, 미안한지라, 미안할세라, 미안하므로
intention	*미안하러, *미안하려고, *미안하고자	addition	미안하거니와, 미안할뿐더러, 미안하려니와
result	미안하도록, 미안하게끔	repetition	미안하곤

- 약속을 못 지켜서 미안하다. I'm sorry I couldn't keep the promise.
- 거짓말을 한 것이 미안했던지 그는 내게 용서를 빌었다.
  He came to ask for forgiveness because he was sorry.
- 미안해서 너를 볼 낯이 없구나. I'm so sorry that I can't even look at you.

믿다 [믿따, midt'a]

'ㄷ' regular conjugation, Avt

to believe, credit ; to trust ; to be sure of ; to have faith

causative	*믿히다, 믿게 하다, 믿게 만들다	passive	믿기다, 믿게 되다, 믿어지다

adnominal : present-conti	past-perfect	past-retrospective	past-perfect-retro	future-gue/will
믿는	믿은	믿던	믿었던	믿을

quotational : declarative	interrogative	imperative	suggestive	nominal	adverbial
믿는다고	믿느냐고	믿으라고	믿자고	믿기, 믿음	믿어, 믿게

high honorific level		indicative style	retrospective style
declarative	present	믿습니다	믿습디다
	present-continuous	믿고 있습니다, 믿는 중입니다	믿고 있습디다
	past-perfect	믿었습니다	믿었습디다
	past-experience	믿었었습니다	믿었었습디다
	past-guessing	믿었겠습니다	믿었겠습디다
	future-gue/will/abi	믿겠습니다, 믿으렵니다, 믿을 겁니다, 믿을 수 있습니다	믿겠습디다
introgative	present	믿습니까?	믿습디까?
	past-perfect	믿었습니까?	믿었습디까?
	past-experience	믿었었습니까?	믿었었습디까?
	future-gue/will/abi	믿겠습니까? 믿으렵니까? 믿을 겁니까? 믿으리이까? 믿을 수 있겠습니까?	믿겠습디까?
imperative		믿으시오, 믿으십시오	
suggestive		믿읍시다, 믿으십시다	
exclamatory		믿으시는구나!	

ordinary honorific lev		'-어요' form	'-으오' form
declarative	present	믿어요, 믿지요, 믿으세요, 믿을래요, 믿을걸요, 믿는데요, 믿는대요, 믿을게요, 믿잖아요	믿으오
	present-continuous	믿고 있어요, 믿고 있지요, 믿고 있으세요, 믿는 중이에요	믿고 있소
	past-perfect	믿었어요, 믿었지요, 믿었으세요, 믿었잖아요	믿었소
	past-experience	믿었었어요, 믿었었지요, 믿었었으세요	믿었었소
	past-guessing	믿었겠어요, 믿었겠지요, 믿었겠으세요	믿었겠소
	future-gue/will/abi	믿겠어요, 믿겠지요, 믿겠으세요, 믿을 수 있어요	믿겠소
introgative	present	믿어요? 믿지요? 믿으세요? 믿나요? 믿을까요? 믿을래요? 믿는가요? 믿는데요? 믿는대요? 믿는다면서요? 믿는다지요?	믿으오? 믿소?
	past-perfect	믿었어요? 믿었지요? 믿었으세요?	믿었소?
	past-experience	믿었었어요? 믿었었지요? 믿었었으세요?	믿었었소?
	future-gue/will/abi	믿겠어요? 믿겠지요? 믿겠으세요? 믿으리요? 믿을 거예요? 믿을 거지요? 믿을 수 있겠어요?	믿겠소?
imperative		믿어요, 믿지요, 믿으세요, 믿으라니까요	믿으오, 믿구려
suggestive		믿어요, 믿지요, 믿으세요, 믿자니까요	믿으오
exclamatory		믿는군요! 믿으리요!	믿으오!

ordinary non-honorific lev		'-어' form	'-네' form
declarative	present	믿어, 믿지, 믿을래, 믿을걸, 믿는데, 믿는대, 믿을게, 믿는단다, 믿으마, 믿잖아	믿네
	present-continuous	믿고 있어, 믿고 있지, 믿는 중이야	믿고 있네
	past-perfect	믿었어, 믿었지, 믿었잖아	믿었네
	future-gue/will/abi	믿겠어, 믿겠지, 믿을 수 있어	믿겠네
introgative	present	믿어? 믿지? 믿니? 믿나? 믿을까? 믿으랴? 믿을래? 믿는데? 믿는대? 믿는다면서? 믿는다지?	믿는가?
	past-perfect	믿었어? 믿었지? 믿었니? 믿었을까? 믿었대? 믿었다면서?	믿었는가?
	future-gue/will/abi	믿겠어? 믿겠지? 믿겠니? 믿으리? 믿을 거야? 믿을 거지? 믿을 거니? 믿을 수 있겠어?	믿겠는가?
imperative		믿어, 믿지, 믿으렴, 믿으려무나, 믿으라니까	믿게
suggestive		믿어, 믿지, 믿자니까	믿세
exclamatory		믿어! 믿지! 믿으리!	믿네!

low non-honorific lev		indicative style	retrospective style
declarative	present	믿는다	믿더라
	present-continuous	믿고 있다, 믿는 중이다	믿고 있더라
	past-perfect	믿었다	믿었더라
	future-gue/will/abi	믿겠다, 믿으리다, 믿으련다, 믿을 거다, 믿을 수 있다	믿겠더라
introgative	present	믿느냐?	믿더냐?
	past-perfect	믿었느냐?	믿었더냐?
	future-gue/will/abi	믿겠느냐?	믿겠더냐?
imperative		믿어라	
suggestive		믿자	
exclamatory		믿는구나! 믿는다! 믿는도다!	믿더구나!

connective	endings	connective	endings
serial	믿고, 믿으며	comparison	믿느니
selection	믿거나, 믿든지, 믿든가	degree	믿으리만큼
contrast	믿어도, 믿지만, 믿으나, 믿는데, 믿으면서도, 믿되, 믿지	condition	믿으면, 믿거든, 믿거들랑, 믿어야, 믿는다면, 믿었던들
simultaneity	믿으면서, 믿으며	circumstance	믿는데, 믿으니, 믿다시피
completion	믿고서, 믿어서, 믿자, 믿자마자	figure	믿듯이
conversion	믿다가	proportion	믿을수록
concession	믿어도, 믿더라도, 믿을지라도, 믿을지언정, 믿은들, 믿는데도, 믿기로서니, 믿으나마, 믿을망정, 믿어 보았자	cause	믿어서, 믿으니까, 믿느라고, 믿기에, 믿길래, 믿느니만큼, 믿는지라, 믿을세라, 믿으므로
intention	믿으러, 믿으려고, 믿고자	addition	믿거니와, 믿을뿐더러, 믿으려니와
result	믿도록, 믿게끔	repetition	믿곤

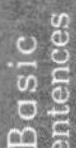

- 어머니는 아들의 말을 믿었다. The mother believed what the son said.
- 믿는 도끼에 발등 찍힌다. In trust is treason.
- 그는 사람을 너무 잘 믿어서 탈이다. His weakness is easily trusting others.

밉다 [밉따, mipt'a]

'ㅂ' irregular conjugation, Dv

to be hateful, be spiteful

causative	*밉히다, 밉게 하다, 밉게 만들다	passive	*밉히다, 밉게 되다, 미워지다

adnominal : present-conti	past-perfect	past-retrospective	past-perfect-retro	future-gue/will
미운	미운	밉던	미웠던	미울

quotational : declarative	interrogative	imperative	suggestive	nominal	adverbial
밉다고	미우냐고	*미우라고	*밉자고	밉기, 미움	미워, 밉게

high honorific level		indicative style	retrospective style
declarative	present	밉습니다	밉습디다
	present-continuous	*밉고 있습니다, *밉는 중입니다	*밉고 있습디다
	past-perfect	미웠습니다	미웠습디다
	past-experience	미웠었습니다	미웠었습디다
	past-guessing	미웠겠습니다	미웠겠습디다
	future-gue/will/abi	밉겠습니다, *미우렵니다, 미울 겁니다, 미울 수 있습니다	밉겠습디다
introgative	present	밉습니까?	밉습디까?
	past-perfect	미웠습니까?	미웠습디까?
	past-experience	미웠었습니까?	미웠었습디까?
	future-gue/will/abi	밉겠습니까? *미우렵니까? *미울 겁니까? *미우리이까? *미울 수 있겠습니까?	밉겠습디까?
imperative		*미우시오, *미우십시오	
suggestive		*미웁시다, *미우십시다	
exclamatory		미우시구나!	

ordinary honorific lev		'-어요' form	'-으오' form
declarative	present	미워요, 밉지요, 미우세요, *미울래요, 미울걸요, 미운데요, 밉대요, *미울게요, 밉잖아요	미우오
	present-continuous	*밉고 있어요, *밉고 있지요, *밉고 있으세요, *밉는 중이에요	*밉고 있소
	past-perfect	미웠어요, 미웠지요, 미웠으세요, 미웠잖아요	미웠소
	past-experience	미웠었어요, 미웠었지요, 미웠었으세요	미웠었소
	past-guessing	미웠겠어요, 미웠겠지요, 미웠겠으세요	미웠겠소
	future-gue/will/abi	밉겠어요, 밉겠지요, 밉겠으세요, 미울 수 있어요	밉겠소
introgative	present	미워요? 밉지요? 미우세요? 밉나요? 미울까요? *미울래요? 미운가요? 미운데요? 밉대요? 밉다면서요? 밉다지요?	미우오? 밉소?
	past-perfect	미웠어요? 미웠지요? 미웠으세요?	미웠소?
	past-experience	미웠었어요? 미웠었지요? 미웠었으세요?	미웠었소?
	future-gue/will/abi	밉겠어요? 밉겠지요? 밉겠으세요? 미우리요? *미울 거예요? *미울 거지요? *미울 수 있겠어요?	밉겠소?
imperative		*미워요, *밉지요, *미우세요, *미우라니까요	*미우오, *밉구려
suggestive		*미워요, *밉지요, *미우세요, *밉자니까요	*미우오
exclamatory		밉군요! 미우리요!	미우오!

ordinary non-honorific lev		'-어' form	'-네' form
declarative	present	미워, 밉지, *미울래, 미울걸, 미운데, 밉대, *미울게, 밉단다, *미우마, 밉잖아	밉네
	present-continuous	*밉고 있어, *밉고 있지, *밉는 중이야	*밉고 있네
	past-perfect	미웠어, 미웠지, 미웠잖아	미웠네
	future-gue/will/abi	밉겠어, 밉겠지, 미울 수 있어	밉겠네
introgative	present	미워? 밉지? 밉니? 밉나? 미울까? 미우랴? *미울래? 미운데? 밉대? 밉다면서? 밉다지?	미운가?
	past-perfect	미웠어? 미웠지? 미웠니? 미웠을까? 미웠대? 미웠다면서?	미웠는가?
	future-gue/will/abi	밉겠어? 밉겠지? 밉겠니? 미우리? *미울 거야? *미울 거지? *미울 거니? *미울 수 있겠어?	밉겠는가?
imperative		*미워, *밉지, *미우렴, *미우려무나, *미우라니까	*밉게
suggestive		*미워, *밉지, *밉자니까	*밉세
exclamatory		미워! 밉지! 미우리!	밉네!

low non-honorific lev		indicative style	retrospective style
declarative	present	밉다	밉더라
	present-continuous	*밉고 있다, *밉는 중이다	*밉고 있더라
	past-perfect	미웠다	미웠더라
	future-gue/will/abi	밉겠다, *미우리다, *미우련다, 미울 거다, 미울 수 있다	밉겠더라
introgative	present	미우냐?	밉더냐?
	past-perfect	미웠느냐?	미웠더냐?
	future-gue/will/abi	밉겠느냐?	밉겠더냐?
imperative		*미워라	
suggestive		*밉자	
exclamatory		밉구나! 밉다! 밉도다!	밉더구나!

connective	endings	connective	endings
serial	밉고, 미우며	comparison	*밉느니
selection	밉거나, 밉든지, 밉든가	degree	미우리만큼
contrast	미워도, 밉지만, 미우나, 미운데, 미우면서도, 밉되, 밉지	condition	미우면, 밉거든, 밉거들랑, 미워야, 밉다면, 미웠던들
simultaneity	미우면서, 미우며	circumstance	미운데, 미우니, *밉다시피
completion	*밉고서, *미워서, *밉자, *밉자마자	figure	밉듯이
conversion	밉다가	proportion	미울수록
concession	미워도, 밉더라도, 미울지라도, 미울지언정, 미운들, 미운데도, 밉기로서니, 미우나마, 미울망정, 미워 보았자	cause	미워서, 미우니까, *밉느라고, 밉기에, 밉길래, 미우니만큼, 미운지라, 미울세라, 미우므로
intention	*미우러, *미우려고, *밉고자	addition	밉거니와, 미울뿐더러, 미우려니와
result	밉도록, 밉게끔	repetition	밉곤

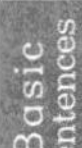

- 얼굴이 밉게 생겼다. she's ugly.
- 미운 놈 떡 하나 더 줘라. Give more to those whom you hate.
- 나는 네가 미워 죽겠다. I hate you so much.

바꾸다 [바꾸다, pak'uda]

'우' regular conjugation, Avt

to change ; to exchange, trade ; to reform ; to replace

causative	*바꾸히다, 바꾸게 하다, 바꾸게 만들다	passive	바뀌다, 바꾸게 되다, 바뀌지다

adnominal : present-conti	past-perfect	past-retrospective	past-perfect-retro	future-gue/will
바꾸는	바꾼	바꾸던	바꿨던	바꿀

quotational : declarative	interrogative	imperative	suggestive	nominal	adverbial
바꾼다고	바꾸느냐고	바꾸라고	바꾸자고	바꾸기, 바꿈	바꾸어, 바꾸게

high honorific level		indicative style	retrospective style
declarative	present	바꿉니다	바꿉디다
	present-continuous	바꾸고 있습니다, 바꾸는 중입니다	바꾸고 있습디다
	past-perfect	바꿨습니다	바꿨습디다
	past-experience	바꿨었습니다	바꿨었습디다
	past-guessing	바꿨겠습니다	바꿨겠습디다
	future-gue/will/abi	바꾸겠습니다, 바꾸렵니다, 바꿀 겁니다, 바꿀 수 있습니다	바꾸겠습디다
introgative	present	바꿉니까?	바꿉디까?
	past-perfect	바꿨습니까?	바꿨습디까?
	past-experience	바꿨었습니까?	바꿨었습디까?
	future-gue/will/abi	바꾸겠습니까? 바꾸렵니까? 바꿀 겁니까? 바꾸리이까? 바꿀 수 있겠습니까?	바꾸겠습디까?
imperative		바꾸시오, 바꾸십시오	
suggestive		바꿉시다, 바꾸십시다	
exclamatory		바꾸시는구나!	

ordinary honorific lev		'-어요' form	'-으오' form
declarative	present	바꿔요, 바꾸지요, 바꾸세요, 바꿀래요, 바꿀걸요, 바꾸는데요, 바꾼대요, 바꿀게요, 바꾸잖아요	바꾸오
	present-continuous	바꾸고 있어요, 바꾸고 있지요, 바꾸고 있으세요, 바꾸는 중이에요	바꾸고 있소
	past-perfect	바꿨어요, 바꿨지요, 바꿨으세요, 바꿨잖아요	바꿨소
	past-experience	바꿨었어요, 바꿨었지요, 바꿨었으세요	바꿨었소
	past-guessing	바꿨겠어요, 바꿨겠지요, 바꿨겠으세요	바꿨겠소
	future-gue/will/abi	바꾸겠어요, 바꾸겠지요, 바꾸겠으세요, 바꿀 수 있어요	바꾸겠소
introgative	present	바꿔요? 바꾸지요? 바꾸세요? 바꾸나요? 바꿀까요? 바꿀래요? 바꾸는가요? 바꾸는데요? 바꾼대요? 바꾼다면서요? 바꾼다지요?	바꾸오? *바꾸소?
	past-perfect	바꿨어요? 바꿨지요? 바꿨으세요?	바꿨소?
	past-experience	바꿨었어요? 바꿨었지요? 바꿨었으세요?	바꿨었소?
	future-gue/will/abi	바꾸겠어요? 바꾸겠지요? 바꾸겠으세요? 바꾸리요? 바꿀 거예요? 바꿀 거지요? 바꿀 수 있겠어요?	바꾸겠소?
imperative		바꿔요, 바꾸지요, 바꾸세요, 바꾸라니까요	바꾸오, 바꾸구려
suggestive		바꿔요, 바꾸지요, 바꾸세요, 바꾸자니까요	바꾸오
exclamatory		바꾸는군요! 바꾸리요!	바꾸오!

ordinary non-honorific lev		'-어' form	'-네' form
declarative	present	바꿔, 바꾸지, 바꿀래, 바꿀걸, 바꾸는데, 바꾼대, 바꿀게, 바꾼단다, 바꾸마, 바꾸잖아	바꾸네
	present-continuous	바꾸고 있어, 바꾸고 있지, 바꾸는 중이야	바꾸고 있네
	past-perfect	바꿨어, 바꿨지, 바꿨잖아	바꿨네
	future-gue/will/abi	바꾸겠어, 바꾸겠지, 바꿀 수 있어	바꾸겠네
introgative	present	바꿔? 바꾸지? 바꾸니? 바꾸나? 바꿀까? 바꾸랴? 바꿀래? 바꾸는데? 바꾼대? 바꾼다면서? 바꾼다지?	바꾸는가?
	past-perfect	바꿨어? 바꿨지? 바꿨니? 바꿨을까? 바꿨대? 바꿨다면서?	바꿨는가?
	future-gue/will/abi	바꾸겠어? 바꾸겠지? 바꾸겠니? 바꾸리? 바꿀 거야? 바꿀 거지? 바꿀 거니? 바꿀 수 있겠어?	바꾸겠는가?
imperative		바꿔, 바꾸지, 바꾸렴, 바꾸려무나, 바꾸라니까	바꾸게
suggestive		바꿔, 바꾸지, 바꾸자니까	바꾸세
exclamatory		바꿔! 바꾸지! 바꾸리!	바꾸네!

low non-honorific lev		indicative style	retrospective style
declarative	present	바꾼다	바꾸더라
	present-continuous	바꾸고 있다, 바꾸는 중이다	바꾸고 있더라
	past-perfect	바꿨다	바꿨더라
	future-gue/will/abi	바꾸겠다, 바꾸리다, 바꾸련다, 바꿀 거다, 바꿀 수 있다	바꾸겠더라
introgative	present	바꾸느냐?	바꾸더냐?
	past-perfect	바꿨느냐?	바꿨더냐?
	future-gue/will/abi	바꾸겠느냐?	바꾸겠더냐?
imperative		바꿔라	
suggestive		바꾸자	
exclamatory		바꾸는구나! 바꾼다! 바꾸는도다!	바꾸더구나!

connective	endings	connective	endings
serial	바꾸고, 바꾸며	comparison	바꾸느니
selection	바꾸거나, 바꾸든지, 바꾸든가	degree	바꾸리만큼
contrast	바꿔도, 바꾸지만, 바꾸나, 바꾸는데, 바꾸면서도, 바꾸되, 바꾸지	condition	바꾸면, 바꾸거든, 바꾸거들랑, 바꿔야, 바꾼다면, 바꿨던들
simultaneity	바꾸면서, 바꾸며	circumstance	바꾸는데, 바꾸니, 바꾸다시피
completion	바꾸고서, 바꿔서, 바꾸자, 바꾸자마자	figure	바꾸듯이
conversion	바꾸다가	proportion	바꿀수록
concession	바꿔도, 바꾸더라도, 바꿀지라도, 바꿀지언정, 바꾼들, 바꾸는데도, 바꾸기로서니, 바꾸나마, 바꿀망정, 바꿔 보았자	cause	바꿔서, 바꾸니까, 바꾸느라고, 바꾸기에, 바꾸길래, 바꾸느니만큼, 바꾸는지라, 바꿀세라, 바꾸므로
intention	바꾸러, 바꾸려고, 바꾸고자	addition	바꾸거니와, 바꿀뿐더러, 바꾸려니와
result	바꾸도록, 바꾸게끔	습관	바꾸곤

Basic sentences

- 그가 텔레비전 채널을 바꾸었다. He changed the television channel.
- 지난달에 바꾸었던 달러를 어디에 두었니? Where did you put the exchanged dollar last month?
- 계획을 자주 바꾸면 목적을 달성하기 어렵다.
  It is hard to accomplish anything if you keep on changing plans.

바르다2 [바르다, parida]

'ㄹ' regular conjugation, Dv

to be straight, be right ; to be honest ; to be sunny

causative	*바르히다, 바르게 하다, 바르게 만들다	passive	*바르히다, 바르게 되다, 발라지다

adnominal : present-conti	past-perfect	past-retrospective	past-perfect-retro	future-gue/will
바른	바른	바르던	발랐던	바를

quotational : declarative	interrogative	imperative	suggestive	nominal	adverbial
바르다고	바르냐고	*바르라고	*바르자고	바르기, 바름	발라, 바르게

high honorific level		indicative style	retrospective style
declarative	present	바릅니다	바릅디다
	present-continuous	*바르고 있습니다, *바르는 중입니다	*바르고 있습디다
	past-perfect	발랐습니다	발랐습디다
	past-experience	발랐었습니다	발랐었습디다
	past-guessing	발랐겠습니다	발랐겠습디다
	future-gue/will/abi	바르겠습니다, *바르렵니다, 바를 겁니다, 바를 수 있습니다	바르겠습디다
introgative	present	바릅니까?	바릅디까?
	past-perfect	발랐습니까?	발랐습디까?
	past-experience	발랐었습니까?	발랐었습디까?
	future-gue/will/abi	바르겠습니까? *바르렵니까? *바를 겁니까? *바르리이까? *바를 수 있겠습니까?	바르겠습디까?
imperative		*바르시오, *바르십시오	
suggestive		*바릅시다, *바르십시다	
exclamatory		바르시구나!	

ordinary honorific lev		'-어요' form	'-으오' form
declarative	present	발라요, 바르지요, 바르세요, *바를래요, 바를걸요, 바른데요, 바르대요, *바를게요, 바르잖아요	바르오
	present-continuous	*바르고 있어요, *바르고 있지요, *바르고 있으세요, *바르는 중이에요	*바르고 있소
	past-perfect	발랐어요, 발랐지요, 발랐으세요, 발랐잖아요	발랐소
	past-experience	발랐었어요, 발랐었지요, 발랐었으세요	발랐었소
	past-guessing	발랐겠어요, 발랐겠지요, 발랐겠으세요	발랐겠소
	future-gue/will/abi	바르겠어요, 바르겠지요, 바르겠으세요, 바를 수 있어요	바르겠소
introgative	present	발라요? 바르지요? 바르세요? 바르나요? 바를까요? *바를래요? 바른가요? 바른데요? 바르대요? 바르다면서요? 바르다지요?	바르오? *바르소?
	past-perfect	발랐어요? 발랐지요? 발랐으세요?	발랐소?
	past-experience	발랐었어요? 발랐었지요? 발랐었으세요?	발랐었소?
	future-gue/will/abi	바르겠어요? 바르겠지요? 바르겠으세요? 바르리요? *바를 거예요? *바를 거지요? *바를 수 있겠어요?	바르겠소?
imperative		*발라요, *바르지요, *바르세요, *바르라니까요	*바르오, *바르구려
suggestive		*발라요, *바르지요, *바르세요, *바르자니까요	*바르오
exclamatory		바르군요! 바르리요!	바르오!

ordinary non-honorific lev		'-어' form	'-네' form
declarative	present	발라, 바르지, *바를래, 바를걸, 바른데, 바르대, *바를게, 바르단다, *바르마, 바르잖아	바르네
	present-continuous	*바르고 있어, *바르고 있지, *바르는 중이야	*바르고 있네
	past-perfect	발랐어, 발랐지, 발랐잖아	발랐네
	future-gue/will/abi	바르겠어, 바르겠지, 바를 수 있어	바르겠네
introgative	present	발라? 바르지? 바르니? 바르나? 바를까? 바르랴? *바를래? 바른데? 바르대? 바르다면서? 바르다지?	바른가?
	past-perfect	발랐어? 발랐지? 발랐니? 발랐을까? 발랐대? 발랐다면서?	발랐는가?
	future-gue/will/abi	바르겠어? 바르겠지? 바르겠니? 바르리? *바를 거야? *바를 거지? *바를 거니? *바를 수 있겠어?	바르겠는가?
imperative		*발라, *바르지, *바르렴, *바르려무나, *바르라니까	*바르게
suggestive		*발라, *바르지, *바르자니까	*바르세
exclamatory		발라! 바르지! 바르리!	바르네!

low non-honorific lev		indicative style	retrospective style
declarative	present	바르다	바르더라
	present-continuous	*바르고 있다, *바르는 중이다	*바르고 있더라
	past-perfect	발랐다	발랐더라
	future-gue/will/abi	바르겠다, *바르리다, *바르련다, 바를 거다, 바를 수 있다	바르겠더라
introgative	present	바르냐?	바르더냐?
	past-perfect	발랐느냐?	발랐더냐?
	future-gue/will/abi	바르겠느냐?	바르겠더냐?
imperative		*발라라	
suggestive		*바르자	
exclamatory		바르구나! 바르다! 바르도다!	바르더구나!

connective	endings	connective	endings
serial	바르고, 바르며	comparison	*바르느니
selection	바르거나, 바르든지, 바르든가	degree	바르리만큼
contrast	발라도, 바르지만, 바르나, 바른데, 바르면서도, 바르되, 바르지	condition	바르면, 바르거든, 바르거들랑, 발라야, 바르다면, 발랐던들
simultaneity	바르면서, 바르며	circumstance	바른데, 바르니, *바르다시피
completion	*바르고서, *발라서, *바르자, *바르자마자	figure	바르듯이
conversion	바르다가	proportion	바를수록
concession	발라도, 바르더라도, 바를지라도, 바를지언정, 바른들, 바른데도, 바르기로서니, 바르나마, 바를망정, 발라 보았자	cause	발라서, 바르니까, *바르느라고, 바르기에, 바르길래, 바르니만큼, 바른지라, 바를세라, 바르므로
intention	*바르러, *바르려고, *바르고자	addition	바르거니와, 바를뿐더러, 바르려니와
result	바르도록, 바르게끔	repetition	바르곤

Basic sentences

- 그 사람은 생각이 바르다. His thoughts are right.
- 바른 자세로 앉으세요. Sit in a right position.
- 한복을 바르게 입는 법을 배웠다. I learned how to wear Korean traditional clothes properly.

바쁘다 [바쁘다[pap'ida]

'으' irregular conjugation, Dv

to be busy ; to be urgent, be immediate ; to be not free

causative	*바쁘히다, 바쁘게 하다, 바쁘게 만들다	passive	*바쁘히다, 바쁘게 되다, 바빠지다

adnominal : present-conti	past-perfect	past-retrospective	past-perfect-retro	future-gue/will
바쁜	바쁜	바쁘던	바빴던	바쁠

quotational : declarative	interrogative	imperative	suggestive	nominal	adverbial
바쁘다고	바쁘냐고	*바쁘라고	*바쁘자고	바쁘기, 바쁨	바빠, 바쁘게

high honorific level		indicative style	retrospective style
declarative	present	바쁩니다	바쁩디다
	present-continuous	*바쁘고 있습니다, *바쁘는 중입니다	*바쁘고 있습디다
	past-perfect	바빴습니다	바빴습디다
	past-experience	바빴었습니다	바빴었습디다
	past-guessing	바빴겠습니다	바빴겠습디다
	future-gue/will/abi	바쁘겠습니다, *바쁘렵니다, 바쁠 겁니다, 바쁠 수 있습니다	바쁘겠습디다
introgative	present	바쁩니까?	바쁩디까?
	past-perfect	바빴습니까?	바빴습디까?
	past-experience	바빴었습니까?	바빴었습디까?
	future-gue/will/abi	바쁘겠습니까? *바쁘렵니까? *바쁠 겁니까? *바쁘리이까? *바쁠 수 있겠습니까?	바쁘겠습디까?
imperative		*바쁘시오, *바쁘십시오	
suggestive		*바쁩시다, *바쁘십시다	
exclamatory		바쁘시구나!	

ordinary honorific lev		'-어요' form	'-으오' form
declarative	present	바빠요, 바쁘지요, 바쁘세요, *바쁠래요, 바쁠걸요, 바쁜데요, 바쁘대요, *바쁠게요, 바쁘잖아요	바쁘오
	present-continuous	*바쁘고 있어요, *바쁘고 있지요, *바쁘고 있으세요, *바쁘는 중이에요	*바쁘고 있소
	past-perfect	바빴어요, 바빴지요, 바빴으세요, 바빴잖아요	바빴소
	past-experience	바빴었어요, 바빴었지요, 바빴었으세요	바빴었소
	past-guessing	바빴겠어요, 바빴겠지요, 바빴겠으세요	바빴겠소
	future-gue/will/abi	바쁘겠어요, 바쁘겠지요, 바쁘겠으세요, 바쁠 수 있어요	바쁘겠소
introgative	present	바빠요? 바쁘지요? 바쁘세요? 바쁘나요? 바쁠까요? *바쁠래요? 바쁜가요? 바쁜데요? 바쁘대요? 바쁘다면서요? 바쁘다지요?	바쁘오? *바쁘소?
	past-perfect	바빴어요? 바빴지요? 바빴으세요?	바빴소?
	past-experience	바빴었어요? 바빴었지요? 바빴었으세요?	바빴었소?
	future-gue/will/abi	바쁘겠어요? 바쁘겠지요? 바쁘겠으세요? 바쁘리요? *바쁠 거예요? *바쁠 거지요? *바쁠 수 있겠어요?	바쁘겠소?
imperative		*바빠요, *바쁘지요, *바쁘세요, *바쁘라니까요	*바쁘오, *바쁘구려
suggestive		*바빠요, *바쁘지요, *바쁘세요, *바쁘자니까요	*바쁘오
exclamatory		바쁘군요! 바쁘리요!	바쁘오!

ordinary non-honorific lev		'-어' form	'-네' form
declarative	present	바빠, 바쁘지, *바쁠래, 바쁠걸, 바쁜데, 바쁘대, *바쁠게, 바쁘단다, *바쁘마, 바쁘잖아	바쁘네
	present-continuous	*바쁘고 있어, *바쁘고 있지, *바쁘는 중이야	*바쁘고 있네
	past-perfect	바빴어, 바빴지, 바빴잖아	바빴네
	future-gue/will/abi	바쁘겠어, 바쁘겠지, 바쁠 수 있어	바쁘겠네
introgative	present	바빠? 바쁘지? 바쁘니? 바쁘나? 바쁠까? 바쁘랴? *바쁠래? 바쁜데? 바쁘대? 바쁘다면서? 바쁘다지?	바쁜가?
	past-perfect	바빴어? 바빴지? 바빴니? 바빴을까? 바빴대? 바빴다면서?	바빴는가?
	future-gue/will/abi	바쁘겠어? 바쁘겠지? 바쁘겠니? 바쁘리? *바쁠 거야? *바쁠 거지? *바쁠 거니? *바쁠 수 있겠어?	바쁘겠는가?
imperative		*바빠, *바쁘지, *바쁘렴, *바쁘려무나, *바쁘라니까	*바쁘게
suggestive		*바빠, *바쁘지, *바쁘자니까	*바쁘세
exclamatory		바빠! 바쁘지! 바쁘리!	바쁘네!

low non-honorific lev		indicative style	retrospective style
declarative	present	바쁘다	바쁘더라
	present-continuous	*바쁘고 있다, *바쁘는 중이다	*바쁘고 있더라
	past-perfect	바빴다	바빴더라
	future-gue/will/abi	바쁘겠다, *바쁘리다, *바쁘련다, 바쁠 거다, 바쁠 수 있다	바쁘겠더라
introgative	present	바쁘냐?	바쁘더냐?
	past-perfect	바빴느냐?	바빴더냐?
	future-gue/will/abi	바쁘겠느냐?	바쁘겠더냐?
imperative		*바빠라	
suggestive		*바쁘자	
exclamatory		바쁘구나! 바쁘다! 바쁘도다!	바쁘더구나!

connective	endings	connective	endings
serial	바쁘고, 바쁘며	comparison	*바쁘느니
selection	바쁘거나, 바쁘든지, 바쁘든가	degree	바쁘리만큼
contrast	바빠도, 바쁘지만, 바쁘나, 바쁜데, 바쁘면서도, 바쁘되, 바쁘지	condition	바쁘면, 바쁘거든, 바쁘거들랑, 바빠야, 바쁘다면, 바빴던들
simultaneity	바쁘면서, 바쁘며	circumstance	바쁜데, 바쁘니, *바쁘다시피
completion	*바쁘고서, *바빠서, *바쁘자, *바쁘자마자	figure	바쁘듯이
conversion	바쁘다가	proportion	바쁠수록
concession	바빠도, 바쁘더라도, 바쁠지라도, 바쁠지언정, 바쁜들, 바쁜데도, 바쁘기로서니, 바쁘나마, 바쁠망정, 바빠 보았자	cause	바빠서, 바쁘니까, *바쁘느라고, 바쁘기에, 바쁘길래, 바쁘니만큼, 바쁜지라, 바쁠세라, 바쁘므로
intention	*바쁘러, *바쁘려고, *바쁘고자	addition	바쁘거니와, 바쁠뿐더러, 바쁘려니와
result	바쁘도록, 바쁘게끔	repetition	바쁘곤

Basic sentences

- 그는 공부하느라 바쁘다. He is busy studying.
- 바쁜 일과에 쫓겨서 밥도 제대로 못 먹고 있다.
  I couldn't eat properly because of busy days.
- 요즘은 너무 바빠서 너를 만날 수가 없다. I can't see you because I am too busy.

반갑다 [반갑따, pankapt'a]

'ㅂ' irregular conjugation, Dv

to be glad ; to be joyful, be happy ; to be welcome

causative	*반갑히다, 반갑게 하다, 반갑게 만들다	passive	*반갑히다, 반갑게 되다, 반가워지다

adnominal : presen-conti	past-perfect	past-retrospective	past-perfect-retro	future-gue/will
반가운	반가운	반갑던	반가웠던	반가울

quotational : declarative	interrogative	imperative	suggestive	nominal	adverbial
반갑다고	반가우냐고	*반가우라고	*반갑자고	반갑기, 반가움	반가워, 반갑게

high honorific level		indicative style	retrospective style
declarative	present	반갑습니다	반갑습디다
	present-continuous	*반갑고 있습니다, *반갑는 중입니다	*반갑고 있습디다
	past-perfect	반가웠습니다	반가웠습디다
	past-experience	반가웠었습니다	반가웠었습디다
	past-guessing	반가웠겠습니다	반가웠겠습디다
	future-gue/will/abi	반갑겠습니다, *반가우렵니다, 반가울 겁니다, 반가울 수 있습니다	반갑겠습디다
introgative	present	반갑습니까?	반갑습디까?
	past-perfect	반가웠습니까?	반가웠습디까?
	past-experience	반가웠었습니까?	반가웠었습디까?
	future-gue/will/abi	반갑겠습니까? *반가우렵니까? *반가울 겁니까? 반가우리이까? *반가울 수 있겠습니까?	반갑겠습디까?
imperative		*반가우시오, *반가우십시오	
suggestive		*반가웁시다, *반가우십시다	
exclamatory		반가우시구나!	

ordinary honorific lev		'-어요' form	'-으오' form
declarative	present	반가워요, 반갑지요, 반가우세요, *반가울래요, 반가울걸요, 반가운데요, 반갑대요, *반가울게요, 반갑잖아요	반가우오
	present-continuous	*반갑고 있어요, *반갑고 있지요, *반갑고 있으세요, *반갑는 중이에요	*반갑고 있소
	past-perfect	반가웠어요, 반가웠지요, 반가웠으세요, 반가웠잖아요	반가웠소
	past-experience	반가웠었어요, 반가웠었지요, 반가웠었으세요	반가웠었소
	past-guessing	반가웠겠어요, 반가웠겠지요, 반가웠겠으세요	반가웠겠소
	future-gue/will/abi	반갑겠어요, 반갑겠지요, 반갑겠으세요, 반가울 수 있어요	반갑겠소
introgative	present	반가워요? 반갑지요? 반가우세요? 반갑나요? 반가울까요? *반가울래요? 반가운가요? 반가운데요? 반갑대요? 반갑다면서요? 반갑다지요?	반가우오? 반갑소?
	past-perfect	반가웠어요? 반가웠지요? 반가웠으세요?	반가웠소?
	past-experience	반가웠었어요? 반가웠었지요? 반가웠었으세요?	반가웠었소?
	future-gue/will/abi	반갑겠어요? 반갑겠지요? 반갑겠으세요? 반가우리요? *반가울 거예요? *반가울 거지요? *반가울 수 있겠어요?	반갑겠소?
imperative		*반가워요, *반갑지요, *반가우세요, *반가우라니까요	*반가우오, *반갑구려
suggestive		*반가워요, *반갑지요, *반가우세요, *반갑자니까요	*반가우오
exclamatory		반갑군요! 반가우리요!	반가우오!

ordinary non-honorific lev		'-어' form	'-네' form
declarative	present	반가워, 반갑지, *반가울래, 반가울걸, 반가운데, 반갑대, *반가울게, 반갑단다, *반가우마, 반갑잖아	반갑네
	present-continuous	*반갑고 있어, *반갑고 있지, *반갑는 중이야	*반갑고 있네
	past-perfect	반가웠어, 반가웠지, 반가웠잖아	반가웠네
	future-gue/will/abi	반갑겠어, 반갑겠지, 반가울 수 있어	반갑겠네
introgative	present	반가워? 반갑지? 반갑니? 반갑나? 반가울까? 반가우랴? *반가울래? 반가운데? 반갑대? 반갑다면서? 반갑다지?	반가운가?
	past-perfect	반가웠어? 반가웠지? 반가웠니? 반가웠을까? 반가웠대? 반가웠다면서?	반가웠는가?
	future-gue/will/abi	반갑겠어? 반갑겠지? 반갑겠니? 반가우리? *반가울 거야? *반가울 거지? *반가울 거니? *반가울 수 있겠어?	반갑겠는가?
imperative		*반가워, *반갑지, *반가우렴, *반가우려무나, *반가우라니까	*반갑게
suggestive		*반가워, *반갑지, *반갑자니까	*반갑세
exclamatory		반가워! 반갑지! 반가우리!	반갑네!

low non-honorific lev		indicative style	retrospective style
declarative	present	반갑다	반갑더라
	present-continuous	*반갑고 있다, *반갑는 중이다	*반갑고 있더라
	past-perfect	반가웠다	반가웠더라
	future-gue/will/abi	반갑겠다, *반가우리다, *반가우련다, 반가울 거다, 반가울 수 있다	반갑겠더라
introgative	present	반가우냐?	반갑더냐?
	past-perfect	반가웠느냐?	반가웠더냐?
	future-gue/will/abi	반갑겠느냐?	반갑겠더냐?
imperative		*반가워라	
suggestive		*반갑자	
exclamatory		반갑구나! 반갑다! 반갑도다!	반갑더구나!

connective	endings	connective	endings
serial	반갑고, 반가우며	comparison	*반갑느니
selection	반갑거나, 반갑든지, 반갑든가	degree	반가우리만큼
contrast	반가워도, 반갑지만, 반가우나, 반가운데, 반가우면서도, 반갑되, 반갑지	condition	반가우면, 반갑거든, 반갑거들랑, 반가워야, 반갑다면, 반가웠던들
simultaneity	반가우면서, 반가우며	circumstance	반가운데, 반가우니, *반갑다시피
completion	*반갑고서, *반가워서, *반갑자, *반갑자마자	figure	반갑듯이
conversion	반갑다가	proportion	반가울수록
concession	반가워도, 반갑더라도, 반가울지라도, 반가울지언정, 반가운들, 반가운데도, 반갑기로서니, 반가우나마, 반가울망정, 반가워 보았자	cause	반가워서, 반가우니까, *반갑느라고, 반갑기에, 반갑길래, 반가우니만큼, 반가운지라, 반가울세라, 반가우므로
intention	*반가우러, *반가우려고, *반갑고자	addition	반갑거니와, 반가울뿐더러, 반가우려니와
result	반갑도록, 반갑게끔	repetition	반갑곤

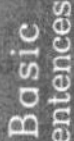

- 20년 만에 만난 아우가 너무나 반가웠다. I was glad to meet my brother in 20 years.
- 그는 반갑게 우리를 맞아 주었다. He gladly welcomed us.
- 만나서 반갑습니다. Nice to meet you.

배우다 [배우다, pɛuda]

'우' regular conjugation, Avt

to learn, take lessons, study, practice ; to be taught

causative	*배우히다, 배우게 하다, 배우게 만들다	passive	*배우히다, 배우게 되다, ?배워지다

adnominal : present-conti	past-perfect	past-retrospective	past-perfect-retro	future-gue/will
배우는	배운	배우던	배웠던	배울

quotational : declarative	interrogative	imperative	suggestive	nominal	adverbial
배운다고	배우느냐고	배우라고	배우자고	배우기, 배움	배워, 배우게

high honorific level		indicative style	retrospective style
declarative	present	배웁니다	배웁디다
	present-continuous	배우고 있습니다, 배우는 중입니다	배우고 있습디다
	past-perfect	배웠습니다	배웠습디다
	past-experience	배웠었습니다	배웠었습디다
	past-guessing	배웠겠습니다	배웠겠습디다
	future-gue/will/abi	배우겠습니다, 배우렵니다, 배울 겁니다, 배울 수 있습니다	배우겠습디다
introgative	present	배웁니까?	배웁디까?
	past-perfect	배웠습니까?	배웠습디까?
	past-experience	배웠었습니까?	배웠었습디까?
	future-gue/will/abi	배우겠습니까? 배우렵니까? 배울 겁니까? 배우리이까? 배울 수 있겠습니까?	배우겠습디까?
imperative		배우시오, 배우십시오	
suggestive		배웁시다, 배우십시다	
exclamatory		배우시는구나!	

ordinary honorific lev		'-어요' form	'-으오' form
declarative	present	배워요, 배우지요, 배우세요, 배울래요, 배울걸요, 배우는데요, 배운대요, 배울게요, 배우잖아요	배우오
	present-continuous	배우고 있어요, 배우고 있지요, 배우고 있으세요, 배우는 중이에요	배우고 있소
	past-perfect	배웠어요, 배웠지요, 배웠으세요, 배웠잖아요	배웠소
	past-experience	배웠었어요, 배웠었지요, 배웠었으세요	배웠었소
	past-guessing	배웠겠어요, 배웠겠지요, 배웠겠으세요	배웠겠소
	future-gue/will/abi	배우겠어요, 배우겠지요, 배우겠으세요, 배울 수 있어요	배우겠소
introgative	present	배워요? 배우지요? 배우세요? 배우나요? 배울까요? 배울래요? 배우는가요? 배우는데요? 배운대요? 배운다면서요? 배운다지요?	배우오? *배우소?
	past-perfect	배웠어요? 배웠지요? 배웠으세요?	배웠소?
	past-experience	배웠었어요? 배웠었지요? 배웠었으세요?	배웠었소?
	future-gue/will/abi	배우겠어요? 배우겠지요? 배우겠으세요? 배우리요? 배울 거예요? 배울 거지요? 배울 수 있겠어요?	배우겠소?
imperative		배워요, 배우지요, 배우세요, 배우라니까요	배우오, 배우구려
suggestive		배워요, 배우지요, 배우세요, 배우자니까요	배우오
exclamatory		배우는군요! 배우리요!	배우오!

ordinary non-honorific lev		'-어' form	'-네' form
declarative	present	배워, 배우지, 배울래, 배울걸, 배우는데, 배운대, 배울게, 배운단다, 배우마, 배우잖아	배우네
	present-continuous	배우고 있어, 배우고 있지, 배우는 중이야	배우고 있네
	past-perfect	배웠어, 배웠지, 배웠잖아	배웠네
	future-gue/will/abi	배우겠어, 배우겠지, 배울 수 있어	배우겠네
introgative	present	배워? 배우지? 배우니? 배우나? 배울까? 배우랴? 배울래? 배우는데? 배운대? 배운다면서? 배운다지?	배우는가?
	past-perfect	배웠어? 배웠지? 배웠니? 배웠을까? 배웠대? 배웠다면서?	배웠는가?
	future-gue/will/abi	배우겠어? 배우겠지? 배우겠니? 배우리? 배울 거야? 배울 거지? 배울 거니? 배울 수 있겠어?	배우겠는가?
imperative		배워, 배우지, 배우렴, 배우려무나, 배우라니까	배우게
suggestive		배워, 배우지, 배우자니까	배우세
exclamatory		배워! 배우지! 배우리!	배우네!

low non-honorific lev		indicative style	retrospective style
declarative	present	배운다	배우더라
	present-continuous	배우고 있다, 배우는 중이다	배우고 있더라
	past-perfect	배웠다	배웠더라
	future-gue/will/abi	배우겠다, 배우리다, 배우련다, 배울 거다, 배울 수 있다	배우겠더라
introgative	present	배우느냐?	배우더냐?
	past-perfect	배웠느냐?	배웠더냐?
	future-gue/will/abi	배우겠느냐?	배우겠더냐?
imperative		배워라	
suggestive		배우자	
exclamatory		배우는구나! 배운다! 배우는도다!	배우더구나!

connective	endings	connective	endings
serial	배우고, 배우며	comparison	배우느니
selection	배우거나, 배우든지, 배우든가	degree	배우리만큼
contrast	배워도, 배우지만, 배우나, 배우는데, 배우면서도, 배우되, 배우지	condition	배우면, 배우거든, 배우거들랑, 배워야, 배운다면, 배웠던들
simultaneity	배우면서, 배우며	circumstance	배우는데, 배우니, 배우다시피
completion	배우고서, 배워서, 배우자, 배우자마자	figure	배우듯이
conversion	배우다가	proportion	배울수록
concession	배워도, 배우더라도, 배울지라도, 배울지언정, 배운들, 배우는데도, 배우기로서니, 배우나마, 배울망정, 배워 보았자	cause	배워서, 배우니까, 배우느라고, 배우기에, 배우길래, 배우느니만큼, 배우는지라, 배울세라, 배우므로
intention	배우러, 배우려고, 배우고자	addition	배우거니와, 배울뿐더러, 배우려니와
result	배우도록, 배우게끔	repetition	배우곤

- 그는 한동대에서 한국어를 배우고 있다. He is learning Korean in Handong Univ.
- 어제 배운 것을 복습해 봅시다. Let's review what we learned yesterday.
- 그녀는 피아노를 배우려고 독일로 유학을 떠났다.
  She has gone to Germany to take piano lessons.

버리다1 [버리다, pərida]

'이' regular conjugation, Avt

to get rid of, throw away ; to abandon ; to give up, sacrifice ; to spoil

causative	*버리히다, 버리게 하다, 버리게 만들다	passive	버리히다, 버리게 되다, 버려지다

adnominal : present-conti	past-perfect	past-retrospective	past-perfect-retro	future-gue/will
버리는	버린	버리던	버렸던	버릴

quotational : declarative	interrogative	imperative	suggestive	nominal	adverbial
버린다고	버리느냐고	버리라고	버리자고	버리기, 버림	버려, 버리게

high honorific level		indicative style	retrospective style
declarative	present	버립니다	버립디다
	present-continuous	버리고 있습니다, 버리는 중입니다	버리고 있습디다
	past-perfect	버렸습니다	버렸습디다
	past-experience	버렸었습니다	버렸었습디다
	past-guessing	버렸겠습니다	버렸겠습디다
	future-gue/will/abi	버리겠습니다, 버리렵니다, 버릴 겁니다, 버릴 수 있습니다	버리겠습디다
introgative	present	버립니까?	버립디까?
	past-perfect	버렸습니까?	버렸습디까?
	past-experience	버렸었습니까?	버렸었습디까?
	future-gue/will/abi	버리겠습니까? 버리렵니까? 버릴 겁니까? 버리리이까? 버릴 수 있겠습니까?	버리겠습디까?
imperative		버리시오, 버리십시오	
suggestive		버립시다, 버리십시다	
exclamatory		버리시는구나!	

ordinary honorific lev		'-어요' form	'-으오' form
declarative	present	버려요, 버리지요, 버리세요, 버릴래요, 버릴걸요, 버리는데요, 버린대요, 버릴게요, 버리잖아요	버리오
	present-continuous	버리고 있어요, 버리고 있지요, 버리고 있으세요, 버리는 중이에요	버리고 있소
	past-perfect	버렸어요, 버렸지요, 버렸으세요, 버렸잖아요	버렸소
	past-experience	버렸었어요, 버렸었지요, 버렸었으세요	버렸었소
	past-guessing	버렸겠어요, 버렸겠지요, 버렸겠으세요	버렸겠소
	future-gue/will/abi	버리겠어요, 버리겠지요, 버리겠으세요, 버릴 수 있어요	버리겠소
introgative	present	버려요? 버리지요? 버리세요? 버리나요? 버릴까요? 버릴래요? 버리는가요? 버리는데요? 버린대요? 버린다면서요? 버린다지요?	버리오? *버리소?
	past-perfect	버렸어요? 버렸지요? 버렸으세요?	버렸소?
	past-experience	버렸었어요? 버렸었지요? 버렸었으세요?	버렸었소?
	future-gue/will/abi	버리겠어요? 버리겠지요? 버리겠으세요? 버리리요? 버릴 거예요? 버릴 거지요? 버릴 수 있겠어요?	버리겠소?
imperative		버려요, 버리지요, 버리세요, 버리라니까요	버리오, 버리구려
suggestive		버려요, 버리지요, 버리세요, 버리자니까요	버리오
exclamatory		버리는군요! 버리리요!	버리오!

ordinary non-honorific lev		'-어' form	'-네' form
declarative	present	버려, 버리지, 버릴래, 버릴걸, 버리는데, 버린대, 버릴게, 버린단다, 버리마, 버리잖아	버리네
	present-continuous	버리고 있어, 버리고 있지, 버리는 중이야	버리고 있네
	past-perfect	버렸어, 버렸지, 버렸잖아	버렸네
	future-gue/will/abi	버리겠어, 버리겠지, 버릴 수 있어	버리겠네
introgative	present	버려? 버리지? 버리니? 버리나? 버릴까? 버리랴? 버릴래? 버리는데? 버린대? 버린다면서? 버린다지?	버리는가?
	past-perfect	버렸어? 버렸지? 버렸니? 버렸을까? 버렸대? 버렸다면서?	버렸는가?
	future-gue/will/abi	버리겠어? 버리겠지? 버리겠니? 버리리? 버릴 거야? 버릴 거지? 버릴 거니? 버릴 수 있겠어?	버리겠는가?
imperative		버려, 버리지, 버리렴, 버리려무나, 버리라니까	버리게
suggestive		버려, 버리지, 버리자니까	버리세
exclamatory		버려! 버리지! 버리리!	버리네!

low non-honorific lev		indicative style	retrospective style
declarative	present	버린다	버리더라
	present-continuous	버리고 있다, 버리는 중이다	버리고 있더라
	past-perfect	버렸다	버렸더라
	future-gue/will/abi	버리겠다, 버리리다, 버리련다, 버릴 거다, 버릴 수 있다	버리겠더라
introgative	present	버리느냐?	버리더냐?
	past-perfect	버렸느냐?	버렸더냐?
	future-gue/will/abi	버리겠느냐?	버리겠더냐?
imperative		버려라	
suggestive		버리자	
exclamatory		버리는구나! 버린다! 버리는도다!	버리더구나!

connective	endings	connective	endings
serial	버리고, 버리며	comparison	버리느니
selection	버리거나, 버리든지, 버리든가	degree	버리리만큼
contrast	버려도, 버리지만, 버리나, 버리는데, 버리면서도, 버리되, 버리지	condition	버리면, 버리거든, 버리거들랑, 버려야, 버린다면, 버렸던들
simultaneity	버리면서, 버리며	circumstance	버리는데, 버리니, 버리다시피
completion	버리고서, 버려서, 버리자, 버리자마자	figure	버리듯이
conversion	버리다가	proportion	버릴수록
concession	버려도, 버리더라도, 버릴지라도, 버릴지언정, 버린들, 버리는데도, 버리기로서니, 버리나마, 버릴망정, 버려 보았자	cause	버려서, 버리니까, 버리느라고, 버리기에, 버리길래, 버리느니만큼, 버리는지라, 버릴세라, 버리므로
intention	버리러, 버리려고, 버리고자	addition	버리거니와, 버릴뿐더러, 버리려니와
result	버리도록, 버리게끔	습관	버리곤

Basic sentences

- 매를 아끼면 자식을 버린다. Spare the rod, spoil the child.
- 그는 친구를 위해 목숨을 버린 사람이다. He gave up his life for his friend.
- 교실에 쓰레기를 버리면 안 됩니다. You shouldn't throw garbage in the classroom.

벗다 [벋따, bɔtt'a]

'ㅅ' regular conjugation, Avt

to undress, take off clothes, put off ; to strip(oneself of) ; to get rid of ; to pay off

causative	벗기다, 벗게 하다, 벗게 만들다	passive	벗기다, 벗게 되다, 벗어지다, 벗겨지다

adnominal : present-conti	past-perfect	past-retrospective	past-perfect-retro	future-gue/will
벗는	벗은	벗던	벗었던	벗을

quotational : declarative	interrogative	imperative	suggestive	nominal	adverbial
벗는다고	벗느냐고	벗으라고	벗자고	벗기, 벗음	벗어, 벗게

high honorific level		indicative style	retrospective style
declarative	present	벗습니다	벗습디다
	present-continuous	벗고 있습니다, 벗는 중입니다	벗고 있습디다
	past-perfect	벗었습니다	벗었습디다
	past-experience	벗었었습니다	벗었었습디다
	past-guessing	벗었겠습니다	벗었겠습디다
	future-gue/will/abi	벗겠습니다, 벗으렵니다, 벗을 겁니다, 벗을 수 있습니다	벗겠습디다
introgative	present	벗습니까?	벗습디까?
	past-perfect	벗었습니까?	벗었습디까?
	past-experience	벗었었습니까?	벗었었습디까?
	future-gue/will/abi	벗겠습니까? 벗으렵니까? 벗을 겁니까? 벗으리이까? 벗을 수 있겠습니까?	벗겠습디까?
imperative		벗으시오, 벗으십시오	
suggestive		벗읍시다, 벗으십시다	
exclamatory		벗으시는구나!	

ordinary honorific lev		'-어요' form	'-으오' form
declarative	present	벗어요, 벗지요, 벗으세요, 벗을래요, 벗을걸요, 벗는데요, 벗는대요, 벗을게요, 벗잖아요	벗으오
	present-continuous	벗고 있어요, 벗고 있지요, 벗고 있으세요, 벗는 중이에요	벗고 있소
	past-perfect	벗었어요, 벗었지요, 벗었으세요, 벗었잖아요	벗었소
	past-experience	벗었었어요, 벗었었지요, 벗었었으세요	벗었었소
	past-guessing	벗었겠어요, 벗었겠지요, 벗었겠으세요	벗었겠소
	future-gue/will/abi	벗겠어요, 벗겠지요, 벗겠으세요, 벗을 수 있어요	벗겠소
introgative	present	벗어요? 벗지요? 벗으세요? 벗나요? 벗을까요? 벗을래요? 벗는가요? 벗는데요? 벗는대요? 벗는다면서요? 벗는다지요?	벗으오? 벗소?
	past-perfect	벗었어요? 벗었지요? 벗었으세요?	벗었소?
	past-experience	벗었었어요? 벗었었지요? 벗었었으세요?	벗었었소?
	future-gue/will/abi	벗겠어요? 벗겠지요? 벗겠으세요? 벗으리요? 벗을 거예요? 벗을 거지요? 벗을 수 있겠어요?	벗겠소?
imperative		벗어요, 벗지요, 벗으세요, 벗으라니까요	벗으오, 벗구려
suggestive		벗어요, 벗지요, 벗으세요, 벗자니까요	벗으오
exclamatory		벗는군요! 벗으리요!	벗으오!

ordinary non-honorific lev		'-어' form	'-네' form
declarative	present	벗어, 벗지, 벗을래, 벗을걸, 벗는데, 벗는대, 벗을게, 벗는단다, 벗으마, 벗잖아	벗네
	present-continuous	벗고 있어, 벗고 있지, 벗는 중이야	벗고 있네
	past-perfect	벗었어, 벗었지, 벗었잖아	벗었네
	future-gue/will/abi	벗겠어, 벗겠지, 벗을 수 있어	벗겠네
introgative	present	벗어? 벗지? 벗니? 벗나? 벗을까? 벗으랴? 벗을래? 벗는데? 벗는대? 벗는다면서? 벗는다지?	벗는가?
	past-perfect	벗었어? 벗었지? 벗었니? 벗었을까? 벗었대? 벗었다면서?	벗었는가?
	future-gue/will/abi	벗겠어? 벗겠지? 벗겠니? 벗으리? 벗을 거야? 벗을 거지? 벗을 거니? 벗을 수 있겠어?	벗겠는가?
imperative		벗어, 벗지, 벗으렴, 벗으려무나, 벗으라니까	벗게
suggestive		벗어, 벗지, 벗자니까	벗세
exclamatory		벗어! 벗지! 벗으리!	벗네!

low non-honorific lev		indicative style	retrospective style
declarative	present	벗는다	벗더라
	present-continuous	벗고 있다, 벗는 중이다	벗고 있더라
	past-perfect	벗었다	벗었더라
	future-gue/will/abi	벗겠다, 벗으리다, 벗으련다, 벗을 거다, 벗을 수 있다	벗겠더라
introgative	present	벗느냐?	벗더냐?
	past-perfect	벗었느냐?	벗었더냐?
	future-gue/will/abi	벗겠느냐?	벗겠더냐?
imperative		벗어라	
suggestive		벗자	
exclamatory		벗는구나! 벗는다! 벗는도다!	벗더구나!

connective	endings	connective	endings
serial	벗고, 벗으며	comparison	벗느니
selection	벗거나, 벗든지, 벗든가	degree	벗으리만큼
contrast	벗어도, 벗지만, 벗으나, 벗는데, 벗으면서도, 벗되, 벗지	condition	벗으면, 벗거든, 벗거들랑, 벗어야, 벗는다면, 벗었던들
simultaneity	벗으면서, 벗으며	circumstance	벗는데, 벗으니, 벗다시피
completion	벗고서, 벗어서, 벗자, 벗자마자	figure	벗듯이
conversion	벗다가	proportion	벗을수록
concession	벗어도, 벗더라도, 벗을지라도, 벗을지언정, 벗은들, 벗는데도, 벗기로서니, 벗으나마, 벗을망정, 벗어 보았자	cause	벗어서, 벗으니까, 벗느라고, 벗기에, 벗길래, 벗느니만큼, 벗는지라, 벗을세라, 벗으므로
intention	벗으러, 벗으려고, 벗고자	addition	벗거니와, 벗을뿐더러, 벗으려니와
result	벗도록, 벗게끔	습관	벗곤

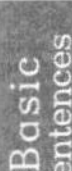

- 그는 집으로 돌아와서는 늘 외출복과 양말을 벗었다.
  He always put off his clothes and sock after returning home.
- 은행 빚을 모두 벗은 친구가 요즘은 어떻게 사는지 궁금하다.
  I wonder how my friend is living after paying all his dabts to the bank.
- 누명을 벗고 나서야 마음이 홀가분해졌다. I was relieved after my accusation got cleared.

베다2 [베:다, pe:da]

'에' regular conjugation, Avt

to cut, chop, mow, slice

causative	*베히다, 베게 하다, 베게 만들다	passive	베이다, 베게 되다, 베어지다

adnominal : present-conti	past-perfect	past-retrospective	past-perfect-retro	future-gue/will
베는	벤	베던	베었던	벨

quotational : declarative	interrogative	imperative	suggestive	nominal	adverbial
벤다고	베느냐고	베라고	베자고	베기, 벰	베어, 베게

high honorific level		indicative style	retrospective style
declarative	present	벱니다	벱디다
	present-continuous	베고 있습니다, 베는 중입니다	베고 있습디다
	past-perfect	베었습니다	베었습디다
	past-experience	베었었습니다	베었었습디다
	past-guessing	베었겠습니다	베었겠습디다
	future-gue/will/abi	베겠습니다, 베렵니다, 벨 겁니다, 벨 수 있습니다	베겠습디다
introgative	present	벱니까?	벱디까?
	past-perfect	베었습니까?	베었습디까?
	past-experience	베었었습니까?	베었었습디까?
	future-gue/will/abi	베겠습니까? 베렵니까? 벨 겁니까? 베리이까? 벨 수 있겠습니까?	베겠습디까?
imperative		베시오, 베십시오	
suggestive		벱시다, 베십시다	
exclamatory		베시는구나!	

ordinary honorific lev		'-어요' form	'-으오' form
declarative	present	베어요, 베지요, 베세요, 벨래요, 벨걸요, 베는데요, 벤대요, 벨게요, 베잖아요	베오
	present-continuous	베고 있어요, 베고 있지요, 베고 있으세요, 베는 중이에요	베고 있소
	past-perfect	베었어요, 베었지요, 베었으세요, 베었잖아요	베었소
	past-experience	베었었어요, 베었었지요, 베었었으세요	베었었소
	past-guessing	베었겠어요, 베었겠지요, 베었겠으세요	베었겠소
	future-gue/will/abi	베겠어요, 베겠지요, 베겠으세요, 벨 수 있어요	베겠소
introgative	present	베어요? 베지요? 베세요? 베나요? 벨까요? 벨래요? 베는가요? 베는데요? 벤대요? 벤다면서요? 벤다지요?	베오? *베소?
	past-perfect	베었어요? 베었지요? 베었으세요?	베었소?
	past-experience	베었었어요? 베었었지요? 베었었으세요?	베었었소?
	future-gue/will/abi	베겠어요? 베겠지요? 베겠으세요? 베리요? 벨 거예요? 벨 거지요? 벨 수 있겠어요?	베겠소?
imperative		베어요, 베지요, 베세요, 베라니까요	베오, 베구려
suggestive		베어요, 베지요, 베세요, 베자니까요	베오
exclamatory		베는군요! 베리요!	베오!

ordinary non-honorific lev		'-어' form	'-네' form
declarative	present	베, 베지, 벨래, 벨걸, 베는데, 벤대, 벨게, 벤단다, 베마, 베잖아	베네
	present-continuous	베고 있어, 베고 있지, 베는 중이야	베고 있네
	past-perfect	베었어, 베었지, 베었잖아	베었네
	future-gue/will/abi	베겠어, 베겠지, 벨 수 있어	베겠네
introgative	present	베? 베지? 베니? 베나? 벨까? 베랴? 벨래? 베는데? 벤대? 벤다면서? 벤다지?	베는가?
	past-perfect	베었어? 베었지? 베었니? 베었을까? 베었대? 베었다면서?	베었는가?
	future-gue/will/abi	베겠어? 베겠지? 베겠니? 베리? 벨 거야? 벨 거지? 벨 거니? 벨 수 있겠어?	베겠는가?
imperative		베, 베지, 베렴, 베려무나, 베라니까	베게
suggestive		베, 베지, 베자니까	베세
exclamatory		베! 베지! 베리!	베네!

low non-honorific lev		indicative style	retrospective style
declarative	present	벤다	베더라
	present-continuous	베고 있다, 베는 중이다	베고 있더라
	past-perfect	베었다	베었더라
	future-gue/will/abi	베겠다, 베리다, 베련다, 벨 거다, 벨 수 있다	베겠더라
introgative	present	베느냐?	베더냐?
	past-perfect	베었느냐?	베었더냐?
	future-gue/will/abi	베겠느냐?	베겠더냐?
imperative		베어라	
suggestive		베자	
exclamatory		베는구나! 벤다! 베는도다!	베더구나!

connective	endings	connective	endings
serial	베고, 베며	comparison	베느니
selection	베거나, 베든지, 베든가	degree	베리만큼
contrast	베어도, 베지만, 베나, 베는데, 베면서도, 베되, 베지	condition	베면, 베거든, 베거들랑, 베어야, 벤다면, 베었던들
simultaneity	베면서, 베며	circumstance	베는데, 베니, 베다시피
completion	베고서, 베어서, 베자, 베자마자	figure	베듯이
conversion	베다가	proportion	벨수록
concession	베어도, 베더라도, 벨지라도, 벨지언정, 벤들, 베는데도, 베기로서니, 베나마, 벨망정, 베어 보았자	cause	베어서, 베니까, 베느라고, 베기에, 베길래, 베느니만큼, 베는지라, 벨세라, 베므로
intention	베러, 베려고, 베고자	addition	베거니와, 벨뿐더러, 베려니와
result	베도록, 베게끔	repetition	베곤

Basic sentences

- 그는 나무를 베었다. He cut down a tree.
- 칼에 벤 자국이 손가락에 있다. There is a scar left from a knife cut.
- 목이 베이더라도 할 말은 해야 한다. You must say what you have to say.

보다 [보다, poda]

'오' regular conjugation, Avt

to see, look at ; to inspect, observe ; to look after ; to go through

causative	보이다, 보게 하다, 보게 만들다	passive	보이다, 보게 되다, 보여지다

adnominal : present-conti	past-perfect	past-retrospective	past-perfect-retro	future-gue/will
보는	본	보던	보았던	볼

quotational : declarative	interrogative	imperative	suggestive	nominal	adverbial
본다고	보느냐고	보라고	보자고	보기, 봄	보아, 보게

high honorific level		indicative style	retrospective style
declarative	present	봅니다	봅디다
	present-continuous	보고 있습니다, 보는 중입니다	보고 있습디다
	past-perfect	보았습니다	보았습디다
	past-experience	보았었습니다	보았었습디다
	past-guessing	보았겠습니다	보았겠습디다
	future-gue/will/abi	보겠습니다, 보렵니다, 볼 겁니다, 볼 수 있습니다	보겠습디다
introgative	present	봅니까?	봅디까?
	past-perfect	보았습니까?	보았습디까?
	past-experience	보았었습니까?	보았었습디까?
	future-gue/will/abi	보겠습니까? 보렵니까? 볼 겁니까? 보리이까? 볼 수 있겠습니까?	보겠습디까?
imperative		보시오, 보십시오	
suggestive		봅시다, 보십시다	
exclamatory		보시는구나!	

ordinary honorific lev		'-어요' form	'-으오' form
declarative	present	보아요, 보지요, 보세요, 볼래요, 볼걸요, 보는데요, 본대요, 볼게요, 보잖아요	보오
	present-continuous	보고 있어요, 보고 있지요, 보고 있으세요, 보는 중이에요	보고 있소
	past-perfect	보았어요, 보았지요, 보았으세요, 보았잖아요	보았소
	past-experience	보았었어요, 보았었지요, 보았었으세요	보았었소
	past-guessing	보았겠어요, 보았겠지요, 보았겠으세요	보았겠소
	future-gue/will/abi	보겠어요, 보겠지요, 보겠으세요, 볼 수 있어요	보겠소
introgative	present	보아요? 보지요? 보세요? 보나요? 볼까요? 볼래요? 보는가요? 보는데요? 본대요? 본다면서요? 본다지요?	보오? *보소?
	past-perfect	보았어요? 보았지요? 보았으세요?	보았소?
	past-experience	보았었어요? 보았었지요? 보았었으세요?	보았었소?
	future-gue/will/abi	보겠어요? 보겠지요? 보겠으세요? 보리요? 볼 거예요? 볼 거지요? 볼 수 있겠어요?	보겠소?
imperative		봐요, 보지요, 보세요, 보라니까요	보오, 보구려
suggestive		봐요, 보지요, 보세요, 보자니까요	보오
exclamatory		보는군요! 보리요!	보오!

ordinary non-honorific lev		'-어' form	'-네' form
declarative	present	봐, 보지, 볼래, 볼걸, 보는데, 본대, 볼게, 본단다, 보마, 보잖아	보네
	present-continuous	보고 있어, 보고 있지, 보는 중이야	보고 있네
	past-perfect	보았어, 보았지, 보았잖아	보았네
	future-gue/will/abi	보겠어, 보겠지, 볼 수 있어	보겠네
introgative	present	보아? 보지? 보니? 보나? 볼까? 보랴? 볼래? 보는데? 본대? 본다면서? 본다지?	보는가?
	past-perfect	보았어? 보았지? 보았니? 보았을까? 보았대? 보았다면서?	보았는가?
	future-gue/will/abi	보겠어? 보겠지? 보겠니? 보리? 볼 거야? 볼 거지? 볼 거니? 볼 수 있겠어?	보겠는가?
imperative		봐, 보지, 보렴, 보려무나, 보라니까	보게
suggestive		봐, 보지, 보자니까	보세
exclamatory		봐! 보지! 보리!	보네!

low non-honorific lev		indicative style	retrospective style
declarative	present	본다	보더라
	present-continuous	보고 있다, 보는 중이다	보고 있더라
	past-perfect	보았다	보았더라
	future-gue/will/abi	보겠다, 보리다, 보련다, 볼 거다, 볼 수 있다	보겠더라
introgative	present	보느냐?	보더냐?
	past-perfect	보았느냐?	보았더냐?
	future-gue/will/abi	보겠느냐?	보겠더냐?
imperative		보아라	
suggestive		보자	
exclamatory		보는구나! 본다! 보는도다!	보더구나!

connective	endings	connective	endings
serial	보고, 보며	comparison	보느니
selection	보거나, 보든지, 보든가	degree	보리만큼
contrast	보아도, 보지만, 보나, 보는데, 보면서도, 보되, 보지	condition	보면, 보거든, 보거들랑, 보아야, 본다면, 보았던들
simultaneity	보면서, 보며	circumstance	보는데, 보니, 보다시피
completion	보고서, 보아서, 보자, 보자마자	figure	보듯이
conversion	보다가	proportion	볼수록
concession	보아도, 보더라도, 볼지라도, 볼지언정, 본들, 보는데도, 보기로서니, 보나마, 볼망정, 보아 보았자	cause	보아서, 보니까, 보느라고, 보기에, 보길래, 보느니만큼, 보는지라, 볼세라, 보므로
intention	보러, 보려고, 보고자	addition	보거니와, 볼뿐더러, 보려니와
result	보도록, 보게끔	repetition	보곤

Basic sentences

- 여기를 보세요. Please look here.
- 한국에는 볼 것이 참 많이 있습니다. There are lots of things to see in Korea.
- 나는 어제 시험을 보느라고 무척 고생을 했다. I suffered taking the test yesterday.

뵙다 [뵙따, pʊ pt'a]

'ㅂ' irregular conjugation, Avt

to meet, see, look at

causative	*뵙히다, 뵙게 하다, 뵙게 만들다	passive	*뵙히다, 뵙게 되다, *뵈어지다

adnominal : present-conti	past-perfect	past-retrospective	past-perfect-retro	future-gue/will
뵙는	뵌	뵙던	뵈었던	뵐

quotational : declarative	interrogative	imperative	suggestive	nominal	adverbial
뵙는다고	뵈느냐고	뵈라고	뵙자고	뵙기, 뵘	뵈어, 뵙게

high honorific level		indicative style	retrospective style
declarative	present	뵙습니다	뵙습디다
	present-continuous	뵙고 있습니다, 뵙는 중입니다	뵙고 있습디다
	past-perfect	뵈었습니다	뵈었습디다
	past-experience	뵈었었습니다	뵈었었습디다
	past-guessing	뵈었겠습니다	뵈었겠습디다
	future-gue/will/abi	뵙겠습니다, 뵈렵니다, 뵐 겁니다, 뵐 수 있습니다	뵙겠습디다
introgative	present	뵙습니까?	뵙습디까?
	past-perfect	뵈었습니까?	뵈었습디까?
	past-experience	뵈었었습니까?	뵈었었습디까?
	future-gue/will/abi	뵙겠습니까? 뵈렵니까? 뵐 겁니까? 뵈리이까? 뵐 수 있겠습니까?	뵙겠습디까?
imperative		뵈시오, 뵈십시오	
suggestive		뵙시다, 뵈십시다	
exclamatory		뵈시는구나!	

ordinary honorific lev		'-어요' form	'-으오' form
declarative	present	뵈어요, 뵙지요, 뵈세요, 뵐래요, 뵐걸요, 뵙는데요, 뵙는대요, 뵐게요, 뵙잖아요	뵈오
	present-continuous	뵙고 있어요, 뵙고 있지요, 뵙고 있으세요, 뵙는 중이에요	뵙고 있소
	past-perfect	뵈었어요, 뵈었지요, 뵈었으세요, 뵈었잖아요	뵈었소
	past-experience	뵈었었어요, 뵈었었지요, 뵈었었으세요	뵈었었소
	past-guessing	뵈었겠어요, 뵈었겠지요, 뵈었겠으세요	뵈었겠소
	future-gue/will/abi	뵙겠어요, 뵙겠지요, 뵙겠으세요, 뵐 수 있어요	뵙겠소
introgative	present	뵈어요? 뵙지요? 뵈세요? 뵙나요? 뵐까요? 뵐래요? 뵙는가요? 뵙는데요? 뵙는대요? 뵙는다면서요? 뵙는다지요?	뵈오? 뵙소?
	past-perfect	뵈었어요? 뵈었지요? 뵈었으세요?	뵈었소?
	past-experience	뵈었었어요? 뵈었었지요? 뵈었었으세요?	뵈었었소?
	future-gue/will/abi	뵙겠어요? 뵙겠지요? 뵙겠으세요? 뵈리요? 뵐 거예요? 뵐 거지요? 뵐 수 있겠어요?	뵙겠소?
imperative		뵈어요, 뵙지요, 뵈세요, 뵈라니까요	뵈오, 뵙구려
suggestive		뵈어요, 뵙지요, 뵈세요, 뵙자니까요	뵈오
exclamatory		뵙는군요! 뵈리요!	뵈오!

ordinary non-honorific lev		'-어' form	'-네' form
declarative	present	봬, 뵙지, 뵐래, 뵐걸, 뵙는데, 뵙는대, 뵐게, 뵙는단다, 뵈마, 뵙잖아	뵙네
	present-continuous	뵙고 있어, 뵙고 있지, 뵙는 중이야	뵙고 있네
	past-perfect	뵈었어, 뵈었지, 뵈었잖아	뵈었네
	future-gue/will/abi	뵙겠어, 뵙겠지, 뵐 수 있어	뵙겠네
introgative	present	뵈어? 뵙지? 뵙니? 뵙나? 뵐까? 뵈랴? 뵐래? 뵙는데? 뵙는대? 뵙는다면서? 뵙는다지?	뵙는가?
	past-perfect	뵈었어? 뵈었지? 뵈었니? 뵈었을까? 뵈었대? 뵈었다면서?	뵈었는가?
	future-gue/will/abi	뵙겠어? 뵙겠지? 뵙겠니? 뵈리? 뵐 거야? 뵐 거지? 뵐 거니? 뵐 수 있겠어?	뵙겠는가?
imperative		봬, 뵙지, 뵈렴, 뵈려무나, 뵈라니까	뵙게
suggestive		봬, 뵙지, 뵙자니까	뵙세
exclamatory		봬! 뵙지! 뵈리!	뵙네!

low non-honorific lev		indicative style	retrospective style
declarative	present	뵙는다	뵙더라
	present-continuous	뵙고 있다, 뵙는 중이다	뵙고 있더라
	past-perfect	뵈었다	뵈었더라
	future-gue/will/abi	뵙겠다, 뵈리다, 뵈련다, 뵐 거다, 뵐 수 있다	뵙겠더라
introgative	present	뵙느냐?	뵙더냐?
	past-perfect	뵈었느냐?	뵈었더냐?
	future-gue/will/abi	뵙겠느냐?	뵙겠더냐?
imperative		뵈어라	
suggestive		뵙자	
exclamatory		뵙는구나! 뵙는다! 뵙는도다!	뵙더구나!

connective	endings	connective	endings
serial	뵙고, 뵈며	comparison	뵙느니
selection	뵙거나, 뵙든지, 뵙든가	degree	뵈리만큼
contrast	뵈어도, 뵙지만, 뵈나, 뵙는데, 뵈면서도, 뵙되, 뵙지	condition	뵈면, 뵙거든, 뵙거들랑, 뵈어야, 뵙는다면, 뵈었던들
simultaneity	뵈면서, 뵈며	circumstance	뵙는데, 뵈니, 뵙다시피
completion	뵙고서, 뵈어서, 뵙자, 뵙자마자	figure	뵙듯이
conversion	뵙다가	proportion	뵐수록
concession	뵈어도, 뵙더라도, 뵐지라도, 뵐지언정, 뵌들, 뵙는데도, 뵙기로서니, 뵈나마, 뵐망정, 뵈어 보았자	cause	뵈어서, 뵈니까, 뵙느라고, 뵙기에, 뵙길래, 뵙느니만큼, 뵙는지라, 뵐세라, 뵈므로
intention	뵈러, 뵈려고, 뵙고자	addition	뵙거니와, 뵐뿐더러, 뵈려니와
result	뵙도록, 뵙게끔	repetition	뵙곤

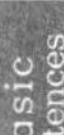

- 그럼, 내일 뵙겠습니다. See you tomorrow then.
- 지난 번 회의 때 뵌 기억이 있어요. I remember seeing you at last meeting.
- 작은아버지를 뵈면 늘 돌아가신 아버지 생각이 난다.
  Everytime I see my uncle, it reminds me of my father.

부르다1 [부르다, purida]

'르' irregular conjugation, Dv

to be full ; to be pregnant ; to be swollen

causative	*부르히다, 부르게 하다, 부르게 만들다	passive	*불리다, 부르게 되다, 불러지다

adnominal : present-conti	past-perfect	past-retrospective	past-perfect-retro	future-gue/will
부른	부른	부르던	불렀던	부를

quotational : declarative	interrogative	imperative	suggestive	nominal	adverbial
부르다고	부르냐고	*부르라고	*부르자고	부르기, 부름	불러, 부르게

high honorific level		indicative style	retrospective style
declarative	present	부릅니다	부릅디다
	present-continuous	*부르고 있습니다, *부르는 중입니다	*부르고 있습디다
	past-perfect	불렀습니다	불렀습디다
	past-experience	불렀었습니다	불렀었습디다
	past-guessing	불렀겠습니다	불렀겠습디다
	future-gue/will/abi	부르겠습니다, *부르렵니다, 부를 겁니다, 부를 수 있습니다	부르겠습디다
introgative	present	부릅니까?	부릅디까?
	past-perfect	불렀습니까?	불렀습디까?
	past-experience	불렀었습니까?	불렀었습디까?
	future-gue/will/abi	부르겠습니까? *부르렵니까? *부를 겁니까? *부르리이까? *부를 수 있겠습니까?	부르겠습디까?
imperative		*부르시오, *부르십시오	
suggestive		*부릅시다, *부르십시다	
exclamatory		부르시구나!	

ordinary honorific lev		'-어요' form	'-으오' form
declarative	present	불러요, 부르지요, 부르세요, *부를래요, 부를걸요, 부른데요, 부르대요, *부를게요, 부르잖아요	부르오
	present-continuous	*부르고 있어요, *부르고 있지요, *부르고 있으세요, *부르는 중이에요	*부르고 있소
	past-perfect	불렀어요, 불렀지요, 불렀으세요, 불렀잖아요	불렀소
	past-experience	불렀었어요, 불렀었지요, 불렀었으세요	불렀었소
	past-guessing	불렀겠어요, 불렀겠지요, 불렀겠으세요	불렀겠소
	future-gue/will/abi	부르겠어요, 부르겠지요, 부르겠으세요, 부를 수 있어요	부르겠소
introgative	present	불러요? 부르지요? 부르세요? 부르나요? 부를까요? *부를래요? 부른가요? 부른데요? 부르대요? 부르다면서요? 부르다지요?	부르오? *부르소?
	past-perfect	불렀어요? 불렀지요? 불렀으세요?	불렀소?
	past-experience	불렀었어요? 불렀었지요? 불렀었으세요?	불렀었소?
	future-gue/will/abi	부르겠어요? 부르겠지요? 부르겠으세요? 부르리요? *부를 거예요? *부를 거지요? *부를 수 있겠어요?	부르겠소?
imperative		*불러요, *부르지요, *부르세요, *부르라니까요	*부르오, *부르구려
suggestive		*불러요, *부르지요, *부르세요, *부르자니까요	*부르오
exclamatory		부르군요! 부르리요!	부르오!

ordinary non-honorific lev		'-어' form	'-네' form
declarative	present	불러, 부르지, *부를래, 부를걸, 부른데, 부르대, *부를게, 부르단다, *부르마, 부르잖아	부르네
	present-continuous	*부르고 있어, *부르고 있지, *부르는 중이야	*부르고 있네
	past-perfect	불렀어, 불렀지, 불렀잖아	불렀다
	future-gue/will/abi	부르겠어, 부르겠지, 부를 수 있어	부르겠네
introgative	present	불러? 부르지? 부르니? 부르나? 부를까? 부르랴? *부를래? 부른데? 부르대? 부르다면서? 부르다지?	부르는가?
	past-perfect	불렀어? 불렀지? 불렀니? 불렀을까? 불렀대? 불렀다면서?	불렀는가?
	future-gue/will/abi	부르겠어? 부르겠지? 부르겠니? 부르리? *부를 거야? *부를 거지? *부를 거니? *부를 수 있겠어?	부르겠는가?
imperative		*불러, *부르지, *부르렴, *부르려무나, *부르라니까	*부르게
suggestive		*불러, *부르지, *부르자니까	*부르세
exclamatory		불러! 부르지! 부르리!	부르네!

low non-honorific lev		indicative style	retrospective style
declarative	present	부른다	부르더라
	present-continuous	*부르고 있다, *부르는 중이다	*부르고 있더라
	past-perfect	불렀다	불렀더라
	future-gue/will/abi	부르겠다, *부르리다, *부르련다, 부를 거다, 부를 수 있다	부르겠더라
introgative	present	부르느냐?	부르더냐?
	past-perfect	불렀느냐?	불렀더냐?
	future-gue/will/abi	부르겠느냐?	부르겠더냐?
imperative		*불러라	
suggestive		*부르자	
exclamatory		부르구나! 부르다! 부르도다!	부르더구나!

connective	endings	connective	endings
serial	부르고, 부르며	comparison	*부르느니
selection	부르거나, 부르든지, 부르든가	degree	부르리만큼
contrast	불러도, 부르지만, 부르나, 부른데, 부르면서도, 부르되, 부르지	condition	부르면, 부르거든, 부르거들랑, 불러야, 부르다면, 불렀던들
simultaneity	부르면서, 부르며	circumstance	부른데, 부르니, *부르다시피
completion	*부르고서, *불러서, *부르자, *부르자마자	figure	부르듯이
conversion	부르다가	proportion	부를수록
concession	불러도, 부르더라도, 부를지라도, 부를지언정, 부른들, 부른데도, 부르기로서니, 부르나마, 부를망정, 불러 보았자	cause	불러서, 부르니까, *부르느라고, 부르기에, 부르길래, 부르니만큼, 부른지라, 부를세라, 부르므로
intention	*부르러, *부르려고, *부르고자	addition	부르거니와, 부를뿐더러, 부르려니와
result	부르도록, 부르게끔	repetition	부르곤

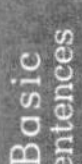

- 여섯 달이 되자 아내의 배가 점점 불러 왔다.
  On the sixth month, her stomach expanded gradually.
- 배 부른 소리 그만 하세요. Don't talk in delirium.
- 배가 불러서 더 이상 못 먹겠다. I am too full to eat anymore.

부르다2 [부르다, purida]

'르' irregular conjugation, Avt

to call ; to name ; to invite ; to offer ; to sing

causative	*부르히다, 부르게 하다, 부르게 만들다	passive	*불리다, 부르게 되다, 불려지다

adnominal : present-conti	past-perfect	past-retrospective	past-perfect-retro	future-gue/will
부르는	부른	부르던	불렀던	부를

quotational : declarative	interrogative	imperative	suggestive	nominal	adverbial
부른다고	부르느냐고	부르라고	부르자고	부르기, 부름	불러, 부르게

high honorific level		indicative style	retrospective style
declarative	present	부릅니다	부릅디다
	present-continuous	부르고 있습니다, 부르는 중입니다	부르고 있습디다
	past-perfect	불렀습니다	불렀습디다
	past-experience	불렀었습니다	불렀었습디다
	past-guessing	불렀겠습니다	불렀겠습디다
	future-gue/will/abi	부르겠습니다, 부르렵니다, 부를 겁니다, 부를 수 있습니다	부르겠습디다
introgative	present	부릅니까?	부릅디까?
	past-perfect	불렀습니까?	불렀습디까?
	past-experience	불렀었습니까?	불렀었습디까?
	future-gue/will/abi	부르겠습니까? 부르렵니까? 부를 겁니까? 부르리이까? 부를 수 있겠습니까?	부르겠습디까?
imperative		부르시오, 부르십시오	
suggestive		부릅시다, 부르십시다	
exclamatory		부르시는구나!	

ordinary honorific lev		'-어요' form	'-으오' form
declarative	present	불러요, 부르지요, 부르세요, 부를래요, 부를걸요, 부르는데요, 부른대요, 부를게요, 부르잖아요	부르오
	present-continuous	부르고 있어요, 부르고 있지요, 부르고 있으세요, 부르는 중이에요	부르고 있소
	past-perfect	불렀어요, 불렀지요, 불렀으세요, 불렀잖아요	불렀소
	past-experience	불렀었어요, 불렀었지요, 불렀었으세요	불렀었소
	past-guessing	불렀겠어요, 불렀겠지요, 불렀겠으세요	불렀겠소
	future-gue/will/abi	부르겠어요, 부르겠지요, 부르겠으세요, 부를 수 있어요	부르겠소
introgative	present	불러요? 부르지요? 부르세요? 부르나요? 부를까요? 부를래요? 부르는가요? 부르는데요? 부른대요? 부른다면서요? 부른다지요?	부르오? *부르소?
	past-perfect	불렀어요? 불렀지요? 불렀으세요?	불렀소?
	past-experience	불렀었어요? 불렀었지요? 불렀었으세요?	불렀었소?
	future-gue/will/abi	부르겠어요? 부르겠지요? 부르겠으세요? 부르리요? 부를 거예요? 부를 거지요? 부를 수 있겠어요?	부르겠소?
imperative		불러요, 부르지요, 부르세요, 부르라니까요	부르오, 부르구려
suggestive		불러요, 부르지요, 부르세요, 부르자니까요	부르오
exclamatory		부르는군요! 부르리요!	부르오!

ordinary non-honorific lev		'-어' form	'-네' form
declarative	present	불러, 부르지, 부를래, 부를걸, 부르는데, 부른대, 부를게, 부른단다, 부르마, 부르잖아	부르네
	present-continuous	부르고 있어, 부르고 있지, 부르는 중이야	부르고 있네
	past-perfect	불렀어, 불렀지, 불렀잖아	불렀네
	future-gue/will/abi	부르겠어, 부르겠지, 부를 수 있어	부르겠네
introgative	present	불러? 부르지? 부르니? 부르나? 부를까? 부르랴? 부를래? 부르는데? 부른대? 부른다면서? 부른다지?	부르는가?
	past-perfect	불렀어? 불렀지? 불렀니? 불렀을까? 불렀대? 불렀다면서?	불렀는가?
	future-gue/will/abi	부르겠어? 부르겠지? 부르겠니? 부르리? 부를 거야? 부를 거지? 부를 거니? 부를 수 있겠어?	부르겠는가?
imperative		불러, 부르지, 부르렴, 부르려무나, 부르라니까	부르게
suggestive		불러, 부르지, 부르자니까	부르세
exclamatory		불러! 부르지! 부르리!	부르네!

low non-honorific lev		indicative style	retrospective style
declarative	present	부른다	부르더라
	present-continuous	부르고 있다, 부르는 중이다	부르고 있더라
	past-perfect	불렀다	불렀더라
	future-gue/will/abi	부르겠다, 부르리다, 부르련다, 부를 거다, 부를 수 있다	부르겠더라
introgative	present	부르느냐?	부르더냐?
	past-perfect	불렀느냐?	불렀더냐?
	future-gue/will/abi	부르겠느냐?	부르겠더냐?
imperative		불러라	
suggestive		부르자	
exclamatory		부르는구나! 부른다! 부르는도다!	부르더구나!

connective	endings	connective	endings
serial	부르고, 부르며	comparison	부르느니
selection	부르거나, 부르든지, 부르든가	degree	부르리만큼
contrast	불러도, 부르지만, 부르나, 부르는데, 부르면서도, 부르되, 부르지	condition	부르면, 부르거든, 부르거들랑, 불러야, 부른다면, 불렀던들
simultaneity	부르면서, 부르며	circumstance	부르는데, 부르니, 부르다시피
completion	부르고서, 불러서, 부르자, 부르자마자	figure	부르듯이
conversion	부르다가	proportion	부를수록
concession	불러도, 부르더라도, 부를지라도, 부를지언정, 부른들, 부르는데도, 부르기로서니, 부르나마, 부를망정, 불러 보았자	cause	불러서, 부르니까, 부르느라고, 부르기에, 부르길래, 부르느니만큼, 부르는지라, 부를세라, 부르므로
intention	부르러, 부르려고, 부르고자	addition	부르거니와, 부를뿐더러, 부르려니와
result	부르도록, 부르게끔	repetition	부르곤

Basic sentences

- 밖에서 누군가가 나를 불렀다. Someone called me from outside.
- 한국 민요를 잘 부르는 사람 없니? Isn't there anyone who can sing Korean folksongs well?
- 너무 비싼 값을 부르는 바람에 다들 놀랐다.
  Everyone was surprised because of the expensive price.

부수다 [부수다, pusuda]

'우' regular conjugation, Avt

to break, smash, destroy, demolish ; to win

causative	*부수히다, 부수게 하다, 부수게 만들다	passive	*부수히다, 부수게 되다, 부숴지다

adnominal : present-conti	past-perfect	past-retrospective	past-perfect-retro	future-gue/will
부수는	부순	부수던	부쉈던	부술

quotational : declarative	interrogative	imperative	suggestive	nominal	adverbial
부순다고	부수느냐고	부수라고	부수자고	부수기, 부숨	부숴, 부수게

high honorific level		indicative style	retrospective style
declarative	present	부숩니다	부숩디다
	present-continuous	부수고 있습니다, 부수는 중입니다	부수고 있습디다
	past-perfect	부쉈습니다	부쉈습디다
	past-experience	부쉈었습니다	부쉈었습디다
	past-guessing	부쉈겠습니다	부쉈겠습디다
	future-gue/will/abi	부수겠습니다, 부수렵니다, 부술 겁니다, 부술 수 있습니다	부수겠습디다
introgative	present	부숩니까?	부숩디까?
	past-perfect	부쉈습니까?	부쉈습디까?
	past-experience	부쉈었습니까?	부쉈었습디까?
	future-gue/will/abi	부수겠습니까? 부수렵니까? 부술 겁니까? 부수리이까? 부술 수 있겠습니까?	부수겠습디까?
imperative		부수시오, 부수십시오	
suggestive		부숩시다, 부수십시다	
exclamatory		부수시는구나!	

ordinary honorific lev		'-어요' form	'-으오' form
declarative	present	부숴요, 부수지요, 부수세요, 부술래요, 부술걸요, 부수는데요, 부순대요, 부술게요, 부수잖아요	부수오
	present-continuous	부수고 있어요, 부수고 있지요, 부수고 있으세요, 부수는 중이에요	부수고 있소
	past-perfect	부쉈어요, 부쉈지요, 부쉈으세요, 부쉈잖아요	부쉈소
	past-experience	부쉈었어요, 부쉈었지요, 부쉈었으세요	부쉈었소
	past-guessing	부쉈겠어요, 부쉈겠지요, 부쉈겠으세요	부쉈겠소
	future-gue/will/abi	부수겠어요, 부수겠지요, 부수겠으세요, 부술 수 있어요	부수겠소
introgative	present	부숴요? 부수지요? 부수세요? 부수나요? 부술까요? 부술래요? 부수는가요? 부수는데요? 부순대요? 부순다면서요? 부순다지요?	부수오? *부수소?
	past-perfect	부쉈어요? 부쉈지요? 부쉈으세요?	부쉈소?
	past-experience	부쉈었어요? 부쉈었지요? 부쉈었으세요?	부쉈었소?
	future-gue/will/abi	부수겠어요? 부수겠지요? 부수겠으세요? 부수리요? 부술 거예요? 부술 거지요? 부술 수 있겠어요?	부수겠소?
imperative		부숴요, 부수지요, 부수세요, 부수라니까요	부수오, 부수구려
suggestive		부숴요, 부수지요, 부수세요, 부수자니까요	부수오
exclamatory		부수는군요! 부수리요!	부수오!

ordinary non-honorific lev		'-어' form	'-네' form
declarative	present	부숴, 부수지, 부술래, 부술걸, 부수는데, 부순대, 부술게, 부순단다, 부수마, 부수잖아	부수네
	present-continuous	부수고 있어, 부수고 있지, 부수는 중이야	부수고 있네
	past-perfect	부쉈어, 부쉈지, 부쉈잖아	부쉈네
	future-gue/will/abi	부수겠어, 부수겠지, 부술 수 있어	부수겠네
introgative	present	부숴? 부수지? 부수니? 부수나? 부술까? 부수랴? 부술래? 부수는데? 부순대? 부순다면서? 부순다지?	부수는가?
	past-perfect	부쉈어? 부쉈지? 부쉈니? 부쉈을까? 부쉈대? 부쉈다면서?	부쉈는가?
	future-gue/will/abi	부수겠어? 부수겠지? 부수겠니? 부수리? 부술 거야? 부술 거지? 부술 거니? 부술 수 있겠어?	부수겠는가?
imperative		부숴, 부수지, 부수렴, 부수려무나, 부수라니까	부수게
suggestive		부숴, 부수지, 부수자니까	부수세
exclamatory		부숴! 부수지! 부수리!	부수네!

low non-honorific lev		indicative style	retrospective style
declarative	present	부순다	부수더라
	present-continuous	부수고 있다, 부수는 중이다	부수고 있더라
	past-perfect	부쉈다	부쉈더라
	future-gue/will/abi	부수겠다, 부수리다, 부수련다, 부술 거다, 부술 수 있다	부수겠더라
introgative	present	부수느냐?	부수더냐?
	past-perfect	부쉈느냐?	부쉈더냐?
	future-gue/will/abi	부수겠느냐?	부수겠더냐?
imperative		부숴라	
suggestive		부수자	
exclamatory		부수는구나! 부순다! 부수는도다!	부수더구나!

connective	endings	connective	endings
serial	부수고, 부수며	comparison	부수느니
selection	부수거나, 부수든지, 부수든가	degree	부수리만큼
contrast	부숴도, 부수지만, 부수나, 부수는데, 부수면서도, 부수되, 부수지	condition	부수면, 부수거든, 부수거들랑, 부숴야, 부순다면, 부쉈던들
simultaneity	부수면서, 부수며	circumstance	부수는데, 부수니, 부수다시피
completion	부수고서, 부숴서, 부수자, 부수자마자	figure	부수듯이
conversion	부수다가	proportion	부술수록
concession	부숴도, 부수더라도, 부술지라도, 부술지언정, 부순들, 부수는데도, 부수기로서니, 부수나마, 부술망정, 부숴 보았자	cause	부숴서, 부수니까, 부수느라고, 부수기에, 부수길래, 부수느니만큼, 부수는지라, 부술세라, 부수므로
intention	부수러, 부수려고, 부수고자	addition	부수거니와, 부술뿐더러, 부수려니와
result	부수도록, 부수게끔	repetition	부수곤

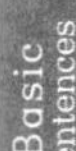

- 도자기가 부숴지지 않도록 주의해 주세요. Please be cautious not to break the ceramics.
- 상대팀을 이번에는 꼭 부수겠다는 각오가 대단했다.
  It was admirable to see you try to win the opponent.
- 고장이 난 기계를 부수더라도 쓸 만한 것은 잘 골라 둡시다.
  Let's pick out the useful ones though you may break the broken machines in the process.

붓다1 [붇따, putt'a]

'ㅅ' irregular conjugation, Avi

to swell up, blout (out) ; to tumefy ; to get angry

causative	*붓히다, 붓게 하다, 붓게 만들다	passive	*붓히다, 붓게 되다, 부어지다

adnominal : present-conti	past-perfect	past-retrospective	past-perfect-retro	future-gue/will
붓는	부은	붓던	부었던	부을

quotational : declarative	interrogative	imperative	suggestive	nominal	adverbial
붓는다고	붓느냐고	부으라고	붓자고	붓기, 부음	부어, 붓게

high honorific level		indicative style	retrospective style
declarative	present	붓습니다	붓습디다
	present-continuous	붓고 있습니다, 붓는 중입니다	붓고 있습디다
	past-perfect	부었습니다	부었습디다
	past-experience	부었었습니다	부었었습디다
	past-guessing	부었겠습니다	부었겠습디다
	future-gue/will/abi	붓겠습니다, 부으렵니다, 부을 겁니다, 부을 수 있습니다	붓겠습디다
introgative	present	붓습니까?	붓습디까?
	past-perfect	부었습니까?	부었습디까?
	past-experience	부었었습니까?	부었었습디까?
	future-gue/will/abi	붓겠습니까? 부으렵니까? 부을 겁니까? 부으리이까? 부을 수 있겠습니까?	붓겠습디까?
imperative		부으시오, 부으십시오	
suggestive		부읍시다, 부으십시다	
exclamatory		부으시는구나!	

ordinary honorific lev		'-어요' form	'-으오' form
declarative	present	부어요, 붓지요, 부으세요, 부을래요, 부을걸요, 붓는데요, 붓는대요, 부을게요, 붓잖아요	부으오
	present-continuous	붓고 있어요, 붓고 있지요, 붓고 있으세요, 붓는 중이에요	붓고 있소
	past-perfect	부었어요, 부었지요, 부었으세요, 부었잖아요	부었소
	past-experience	부었었어요, 부었었지요, 부었었으세요	부었었소
	past-guessing	부었겠어요, 부었겠지요, 부었겠으세요	부었겠소
	future-gue/will/abi	붓겠어요, 붓겠지요, 붓겠으세요, 부을 수 있어요	붓겠소
introgative	present	부어요? 붓지요? 부으세요? 붓나요? 부을까요? 부을래요? 붓는가요? 붓는데요? 붓는대요? 붓는다면서요? 붓는다지요?	부으오? 붓소?
	past-perfect	부었어요? 부었지요? 부었으세요?	부었소?
	past-experience	부었었어요? 부었었지요? 부었었으세요?	부었었소?
	future-gue/will/abi	붓겠어요? 붓겠지요? 붓겠으세요? *부으리요? 부을 거예요? 부을 거지요? 부을 수 있겠어요?	붓겠소?
imperative		부어요, 붓지요, 부으세요, 부으라니까요	부으오, 붓구려
suggestive		부어요, 붓지요, 부으세요, 붓자니까요	부으오
exclamatory		붓는군요! 부으리요!	부으오!

ordinary non-honorific lev		'-어' form	'-네' form
declarative	present	부어, 붓지, 부을래, 부을걸, 붓는데, 붓는대, 부을게, 붓는단다, 부으마, 붓잖아	붓네
	present-continuous	붓고 있어, 붓고 있지, 붓는 중이야	붓고 있네
	past-perfect	부었어, 부었지, 부었잖아	부었네
	future-gue/will/abi	붓겠어, 붓겠지, 부을 수 있어	붓겠네
introgative	present	부어? 붓지? 붓니? 붓나? 부을까? 부으랴? 부을래? 붓는데? 붓는대? 붓는다면서? 붓는다지?	붓는가?
	past-perfect	부었어? 부었지? 부었니? 부었을까? 부었대? 부었다면서?	부었는가?
	future-gue/will/abi	붓겠어? 붓겠지? 붓겠니? *부으리? 부을 거야? 부을 거지? 부을 거니? 부을 수 있겠어?	붓겠는가?
imperative		부어, 붓지, 부으렴, 부으려무나, 부으라니까	붓게
suggestive		부어, 붓지, 붓자니까	붓세
exclamatory		부어! 붓지! 부으리!	붓네!

low non-honorific lev		indicative style	retrospective style
declarative	present	붓는다	붓더라
	present-continuous	붓고 있다, 붓는 중이다	붓고 있더라
	past-perfect	부었다	부었더라
	future-gue/will/abi	붓겠다, 부으리다, 부으련다, 부을 거다, 부을 수 있다	붓겠더라
introgative	present	붓느냐?	붓더냐?
	past-perfect	부었느냐?	부었더냐?
	future-gue/will/abi	붓겠느냐?	붓겠더냐?
imperative		부어라	
suggestive		붓자	
exclamatory		붓는구나! 붓는다! 붓는도다!	붓더구나!

connective	endings	connective	endings
serial	붓고, 부으며	comparison	붓느니
selection	붓거나, 붓든지, 붓든가	degree	부으리만큼
contrast	부어도, 붓지만, 부으나, 붓는데, 부으면서도, 붓되, 붓지	condition	부으면, 붓거든, 붓거들랑, 부어야, 붓는다면, 부었던들
simultaneity	부으면서, 부으며	circumstance	붓는데, 부으니, 붓다시피
completion	붓고서, 부어서, 붓자, 붓자마자	figure	붓듯이
conversion	붓다가	proportion	부을수록
concession	부어도, 붓더라도, 부을지라도, 부을지언정, 부은들, 붓는데도, 붓기로서니, 부으나마, 부을망정, 부어 보았자	cause	부어서, 부으니까, 붓느라고, 붓기에, 붓길래, 붓느니만큼, 붓는지라, 부을세라, 부으므로
intention	부으러, 부으려고, 붓고자	addition	붓거니와, 부을뿐더러, 부으려니와
result	붓도록, 붓게끔	repetition	붓곤

- 많이 울어서 얼굴이 퉁퉁 부었다. My face has swollen because I cried a lot.
- 부었던 상처가 가라앉았다. The swollen wound became normal again.
- 임파선이 부어서 몹시 아프다. It hurt so much because my lymph nodes are swollen.

비꼬다 [비꼬다, pik'oda]

'오' regular conjugation, Avt

to twist ; to give a sarcastic remarks

causative	*비꼬히다, 비꼬게 하다, 비꼬게 만들다	passive	비꼬이다, 비꼬게 되다, 비꼬아지다

adnominal : present-conti	past-perfect	past-retrospective	past-perfect-retro	future-gue/will
비꼬는	비꼰	비꼬던	비꼬았던	비꼴

quotational : declarative	interrogative	imperative	suggestive	nominal	adverbial
비꼰다고	비꼬느냐고	비꼬라고	비꼬자고	비꼬기, 비꼼	비꼬아, 비꼬게

high honorific level		indicative style	retrospective style
declarative	present	비꼽니다	비꼽디다
	present-continuous	비꼬고 있습니다, 비꼬는 중입니다	비꼬고 있습디다
	past-perfect	비꼬았습니다	비꼬았습디다
	past-experience	비꼬았었습니다	비꼬았었습디다
	past-guessing	비꼬았겠습니다	비꼬았겠습디다
	future-gue/will/abi	비꼬겠습니다, 비꼬렵니다, 비꼴 겁니다, 비꼴 수 있습니다	비꼬겠습디다
introgative	present	비꼽니까?	비꼽디까?
	past-perfect	비꼬았습니까?	비꼬았습디까?
	past-experience	비꼬았었습니까?	비꼬았었습디까?
	future-gue/will/abi	비꼬겠습니까? 비꼬렵니까? 비꼴 겁니까? 비꼬리이까? 비꼴 수 있겠습니까?	비꼬겠습디까?
imperative		비꼬시오, 비꼬십시오	
suggestive		비꼽시다, 비꼬십시다	
exclamatory		비꼬시는구나!	

ordinary honorific lev		'-어요' form	'-으오' form
declarative	present	비꼬아요, 비꼬지요, 비꼬세요, 비꼴래요, 비꼴걸요, 비꼬는데요, 비꼰대요, 비꼴게요, 비꼬잖아요	비꼬오
	present-continuous	비꼬고 있어요, 비꼬고 있지요, 비꼬고 있으세요, 비꼬는 중이에요	비꼬고 있소
	past-perfect	비꼬았어요, 비꼬았지요, 비꼬았으세요, 비꼬았잖아요	비꼬았소
	past-experience	비꼬았었어요, 비꼬았었지요, 비꼬았었으세요	비꼬았었소
	past-guessing	비꼬았겠어요, 비꼬았겠지요, 비꼬았겠으세요	비꼬았겠소
	future-gue/will/abi	비꼬겠어요, 비꼬겠지요, 비꼬겠으세요, 비꼴 수 있어요	비꼬겠소
introgative	present	비꼬아요? 비꼬지요? 비꼬세요? 비꼬나요? 비꼴까요? 비꼴래요? 비꼬는가요? 비꼬는데요? 비꼰대요? 비꼰다면서요? 비꼰다지요?	비꼬오? *비꼬소?
	past-perfect	비꼬았어요? 비꼬았지요? 비꼬았으세요?	비꼬았소?
	past-experience	비꼬았었어요? 비꼬았었지요? 비꼬았었으세요?	비꼬았었소?
	future-gue/will/abi	비꼬겠어요? 비꼬겠지요? 비꼬겠으세요? 비꼬리요? 비꼴 거예요? 비꼴 거지요? 비꼴 수 있겠어요?	비꼬겠소?
imperative		비꼬아요, 비꼬지요, 비꼬세요, 비꼬라니까요	비꼬오, 비꼬구려
suggestive		비꼬아요, 비꼬지요, 비꼬세요, 비꼬자니까요	비꼽오
exclamatory		비꼬는군요! 비꼬리요!	비꼬오!

ordinary non-honorific lev		'-어' form	'-네' form
declarative	present	비꼬아, 비꼬지, 비꼴래, 비꼴걸, 비꼬는데, 비꼰대, 비꼴게, 비꼰단다, 비꼬마, 비꼬잖아	비꼬네
	present-continuous	비꼬고 있어, 비꼬고 있지, 비꼬는 중이야	비꼬고 있네
	past-perfect	비꼬았어, 비꼬았지, 비꼬았잖아	비꼬았네
	future-gue/will/abi	비꼬겠어, 비꼬겠지, 비꼴 수 있어	비꼬겠네
introgative	present	비꼬아? 비꼬지? 비꼬니? 비꼬나? 비꼴까? 비꼬랴? 비꼴래? 비꼬는데? 비꼰대? 비꼰다면서? 비꼰다지?	비꼬는가?
	past-perfect	비꼬았어? 비꼬았지? 비꼬았니? 비꼬았을까? 비꼬았대? 비꼬았다면서?	비꼬았는가?
	future-gue/will/abi	비꼬겠어? 비꼬겠지? 비꼬겠니? 비꼬리? 비꼴 거야? 비꼴 거지? 비꼴 거니? 비꼴 수 있겠어?	비꼬겠는가?
imperative		비꼬아, 비꼬지, 비꼬렴, 비꼬려무나, 비꼬라니까	비꼬게
suggestive		비꼬아, 비꼬지, 비꼬자니까	비꼬세
exclamatory		비꼬아! 비꼬지! 비꼬리!	비꼬네!

low non-honorific lev		indicative style	retrospective style
declarative	present	비꼰다	비꼬더라
	present-continuous	비꼬고 있다, 비꼬는 중이다	비꼬고 있더라
	past-perfect	비꼬았다	비꼬았더라
	future-gue/will/abi	비꼬겠다, 비꼬리다, 비꼬련다, 비꼴 거다, 비꼴 수 있다	비꼬겠더라
introgative	present	비꼬느냐?	비꼬더냐?
	past-perfect	비꼬았느냐?	비꼬았더냐?
	future-gue/will/abi	비꼬겠느냐?	비꼬겠더냐?
imperative		비꼬아라	
suggestive		비꼬자	
exclamatory		비꼬는구나! 비꼰다! 비꼬는도다!	비꼬더구나!

connective	endings	connective	endings
serial	비꼬고, 비꼬며	comparison	비꼬느니
selection	비꼬거나, 비꼬든지, 비꼬든가	degree	비꼬리만큼
contrast	비꼬아도, 비꼬지만, 비꼬나, 비꼬는데, 비꼬면서도, 비꼬되, 비꼬지	condition	비꼬면, 비꼬거든, 비꼬거들랑, 비꼬아야, 비꼰다면, 비꼬았던들
simultaneity	비꼬면서, 비꼬며	circumstance	비꼬는데, 비꼬니, 비꼬다시피
completion	비꼬고서, 비꼬아서, 비꼬자, 비꼬자마자	figure	비꼬듯이
conversion	비꼬다가	proportion	비꼴수록
concession	비꼬아도, 비꼬더라도, 비꼴지라도, 비꼴지언정, 비꼰들, 비꼬는데도, 비꼬기로서니, 비꼬나마, 비꼴망정, 비꼬아 보았자	cause	비꼬아서, 비꼬니까, 비꼬느라고, 비꼬기에, 비꼬길래, 비꼬느니만큼, 비꼬는지라, 비꼴세라, 비꼬므로
intention	비꼬러, 비꼬려고, 비꼬고자	addition	비꼬거니와, 비꼴뿐더러, 비꼬려니와
result	비꼬도록, 비꼬게끔	repetition	비꼬곤

Basic sentences

- 그렇게 비꼬지 마세요. Don't be sarcastic.
- 비꼬는 말을 들으면 기분이 나쁘다. Listening to sarcastic remarks doesn't feel good.
- 그녀는 늘 비꼬아 말하는 버릇이 있다. She has a habit of giving sarcastic remarks.

비다 [비:다, pi:da]

'이' regular conjugation, Avi

to be empty, be vacant ; to be unoccupied ; to be hollow

causative	*비히다, 비게 하다, 비게 만들다	passive	*비히다, 비게 되다, 비어지다

adnominal : present-conti	past-perfect	past-retrospective	past-perfect-retro	future-gue/will
비는	빈	비던	비었던	빌

quotational : declarative	interrogative	imperative	suggestive	nominal	adverbial
빈다고	비느냐고	비라고	비자고	비기, 빔	비어, 비게

high honorific level		indicative style	retrospective style
declarative	present	빕니다	빕디다
	present-continuous	비고 있습니다, 비는 중입니다	비고 있습디다
	past-perfect	비었습니다	비었습디다
	past-experience	비었었습니다	비었었습디다
	past-guessing	비었겠습니다	비었겠습디다
	future-gue/will/abi	비겠습니다, *비렵니다, 빌 겁니다, 빌 수 있습니다	비겠습디다
introgative	present	빕니까?	빕디까?
	past-perfect	비었습니까?	비었습디까?
	past-experience	비었었습니까?	비었었습디까?
	future-gue/will/abi	비겠습니까? 비렵니까? 빌 겁니까? 비리이까? 빌 수 있겠습니까?	비겠습디까?
imperative		*비시오, *비십시오	
suggestive		*빕시다, *비십시다	
exclamatory		비시는구나!	

ordinary honorific lev		'-어요' form	'-으오' form
declarative	present	비어요, 비지요, 비세요, *빌래요, 빌걸요, 비는데요, 빈대요, *빌게요, 비잖아요	비오
	present-continuous	비고 있어요, 비고 있지요, 비고 있으세요, 비는 중이에요	비고 있소
	past-perfect	비었어요, 비었지요, 비었으세요, 비었잖아요	비었소
	past-experience	비었었어요, 비었었지요, 비었었으세요	비었었소
	past-guessing	비었겠어요, 비었겠지요, 비었겠으세요	비었겠소
	future-gue/will/abi	비겠어요, 비겠지요, 비겠으세요, 빌 수 있어요	비겠소
introgative	present	비어요? 비지요? 비세요? 비나요? 빌까요? 빌래요? 비는가요? 비는데요? 빈대요? 빈다면서요? 빈다지요?	비오? *비소?
	past-perfect	비었어요? 비었지요? 비었으세요?	비었소?
	past-experience	비었었어요? 비었었지요? 비었었으세요?	비었었소?
	future-gue/will/abi	비겠어요? 비겠지요? 비겠으세요? 비리요? *빌 거예요? *빌 거지요? 빌 수 있겠어요?	비겠소?
imperative		*비어요, *비지요, *비세요, *비라니까요	*비오, *비구려
suggestive		*비어요, *비지요, *비세요, *비자니까요	*비오
exclamatory		비는군요! 비리요!	비오!

ordinary non-honorific lev		'-어' form	'-네' form
declarative	present	비어, 비지, *빌래, 빌걸, 비는데, 빈대, *빌게, 빈단다, *비마, 비잖아	비네
	present-continuous	비고 있어, 비고 있지, 비는 중이야	비고 있네
	past-perfect	비었어, 비었지, 비었잖아	비었네
	future-gue/will/abi	비겠어, 비겠지, 빌 수 있어	비겠네
introgative	present	비어? 비지? 비니? 비나? 빌까? 비랴? *빌래? 비는데? 빈대? 빈다면서? 빈다지?	비는가?
	past-perfect	비었어? 비었지? 비었니? 비었을까? 비었대? 비었다면서?	비었는가?
	future-gue/will/abi	비겠어? 비겠지? 비겠니? 비리? *빌 거야? *빌 거지? *빌 거니? *빌 수 있겠어?	비겠는가?
imperative		*비어, *비지, *비렴, *비려무나, *비라니까	*비게
suggestive		*비어, *비지, *비자니까	*비세
exclamatory		비어! 비지! 비리!	비네!

low non-honorific lev		indicative style	retrospective style
declarative	present	빈다	비더라
	present-continuous	비고 있다, 비는 중이다	비고 있더라
	past-perfect	비었다	비었더라
	future-gue/will/abi	비겠다, 비리다, *비련다, 빌 거다, 빌 수 있다	비겠더라
introgative	present	비느냐?	비더냐?
	past-perfect	비었느냐?	비었더냐?
	future-gue/will/abi	비겠느냐?	비겠더냐?
imperative		*비어라	
suggestive		*비자	
exclamatory		비는구나! 빈다! 비는도다!	비더구나!

connective	endings	connective	endings
serial	비고, 비며	comparison	비느니
selection	비거나, 비든지, 비든가	degree	비리만큼
contrast	비어도, 비지만, 비나, 비는데, 비면서도, 비되, 비지	condition	비면, 비거든, 비거들랑, 비어야, 빈다면, 비었던들
simultaneity	비면서, 비며	circumstance	비는데, 비니, 비다시피
completion	비고서, 비어서, 비자, 비자마자	figure	비듯이
conversion	비다가	proportion	빌수록
concession	비어도, 비더라도, 빌지라도, 빌지언정, 빈들, 비는데도, 비기로서니, 비나마, 빌망정, 비어 보았자	cause	비어서, 비니까, 비느라고, 비기에, 비길래, 비느니만큼, 비는지라, 빌세라, 비므로
intention	*비러, *비려고, *비고자	addition	비거니와, 빌뿐더러, 비려니와
result	비도록, 비게끔	repetition	비곤

- 이 집은 오랫동안 비어 있다. This house was empty for a long time.
- 혹시 빈 방 있습니까? Do you have an empty room?
- 속이 비어서 배가 매우 고프다. I'm very hungry because my stomach is empty.

비싸다 [비싸다, pis'ada]

'아' regular conjugation, Dv

to be expansive, be dear, be costly, be high price

causative	*비싸히다, 비싸게 하다, 비싸게 만들다	passive	*비싸히다, 비싸게 되다, 비싸지다

adnominal : present-conti	past-perfect	past-retrospective	past-perfect-retro	future-gue/will
비싼	비싼	비싸던	비쌌던	비쌀

quotational : declarative	interrogative	imperative	suggestive	nominal	adverbial
비싸다고	비싸냐고	*비싸라고	*비싸자고	비싸기, 비쌈	비싸, 비싸게

high honorific level		indicative style	retrospective style
declarative	present	비쌉니다	비쌉디다
	present-continuous	*비싸고 있습니다, *비싸는 중입니다	*비싸고 있습디다
	past-perfect	비쌌습니다	비쌌습디다
	past-experience	비쌌었습니다	비쌌었습디다
	past-guessing	비쌌겠습니다	비쌌겠습디다
	future-gue/will/abi	비싸겠습니다, *비싸렵니다, 비쌀 겁니다, 비쌀 수 있습니다	비싸겠습디다
introgative	present	비쌉니까?	비쌉디까?
	past-perfect	비쌌습니까?	비쌌습디까?
	past-experience	비쌌었습니까?	비쌌었습디까?
	future-gue/will/abi	비싸겠습니까? *비싸렵니까? *비쌀 겁니까? *비싸리이까? *비쌀 수 있겠습니까?	비싸겠습디까?
imperative		*비싸시오, *비싸십시오	
suggestive		*비쌉시다, *비싸십시다	
exclamatory		비싸시구나!	

ordinary honorific lev		'-어요' form	'-으오' form
declarative	present	비싸요, 비싸지요, 비싸세요, *비쌀래요, 비쌀걸요, 비싼데요, 비싸대요, *비쌀게요, 비싸잖아요	비싸오
	present-continuous	*비싸고 있어요, *비싸고 있지요, *비싸고 있으세요, *비싸는 중이에요	*비싸고 있소
	past-perfect	비쌌어요, 비쌌지요, 비쌌으세요, 비쌌잖아요	비쌌소
	past-experience	비쌌었어요, 비쌌었지요, 비쌌었으세요	비쌌었소
	past-guessing	비쌌겠어요, 비쌌겠지요, 비쌌겠으세요	비쌌겠소
	future-gue/will/abi	비싸겠어요, 비싸겠지요, 비싸겠으세요, 비쌀 수 있어요	비싸겠소
introgative	present	비싸요? 비싸지요? 비싸세요? 비싸나요? 비쌀까요? *비쌀래요? 비싼가요? 비싼데요? 비싸대요? 비싸다면서요? 비싸다지요?	비싸오? *비싸소?
	past-perfect	비쌌어요? 비쌌지요? 비쌌으세요?	비쌌소?
	past-experience	비쌌었어요? 비쌌었지요? 비쌌었으세요?	비쌌었소?
	future-gue/will/abi	비싸겠어요? 비싸겠지요? 비싸겠으세요? 비싸리요? *비쌀 거예요? *비쌀 거지요? *비쌀 수 있겠어요?	비싸겠소?
imperative		*비싸요, *비싸지요, *비싸세요, *비싸라니까요	*비싸오, *비싸구려
suggestive		*비싸요, *비싸지요, *비싸세요, *비싸자니까요	*비싸오
exclamatory		비싸군요! 비싸리요!	비싸오!

ordinary non-honorific lev		'-어' form	'-네' form
declarative	present	비싸, 비싸지, *비쌀래, 비쌀걸, 비싼데, 비싸대, *비쌀게, 비싸단다, *비싸마, 비싸잖아	비싸네
	present-continuous	*비싸고 있어, *비싸고 있지, *비싸는 중이야	*비싸고 있네
	past-perfect	비쌌어, 비쌌지, 비쌌잖아	비쌌네
	future-gue/will/abi	비싸겠어, 비싸겠지, 비쌀 수 있어	비싸겠네
introgative	present	비싸? 비싸지? 비싸니? 비싸나? 비쌀까? 비싸랴? *비쌀래? 비싼데? 비싸대? 비싸다면서? 비싸다지?	비싼가?
	past-perfect	비쌌어? 비쌌지? 비쌌니? 비쌌을까? 비쌌대? 비쌌다면서?	비쌌는가?
	future-gue/will/abi	비싸겠어? 비싸겠지? 비싸겠니? 비싸리? *비쌀 거야? *비쌀 거지? *비쌀 거니? *비쌀 수 있겠어?	비싸겠는가?
imperative		*비싸, *비싸지, *비싸렴, *비싸려무나, *비싸라니까	*비싸게
suggestive		*비싸, *비싸지, *비싸자니까	*비싸세
exclamatory		비싸! 비싸지! 비싸리!	비싸네!

low non-honorific lev		indicative style	retrospective style
declarative	present	비싸다	비싸더라
	present-continuous	*비싸고 있다, *비싸는 중이다	*비싸고 있더라
	past-perfect	비쌌다	비쌌더라
	future-gue/will/abi	비싸겠다, *비싸리다, *비싸련다, 비쌀 거다, 비쌀 수 있다	비싸겠더라
introgative	present	비싸냐?	비싸더냐?
	past-perfect	비쌌느냐?	비쌌더냐?
	future-gue/will/abi	비싸겠느냐?	비싸겠더냐?
imperative		*비싸라	
suggestive		*비싸자	
exclamatory		비싸구나! 비싸다! 비싸도다!	비싸더구나!

connective	endings	connective	endings
serial	비싸고, 비싸며	comparison	*비싸느니
selection	비싸거나, 비싸든지, 비싸든가	degree	비싸리만큼
contrast	비싸도, 비싸지만, 비싸나, 비싼데, 비싸면서도, 비싸되, 비싸지	condition	비싸면, 비싸거든, 비싸거들랑, 비싸야, 비싸다면, 비쌌던들
simultaneity	비싸면서, 비싸며	circumstance	비싼데, 비싸니, *비싸다시피
completion	*비싸고서, *비싸서, *비싸자, *비싸자마자	figure	비싸듯이
conversion	비싸다가	proportion	비쌀수록
concession	비싸도, 비싸더라도, 비쌀지라도, 비쌀지언정, 비싼들, 비싼데도, 비싸기로서니, 비싸나마, 비쌀망정, 비싸 보았자	cause	비싸서, 비싸니까, *비싸느라고, 비싸기에, 비싸길래, 비싸니만큼, 비싼지라, 비쌀세라, 비싸므로
intention	*비싸러, *비싸려고, *비싸고자	addition	비싸거니와, 비쌀뿐더러, 비싸려니와
result	비싸도록, 비싸게끔	repetition	비싸곤

Basic sentences

- 이 수박은 값이 너무 비싸다. This watermelon is too expensive.
- 나는 값이 너무 비싼 옷은 사 입을 수가 없다. I can't buy clothes that are too expensive.
- 가격이 좀 비싸더라도 품질이 좋으면 사겠다.
  If the quality is good, I would buy it even if it's a little expensive.

빌리다 [빌리다, pilrida]

'이' regular conjugation, Avt

to borrow, get (the loan), rent

causative	*빌리히다, 빌리게 하다, 빌리게 만들다	passive	*빌리히다, 빌리게 되다, 빌려지다

adnominal : present-conti	past-perfect	past-retrospective	past-perfect-retro	future-gue/will
빌리는	빌린	빌리던	빌렸던	빌릴

quotational : declarative	interrogative	imperative	suggestive	nominal	adverbial
빌린다고	빌리느냐고	빌리라고	빌리자고	빌리기, 빌림	빌려, 빌리게

high honorific level		indicative style	retrospective style
declarative	present	빌립니다	빌립디다
	present-continuous	빌리고 있습니다, 빌리는 중입니다	빌리고 있습디다
	past-perfect	빌렸습니다	빌렸습디다
	past-experience	빌렸었습니다	빌렸었습디다
	past-guessing	빌렸겠습니다	빌렸겠습디다
	future-gue/will/abi	빌리겠습니다, 빌리렵니다, 빌릴 겁니다, 빌릴 수 있습니다	빌리겠습디다
introgative	present	빌립니까?	빌립디까?
	past-perfect	빌렸습니까?	빌렸습디까?
	past-experience	빌렸었습니까?	빌렸었습디까?
	future-gue/will/abi	빌리겠습니까? 빌리렵니까? 빌릴 겁니까? 빌리리이까? 빌릴 수 있겠습니까?	빌리겠습디까?
imperative		빌리시오, 빌리십시오	
suggestive		빌립시다, 빌리십시다	
exclamatory		빌리시는구나!	

ordinary honorific lev		'-어요' form	'-으오' form
declarative	present	빌려요, 빌리지요, 빌리세요, 빌릴래요, 빌릴걸요, 빌리는데요, 빌린대요, 빌릴게요, 빌리잖아요	빌리오
	present-continuous	빌리고 있어요, 빌리고 있지요, 빌리고 있으세요, 빌리는 중이에요	빌리고 있소
	past-perfect	빌렸어요, 빌렸지요, 빌렸으세요, 빌렸잖아요	빌렸소
	past-experience	빌렸었어요, 빌렸었지요, 빌렸었으세요	빌렸었소
	past-guessing	빌렸겠어요, 빌렸겠지요, 빌렸겠으세요	빌렸겠소
	future-gue/will/abi	빌리겠어요, 빌리겠지요, 빌리겠으세요, 빌릴 수 있어요	빌리겠소
introgative	present	빌려요? 빌리지요? 빌리세요? 빌리나요? 빌릴까요? 빌릴래요? 빌리는가요? 빌리는데요? 빌린대요? 빌린다면서요? 빌린다지요?	빌리오? *빌리소?
	past-perfect	빌렸어요? 빌렸지요? 빌렸으세요?	빌렸소?
	past-experience	빌렸었어요? 빌렸었지요? 빌렸었으세요?	빌렸었소?
	future-gue/will/abi	빌리겠어요? 빌리겠지요? 빌리겠으세요? 빌리리요? 빌릴 거예요? 빌릴 거지요? 빌릴 수 있겠어요?	빌리겠소?
imperative		빌려요, 빌리지요, 빌리세요, 빌리라니까요	빌리오, 빌리구려
suggestive		빌려요, 빌리지요, 빌리세요, 빌리자니까요	빌리오
exclamatory		빌리는군요! 빌리리요!	빌리오!

ordinary non-honorific lev		'-어' form	'-네' form
declarative	present	빌려, 빌리지, 빌릴래, 빌릴걸, 빌리는데, 빌린대, 빌릴게, 빌린단다, 빌리마, 빌리잖아	빌리네
	present-continuous	빌리고 있어, 빌리고 있지, 빌리는 중이야	빌리고 있네
	past-perfect	빌렸어, 빌렸지, 빌렸잖아	빌렸네
	future-gue/will/abi	빌리겠어, 빌리겠지, 빌릴 수 있어	빌리겠네
introgative	present	빌려? 빌리지? 빌리니? 빌리나? 빌릴까? 빌리랴? 빌릴래? 빌리는데? 빌린대? 빌린다면서? 빌린다지?	빌리는가?
	past-perfect	빌렸어? 빌렸지? 빌렸니? 빌렸을까? 빌렸대? 빌렸다면서?	빌렸는가?
	future-gue/will/abi	빌리겠어? 빌리겠지? 빌리겠니? 빌리리? 빌릴 거야? 빌릴 거지? 빌릴 거니? 빌릴 수 있겠어?	빌리겠는가?
imperative		빌려, 빌리지, 빌리렴, 빌리려무나, 빌리라니까	빌리게
suggestive		빌려, 빌리지, 빌리자니까	빌리세
exclamatory		빌려! 빌리지! 빌리리!	빌리네!

low non-honorific lev		indicative style	retrospective style
declarative	present	빌린다	빌리더라
	present-continuous	빌리고 있다, 빌리는 중이다	빌리고 있더라
	past-perfect	빌렸다	빌렸더라
	future-gue/will/abi	빌리겠다, 빌리리다, 빌리련다, 빌릴 거다, 빌릴 수 있다	빌리겠더라
introgative	present	빌리느냐?	빌리더냐?
	past-perfect	빌렸느냐?	빌렸더냐?
	future-gue/will/abi	빌리겠느냐?	빌리겠더냐?
imperative		빌려라	
suggestive		빌리자	
exclamatory		빌리는구나! 빌린다! 빌리는도다!	빌리더구나!

connective	endings	connective	endings
serial	빌리고, 빌리며	comparison	빌리느니
selection	빌리거나, 빌리든지, 빌리든가	degree	빌리리만큼
contrast	빌려도, 빌리지만, 빌리나, 빌리는데, 빌리면서도, 빌리되, 빌리지	condition	빌리면, 빌리거든, 빌리거들랑, 빌려야, 빌린다면, 빌렸던들
simultaneity	빌리면서, 빌리며	circumstance	빌리는데, 빌리니, 빌리다시피
completion	빌리고서, 빌려서, 빌리자, 빌리자마자	figure	빌리듯이
conversion	빌리다가	proportion	빌릴수록
concession	빌려도, 빌리더라도, 빌릴지라도, 빌릴지언정, 빌린들, 빌리는데도, 빌리기로서니, 빌리나마, 빌릴망정, 빌려 보았자	cause	빌려서, 빌리니까, 빌리느라고, 빌리기에, 빌리길래, 빌리느니만큼, 빌리는지라, 빌릴세라, 빌리므로
intention	빌리러, 빌리려고, 빌리고자	addition	빌리거니와, 빌릴뿐더러, 빌리려니와
result	빌리도록, 빌리게끔	repetition	빌리곤

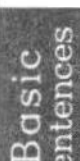

- 나는 친구에게 돈을 빌렸다. I borrowed money from a friend.
- 그는 은행에서 빌린 돈을 모두 갚았다. He paid the bank for the loan.
- 차를 빌리려고 렌터카센터에 갔다. I went to the car rental shop to rent a car.

빗다 [빋따, pitt'a]

'ㅅ' regular conjugation, Avt

to comb

causative	빗기다, 빗게 하다, 빗게 만들다	passive	*빗히다, 빗게 되다, 빗어지다

adnominal : present-conti	past-perfect	past-retrospective	past-perfect-retro	future-gue/will
빗는	빗은	빗던	빗었던	빗을

quotational : declarative	interrogative	imperative	suggestive	nominal	adverbial
빗는다고	빗느냐고	빗으라고	빗자고	빗기, 빗음	빗어, 빗게

high honorific level		indicative style	retrospective style
declarative	present	빗습니다	빗습디다
	present-continuous	빗고 있습니다, 빗는 중입니다	빗고 있습디다
	past-perfect	빗었습니다	빗었습디다
	past-experience	빗었었습니다	빗었었습디다
	past-guessing	빗었겠습니다	빗었겠습디다
	future-gue/will/abi	빗겠습니다, 빗으렵니다, 빗을 겁니다, 빗을 수 있습니다	빗겠습디다
introgative	present	빗습니까?	빗습디까?
	past-perfect	빗었습니까?	빗었습디까?
	past-experience	빗었었습니까?	빗었었습디까?
	future-gue/will/abi	빗겠습니까? 빗으렵니까? 빗을 겁니까? 빗으리이까? 빗을 수 있겠습니까?	빗겠습디까?
imperative		빗으시오, 빗으십시오	
suggestive		빗읍시다, 빗으십시다	
exclamatory		빗으시는구나!	

ordinary honorific lev		'-어요' form	'-으오' form
declarative	present	빗어요, 빗지요, 빗으세요, 빗을래요, 빗을걸요, 빗는데요, 빗는대요, 빗을게요, 빗잖아요	빗으오
	present-continuous	빗고 있어요, 빗고 있지요, 빗고 있으세요, 빗는 중이에요	빗고 있소
	past-perfect	빗었어요, 빗었지요, 빗었으세요, 빗었잖아요	빗었소
	past-experience	빗었었어요, 빗었었지요, 빗었었으세요	빗었었소
	past-guessing	빗었겠어요, 빗었겠지요, 빗었겠으세요	빗었겠소
	future-gue/will/abi	빗겠어요, 빗겠지요, 빗겠으세요, 빗을 수 있어요	빗겠소
introgative	present	빗어요? 빗지요? 빗으세요? 빗나요? 빗을까요? 빗을래요? 빗는가요? 빗는데요? 빗는대요? 빗는다면서요? 빗는다지요?	빗으오? 빗소?
	past-perfect	빗었어요? 빗었지요? 빗었으세요?	빗었소?
	past-experience	빗었었어요? 빗었었지요? 빗었었으세요?	빗었었소?
	future-gue/will/abi	빗겠어요? 빗겠지요? 빗겠으세요? 빗으리요? 빗을 거예요? 빗을 거지요? 빗을 수 있겠어요?	빗겠소?
imperative		빗어요, 빗지요, 빗으세요, 빗으라니까요	빗으오, 빗구려
suggestive		빗어요, 빗지요, 빗으세요, 빗자니까요	빗으오
exclamatory		빗는군요! 빗으리요!	빗으오!

ordinary non-honorific lev		'-어' form	'-네' form
declarative	present	빗어, 빗지, 빗을래, 빗을걸, 빗는데, 빗는대, 빗을게, 빗는단다, 빗으마, 빗잖아	빗네
	present-continuous	빗고 있어, 빗고 있지, 빗는 중이야	빗고 있네
	past-perfect	빗었어, 빗었지, 빗었잖아	빗었네
	future-gue/will/abi	빗겠어, 빗겠지, 빗을 수 있어	빗겠네
introgative	present	빗어? 빗지? 빗니? 빗나? 빗을까? 빗으랴? 빗을래? 빗는데? 빗는대? 빗는다면서? 빗는다지?	빗는가?
	past-perfect	빗었어? 빗었지? 빗었니? 빗었을까? 빗었대? 빗었다면서?	빗었는가?
	future-gue/will/abi	빗겠어? 빗겠지? 빗겠니? 빗으리? 빗을 거야? 빗을 거지? 빗을 거니? 빗을 수 있겠어?	빗겠는가?
imperative		빗어, 빗지, 빗으렴, 빗으려무나, 빗으라니까	빗게
suggestive		빗어, 빗지, 빗자니까	빗세
exclamatory		빗어! 빗지! 빗으리!	빗네!

low non-honorific lev		indicative style	retrospective style
declarative	present	빗는다	빗더라
	present-continuous	빗고 있다, 빗는 중이다	빗고 있더라
	past-perfect	빗었다	빗었더라
	future-gue/will/abi	빗겠다, 빗으리다, 빗으련다, 빗을 거다, 빗을 수 있다	빗겠더라
introgative	present	빗느냐?	빗더냐?
	past-perfect	빗었느냐?	빗었더냐?
	future-gue/will/abi	빗겠느냐?	빗겠더냐?
imperative		빗어라	
suggestive		빗자	
exclamatory		빗는구나! 빗는다! 빗는도다!	빗더구나!

connective	endings	connective	endings
serial	빗고, 빗으며	comparison	빗느니
selection	빗거나, 빗든지, 빗든가	degree	빗으리만큼
contrast	빗어도, 빗지만, 빗으나, 빗는데, 빗으면서도, 빗되, 빗지	condition	빗으면, 빗거든, 빗거들랑, 빗어야, 빗는다면, 빗었던들
simultaneity	빗으면서, 빗으며	circumstance	빗는데, 빗으니, 빗다시피
completion	빗고서, 빗어서, 빗자, 빗자마자	figure	빗듯이
conversion	빗다가	proportion	빗을수록
concession	빗어도, 빗더라도, 빗을지라도, 빗을지언정, 빗은들, 빗는데도, 빗기로서니, 빗으나마, 빗을망정, 빗어 보았자	cause	빗어서, 빗으니까, 빗느라고, 빗기에, 빗길래, 빗느니만큼, 빗는지라, 빗을세라, 빗으므로
intention	빗으러, 빗으려고, 빗고자	addition	빗거니와, 빗을뿐더러, 빗으려니와
result	빗도록, 빗게끔	습관	빗곤

- 영희는 머리를 곱게 빗었다. Young Hui combed her hair.
- 머리를 잘 빗기기가 너무 어렵다. It's hard to comb the hair well.
- 그녀는 머리를 빗자마자 화장을 시작했다.
  She started doing her makeup right after combing her hair.

빠르다 [빠르다, p'arida]

'ㄹ' irregular conjugation, Dv

to be fast, be speedy, be quick ; to be early, be soon

causative	*빠르히다, 빠르게 하다, 빠르게 만들다	passive	*빠르히다, 빠르게 되다, 빨라지다

adnominal : present-conti	past-perfect	past-retrospective	past-perfect-retro	future-gue/will
빠른	빠른	빠르던	빨랐던	빠를

quotational : declarative	interrogative	imperative	suggestive	nominal	adverbial
빠르다고	빠르냐고	*빠르라고	*빠르자고	빠르기, 빠름	빨라, 빠르게

high honorific level		indicative style	retrospective style
declarative	present	빠릅니다	빠릅디다
	present-continuous	*빠르고 있습니다, *빠르는 중입니다	*빠르고 있습디다
	past-perfect	빨랐습니다	빨랐습디다
	past-experience	빨랐었습니다	빨랐었습디다
	past-guessing	빨랐겠습니다	빨랐겠습디다
	future-gue/will/abi	빠르겠습니다, *빠르렵니다, 빠를 겁니다, 빠를 수 있습니다	빠르겠습디다
introgative	present	빠릅니까?	빠릅디까?
	past-perfect	빨랐습니까?	빨랐습디까?
	past-experience	빨랐었습니까?	빨랐었습디까?
	future-gue/will/abi	빠르겠습니까? *빠르렵니까? *빠를 겁니까? *빠르리이까? 빠를 수 있겠습니까?	빠르겠습디까?
imperative		*빠르시오, *빠르십시오	
suggestive		*빠릅시다, *빠르십시다	
exclamatory		빠르시구나!	

ordinary honorific lev		'-어요' form	'-으오' form
declarative	present	빨라요, 빠르지요, 빠르세요, *빠를래요, 빠를걸요, 빠른데요, 빠르대요, *빠를게요, 빠르잖아요	빠르오
	present-continuous	*빠르고 있어요, *빠르고 있지요, *빠르고 있으세요, *빠르는 중이에요	*빠르고 있소
	past-perfect	빨랐어요, 빨랐지요, 빨랐으세요, 빨랐잖아요	빨랐소
	past-experience	빨랐었어요, 빨랐었지요, 빨랐었으세요	빨랐었소
	past-guessing	빨랐겠어요, 빨랐겠지요, 빨랐겠으세요	빨랐겠소
	future-gue/will/abi	빠르겠어요, 빠르겠지요, 빠르겠으세요, 빠를 수 있어요	빠르겠소
introgative	present	빨라요? 빠르지요? 빠르세요? 빠르나요? 빠를까요? *빠를래요? 빠른가요? 빠른데요? 빠르대요? 빠르다면서요? 빠르다지요?	빠르오? *빠르소?
	past-perfect	빨랐어요? 빨랐지요? 빨랐으세요?	빨랐소?
	past-experience	빨랐었어요? 빨랐었지요? 빨랐었으세요?	빨랐었소?
	future-gue/will/abi	빠르겠어요? 빠르겠지요? 빠르겠으세요? 빠르리요? *빠를 거예요? *빠를 거지요? 빠를 수 있겠어요?	빠르겠소?
imperative		*빨라요, *빠르지요, *빠르세요, *빠르라니까요	*빠르오, *빠르구려
suggestive		*빨라요, *빠르지요, *빠르세요, *빠르자니까요	*빠르오
exclamatory		빠르군요! 빠르리요!	빠르오!

ordinary non-honorific lev		'-어' form	'-네' form
declarative	present	빨라, 빠르지, *빠를래, 빠를걸, 빠른데, 빠르대, *빠를게, 빠르단다, *빠르마, 빠르잖아	빠르네
	present-continuous	*빠르고 있어, *빠르고 있지, *빠르는 중이야	*빠르고 있네
	past-perfect	빨랐어, 빨랐지, 빨랐잖아	빨랐네
	future-gue/will/abi	빠르겠어, 빠르겠지, 빠를 수 있어	빠르겠네
introgative	present	빨라? 빠르지? 빠르니? 빠르나? 빠를까? 빠르랴? *빠를래? 빠른데? 빠르대? 빠르다면서? 빠르다지?	빠른가?
	past-perfect	빨랐어? 빨랐지? 빨랐니? 빨랐을까? 빨랐대? 빨랐다면서?	빨랐는가?
	future-gue/will/abi	빠르겠어? 빠르겠지? 빠르겠니? 빠르리? *빠를 거야? *빠를 거지? *빠를 거니? 빠를 수 있겠어?	빠르겠는가?
imperative		*빨라, *빠르지, *빠르렴, *빠르려무나, *빠르라니까	*빠르게
suggestive		*빨라, *빠르지, *빠르자니까	*빠르세
exclamatory		빨라! 빠르지! 빠르리!	빠르네!

low non-honorific lev		indicative style	retrospective style
declarative	present	빠르다	빠르더라
	present-continuous	*빠르고 있다, *빠르는 중이다	*빠르고 있더라
	past-perfect	빨랐다	빨랐더라
	future-gue/will/abi	빠르겠다, *빠르리다, *빠르련다, 빠를 거다, 빠를 수 있다	빠르겠더라
introgative	present	빠르냐?	빠르더냐?
	past-perfect	빨랐느냐?	빨랐더냐?
	future-gue/will/abi	빠르겠느냐?	빠르겠더냐?
imperative		*빨라라	
suggestive		*빠르자	
exclamatory		빠르구나! 빠르다! 빠르도다!	빠르더구나!

connective	endings	connective	endings
serial	빠르고, 빠르며	comparison	*빠르느니
selection	빠르거나, 빠르든지, 빠르든가	degree	빠르리만큼
contrast	빨라도, 빠르지만, 빠르나, 빠른데, 빠르면서도, 빠르되, 빠르지	condition	빠르면, 빠르거든, 빠르거들랑, 빨라야, 빠르다면, 빨랐던들
simultaneity	빠르면서, 빠르며	circumstance	빠른데, 빠르니, *빠르다시피
completion	*빠르고서, *빨라서, *빠르자, *빠르자마자	figure	빠르듯이
conversion	빠르다가	proportion	빠를수록
concession	빨라도, 빠르더라도, 빠를지라도, 빠를지언정, 빠른들, 빠른데도, 빠르기로서니, 빠르나마, 빠를망정, 빨라 보았자	cause	빨라서, 빠르니까, *빠르느라고, 빠르기에, 빠르길래, 빠르니만큼, 빠른지라, 빠를세라, 빠르므로
intention	*빠르러, *빠르려고, *빠르고자	addition	빠르거니와, 빠를뿐더러, 빠르려니와
result	빠르도록, 빠르게끔	repetition	빠르곤

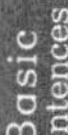

- 호랑이가 코끼리보다 빠르다. A tiger is faster than an elephant.
- 두통에 효과가 빠른 약이 많다. There are lots of effective pain killers for headache.
- 사과는 빠르면 빠를수록 좋다. Making apologies as soon as possible is better.

빨갛다 [빨가타, p'algatʰa]

'ㅎ' irregular conjugation, Dv

to be red, be crimson, be vermillion, be scarlet

causative	*빨갛히다, 빨갛게 하다, 빨갛게 만들다	passive	*빨갛히다, 빨갛게 되다, 빨개지다

adnominal : present-conti	past-perfect	past-retrospective	past-perfect-retro	future-gue/will
빨간	빨간	빨갛던	빨갰던	빨갈

quotational : declarative	interrogative	imperative	suggestive	nominal	adverbial
빨갛다고	빨가냐고	*빨가라고	*빨갛자고	빨갛기, 빨감	빨개, 빨갛게

high honorific level		indicative style	retrospective style
declarative	present	빨갛습니다	빨갛습디다
	present-continuous	*빨갛고 있습니다, *빨갛는 중입니다	*빨갛고 있습디다
	past-perfect	빨갰습니다	빨갰습디다
	past-experience	빨갰었습니다	빨갰었습디다
	past-guessing	빨갰겠습니다	빨갰겠습디다
	future-gue/will/abi	빨갛겠습니다, *빨가렵니다, 빨갈 겁니다, 빨갈 수 있습니다	빨갛겠습디다
introgative	present	빨갛습니까?	빨갛습디까?
	past-perfect	빨갰습니까?	빨갰습디까?
	past-experience	빨갰었습니까?	빨갰었습디까?
	future-gue/will/abi	빨갛겠습니까? *빨가렵니까? *빨갈 겁니까? *빨가리이까? *빨갈 수 있겠습니까?	빨갛겠습디까?
imperative		*빨가시오, *빨가십시오	
suggestive		*빨갑시다, *빨가십시다	
exclamatory		빨가시구나!	

ordinary honorific lev		'-어요' form	'-으오' form
declarative	present	빨개요, 빨갛지요, 빨가세요, *빨갈래요, 빨갈걸요, 빨간데요, 빨갛대요, *빨갈게요, 빨갛잖아요	빨가오
	present-continuous	*빨갛고 있어요, *빨갛고 있지요, *빨갛고 있으세요, *빨갛는 중이에요	*빨갛고 있소
	past-perfect	빨갰어요, 빨갰지요, 빨갰으세요, 빨갰잖아요	빨갰소
	past-experience	빨갰었어요, 빨갰었지요, 빨갰었으세요	빨갰었소
	past-guessing	빨갰겠어요, 빨갰겠지요, 빨갰겠으세요	빨갰겠소
	future-gue/will/abi	빨갛겠어요, 빨갛겠지요, 빨갛겠으세요, 빨갈 수 있어요	빨갛겠소
introgative	present	빨개요? 빨갛지요? 빨가세요? 빨갛나요? 빨갈까요? *빨갈래요? 빨간가요? 빨간데요? 빨갛대요? 빨갛다면서요? 빨갛다지요?	빨가오? 빨갛소?
	past-perfect	빨갰어요? 빨갰지요? 빨갰으세요?	빨갰소?
	past-experience	빨갰었어요? 빨갰었지요? 빨갰었으세요?	빨갰었소?
	future-gue/will/abi	빨갛겠어요? 빨갛겠지요? 빨갛겠으세요? 빨가리요? *빨갈 거예요? *빨갈 거지요? *빨갈 수 있겠어요?	빨갛겠소?
imperative		*빨개요, *빨갛지요, *빨가세요, *빨가라니까요	*빨가오, *빨갛구려
suggestive		*빨개요, *빨갛지요, *빨갛으세요, *빨갛자니까요	*빨가오
exclamatory		빨갛군요! 빨가리요!	빨가오!

ㅂ

ordinary non-honorific lev		'-어' form	'-네' form
declarative	present	빨개, 빨갛지, *빨갈래, 빨갈걸, 빨간데, 빨갛대, *빨갈게, 빨갛단다, *빨가마, 빨갛잖아	빨갛네
	present-continuous	*빨갛고 있어, *빨갛고 있지, *빨갛는 중이야	*빨갛고 있네
	past-perfect	빨갰어, 빨갰지, 빨갰잖아	빨갰네
	future-gue/will/abi	빨갛겠어, 빨갛겠지, 빨갈 수 있어	빨갛겠네
introgative	present	빨개? 빨갛지? 빨갛니? 빨갛나? 빨갈까? 빨가랴? *빨갈래? 빨간데? 빨갛대? 빨갛다면서? 빨갛다지?	빨간가?
	past-perfect	빨갰어? 빨갰지? 빨갰니? 빨갰을까? 빨갰대? 빨갰다면서?	빨갰는가?
	future-gue/will/abi	빨갛겠어? 빨갛겠지? 빨갛겠니? 빨가리? *빨갈 거야? *빨갈 거지? *빨갈 거니? *빨갈 수 있겠어?	빨갛겠는가?
imperative		*빨개, *빨갛지, *빨가렴, *빨가려무나, *빨가라니까	*빨갛게
suggestive		*빨개, *빨갛지, *빨갛자니까	*빨갛세
exclamatory		빨개! 빨갛지! 빨가리!	빨갛네!

low non-honorific lev		indicative style	retrospective style
declarative	present	빨갛다	빨갛더라
	present-continuous	*빨갛고 있다, *빨갛는 중이다	*빨갛고 있더라
	past-perfect	빨갰다	빨갰더라
	future-gue/will/abi	빨갛겠다, *빨가리다, *빨가련다, 빨갈 거다, 빨갈 수 있다	빨갛겠더라
introgative	present	빨가냐?	빨갛더냐?
	past-perfect	빨갰느냐?	빨갰더냐?
	future-gue/will/abi	빨갛겠느냐?	빨갛겠더냐?
imperative		*빨개라	
suggestive		*빨갛자	
exclamatory		빨갛구나! 빨갛다! 빨갛도다!	빨갛더구나!

connective	endings	connective	endings
serial	빨갛고, 빨가며	comparison	*빨갛느니
selection	빨갛거나, 빨갛든지, 빨갛든가	degree	빨가리만큼
contrast	빨개도, 빨갛지만, 빨갛으나, 빨간데, 빨가면서도, 빨갛되, 빨갛지	condition	빨가면, 빨갛거든, 빨갛거들랑, 빨개야, 빨갛다면, 빨갰던들
simultaneity	빨가면서, 빨가며	circumstance	빨간데, 빨가니, *빨갛다시피
completion	*빨갛고서, *빨개서, *빨갛자, *빨갛자마자	figure	빨갛듯이
conversion	빨갛다가	proportion	빨갈수록
concession	빨개도, 빨갛더라도, 빨갈지라도, 빨갈지언정, 빨간들, 빨간데도, 빨갛기로서니, 빨가나마, 빨갈망정, 빨개 보았자	cause	빨개서, 빨가니까, *빨갛느라고, 빨갛기에, 빨갛길래, 빨가니만큼, 빨간지라, 빨갈세라, 빨가므로
intention	*빨가러, *빨가려고, *빨갛고자	addition	빨갛거니와, 빨갈뿐더러, 빨가려니와
result	빨갛도록, 빨갛게끔	repetition	빨갛곤

- 원숭이 엉덩이는 빨갛다. A monkey's buttocks is red.
- 고추가 빨갛게 잘 익었다. The pepper is ripe red.
- 그녀는 얼굴이 빨개지자마자 곧 울음을 터트렸다.
  Right after her face got red, she burst into tears.

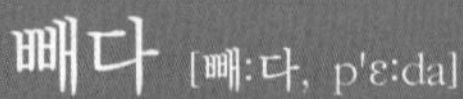

빼다 [빼:다, p'ɛ:da]

'애' regular conjugation, Avt

to pull out ; to decuct ; to remove ; to shirk ; to loose ; to substract

causative	*빼히다, 빼게 하다, 빼게 만들다	passive	*빼히다, 빼게 되다, 빼지다

adnominal : present-conti	past-perfect	past-retrospective	past-perfect-retro	future-gue/will
빼는	뺀	빼던	뺐던	뺄

quotational : declarative	interrogative	imperative	suggestive	nominal	adverbial
뺀다고	빼느냐고	빼라고	빼자고	빼기, 뺌	빼, 빼게

high honorific level		indicative style	retrospective style
declarative	present	뺍니다	뺍디다
	present-continuous	빼고 있습니다, 빼는 중입니다	빼고 있습디다
	past-perfect	뺐습니다	뺐습디다
	past-experience	뺐었습니다	뺐었습디다
	past-guessing	뺐겠습니다	뺐겠습디다
	future-gue/will/abi	빼겠습니다, 빼렵니다, 뺄 겁니다, 뺄 수 있습니다	빼겠습디다
introgative	present	뺍니까?	뺍디까?
	past-perfect	뺐습니까?	뺐습디까?
	past-experience	뺐었습니까?	뺐었습디까?
	future-gue/will/abi	빼겠습니까? 빼렵니까? 뺄 겁니까? 빼리이까? 뺄 수 있겠습니까?	빼겠습디까?
imperative		빼시오, 빼십시오	
suggestive		뺍시다, 빼십시다	
exclamatory		빼시는구나!	

ordinary honorific lev		'-어요' form	'-으오' form
declarative	present	빼요, 빼지요, 빼세요, 뺄래요, 뺄걸요, 빼는데요, 뺀대요, 뺄게요, 빼잖아요	빼오
	present-continuous	빼고 있어요, 빼고 있지요, 빼고 있으세요, 빼는 중이에요	빼고 있소
	past-perfect	뺐어요, 뺐지요, 뺐으세요, 뺐잖아요	뺐소
	past-experience	뺐었어요, 뺐었지요, 뺐었으세요	뺐었소
	past-guessing	뺐겠어요, 뺐겠지요, 뺐겠으세요	뺐겠소
	future-gue/will/abi	빼겠어요, 빼겠지요, 빼겠으세요, 뺄 수 있어요	빼겠소
introgative	present	빼요? 빼지요? 빼세요? 빼나요? 뺄까요? 뺄래요? 빼는가요? 빼는데요? 뺀대요? 뺀다면서요? 뺀다지요?	빼오? *빼소?
	past-perfect	뺐어요? 뺐지요? 뺐으세요?	뺐소?
	past-experience	뺐었어요? 뺐었지요? 뺐었으세요?	뺐었소?
	future-gue/will/abi	빼겠어요? 빼겠지요? 빼겠으세요? 빼리요? 뺄 거예요? 뺄 거지요? 뺄 수 있겠어요?	빼겠소?
imperative		빼요, 빼지요, 빼세요, 빼라니까요	빼오, 빼구려
suggestive		빼요, 빼지요, 빼세요, 빼자니까요	빼오
exclamatory		빼는군요! 빼리요!	빼오!

ordinary non-honorific lev		'-어' form	'-네' form
declarative	present	빼, 빼지, 뺄래, 뺄걸, 빼는데, 뺀대, 뺄게, 뺀단다, 빼마, 빼잖아	빼네
	present-continuous	빼고 있어, 빼고 있지, 빼는 중이야	빼고 있네
	past-perfect	뺐어, 뺐지, 뺐잖아	뺐네
	future-gue/will/abi	빼겠어, 빼겠지, 뺄 수 있어	빼겠네
introgative	present	빼? 빼지? 빼니? 빼나? 뺄까? 빼랴? 뺄래? 빼는데? 뺀대? 뺀다면서? 뺀다지?	빼는가?
	past-perfect	뺐어? 뺐지? 뺐니? 뺐을까? 뺐대? 뺐다면서?	뺐는가?
	future-gue/will/abi	빼겠어? 빼겠지? 빼겠니? 빼리? 뺄 거야? 뺄 거지? 뺄 거니? 뺄 수 있겠어?	빼겠는가?
imperative		빼, 빼지, 빼렴, 빼려무나, 빼라니까	빼게
suggestive		빼, 빼지, 빼자니까	빼세
exclamatory		빼! 빼지! 빼리!	빼네!

low non-honorific lev		indicative style	retrospective style
declarative	present	뺀다	빼더라
	present-continuous	빼고 있다, 빼는 중이다	빼고 있더라
	past-perfect	뺐다	뺐더라
	future-gue/will/abi	빼겠다, 빼리다, 빼련다, 뺄 거다, 뺄 수 있다	빼겠더라
introgative	present	빼느냐?	빼더냐?
	past-perfect	뺐느냐?	뺐더냐?
	future-gue/will/abi	빼겠느냐?	빼겠더냐?
imperative		빼라	
suggestive		빼자	
exclamatory		빼는구나! 뺀다! 빼는도다!	빼더구나!

connective	endings	connective	endings
serial	빼고, 빼며	comparison	빼느니
selection	빼거나, 빼든지, 빼든가	degree	빼리만큼
contrast	빼도, 빼지만, 빼나, 빼는데, 빼면서도, 빼되, 빼지	condition	빼면, 빼거든, 빼거들랑, 빼야, 뺀다면, 뺐던들
simultaneity	빼면서, 빼며	circumstance	빼는데, 빼니, 빼다시피
completion	빼고서, 빼서, 빼자, 빼자마자	figure	빼듯이
conversion	빼다가	proportion	뺄수록
concession	빼도, 빼더라도, 뺄지라도, 뺄지언정, 뺀들, 빼는데도, 빼기로서니, 빼나마, 뺄망정, 빼 보았자	cause	빼서, 빼니까, 빼느라고, 빼기에, 빼길래, 빼느니만큼, 빼는지라, 뺄세라, 빼므로
intention	빼러, 빼려고, 빼고자	addition	빼거니와, 뺄뿐더러, 빼려니와
result	빼도록, 빼게끔	repetition	빼곤

- 그는 칼집에서 칼을 뺐다. He pulled the knife out of the sheath.
- 살을 빼는 좋은 방법 없어요? Isn't there a good way to loose weight?
- 7에서 5를 빼면 2가 남는다. Subtracting 5 from 7 remains 2.

빼앗다 [p'ɛatt'a]

'ㅅ' regular conjugation, Avt

to take sth by force ; to deduct, subtract, remove, extract

causative	*빼앗히다, 빼앗게 하다, 빼앗게 만들다	passive	빼앗기다, 빼앗게 되다, 빼앗아지다

adnominal : present-conti	past-perfect	past-retrospective	past-perfect-retro	future-gue/will
빼앗는	빼앗은	빼앗던	빼앗았던	빼앗을

quotational : declarative	interrogative	imperative	suggestive	nominal	adverbial
빼앗는다고	빼앗느냐고	빼앗으라고	빼앗자고	빼앗기, 빼앗음	빼앗아, 빼앗게

high honorific level		indicative style	retrospective style
declarative	present	빼앗습니다	빼앗습디다
	present-continuous	빼앗고 있습니다, 빼앗는 중입니다	빼앗고 있습디다
	past-perfect	빼앗았습니다	빼앗았습디다
	past-experience	빼앗았었습니다	빼앗았었습디다
	past-guessing	빼앗았겠습니다	빼앗았겠습디다
	future-gue/will/abi	빼앗겠습니다, 빼앗으렵니다, 빼앗을 겁니다, 빼앗을 수 있습니다	빼앗겠습디다
introgative	present	빼앗습니까?	빼앗습디까?
	past-perfect	빼앗았습니까?	빼앗았습디까?
	past-experience	빼앗았었습니까?	빼앗았었습디까?
	future-gue/will/abi	빼앗겠습니까? 빼앗으렵니까? 빼앗을 겁니까? 빼앗으리이까? 빼앗을 수 있겠습니까?	빼앗겠습디까?
imperative		빼앗으시오, 빼앗으십시오	
suggestive		빼앗읍시다, 빼앗으십시다	
exclamatory		빼앗으시는구나!	

ordinary honorific lev		'-어요' form	'-으오' form
declarative	present	빼앗아요, 빼앗지요, 빼앗으세요, 빼앗을래요, 빼앗을걸요, 빼앗는데요, 빼앗는대요, 빼앗을게요, 빼앗잖아요	빼앗으오
	present-continuous	빼앗고 있어요, 빼앗고 있지요, 빼앗고 있으세요, 빼앗는 중이에요	빼앗고 있소
	past-perfect	빼앗았어요, 빼앗았지요, 빼앗았으세요, 빼앗았잖아요	빼앗았소
	past-experience	빼앗았었어요, 빼앗았었지요, 빼앗았었으세요	빼앗았었소
	past-guessing	빼앗았겠어요, 빼앗았겠지요, 빼앗았겠으세요	빼앗았겠소
	future-gue/will/abi	빼앗겠어요, 빼앗겠지요, 빼앗겠으세요, 빼앗을 수 있어요	빼앗겠소
introgative	present	빼앗아요? 빼앗지요? 빼앗으세요? 빼앗나요? 빼앗을까요? 빼앗을래요? 빼앗는가요? 빼앗는데요? 빼앗는대요? 빼앗는다면서요? 빼앗는다지요?	빼앗으오? 빼앗소?
	past-perfect	빼앗았어요? 빼앗았지요? 빼앗았으세요?	빼앗았소?
	past-experience	빼앗았었어요? 빼앗았었지요? 빼앗았었으세요?	빼앗았었소?
	future-gue/will/abi	빼앗겠어요? 빼앗겠지요? 빼앗겠으세요? 빼앗으리요? 빼앗을 거예요? 빼앗을 거지요? 빼앗을 수 있겠어요?	빼앗겠소?
imperative		빼앗아요, 빼앗지요, 빼앗으세요, 빼앗으라니까요	빼앗으오, 빼앗구려
suggestive		빼앗아요, 빼앗지요, 빼앗으세요, 빼앗자니까요	빼앗으오
exclamatory		빼앗는군요! 빼앗으리요!	빼앗으오!

ordinary non-honorific lev		'-어' form	'-네' form
declarative	present	빼앗아, 빼앗지, 빼앗을래, 빼앗을걸, 빼앗는데, 빼앗는대, 빼앗을게, 빼앗는단다, 빼앗으마, 빼앗잖아	빼앗네
	present-continuous	빼앗고 있어, 빼앗고 있지, 빼앗는 중이야	빼앗고 있네
	past-perfect	빼앗았어, 빼앗았지, 빼앗았잖아	빼앗았네
	future-gue/will/abi	빼앗겠어, 빼앗겠지, 빼앗을 수 있어	빼앗겠네
introgative	present	빼앗아? 빼앗지? 빼앗니? 빼앗나? 빼앗을까? 빼앗으랴? 빼앗을래? 빼앗는데? 빼앗는대? 빼앗는다면서? 빼앗는다지?	빼앗는가?
	past-perfect	빼앗았어? 빼앗았지? 빼앗았니? 빼앗았을까? 빼앗았대? 빼앗았다면서?	빼앗았는가?
	future-gue/will/abi	빼앗겠어? 빼앗겠지? 빼앗겠니? 빼앗으리? 빼앗을 거야? 빼앗을 거지? 빼앗을 거니? 빼앗을 수 있겠어?	빼앗겠는가?
imperative		빼앗아, 빼앗지, 빼앗으렴, 빼앗으려무나, 빼앗으라니까	빼앗게
suggestive		빼앗아, 빼앗지, 빼앗자니까	빼앗세
exclamatory		빼앗아! 빼앗지! 빼앗으리!	빼앗네!

low non-honorific lev		indicative style	retrospective style
declarative	present	빼앗는다	빼앗더라
	present-continuous	빼앗고 있다, 빼앗는 중이다	빼앗고 있더라
	past-perfect	빼앗았다	빼앗았더라
	future-gue/will/abi	빼앗겠다, 빼앗으리다, 빼앗으련다, 빼앗을 거다, 빼앗을 수 있다	빼앗겠더라
introgative	present	빼앗느냐?	빼앗더냐?
	past-perfect	빼앗았느냐?	빼앗았더냐?
	future-gue/will/abi	빼앗겠느냐?	빼앗겠더냐?
imperative		빼앗아라	
suggestive		빼앗자	
exclamatory		빼앗는구나! 빼앗는다! 빼앗는도다!	빼앗더구나!

connective	endings	connective	endings
serial	빼앗고, 빼앗으며	comparison	빼앗느니
selection	빼앗거나, 빼앗든지, 빼앗든가	degree	빼앗으리만큼
contrast	빼앗아도, 빼앗지만, 빼앗으나, 빼앗는데, 빼앗으면서도, 빼앗되, 빼앗지	condition	빼앗으면, 빼앗거든, 빼앗거들랑, 빼앗아야, 빼앗는다면, 빼앗았던들
simultaneity	빼앗으면서, 빼앗으며	circumstance	빼앗는데, 빼앗으니, 빼앗다시피
completion	빼앗고서, 빼앗아서, 빼앗자, 빼앗자마자	figure	빼앗듯이
conversion	빼앗다가	proportion	빼앗을수록
concession	빼앗아도, 빼앗더라도, 빼앗을지라도, 빼앗을지언정, 빼앗은들, 빼앗는데도, 빼앗기로서니, 빼앗으나마, 빼앗을망정, 빼앗아 보았자	cause	빼앗아서, 빼앗으니까, 빼앗느라고, 빼앗기에, 빼앗길래, 빼앗느니만큼, 빼앗는지라, 빼앗을세라, 빼앗으므로
intention	빼앗으러, 빼앗으려고, 빼앗고자	addition	빼앗거니와, 빼앗을뿐더러, 빼앗으려니와
result	빼앗도록, 빼앗게끔	repetition	빼앗곤

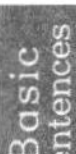

- 강도가 나의 돈을 빼앗았다. A mugger took my money.
- 네가 빼앗긴 돈이 얼마나 되니? How much money was taken from you?
- 남의 권리를 함부로 빼앗으면 안 된다. We should not take away others' rights.

사다 [사다, sada]

'아' regular conjugation, Avt

to buy, purchase ; to invite ; to appreciate, to give (a person) credit for

causative	*사히다, 사게 하다, 사게 만들다	passive	*사히다, 사게 되다, 사지다

adnominal : present-conti	past-perfect	past-retrospective	past-perfect-retro	future-gue/will
사는	산	사던	샀던	살

quotational : declarative	interrogative	imperative	suggestive	nominal	adverbial
산다다고	사느냐고	사라고	사자고	사기, 삼	사, 사게

high honorific level		indicative style	retrospective style
declarative	present	삽니다	삽디다
	present-continuous	사고 있습니다, 사는 중입니다	사고 있습디다
	past-perfect	샀습니다	샀습디다
	past-experience	샀었습니다	샀었습디다
	past-guessing	샀겠습니다	샀겠습디다
	future-gue/will/abi	사겠습니다, 사렵니다, 살 겁니다, 살 수 있습니다	사겠습디다
introgative	present	삽니까?	삽디까?
	past-perfect	샀습니까?	샀습디까?
	past-experience	샀었습니까?	샀었습디까?
	future-gue/will/abi	사겠습니까? 사렵니까? 살 겁니까? 사리이까? 살 수 있겠습니까?	사겠습디까?
imperative		사시오, 사십시오	
suggestive		삽시다, 사십시다	
exclamatory		사시는구나!	

ordinary honorific lev		'-어요' form	'-으오' form
declarative	present	사요, 사지요, 사세요, 살래요, 살걸요, 사는데요, 산대요, 살게요, 사잖아요	사오
	present-continuous	사고 있어요, 사고 있지요, 사고 있으세요, 사는 중이에요	사고 있소
	past-perfect	샀어요, 샀지요, 샀으세요, 샀잖아요	샀소
	past-experience	샀었어요, 샀었지요, 샀었으세요	샀었소
	past-guessing	샀겠어요, 샀겠지요, 샀겠으세요	샀겠소
	future-gue/will/abi	사겠어요, 사겠지요, 사겠으세요, 살 수 있어요	사겠소
introgative	present	사요? 사지요? 사세요? 사나요? 살까요? 살래요? 사는가요? 사는데요? 산대요? 산다면서요? 산다지요?	사오? *사소?
	past-perfect	샀어요? 샀지요? 샀으세요?	샀소?
	past-experience	샀었어요? 샀었지요? 샀었으세요?	샀었소?
	future-gue/will/abi	사겠어요? 사겠지요? 사겠으세요? 사리요? 살 거예요? 살 거지요? 살 수 있겠어요?	사겠소?
imperative		사요, 사지요, 사세요, 사라니까요	사오, 사구려
suggestive		사요, 사지요, 사세요, 사자니까요.	사오
exclamatory		사는군요! 사리요!	사오!

ordinary non-honorific lev		'-어' form	'-네' form
declarative	present	사, 사지, 살래, 살걸, 사는데, 산대, 살게, 산단다, 사마, 사잖아	사네
	present-continuous	사고 있어, 사고 있지, 사는 중이야	사고 있네
	past-perfect	샀어, 샀지, 샀잖아	샀네
	future-gue/will/abi	사겠어, 사겠지, 살 수 있어	사겠네
introgative	present	사? 사지? 사니? 사나? 살까? 사랴? 살래? 사는데? 산대? 산다면서? 산다지?	사는가?
	past-perfect	샀어? 샀지? 샀니? 샀을까? 샀대? 샀다면서?	샀는가?
	future-gue/will/abi	사겠어? 사겠지? 사겠니? 사리? 살 거야? 살 거지? 살 거니? 살 수 있겠어?	사겠는가?
imperative		사, 사지, 사렴, 사려무나, 사라니까	사게
suggestive		사, 사지, 사자니까	사세
exclamatory		사! 사지! 사리!	사네!

low non-honorific lev		indicative style	retrospective style
declarative	present	산다	사더라
	present-continuous	사고 있다, 사는 중이다	사고 있더라
	past-perfect	샀다	샀더라
	future-gue/will/abi	사겠다, 사리다, 사련다, 살 거다, 살 수 있다	사겠더라
introgative	present	사느냐?	사더냐?
	past-perfect	샀느냐?	샀더냐?
	future-gue/will/abi	사겠느냐?	사겠더냐?
imperative		사라	
suggestive		사자	
exclamatory		사는구나! 산다! 사는도다!	사더구나!

connective	endings	connective	endings
serial	사고, 사며	comparison	사느니
selection	사거나, 사든지, 사든가	degree	사리만큼
contrast	사도, 사지만, 사나, 사는데, 사면서도, 사되, 사지	condition	사면, 사거든, 사거들랑, 사야, 산다면, 샀던들
simultaneity	사면서, 사며	circumstance	사는데, 사니, 사다시피
completion	사고서, 사서, 사자, 사자마자	figure	사듯이
conversion	사다가	proportion	살수록
concession	사도, 사더라도, 살지라도, 살지언정, 산들, 사는데도, 사기로서니, 사나마, 살망정, 사 보았자	cause	사서, 사니까, 사느라고, 사기에, 사길래, 사느니만큼, 사는지라, 살세라, 사므로
intention	사러, 사려고, 사고자	addition	사거니와, 살뿐더러, 사려니와
result	사도록, 사게끔	repetition	사곤

Basic sentences

- 그는 어제 카드로 책을 샀다. He bought a book with a credit card yesterday.
- 동정을 살 만한 일을 하지 않는 게 좋다. Do not do things that buy sympathy.
- 그녀는 친구의 환심을 사려고 노력을 많이 했다. She tried hard to buy her friend's favor.

사랑스럽다 [사랑스럽따, sara ŋ sirept'a]

'ㅂ' irregular conjugation, Dv

to be lovable, be lovely, be charming

causative	*사랑스럽히다, 사랑스럽게 하다, 사랑스럽게 만들다	passive	*사랑스럽히다, 사랑스럽게 되다, 사랑스러워지다

adnominal : present-conti	past-perfect	past-retrospective	past-perfect-retro	future-gue/will
사랑스러운	사랑스러운	사랑스럽던	사랑스러웠던	사랑스러울

quotational : declarative	interrogative	imperative	suggestive	nominal	adverbial
사랑스럽다고	사랑스러우냐고	*사랑스러우라고	사랑스럽자고	사랑스럽기, 사랑스러움	사랑스러워, 사랑스럽게

high honorific level		indicative style	retrospective style
declarative	present	사랑스럽습니다	사랑스럽습디다
	present-continuous	*사랑스럽고 있습니다, *사랑스럽는 중입니다	*사랑스럽고 있습디다
	past-perfect	사랑스러웠습니다	사랑스러웠습디다
	past-experience	사랑스러웠었습니다	사랑스러웠었습디다
	past-guessing	사랑스러웠겠습니다	사랑스러웠겠습디다
	future-gue/will/abi	사랑스럽겠습니다, *사랑스러우렵니다, 사랑스러울 겁니다, 사랑스러울 수 있습니다	사랑스럽겠습디다
introgative	present	사랑스럽습니까?	사랑스럽습디까?
	past-perfect	사랑스러웠습니까?	사랑스러웠습디까?
	past-experience	사랑스러웠었습니까?	사랑스러웠었습디까?
	future-gue/will/abi	사랑스럽겠습니까? *사랑스러우렵니까? *사랑스러울 겁니까? *사랑스러우리이까? *사랑스러울 수 있겠습니까?	사랑스럽겠습디까?
imperative		*사랑스러우시오, *사랑스러우십시오	
suggestive		*사랑스러웁시다, *사랑스러우십시다	
exclamatory		사랑스러우시구나!	

ordinary honorific lev		'-어요' form	'-으오' form
declarative	present	사랑스러워요, 사랑스럽지요, 사랑스러우세요, *사랑스러울래요, 사랑스러울걸요, 사랑스러운데요, 사랑스럽대요, 사랑스러울게요, 사랑스럽잖아요	사랑스러우오
	present-continuous	*사랑스럽고 있어요, *사랑스럽고 있지요, *사랑스럽고 있으세요, *사랑스럽는 중이에요	*사랑스럽고 있소
	past-perfect	사랑스러웠어요, 사랑스러웠지요, 사랑스러웠으세요, 사랑스러웠잖아요	사랑스러웠소
	past-experience	사랑스러웠었어요, 사랑스러웠었지요, 사랑스러웠었으세요	사랑스러웠었소
	past-guessing	사랑스러웠겠어요, 사랑스러웠겠지요, 사랑스러웠겠으세요	사랑스러웠겠소
	future-gue/will/abi	사랑스럽겠어요, 사랑스럽겠지요, 사랑스럽겠으세요, 사랑스러울 수 있어요	사랑스럽겠소
introgative	present	사랑스러워요? 사랑스럽지요? 사랑스러우세요? 사랑스럽나요? 사랑스러울까요? *사랑스러울래요? 사랑스러운가요? 사랑스러운데요? 사랑스럽대요? 사랑스럽다면서요? 사랑스럽다지요?	사랑스러우오? 사랑스럽소?
	past-perfect	사랑스러웠어요? 사랑스러웠지요? 사랑스러웠으세요?	사랑스러웠소?
	past-experience	사랑스러웠었어요? 사랑스러웠었지요? 사랑스러웠었으세요?	사랑스러웠었소?
	future-gue/will/abi	사랑스럽겠어요? 사랑스럽겠지요? 사랑스럽겠으세요? 사랑스러우리요? *사랑스러울 거예요? *사랑스러울 거지요? 사랑스러울 수 있겠어요?	사랑스럽겠소?
imperative		*사랑스러워요, *사랑스럽지요, *사랑스러우세요, *사랑스러우라니까요	*사랑스러우오, *사랑스럽구려
suggestive		*사랑스러워요, *사랑스럽지요, *사랑스러우세요, *사랑스럽자니까요	*사랑스러우오
exclamatory		사랑스럽군요! 사랑스러우리요!	사랑스러우오!

ordinary non-honorific lev		'-어' form	'-네' form
declarative	present	사랑스러워, 사랑스럽지, *사랑스러울래, 사랑스러울걸, 사랑스러운데, 사랑스럽대, *사랑스러울게, 사랑스럽단다, *사랑스러우마, 사랑스럽잖아	사랑스럽네
	present-continuous	*사랑스럽고 있어, *사랑스럽고 있지, *사랑스럽는 중이야	*사랑스럽고 있네
	past-perfect	사랑스러웠어, 사랑스러웠지, 사랑스러웠잖아	사랑스러웠네
	future-gue/will/abi	사랑스럽겠어, 사랑스럽겠지, 사랑스러울 수 있어	사랑스럽겠네
introgative	present	사랑스러워? 사랑스럽지? 사랑스럽니? 사랑스럽나? 사랑스러울까? 사랑스러우랴? *사랑스러울래? 사랑스러운데? 사랑스럽대? 사랑스럽다면서? 사랑스럽다지?	사랑스러운가?
	past-perfect	사랑스러웠어? 사랑스러웠지? 사랑스러웠니? 사랑스러웠을까? 사랑스러웠대? 사랑스러웠다면서?	사랑스러웠는가?
	future-gue/will/abi	사랑스럽겠어? 사랑스럽겠지? 사랑스럽겠니? 사랑스러우리? *사랑스러울 거야? *사랑스러울 거지? *사랑스러울 거니? 사랑스러울 수 있겠어?	사랑스럽겠는가?
imperative		*사랑스러워, *사랑스럽지, *사랑스러우렴, *사랑스러우려무나, *사랑스러우라니까	*사랑스럽게
suggestive		*사랑스러워, *사랑스럽지, *사랑스럽자니까	*사랑스럽세
exclamatory		사랑스러워! 사랑스럽지! 사랑스러우리!	사랑스럽네!

low non-honorific lev		indicative style	retrospective style
declarative	present	사랑스럽다	사랑스럽더라
	present-continuous	*사랑스럽고 있다, *사랑스럽는 중이다	*사랑스럽고 있더라
	past-perfect	사랑스러웠다	사랑스러웠더라
	future-gue/will/abi	사랑스럽겠다, *사랑스러우리다, *사랑스러우련다, 사랑스러울 거다, 사랑스러울 수 있다	사랑스럽겠더라
introgative	present	사랑스러우냐?	사랑스럽더냐?
	past-perfect	사랑스러웠느냐?	사랑스러웠더냐?
	future-gue/will/abi	사랑스럽겠느냐?	사랑스럽겠더냐?
imperative		*사랑스러워라	
suggestive		*사랑스럽자	
exclamatory		사랑스럽구나! 사랑스럽다! 사랑스럽도다!	사랑스럽더구나!

connective	endings	connective	endings
serial	사랑스럽고, 사랑스러우며	comparison	*사랑스럽느니
selection	사랑스럽거나, 사랑스럽든지, 사랑스럽든가	degree	사랑스러우리만큼
contrast	사랑스러워도, 사랑스럽지만, 사랑스러우나, 사랑스러운데, 사랑스러우면서도, 사랑스럽되, 사랑스럽지	condition	사랑스러우면, 사랑스럽거든, 사랑스럽거들랑, 사랑스러워야, 사랑스럽다면, 사랑스러웠던들
simultaneity	사랑스러우면서, 사랑스러우며	circumstance	사랑스러운데, 사랑스러우니, *사랑스럽다시피
completion	*사랑스럽고서, *사랑스러워서, *사랑스럽자, *사랑스럽자마자	figure	사랑스럽듯이
conversion	사랑스럽다가	proportion	사랑스러울수록
concession	사랑스러워도, 사랑스럽더라도, 사랑스러울지라도, 사랑스러울지언정, 사랑스러운들, 사랑스러운데도, 사랑스럽기로서니, 사랑스러우나마, 사랑스러울망정, 사랑스러워 보았자	cause	사랑스러워서, 사랑스러우니까, *사랑스럽느라고, 사랑스럽기에, 사랑스럽길래, 사랑스러우니만큼, 사랑스러운지라, 사랑스러울세라, 사랑스러우므로
intention	*사랑스러우러, *사랑스러우려고, *사랑스럽고자	addition	사랑스럽거니와, 사랑스러울뿐더러, 사랑스러우려니와
result	사랑스럽도록, 사랑스럽게끔	repetition	사랑스럽곤

Basic sentences

- 그녀는 매우 사랑스럽다. She is very lovely.
- 사랑스러운 영희의 얼굴이 떠올랐다. It reminded me of Young Hui's lovely face.
- 자식은 모두 사랑스럽고 귀여운 법이다. Every child is cute and lovely.

사랑하다 [사랑하다, saraŋ hada]

'여' irregular conjugation, Avt

to love, be fond of, give one's heart to

causative	*사랑하히다, 사랑하게 하다, 사랑하게 만들다	passive	*사랑하히다, 사랑하게 되다, 사랑해지다

adnominal : present-conti	past-perfect	past-retrospective	past-perfect-retro	future-gue/will
사랑하는	사랑한	사랑하던	사랑했던	사랑할

quotational : declarative	interrogative	imperative	suggestive	nominal	adverbial
사랑한다고	사랑하느냐고	사랑하라고	사랑하자고	사랑하기, 사랑함	사랑해, 사랑하게

high honorific level		indicative style	retrospective style
declarative	present	사랑합니다	사랑합디다
	present-continuous	사랑하고 있습니다, 사랑하는 중입니다	사랑하고 있습디다
	past-perfect	사랑했습니다	사랑했습디다
	past-experience	사랑했었습니다	사랑했었습디다
	past-guessing	사랑했겠습니다	사랑했겠습디다
	future-gue/will/abi	사랑하겠습니다, 사랑하렵니다, 사랑할 겁니다, 사랑할 수 있습니다	사랑하겠습디다
introgative	present	사랑합니까?	사랑합디까?
	past-perfect	사랑했습니까?	사랑했습디까?
	past-experience	사랑했었습니까?	사랑했었습디까?
	future-gue/will/abi	사랑하겠습니까? 사랑하렵니까? 사랑할 겁니까? 사랑하리이까? 사랑할 수 있겠습니까?	사랑하겠습디까?
imperative		사랑하시오, 사랑하십시오	
suggestive		사랑합시다, 사랑하십시다	
exclamatory		사랑하시는구나!	

ordinary honorific lev		'-어요' form	'-으오' form
declarative	present	사랑해요, 사랑하지요, 사랑하세요, 사랑할래요, 사랑할걸요, 사랑하는데요, 사랑한대요, 사랑할게요, 사랑하잖아요	사랑하오
	present-continuous	사랑하고 있어요, 사랑하고 있지요, 사랑하고 있으세요, 사랑하는 중이에요	사랑하고 있소
	past-perfect	사랑했어요, 사랑했지요, 사랑했으세요, 사랑했잖아요	사랑했소
	past-experience	사랑했었어요, 사랑했었지요, 사랑했었으세요	사랑했었소
	past-guessing	사랑했겠어요, 사랑했겠지요, 사랑했겠으세요	사랑했겠소
	future-gue/will/abi	사랑하겠어요, 사랑하겠지요, 사랑하겠으세요, 사랑할 수 있어요	사랑하겠소
introgative	present	사랑해요? 사랑하지요? 사랑하세요? 사랑하나요? 사랑할까요? 사랑할래요? 사랑하는가요? 사랑하는데요? 사랑한대요? 사랑한다면서요? 사랑한다지요?	사랑하오? *사랑하소?
	past-perfect	사랑했어요? 사랑했지요? 사랑했으세요?	사랑했소?
	past-experience	사랑했었어요? 사랑했었지요? 사랑했었으세요?	사랑했었소?
	future-gue/will/abi	사랑하겠어요? 사랑하겠지요? 사랑하겠으세요? 사랑하리요? 사랑할 거예요? 사랑할 거지요? 사랑할 수 있겠어요?	사랑하겠소?
imperative		사랑해요, 사랑하지요, 사랑하세요, 사랑하라니까요	사랑하오, 사랑하구려
suggestive		사랑해요, 사랑하지요, 사랑하세요, 사랑하자니까요	사랑하오
exclamatory		사랑하는군요! 사랑하리요!	사랑하오!

ordinary non-honorific lev		'-어' form	'-네' form
declarative	present	사랑해, 사랑하지, 사랑할래, 사랑할걸, 사랑하는데, 사랑한대, 사랑할게, 사랑한단다, 사랑하마, 사랑하잖아	사랑하네
	present-continuous	사랑하고 있어, 사랑하고 있지, 사랑하는 중이야	사랑하고 있네
	past-perfect	사랑했어, 사랑했지, 사랑했잖아	사랑했네
	future-gue/will/abi	사랑하겠어, 사랑하겠지, 사랑할 수 있어	사랑하겠네
introgative	present	사랑해? 사랑하지? 사랑하니? 사랑하나? 사랑할까? 사랑하랴? 사랑할래? 사랑하는데? 사랑한대? 사랑한다면서? 사랑한다지?	사랑하는가?
	past-perfect	사랑했어? 사랑했지? 사랑했니? 사랑했을까? 사랑했대? 사랑했다면서?	사랑했는가?
	future-gue/will/abi	사랑하겠어? 사랑하겠지? 사랑하겠니? 사랑하리? 사랑할 거야? 사랑할 거지? 사랑할 거니? 사랑할 수 있겠어?	사랑하겠는가?
imperative		사랑해, 사랑하지, 사랑하렴, 사랑하려무나, 사랑하라니까	사랑하게
suggestive		사랑해, 사랑하지, 사랑하자니까	사랑하세
exclamatory		사랑해! 사랑하지! 사랑하리!	사랑하네!

low non-honorific lev		indicative style	retrospective style
declarative	present	사랑한다	사랑하더라
	present-continuous	사랑하고 있다, 사랑하는 중이다	사랑하고 있더라
	past-perfect	사랑했다	사랑했더라
	future-gue/will/abi	사랑하겠다, 사랑하리다, 사랑하련다, 사랑할 거다, 사랑할 수 있다	사랑하겠더라
introgative	present	사랑하느냐?	사랑하더냐?
	past-perfect	사랑했느냐?	사랑했더냐?
	future-gue/will/abi	사랑하겠느냐?	사랑하겠더냐?
imperative		사랑해라	
suggestive		사랑하자	
exclamatory		사랑하는구나! 사랑한다! 사랑하는도다!	사랑하더구나!

connective	endings	connective	endings
serial	사랑하고, 사랑하며	comparison	사랑하느니
selection	사랑하거나, 사랑하든지, 사랑하든가	degree	사랑하리만큼
contrast	사랑해도, 사랑하지만, 사랑하나, 사랑하는데, 사랑하면서도, 사랑하되, 사랑하지	condition	사랑하면, 사랑하거든, 사랑하거들랑, 사랑해야, 사랑한다면, 사랑했던들
simultaneity	사랑하면서, 사랑하며	circumstance	사랑하는데, 사랑하니, 사랑하다시피
completion	사랑하고서, 사랑해서, 사랑하자, 사랑하자마자	figure	사랑하듯이
conversion	사랑하다가	proportion	사랑할수록
concession	사랑해도, 사랑하더라도, 사랑할지라도, 사랑할지언정, 사랑한들, 사랑하는데도, 사랑하기로서니, 사랑하나마, 사랑할망정, 사랑해 보았자	cause	사랑해서, 사랑하니까, 사랑하느라고, 사랑하기에, 사랑하길래, 사랑하느니만큼, 사랑하는지라, 사랑할세라, 사랑하므로
intention	사랑하러, 사랑하려고, 사랑하고자	addition	사랑하거니와, 사랑할뿐더러, 사랑하려니와
result	사랑하도록, 사랑하게끔	repetition	사랑하곤

Basic sentences

- 그는 순희를 사랑하고 있다. He loves Shun-Hui.
- 사랑하는 사람과 이별하는 것은 슬픈 일이다. It is a sad thing to separate with your love one.
- 사랑하는데도 한 번도 사랑한다고 말한 적이 없다.
  He never expressed his love though he was in love.

살다 [살:다, sal:da]

'ㄹ' irregular conjugation, Avi

to live, stay, dwell ; to be freeed from check ; to be safe

causative	살리다, 살게 하다, 살게 만들다	passive	*살히다, 살게 되다, 살아지다

adnominal : present-conti	past-perfect	past-retrospective	past-perfect-retro	future-gue/will
사는	산	살던	살았던	살

quotational : declarative	interrogative	imperative	suggestive	nominal	adverbial
산다고	사느냐고	살라고	살자고	살기, 삶	살아, 살게

high honorific level		indicative style	retrospective style
declarative	present	삽니다	삽디다
	present-continuous	살고 있습니다, 사는 중입니다	살고 있습디다
	past-perfect	살았습니다	살았습디다
	past-experience	살았었습니다	살았었습디다
	past-guessing	살았겠습니다	살았겠습디다
	future-gue/will/abi	살겠습니다, 살렵니다, 살 겁니다, 살 수 있습니다	살겠습디다
introgative	present	삽니까?	삽디까?
	past-perfect	살았습니까?	살았습디까?
	past-experience	살았었습니까?	살았었습디까?
	future-gue/will/abi	살겠습니까? 살렵니까? 살 겁니까? 살리이까? 살 수 있겠습니까?	살겠습디까?
imperative		사시오, 사십시오	
suggestive		삽시다, 사십시다	
exclamatory		사시는구나!	

ordinary honorific lev		'-어요' form	'-으오' form
declarative	present	살아요, 살지요, 사세요, 살래요, 살걸요, 사는데요, 산대요, 살게요, 살잖아요	사오
	present-continuous	살고 있어요, 살고 있지요, 살고 있으세요, 사는 중이에요	살고 있소
	past-perfect	살았어요, 살았지요, 살았으세요, 살았잖아요	살았소
	past-experience	살았었어요, 살았었지요, 살았었으세요	살았었소
	past-guessing	살았겠어요, 살았겠지요, 살았겠으세요	살았겠소
	future-gue/will/abi	살겠어요, 살겠지요, 살겠으세요, 살 수 있어요	살겠소
introgative	present	살아요? 살지요? 사세요? 사나요? 살까요? 살래요? 사는가요? 사는데요? 산대요? 산다면서요? 산다지요?	사오? *살소?
	past-perfect	살았어요? 살았지요? 살았으세요?	살았소?
	past-experience	살았었어요? 살았었지요? 살았었으세요?	살았었소?
	future-gue/will/abi	살겠어요? 살겠지요? 살겠으세요? 살리요? 살 거예요? 살 거지요? 살 수 있겠어요?	살겠소?
imperative		살아요, 살지요, 사세요, 살라니까요	사오, 살구려
suggestive		살아요, 살지요, 사세요, 살자니까요	사오
exclamatory		사는군요! 살리요!	사오!

ordinary non-honorific lev		'-어' form	'-네' form
declarative	present	살아, 살지, 살래, 살걸, 사는데, 산대, 살게, 산단다, 살마, 살잖아	사네
	present-continuous	살고 있어, 살고 있지, 사는 중이야	살고 있네
	past-perfect	살았어, 살았지, 살았잖아	살았네
	future-gue/will/abi	살겠어, 살겠지, 살 수 있어	살겠네
introgative	present	살아? 살지? 사니? 사나? 살까? 살랴? 살래? 산대? 사는데? 산다면서? 산다지?	사는가?
	past-perfect	살았어? 살았지? 살았니? 살았을까? 살았대? 살았다면서?	살았는가?
	future-gue/will/abi	살겠어? 살겠지? 살겠니? 살리? 살 거야? 살 거지? 살 거니? 살 수 있겠어?	살겠는가?
imperative		살아, 살지, 살렴, 살려무나, 살라니까	살게
suggestive		살아, 살지, 살자니까	사세
exclamatory		살아! 살지! 살리!	사네!

low non-honorific lev		indicative style	retrospective style
declarative	present	산다	살더라
	present-continuous	살고 있다, 사는 중이다	살고 있더라
	past-perfect	살았다	살았더라
	future-gue/will/abi	살겠다, 살리다, 살련다, 살 거다, 살 수 있다	살겠더라
introgative	present	사냐?	살더냐?
	past-perfect	살았느냐?	살았더냐?
	future-gue/will/abi	살겠느냐?	살겠더냐?
imperative		살아라	
suggestive		살자	
exclamatory		사는구나! 산다! 사는도다!	살더구나!

connective	endings	connective	endings
serial	살고, 살며	comparison	사느니
selection	살거나, 살든지, 살든가	degree	살만큼
contrast	살아도, 살지만, 사나, 사는데, 살면서도, 살되, 살지	condition	살면, 살거든, 살거들랑, 살아야, 산다면, 살았던들
simultaneity	살면서, 살며	circumstance	사는데, 사니, 살다시피
completion	살고서, 살아서, 살자, 살자마자	figure	살듯이
conversion	살다가	proportion	살수록
concession	살아도, 살더라도, 살지라도, 살지언정, 산들, 사는데도, 살기로서니, 사나마, 살망정, 살아 보았자	cause	살아서, 사니까, 사느라고, 살기에, 살길래, 사느니만큼, 사는지라, 살세라, 살므로
intention	살러, 살려고, 살고자	addition	살거니와, 살뿐더러, 살려니와
result	살도록, 살게끔	repetition	살곤

Basic sentences

- 그는 20년째 대구에 살고 있다. He has been living in Dae-gu for 20 years.
- 산 사람 입에 거미줄 치랴! Everyday brings its bread with it.
- 그녀는 영원히 내 가슴 속에 살아 있을 것이다. She will always be in my heart.

새다2 [새다, sɛda]

'애' regular conjugation, Avi

to leak out ; to shine through ; to slip out ; to become know

causative	*새히다, 새게 하다, 새게 만들다	passive	*새히다, 새게 되다, 새지다

adnominal : present-conti	past-perfect	past-retrospective	past-perfect-retro	future-gue/will
새는	샌	새던	샜던	샐

quotational : declarative	interrogative	imperative	suggestive	nominal	adverbial
샌다고	새느냐고	새라고	새자고	새기, 샘	새, 세게

high honorific level		indicative style	retrospective style
declarative	present	샙니다	샙디다
	present-continuous	새고 있습니다, 새는 중입니다	새고 있습디다
	past-perfect	샜습니다	샜습디다
	past-experience	샜었습니다	샜었습디다
	past-guessing	샜겠습니다	샜겠습디다
	future-gue/will/abi	새겠습니다, 새렵니다, 샐 겁니다, 샐 수 있습니다	새겠습디다
introgative	present	샙니까?	샙디까?
	past-perfect	샜습니까?	샜습디까?
	past-experience	샜었습니까?	샜었습디까?
	future-gue/will/abi	새겠습니까? 새렵니까? 샐 겁니까? 새리이까? 샐 수 있겠습니까?	새겠습디까?
imperative		새시오, 새십시오	
suggestive		샙시다, 새십시다	
exclamatory		새시는구나!	

ordinary honorific lev		'-어요' form	'-으오' form
declarative	present	새요, 새지요, 새세요, 샐래요, 샐걸요, 새는데요, 샌대요, 샐게요, 새잖아요	새오
	present-continuous	새고 있어요, 새고 있지요, 새고 있으세요, 새는 중이에요	새고 있소
	past-perfect	샜어요, 샜지요, 샜으세요, 샜잖아요	샜소
	past-experience	샜었어요, 샜었지요, 샜었으세요	샜었소
	past-guessing	샜겠어요, 샜겠지요, 샜겠으세요	샜겠소
	future-gue/will/abi	새겠어요, 새겠지요, 새겠으세요, 샐 수 있어요	새겠소
introgative	present	새요? 새지요? 새세요? 새나요? 샐까요? 샐래요? 새는가요? 새는데요? 샌대요? 샌다면서요? 샌다지요?	새오? *새소?
	past-perfect	샜어요? 샜지요? 샜으세요?	샜소?
	past-experience	샜었어요? 샜었지요? 샜었으세요?	샜었소?
	future-gue/will/abi	새겠어요? 새겠지요? 새겠으세요? 새리요? 샐 거예요? 샐 거지요? 샐 수 있겠어요?	새겠소?
imperative		새요, 새지요, 새세요, 새라니까요	새오, 새구려
suggestive		새요, 새지요, 새세요, 새자니까요	새오
exclamatory		새는군요! 새리요!	새오!

ordinary non-honorific lev		'-어' form	'-네' form
declarative	present	새, 새지, 샐래, 샐걸, 새는데, 샌대, 샐게, 샌단다, 새마, 새잖아	새네
	present-continuous	새고 있어, 새고 있지, 새는 중이야	새고 있네
	past-perfect	샜어, 샜지, 샜잖아	샜네
	future-gue/will/abi	새겠어, 새겠지, 샐 수 있어	새겠네
introgative	present	새? 새지? 새니? 새나? 샐까? 새랴? 샐래? 새는데? 샌대? 샌다면서? 샌다지?	새는가?
	past-perfect	샜어? 샜지? 샜니? 샜을까? 샜대? 샜다면서?	샜는가?
	future-gue/will/abi	새겠어? 새겠지? 새겠니? 새리? 샐 거야? 샐 거지? 샐 거니? 샐 수 있겠어?	새겠는가?
imperative		새, 새지, 새렴, 새려무나, 새라니까	새게
suggestive		새, 새지, 새자니까	새세
exclamatory		새! 새지! 새리!	새네!

low non-honorific lev		indicative style	retrospective style
declarative	present	샌다	새더라
	present-continuous	새고 있다, 새는 중이다	새고 있더라
	past-perfect	샜다	샜더라
	future-gue/will/abi	새겠다, 새리다, 새련다, 샐 거다, 샐 수 있다	새겠더라
introgative	present	새느냐?	새더냐?
	past-perfect	샜느냐?	샜더냐?
	future-gue/will/abi	새겠느냐?	새겠더냐?
imperative		새라	
suggestive		새자	
exclamatory		새는구나! 샌다! 새는도다!	새더구나!

connective	endings	connective	endings
serial	새고, 새며	comparison	새느니
selection	새거나, 새든지, 새든가	degree	새리만큼
contrast	새도, 새지만, 새나, 새는데, 새면서도, 새되, 새지	condition	새면, 새거든, 새거들랑, 새야, 샌다면, 샜던들
simultaneity	새면서, 새며	circumstance	새는데, 새니, 새다시피
completion	새고서, 새서, 새자, 새자마자	figure	새듯이
conversion	새다가	proportion	샐수록
concession	새도, 새더라도, 샐지라도, 샐지언정, 샌들, 새는데도, 새기로서니, 새나마, 샐망정, 새 보았자	cause	새서, 새니까, 새느라고, 새기에, 새길래, 새느니만큼, 새는지라, 샐세라, 새므로
intention	새러, 새려고, 새고자	addition	새거니와, 샐뿐더러, 새려니와
result	새도록, 새게끔	repetition	새곤

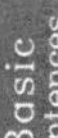

- 자전거 튜브에서 바람이 새고 있다. There is a air leaking from the bicycle wheel.
- 지붕이 새는 곳은 오늘 고쳤다. I fixed the leaking roof today.
- 이야기가 딴 길로 새 나가지 않도록 주의하세요. Be aware to be on the topic.

서다 [서다, səda]

'어' regular conjugation, Avi

to stand ; to stop ; to stand out (sharply) ; to make up one's mind

causative	세우다, 서게 하다, 서게 만들다	passive	*서히다, 서게 되다, 서여지다, 세워지다

adnominal : present-conti	past-perfect	past-retrospective	past-perfect-retro	future-gue/will
서는	선	서던	섰던	설

quotational : declarative	interrogative	imperative	suggestive	nominal	adverbial
선다고	서느냐고	서라고	서자고	서기, 섬	서, 서게

high honorific level		indicative style	retrospective style
declarative	present	섭니다	섭디다
	present-continuous	서고 있습니다, 서는 중입니다	서고 있습디다
	past-perfect	섰습니다	섰습디다
	past-experience	섰었습니다	섰었습디다
	past-guessing	섰겠습니다	섰겠습디다
	future-gue/will/abi	서겠습니다, 서렵니다, 설 겁니다, 설 수 있습니다	서겠습디다
introgative	present	섭니까?	섭디까?
	past-perfect	섰습니까?	섰습디까?
	past-experience	섰었습니까?	섰었습디까?
	future-gue/will/abi	서겠습니까? 서렵니까? 설 겁니까? 서리이까? 설 수 있겠습니까?	서겠습디까?
imperative		서시오, 서십시오	
suggestive		섭시다, 서십시다	
exclamatory		서시는구나!	

ordinary honorific lev		'-어요' form	'-으오' form
declarative	present	서요, 서지요, 서세요, 설래요, 설걸요, 서는데요, 선대요, 설게요, 서잖아요	서오
	present-continuous	서고 있어요, 서고 있지요, 서고 있으세요, 서는 중이에요	서고 있소
	past-perfect	섰어요, 섰지요, 섰으세요, 섰잖아요	섰소
	past-experience	섰었어요, 섰었지요, 섰었으세요	섰었소
	past-guessing	섰겠어요, 섰겠지요, 섰겠으세요	섰겠소
	future-gue/will/abi	서겠어요, 서겠지요, 서겠으세요, 설 수 있어요	서겠소
introgative	present	서요? 서지요? 서세요? 서나요? 설까요? 설래요? 서는가요? 서는데요? 선대요? 선다면서요? 선다지요?	서오? *서소?
	past-perfect	섰어요? 섰지요? 섰으세요?	섰소?
	past-experience	섰었어요? 섰었지요? 섰었으세요?	섰었소?
	future-gue/will/abi	서겠어요? 서겠지요? 서겠으세요? 서리요? 설 거예요? 설 거지요? 설 수 있겠어요?	서겠소?
imperative		서요, 서지요, 서세요, 서라니까요	서오, 서구려
suggestive		서요, 서지요, 서세요, 서자니까요	서오
exclamatory		서는군요! 서리요!	서오!

ordinary non-honorific lev		'-어' form	'-네' form
declarative	present	서, 서지, 설래, 설걸, 서는데, 선대, 설게, 선단다, 서마, 서잖아	서네
	present-continuous	서고 있어, 서고 있지, 서는 중이야	서고 있네
	past-perfect	섰어, 섰지, 섰잖아	섰네
	future-gue/will/abi	서겠어, 서겠지, 설 수 있어	서겠네
introgative	present	서? 서지? 서니? 서나? 설까? 서랴? 설래? 서는데? 선대? 선다면서? 선다지?	서는가?
	past-perfect	섰어? 섰지? 섰니? 섰을까? 섰대? 섰다면서?	섰는가?
	future-gue/will/abi	서겠어? 서겠지? 서겠니? 서리? 설 거야? 설 거지? 설 거니? 설 수 있겠어?	서겠는가?
imperative		서, 서지, 서렴, 서려무나, 서라니까	서게
suggestive		서, 서지, 서자니까	서세
exclamatory		서! 서지! 서리!	서네!

low non-honorific lev		indicative style	retrospective style
declarative	present	선다	서더라
	present-continuous	서고 있다, 서는 중이다	서고 있더라
	past-perfect	섰다	섰더라
	future-gue/will/abi	서겠다, 서리다, 서련다, 설 거다, 설 수 있다	서겠더라
introgative	present	서느냐?	서더냐?
	past-perfect	섰느냐?	섰더냐?
	future-gue/will/abi	서겠느냐?	서겠더냐?
imperative		서라	
suggestive		서자	
exclamatory		서는구나! 선다! 서는도다!	서더구나!

connective	endings	connective	endings
serial	서고, 서며	comparison	서느니
selection	서거나, 서든지, 서든가	degree	서리만큼
contrast	서도, 서지만, 서나, 서는데, 서면서도, 서되, 서지	condition	서면, 서거든, 서거들랑, 서야, 선다면, 섰던들
simultaneity	서면서, 서며	circumstance	서는데, 서니, 서다시피
completion	서고서, 서서, 서자, 서자마자	figure	서듯이
conversion	서다가	proportion	설수록
concession	서도, 서더라도, 설지라도, 설지언정, 선들, 서는데도, 서기로서니, 서나마, 설망정, 서 보았자	cause	서서, 서니까, 서느라고, 서기에, 서길래, 서느니만큼, 서는지라, 설세라, 서므로
intention	서러, 서려고, 서고자	addition	서거니와, 설뿐더러, 서려니와
result	서도록, 서게끔	repetition	서곤

- 그는 서울역 앞에 차를 세웠다. He stopped the car in front of the Seoul Station.
- 저기 서 있는 사람이 누구니? Who is the person standing there?
- 그녀는 친구의 보증을 섰다가 큰 피해를 입었다.
  When she vouched for her friend, she got in deep trouble.

서툴다 [서툴다, sət^hulda]

'ㄹ' irregular conjugation, Dv

to be unskilled ; to be poor ; to be clumsy

causative	*서투르히다, 서툴게 하다, 서툴게 만들다	passive	*서투르히다, 서툴게 되다, 서툴러지다

adnominal : present-conti	past-perfect	past-retrospective	past-perfect-retro	future-gue/will
서툰	서툰	서툴었던	서툴었었던	서툴

quotational : declarative	interrogative	imperative	suggestive	nominal	adverbial
서툴다고	서투냐고	*서툴라고	*서툴자고	서툴기, 서툶	서툴러, 서툴게

high honorific level		indicative style	retrospective style
declarative	present	서툽니다	서툽디다
	present-continuous	*서툴고 있습니다, *서투는 중입니다	*서툴고 있습디다
	past-perfect	서툴었습니다	서툴었습디다
	past-experience	서툴었었습니다	서툴었었습디다
	past-guessing	서툴었겠습니다	서툴었겠습디다
	future-gue/will/abi	서툴겠습니다, *서툴렵니다, 서툴 겁니다, 서툴 수 있습니다	서툴겠습디다
introgative	present	서툽니까?	서툽디까?
	past-perfect	서툴었습니까?	서툴었습디까?
	past-experience	서툴었었습니까?	서툴었었습디까?
	future-gue/will/abi	서툴겠습니까? *서툴렵니까? *서툴 겁니까? *서툴리이까? *서툴 수 있겠습니까?	서툴겠습디까?
imperative		*서투시오, *서투십시오	
suggestive		*서툽시다, *서투십시다	
exclamatory		서투시구나!	

ordinary honorific lev		'-어요' form	'-으오' form
declarative	present	서툴러요, 서툴지요, 서투세요, *서툴래요, 서툴걸요, 서툰데요, 서툴대요, *서툴게요, 서툴잖아요	서투오
	present-continuous	*서툴고 있어요, *서툴고 있지요, *서툴고 있으세요, *서투는 중이에요	*서툴고 있소
	past-perfect	서툴었어요, 서툴었지요, 서툴었으세요, 서툴었잖아요	서툴었소
	past-experience	서툴었었어요, 서툴었었지요, 서툴었었으세요	서툴었었소
	past-guessing	서툴었겠어요, 서툴었겠지요, 서툴었겠으세요	서툴었겠소
	future-gue/will/abi	서툴겠어요, 서툴겠지요, 서툴겠으세요, 서툴 수 있어요	서툴겠소
introgative	present	서툴러요? 서툴지요? 서투세요? 서투나요? 서툴까요? *서툴래요? 서툰가요? 서툰데요? 서툴대요? 서툴다면서요? 서툴다지요?	서투오? *서툴소?
	past-perfect	서툴었어요? 서툴었지요? 서툴었으세요?	서툴었소?
	past-experience	서툴었었어요? 서툴었었지요? 서툴었었으세요?	서툴었었소?
	future-gue/will/abi	서툴겠어요? 서툴겠지요? 서툴겠으세요? 서툴리요? *서툴 거예요? *서툴 거지요? *서툴 수 있겠어요?	서툴겠소?
imperative		*서툴러요, *서툴지요, *서투세요, *서툴라니까요	*서투오, *서툴구려
suggestive		*서툴러요, *서툴지요, *서투세요, *서툴자니까요	*서투오
exclamatory		서툴군요! 서툴리요!	서투오!

ordinary non-honorific lev		'-어' form	'-네' form
declarative	present	서툴러, 서툴지, *서툴래, 서툴걸, 서툰데, 서툴대, *서툴게, 서툴단다, *서툴마, 서툴잖아	서투네
	present-continuous	*서툴고 있어, *서툴고 있지, *서투는 중이야	*서툴고 있네
	past-perfect	서툴렀어, 서툴렀지, 서툴렀잖아	서툴었네
	future-gue/will/abi	서툴겠어, 서툴겠지, 서툴 수 있어	서툴겠네
introgative	present	서툴러? 서툴지? 서투니? 서투나? 서툴까? 서툴랴? *서툴래? 서툰데? 서툴대? 서툴다면서? 서툴다지?	서툰가?
	past-perfect	서툴었어? 서툴었지? 서툴었니? 서툴었을까? 서툴었대? 서툴었다면서?	서툴었는가?
	future-gue/will/abi	서툴겠어? 서툴겠지? 서툴겠니? 서툴리? *서툴 거야? *서툴 거지? *서툴 거니? *서툴 수 있겠어?	서툴겠는가?
imperative		*서툴러, *서툴지, *서툴렴, *서툴려무나, *서툴라니까	*서툴게
suggestive		*서툴러, *서툴지, *서툴자니까	*서투세
exclamatory		서툴러! 서툴지! 서툴리!	서투네!

low non-honorific lev		indicative style	retrospective style
declarative	present	서툴다	서툴더라
	present-continuous	*서툴고 있다, *서투는 중이다	*서툴고 있더라
	past-perfect	서툴었다	서툴었더라
	future-gue/will/abi	서툴겠다, *서툴리다, *서툴련다, 서툴 거다, 서툴 수 있다	서툴겠더라
introgative	present	서투냐?	서툴더냐?
	past-perfect	서툴었느냐?	서툴었더냐?
	future-gue/will/abi	서툴겠느냐?	서툴겠더냐?
imperative		*서툴어라	
suggestive		*서툴자	
exclamatory		서툴구나! 서툴다! 서툴도다!	서툴더구나!

connective	endings	connective	endings
serial	서툴고, 서툴며	comparison	*서투느니
selection	서툴거나, 서툴든지, 서툴든가	degree	서툴리만큼
contrast	서툴어도, 서툴지만, 서투나, 서툰데, 서툴면서도, 서툴되, 서툴지	condition	서툴면, 서툴거든, 서툴거들랑, 서툴러야, 서툴다면, 서툴렀던들
simultaneity	서툴면서, 서툴며	circumstance	서툰데, 서투니, *서툴다시피
completion	*서툴고서, *서툴어서, *서툴자, *서툴자마자	figure	서툴듯이
conversion	서툴다가	proportion	서툴수록
concession	서툴러도, 서툴더라도, 서툴지라도, 서툴지언정, 서툰들, 서툰데도, 서툴기로서니, 서투나마, 서툴망정, 서툴러 보았자	cause	서툴러서, 서투니까, *서투느라고, 서툴기에, 서툴길래, 서투니만큼, 서툰지라, 서툴세라, 서툴므로
intention	*서툴러, *서툴려고, *서툴고자	addition	서툴거니와, 서툴뿐더러, 서툴려니와
result	서툴도록, 서툴게끔	repetition	서툴곤

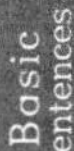

- 저는 한국어가 서툽니다. I am not fluent with Korean.
- 서툰 수작 부리지 마세요. Don't be foolish action.
- 좀 서툴기는 하지만 제가 운전을 할까요? Though I'm not familiar with it, may I drive?

세다1 [세:다, se:da]

'에' regular conjugation, Dv

to be strong, be powerful ; to be unlucky

causative	*세히다, 세게 하다, 세게 만들다	passive	*세히다, 세게 되다, 세지다

adnominal : present-conti	past-perfect	past-retrospective	past-perfect-retro	future-gue/will
센	센	세던	셌던	셀

quotational : declarative	interrogative	imperative	suggestive	nominal	adverbial
세다고	세냐고	*세라고	*세자고	세기, 셈	세어, 세게

high honorific level		indicative style	retrospective style
declarative	present	셉니다	셉디다
	present-continuous	*세고 있습니다, *세는 중입니다	*세고 있습디다
	past-perfect	셌습니다	셌습디다
	past-experience	셌었습니다	셌었습디다
	past-guessing	셌겠습니다	셌겠습디다
	future-gue/will/abi	세겠습니다, *세렵니다, 셀 겁니다, 셀 수 있습니다	세겠습디다
introgative	present	셉니까?	셉디까?
	past-perfect	셌습니까?	셌습디까?
	past-experience	셌었습니까?	셌었습디까?
	future-gue/will/abi	세겠습니까? *세렵니까? *셀 겁니까? *세리이까? 셀 수 있겠습니까?	세겠습디까?
imperative		*세시오, *세십시오	
suggestive		*셉시다, *세십시다	
exclamatory		세시는구나!	

ordinary honorific lev		'-어요' form	'-으오' form
declarative	present	세요, 세지요, 세세요, *셀래요, 셀걸요, 센데요, 세대요, *셀게요, 세잖아요	세오
	present-continuous	*세고 있어요, *세고 있지요, *세고 있으세요, *세는 중이에요	*세고 있소
	past-perfect	셌어요, 셌지요, 셌으세요, 셌잖아요	셌소
	past-experience	셌었어요, 셌었지요, 셌었으세요	셌었소
	past-guessing	셌겠어요, 셌겠지요, 셌겠으세요	셌겠소
	future-gue/will/abi	세겠어요, 세겠지요, 세겠으세요, 셀 수 있어요	세겠소
introgative	present	세요? 세지요? 세세요? 세나요? 셀까요? *셀래요? 센가요? 센데요? 세대요? 세다면서요? 세다지요?	세오? *세소?
	past-perfect	셌어요? 셌지요? 셌으세요?	셌소?
	past-experience	셌었어요? 셌었지요? 셌었으세요?	셌었소?
	future-gue/will/abi	세겠어요? 세겠지요? 세겠으세요? 세리요? *셀 거예요? *셀 거지요? 셀 수 있겠어요?	세겠소?
imperative		*세요, *세지요, *세세요, *세라니까요	*세오, *세구려
suggestive		*세요, *세지요, *세세요, *세자니까요	*세오
exclamatory		세군요! 세리요!	세오!

ordinary non-honorific lev		'-어' form	'-네' form
declarative	present	세, 세지, 셀래, 셀걸, 센데, 세대, *셀게, 세단다, *세마, 세잖아	세네
	present-continuous	*세고 있어, *세고 있지, *세는 중이야	*세고 있네
	past-perfect	셌어, 셌지, 셌잖아	셌네
	future-gue/will/abi	세겠어, 세겠지, 셀 수 있어	세겠네
introgative	present	세? 세지? 세니? 세나? *셀까? 세랴? *셀래? 센데? 세대? 세다면서? 세다지?	세는가?
	past-perfect	셌어? 셌지? 셌니? 셌을까? 셌대? 셌다면서?	셌는가?
	future-gue/will/abi	세겠어? 세겠지? 세겠니? 세리? 셀 거야? 셀 거지? 셀 거니? 셀 수 있겠어?	세겠는가?
imperative		*세, *세지, *세렴, *세려무나, *세라니까	*세게
suggestive		*세, *세지, *세자니까	*세세
exclamatory		세! 세지! 세리!	세네!

low non-honorific lev		indicative style	retrospective style
declarative	present	센다	세더라
	present-continuous	*세고 있다, *세는 중이다	*세고 있더라
	past-perfect	셌다	셌더라
	future-gue/will/abi	세겠다, *세리다, 세련다, 셀 거다, 셀 수 있다	세겠더라
introgative	present	세느냐?	세더냐?
	past-perfect	셌느냐?	셌더냐?
	future-gue/will/abi	세겠느냐?	세겠더냐?
imperative		*세라	
suggestive		*세자	
exclamatory		세는구나! 센다! 세는도다!	세더구나!

connective	endings	connective	endings
serial	세고, 세며	comparison	세느니
selection	세거나, 세든지, 세든가	degree	세리만큼
contrast	세도, 세지만, 세나, 센데, 세면서도, 세되, 세지	condition	세면, 세거든, 세거들랑, 세야, 센다면, 셌던들
simultaneity	세면서, 세며	circumstance	센데, 세니, *세다시피
completion	세고서, 세서, 세자, 세자마자	figure	세듯이
conversion	세다가	proportion	셀수록
concession	세도, 세더라도, 셀지라도, 셀지언정, 센들, 센데도, 세기로서니, 세나마, 셀망정, 세 보았자	cause	세서, 세니까, 세느라고, 세기에, 세길래, 세느니만큼, 세는지라, 셀세라, 세므로
intention	세러, 세려고, 세고자	addition	세거니와, 셀뿐더러, 세려니와
result	세도록, 세게끔	repetition	세곤

Basic sentences

- 그는 힘이 세다. He is strong.
- 이 세상엔 팔자가 센 사람도 있고 팔자가 좋은 사람도 있다.
  There are people who are strong and who are lucky in this world.
- 그녀는 술이 세서 잘 취하지 않는다. She doesn't get drunk easily.

세다3 [세:다, se:da]

'에' regular conjugation, Avt

to count, calculate, enumerate, number

causative	*세히다, 세게 하다, 세게 만들다	passive	*세히다, 세게 되다, 세지다

adnominal : present-conti	past-perfect	past-retrospective	past-perfect-retro	future-gue/will
세는	센	세던	셌던	셀

quotational : declarative	interrogative	imperative	suggestive	nominal	adverbial
센다고	세느냐고	세라고	세자고	세기, 셈	세어, 세게

high honorific level		indicative style	retrospective style
declarative	present	셉니다	셉디다
	present-continuous	세고 있습니다, 세는 중입니다	세고 있습디다
	past-perfect	셌습니다	셌습디다
	past-experience	셌었습니다	셌었습디다
	past-guessing	셌겠습니다	셌겠습디다
	future-gue/will/abi	세겠습니다, 세렵니다, 셀 겁니다, 셀 수 있습니다	세겠습디다
introgative	present	셉니까?	셉디까?
	past-perfect	셌습니까?	셌습디까?
	past-experience	셌었습니까?	셌었습디까?
	future-gue/will/abi	세겠습니까? 세렵니까? 셀 겁니까? 세리이까? 셀 수 있겠습니까?	세겠습디까?
imperative		세시오, 세십시오	
suggestive		셉시다, 세십시다	
exclamatory		세시는구나!	

ordinary honorific lev		'-어요' form	'-으오' form
declarative	present	세요, 세지요, 세세요, 셀래요, 셀걸요, 세는데요, 센대요, 셀게요, 세잖아요	세오
	present-continuous	세고 있어요, 세고 있지요, 세고 있으세요, 세는 중이에요	세고 있소
	past-perfect	셌어요, 셌지요, 셌으세요, 셌잖아요	셌소
	past-experience	셌었어요, 셌었지요, 셌었으세요	셌었소
	past-guessing	셌겠어요, 셌겠지요, 셌겠으세요	셌겠소
	future-gue/will/abi	세겠어요, 세겠지요, 세겠으세요, 셀 수 있어요	세겠소
introgative	present	세요? 세지요? 세세요? 세나요? 셀까요? 셀래요? 세는가요? 세는데요? 센대요? 센다면서요? 센다지요?	세오? *세소?
	past-perfect	셌어요? 셌지요? 셌으세요?	셌소?
	past-experience	셌었어요? 셌었자요? 셌었으세요?	셌었소?
	future-gue/will/abi	세겠어요? 세겠지요? 세겠으세요? 세리요? 셀 거예요? 셀 거지요? 셀 수 있겠어요?	세겠소?
imperative		세요, 세지요, 세세요, 세라니까요	세오, 세구려
suggestive		세요, 세지요, 세세요, 세자니까요	세오
exclamatory		세는군요! 세리요!	세오!

ordinary non-honorific lev		'-어' form	'-네' form
declarative	present	세, 세지, 셀래, 셀걸, 세는데, 센대, 셀게, 센단다, 세마, 세잖아	세네
	present-continuous	세고 있어, 세고 있지, 세는 중이야	세고 있네
	past-perfect	셌어, 셌지, 셌잖아	셌네
	future-gue/will/abi	세겠어, 세겠지, 셀 수 있어	세겠네
introgative	present	세? 세지? 세니? 세나? 셀까? 세랴? 셀래? 세는데? 센대? 센다면서? 센다지?	세는가?
	past-perfect	셌어? 셌지? 셌니? 셌을까? 셌대? 셌다면서?	셌는가?
	future-gue/will/abi	세겠어? 세겠지? 세겠니? 세리? 셀 거야? 셀 거지? 셀 거니? 셀 수 있겠어?	세겠는가?
imperative		세, 세지, 세렴, 세려무나, 세라니까	세게
suggestive		세, 세지, 세자니까	세세
exclamatory		세! 세지! 세리!	세네!

low non-honorific lev		indicative style	retrospective style
declarative	present	센다	세더라
	present-continuous	세고 있다, 세는 중이다	세고 있더라
	past-perfect	셌다	셌더라
	future-gue/will/abi	세겠다, 세리다, 세련다, 셀 거다, 셀 수 있다	세겠더라
introgative	present	세느냐?	세더냐?
	past-perfect	셌느냐?	셌더냐?
	future-gue/will/abi	세겠느냐?	세겠더냐?
imperative		세라	
suggestive		세자	
exclamatory		세는구나! 센다! 세는도다!	세더구나!

connective	endings	connective	endings
serial	세고, 세며	comparison	세느니
selection	세거나, 세든지, 세든가	degree	세리만큼
contrast	세도, 세지만, 세나, 세는데, 세면서도, 세되, 세지	condition	세면, 세거든, 세거들랑, 세야, 센다면, 셌던들
simultaneity	세면서, 세며	circumstance	세는데, 세니, 세다시피
completion	세고서, 세서, 세자, 세자마자	figure	세듯이
conversion	세다가	proportion	셀수록
concession	세도, 세더라도, 셀지라도, 셀지언정, 센들, 세는데도, 세기로서니, 세나마, 셀망정, 세 보았자	cause	세서, 세니까, 세느라고, 세기에, 세길래, 세느니만큼, 세는지라, 셀세라, 세므로
intention	세러, 세려고, 세고자	addition	세거니와, 셀뿐더러, 세려니와
result	세도록, 세게끔	repetition	세곤

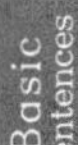

- 돈이 얼마 남았는지 세어 보아라. Count to see how much it is.
- 셀 수 없을 만큼 많은 사람이 모였다. There are countless people.
- 네가 열까지 세면 내가 시험을 시작할게. I will start the test after you count till ten.

솟다 [솓따, sott'a]

'ㅅ' regular conjugation, Avi

to rise, tower over, soar ; to gush out, spring forth

causative	솟구다, 솟게 하다, 솟게 만들다	passive	*솟히다, 솟게 되다, 솟아지다

adnominal : present-conti	past-perfect	past-retrospective	past-perfect-retro	future-gue/will
솟는	솟은	솟던	솟았던	솟을

quotational : declarative	interrogative	imperative	suggestive	nominal	adverbial
솟는다고	솟느냐고	솟으라고	솟자고	솟기, 솟음	솟아, 솟게

high honorific level		indicative style	retrospective style
declarative	present	솟습니다	솟습디다
	present-continuous	솟고 있습니다, 솟는 중입니다	솟고 있습디다
	past-perfect	솟았습니다	솟았습디다
	past-experience	솟았었습니다	솟았었습디다
	past-guessing	솟았겠습니다	솟았겠습디다
	future-gue/will/abi	솟겠습니다, 솟으렵니다, 솟을 겁니다, 솟을 수 있습니다	솟겠습디다
introgative	present	솟습니까?	솟습디까?
	past-perfect	솟았습니까?	솟았습디까?
	past-experience	솟았었습니까?	솟았었습디까?
	future-gue/will/abi	솟겠습니까? 솟으렵니까? 솟을 겁니까? 솟으리이까? 솟을 수 있겠습니까?	솟겠습디까?
imperative		솟으시오, 솟으십시오	
suggestive		솟읍시다, 솟으십시다	
exclamatory		솟으시는구나!	

ordinary honorific lev		'-어요' form	'-으오' form
declarative	present	솟아요, 솟지요, 솟으세요, 솟을래요, 솟을걸요, 솟는데요, 솟는대요, 솟을게요, 솟잖아요	솟으오
	present-continuous	솟고 있어요, 솟고 있지요, 솟고 있으세요, 솟는 중이에요	솟고 있소
	past-perfect	솟았어요, 솟았지요, 솟았으세요, 솟았잖아요	솟았소
	past-experience	솟았었어요, 솟았었지요, 솟았었으세요	솟았었소
	past-guessing	솟았겠어요, 솟았겠지요, 솟았겠으세요	솟았겠소
	future-gue/will/abi	솟겠어요, 솟겠지요, 솟겠으세요, 솟을 수 있어요	솟겠소
introgative	present	솟아요? 솟지요? 솟으세요? 솟나요? 솟을까요? 솟을래요? 솟는가요? 솟는데요? 솟는대요? 솟는다면서요? 솟는다지요?	솟으오? 솟소?
	past-perfect	솟았어요? 솟았지요? 솟았으세요?	솟았소?
	past-experience	솟았었어요? 솟았었지요? 솟았었으세요?	솟았었소?
	future-gue/will/abi	솟겠어요? 솟겠지요? 솟겠으세요? 솟으리요? 솟을 거예요? 솟을 거지요? 솟을 수 있겠어요?	솟겠소?
imperative		솟아요, 솟지요, 솟으세요, 솟으라니까요	솟으오, 솟구려
suggestive		솟아요, 솟지요, 솟으세요, 솟자니까요	솟으오
exclamatory		솟는군요! 솟으리요!	솟으오!

ordinary non-honorific lev		'-어' form	'-네' form
declarative	present	솟아, 솟지, 솟을래, 솟을걸, 솟는데, 솟는대, 솟을게, 솟는단다, 솟으마, 솟잖아	솟네
	present-continuous	솟고 있어, 솟고 있지, 솟는 중이야	솟고 있네
	past-perfect	솟았어, 솟았지, 솟았잖아	솟았네
	future-gue/will/abi	솟겠어, 솟겠지, 솟을 수 있어	솟겠네
introgative	present	솟아? 솟지? 솟니? 솟나? 솟을까? 솟으랴? 솟을래? 솟는데? 솟는대? 솟는다면서? 솟는다지?	솟는가?
	past-perfect	솟았어? 솟았지? 솟았니? 솟았을까? 솟았대? 솟았다면서?	솟았는가?
	future-gue/will/abi	솟겠어? 솟겠지? 솟겠니? 솟으리? 솟을 거야? 솟을 거지? 솟을 거니? 솟을 수 있겠어?	솟겠는가?
imperative		솟아, 솟지, 솟으렴, 솟으려무나, 솟으라니까	솟게
suggestive		솟아, 솟지, 솟자니까	솟세
exclamatory		솟아! 솟지! 솟으리!	솟네!

low non-honorific lev		indicative style	retrospective style
declarative	present	솟는다	솟더라
	present-continuous	솟고 있다, 솟는 중이다	솟고 있더라
	past-perfect	솟았다	솟았더라
	future-gue/will/abi	솟겠다, 솟으리다, 솟으련다, 솟을 거다, 솟을 수 있다	솟겠더라
introgative	present	솟느냐?	솟더냐?
	past-perfect	솟았느냐?	솟았더냐?
	future-gue/will/abi	솟겠느냐?	솟겠더냐?
imperative		솟아라	
suggestive		솟자	
exclamatory		솟는구나! 솟는다! 솟는도다!	솟더구나!

connective	endings	connective	endings
serial	솟고, 솟으며	comparison	솟느니
selection	솟거나, 솟든지, 솟든가	degree	솟으리만큼
contrast	솟아도, 솟지만, 솟으나, 솟는데, 솟으면서도, 솟되, 솟지	condition	솟으면, 솟거든, 솟거들랑, 솟아야, 솟는다면, 솟았던들
simultaneity	솟으면서, 솟으며	circumstance	솟는데, 솟으니, 솟다시피
completion	솟고서, 솟아서, 솟자, 솟자마자	figure	솟듯이
conversion	솟다가	proportion	솟을수록
concession	솟아도, 솟더라도, 솟을지라도, 솟을지언정, 솟은들, 솟는데도, 솟기로서니, 솟으나마, 솟을망정, 솟아 보았자	cause	솟아서, 솟으니까, 솟느라고, 솟기에, 솟길래, 솟느니만큼, 솟는지라, 솟을세라, 솟으므로
intention	솟으러, 솟으려고, 솟고자	addition	솟거니와, 솟을뿐더러, 솟으려니와
result	솟도록, 솟게끔	repetition	솟곤

- 해가 솟는다. The sun rises.
- 종달새가 하늘 높이 솟는다. A skylark soars to the sky.
- 어머니는 불길이 솟는데도 자기 아이를 구하려고 불길로 뛰어 들었다.
  The mother, although the fire was blazing, jumped into the flames in order to save her baby.

숨다 [숨:따, sum:t'a]

'ㅁ' regular conjugation, Avi

to hide, conceal oneself ; to seek refuge ; to live in seclusion

causative	숨기다, 숨게 하다, 숨게 만들다	passive	*숨히다, 숨게다, 숨어지다

adnominal : present-conti	past-perfect	past-retrospective	past-perfect-retro	future-gue/will
숨는	숨은	숨던	숨었던	숨을

quotational : declarative	interrogative	imperative	suggestive	nominal	adverbial
숨는다고	숨느냐고	숨으라고	숨자고	숨기, 숨음	숨어, 숨게

high honorific level		indicative style	retrospective style
declarative	present	숨습니다	숨습디다
	present-continuous	숨고 있습니다, 숨는 중입니다	숨고 있습디다
	past-perfect	숨었습니다	숨었습디다
	past-experience	숨었었습니다	숨었었습디다
	past-guessing	숨었겠습니다	숨었겠습디다
	future-gue/will/abi	숨겠습니다, 숨으렵니다, 숨을 겁니다, 숨을 수 있습니다	숨겠습디다
introgative	present	숨습니까?	숨습디까?
	past-perfect	숨었습니까?	숨었습디까?
	past-experience	숨었었습니까?	숨었었습디까?
	future-gue/will/abi	숨겠습니까? 숨으렵니까? 숨을 겁니까? 숨으리이까? 숨을 수 있겠습니까?	숨겠습디까?
imperative		숨으시오, 숨으십시오	
suggestive		숨읍시다, 숨으십시다	
exclamatory		숨으시는구나!	

ordinary honorific lev		'-어요' form	'-으오' form
declarative	present	숨어요, 숨지요, 숨으세요, 숨을래요, 숨을걸요, 숨는데요, 숨는대요, 숨을게요, 숨잖아요	숨으오
	present-continuous	숨고 있어요, 숨고 있지요, 숨고 있으세요, 숨는 중이에요	숨고 있소
	past-perfect	숨었어요, 숨었지요, 숨었으세요, 숨었잖아요	숨었소
	past-experience	숨었었어요, 숨었었지요, 숨었었으세요	숨었었소
	past-guessing	숨었겠어요, 숨었겠지요, 숨었겠으세요	숨었겠소
	future-gue/will/abi	숨겠어요, 숨겠지요, 숨겠으세요, 숨을 수 있어요	숨겠소
introgative	present	숨어요? 숨지요? 숨으세요? 숨나요? 숨을까요? 숨을래요? 숨는가요? 숨는데요? 숨는대요? 숨는다면서요? 숨는다지요?	숨으오? 숨소?
	past-perfect	숨었어요? 숨었지요? 숨었으세요?	숨었소?
	past-experience	숨었었어요? 숨었었지요? 숨었었으세요?	숨었었소?
	future-gue/will/abi	숨겠어요? 숨겠지요? 숨겠으세요? 숨으리요? 숨을 거예요? 숨을 거지요? 숨을 수 있겠어요?	숨겠소?
imperative		숨어요, 숨지요, 숨으세요, 숨으라니까요	숨으오, 숨구려
suggestive		숨어요, 숨지요, 숨으세요, 숨자니까요	숨으오
exclamatory		숨는군요! 숨으리요!	숨으오!

ordinary non-honorific lev		'-어' form	'-네' form
declarative	present	숨어, 숨지, 숨을래, 숨을걸, 숨는데, 숨는대, 숨을게, 숨는단다, 숨으마, 숨잖아	숨네
	present-continuous	숨고 있어, 숨고 있지, 숨는 중이야	숨고 있네
	past-perfect	숨었어, 숨었지, 숨었잖아	숨었네
	future-gue/will/abi	숨겠어, 숨겠지, 숨을 수 있어	숨겠네
introgative	present	숨어? 숨지? 숨니? 숨나? 숨을까? 숨으랴? 숨을래? 숨는데? 숨는대? 숨는다면서? 숨는다지?	숨는가?
	past-perfect	숨었어? 숨었지? 숨었니? 숨었을까? 숨었대? 숨었다면서?	숨었는가?
	future-gue/will/abi	숨겠어? 숨겠지? 숨겠니? 숨으리? 숨을 거야? 숨을 거지? 숨을 거니? 숨을 수 있겠어?	숨겠는가?
imperative		숨어, 숨지, 숨으렴, 숨으려무나, 숨으라니까	숨게
suggestive		숨어, 숨지, 숨자니까	숨세
exclamatory		숨어! 숨지! 숨으리!	숨네!

low non-honorific lev		indicative style	retrospective style
declarative	present	숨는다	숨더라
	present-continuous	숨고 있다, 숨는 중이다	숨고 있더라
	past-perfect	숨었다	숨었더라
	future-gue/will/abi	숨겠다, 숨으리다, 숨으련다, 숨을 거다, 숨을 수 있다	숨겠더라
introgative	present	숨느냐?	숨더냐?
	past-perfect	숨었느냐?	숨었더냐?
	future-gue/will/abi	숨겠느냐?	숨겠더냐?
imperative		숨어라	
suggestive		숨자	
exclamatory		숨는구나! 숨는다! 숨는도다!	숨더구나!

connective	endings	connective	endings
serial	숨고, 숨으며	comparison	숨느니
selection	숨거나, 숨든지, 숨든가	degree	숨으리만큼
contrast	숨어도, 숨지만, 숨으나, 숨는데, 숨으면서도, 숨되, 숨지	condition	숨으면, 숨거든, 숨거들랑, 숨어야, 숨는다면, 숨었던들
simultaneity	숨으면서, 숨으며	circumstance	숨는데, 숨으니, 숨다시피
completion	숨고서, 숨어서, 숨자, 숨자마자	figure	숨듯이
conversion	숨다가	proportion	숨을수록
concession	숨어도, 숨더라도, 숨을지라도, 숨을지언정, 숨은들, 숨는데도, 숨기로서니, 숨으나마, 숨을망정, 숨어 보았자	cause	숨어서, 숨으니까, 숨느라고, 숨기에, 숨길래, 숨느니만큼, 숨는지라, 숨을세라, 숨으므로
intention	숨으러, 숨으려고, 숨고자	addition	숨거니와, 숨을뿐더러, 숨으려니와
result	숨도록, 숨게끔	repetition	숨곤

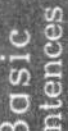

- 그는 보석을 비밀 금고에 숨겼다. He hid the jewels in his secret safe.
- 구름 뒤에 숨었던 달이 나타났다. The moon, which was hiding behind the clouds, showed itself.
- 네가 어디에 숨더라도 찾아낼 수 있다. No matter where you hide, I can still find you.

쉬다3 [쉬:다, sy:da]

'위' regular conjugation, Avi

to rest ; to stay away

causative	*쉬히다, 쉬게 하다, 쉬게 만들다	passive	*쉬히다, 쉬게 되다, 쉬어지다

adnominal : present-conti	past-perfect	past-retrospective	past-perfect-retro	future-gue/will
쉬는	쉰	쉬던	쉬었던	쉴

quotational : declarative	interrogative	imperative	suggestive	nominal	adverbial
쉰다고	쉬느냐고	쉬라고	쉬자고	쉬기, 쉼	쉬어, 쉬게

high honorific level		indicative style	retrospective style
declarative	present	쉽니다	쉽디다
	present-continuous	쉬고 있습니다, 쉬는 중입니다	쉬고 있습디다
	past-perfect	쉬었습니다	쉬었습디다
	past-experience	쉬었었습니다	쉬었었습디다
	past-guessing	쉬었겠습니다	쉬었겠습디다
	future-gue/will/abi	쉬겠습니다, 쉬렵니다, 쉴 겁니다, 쉴 수 있습니다	쉬겠습디다
introgative	present	쉽니까?	쉽디까?
	past-perfect	쉬었습니까?	쉬었습디까?
	past-experience	쉬었었습니까?	쉬었었습디까?
	future-gue/will/abi	쉬겠습니까? 쉬렵니까? 쉴 겁니까? 쉬리이까? 쉴 수 있겠습니까?	쉬겠습디까?
imperative		쉬시오, 쉬십시오	
suggestive		쉽시다, 쉬십시다	
exclamatory		쉬시는구나!	

ordinary honorific lev		'-어요' form	'-으오' form
declarative	present	쉬어요, 쉬지요, 쉬세요, 쉴래요, 쉴걸요, 쉬는데요, 쉰대요, 쉴게요, 쉬잖아요	쉬오
	present-continuous	쉬고 있어요, 쉬고 있지요, 쉬고 있으세요, 쉬는 중이에요	쉬고 있소
	past-perfect	쉬었어요, 쉬었지요, 쉬었으세요, 쉬었잖아요	쉬었소
	past-experience	쉬었었어요, 쉬었었지요, 쉬었었으세요	쉬었었소
	past-guessing	쉬었겠어요, 쉬었겠지요, 쉬었겠으세요	쉬었겠소
	future-gue/will/abi	쉬겠어요, 쉬겠지요, 쉬겠으세요, 쉴 수 있어요	쉬겠소
introgative	present	쉬어요? 쉬지요? 쉬세요? 쉬나요? 쉴까요? 쉴래요? 쉬는가요? 쉬는데요? 쉰대요? 쉰다면서요? 쉰다지요?	쉬오? *쉬소?
	past-perfect	쉬었어요? 쉬었지요? 쉬었으세요?	쉬었소?
	past-experience	쉬었었어요? 쉬었었지요? 쉬었었으세요?	쉬었었소?
	future-gue/will/abi	쉬겠어요? 쉬겠지요? 쉬겠으세요? 쉬리요? 쉴 거예요? 쉴 거지요? 쉴 수 있겠어요?	쉬겠소?
imperative		쉬어요, 쉬지요, 쉬세요, 쉬라니까요	쉬오, 쉬구려
suggestive		쉬어요, 쉬지요, 쉬세요, 쉬자니까요	쉬오
exclamatory		쉬는군요! 쉬리요!	쉬오!

ordinary non-honorific lev		'-어' form	'-네' form
declarative	present	쉬어, 쉬지, 쉴래, 쉴걸, 쉬는데, 쉰대, 쉴게, 쉰단다, 쉬마, 쉬잖아	쉬네
	present-continuous	쉬고 있어, 쉬고 있지, 쉬는 중이야	쉬고 있네
	past-perfect	쉬었어, 쉬었지, 쉬었잖아	쉬었네
	future-gue/will/abi	쉬겠어, 쉬겠지, 쉴 수 있어	쉬겠네
introgative	present	쉬어? 쉬지? 쉬니? 쉬나? 쉴까? 쉬랴? 쉴래? 쉬는데? 쉰대? 쉰다면서? 쉰다지?	쉬는가?
	past-perfect	쉬었어? 쉬었지? 쉬었니? 쉬었을까? 쉬었대? 쉬었다면서?	쉬었는가?
	future-gue/will/abi	쉬겠어? 쉬겠지? 쉬겠니? 쉬리? 쉴 거야? 쉴 거지? 쉴 거니? 쉴 수 있겠어?	쉬겠는가?
imperative		쉬어, 쉬지, 쉬렴, 쉬려무나, 쉬라니까	쉬게
suggestive		쉬어, 쉬지, 쉬자니까	쉬세
exclamatory		쉬어! 쉬지! 쉬리!	쉬네!

low non-honorific lev		indicative style	retrospective style
declarative	present	쉰다	쉬더라
	present-continuous	쉬고 있다, 쉬는 중이다	쉬고 있더라
	past-perfect	쉬었다	쉬었더라
	future-gue/will/abi	쉬겠다, 쉬리다, 쉬련다, 쉴 거다, 쉴 수 있다	쉬겠더라
introgative	present	쉬느냐?	쉬더냐?
	past-perfect	쉬었느냐?	쉬었더냐?
	future-gue/will/abi	쉬겠느냐?	쉬겠더냐?
imperative		쉬어라	
suggestive		쉬자	
exclamatory		쉬는구나! 쉰다! 쉬는도다!	쉬더구나!

connective	endings	connective	endings
serial	쉬고, 쉬며	comparison	쉬느니
selection	쉬거나, 쉬든지, 쉬든가	degree	쉬리만큼
contrast	쉬어도, 쉬지만, 쉬나, 쉬는데, 쉬면서도, 쉬되, 쉬지	condition	쉬면, 쉬거든, 쉬거들랑, 쉬어야, 쉰다면, 쉬었던들
simultaneity	쉬면서, 쉬며	circumstance	쉬는데, 쉬니, 쉬다시피
completion	쉬고서, 쉬어서, 쉬자, 쉬자마자	figure	쉬듯이
conversion	쉬다가	proportion	쉴수록
concession	쉬어도, 쉬더라도, 쉴지라도, 쉴지언정, 쉰들, 쉬는데도, 쉬기로서니, 쉬나마, 쉴망정, 쉬어 보았자	cause	쉬어서, 쉬니까, 쉬느라고, 쉬기에, 쉬길래, 쉬느니만큼, 쉬는지라, 쉴세라, 쉬므로
intention	쉬러, 쉬려고, 쉬고자	addition	쉬거니와, 쉴뿐더러, 쉬려니와
result	쉬도록, 쉬게끔	repetition	쉬곤

- 그가 소파에 누워서 쉬고 있습니다. He is resting in the sofa lying down.
- 지금은 쉬는 시간이에요. Now is the resting time.
- 그녀는 학교를 쉬었다가 다시 복학했다. She got back to school after resting.

쉽다 [쉽:따, syp:t'a]

'ㅂ' irregular conjugation, Dv

to be easy, be plain ; to be apt to tend to

causative	*쉽히다, 쉽게 하다, 쉽게 만들다	passive	*쉽히다, 쉽게 되다, 쉬워지다

adnominal : present-conti	past-perfect	past-retrospective	past-perfect-retro	future-gue/will
쉬운	쉬운	쉽던	쉬웠던	쉬울

quotational : declarative	interrogative	imperative	suggestive	nominal	adverbial
쉽다고	쉬우냐고	*쉬우라고	*쉽자고	쉽기, 쉬움	쉬워, 쉽게

high honorific level		indicative style	retrospective style
declarative	present	쉽습니다	쉽습디다
	present-continuous	*쉽고 있습니다, *쉽는 중입니다	*쉽고 있습디다
	past-perfect	쉬웠습니다	쉬웠습디다
	past-experience	쉬웠었습니다	쉬웠었습디다
	past-guessing	쉬웠겠습니다	쉬웠겠습디다
	future-gue/will/abi	쉽겠습니다, *쉬우렵니다, 쉬울 겁니다, 쉬울 수 있습니다	쉽겠습디다
introgative	present	쉽습니까?	쉽습디까?
	past-perfect	쉬웠습니까?	쉬웠습디까?
	past-experience	쉬웠었습니까?	쉬웠었습디까?
	future-gue/will/abi	쉽겠습니까? *쉬우렵니까? *쉬울 겁니까? 쉬우리이까? *쉬울 수 있겠습니까?	쉽겠습디까?
imperative		*쉬우시오, *쉬우십시오	
suggestive		*쉬웁시다, *쉬우십시다	
exclamatory		쉬우시구나!	

ordinary honorific lev		'-어요' form	'-으오' form
declarative	present	쉬워요, 쉽지요, 쉬우세요, *쉬울래요, 쉬울걸요, 쉬운데요, 쉽대요, *쉬울게요, 쉽잖아요	쉬우오
	present-continuous	*쉽고 있어요, *쉽고 있지요, *쉽고 있으세요, *쉽는 중이에요	*쉽고 있소
	past-perfect	쉬웠어요, 쉬웠지요, 쉬웠으세요, 쉬웠잖아요	쉬웠소
	past-experience	쉬웠었어요, 쉬웠었지요, 쉬웠었으세요	쉬웠었소
	past-guessing	쉬웠겠어요, 쉬웠겠지요, 쉬웠겠으세요	쉬웠겠소
	future-gue/will/abi	쉽겠어요, 쉽겠지요, 쉽겠으세요, 쉬울 수 있어요	쉽겠소
introgative	present	쉬워요? 쉽지요? 쉬우세요? 쉽나요? 쉬울까요? *쉬울래요? 쉬운가요? 쉬운데요? 쉽대요? 쉽다면서요? 쉽다지요?	쉬우오? 쉽소?
	past-perfect	쉬웠어요? 쉬웠지요? 쉬웠으세요?	쉬웠소?
	past-experience	쉬웠었어요? 쉬웠었지요? 쉬웠었으세요?	쉬웠었소?
	future-gue/will/abi	쉽겠어요? 쉽겠지요? 쉽겠으세요? 쉬우리요? *쉬울 거예요? *쉬울 거지요? *쉬울 수 있겠어요?	쉽겠소?
imperative		*쉬워요, *쉽지요, *쉬우세요, *쉬우라니까요	*쉬우오, *쉽구려
suggestive		*쉬워요, *쉽지요, *쉬우세요, *쉽자니까요	*쉬우오
exclamatory		쉽군요! 쉬우리요!	쉬우오!

ordinary non-honorific lev		'-어' form	'-네' form
declarative	present	쉬워, 쉽지, *쉬울래, 쉬울걸, 쉬운데, 쉽대, *쉬울게, 쉽단다, *쉬우마, 쉽잖아	쉽네
	present-continuous	*쉽고 있어, *쉽고 있지, *쉽는 중이야	*쉽고 있네
	past-perfect	쉬웠어, 쉬웠지, 쉬웠잖아	쉬웠네
	future-gue/will/abi	쉽겠어, 쉽겠지, 쉬울 수 있어	쉽겠네
introgative	present	쉬워? 쉽지? 쉽니? 쉽나? 쉬울까? 쉬우랴? *쉬울래? 쉬운데? 쉽대? 쉽다면서? 쉽다지?	쉬운가?
	past-perfect	쉬웠어? 쉬웠지? 쉬웠니? 쉬웠을까? 쉬웠대? 쉬웠다면서?	쉬웠는가?
	future-gue/will/abi	쉽겠어? 쉽겠지? 쉽겠니? 쉬우리? *쉬울 거야? *쉬울 거지? *쉬울 거니? *쉬울 수 있겠어?	쉽겠는가?
imperative		*쉬워, *쉽지, *쉬우렴, *쉬우려무나, *쉬우라니까	*쉽게
suggestive		*쉬워, *쉽지, *쉽자니까	*쉽세
exclamatory		쉬워! 쉽지! 쉬우리!	쉽네!

low non-honorific lev		indicative style	retrospective style
declarative	present	쉽다	쉽더라
	present-continuous	*쉽고 있다, *쉽는 중이다	*쉽고 있더라
	past-perfect	쉬웠다	쉬웠더라
	future-gue/will/abi	쉽겠다, *쉬우리다, *쉬우련다, 쉬울 거다, 쉬울 수 있다	쉽겠더라
introgative	present	쉬우냐?	쉽더냐?
	past-perfect	쉬웠느냐?	쉬웠더냐?
	future-gue/will/abi	쉽겠느냐?	쉽겠더냐?
imperative		*쉬워라	
suggestive		*쉽자	
exclamatory		쉽구나! 쉽다! 쉽도다!	쉽더구나!

connective	endings	connective	endings
serial	쉽고, 쉬우며	comparison	*쉽느니
selection	쉽거나, 쉽든지, 쉽든가	degree	쉬우리만큼
contrast	쉬워도, 쉽지만, 쉬우나, 쉬운데, 쉬우면서도, 쉽되, 쉽지	condition	쉬우면, 쉽거든, 쉽거들랑, 쉬워야, 쉽다면, 쉬웠던들
simultaneity	쉬우면서, 쉬우며	circumstance	쉬운데, 쉬우니, *쉽다시피
completion	*쉽고서, *쉬워서, *쉽자, *쉽자마자	figure	쉽듯이
conversion	쉽다가	proportion	쉬울수록
concession	쉬워도, 쉽더라도, 쉬울지라도, 쉬울지언정, 쉬운들, 쉬운데도, 쉽기로서니, 쉬우나마, 쉬울망정, 쉬워 보았자	cause	쉬워서, 쉬우니까, *쉽느라고, 쉽기에, 쉽길래, 쉬우니만큼, 쉬운지라, 쉬울세라, 쉬우므로
intention	*쉬우러, *쉬우려고, *쉽고자	addition	쉽거니와, 쉬울뿐더러, 쉬우려니와
result	쉽도록, 쉽게끔	repetition	쉽곤

- 예의를 잘 지키는 것은 쉽지 않습니다. It's hard to have in good manner.
- 깨지기 쉬운 물건이니 주의해 주세요. It's fragile, be cautious.
- 아무리 그 일이 쉬워 보여도 얕보지는 말아라.
  Though you think the work is so easy, take it seriously.

슬프다 [슬프다, silpʰida]

'으' irregular conjugation, Dv

to be sad, be sorrowful ; to be unhappy

causative	*슬프히다, 슬프게 하다, 슬프게 만들다	passive	*슬프히다, 슬프게 되다, 슬퍼지다

adnominal : present-conti	past-perfect	past-retrospective	past-perfect-retro	future-gue/will
슬픈	슬픈	슬프던	슬펐던	슬플

quotational : declarative	interrogative	imperative	suggestive	nominal	adverbial
슬프다고	슬프냐고	*슬프라고	*슬프자고	슬프기, 슬픔	슬퍼, 슬프게

high honorific level		indicative style	retrospective style
declarative	present	슬픕니다	슬픕디다
	present-continuous	*슬프고 있습니다, *슬프는 중입니다	*슬프고 있습디다
	past-perfect	슬펐습니다	슬펐습디다
	past-experience	슬펐었습니다	슬펐었습디다
	past-guessing	슬펐겠습니다	슬펐겠습디다
	future-gue/will/abi	슬프겠습니다, *슬프렵니다, 슬플 겁니다, 슬플 수 있습니다	슬프겠습디다
introgative	present	슬픕니까?	슬픕디까?
	past-perfect	슬펐습니까?	슬펐습디까?
	past-experience	슬펐었습니까?	슬펐었습디까?
	future-gue/will/abi	슬프겠습니까? *슬프렵니까? *슬플 겁니까? *슬프리이까? *슬플 수 있겠습니까?	슬프겠습디까?
imperative		*슬프시오, *슬프십시오	
suggestive		*슬픕시다, *슬프십시다	
exclamatory		슬프시구나!	

ordinary honorific lev		'-어요' form	'-으오' form
declarative	present	슬퍼요, 슬프지요, 슬프세요, *슬플래요, 슬플걸요, 슬픈데요, 슬프대요, *슬플게요, 슬프잖아요	슬프오
	present-continuous	*슬프고 있어요, *슬프고 있지요, *슬프고 있으세요, *슬프는 중이에요	*슬프고 있소
	past-perfect	슬펐어요, 슬펐지요, 슬펐으세요, 슬펐잖아요	슬펐소
	past-experience	슬펐었어요, 슬펐었지요, 슬펐었으세요	슬펐었소
	past-guessing	슬펐겠어요, 슬펐겠지요, 슬펐겠으세요	슬펐겠소
	future-gue/will/abi	슬프겠어요, 슬프겠지요, 슬프겠으세요, 슬플 수 있어요	슬프겠소
introgative	present	슬퍼요? 슬프지요? 슬프세요? 슬프나요? 슬플까요? *슬플래요? 슬픈가요? 슬픈데요? 슬프대요? 슬프다면서요? 슬프다지요?	슬프오? *슬프소?
	past-perfect	슬펐어요? 슬펐지요? 슬펐으세요?	슬펐소?
	past-experience	슬펐었어요? 슬펐었지요? 슬펐었으세요?	슬펐었소?
	future-gue/will/abi	슬프겠어요? 슬프겠지요? 슬프겠으세요? 슬프리요? *슬플 거예요? *슬플 거지요? *슬플 수 있겠어요?	슬프겠소?
imperative		*슬퍼요, *슬프지요, *슬프세요, *슬프라니까요	*슬프오, *슬프구려
suggestive		*슬퍼요, *슬프지요, *슬프세요, *슬프자니까요	*슬프오
exclamatory		슬프군요! 슬프리요!	슬프오!

ordinary non-honorific lev		'-어' form	'-네' form
declarative	present	슬퍼, 슬프지, *슬플래, 슬플걸, 슬픈데, 슬프대, *슬플게, 슬프단다, *슬프마, 슬프잖아	슬프네
	present-continuous	*슬프고 있어, *슬프고 있지, *슬프는 중이야	*슬프고 있네
	past-perfect	슬펐어, 슬펐지, 슬펐잖아	슬펐네
	future-gue/will/abi	슬프겠어, 슬프겠지, 슬플 수 있어	슬프겠네
introgative	present	슬퍼? 슬프지? 슬프니? 슬프나? 슬플까? 슬프랴? *슬플래? 슬픈데? 슬프대? 슬프다면서? 슬프다지?	슬픈가?
	past-perfect	슬펐어? 슬펐지? 슬펐니? 슬펐을까? 슬펐대? 슬펐다면서?	슬펐는가?
	future-gue/will/abi	슬프겠어? 슬프겠지? 슬프겠니? 슬프리? *슬플 거야? *슬플 거지? *슬플 거니? *슬플 수 있겠어?	슬프겠는가?
imperative		*슬퍼, *슬프지, *슬프렴, *슬프려무나, *슬프라니까	*슬프게
suggestive		*슬퍼, *슬프지, *슬프자니까	*슬프세
exclamatory		*슬퍼! *슬프지! *슬프리!	슬프네!

low non-honorific lev		indicative style	retrospective style
declarative	present	슬프다	슬프더라
	present-continuous	*슬프고 있다, *슬프는 중이다	*슬프고 있더라
	past-perfect	슬펐다	슬펐더라
	future-gue/will/abi	슬프겠다, *슬프리다, *슬프련다, 슬플 거다, 슬플 수 있다	슬프겠더라
introgative	present	슬프냐?	슬프더냐?
	past-perfect	슬펐느냐?	슬펐더냐?
	future-gue/will/abi	슬프겠느냐?	슬프겠더냐?
imperative		*슬퍼라	
suggestive		*슬프자	
exclamatory		*슬프구나! 슬프다! 슬프도다!	슬프더구나!

connective	endings	connective	endings
serial	슬프고, 슬프며	comparison	*슬프느니
selection	슬프거나, 슬프든지, 슬프든가	degree	슬프리만큼
contrast	슬퍼도, 슬프지만, 슬프나, 슬픈데, 슬프면서도, 슬프되, 슬프지	condition	슬프면, 슬프거든, 슬프거들랑, 슬퍼야, 슬프다면, 슬펐던들
simultaneity	슬프면서, 슬프며	circumstance	슬픈데, 슬프니, *슬프다시피
completion	*슬프고서, *슬퍼서, *슬프자, *슬프자마자	figure	슬프듯이
conversion	슬프다가	proportion	슬플수록
concession	슬퍼도, 슬프더라도, 슬플지라도, 슬플지언정, 슬픈들, 슬픈데도, 슬프기로서니, 슬프나마, 슬플망정, 슬퍼 보았자	cause	슬퍼서, 슬프니까, *슬프느라고, 슬프기에, 슬프길래, *슬프니만큼, 슬픈지라, 슬플세라, 슬프므로
intention	*슬프러, *슬프려고, *슬프고자	addition	슬프거니와, 슬플뿐더러, 슬프려니와
result	슬프도록, 슬프게끔	repetition	슬프곤

Basic sentences

- 나는 그가 한국을 떠났다는 소식을 듣고 매우 슬펐다.
  I was very sad when I heard that he left Korea.
- 인생을 돌아보면, 슬펐던 때도 있었고 기뻤던 때도 있었다.
  If I look back, there were times of happiness and sadness.
- 슬퍼도 울지 마세요. Though you may be sad, don't cry.

신다 [신:따, sin:t'a]

'ㄴ' regular conjugation, Avt

to put on, wear

causative	신기다, 신게 하다, 신게 만들다	passive	신히다, 신게 되다, 신어지다, 신겨지다

adnominal : present-conti	past-perfect	past-retrospective	past-perfect-retro	future-gue/will
신는	신은	신던	신었던	신을

quotational : declarative	interrogative	imperative	suggestive	nominal	adverbial
신는다고	신느냐고	신으라고	신자고	신기, 신음	신어, 신게

high honorific level		indicative style	retrospective style
declarative	present	신습니다	신습디다
	present-continuous	신고 있습니다, 신는 중입니다	신고 있습디다
	past-perfect	신었습니다	신었습디다
	past-experience	신었었습니다	신었었습디다
	past-guessing	신었겠습니다	신었겠습디다
	future-gue/will/abi	신겠습니다, 신으렵니다, 신을 겁니다, 신을 수 있습니다	신겠습디다
introgative	present	신습니까?	신습디까?
	past-perfect	신었습니까?	신었습디까?
	past-experience	신었었습니까?	신었었습디까?
	future-gue/will/abi	신겠습니까? 신으렵니까? 신을 겁니까? 신으리이까? 신을 수 있겠습니까?	신겠습디까?
imperative		신으시오, 신으십시오	
suggestive		신읍시다, 신으십시다	
exclamatory		신으시는구나!	

ordinary honorific lev		'-어요' form	'-으오' form
declarative	present	신어요, 신지요, 신으세요, 신을래요, 신을걸요, 신는데요, 신는대요, 신을게요, 신잖아요	신으오
	present-continuous	신고 있어요, 신고 있지요, 신고 있으세요, 신는 중이에요	신고 있소
	past-perfect	신었어요, 신었지요, 신었으세요, 신었잖아요	신었소
	past-experience	신었었어요, 신었었지요, 신었었으세요	신었었소
	past-guessing	신었겠어요, 신었겠지요, 신었겠으세요	신었겠소
	future-gue/will/abi	신겠어요, 신겠지요, 신겠으세요, 신을 수 있어요	신겠소
introgative	present	신어요? 신지요? 신으세요? 신나요? 신을까요? 신을래요? 신는가요? 신는데요? 신는대요? 신는다면서요? 신는다지요?	신으오? 신소?
	past-perfect	신었어요? 신었지요? 신었으세요?	신었소?
	past-experience	신었었어요? 신었었지요? 신었었으세요?	신었었소?
	future-gue/will/abi	신겠어요? 신겠지요? 신겠으세요? 신으리요? 신을 거예요? 신을 거지요? 신을 수 있겠어요?	신겠소?
imperative		신어요, 신지요, 신으세요, 신으라니까요	신으오, 신구려
suggestive		신어요, 신지요, 신으세요, 신자니까요	신으오
exclamatory		신는군요! 신으리요!	신으오!

ordinary non-honorific lev		'-어' form	'-네' form
declarative	present	신어, 신지, 신을래, 신을걸, 신는데, 신는대, 신을게, 신는단다, 신으마, 신잖아	신네
	present-continuous	신고 있어, 신고 있지, 신는 중이야	신고 있네
	past-perfect	신었어, 신었지, 신었잖아	신었네
	future-gue/will/abi	신겠어, 신겠지, 신을 수 있어	신겠네
introgative	present	신어? 신지? 신니? 신나? 신을까? 신으랴? 신을래? 신는데? 신는대? 신는다면서? 신는다지?	신는가?
	past-perfect	신었어? 신었지? 신었니? 신었을까? 신었대? 신었다면서?	신었는가?
	future-gue/will/abi	신겠어? 신겠지? 신겠니? 신으리? 신을 거야? 신을 거지? 신을 거니? 신을 수 있겠어?	신겠는가?
imperative		신어, 신지, 신으렴, 신으려무나, 신으라니까	신게
suggestive		신어, 신지, 신자니까	신세
exclamatory		신어! 신지! 신으리!	신네!

low non-honorific lev		indicative style	retrospective style
declarative	present	신는다	신더라
	present-continuous	신고 있다, 신는 중이다	신고 있더라
	past-perfect	신었다	신었더라
	future-gue/will/abi	신겠다, 신으리다, 신으련다, 신을 거다, 신을 수 있다	신겠더라
introgative	present	신느냐?	신더냐?
	past-perfect	신었느냐?	신었더냐?
	future-gue/will/abi	신겠느냐?	신겠더냐?
imperative		신어라	
suggestive		신자	
exclamatory		신는구나! 신는다! 신는도다!	신더구나!

connective	endings	connective	endings
serial	신고, 신으며	comparison	신느니
selection	신거나, 신든지, 신든가	degree	신으리만큼
contrast	신어도, 신지만, 신으나, 신는데, 신으면서도, 신되, 신지	condition	신으면, 신거든, 신거들랑, 신어야, 신는다면, 신었던들
simultaneity	신으면서, 신으며	circumstance	신는데, 신으니, 신다시피
completion	신고서, 신어서, 신자, 신자마자	figure	신듯이
conversion	신다가	proportion	신을수록
concession	신어도, 신더라도, 신을지라도, 신을지언정, 신은들, 신는데도, 신기로서니, 신으나마, 신을망정, 신어 보았자	cause	신어서, 신으니까, 신느라고, 신기에, 신길래, 신느니만큼, 신는지라, 신을세라, 신으므로
intention	신으러, 신으려고, 신고자	addition	신거니와, 신을뿐더러, 신으려니와
result	신도록, 신게끔	repetition	신곤

- 그녀는 겨울에는 부츠를 주로 신는다. She wears her boot mostly at winter.
- 양말을 신지 않은 분은 손을 들어 주세요. Raise your hand if you didn't wear socks.
- 그는 낡은 운동화를 신어도 결코 기가 죽지 않았다.
  He never lost his self-esteem by wearing worn shoes.

싣다 [싣:따, sid:t'a]

'ㄷ' irregular conjugation, Avt

to load, ship ; to record, carry

causative	실리다, 싣게 하다, 싣게 만들다	passive	실리다, 싣게 되다, 실어지다

adnominal : present-conti	past-perfect	past-retrospective	past-perfect-retro	future-gue/will
싣는	실은	싣던	실었던	실을

quotational : declarative	interrogative	imperative	suggestive	nominal	adverbial
싣는다고	싣느냐고	실으라고	싣자고	싣기, 실음	실어, 싣게

high honorific level		indicative style	retrospective style
declarative	present	싣습니다	싣습디다
	present-continuous	싣고 있습니다, 싣는 중입니다	싣고 있습디다
	past-perfect	실었습니다	실었습디다
	past-experience	실었었습니다	실었었습디다
	past-guessing	실었겠습니다	실었겠습디다
	future-gue/will/abi	싣겠습니다, 실으렵니다, 실을 겁니다, 실을 수 있습니다	싣겠습디다
introgative	present	싣습니까?	싣습디까?
	past-perfect	실었습니까?	실었습디까?
	past-experience	실었었습니까?	실었었습디까?
	future-gue/will/abi	싣겠습니까? 실으렵니까? 실을 겁니까? 실으리이까? 실을 수 있겠습니까?	싣겠습디까?
imperative		실으시오, 실으십시오	
suggestive		실읍시다, 실으십시다	
exclamatory		실으시는구나!	

ordinary honorific lev		'-어요' form	'-으오' form
declarative	present	실어요, 싣지요, 실으세요, 실을래요, 실을걸요, 싣는데요, 싣는대요, 실을게요, 싣잖아요	실으오
	present-continuous	싣고 있어요, 싣고 있지요, 싣고 있으세요, 싣는 중이에요	싣고 있소
	past-perfect	실었어요, 실었지요, 실었으세요, 실었잖아요	실었소
	past-experience	실었었어요, 실었었지요, 실었었으세요	실었었소
	past-guessing	실었겠어요, 실었겠지요, 실었겠으세요	실었겠소
	future-gue/will/abi	싣겠어요, 싣겠지요, 싣겠으세요, 실을 수 있어요	싣겠소
introgative	present	실어요? 싣지요? 실으세요? 싣나요? 실을까요? 실을래요? 싣는가요? 싣는데요? 싣는대요? 싣는다면서요? 싣는다지요?	실으오? 싣소?
	past-perfect	실었어요? 실었지요? 실었으세요?	실었소?
	past-experience	실었었어요? 실었었지요? 실었었으세요?	실었었소?
	future-gue/will/abi	싣겠어요? 싣겠지요? 싣겠으세요? 실으리요? 실을 거예요? 실을 거지요? 실을 수 있겠어요?	싣겠소?
imperative		실어요, 싣지요, 실으세요, 실으라니까요	실으오, 싣구려
suggestive		실어요, 싣지요, 실으세요, 싣자니까요	실으오
exclamatory		싣는군요! 실으리요!	실으오!

ordinary non-honorific lev		'-어' form	'-네' form
declarative	present	실어, 싣지, 실을래, 실을걸, 싣는데, 싣는대, 실을게, 싣는단다, 실으마, 싣잖아	싣네
	present-continuous	싣고 있어, 싣고 있지, 싣는 중이야	싣고 있네
	past-perfect	실었어, 실었지, 실었잖아	실었네
	future-gue/will/abi	싣겠어, 싣겠지, 실을 수 있어	싣겠네
introgative	present	실어? 싣지? 싣니? 싣나? 실을까? 실으랴? 실을래? 싣는데? 싣는대? 싣는다면서? 싣는다지?	싣는가?
	past-perfect	실었어? 실었지? 실었니? 실었을까? 실었대? 실었다면서?	실었는가?
	future-gue/will/abi	싣겠어? 싣겠지? 싣겠니? 실으리? 실을 거야? 실을 거지? 실을 거니? 실을 수 있겠어?	싣겠는가?
imperative		실어, 싣지, 실으렴, 실으려무나, 실으라니까	싣게
suggestive		실어, 싣지, 싣자니까	싣세
exclamatory		실어! 싣지! 실으리!	싣네!

low non-honorific lev		indicative style	retrospective style
declarative	present	싣는다	싣더라
	present-continuous	싣고 있다, 싣는 중이다	싣고 있더라
	past-perfect	실었다	실었더라
	future-gue/will/abi	싣겠다, 실으리다, 실으련다, 실을 거다, 실을 수 있다	싣겠더라
introgative	present	싣느냐?	싣더냐?
	past-perfect	실었느냐?	실었더냐?
	future-gue/will/abi	싣겠느냐?	싣겠더냐?
imperative		실어라	
suggestive		싣자	
exclamatory		싣는구나! 싣는다! 싣는도다!	싣더구나!

connective	endings	connective	endings
serial	싣고, 실으며	comparison	싣느니
selection	싣거나, 싣든지, 싣든가	degree	실으리만큼
contrast	실어도, 싣지만, 실으나, 싣는데, 실으면서도, 싣되, 싣지	condition	실으면, 싣거든, 싣거들랑, 실어야, 싣는다면, 실었던들
simultaneity	실으면서, 실으며	circumstance	싣는데, 실으니, 싣다시피
completion	싣고서, 실어서, 싣자, 싣자마자	figure	싣듯이
conversion	싣다가	proportion	실을수록
concession	실어도, 싣더라도, 실을지라도, 실을지언정, 실은들, 싣는데도, 싣기로서니, 실으나마, 실을망정, 실어 보았자	cause	실어서, 실으니까, 싣느라고, 싣기에, 싣길래, 싣느니만큼, 싣는지라, 실을세라, 실으므로
intention	실으러, 실으려고, 싣고자	addition	싣거니와, 실을뿐더러, 실으려니와
result	싣도록, 싣게끔	repetition	싣곤

- 트럭에 이삿짐을 가득 실었다. I loaded lots of supplies in the truck.
- 마음을 가득 실은 편지를 보내왔다. I sent a letter filled with my dearest feelings.
- 이번 호에는 새터민에 대한 특집기사를 실었으면 좋겠다.
  I hope to put saitemin on this special article.

심하다 [심:하다, sim:hada]

'여' irregular conjugation, Dv

to be serious, be extreme ; to be severe, be hard

causative	*심하히다, 심하게 하다, 심하게 만들다	passive	*심하히다, 심하게 되다, 심해지다

adnominal : present-conti	past-perfect	past-retrospective	past-perfect-retro	future-gue/will
심한	심한	심하던	심했던	심할

quotational : declarative	interrogative	imperative	suggestive	nominal	adverbial
심하다고	심하냐고	*심하라고	*심하자고	심하기, 심함	심해, 심하게

high honorific level		indicative style	retrospective style
declarative	present	심합니다	심합디다
	present-continuous	*심하고 있습니다, *심하는 중입니다	*심하고 있습디다
	past-perfect	심했습니다	심했습디다
	past-experience	심했었습니다	심했었습디다
	past-guessing	심했겠습니다	심했겠습디다
	future-gue/will/abi	심하겠습니다, *심하렵니다, 심할 겁니다, 심할 수 있습니다	심하겠습디다
introgative	present	심합니까?	심합디까?
	past-perfect	심했습니까?	심했습디까?
	past-experience	심했었습니까?	심했었습디까?
	future-gue/will/abi	심하겠습니까? *심하렵니까? *심할 겁니까? *심하리이까? *심할 수 있겠습니까?	심하겠습디까?
imperative		*심하시오, *심하십시오	
suggestive		*심합시다, *심하십시다	
exclamatory		심하시구나!	

ordinary honorific lev		'-어요' form	'-으오' form
declarative	present	심해요, 심하지요, 심하세요, *심할래요, 심할걸요, 심한데요, 심하대요, *심할게요, 심하잖아요	심하오
	present-continuous	*심하고 있어요, *심하고 있지요, *심하고 있으세요, *심하는 중이에요	*심하고 있소
	past-perfect	심했어요, 심했지요, 심했으세요, 심했잖아요	심했소
	past-experience	심했었어요, 심했었지요, 심했었으세요	심했었소
	past-guessing	심했겠어요, 심했겠지요, 심했겠으세요	심했겠소
	future-gue/will/abi	심하겠어요, 심하겠지요, 심하겠으세요, 심할 수 있어요	심하겠소
introgative	present	심해요? 심하지요? 심하세요? 심하나요? 심할까요? *심할래요? 심한가요? 심한데요? 심하대요? 심하다면서요? 심하다지요?	심하오? 심하소?
	past-perfect	심했어요? 심했지요? 심했으세요?	심했소?
	past-experience	심했었어요? 심했었지요? 심했었으세요?	심했었소?
	future-gue/will/abi	심하겠어요? 심하겠지요? 심하겠으세요? 심하리요? *심할 거예요? *심할 거지요? *심할 수 있겠어요?	심하겠소?
imperative		*심해요, *심하지요, *심하세요, *심하라니까요	*심하오, *심하구려
suggestive		*심해요, *심하지요, *심하세요, *심하자니까요	*심하오
exclamatory		심하군요! 심하리요!	심하오!

ordinary non-honorific lev		'-어' form	'-네' form
declarative	present	심해, 심하지, *심할래, 심할걸, 심한데, 심하대, *심할게, 심하단다, *심하마, 심하잖아	심하네
	present-continuous	*심하고 있어, *심하고 있지, *심하는 중이야	*심하고 있네
	past-perfect	심했어, 심했지, 심했잖아	심했네
	future-gue/will/abi	심하겠어, 심하겠지, 심할 수 있어	심하겠네
introgative	present	심해? 심하지? 심하니? 심하나? 심할까? 심하랴? *심할래? 심한데? 심하대? 심하다면서? 심하다지?	심한가?
	past-perfect	심했어? 심했지? 심했니? 심했을까? 심했대? 심했다면서?	심했는가?
	future-gue/will/abi	심하겠어? 심하겠지? 심하겠니? 심하리? *심할 거야? *심할 거지? *심할 거니? *심할 수 있겠어?	심하겠는가?
imperative		*심해, *심하지, *심하렴, *심하려무나, *심하라니까	*심하게
suggestive		*심해, *심하지, *심하자니까	*심하세
exclamatory		심해! 심하지! 심하리!	심하네!

low non-honorific lev		indicative style	retrospective style
declarative	present	심하다	심하더라
	present-continuous	*심하고 있다, *심하는 중이다	*심하고 있더라
	past-perfect	심했다	심했더라
	future-gue/will/abi	심하겠다, *심하리다, *심하련다, 심할 거다, 심할 수 있다	심하겠더라
introgative	present	심하냐?	심하더냐?
	past-perfect	심했느냐?	심했더냐?
	future-gue/will/abi	심하겠느냐?	심하겠더냐?
imperative		*심해라	
suggestive		*심하자	
exclamatory		심하구나! 심하다! 심하도다!	심하더구나!

connective	endings	connective	endings
serial	심하고, 심하며	comparison	*심하느니
selection	심하거나, 심하든지, 심하든가	degree	심하리만큼
contrast	심해도, 심하지만, 심하나, 심한데, 심하면서도, 심하되, 심하지	condition	심하면, 심하거든, 심하거들랑, 심해야, 심하다면, 심했던들
simultaneity	심하면서, 심하며	circumstance	심한데, 심하니, *심하다시피
completion	*심하고서, *심해서, *심하자, *심하자마자	figure	심하듯이
conversion	심하다가	proportion	심할수록
concession	심해도, 심하더라도, 심할지라도, 심할지언정, 심한들, 심한데도, 심하기로서니, 심하나마, 심할망정, 심해 보았자	cause	심해서, 심하니까, *심하느라고, 심하기에, 심하길래, 심하니만큼, 심한지라, 심할세라, 심하므로
intention	*심하러, *심하려고, *심하고자	addition	심하거니와, 심할뿐더러, 심하려니와
result	심하도록, 심하게끔	repetition	심하곤

Basic sentences

- 그는 음주가 너무 심하다. His drinking is too severe.
- 추위가 심한 지역에서는 건강관리에 특별히 신경을 써야 한다.
  You should be more careful with your health in severely cold areas.
- 이 도자기는 훼손이 너무 심해서 복원하기가 힘들다.
  This ceramic's damage is too severe to restore it.

싸다1 [싸다, s'ada]

'아' regular conjugation, Dv

to be cheap ; be inexpensive

causative	*싸히다, 싸게 하다, 싸게 만들다	passive	*싸히다, 싸게 되다, 싸지다

adnominal : present-conti	past-perfect	past-retrospective	past-perfect-retro	future-gue/will
싸는	싼	싸던	쌌던	쌀

quotational : declarative	interrogative	imperative	suggestive	nominal	adverbial
싸다고	싸냐고	*싸라고	*싸자고	싸기, 쌈	싸, 싸게

high honorific level		indicative style	retrospective style
declarative	present	쌉니다	쌉디다
	present-continuous	*싸고 있습니다, *싸는 중입니다	*싸고 있습디다
	past-perfect	쌌습니다	쌌습디다
	past-experience	쌌었습니다	쌌었습디다
	past-guessing	쌌겠습니다	쌌겠습디다
	future-gue/will/abi	싸겠습니다, *싸렵니다, 쌀 겁니다, 쌀 수 있습니다	싸겠습디다
introgative	present	쌉니까?	쌉디까?
	past-perfect	쌌습니까?	쌌습디까?
	past-experience	쌌었습니까?	쌌었습디까?
	future-gue/will/abi	싸겠습니까? *싸렵니까? *쌀 겁니까? *싸리이까? *쌀 수 있겠습니까?	싸겠습디까?
imperative		*싸시오, *싸십시오	
suggestive		*쌉시다, *싸십시다	
exclamatory		싸시구나!	

ordinary honorific lev		'-어요' form	'-으오' form
declarative	present	싸요, 싸지요, 싸세요, *쌀래요, 쌀걸요, 싼데요, 싸대요, *쌀게요, 싸잖아요	싸오
	present-continuous	*싸고 있어요, *싸고 있지요, *싸고 있으세요, *싸는 중이에요	*싸고 있소
	past-perfect	쌌어요, 쌌지요, 쌌으세요, 쌌잖아요	쌌소
	past-experience	쌌었어요, 쌌었지요, 쌌었으세요	쌌었소
	past-guessing	쌌겠어요, 쌌겠지요, 쌌겠으세요	쌌겠소
	future-gue/will/abi	싸겠어요, 싸겠지요, 싸겠으세요, 쌀 수 있어요	싸겠소
introgative	present	싸요? 싸지요? 싸세요? 싸나요? 쌀까요? *쌀래요? 싼가요? 싼데요? 싸대요? 싸다면서요? 싸다지요?	싸오? *싸소?
	past-perfect	쌌어요? 쌌지요? 쌌으세요?	쌌소?
	past-experience	쌌었어요? 쌌었지요? 쌌었으세요?	쌌었소?
	future-gue/will/abi	싸겠어요? 싸겠지요? 싸겠으세요? 싸리요? *쌀 거예요? *쌀 거지요? *쌀 수 있겠어요?	싸겠소?
imperative		*싸요, *싸지요, *싸세요, *싸라니까요	*싸오, *싸구려
suggestive		*싸요, *싸지요, *싸세요, *싸자니까요	*싸오
exclamatory		싸군요! 싸리요!	싸오!

ordinary non-honorific lev		'-어' form	'-네' form
declarative	present	싸, 싸지, *쌀래, 쌀걸, 싼데, 싸대, *쌀게, 싸단다, *싸마, 싸잖아	싸네
	present-continuous	*싸고 있어, *싸고 있지, *싸는 중이야	*싸고 있네
	past-perfect	쌌어, 쌌지, 쌌잖아	쌌네
	future-gue/will/abi	싸겠어, 싸겠지, 쌀 수 있어	싸겠네
introgative	present	싸? 싸지? 싸니? 싸나? 쌀까? 싸랴? *쌀래? 싼데? 싸대? 싸다면서? 싸다지?	싼가?
	past-perfect	쌌어? 쌌지? 쌌니? 쌌을까? 쌌대? 쌌다면서?	쌌는가?
	future-gue/will/abi	싸겠어? 싸겠지? 싸겠니? 싸리? *쌀 거야? *쌀 거지? *쌀 거니? *쌀 수 있겠어?	싸겠는가?
imperative		*싸, *싸지, *싸렴, *싸려무나, *싸라니까	*싸게
suggestive		*싸, *싸지, *싸자니까	*싸세
exclamatory		싸! 싸지! 싸리!	싸네!

low non-honorific lev		indicative style	retrospective style
declarative	present	싸다	싸더라
	present-continuous	*싸고 있다, *싸는 중이다	*싸고 있더라
	past-perfect	쌌다	쌌더라
	future-gue/will/abi	싸겠다, *싸리다, *싸련다, 쌀 거다, 쌀 수 있다	싸겠더라
introgative	present	싸냐?	싸더냐?
	past-perfect	쌌느냐?	쌌더냐?
	future-gue/will/abi	싸겠느냐?	싸겠더냐?
imperative		*싸라	
suggestive		*싸자	
exclamatory		싸구나! 싸다! 싸도다!	싸더구나!

connective	endings	connective	endings
serial	싸고, 싸며	comparison	*싸느니
selection	싸거나, 싸든지, 싸든가	degree	싸리만큼
contrast	싸도, 싸지만, 싸나, 싼데, 싸면서도, 싸되, 싸지	condition	싸면, 싸거든, 싸거들랑, 싸야, 싸다면, 쌌던들
simultaneity	싸면서, 싸며	circumstance	싼데, 싸니, *싸다시피
completion	*싸고서, *싸서, *싸자, *싸자마자	figure	싸듯이
conversion	싸다가	proportion	쌀수록
concession	싸도, 싸더라도, 쌀지라도, 쌀지언정, 싼들, 싼데도, 싸기로서니, 싸나마, 쌀망정, 싸 보았자	cause	싸서, 싸니까, *싸느라고, 싸기에, 싸길래, 싸니만큼, 싼지라, 쌀세라, 싸므로
intention	*싸러, *싸려고, *싸고자	addition	싸거니와, 쌀뿐더러, 싸려니와
result	싸도록, 싸게끔	repetition	싸곤

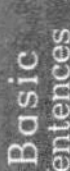

Basic sentences

- 동대문시장은 물건 값이 매우 싸다.
  Merchandise at Dong-Dea Moon Market are very cheap.
- 나는 그것을 싸게 샀다. I got this at a bargain.
- 땅값이 싸더라도 흉년에는 사지 마라.
  Though the estate may be cheap, do not purchase it at a year of famine.

싸다3 [싸다, s'ada]

'아' regular conjugation, Avt

to wrap up, bundle (clothes), pack ; to cover with

causative	*싸히다, 싸게 하다, 싸게 만들다	passive	*싸히다, 싸게 되다, 싸지다

adnominal : present-conti	past-perfect	past-retrospective	past-perfect-retro	future-gue/will
싸는	싼	싸던	쌌던	쌀

quotational : declarative	interrogative	imperative	suggestive	nominal	adverbial
싼다고	싸느냐고	싸라고	싸자고	싸기, 쌈	싸, 싸게

high honorific level		indicative style	retrospective style
declarative	present	쌉니다	쌉디다
	present-continuous	싸고 있습니다, 싸는 중입니다	싸고 있습디다
	past-perfect	쌌습니다	쌌습디다
	past-experience	쌌었습니다	쌌었습디다
	past-guessing	쌌겠습니다	쌌겠습디다
	future-gue/will/abi	싸겠습니다, 싸렵니다, 쌀 겁니다, 쌀 수 있습니다	싸겠습디다
introgative	present	쌉니까?	쌉디까?
	past-perfect	쌌습니까?	쌌습디까?
	past-experience	쌌었습니까?	쌌었습디까?
	future-gue/will/abi	싸겠습니까? 싸렵니까? 쌀 겁니까? 싸리이까? 쌀 수 있겠습니까?	싸겠습디까?
imperative		싸시오, 싸십시오	
suggestive		쌉시다, 싸십시다	
exclamatory		싸시는구나!	

ordinary honorific lev		'-어요' form	'-으오' form
declarative	present	싸요, 싸지요, 싸세요, 쌀래요, 쌀걸요, 싸는데요, 싼대요, 쌀게요, 싸잖아요	싸오
	present-continuous	싸고 있어요, 싸고 있지요, 싸고 있으세요, 싸는 중이에요	싸고 있소
	past-perfect	쌌어요, 쌌지요, 쌌으세요, 쌌잖아요	쌌소
	past-experience	쌌었어요, 쌌었지요, 쌌었으세요	쌌었소
	past-guessing	쌌겠어요, 쌌겠지요, 쌌겠으세요	쌌겠소
	future-gue/will/abi	싸겠어요, 싸겠지요, 싸겠으세요, 쌀 수 있어요	싸겠소
introgative	present	싸요? 싸지요? 싸세요? 싸나요? 쌀까요? 쌀래요? 싸는가요? 싸는데요? 싼대요? 싼다면서요? 싼다지요?	싸오? *싸소?
	past-perfect	쌌어요? 쌌지요? 쌌으세요?	쌌소?
	past-experience	쌌었어요? 쌌었지요? 쌌었으세요?	쌌었소?
	future-gue/will/abi	싸겠어요? 싸겠지요? 싸겠으세요? 싸리요? 쌀 거예요? 쌀 거지요? 쌀 수 있겠어요?	싸겠소?
imperative		싸요, 싸지요, 싸세요, 싸라니까요	싸오, 싸구려
suggestive		싸요, 싸지요, 싸세요, 싸자니까요	싸오
exclamatory		싸는군요! 싸리요!	싸오!

ordinary non-honorific lev		'-어' form	'-네' form
declarative	present	싸, 싸지, 쌀래, 쌀걸, 싸는데, 싼대, 쌀게, 싼단다, 싸마, 싸잖아	싸네
	present-continuous	싸고 있어, 싸고 있지, 싸는 중이야	싸고 있네
	past-perfect	쌌어, 쌌지, 쌌잖아	쌌네
	future-gue/will/abi	싸겠어, 싸겠지, 쌀 수 있어	싸겠네
introgative	present	싸? 싸지? 싸니? 싸나? 쌀까? 싸랴? 쌀래? 싸는데? 싼대? 싼다면서? 싼다지?	싸는가?
	past-perfect	쌌어? 쌌지? 쌌니? 쌌을까? 쌌대? 쌌다면서?	쌌는가?
	future-gue/will/abi	싸겠어? 싸겠지? 싸겠니? 싸리? 쌀 거야? 쌀 거지? 쌀 거니? 쌀 수 있겠어?	싸겠는가?
imperative		싸, 싸지, 싸렴, 싸려무나, 싸라니까	싸게
suggestive		싸, 싸지, 싸자니까	싸세
exclamatory		싸! 싸지! 싸리!	싸네!

low non-honorific lev		indicative style	retrospective style
declarative	present	싼다	싸더라
	present-continuous	싸고 있다, 싸는 중이다	싸고 있더라
	past-perfect	쌌다	쌌더라
	future-gue/will/abi	싸겠다, 싸리다, 싸련다, 쌀 거다, 쌀 수 있다	싸겠더라
introgative	present	싸느냐?	싸더냐?
	past-perfect	쌌느냐?	쌌더냐?
	future-gue/will/abi	싸겠느냐?	싸겠더냐?
imperative		싸라	
suggestive		싸자	
exclamatory		싸는구나! 싼다! 싸는도다!	싸더구나!

connective	endings	connective	endings
serial	싸고, 싸며	comparison	싸느니
selection	싸거나, 싸든지, 싸든가	degree	싸리만큼
contrast	싸도, 싸지만, 싸나, 싸는데, 싸면서도, 싸되, 싸지	condition	싸면, 싸거든, 싸거들랑, 싸야, 싼다면, 쌌던들
simultaneity	싸면서, 싸며	circumstance	싸는데, 싸니, 싸다시피
completion	싸고서, 싸서, 싸자, 싸자마자	figure	싸듯이
conversion	싸다가	proportion	쌀수록
concession	싸도, 싸더라도, 쌀지라도, 쌀지언정, 싼들, 싸는데도, 싸기로서니, 싸나마, 쌀망정, 싸 보았자	cause	싸서, 싸니까, 싸느라고, 싸기에, 싸길래, 싸느니만큼, 싸는지라, 쌀세라, 싸므로
intention	싸러, 싸려고, 싸고자	addition	싸거니와, 쌀뿐더러, 싸려니와
result	싸도록, 싸게끔	repetition	싸곤

- 이것을 보자기에 싸 주세요. Please wrap this in a wrapping cloth.
- 종이에 싼 채로 주셔도 됩니다. You can give it to me wrapped in paper.
- 그는 도시락을 싸서 학교에 갔다. He packed his lunch box to school.

싸우다 [싸우다, s'auda]

'우' regular conjugation, Avi

to fight, argue, quarrel, dispute ; to make war ; to struggle

causative	*싸우히다, 싸우게 하다, 싸우게 만들다	passive	*싸우히다, 싸우게 되다, 싸워지다

adnominal : present-conti	past-perfect	past-retrospective	past-perfect-retro	future-gue/will
싸우는	싸운	싸우던	싸웠던	싸울

quotational : declarative	interrogative	imperative	suggestive	nominal	adverbial
싸운다고	싸우느냐고	싸우라고	싸우자고	싸우기, 싸움	싸워, 싸우게

high honorific level		indicative style	retrospective style
declarative	present	싸웁니다	싸웁디다
	present-continuous	싸우고 있습니다, 싸우는 중입니다	싸우고 있습디다
	past-perfect	싸웠습니다	싸웠습디다
	past-experience	싸웠었습니다	싸웠었습디다
	past-guessing	싸웠겠습니다	싸웠겠습디다
	future-gue/will/abi	싸우겠습니다, 싸우렵니다, 싸울 겁니다, 싸울 수 있습니다	싸우겠습디다
introgative	present	싸웁니까?	싸웁디까?
	past-perfect	싸웠습니까?	싸웠습디까?
	past-experience	싸웠었습니까?	싸웠었습디까?
	future-gue/will/abi	싸우겠습니까? 싸우렵니까? 싸울 겁니까? 싸우리이까? 싸울 수 있겠습니까?	싸우겠습디까?
imperative		싸우시오, 싸우십시오	
suggestive		싸웁시다, 싸우십시다	
exclamatory		싸우시는구나!	

ordinary honorific lev		'-어요' form	'-으오' form
declarative	present	싸워요, 싸우지요, 싸우세요, 싸울래요, 싸울걸요, 싸우는데요, 싸운대요, 싸울게요, 싸우잖아요	싸우오
	present-continuous	싸우고 있어요, 싸우고 있지요, 싸우고 있으세요, 싸우는 중이에요	싸우고 있소
	past-perfect	싸웠어요, 싸웠지요, 싸웠으세요, 싸웠잖아요	싸웠소
	past-experience	싸웠었어요, 싸웠었지요, 싸웠었으세요	싸웠었소
	past-guessing	싸웠겠어요, 싸웠겠지요, 싸웠겠으세요	싸웠겠소
	future-gue/will/abi	싸우겠어요, 싸우겠지요, 싸우겠으세요, 싸울 수 있어요	싸우겠소
introgative	present	싸워요? 싸우지요? 싸우세요? 싸우나요? 싸울까요? 싸울래요? 싸우는가요? 싸우는데요? 싸운대요? 싸운다면서요? 싸운다지요?	싸우오? *싸우소?
	past-perfect	싸웠어요? 싸웠지요? 싸웠으세요?	싸웠소?
	past-experience	싸웠었어요? 싸웠었지요? 싸웠었으세요?	싸웠었소?
	future-gue/will/abi	싸우겠어요? 싸우겠지요? 싸우겠으세요? 싸우리요? 싸울 거예요? 싸울 거지요? 싸울 수 있겠어요?	싸우겠소?
imperative		싸워요, 싸우지요, 싸우세요, 싸우라니까요	싸우오, 싸우구려
suggestive		싸워요, 싸우지요, 싸우세요, 싸우자니까요	싸우오
exclamatory		싸우는군요! 싸우리요!	싸우오!

ordinary non-honorific lev		'-어' form	'-네' form
declarative	present	싸워, 싸우지, 싸울래, 싸울걸, 싸우는데, 싸운대, 싸울게, 싸운단다, 싸우마, 싸우잖아	싸우네
	present-continuous	싸우고 있어, 싸우고 있지, 싸우는 중이야	싸우고 있네
	past-perfect	싸웠어, 싸웠지, 싸웠잖아	싸웠네
	future-gue/will/abi	싸우겠어, 싸우겠지, 싸울 수 있어	싸우겠네
introgative	present	싸워? 싸우지? 싸우니? 싸우나? 싸울까? 싸우랴? 싸울래? 싸우는데? 싸운대? 싸운다면서? 싸운다지?	싸우는가?
	past-perfect	싸웠어? 싸웠지? 싸웠니? 싸웠을까? 싸웠대? 싸웠다면서?	싸웠는가?
	future-gue/will/abi	싸우겠어? 싸우겠지? 싸우겠니? 싸우리? 싸울 거야? 싸울 거지? 싸울 거니? 싸울 수 있겠어?	싸우겠는가?
imperative		싸워, 싸우지, 싸우렴, 싸우려무나, 싸우라니까	싸우게
suggestive		싸워, 싸우지, 싸우자니까	싸우세
exclamatory		싸워! 싸우지! 싸우리!	싸우네!

low non-honorific lev		indicative style	retrospective style
declarative	present	싸운다	싸우더라
	present-continuous	싸우고 있다, 싸우는 중이다	싸우고 있더라
	past-perfect	싸웠다	싸웠더라
	future-gue/will/abi	싸우겠다, 싸우리다, 싸우련다, 싸울 거다, 싸울 수 있다	싸우겠더라
introgative	present	싸우느냐?	싸우더냐?
	past-perfect	싸웠느냐?	싸웠더냐?
	future-gue/will/abi	싸우겠느냐?	싸우겠더냐?
imperative		싸워라	
suggestive		싸우자	
exclamatory		싸우는구나! 싸운다! 싸우는도다!	싸우더구나!

connective	endings	connective	endings
serial	싸우고, 싸우며	comparison	싸우느니
selection	싸우거나, 싸우든지, 싸우든가	degree	싸우리만큼
contrast	싸워도, 싸우지만, 싸우나, 싸우는데, 싸우면서도, 싸우되, 싸우지	condition	싸우면, 싸우거든, 싸우거들랑, 싸워야, 싸운다면, 싸웠던들
simultaneity	싸우면서, 싸우며	circumstance	싸우는데, 싸우니, 싸우다시피
completion	싸우고서, 싸워서, 싸우자, 싸우자마자	figure	싸우듯이
conversion	싸우다가	proportion	싸울수록
concession	싸워도, 싸우더라도, 싸울지라도, 싸울지언정, 싸운들, 싸우는데도, 싸우기로서니, 싸우나마, 싸울망정, 싸워 보았자	cause	싸워서, 싸우니까, 싸우느라고, 싸우기에, 싸우길래, 싸우느니만큼, 싸우는지라, 싸울세라, 싸우므로
intention	싸우러, 싸우려고, 싸우고자	addition	싸우거니와, 싸울뿐더러, 싸우려니와
result	싸우도록, 싸우게끔	repetition	싸우곤

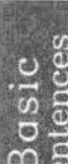

- 나는 하찮은 일로 아내와 싸웠다. My wife and I argued over a trivial matter.
- 자유민주주의를 수호하기 위해 싸울 사람은 많이 있다.
  There are a lot of people who will fight to safeguard liberal democracy
- 아무리 열심히 싸워도 적군을 이길 수 없었다.
  We were not able to defeat the enemy no matter how hard we fought.

쌓다1 [싸타, s'at^{h}a]

'ㅎ' regular conjugation, Avt

to file up, stack ; to build ; to accumulate ; to store up

causative	*쌓히다, 쌓게 하다, 쌓게 만들다	passive	쌓이다, 쌓게 되다, 쌓아지다

adnominal : present-conti	past-perfect	past-retrospective	past-perfect-retro	future-gue/will
쌓는	쌓은	쌓던	쌓았던	쌓을

quotational : declarative	interrogative	imperative	suggestive	nominal	adverbial
쌓는다고	쌓느냐고	쌓으라고	쌓자고	쌓기, 쌓음	쌓아, 쌓게

high honorific level		indicative style	retrospective style
declarative	present	쌓습니다	쌓습디다
	present-continuous	쌓고 있습니다, 쌓는 중입니다	쌓고 있습디다
	past-perfect	쌓았습니다	쌓았습디다
	past-experience	쌓았었습니다	쌓았었습디다
	past-guessing	쌓았겠습니다	쌓았겠습디다
	future-gue/will/abi	쌓겠습니다, 쌓으렵니다, 쌓을 겁니다, 쌓을 수 있습니다	쌓겠습디다
introgative	present	쌓습니까?	쌓습디까?
	past-perfect	쌓았습니까?	쌓았습디까?
	past-experience	쌓았었습니까?	쌓았었습디까?
	future-gue/will/abi	쌓겠습니까? 쌓으렵니까? 쌓을 겁니까? 쌓으리이까? 쌓을 수 있겠습니까?	쌓겠습디까?
imperative		쌓으시오, 쌓으십시오	
suggestive		쌓읍시다, 쌓으십시다	
exclamatory		쌓으시는구나!	

ordinary honorific lev		'-어요' form	'-으오' form
declarative	present	쌓아요, 쌓지요, 쌓으세요, 쌓을래요, 쌓을걸요, 쌓는데요, 쌓는대요, 쌓을게요, 쌓잖아요	쌓으오
	present-continuous	쌓고 있어요, 쌓고 있지요, 쌓고 있으세요, 쌓는 중이에요	쌓고 있소
	past-perfect	쌓았어요, 쌓았지요, 쌓았으세요, 쌓았잖아요	쌓았소
	past-experience	쌓았었어요, 쌓았었지요, 쌓았었으세요	쌓았었소
	past-guessing	쌓았겠어요, 쌓았겠지요, 쌓았겠으세요	쌓았겠소
	future-gue/will/abi	쌓겠어요, 쌓겠지요, 쌓겠으세요, 쌓을 수 있어요	쌓겠소
introgative	present	쌓아요? 쌓지요? 쌓으세요? 쌓나요? 쌓을까요? 쌓을래요? 쌓는가요? 쌓는데요? 쌓는대요? 쌓는다면서요? 쌓는다지요?	쌓으오? 쌓소?
	past-perfect	쌓았어요? 쌓았지요? 쌓았으세요?	쌓았소?
	past-experience	쌓았었어요? 쌓았었지요? 쌓았었으세요?	쌓았었소?
	future-gue/will/abi	쌓겠어요? 쌓겠지요? 쌓겠으세요? 쌓으리요? 쌓을 거예요? 쌓을 거지요? 쌓을 수 있겠어요?	쌓겠소?
imperative		쌓아요, 쌓지요, 쌓으세요, 쌓으라니까요	쌓으오, 쌓구려
suggestive		쌓아요, 쌓지요, 쌓으세요, 쌓자니까요	쌓으오
exclamatory		쌓는군요! 쌓으리요!	쌓으오!

ordinary non-honorific lev		'-어' form	'-네' form
declarative	present	쌓아, 쌓지, 쌓을래, 쌓을걸, 쌓는데, 쌓는대, 쌓을게, 쌓는단다, 쌓으마, 쌓잖아	쌓네
	present-continuous	쌓고 있어, 쌓고 있지, 쌓는 중이야	쌓고 있네
	past-perfect	쌓았어, 쌓았지, 쌓았잖아	쌓았네
	future-gue/will/abi	쌓겠어, 쌓겠지, 쌓을 수 있어	쌓겠네
introgative	present	쌓아? 쌓지? 쌓니? 쌓나? 쌓을까? 쌓으랴? 쌓을래? 쌓는데? 쌓는대? 쌓는다면서? 쌓는다지?	쌓는가?
	past-perfect	쌓았어? 쌓았지? 쌓았니? 쌓았을까? 쌓았대? 쌓았다면서?	쌓았는가?
	future-gue/will/abi	쌓겠어? 쌓겠지? 쌓겠니? 쌓으리? 쌓을 거야? 쌓을 거지? 쌓을 거니? 쌓을 수 있겠어?	쌓겠는가?
imperative		쌓아, 쌓지, 쌓으렴, 쌓으려무나, 쌓으라니까	쌓게
suggestive		쌓아, 쌓지, 쌓자니까	쌓세
exclamatory		쌓아! 쌓지! 쌓으리!	쌓네!

low non-honorific lev		indicative style	retrospective style
declarative	present	쌓는다	쌓더라
	present-continuous	쌓고 있다, 쌓는 중이다	쌓고 있더라
	past-perfect	쌓았다	쌓았더라
	future-gue/will/abi	쌓겠다, 쌓으리다, 쌓으련다, 쌓을 거다, 쌓을 수 있다	쌓겠더라
introgative	present	쌓느냐?	쌓더냐?
	past-perfect	쌓았느냐?	쌓았더냐?
	future-gue/will/abi	쌓겠느냐?	쌓겠더냐?
imperative		쌓아라	
suggestive		쌓자	
exclamatory		쌓는구나! 쌓는다! 쌓는도다!	쌓더구나!

connective	endings	connective	endings
serial	쌓고, 쌓으며	comparison	쌓느니
selection	쌓거나, 쌓든지, 쌓든가	degree	쌓으리만큼
contrast	쌓아도, 쌓지만, 쌓으나, 쌓는데, 쌓으면서도, 쌓되, 쌓지	condition	쌓으면, 쌓거든, 쌓거들랑, 쌓아야, 쌓는다면, 쌓았던들
simultaneity	쌓으면서, 쌓으며	circumstance	쌓는데, 쌓으니, 쌓다시피
completion	쌓고서, 쌓아서, 쌓자, 쌓자마자	figure	쌓듯이
conversion	쌓다가	proportion	쌓을수록
concession	쌓아도, 쌓더라도, 쌓을지라도, 쌓을지언정, 쌓은들, 쌓는데도, 쌓기로서니, 쌓으나마, 쌓을망정, 쌓아 보았자	cause	쌓아서, 쌓으니까, 쌓느라고, 쌓기에, 쌓길래, 쌓느니만큼, 쌓는지라, 쌓을세라, 쌓으므로
intention	쌓으러, 쌓으려고, 쌓고자	addition	쌓거니와, 쌓을뿐더러, 쌓으려니와
result	쌓도록, 쌓게끔	repetition	쌓곤

Basic sentences

- 그는 찬장에 접시를 가지런하게 쌓아 놓았다. He neatly stacked the plates in the pantry chest.
- 마당에 가득 쌓인 눈을 하루 종일 치웠다. I cleaned the piled snow off the yard all day.
- 벽돌을 쌓아서 창고를 지었다. He built a garage by stacking the bricks.

쏘다 [쏘:다, s'o:da]

'오' regular conjugation, Avt

to shoot ; to sting ; to blow (a person) up

causative	*쏘히다, 쏘게 하다, 쏘게 만들다	passive	쏘이다, 쏘게 되다, 쏘아지다, 쏘여지다

adnominal : present-conti	past-perfect	past-retrospective	past-perfect-retro	future-gue/will
쏘는	쏜	쏘던	쏘았던	쏠

quotational : declarative	interrogative	imperative	suggestive	nominal	adverbial
쏜다고	쏘느냐고	쏘라고	쏘자고	쏘기, 쏨	쏘아, 쏘게

high honorific level		indicative style	retrospective style
declarative	present	쏩니다	쏩디다
	present-continuous	쏘고 있습니다, 쏘는 중입니다	쏘고 있습디다
	past-perfect	쏘았습니다	쏘았습디다
	past-experience	쏘았었습니다	쏘았었습디다
	past-guessing	쏘았겠습니다	쏘았겠습디다
	future-gue/will/abi	쏘겠습니다, 쏘렵니다, 쏠 겁니다, 쏠 수 있습니다	쏘겠습디다
introgative	present	쏩니까?	쏩디까?
	past-perfect	쏘았습니까?	쏘았습디까?
	past-experience	쏘았었습니까?	쏘았었습디까?
	future-gue/will/abi	쏘겠습니까? 쏘렵니까? 쏠 겁니까? 쏘리이까? 쏠 수 있겠습니까?	쏘겠습디까?
imperative		쏘시오, 쏘십시오	
suggestive		쏩시다, 쏘십시다	
exclamatory		쏘시는구나!	

ordinary honorific lev		'-어요' form	'-으오' form
declarative	present	쏘아요, 쏘지요, 쏘세요, 쏠래요, 쏠걸요, 쏘는데요, 쏜대요, 쏠게요, 쏘잖아요	쏘오
	present-continuous	쏘고 있어요, 쏘고 있지요, 쏘고 있으세요, 쏘는 중이에요	쏘고 있소
	past-perfect	쏘았어요, 쏘았지요, 쏘았으세요, 쏘았잖아요	쏘았소
	past-experience	쏘았었어요, 쏘았었지요, 쏘았었으세요	쏘았었소
	past-guessing	쏘았겠어요, 쏘았겠지요, 쏘았겠으세요	쏘았겠소
	future-gue/will/abi	쏘겠어요, 쏘겠지요, 쏘겠으세요, 쏠 수 있어요	쏘겠소
introgative	present	쏘아요? 쏘지요? 쏘세요? 쏘나요? 쏠까요? 쏠래요? 쏘는가요? 쏘는데요? 쏜대요? 쏜다면서요? 쏜다지요?	쏘오? *쏘소?
	past-perfect	쏘았어요? 쏘았지요? 쏘았으세요?	쏘았소?
	past-experience	쏘았었어요? 쏘았었지요? 쏘았었으세요?	쏘았었소?
	future-gue/will/abi	쏘겠어요? 쏘겠지요? 쏘겠으세요? 쏘리요? 쏠 거예요? 쏠 거지요? 쏠 수 있겠어요?	쏘겠소?
imperative		쏘아요, 쏘지요, 쏘세요, 쏘라니까요	쏘오, 쏘구려
suggestive		쏘아요, 쏘지요, 쏘세요, 쏘자니까요	쏘오
exclamatory		쏘는군요! 쏘리요!	쏘오!

ordinary non-honorific lev		'-어' form	'-네' form
declarative	present	쏘아, 쏘지, 쏠래, 쏠걸, 쏘는데, 쏜대, 쏠게, 쏜단다, 쏘마, 쏘잖아	쏘네
	present-continuous	쏘고 있어, 쏘고 있지, 쏘는 중이야	쏘고 있네
	past-perfect	쏘았어, 쏘았지, 쏘았잖아	쏘았네
	future-gue/will/abi	쏘겠어, 쏘겠지, 쏠 수 있어	쏘겠네
introgative	present	쏘아? 쏘지? 쏘니? 쏘나? 쏠까? 쏘랴? 쏠래? 쏘는데? 쏜대? 쏜다면서? 쏜다지?	쏘는가?
	past-perfect	쏘았어? 쏘았지? 쏘았니? 쏘았을까? 쏘았대? 쏘았다면서?	쏘았는가?
	future-gue/will/abi	쏘겠어? 쏘겠지? 쏘겠니? 쏘리? 쏠 거야? 쏠 거지? 쏠 거니? 쏠 수 있겠어?	쏘겠는가?
imperative		쏘아, 쏘지, 쏘렴, 쏘려무나, 쏘라니까	쏘게
suggestive		쏘아, 쏘지, 쏘자니까	쏘세
exclamatory		쏘아! 쏘지! 쏘리!	쏘네!

low non-honorific lev		indicative style	retrospective style
declarative	present	쏜다	쏘더라
	present-continuous	쏘고 있다, 쏘는 중이다	쏘고 있더라
	past-perfect	쏘았다	쏘았더라
	future-gue/will/abi	쏘겠다, 쏘리다, 쏘련다, 쏠 거다, 쏠 수 있다	쏘겠더라
introgative	present	쏘느냐?	쏘더냐?
	past-perfect	쏘았느냐?	쏘았더냐?
	future-gue/will/abi	쏘겠느냐?	쏘겠더냐?
imperative		쏘아라	
suggestive		쏘자	
exclamatory		쏘는구나! 쏜다! 쏘는도다!	쏘더구나!

connective	endings	connective	endings
serial	쏘고, 쏘며	comparison	쏘느니
selection	쏘거나, 쏘든지, 쏘든가	degree	쏘리만큼
contrast	쏘아도, 쏘지만, 쏘나, 쏘는데, 쏘면서도, 쏘되, 쏘지	condition	쏘면, 쏘거든, 쏘거들랑, 쏘아야, 쏜다면, 쏘았던들
simultaneity	쏘면서, 쏘며	circumstance	쏘는데, 쏘니, 쏘다시피
completion	쏘고서, 쏘아서, 쏘자, 쏘자마자	figure	쏘듯이
conversion	쏘다가	proportion	쏠수록
concession	쏘아도, 쏘더라도, 쏠지라도, 쏠지언정, 쏜들, 쏘는데도, 쏘기로서니, 쏘나마, 쏠망정, 쏘아 보았자	cause	쏘아서, 쏘니까, 쏘느라고, 쏘기에, 쏘길래, 쏘느니만큼, 쏘는지라, 쏠세라, 쏘므로
intention	쏘러, 쏘려고, 쏘고자	addition	쏘거니와, 쏠뿐더러, 쏘려니와
result	쏘도록, 쏘게끔	repetition	쏘곤

Basic sentences

- 그는 소총으로 적을 쏘았다. He shot the enemy with the gun.
- 벌에게 쏘인 데가 너무 아프다. It hurts where the bee stung.
- 나는 총을 쏘면서 앞으로 나아갔다. I marched forward while shooting.

쓰다1 [쓰다s'ida]

'으' irregular conjugation, Dv

to be bitter, to be hard ; to feel unpleasant

causative	*쓰히다, 쓰게 하다, 쓰게 만들다	passive	*쓰히다, 쓰게 되다, 써지다

adnominal : present-conti	past-perfect	past-retrospective	past-perfect-retro	future-gue/will
쓴	쓴	쓰던	썼던	쓸

quotational : declarative	interrogative	imperative	suggestive	nominal	adverbial
쓰다고	쓰냐고	*쓰라고	*쓰자고	쓰기, 씀	써서, 쓰게

high honorific level		indicative style	retrospective style
declarative	present	씁니다	씁디다
	present-continuous	*쓰고 있습니다, *쓰는 중입니다	*쓰고 있습디다
	past-perfect	썼습니다	썼습디다
	past-experience	썼었습니다	썼었습디다
	past-guessing	썼겠습니다	썼겠습디다
	future-gue/will/abi	쓰겠습니다, *쓰렵니다, 쓸 겁니다, 쓸 수 있습니다	쓰겠습디다
introgative	present	씁니까?	씁디까?
	past-perfect	썼습니까?	썼습디까?
	past-experience	썼었습니까?	썼었습디까?
	future-gue/will/abi	쓰겠습니까? *쓰렵니까? *쓸 겁니까? *쓰리이까? *쓸 수 있겠습니까?	쓰겠습디까?
imperative		*쓰시오, *쓰십시오	
suggestive		*씁시다, *쓰십시다	
exclamatory		쓰시구나!	

ordinary honorific lev		'-어요' form	'-으오' form
declarative	present	써요, 쓰지요, 쓰세요, *쓸래요, 쓸걸요, 쓴데요, 쓰대요, *쓸게요, 쓰잖아요	쓰오
	present-continuous	*쓰고 있어요, *쓰고 있지요, *쓰고 있으세요, *쓰는 중이에요	*쓰고 있소
	past-perfect	썼어요, 썼지요, 썼으세요, 썼잖아요	썼소
	past-experience	썼었어요, 썼었지요, 썼었으세요	썼었소
	past-guessing	썼겠어요, 썼겠지요, 썼겠으세요	썼겠소
	future-gue/will/abi	쓰겠어요, 쓰겠지요, 쓰겠으세요, 쓸 수 있어요	쓰겠소
introgative	present	써요? 쓰지요? 쓰세요? 쓰나요? 쓸까요? *쓸래요? 쓴가요? 쓴데요? 쓰대요? 쓰다면서요? 쓰다지요?	쓰오? *쓰소?
	past-perfect	썼어요? 썼지요? 썼으세요?	썼소?
	past-experience	썼었어요? 썼었지요? 썼었으세요?	썼었소?
	future-gue/will/abi	쓰겠어요? 쓰겠지요? 쓰겠으세요? 쓰리요? *쓸 거예요? *쓸 거지요? *쓸 수 있겠어요?	쓰겠소?
imperative		*써요, *쓰지요, *쓰세요, *쓰라니까요	*쓰오, *쓰구려
suggestive		*써요, *쓰지요, *쓰세요, *쓰자니까요	*쓰오
exclamatory		쓰군요! 쓰리요!	쓰오!

ordinary non-honorific lev		'-어' form	'-네' form
declarative	present	써, 쓰지, *쓸래, 쓸걸, 쓴데, 쓰대, *쓸게, 쓰단다, *쓰마, 쓰잖아	쓰네
	present-continuous	*쓰고 있어, *쓰고 있지, *쓰는 중이야	*쓰고 있네
	past-perfect	썼어, 썼지, 썼잖아	썼네
	future-gue/will/abi	쓰겠어, 쓰겠지, 쓸 수 있어	쓰겠네
introgative	present	써? 쓰지? 쓰니? 쓰나? 쓸까? 쓰랴? *쓸래? 쓴데? 쓰대? 쓰다면서? 쓰다지?	쓴가?
	past-perfect	썼어? 썼지? 썼니? 썼을까? 썼대? 썼다면서?	썼는가?
	future-gue/will/abi	쓰겠어? 쓰겠지? 쓰겠니? 쓰리? *쓸 거야? *쓸 거지? *쓸 거니? *쓸 수 있겠어?	쓰겠는가?
imperative		*써, *쓰지, *쓰렴, *쓰려무나, *쓰라니까	*쓰게
suggestive		*써, *쓰지, *쓰자니까	*쓰세
exclamatory		써! 쓰지! 쓰리!	쓰네!

low non-honorific lev		indicative style	retrospective style
declarative	present	쓰다	쓰더라
	present-continuous	*쓰고 있다, *쓰는 중이다	*쓰고 있더라
	past-perfect	썼다	썼더라
	future-gue/will/abi	쓰겠다, *쓰리다, *쓰련다, 쓸 거다, 쓸 수 있다	쓰겠더라
introgative	present	쓰냐?	쓰더냐?
	past-perfect	썼느냐?	썼더냐?
	future-gue/will/abi	쓰겠느냐?	쓰겠더냐?
imperative		*써라	
suggestive		*쓰자	
exclamatory		쓰구나! 쓰다! 쓰도다!	쓰더구나!

connective	endings	connective	endings
serial	쓰고, 쓰며	comparison	*쓰느니
selection	쓰거나, 쓰든지, 쓰든가	degree	쓰리만큼
contrast	써도, 쓰지만, 쓰나, 쓴데, 쓰면서도, 쓰되, 쓰지	condition	쓰면, 쓰거든, 쓰거들랑, 써야, 쓰다면, 썼던들
simultaneity	쓰면서, 쓰며	circumstance	쓴데, 쓰니, *쓰다시피
completion	*쓰고서, *써서, *쓰자, *쓰자마자	figure	쓰듯이
conversion	쓰다가	proportion	쓸수록
concession	써도, 쓰더라도, 쓸지라도, 쓸지언정, 쓴들, 쓴데도, 쓰기로서니, 쓰나마, 쓸망정, 써 보았자	cause	써서, 쓰니까, *쓰느라고, 쓰기에, 쓰길래, 쓰니만큼, 쓴지라, 쓸세라, 쓰므로
intention	*쓰러, *쓰려고, *쓰고자	addition	쓰거니와, 쓸뿐더러, 쓰려니와
result	쓰도록, 쓰게끔	repetition	쓰곤

- 한약은 매우 쓰다. Korean traditional medicine is very bitter.
- 쓴 약이 몸에는 좋다. Bitter medicine is good for your health.
- 이 약은 역하고 써서 못 먹겠다. This medicine is detestable and bitter that I can't take it.

쓰다2 [쓰다, s'ɨda]

'으' irregular conjugation, Avt

to write, compose (a poem), pen (a story)

causative	쓰이다, 쓰게 하다, 쓰게 만들다	passive	쓰이다, 쓰게 되다, 쓰여지다

adnominal : present-conti	past-perfect	past-retrospective	past-perfect-retro	future-gue/will
쓰는	쓴	쓰던	썼던	쓸

quotational : declarative	interrogative	imperative	suggestive	nominal	adverbial
쓴다고	쓰느냐고	쓰라고	쓰자고	쓰기, 씀	써서, 쓰게

high honorific level		indicative style	retrospective style
declarative	present	씁니다	씁디다
	present-continuous	쓰고 있습니다, 쓰는 중입니다	쓰고 있습디다
	past-perfect	썼습니다	썼습디다
	past-experience	썼었습니다	썼었습디다
	past-guessing	썼겠습니다	썼겠습디다
	future-gue/will/abi	쓰겠습니다, 쓰렵니다, 쓸 겁니다, 쓸 수 있습니다	쓰겠습디다
introgative	present	씁니까?	씁디까?
	past-perfect	썼습니까?	썼습디까?
	past-experience	썼었습니까?	썼었습디까?
	future-gue/will/abi	쓰겠습니까? 쓰렵니까? 쓸 겁니까? 쓰리이까? 쓸 수 있겠습니까?	쓰겠습디까?
imperative		쓰시오, 쓰십시오	
suggestive		씁시다, 쓰십시다	
exclamatory		쓰시는구나!	

ordinary honorific lev		'-어요' form	'-으오' form
declarative	present	써요, 쓰지요, 쓰세요, 쓸래요, 쓸걸요, 쓰는데요, 쓴대요, 쓸게요, 쓰잖아요	쓰오
	present-continuous	쓰고 있어요, 쓰고 있지요, 쓰고 있으세요, 쓰는 중이에요	쓰고 있소
	past-perfect	썼어요, 썼지요, 썼으세요, 썼잖아요	썼소
	past-experience	썼었어요, 썼었지요, 썼었으세요	썼었소
	past-guessing	썼겠어요, 썼겠지요, 썼겠으세요	썼겠소
	future-gue/will/abi	쓰겠어요, 쓰겠지요, 쓰겠으세요, 쓸 수 있어요	쓰겠소
introgative	present	써요? 쓰지요? 쓰세요? 쓰나요? 쓸까요? 쓸래요? 쓰는가요? 쓰는데요? 쓴대요? 쓴다면서요? 쓴다지요?	쓰오? *쓰소?
	past-perfect	썼어요? 썼지요? 썼으세요?	썼소?
	past-experience	썼었어요? 썼었지요? 썼었으세요?	썼었소?
	future-gue/will/abi	쓰겠어요? 쓰겠지요? 쓰겠으세요? 쓰리요? 쓸 거예요? 쓸 거지요? 쓸 수 있겠어요?	쓰겠소?
imperative		써요, 쓰지요, 쓰세요, 쓰라니까요	쓰오, 쓰구려
suggestive		써요, 쓰지요, 쓰세요, 쓰자니까요	쓰오
exclamatory		쓰는군요! 쓰리요!	쓰오!

ordinary non-honorific lev		'-어' form	'-네' form
declarative	present	써, 쓰지, 쓸래, 쓸걸, 쓰는데, 쓴대, 쓸게, 쓴단다, 쓰마, 쓰잖아	쓰네
	present-continuous	쓰고 있어, 쓰고 있지, 쓰는 중이야	쓰고 있네
	past-perfect	썼어, 썼지, 썼잖아	썼네
	future-gue/will/abi	쓰겠어, 쓰겠지, 쓸 수 있어	쓰겠네
introgative	present	써? 쓰지? 쓰니? 쓰나? 쓸까? 쓰랴? 쓸래? 쓰는데? 쓴대? 쓴다면서? 쓴다지?	쓰는가?
	past-perfect	썼어? 썼지? 썼니? 썼을까? 썼대? 썼다면서?	썼는가?
	future-gue/will/abi	쓰겠어? 쓰겠지? 쓰겠니? 쓰리? 쓸 거야? 쓸 거지? 쓸 거니? 쓸 수 있겠어?	쓰겠는가?
imperative		써, 쓰지, 쓰렴, 쓰려무나, 쓰라니까	쓰게
suggestive		써, 쓰지, 쓰자니까	쓰세
exclamatory		써! 쓰지! 쓰리!	쓰네!

ㅅ

low non-honorific lev		indicative style	retrospective style
declarative	present	쓴다	쓰더라
	present-continuous	쓰고 있다, 쓰는 중이다	쓰고 있더라
	past-perfect	썼다	썼더라
	future-gue/will/abi	쓰겠다, 쓰리다, 쓰련다, 쓸 거다, 쓸 수 있다	쓰겠더라
introgative	present	쓰느냐?	쓰더냐?
	past-perfect	썼느냐?	썼더냐?
	future-gue/will/abi	쓰겠느냐?	쓰겠더냐?
imperative		써라	
suggestive		쓰자	
exclamatory		쓰는구나! 쓴다! 쓰는도다!	쓰더구나!

connective	endings	connective	endings
serial	쓰고, 쓰며	comparison	쓰느니
selection	쓰거나, 쓰든지, 쓰든가	degree	쓰리만큼
contrast	써도, 쓰지만, 쓰나, 쓰는데, 쓰면서도, 쓰되, 쓰지	condition	쓰면, 쓰거든, 쓰거들랑, 써야, 쓴다면, 썼던들
simultaneity	쓰면서, 쓰며	circumstance	쓰는데, 쓰니, 쓰다시피
completion	쓰고서, 써서, 쓰자, 쓰자마자	figure	쓰듯이
conversion	쓰다가	proportion	쓸수록
concession	써도, 쓰더라도, 쓸지라도, 쓸지언정, 쓴들, 쓰는데도, 쓰기로서니, 쓰나마, 쓸망정, 써 보았자	cause	써서, 쓰니까, 쓰느라고, 쓰기에, 쓰길래, 쓰느니만큼, 쓰는지라, 쓸세라, 쓰므로
intention	쓰러, 쓰려고, 쓰고자	addition	쓰거니와, 쓸뿐더러, 쓰려니와
result	쓰도록, 쓰게끔	repetition	쓰곤

- 그녀는 소설을 잘 쓴다. She is good at writing novel.
- 당신이 쓴 시를 좀 보여 주세요. Show me the poem that you wrote.
- 어떤 기사를 쓰더라도 양심을 갖고 써야 한다.
  No matter what kind of article you write, you should write it in good conscience.

씹다 [씹따, s'ipt'a]

'ㅂ' regular conjugation, Avt

to chew ; to masticate ; to speak ill of ; to criticize ; to blame

causative	씹히다, 씹게 하다, 씹게 만들다	passive	씹히다, 씹게 되다, 씹어지다, 씹혀지다

adnominal : present-conti	past-perfect	past-retrospective	past-perfect-retro	future-gue/will
씹는	씹은	씹던	씹었던	씹을

quotational : declarative	interrogative	imperative	suggestive	nominal	adverbial
씹는다고	씹느냐고	씹으라고	씹자고	씹기, 씹음	씹어, 씹게

high honorific level		indicative style	retrospective style
declarative	present	씹습니다	씹습디다
	present-continuous	씹고 있습니다, 씹는 중입니다	씹고 있습디다
	past-perfect	씹었습니다	씹었습디다
	past-experience	씹었었습니다	씹었었습디다
	past-guessing	씹었겠습니다	씹었겠습디다
	future-gue/will/abi	씹겠습니다, 씹으렵니다, 씹을 겁니다, 씹을 수 있습니다	씹겠습디다
introgative	present	씹습니까?	씹습디까?
	past-perfect	씹었습니까?	씹었습디까?
	past-experience	씹었었습니까?	씹었었습디까?
	future-gue/will/abi	씹겠습니까? 씹으렵니까? 씹을 겁니까? 씹으리이까? 씹을 수 있겠습니까?	씹겠습디까?
imperative		씹으시오, 씹으십시오	
suggestive		씹읍시다, 씹으십시다	
exclamatory		씹으시는구나!	

ordinary honorific lev		'-어요' form	'-으오' form
declarative	present	씹어요, 씹지요, 씹으세요, 씹을래요, 씹을걸요, 씹는데요, 씹는대요, 씹을게요, 씹잖아요	씹으오
	present-continuous	씹고 있어요, 씹고 있지요, 씹고 있으세요, 씹는 중이에요	씹고 있소
	past-perfect	씹었어요, 씹었지요, 씹었으세요, 씹었잖아요	씹었소
	past-experience	씹었었어요, 씹었었지요, 씹었었으세요	씹었었소
	past-guessing	씹었겠어요, 씹었겠지요, 씹었겠으세요	씹었겠소
	future-gue/will/abi	씹겠어요, 씹겠지요, 씹겠으세요, 씹을 수 있어요	씹겠소
introgative	present	씹어요? 씹지요? 씹으세요? 씹나요? 씹을까요? 씹을래요? 씹는가요? 씹는데요? 씹는대요? 씹는다면서요? 씹는다지요?	씹으오? 씹소?
	past-perfect	씹었어요? 씹었지요? 씹었으세요?	씹었소?
	past-experience	씹었었어요? 씹었었지요? 씹었었으세요?	씹었었소?
	future-gue/will/abi	씹겠어요? 씹겠지요? 씹겠으세요? 씹으리요? 씹을 거예요? 씹을 거지요? 씹을 수 있겠어요?	씹겠소?
imperative		씹어요, 씹지요, 씹으세요, 씹으라니까요	씹으오, 씹구려
suggestive		씹어요, 씹지요, 씹으세요, 씹자니까요	씹으오
exclamatory		씹는군요! 씹으리요!	씹으오!

ordinary non-honorific lev		'-어' form	'-네' form
declarative	present	씹어, 씹지, 씹을래, 씹을걸, 씹는데, 씹는대, 씹을게, 씹는단다, 씹으마, 씹잖아	씹네
	present-continuous	씹고 있어, 씹고 있지, 씹는 중이야	씹고 있네
	past-perfect	씹었어, 씹었지, 씹었잖아	씹었네
	future-gue/will/abi	씹겠어, 씹겠지, 씹을 수 있어	씹겠네
introgative	present	씹어? 씹지? 씹니? 씹나? 씹을까? 씹으랴? 씹을래? 씹는데? 씹는대? 씹는다면서? 씹는다지?	씹는가?
	past-perfect	씹었어? 씹었지? 씹었니? 씹었을까? 씹었대? 씹었다면서?	씹었는가?
	future-gue/will/abi	씹겠어? 씹겠지? 씹겠니? 씹으리? 씹을 거야? 씹을 거지? 씹을 거니? 씹을 수 있겠어?	씹겠는가?
imperative		씹어, 씹지, 씹으렴, 씹으려무나, 씹으라니까	씹게
suggestive		씹어, 씹지, 씹자니까	씹세
exclamatory		씹어! 씹지! 씹으리!	씹네!

low non-honorific lev		indicative style	retrospective style
declarative	present	씹는다	씹더라
	present-continuous	씹고 있다, 씹는 중이다	씹고 있더라
	past-perfect	씹었다	씹었더라
	future-gue/will/abi	씹겠다, 씹으리다, 씹으련다, 씹을 거다, 씹을 수 있다	씹겠더라
introgative	present	씹느냐?	씹더냐?
	past-perfect	씹었느냐?	씹었더냐?
	future-gue/will/abi	씹겠느냐?	씹겠더냐?
imperative		씹어라	
suggestive		씹자	
exclamatory		씹는구나! 씹는다! 씹는도다!	씹더구나!

connective	endings	connective	endings
serial	씹고, 씹으며	comparison	씹느니
selection	씹거나, 씹든지, 씹든가	degree	씹으리만큼
contrast	씹어도, 씹지만, 씹으나, 씹는데, 씹으면서도, 씹되, 씹지	condition	씹으면, 씹거든, 씹거들랑, 씹어야, 씹는다면, 씹었던들
simultaneity	씹으면서, 씹으며	circumstance	씹는데, 씹으니, 씹다시피
completion	씹고서, 씹어서, 씹자, 씹자마자	figure	씹듯이
conversion	씹다가	proportion	씹을수록
concession	씹어도, 씹더라도, 씹을지라도, 씹을지언정, 씹은들, 씹는데도, 씹기로서니, 씹으나마, 씹을망정, 씹어 보았자	cause	씹어서, 씹으니까, 씹느라고, 씹기에, 씹길래, 씹느니만큼, 씹는지라, 씹을세라, 씹으므로
intention	씹으러, 씹으려고, 씹고자	addition	씹거니와, 씹을뿐더러, 씹으려니와
result	씹도록, 씹게끔	repetition	씹곤

- 그는 껌을 씹고 있다. He is chewing a gum.
- 그는 불고기를 잘 씹어 먹게 했다. He chewed the beef well and ate it.
- 사과는 씹으면 씹을수록 맛이 난다. The more you bite an apple the more tasty it gets.

씻다 [씯따, s'itt'a]

'ㅅ' regular conjugation, Avt

to wash ; to cleanse ; to rinse ; to wipe out

causative	씻기다, 씻게 하다, 씻게 만들다	passive	씻기다, 씻게 되다, 씻어지다, 씻혀지다

adnominal : present-conti	past-perfect	past-retrospective	past-perfect-retro	future-gue/will
씻는	씻은	씻던	씻었던	씻을

quotational : declarative	interrogative	imperative	suggestive	nominal	adverbial
씻는다고	씻느냐고	씻으라고	씻자고	씻기, 씻음	씻어, 씻게

high honorific level		indicative style	retrospective style
declarative	present	씻습니다	씻습디다
	present-continuous	씻고 있습니다, 씻는 중입니다	씻고 있습디다
	past-perfect	씻었습니다	씻었습디다
	past-experience	씻었었습니다	씻었었습디다
	past-guessing	씻었겠습니다	씻었겠습디다
	future-gue/will/abi	씻겠습니다, 씻으렵니다, 씻을 겁니다, 씻을 수 있습니다	씻겠습디다
introgative	present	씻습니까?	씻습디까?
	past-perfect	씻었습니까?	씻었습디까?
	past-experience	씻었었습니까?	씻었었습디까?
	future-gue/will/abi	씻겠습니까? 씻으렵니까? 씻을 겁니까? 씻으리이까? 씻을 수 있겠습니까?	씻겠습디까?
imperative		씻으시오, 씻으십시오	
suggestive		씻읍시다, 씻으십시다	
exclamatory		씻으시는구나!	

ordinary honorific lev		'-어요' form	'-으오' form
declarative	present	씻어요, 씻지요, 씻으세요, 씻을래요, 씻을걸요, 씻는데요, 씻는대요, 씻을게요, 씻잖아요	씻으오
	present-continuous	씻고 있어요, 씻고 있지요, 씻고 있으세요, 씻는 중이에요	씻고 있소
	past-perfect	씻었어요, 씻었지요, 씻었으세요, 씻었잖아요	씻었소
	past-experience	씻었었어요, 씻었었지요, 씻었었으세요	씻었었소
	past-guessing	씻었겠어요, 씻었겠지요, 씻었겠으세요	씻었겠소
	future-gue/will/abi	씻겠어요, 씻겠지요, 씻겠으세요, 씻을 수 있어요	씻겠소
introgative	present	씻어요? 씻지요? 씻으세요? 씻나요? 씻을까요? 씻을래요? 씻는가요? 씻는데요? 씻는대요? 씻는다면서요? 씻는다지요?	씻으오? 씻소?
	past-perfect	씻었어요? 씻었지요? 씻었으세요?	씻었소?
	past-experience	씻었었어요? 씻었었지요? 씻었었으세요?	씻었었소?
	future-gue/will/abi	씻겠어요? 씻겠지요? 씻겠으세요? 씻으리요? 씻을 거예요? 씻을 거지요? 씻을 수 있겠어요?	씻겠소?
imperative		씻어요, 씻지요, 씻으세요, 씻으라니까요	씻으오, 씻구려
suggestive		씻어요, 씻지요, 씻으세요, 씻자니까요	씻으오
exclamatory		씻는군요! 씻으리요!	씻으오!

ordinary non-honorific lev		'-어' form	'-네' form
declarative	present	씻어, 씻지, 씻을래, 씻을걸, 씻는데, 씻는대, 씻을게, 씻는단다, 씻으마, 씻잖아	씻네
	present-continuous	씻고 있어, 씻고 있지, 씻는 중이야	씻고 있네
	past-perfect	씻었어, 씻었지, 씻었잖아	씻었네
	future-gue/will/abi	씻겠어, 씻겠지, 씻을 수 있어	씻겠네
introgative	present	씻어? 씻지? 씻니? 씻나? 씻을까? 씻으랴? 씻을래? 씻는데? 씻는대? 씻는다면서? 씻는다지?	씻는가?
	past-perfect	씻었어? 씻었지? 씻었니? 씻었을까? 씻었대? 씻었다면서?	씻었는가?
	future-gue/will/abi	씻겠어? 씻겠지? 씻겠니? 씻으리? 씻을 거야? 씻을 거지? 씻을 거니? 씻을 수 있겠어?	씻겠는가?
imperative		씻어, 씻지, 씻으렴, 씻으려무나, 씻으라니까	씻게
suggestive		씻어, 씻지, 씻자니까	씻세
exclamatory		씻어! 씻지! 씻으리!	씻네!

low non-honorific lev		indicative style	retrospective style
declarative	present	씻는다	씻더라
	present-continuous	씻고 있다, 씻는 중이다	씻고 있더라
	past-perfect	씻었다	씻었더라
	future-gue/will/abi	씻겠다, 씻으리다, 씻으련다, 씻을 거다, 씻을 수 있다	씻겠더라
introgative	present	씻느냐?	씻더냐?
	past-perfect	씻었느냐?	씻었더냐?
	future-gue/will/abi	씻겠느냐?	씻겠더냐?
imperative		씻어라	
suggestive		씻자	
exclamatory		씻는구나! 씻는다! 씻는도다!	씻더구나!

connective	endings	connective	endings
serial	씻고, 씻으며	comparison	씻느니
selection	씻거나, 씻든지, 씻든가	degree	씻으리만큼
contrast	씻어도, 씻지만, 씻으나, 씻는데, 씻으면서도, 씻되, 씻지	condition	씻으면, 씻거든, 씻거들랑, 씻어야, 씻는다면, 씻었던들
simultaneity	씻으면서, 씻으며	circumstance	씻는데, 씻으니, 씻다시피
completion	씻고서, 씻어서, 씻자, 씻자마자	figure	씻듯이
conversion	씻다가	proportion	씻을수록
concession	씻어도, 씻더라도, 씻을지라도, 씻을지언정, 씻은들, 씻는데도, 씻기로서니, 씻으나마, 씻을망정, 씻어 보았자	cause	씻어서, 씻으니까, 씻느라고, 씻기에, 씻길래, 씻느니만큼, 씻는지라, 씻을세라, 씻으므로
intention	씻으러, 씻으려고, 씻고자	addition	씻거니와, 씻을뿐더러, 씻으려니와
result	씻도록, 씻게끔	repetition	씻곤

- 그는 그림을 그리고 나서 손을 씻었다. He washed his hand after painting.
- 영수는 past의 잘못을 씻어 버리고 새 사람이 되었다.
  Young Soo became a new person after cleansing his fault of the past.
- 핏자국은 아무리 씻더라도 잘 지워지지 않는다. The blood stain is not easily erasable.

아니다 [아니다, anida]

'이' regular conjugation, 지정사

to be not ; no

causative	*아니히다, 아니게 하다, *아니게 만들다	passive	*아니히다, 아니게 되다, *아니어지다

adnominal : present-conti	past-perfect	past-retrospective	past-perfect-retro	future-gue/will
아닌	아닌	아니던	아니었던	아닐

quotational : declarative	interrogative	imperative	suggestive	nominal	adverbial
아니라고	아니냐고	아니라고	*아니자고	아니기, 아님	아니어, 아니게

high honorific level		indicative style	retrospective style
declarative	present	아닙니다	아닙디다
	present-continuous	*아니고 있습니다, *아니는 중입니다	*아니고 있습디다
	past-perfect	아니었습니다	아니었습디다
	past-experience	아니었었습니다	아니었었습디다
	past-guessing	아니었겠습니다	아니었겠습디다
	future-gue/will/abi	아니겠습니다, *아니렵니다, 아닐 겁니다, 아닐 수 있습니다	아니겠습디다
introgative	present	아닙니까?	아닙디까?
	past-perfect	아니었습니까?	아니었습디까?
	past-experience	아니었었습니까?	아니었었습디까?
	future-gue/will/abi	아니겠습니까? *아니렵니까? *아닐 겁니까? *아니리이까? 아닐 수 있겠습니까?	아니겠습디까?
imperative		*아니시오, *아니십시오	
suggestive		*아닙시다, *아니십시다	
exclamatory		아니시구나!	

ordinary honorific lev		'-어요' form	'-으오' form
declarative	present	아녀요/아녜요, 아니지요, 아니세요, *아닐래요, 아닐걸요, 아닌데요, 아니대요, *아닐게요, 아니잖아요	아니오
	present-continuous	*아니고 있어요, *아니고 있지요, *아니고 있으세요, *아니는 중이에요	*아니고 있소
	past-perfect	아니었어요, 아니었지요, 아니었으세요, 아니었잖아요	아니었소
	past-experience	아니었었어요, 아니었었지요, 아니었었으세요	아니었었소
	past-guessing	아니었겠어요, 아니었겠지요, 아니었겠으세요	아니었겠소
	future-gue/will/abi	아니겠어요, 아니겠지요, 아니겠으세요, 아닐 수 있어요	아니겠소
introgative	present	아녀요?/아니에요?/아녜요? 아니지요? 아니세요? *아니나요? 아닐까요? *아닐래요? 아닌가요? 아닌데요? 아니래요? 아니라면서요? 아니라지요?	아니오? *아니소?
	past-perfect	아니었어요? 아니었지요? 아니었으세요?	아니었소?
	past-experience	아니었었어요? 아니었었지요? 아니었었으세요?	아니었었소?
	future-gue/will/abi	아니겠어요? 아니겠지요? 아니겠으세요? 아니리요? *아닐 거예요? *아닐 거지요? 아닐 수 있겠어요?	아니겠소?
imperative		*아녀요, *아니지요, *아니세요, *아니라니까요	*아니오, *아니구려
suggestive		*아녀요, *아니지요, *아니세요, *아니자니까요	*아니오
exclamatory		아니군요! 아니리요!	아니오!

ordinary non-honorific lev		'-어' form	'-네' form
declarative	present	아냐, 아니지, *아닐래, 아닐걸, 아닌데, 아니래, *아닐게, 아니란다, *아니마, 아니잖아	아니네
	present-continuous	*아니고 있어, *아니고 있지, *아니는 중이야	*아니고 있네
	past-perfect	아니었어, 아니었지, 아니었잖아	아니었네
	future-gue/will/abi	아니겠어, 아니겠지, 아닐 수 있어	아니겠네
introgative	present	아냐? 아니지? 아니니? *아니나?/아니냐? 아닐까? 아니랴? *아닐래? 아닌데? 아니래? 아니라면서? 아니라지?	아닌가?
	past-perfect	아니었어? 아니었지? 아니었니? 아니었을까? 아니었대? 아니었다면서?	아니었는가?
	future-gue/will/abi	아니겠어? 아니겠지? 아니겠니? 아니리? *아닐 거야? *아닐 거지? *아닐 거니? 아닐 수 있겠어?	아니겠는가?
imperative		*아냐/*아니야, *아니지, *아니렴, *아니려무나, *아니라니까	*아니게
suggestive		*아냐/*아니야, *아니지, *아니자니까	*아니세
exclamatory		아냐! 아니지! 아니리!	아니네!

low non-honorific lev		indicative style	retrospective style
declarative	present	아니다	아니더라
	present-continuous	*아니고 있다, *아니는 중이다	*아니고 있더라
	past-perfect	아니었다	아니었더라
	future-gue/will/abi	아니겠다, *아니리다, *아니련다, 아닐 거다, 아닐 수 있다	아니겠더라
introgative	present	아니냐?	아니더냐?
	past-perfect	아니었느냐?	아니었더냐?
	future-gue/will/abi	아니겠느냐?	아니겠더냐?
imperative		*아녀라	
suggestive		*아니자	
exclamatory		아니구나! 아니다! 아니로다!	아니더구나!

connective	endings	connective	endings
serial	아니고, 아니며	comparison	*아니느니
selection	아니거나, 아니든지, 아니든가	degree	아니리만큼
contrast	아녀도, 아니지만, 아니나, 아닌데, 아니면서도, 아니되, 아니지	condition	아니면, 아니거든, 아니거들랑, 아니어야, 아니라면, 아니었던들
simultaneity	아니면서, 아니며	circumstance	아닌데, 아니니, *아니다시피
completion	*아니고서, *아니어서, *아니자, *아니자마자	figure	아니듯이
conversion	아니다가	proportion	아닐수록
concession	아녀도, 아니더라도, 아닐지라도, 아닐지언정, 아닌들, 아닌데도, 아니기로서니, 아니나마, 아닐망정, *아니어 보았자	cause	아녀서, 아니니까, *아니느라고, 아니기에, 아니길래, *아니니만큼, 아닌지라, 아닐세라, 아니므로
intention	*아니러, *아니려고, *아니고자	addition	아니거니와, 아닐뿐더러, 아니려니와
result	아니도록, 아니게끔	repetition	*아니곤

- 그는 의사가 아니다. He is not a doctor.
- 바보가 아닌 이상 그렇게는 행동하지 않을 거야.
  You wouldn't act like that if you weren't a fool.
- 기적이 아니고서야 어떻게 그런 일이 일어날 수 있겠는가?
  How else could it happen if it wasn't a miracle.

아름답다 [아름답따, arimdapt'a]

'ㅂ' irregular conjugation, Dv

to be beautiful, be pretty, be lovely, be fine, be handsome

causative	*아름답히다, 아름답게 하다, 아름답게 만들다	passive	*아름답히다, 아름답게 되다, 아름다워지다

adnominal : present-conti	past-perfect	past-retrospective	past-perfect-retro	future-gue/will
아름다운	아름다운	아름답던	아름다웠던	아름다울

quotational : declarative	interrogative	imperative	suggestive	nominal	adverbial
아름답다고	아름다우냐고	아름다우라고	아름답자고	아름답기, 아름다움	아름다워, 아름답게

high honorific level		indicative style	retrospective style
declarative	present	아름답습니다	아름답습디다
	present-continuous	*아름답고 있습니다, *아름답는 중입니다	*아름답고 있습디다
	past-perfect	아름다웠습니다	아름다웠습디다
	past-experience	아름다웠었습니다	아름다웠었습디다
	past-guessing	아름다웠겠습니다	아름다웠겠습디다
	future-gue/will/abi	아름답겠습니다, *아름다우렵니다, 아름다울 겁니다, 아름다울 수 있습니다	아름답겠습디다
introgative	present	아름답습니까?	아름답습디까?
	past-perfect	아름다웠습니까?	아름다웠습디까?
	past-experience	아름다웠었습니까?	아름다웠었습디까?
	future-gue/will/abi	아름답겠습니까? *아름다우렵니까? *아름다울 겁니까? *아름다우리이까? *아름다울 수 있겠습니까?	아름답겠습디까?
imperative		*아름다우시오, *아름다우십시오	
suggestive		*아름다웁시다, *아름다우십시다	
exclamatory		아름다우시구나!	

ordinary honorific lev		'-어요' form	'-으오' form
declarative	present	아름다워요, 아름답지요, 아름다우세요, *아름다울래요, 아름다울걸요, 아름다운데요, 아름답대요, *아름다울게요, 아름답잖아요	아름다우오
	present-continuous	*아름답고 있어요, *아름답고 있지요, *아름답고 있으세요, *아름답는 중이에요	*아름답고 있소
	past-perfect	아름다웠어요, 아름다웠지요, 아름다웠으세요, 아름다웠잖아요	아름다웠소
	past-experience	아름다웠었어요, 아름다웠었지요, 아름다웠었으세요	아름다웠었소
	past-guessing	아름다웠겠어요, 아름다웠겠지요, 아름다웠겠으세요	아름다웠겠소
	future-gue/will/abi	아름답겠어요, 아름답겠지요, 아름답겠으세요, 아름다울 수 있어요	아름답겠소
introgative	present	아름다워요? 아름답지요? 아름다우세요? 아름답나요? 아름다울까요? *아름다울래요? 아름다운가요? 아름다운데요? 아름답대요? 아름답다면서요? 아름답다지요?	아름다우오? 아름답소?
	past-perfect	아름다웠어요? 아름다웠지요? 아름다웠으세요?	아름다웠소?
	past-experience	아름다웠었어요? 아름다웠었지요? 아름다웠었으세요?	아름다웠었소?
	future-gue/will/abi	아름답겠어요? 아름답겠지요? *아름답겠으세요? *아름다우리요? *아름다울 거예요? *아름다울 거지요? *아름다울 수 있겠어요?	*아름답겠소?
imperative		*아름다워요, *아름답지요, *아름다우세요, *아름다우라니까요	*아름다우오, *아름구려
suggestive		*아름다워요, *아름답지요, *아름다우세요, *아름답자니까요	*아름다우오
exclamatory		아름답군요! 아름다우리요!	아름다우오!

ordinary non-honorific lev		'-어' form	'-네' form
declarative	present	아름다워, 아름답지, *아름다울래, 아름다울걸, 아름다운데, 아름답대, *아름다울게, 아름답단다, *아름다우마, *아름답잖아	아름답네
	present-continuous	*아름답고 있어, *아름답고 있지, *아름답는 중이야	*아름답고 있네
	past-perfect	아름다웠어, 아름다웠지, 아름다웠잖아	아름다웠네
	future-gue/will/abi	아름답겠어, 아름답겠지, 아름다울 수 있어	아름답겠네
introgative	present	아름다워? 아름답지? 아름답니? 아름답나? 아름다울까? 아름다우랴? *아름다울래? 아름다운데? 아름답대? 아름답다면서? 아름답다지?	아름다운가?
	past-perfect	아름다웠어? 아름다웠지? 아름다웠니? 아름다웠을까? 아름다웠대? 아름다웠다면서?	아름다웠는가?
	future-gue/will/abi	아름답겠어? 아름답겠지? 아름답겠니? *아름다우리? *아름다울 거야? *아름다울 거지? *아름다울 거니? *아름다울 수 있겠어?	아름답겠는가?
imperative		*아름다워, *아름답지, *아름다우렴, *아름다우려무나, *아름다우라니까	*아름답게
suggestive		*아름다워, *아름답지, *아름답자니까	*아름답세
exclamatory		아름다워! 아름답지! 아름다우리!	아름답네!

low non-honorific lev		indicative style	retrospective style
declarative	present	아름답다	아름답더라
	present-continuous	*아름답고 있다, *아름답는 중이다	*아름답고 있더라
	past-perfect	아름다웠다	아름다웠더라
	future-gue/will/abi	아름답겠다, *아름다우리다, *아름다우련다, 아름다울 거다, 아름다울 수 있다	아름답겠더라
introgative	present	아름다우냐?	아름답더냐?
	past-perfect	아름다웠느냐?	아름다웠더냐?
	future-gue/will/abi	아름답겠느냐?	아름답겠더냐?
imperative		*아름다워라	
suggestive		*아름답자	
exclamatory		아름답구나! 아름답다! 아름답도다!	아름답더구나!

connective	endings	connective	endings
serial	아름답고, 아름다우며	comparison	*아름답느니
selection	아름답거나, 아름답든지, 아름답든가	degree	아름다우리만큼
contrast	아름다워도, 아름답지만, 아름다우나, 아름다운데, 아름다우면서도, 아름답되, 아름답지	condition	아름다우면, 아름답거든, 아름답거들랑, 아름다워야, 아름답다면, 아름다웠던들
simultaneity	아름다우면서, 아름다우며	circumstance	아름다운데, 아름다우니, *아름답다시피
completion	*아름답고서, *아름다워서, *아름답자, *아름답자마자	figure	아름답듯이
conversion	아름답다가	proportion	아름다울수록
concession	아름다워도, 아름답더라도, 아름다울지라도, 아름다울지언정, 아름다운들, 아름다운데도, 아름답기로서니, 아름다우나마, 아름다울망정, 아름다워 보았자	cause	아름다워서, 아름다우니까, *아름답느라고, 아름답기에, 아름답길래, 아름다우니만큼, 아름다운지라, 아름다울세라, 아름다우므로
intention	*아름다우러, *아름다우려고, *아름답고자	addition	아름답거니와, 아름다울뿐더러, 아름다우려니와
result	아름답도록, 아름답게끔	repetition	아름답곤

- 금강산의 경치가 매우 아름다웠다. The landscape of Geum Gang mountain is very beautiful.
- 세상엔 아름다운 마음씨를 가진 이들이 많다. There are many people with a beautiful heart.
- 그 노래는 아름다울 뿐만 아니라 정겹다. The song is not only beautiful but very pleasant.

앉다 [안따, ant'a]

'ㄵ' regular conjugation, Avi

to sit, take a seat ; to take up ; to perch ; to be covered ; to be located

causative	앉히다, 앉게 하다, 앉게 만들다	passive	앉히다, 앉게 되다, 앉아지다, 앉혀지다

adnominal : present-conti	past-perfect	past-retrospective	past-perfect-retro	future-gue/will
앉는	앉은	앉던	앉았던	앉을

quotational : declarative	interrogative	imperative	suggestive	nominal	adverbial
앉는다고	앉느냐고	앉으라고	앉자고	앉기, 앉음	앉아, 앉게

high honorific level		indicative style	retrospective style
declarative	present	앉습니다	앉습디다
	present-continuous	앉고 있습니다, 앉는 중입니다	앉고 있습디다
	past-perfect	앉았습니다	앉았습디다
	past-experience	앉았었습니다	앉았었습디다
	past-guessing	앉았겠습니다	앉았겠습디다
	future-gue/will/abi	앉겠습니다, 앉으렵니다, 앉을 겁니다, 앉을 수 있습니다	앉겠습디다
introgative	present	앉습니까?	앉습디까?
	past-perfect	앉았습니까?	앉았습디까?
	past-experience	앉았었습니까?	앉았었습디까?
	future-gue/will/abi	앉겠습니까? 앉으렵니까? 앉을 겁니까? 앉으리이까? 앉을 수 있겠습니까?	앉겠습디까?
imperative		앉으시오, 앉으십시오	
suggestive		앉읍시다, 앉으십시다	
exclamatory		앉으시는구나!	

ordinary honorific lev		'-어요' form	'-으오' form
declarative	present	앉아요, 앉지요, 앉으세요, 앉을래요, 앉을걸요, 앉는데요, 앉는대요, 앉을게요, 앉잖아요	앉으오
	present-continuous	앉고 있어요, 앉고 있지요, 앉고 있으세요, 앉는 중이에요	앉고 있소
	past-perfect	앉았어요, 앉았지요, 앉았으세요, 앉았잖아요	앉았소
	past-experience	앉았었어요, 앉았었지요, 앉았었으세요	앉았었소
	past-guessing	앉았겠어요, 앉았겠지요, 앉았겠으세요	앉았겠소
	future-gue/will/abi	앉겠어요, 앉겠지요, 앉겠으세요, 앉을 수 있어요	앉겠소
introgative	present	앉아요? 앉지요? 앉으세요? 앉나요? 앉을까요? 앉을래요? 앉는가요? 앉는데요? 앉는대요? 앉는다면서요? 앉는다지요?	앉으오? 앉소?
	past-perfect	앉았어요? 앉았지요? 앉았으세요?	앉았소?
	past-experience	앉았었어요? 앉았었지요? 앉았었으세요?	앉았었소?
	future-gue/will/abi	앉겠어요? 앉겠지요? 앉겠으세요? 앉으리요? 앉을 거예요? 앉을 거지요? 앉을 수 있겠어요?	앉겠소?
imperative		앉아요, 앉지요, 앉으세요, 앉으라니까요	앉으오, 앉구려
suggestive		앉아요, 앉지요, 앉으세요, 앉자니까요	앉으오
exclamatory		앉는군요! 앉으리요!	앉으오!

ordinary non-honorific lev		'-어' form	'-네' form
declarative	present	앉아, 앉지, 앉을래, 앉을걸, 앉는데, 앉는대, 앉을게, 앉는단다, 앉으마, 앉잖아	앉네
	present-continuous	앉고 있어, 앉고 있지, 앉는 중이야	앉고 있네
	past-perfect	앉았어, 앉았지, 앉았잖아	앉았네
	future-gue/will/abi	앉겠어, 앉겠지, 앉을 수 있어	앉겠네
introgative	present	앉아? 앉지? 앉니? 앉나? 앉을까? 앉으랴? 앉을래? 앉는데? 앉는대? 앉는다면서? 앉는다지?	앉는가?
	past-perfect	앉았어? 앉았지? 앉았니? 앉았을까? 앉았대? 앉았다면서?	앉았는가?
	future-gue/will/abi	앉겠어? 앉겠지? 앉겠니? 앉으리? 앉을 거야? 앉을 거지? 앉을 거니? 앉을 수 있겠어?	앉겠는가?
imperative		앉아, 앉지, 앉으렴, 앉으려무나, 앉으라니까	앉게
suggestive		앉아, 앉지, 앉자니까	앉세
exclamatory		앉아! 앉지! 앉으리!	앉네!

low non-honorific lev		indicative style	retrospective style
declarative	present	앉는다	앉더라
	present-continuous	앉고 있다, 앉는 중이다	앉고 있더라
	past-perfect	앉았다	앉았더라
	future-gue/will/abi	앉겠다, 앉으리다, 앉으련다, 앉을 거다, 앉을 수 있다	앉겠더라
introgative	present	앉느냐?	앉더냐?
	past-perfect	앉았느냐?	앉았더냐?
	future-gue/will/abi	앉겠느냐?	앉겠더냐?
imperative		앉아라	
suggestive		앉자	
exclamatory		앉는구나! 앉는다! 앉는도다!	앉더구나!

connective	endings	connective	endings
serial	앉고, 앉으며	comparison	앉느니
selection	앉거나, 앉든지, 앉든가	degree	앉으리만큼
contrast	앉아도, 앉지만, 앉으나, 앉는데, 앉으면서도, 앉되, 앉지	condition	앉으면, 앉거든, 앉거들랑, 앉아야, 앉는다면, 앉았던들
simultaneity	앉으면서, 앉으며	circumstance	앉는데, 앉으니, 앉다시피
completion	앉고서, 앉아서, 앉자, 앉자마자	figure	앉듯이
conversion	앉다가	proportion	앉을수록
concession	앉아도, 앉더라도, 앉을지라도, 앉을지언정, 앉은들, 앉는데도, 앉기로서니, 앉으나마, 앉을망정, 앉아 보았자	cause	앉아서, 앉으니까, 앉느라고, 앉기에, 앉길래, 앉느니만큼, 앉는지라, 앉을세라, 앉으므로
intention	앉으러, 앉으려고, 앉고자	addition	앉거니와, 앉을뿐더러, 앉으려니와
result	앉도록, 앉게끔	repetition	앉곤

Basic sentences

- 그는 소파에 앉아 있다. He sat on the sofa.
- 나무에 앉은 저 새의 이름은 뭐예요? What is the name of the bird sitting in the tree?
- 높은 자리에 앉으면 그만큼 책임도 무거워진다.
  The higher your position is the more responsibility you get.

알다 [알:다, al:da]

'ㄹ' irregular conjugation, Avt

to know ; to understand ; to recognize ; to find ; to feel ; to regard

causative	알리다, 알게 하다, 알게 만들다	passive	*알히다, 알게 되다, 알아지다

adnominal : present-conti	past-perfect	past-retrospective	past-perfect-retro	future-gue/will
아는	안	알던	알았던	알

quotational : declarative	interrogative	imperative	suggestive	nominal	adverbial
안다고	아느냐고	알라고	알자고	알기, 앎	알아, 알게

high honorific level		indicative style	retrospective style
declarative	present	압니다	압디다
	present-continuous	알고 있습니다, 아는 중입니다	알고 있습디다
	past-perfect	알았습니다	알았습디다
	past-experience	알았었습니다	알았었습디다
	past-guessing	알았겠습니다	알았겠습디다
	future-gue/will/abi	알겠습니다, 알렵니다, 알 겁니다, 알 수 있습니다	알겠습디다
introgative	present	압니까?	압디까?
	past-perfect	알았습니까?	알았습디까?
	past-experience	알았었습니까?	알았었습디까?
	future-gue/will/abi	알겠습니까? 알렵니까? 알 겁니까? 알리이까? 알 수 있겠습니까?	알겠습디까?
imperative		아시오, 아십시오	
suggestive		압시다, 아십시다	
exclamatory		아시는구나!	

ordinary honorific lev		'-어요' form	'-으오' form
declarative	present	알아요, 알지요, 아세요, 알래요, 알걸요, 아는데요, 안대요, 알게요, 알잖아요	아오
	present-continuous	알고 있어요, 알고 있지요, 알고 있으세요, 아는 중이에요	알고 있소
	past-perfect	알았어요, 알았지요, 알았으세요, 알았잖아요	알았소
	past-experience	알았었어요, 알았었지요, 알았었으세요	알았었소
	past-guessing	알았겠어요, 알았겠지요, 알았겠으세요	알았겠소
	future-gue/will/abi	알겠어요, 알겠지요, 알겠으세요, 알 수 있어요	알겠소
introgative	present	알아요? 알지요? 아세요? 아나요? 알까요? 알래요? 아는가요? 아는데요? 안대요? 안다면서요? 안다지요?	아오? *알소?
	past-perfect	알았어요? 알았지요? 알았으세요?	알았소?
	past-experience	알았었어요? 알았었지요? 알았었으세요?	알았었소?
	future-gue/will/abi	알겠어요? 알겠지요? 알겠으세요? 알리요? 알 거예요? 알 거지요? 알 수 있겠어요?	알겠소?
imperative		알아요, 알지요, 아세요, 알라니까요	아오, 알구려
suggestive		알아요, 알지요, 아세요, 알자니까요	아오
exclamatory		아는군요! 알리요!	아오!

ordinary non-honorific lev		'-어' form	'-네' form
declarative	present	알아, 알지, 알래, 알걸, 아는데, 안대, 알게, 안단다, 알마, 알잖아	아네
	present-continuous	알고 있어, 알고 있지, 아는 중이야	알고 있네
	past-perfect	알았어, 알았지, 알았잖아	알았네
	future-gue/will/abi	알겠어, 알겠지, 알 수 있어	알겠네
introgative	present	알아? 알지? 아니? 아나? 알까? 알랴? 알래? 아는데? 안대? 안다면서? 안다지?	아는가?
	past-perfect	알았어? 알았지? 알았니? 알았을까? 알았대? 알았다면서?	알았는가?
	future-gue/will/abi	알겠어? 알겠지? 알겠니? 알리? 알 거야? 알 거지? 알 거니? 알 수 있겠어?	알겠는가?
imperative		알아, 알지, 알렴, 알려무나, 알라니까	알게
suggestive		알아, 알지, 알자니까	아세
exclamatory		알아! 알지! 알리!	아네!

low non-honorific lev		indicative style	retrospective style
declarative	present	안다	알더라
	present-continuous	알고 있다, 아는 중이다	알고 있더라
	past-perfect	알았다	알았더라
	future-gue/will/abi	알겠다, 알리다, 알련다, 알 거다, 알 수 있다	알겠더라
introgative	present	아느냐?	알더냐?
	past-perfect	알았느냐?	알았더냐?
	future-gue/will/abi	알겠느냐?	알겠더냐?
imperative		알아라	
suggestive		알자	
exclamatory		아는구나! 안다! 아는도다!	알더구나!

connective	endings	connective	endings
serial	알고, 알며	comparison	아느니
selection	알거나, 알든지, 알든가	degree	알리만큼
contrast	알아도, 알지만, 아나, 아는데, 알면서도, 알되, 알지	condition	알면, 알거든, 알거들랑, 알아야, 안다면, 알았던들
simultaneity	알면서, 알며	circumstance	아는데, 아니, 알다시피
completion	알고서, 알아서, 알자, 알자마자	figure	알듯이
conversion	알다가	proportion	알수록
concession	알아도, 알더라도, 알지라도, 알지언정, 안들, 아는데도, 알기로서니, 아나마, 알망정, 알아 보았자	cause	알아서, 아니까, 아느라고, 알기에, 알길래, 아느니만큼, 아는지라, 알세라, 알므로
intention	알러, 알려고, 알고자	addition	알거니와, 알뿐더러, 알려니와
result	알도록, 알게끔	repetition	알곤

- 운전을 할 줄 아니? Do you know how to drive?
- 아는 대로 다 말해라. Tell me all that you know.
- 요즘은 알다가도 모를 일이 너무 많이 생긴다.
  Now a days, so many things happen without understanding.

어둡다 [어둡따, ətupt'a]

'ㅂ' irregular conjugation, Dv

to be dark, be dim, be gloomy ; to be ignorant

causative	어둡히다, 어둡게 하다, 어둡게 만들다	passive	*어둡히다, 어둡게 되다, 어두워지다

adnominal : present-conti	past-perfect	past-retrospective	past-perfect-retro	future-gue/will
어두운	어두운	어둡던	어두웠던	어두울

quotational : declarative	interrogative	imperative	suggestive	nominal	adverbial
어둡다고	어두우냐고	어두우라고	어둡자고	어둡기, 어두움	어두워, 어둡게

high honorific level		indicative style	retrospective style
declarative	present	어둡습니다	어둡습디다
	present-continuous	*어둡고 있습니다, *어둡는 중입니다	*어둡고 있습디다
	past-perfect	어두웠습니다	어두웠습디다
	past-experience	어두웠었습니다	어두웠었습디다
	past-guessing	어두웠겠습니다	어두웠겠습디다
	future-gue/will/abi	어둡겠습니다, *어두우렵니다, 어두울 겁니다, 어두울 수 있습니다	어둡겠습디다
introgative	present	어둡습니까?	어둡습디까?
	past-perfect	어두웠습니까?	어두웠습디까?
	past-experience	어두웠었습니까?	어두웠었습디까?
	future-gue/will/abi	어둡겠습니까? *어두우렵니까? *어두울 겁니까? *어두우리이까? *어두울 수 있겠습니까?	어둡겠습디까?
imperative		*어두우시오, *어두우십시오	
suggestive		*어두웁시다, *어두우십시다	
exclamatory		어두우시구나!	

ordinary honorific lev		'-어요' form	'-으오' form
declarative	present	어두워요, 어둡지요, 어두우세요, *어두울래요, 어두울걸요, 어두운데요, 어둡대요, *어두울게요, 어둡잖아요	어두우오
	present-continuous	*어둡고 있어요, *어둡고 있지요, *어둡고 있으세요, *어둡는 중이에요	*어둡고 있소
	past-perfect	어두웠어요, 어두웠지요, 어두웠으세요, 어두웠잖아요	어두웠소
	past-experience	어두웠었어요, 어두웠었지요, 어두웠었으세요	어두웠었소
	past-guessing	어두웠겠어요, 어두웠겠지요, 어두웠겠으세요	어두웠겠소
	future-gue/will/abi	어둡겠어요, 어둡겠지요, 어둡겠으세요, 어두울 수 있어요	어둡겠소
introgative	present	어두워요? 어둡지요? 어두우세요? 어둡나요? 어두울까요? *어두울래요? 어두운가요? 어두운데요? 어둡대요? 어둡다면서요? 어둡다지요?	어두우오? 어둡소?
	past-perfect	어두웠어요? 어두웠지요? 어두웠으세요?	어두웠소?
	past-experience	어두웠었어요? 어두웠었지요? 어두웠었으세요?	어두웠었소?
	future-gue/will/abi	어둡겠어요? 어둡겠지요? 어둡겠으세요? 어두우리요? *어두울 거예요? *어두울 거지요? *어두울 수 있겠어요?	어둡겠소?
imperative		*어두워요, *어둡지요, *어두우세요, *어두우라니까요	*어두우오, *어둡구려
suggestive		*어두워요, *어둡지요, *어두우세요, *어둡자니까요	*어두우오
exclamatory		어둡군요! 어두우리요!	어두우오!

ordinary non-honorific lev		'-어' form	'-네' form
declarative	present	어두워, 어둡지, *어두울래, 어두울걸, 어두운데, 어둡대, *어두울게, 어둡단다, *어두우마, 어둡잖아	어둡네
	present-continuous	*어둡고 있어, *어둡고 있지, *어둡는 중이야	*어둡고 있네
	past-perfect	어두웠어, 어두웠지, 어두웠잖아	어두웠네
	future-gue/will/abi	어둡겠어, 어둡겠지, 어두울 수 있어	어둡겠네
introgative	present	어두워? 어둡지? 어둡니? 어둡나? 어두울까? 어두우랴? *어두울래? 어두운데? 어둡대? 어둡다면서? 어둡다지?	어두운가?
	past-perfect	어두웠어? 어두웠지? 어두웠니? 어두웠을까? 어두웠대? 어두웠다면서?	어두웠는가?
	future-gue/will/abi	어둡겠어? 어둡겠지? 어둡겠니? 어두우리? *어두울 거야? *어두울 거지? *어두울 거니? *어두울 수 있겠어?	어둡겠는가?
imperative		*어두워, *어둡지, *어두우렴, *어두우려무나, *어두우라니까	*어둡게
suggestive		*어두워, *어둡지, *어둡자니까	*어둡세
exclamatory		어두워! 어둡지! 어두우리!	어둡네!

low non-honorific lev		indicative style	retrospective style
declarative	present	어둡다	어둡더라
	present-continuous	*어둡고 있다, *어둡는 중이다	*어둡고 있더라
	past-perfect	어두웠다	어두웠더라
	future-gue/will/abi	어둡겠다, *어두우리다, *어두우련다, 어두울 거다, 어두울 수 있다	어둡겠더라
introgative	present	어두우냐?	어둡더냐?
	past-perfect	어두웠느냐?	어두웠더냐?
	future-gue/will/abi	어둡겠느냐?	어둡겠더냐?
imperative		*어두워라	
suggestive		*어둡자	
exclamatory		어둡구나! 어둡다! 어둡도다!	어둡더구나!

connective	endings	connective	endings
serial	어둡고, 어두우며	comparison	*어둡느니
selection	어둡거나, 어둡든지, 어둡든가	degree	어두우리만큼
contrast	어두워도, 어둡지만, 어두우나, 어두운데, 어두우면서도, 어둡되, 어둡지	condition	어두우면, 어둡거든, 어둡거들랑, 어두워야, 어둡다면, 어두웠던들
simultaneity	어두우면서, 어두우며	circumstance	어두운데, 어두우니, *어둡다시피
completion	*어둡고서, *어두워서, *어둡자, *어둡자마자	figure	어둡듯이
conversion	어둡다가	proportion	어두울수록
concession	어두워도, 어둡더라도, 어두울지라도, 어두울지언정, 어두운들, 어두운데도, 어둡기로서니, 어두우나마, 어두울망정, 어두워 보았자	cause	어두워서, 어두우니까, *어둡느라고, 어둡기에, 어둡길래, 어두우니만큼, 어두운지라, 어두울세라, 어두우므로
intention	*어두우러, *어두우려고, *어둡고자	addition	어둡거니와, 어두울뿐더러, 어두우려니와
result	어둡도록, 어둡게끔	repetition	어둡곤

Basic sentences

- 겨울에는 날이 빨리 어두워진다. It gets dark faster in the winter.
- 그는 어두운 표정을 지었다. He had a gloomy face.
- 경제에 어두워서 돈을 많이 벌 수 없었다.
  I couldn't make much money because of my poor knowledge on economics.

어떻다 [어떠타, ət'ət^h a]

'ㅎ' irregular conjugation, Dv

to be how ; to be like what ; to be a certain

causative	*어떻히다, 어떻게 하다, 어떻게 만들다	passive	*어떻히다, 어떻게 되다, 어때지다

adnominal : present-conti	past-perfect	past-retrospective	past-perfect-retro	future-gue/will
어떤	어떤	어떻던	어땠던	어떨

quotational : declarative	interrogative	imperative	suggestive	nominal	adverbial
어떻다고	어떠냐고	*어떠라고	*어떠자고	어떻기, 어떠함	어때, 어떻게

high honorific level		indicative style	retrospective style
declarative	present	어떻습니다	어떻습디다
	present-continuous	*어떻고 있습니다, *어떻는 중입니다	*어떻고 있습디다
	past-perfect	어땠습니다	어땠습디다
	past-experience	어땠었습니다	어땠었습디다
	past-guessing	어땠겠습니다	어땠겠습디다
	future-gue/will/abi	어떻겠습니다, *어떠렵니다, 어떨 겁니다, 어떨 수 있습니다	어떻겠습디다
introgative	present	어떻습니까?	어떻습디까?
	past-perfect	어땠습니까?	어땠습디까?
	past-experience	어땠었습니까?	어땠었습디까?
	future-gue/will/abi	어떻겠습니까? *어떠렵니까? *어떨 겁니까? *어떠리이까? *어떨 수 있겠습니까?	어떻겠습디까?
imperative		*어떠시오, *어떠십시오	
suggestive		*어떱시다, *어떠십시다	
exclamatory		어떠시구나!	

ordinary honorific lev		'-어요' form	'-으오' form
declarative	present	어때요, 어떻지요, 어떠세요, *어떨래요, 어떨걸요, 어떤데요, 어떻대요, *어떨게요, 어떻잖아요	어떠오
	present-continuous	*어떻고 있어요, *어떻고 있지요, *어떻고 있으세요, *어떻는 중이에요	*어떻고 있소
	past-perfect	어땠어요, 어땠지요, 어땠으세요, 어땠잖아요	어땠소
	past-experience	어땠었어요, 어땠었지요, 어땠었으세요	어땠었소
	past-guessing	어땠겠어요, 어땠겠지요, 어땠겠으세요	어땠겠소
	future-gue/will/abi	어떻겠어요, 어떻겠지요, 어떻겠으세요, 어떨 수 있어요	어떻겠소
introgative	present	어때요? 어떻지요? 어떠세요? 어떻나요? 어떨까요? *어떨래요? 어떤가요? 어떤데요? 어떻대요? 어떻다면서요? 어떻다지요?	어떻오? 어떻소?
	past-perfect	어땠어요? 어땠지요? 어땠으세요?	어땠소?
	past-experience	어땠었어요? 어땠었지요? 어땠었으세요?	어땠었소?
	future-gue/will/abi	어떻겠어요? 어떻겠지요? 어떻겠으세요? 어떠리요? *어떨 거예요? *어떨 거지요? *어떨 수 있겠어요?	어떻겠소?
imperative		*어때요, *어떻지요, *어떠세요, *어떠라니까요	*어떠오, *어떻구려
suggestive		*어때요, *어떻지요, *어떠세요, *어떻자니까요	*어떠오
exclamatory		어떻군요! 어떠리요!	어떠오!

ordinary non-honorific lev		'-어' form	'-네' form
declarative	present	어때, 어떻지, *어떨래, 어떨걸, 어떤데, 어떻대, *어떨게, 어떻단다, *어떻마, 어떻잖아	어떻네
	present-continuous	*어떻고 있어, *어떻고 있지, *어떻는 중이야	*어떻고 있네
	past-perfect	어땠어, 어땠지, 어땠잖아	어땠네
	future-gue/will/abi	어떻겠어, 어떻겠지, 어떨 수 있어	어떻겠네
introgative	present	어때? 어떻지? 어떻니? 어떻나? 어떨까? 어떠랴? *어떨래? 어떤데? 어떻대? 어떻다면서? 어떻다지?	어떤가?
	past-perfect	어땠어? 어땠지? 어땠니? 어땠을까? 어땠대? 어땠다면서?	어땠는가?
	future-gue/will/abi	어떻겠어? 어떻겠지? 어떻겠니? 어떠리? *어떨 거야? *어떨 거지? *어떨 거니? *어떨 수 있겠어?	어떻겠는가?
imperative		*어때, *어떻지, *어떠렴, *어떠려무나, *어떠라니까	*어떻게
suggestive		*어때, *어떻지, *어떻자니까	*어떠세
exclamatory		어때! 어떻지! 어떠리!	어떻네!

low non-honorific lev		indicative style	retrospective style
declarative	present	어떻다	어떻더라
	present-continuous	*어떻고 있다, *어떻는 중이다	*어떻고 있더라
	past-perfect	어땠다	어땠더라
	future-gue/will/abi	어떻겠다, *어떠리다, *어떠련다, 어떨 거다, 어떨 수 있다	어떻겠더라
introgative	present	어떠냐?	어떻더냐?
	past-perfect	어땠느냐?	어땠더냐?
	future-gue/will/abi	어떻겠느냐?	어떻겠더냐?
imperative		*어때라	
suggestive		*어떻자	
exclamatory		어떻구나! 어떻다! 어떻도다!	어떻더구나!

connective	endings	connective	endings
serial	어떻고, 어떠며	comparison	*어떻느니
selection	어떻거나, 어떻든지, 어떻든가	degree	어떠리만큼
contrast	어때도, 어떻지만, 어떠나, 어떤데, 어떠면서도, 어떻되, 어떻지	condition	어떻면, 어떻거든, 어떻거들랑, 어때야, 어떻다면, 어땠던들
simultaneity	어떠면서, 어떠며	circumstance	어떤데, 어떠니, *어떻다시피
completion	*어떻고서, *어때서, *어떻자, *어떻자마자	figure	어떻듯이
conversion	어떻다가	proportion	어떨수록
concession	어때도, 어떻더라도, 어떨지라도, 어떨지언정, 어떤들, 어떤데도, 어떻기로서니, 어떠나마, 어떨망정, 어때 보았자	cause	어때서, 어떠니까, *어떠느라고, 어떻기에, 어떻길래, 어떻니만큼, 어떤지라, 어떨세라, 어떻므로
intention	*어떠러, *어떠려고, *어떻고자	addition	어떻거니와, 어떨뿐더러, 어떠려니와
result	어떻도록, 어떻게끔	repetition	*어떻곤

- 한국 녹차 맛이 어떻습니까? How does Korean green tea taste like?
- 요즈음 어떻게 지내세요? How do you do now a days?
- 상황이야 어떻든 최선을 다해 주세요. No matter what the situation, please try your best.

ㅇ

어렵다 [어렵따, ərjəpt'a]

'ㅂ' irregular conjugation, Dv

to be hard, be difficult ; to be troublesome

causative	*어렵히다, 어렵게 하다, 어렵게 만들다	passive	*어렵히다, 어렵게 되다, 어려워지다

adnominal : present-conti	past-perfect	past-retrospective	past-perfect-retro	future-gue/will
어려운	어려운	어렵던	어려웠던	어려울

quotational : declarative	interrogative	imperative	suggestive	nominal	adverbial
어렵다고	어려우냐고	*어려우라고	*어렵자고	어렵기, 어려움	어려워, 어렵게

high honorific level		indicative style	retrospective style
declarative	present	어렵습니다	어렵습디다
	present-continuous	*어렵고 있습니다, *어렵는 중입니다	*어렵고 있습디다
	past-perfect	어려웠습니다	어려웠습디다
	past-experience	어려웠었습니다	어려웠었습디다
	past-guessing	어려웠겠습니다	어려웠겠습디다
	future-gue/will/abi	어렵겠습니다, *어려우렵니다, 어려울 겁니다, 어려울 수 있습니다	어렵겠습디다
introgative	present	어렵습니까?	어렵습디까?
	past-perfect	어려웠습니까?	어려웠습디까?
	past-experience	어려웠었습니까?	어려웠었습디까?
	future-gue/will/abi	어렵겠습니까? *어려우렵니까? *어려울 겁니까? 어려우리이까? *어려울 수 있겠습니까?	어렵겠습디까?
imperative		*어려우시오, *어려우십시오	
suggestive		*어려웁시다, *어려우십시다	
exclamatory		어려우시구나!	

ordinary honorific lev		'-어요' form	'-으오' form
declarative	present	어려워요, 어렵지요, 어려우세요, *어려울래요, 어려울걸요, 어려운데요, 어렵대요, *어려울게요, 어렵잖아요	어려우오
	present-continuous	*어렵고 있어요, *어렵고 있지요, *어렵고 있으세요, *어렵는 중이에요	*어렵고 있소
	past-perfect	어려웠어요, 어려웠지요, 어려웠으세요, 어려웠잖아요	어려웠소
	past-experience	어려웠었어요, 어려웠었지요, 어려웠었으세요	어려웠었소
	past-guessing	어려웠겠어요, 어려웠겠지요, 어려웠겠으세요	어려웠겠소
	future-gue/will/abi	어렵겠어요, 어렵겠지요, 어렵겠으세요, 어려울 수 있어요	어렵겠소
introgative	present	어려워요? 어렵지요? 어려우세요? 어렵나요? 어려울까요? *어려울래요? 어려운가요? 어려운데요? 어렵대요? 어렵다면서요? 어렵다지요?	어려우오? 어렵소?
	past-perfect	어려웠어요? 어려웠지요? 어려웠으세요?	어려웠소?
	past-experience	어려웠었어요? 어려웠었지요? 어려웠었으세요?	어려웠었소?
	future-gue/will/abi	어렵겠어요? 어렵겠지요? 어렵겠으세요? 어려우리요? *어려울 거예요? *어려울 거지요? *어려울 수 있겠어요?	어렵겠소?
imperative		*어려워요, *어렵지요, *어려우세요, *어려우라니까요	*어려우오, *어렵구려
suggestive		*어려워요, *어렵지요, *어려우세요, *어렵자니까요	*어려우오
exclamatory		어렵군요! 어려우리요!	어려우오!

ordinary non-honorific lev		'-어' form	'-네' form
declarative	present	어려워, 어렵지, *어려울래, 어려울걸, 어려운데, 어렵대, *어려울게, 어렵단다, *어려우마, 어렵잖아	어렵네
	present-continuous	*어렵고 있어, *어렵고 있지, *어렵는 중이야	*어렵고 있네
	past-perfect	어려웠어, 어려웠지, 어려웠잖아	어려웠네
	future-gue/will/abi	어렵겠어, 어렵겠지, 어려울 수 있어	어렵겠네
introgative	present	어려워? 어렵지? 어렵니? 어렵나? 어려울까? 어려우랴? *어려울래? 어려운데? 어렵대? 어렵다면서? 어렵다지?	어려운가?
	past-perfect	어려웠어? 어려웠지? 어려웠니? 어려웠을까? 어려웠대? 어려웠다면서?	어려웠는가?
	future-gue/will/abi	어렵겠어? 어렵겠지? 어렵겠니? 어려우리? *어려울 거야? *어려울 거지? *어려울 거니? *어려울 수 있겠어?	어렵겠는가?
imperative		*어려워, *어렵지, *어려우렴, *어려우려무나, *어려우라니까	*어렵게
suggestive		*어려워, *어렵지, *어렵자니까	*어렵세
exclamatory		어려워! 어렵지! 어려우리!	어렵네!

low non-honorific lev		indicative style	retrospective style
declarative	present	어렵다	어렵더라
	present-continuous	*어렵고 있다, *어렵는 중이다	*어렵고 있더라
	past-perfect	어려웠다	어려웠더라
	future-gue/will/abi	어렵겠다, *어려우리다, *어려우련다, 어려울 거다, 어려울 수 있다	어렵겠더라
introgative	present	어려우냐?	어렵더냐?
	past-perfect	어려웠느냐?	어려웠더냐?
	future-gue/will/abi	어렵겠느냐?	어렵겠더냐?
imperative		*어려워라	
suggestive		*어렵자	
exclamatory		어렵구나! 어렵다! 어렵도다!	어렵더구나!

connective	endings	connective	endings
serial	어렵고, 어려우며	comparison	*어렵느니
selection	어렵거나, 어렵든지, 어렵든가	degree	어려우리만큼
contrast	어려워도, 어렵지만, 어려우나, 어려운데, 어려우면서도, 어렵되, 어렵지	condition	어려우면, 어렵거든, 어렵거들랑, 어려워야, 어렵다면, 어려웠던들
simultaneity	어려우면서, 어려우며	circumstance	어려운데, 어려우니, *어렵다시피
completion	*어렵고서, *어려워서, *어렵자, *어렵자마자	figure	어렵듯이
conversion	어렵다가	proportion	어려울수록
concession	어려워도, 어렵더라도, 어려울지라도, 어려울지언정, 어려운들, 어려운데도, 어렵기로서니, 어려우나마, 어려울망정, 어려워 보았자	cause	어려워서, 어려우니까, *어렵느라고, 어렵기에, 어렵길래, 어려우니만큼, 어려운지라, 어려울세라, 어려우므로
intention	*어려우러, *어려우려고, *어렵고자	addition	어렵거니와, 어려울뿐더러, 어려우려니와
result	어렵도록, 어렵게끔	repetition	어렵곤

Basic sentences

- 좋은 대학 들어가기가 매우 어렵다. It's very difficult to get into a good university.
- 만나기는 쉬워도 헤어지기는 어려운 법이다.
  It's easy to get together, but harder to say good bye.
- 수학 문제가 아무리 어려워도 끝까지 포기하지 마라.
  No matter how hard the math problem may be, do not give up.

어리다1 [어리다, ərida]

'이' regular conjugation, Dv

to be young, be infant, be juvenile

causative	*어리히다, *어리게 하다, 어리게 만들다	passive	*어리히다, 어리게 되다, 어려지다

adnominal : present-conti	past-perfect	past-retrospective	past-perfect-retro	future-gue/will
어린	어린	어리던	어렸던	어릴

quotational : declarative	interrogative	imperative	suggestive	nominal	adverbial
어리다고	어리냐고	*어리라고	*어리자고	어리기, 어림	어려, 어리게

high honorific level		indicative style	retrospective style
declarative	present	어립니다	어립디다
	present-continuous	*어리고 있습니다, *어리는 중입니다	*어리고 있습디다
	past-perfect	어렸습니다	어렸습디다
	past-experience	어렸었습니다	어렸었습디다
	past-guessing	어렸겠습니다	어렸겠습디다
	future-gue/will/abi	어리겠습니다, *어리렵니다, 어릴 겁니다, 어릴 수 있습니다	어리겠습디다
introgative	present	어립니까?	어립디까?
	past-perfect	어렸습니까?	어렸습디까?
	past-experience	어렸었습니까?	어렸었습디까?
	future-gue/will/abi	어리겠습니까? *어리렵니까? *어릴 겁니까? *어리리이까? *어릴 수 있겠습니까?	어리겠습디까?
imperative		*어리시오, *어리십시오	
suggestive		*어립시다, *어리십시다	
exclamatory		어리시구나!	

ordinary honorific lev		'-어요' form	'-으오' form
declarative	present	어려요, 어리지요, 어리세요, *어릴래요, 어릴걸요, 어린데요, 어리대요, *어릴게요, 어리잖아요	어리오
	present-continuous	*어리고 있어요, *어리고 있지요, *어리고 있으세요, *어리는 중이에요	*어리고 있소
	past-perfect	어렸어요, 어렸지요, 어렸으세요, 어렸잖아요	어렸소
	past-experience	어렸었어요, 어렸었지요, 어렸었으세요	어렸었소
	past-guessing	어렸겠어요, 어렸겠지요, 어렸겠으세요	어렸겠소
	future-gue/will/abi	어리겠어요, 어리겠지요, 어리겠으세요, 어릴 수 있어요	어리겠소
introgative	present	어려요? 어리지요? 어리세요? 어리나요? 어릴까요? *어릴래요? 어린가요? 어린데요? 어리대요? 어리다면서요? 어리다지요?	어리오? *어리소?
	past-perfect	어렸어요? 어렸지요? 어렸으세요?	어렸소?
	past-experience	어렸었어요? 어렸었지요? 어렸었으세요?	어렸었소?
	future-gue/will/abi	어리겠어요? 어리겠지요? 어리겠으세요? 어리리요? *어릴 거예요? *어릴 거지요? *어릴 수 있겠어요?	어리겠소?
imperative		*어려요, *어리지요, *어리세요, *어리라니까요	*어리오, *어리구려
suggestive		*어려요, *어리지요, *어리세요, *어리자니까요	*어리오
exclamatory		어리군요! 어리리요!	어리오!

ordinary non-honorific lev		'-어' form	'-네' form
declarative	present	어려, 어리지, 어릴래, 어릴걸, 어린데, 어리대, *어릴게, 어리단다, 어리마, 어리잖아	어리네
	present-continuous	*어리고 있어, *어리고 있지, *어리는 중이야	*어리고 있네
	past-perfect	어렸어, 어렸지, 어렸잖아	어렸네
	future-gue/will/abi	어리겠어, 어리겠지, 어릴 수 있어	어리겠네
introgative	present	어려? 어리지? 어리니? 어리나? 어릴까? *어리랴? *어릴래? 어린데? 어리대? 어리다면서? 어리다지?	어리는가?
	past-perfect	어렸어? 어렸지? 어렸니? 어렸을까? 어렸대? 어렸다면서?	어렸는가?
	future-gue/will/abi	어리겠어? 어리겠지? *어리겠니? *어리리? *어릴 거야? *어릴 거지? *어릴 거니? *어릴 수 있겠어?	*어리겠는가?
imperative		*어려, *어리지, *어리렴, *어리려무나, *어리라니까	*어리게
suggestive		*어려, *어리지, *어리자니까	*어리세
exclamatory		어려! 어리지! 어리리!	어리네!

low non-honorific lev		indicative style	retrospective style
declarative	present	어리다	어리더라
	present-continuous	*어리고 있다, *어리는 중이다	*어리고 있더라
	past-perfect	어렸다	어렸더라
	future-gue/will/abi	어리겠다, *어리리다, *어리련다, 어릴 거다, 어릴 수 있다	어리겠더라
introgative	present	어리느냐?	어리더냐?
	past-perfect	어렸느냐?	어렸더냐?
	future-gue/will/abi	어리겠느냐?	어리겠더냐?
imperative		*어려라	
suggestive		*어리자	
exclamatory		어리구나! 어리다! 어리도다!	어리더구나!

connective	endings	connective	endings
serial	어리고, 어리며	comparison	*어리느니
selection	어리거나, 어리든지, 어리든가	degree	어리리만큼
contrast	어려도, 어리지만, 어리나, 어린데, 어리면서도, 어리되, 어리지	condition	어리면, 어리거든, 어리거들랑, 어려야, 어리다면, 어렸던들
simultaneity	어리면서, 어리며	circumstance	어린데, 어리니, *어리다시피
completion	*어리고서, *어려서, *어리자, *어리자마자	figure	어리듯이
conversion	어리다가	proportion	어릴수록
concession	어려도, 어리더라도, 어릴지라도, 어릴지언정, 어린들, 어린데도, 어리기로서니, 어리나마, 어릴망정, 어려 보았자	cause	어려서, 어리니까, *어리느라고, 어리기에, 어리길래, 어리니만큼, 어린지라, 어릴세라, 어리므로
intention	*어리러, *어리려고, *어리고자	addition	어리거니와, 어릴뿐더러, 어리려니와
result	어리도록, 어리게끔	repetition	*어리곤

Basic sentences

- 그 분은 자녀들이 아직 어리다. His children are still young.
- 어릴 때 추억이 오래 가는 법이다. Memories during the childhood last longer.
- 그 애는 어려도 철이 많이 든 것 같다. He looks older than you think.

얻다 [얻:따, əd:t'a]

'ㄷ' regular conjugation, Avt

to get, acquire, obtain, produce ; to take (a woman) in marriage

causative	*얻히다, 얻게 하다, 얻게 만들다	passive	*얻히다, 얻게 되다, 얻어지다

adnominal : present-conti	past-perfect	past-retrospective	past-perfect-retro	future-gue/will
얻는	얻은	얻던	얻었던	얻을

quotational : declarative	interrogative	imperative	suggestive	nominal	adverbial
얻는다고	얻느냐고	얻으라고	얻자고	얻기, 얻음	얻어, 얻게

high honorific level		indicative style	retrospective style
declarative	present	얻습니다	얻습디다
	present-continuous	얻고 있습니다, 얻는 중입니다	얻고 있습디다
	past-perfect	얻었습니다	얻었습디다
	past-experience	얻었었습니다	얻었었습디다
	past-guessing	얻었겠습니다	얻었겠습디다
	future-gue/will/abi	얻겠습니다, 얻으렵니다, 얻을 겁니다, 얻을 수 있습니다	얻겠습디다
introgative	present	얻습니까?	얻습디까?
	past-perfect	얻었습니까?	얻었습디까?
	past-experience	얻었었습니까?	얻었었습디까?
	future-gue/will/abi	얻겠습니까? 얻으렵니까? 얻을 겁니까? 얻으리이까? 얻을 수 있겠습니까?	얻겠습디까?
imperative		얻으시오, 얻으십시오	
suggestive		얻읍시다, 얻으십시다	
exclamatory		얻으시는구나!	

ordinary honorific lev		'-어요' form	'-으오' form
declarative	present	얻어요, 얻지요, 얻으세요, 얻을래요, 얻을걸요, 얻는데요, 얻는대요, 얻을게요, 얻잖아요	얻으오
	present-continuous	얻고 있어요, 얻고 있지요, 얻고 있으세요, 얻는 중이에요	얻고 있소
	past-perfect	얻었어요, 얻었지요, 얻었으세요, 얻었잖아요	얻었소
	past-experience	얻었었어요, 얻었었지요, 얻었었으세요	얻었었소
	past-guessing	얻었겠어요, 얻었겠지요, 얻었겠으세요	얻었겠소
	future-gue/will/abi	얻겠어요, 얻겠지요, 얻겠으세요, 얻을 수 있어요	얻겠소
introgative	present	얻어요? 얻지요? 얻으세요? 얻나요? 얻을까요? 얻을래요? 얻는가요? 얻는데요? 얻는대요? 얻는다면서요? 얻는다지요?	얻으오? 얻소?
	past-perfect	얻었어요? 얻었지요? 얻었으세요?	얻었소?
	past-experience	얻었었어요? 얻었었지요? 얻었었으세요?	얻었었소?
	future-gue/will/abi	얻겠어요? 얻겠지요? 얻겠으세요? 얻으리요? 얻을 거예요? 얻을 거지요? 얻을 수 있겠어요?	얻겠소?
imperative		얻어요, 얻지요, 얻으세요, 얻으라니까요	얻으오, 얻구려
suggestive		얻어요, 얻지요, 얻으세요, 얻자니까요	얻으오
exclamatory		얻는군요! 얻으리요!	얻으오!

ordinary non-honorific lev		'-어' form	'-네' form
declarative	present	얻어, 얻지, 얻을래, 얻을걸, 얻는데, 얻는대, 얻을게, 얻는단다, 얻으마, 얻잖아	얻네
	present-continuous	얻고 있어, 얻고 있지, 얻는 중이야	얻고 있네
	past-perfect	얻었어, 얻었지, 얻었잖아	얻었네
	future-gue/will/abi	얻겠어, 얻겠지, 얻을 수 있어	얻겠네
introgative	present	얻어? 얻지? 얻니? 얻나? 얻을까? 얻으랴? 얻을래? 얻는데? 얻는대? 얻는다면서? 얻는다지?	얻는가?
	past-perfect	얻었어? 얻었지? 얻었니? 얻었을까? 얻었대? 얻었다면서?	얻었는가?
	future-gue/will/abi	얻겠어? 얻겠지? 얻겠니? 얻으리? 얻을 거야? 얻을 거지? 얻을 거니? 얻을 수 있겠어?	얻겠는가?
imperative		얻어, 얻지, 얻으렴, 얻으려무나, 얻으라니까	얻게
suggestive		얻어, 얻지, 얻자니까	얻세
exclamatory		얻어! 얻지! 얻으리!	얻네!

low non-honorific lev		indicative style	retrospective style
declarative	present	얻는다	얻더라
	present-continuous	얻고 있다, 얻는 중이다	얻고 있더라
	past-perfect	얻었다	얻었더라
	future-gue/will/abi	얻겠다, 얻으리다, 얻으련다, 얻을 거다, 얻을 수 있다	얻겠더라
introgative	present	얻느냐?	얻더냐?
	past-perfect	얻었느냐?	얻었더냐?
	future-gue/will/abi	얻겠느냐?	얻겠더냐?
imperative		얻어라	
suggestive		얻자	
exclamatory		얻는구나! 얻는다! 얻는도다!	얻더구나!

connective	endings	connective	endings
serial	얻고, 얻으며	comparison	얻느니
selection	얻거나, 얻든지, 얻든가	degree	얻으리만큼
contrast	얻어도, 얻지만, 얻으나, 얻는데, 얻으면서도, 얻되, 얻지	condition	얻으면, 얻거든, 얻거들랑, 얻어야, 얻는다면, 얻었던들
simultaneity	얻으면서, 얻으며	circumstance	얻는데, 얻으니, 얻다시피
completion	얻고서, 얻어서, 얻자, 얻자마자	figure	얻듯이
conversion	얻다가	proportion	얻을수록
concession	얻어도, 얻더라도, 얻을지라도, 얻을지언정, 얻은들, 얻는데도, 얻기로서니, 얻으나마, 얻을망정, 얻어 보았자	cause	얻어서, 얻으니까, 얻느라고, 얻기에, 얻길래, 얻느니만큼, 얻는지라, 얻을세라, 얻으므로
intention	얻으러, 얻으려고, 얻고자	addition	얻거니와, 얻을뿐더러, 얻으려니와
result	얻도록, 얻게끔	repetition	얻곤

Basic sentences

- 그는 친구들로부터 신용을 얻었다. He earned trust from his friends.
- 내게서 얻은 정보가 쓸 만했니? Was the information that I gave you usefull?
- 참한 며느리를 얻어서 행복하시겠어요. You must be happy to have a nice daughter-in-law.

얼다 [얼:다, ə:lda]

'ㄹ' irregular conjugation, Avi

to freeze ; to be frozen ; to get nervous ; to lost one's composure

causative	얼리다, 얼게 하다, 얼게 만들다	passive	얼리다, 얼게 되다, 얼어지다, 얼려지다

adnominal : present-conti	past-perfect	past-retrospective	past-perfect-retro	future-gue/will
어는	언	얼던	얼었던	얼

quotational : declarative	interrogative	imperative	suggestive	nominal	adverbial
언다고	어느냐고	*얼라고	*얼자고	얼기, 얾, 얼음	얼어, 얼게

high honorific level		indicative style	retrospective style
declarative	present	업니다	업디다
	present-continuous	얼고 있습니다, 어는 중입니다	얼고 있습디다
	past-perfect	얼었습니다	얼었습디다
	past-experience	얼었었습니다	얼었었습디다
	past-guessing	얼었겠습니다	얼었겠습디다
	future-gue/will/abi	얼겠습니다, 얼렵니다, 얼 겁니다, 얼 수 있습니다	얼겠습디다
introgative	present	업니까?	업디까?
	past-perfect	얼었습니까?	얼었습디까?
	past-experience	얼었었습니까?	얼었었습디까?
	future-gue/will/abi	얼겠습니까? *얼렵니까? *얼 겁니까? 얼리이까? 얼 수 있겠습니까?	얼겠습디까?
imperative		어시오, 어십시오	
suggestive		업시다, 어십시다	
exclamatory		어시는구나!	

ordinary honorific lev		'-어요' form	'-으오' form
declarative	present	얼어요, 얼지요, 어세요, 얼래요, 얼걸요, 어는데요, 언대요, 얼게요, 얼잖아요	어오
	present-continuous	얼고 있어요, 얼고 있지요, 얼고 있으세요, 어는 중이에요	얼고 있소
	past-perfect	얼었어요, 얼었지요, 얼었으세요, 얼었잖아요	얼었소
	past-experience	얼었었어요, 얼었었지요, 얼었었으세요	얼었었소
	past-guessing	얼었겠어요, 얼었겠지요, 얼었겠으세요	얼었겠소
	future-gue/will/abi	얼겠어요, 얼겠지요, 얼겠으세요, 얼 수 있어요	얼겠소
introgative	present	얼어요? 얼지요? 어세요? 어나요? 얼까요? 얼래요? 어는가요? 어는데요? 언대요? 언다면서요? 언다지요?	어오? *얼소?
	past-perfect	얼었어요? 얼었지요? 얼었으세요?	얼었소?
	past-experience	얼었었어요? 얼었었지요? 얼었었으세요?	얼었었소?
	future-gue/will/abi	얼겠어요? 얼겠지요? 얼겠으세요? 얼리요? *얼 거예요? *얼 거지요? 얼 수 있겠어요?	얼겠소?
imperative		얼어요, 얼지요, 어세요, 얼라니까요	어오, 얼구려
suggestive		얼어요, 얼지요, 어세요, 얼자니까요	어오
exclamatory		어는군요! 얼리요!	어오!

ordinary non-honorific lev		'-어' form	'-네' form
declarative	present	얼어, 얼지, 얼래, 얼걸, 어는데, 언대, 얼게, 언단다, 얼마, 얼잖아	어네
	present-continuous	얼고 있어, 얼고 있지, 어는 중이야	얼고 있네
	past-perfect	얼었어, 얼었지, 얼었잖아	얼었네
	future-gue/will/abi	얼겠어, 얼겠지, 얼 수 있어	얼겠네
introgative	present	얼어? 얼지? 어니? 어나? 얼까? 얼랴? 얼래? 어는데? 언대? 언다면서? 언다지?	어는가?
	past-perfect	얼었어? 얼었지? 얼었니? 얼었을까? 얼었대? 얼었다면서?	얼었는가?
	future-gue/will/abi	얼겠어? 얼겠지? 얼겠니? 얼리? 얼 거야? 얼 거지? 얼 거니? 얼 수 있겠어?	얼겠는가?
imperative		얼어, 얼지, 얼렴, 얼려무나, 얼라니까	얼게
suggestive		얼어, 얼지, 얼자니까	어세
exclamatory		얼어! 얼지! 얼리!	어네!

low non-honorific lev		indicative style	retrospective style
declarative	present	언다	얼더라
	present-continuous	얼고 있다, 어는 중이다	얼고 있더라
	past-perfect	얼었다	얼었더라
	future-gue/will/abi	얼겠다, 얼리다, 얼련다, 얼 거다, 얼 수 있다	얼겠더라
introgative	present	어느냐?	얼더냐?
	past-perfect	얼었느냐?	얼었더냐?
	future-gue/will/abi	얼겠느냐?	얼겠더냐?
imperative		얼어라	
suggestive		얼자	
exclamatory		어는구나! 언다! 어는도다!	얼더구나!

connective	endings	connective	endings
serial	얼고, 얼며	comparison	어느니
selection	얼거나, 얼든지, 얼든가	degree	얼리만큼
contrast	얼어도, 얼지만, 어나, 어는데, 얼면서도, 얼되, 얼지	condition	얼면, 얼거든, 얼거들랑, 얼어야, 언다면, 얼었던들
simultaneity	얼면서, 얼며	circumstance	어는데, 어니, 얼다시피
completion	얼고서, 얼어서, 얼자, 얼자마자	figure	얼듯이
conversion	얼다가	proportion	얼수록
concession	얼어도, 얼더라도, 얼지라도, 얼지언정, 언들, 어는데도, 얼기로서니, 어나마, 얼망정, 얼어 보았자	cause	얼어서, 어니까, 어느라고, 얼기에, 얼길래, 어느니만큼, 어는지라, 얼세라, 얼므로
intention	얼러, 얼려고, 얼고자	addition	얼거니와, 얼뿐더러, 얼려니와
result	얼도록, 얼게끔	습관	얼곤

- 얼음이 얼었다. The ice froze.
- 이젠 언 발에 오줌 누기다. Now is just urinating on a frozen leg.
- 고기가 꽁꽁 얼어서 얼음 덩어리 같이 되었다.
  The meat is frozen to a block of ice.

업다 [업따, əpt'a]

'ㅂ' regular conjugation, Avt

to carry on one's back, carry (a child) pick-a-back

causative	업히다, 업게 하다, 업게 만들다	passive	업히다, 업게 되다, 업어지다, 업혀지다

adnominal : present-conti	past-perfect	past-retrospective	past-perfect-retro	future-gue/will
업는	업은	업던	업었던	업을

quotational : declarative	interrogative	imperative	suggestive	nominal	adverbial
업는다고	업느냐고	업으라고	업자고	업기, 업음	업어, 업게

high honorific level		indicative style	retrospective style
declarative	present	업습니다	업습디다
	present-continuous	업고 있습니다, 업는 중입니다	업고 있습디다
	past-perfect	업었습니다	업었습디다
	past-experience	업었었습니다	업었었습디다
	past-guessing	업었겠습니다	업었겠습디다
	future-gue/will/abi	업겠습니다, 업으렵니다, 업을 겁니다, 업을 수 있습니다	업겠습디다
introgative	present	업습니까?	업습디까?
	past-perfect	업었습니까?	업었습디까?
	past-experience	업었었습니까?	업었었습디까?
	future-gue/will/abi	업겠습니까? 업으렵니까? 업을 겁니까? 업으리이까? 업을 수 있겠습니까?	업겠습디까?
imperative		업으시오, 업으십시오	
suggestive		업읍시다, 업으십시다	
exclamatory		업으시는구나!	

ordinary honorific lev		'-어요' form	'-으오' form
declarative	present	업어요, 업지요, 업으세요, 업을래요, 업을걸요, 업는데요, 업는대요, 업을게요, 업잖아요	업으오
	present-continuous	업고 있어요, 업고 있지요, 업고 있으세요, 업는 중이에요	업고 있소
	past-perfect	업었어요, 업었지요, 업었으세요, 업었잖아요	업었소
	past-experience	업었었어요, 업었었지요, 업었었으세요	업었었소
	past-guessing	업었겠어요, 업었겠지요, 업었겠으세요	업었겠소
	future-gue/will/abi	업겠어요, 업겠지요, 업겠으세요, 업을 수 있어요	업겠소
introgative	present	업어요? 업지요? 업으세요? 업나요? 업을까요? 업을래요? 업는가요? 업는데요? 업는대요? 업는다면서요? 업는다지요?	업으오? 업소?
	past-perfect	업었어요? 업었지요? 업었으세요?	업었소?
	past-experience	업었었어요? 업었었지요? 업었었으세요?	업었었소?
	future-gue/will/abi	업겠어요? 업겠지요? 업겠으세요? 업으리요? 업을 거예요? 업을 거지요? 업을 수 있겠어요?	업겠소?
imperative		업어요, 업지요, 업으세요, 업으라니까요	업으오, 업구려
suggestive		업어요, 업지요, 업으세요, 업자니까요	업으오
exclamatory		업는군요! 업으리요!	업으오!

ordinary non-honorific lev		'-어' form	'-네' form
declarative	present	업어, 업지, 업을래, 업을걸, 업는데, 업는대, 업을게, 업는단다, 업으마, 업잖아	업네
	present-continuous	업고 있어, 업고 있지, 업는 중이야	업고 있네
	past-perfect	업었어, 업었지, 업었잖아	업었네
	future-gue/will/abi	업겠어, 업겠지, 업을 수 있어	업겠네
introgative	present	업어? 업지? 업니? 업나? 업을까? 업으랴? 업을래? 업는데? 업는대? 업는다면서? 업는다지?	업는가?
	past-perfect	업었어? 업었지? 업었니? 업었을까? 업었대? 업었다면서?	업었는가?
	future-gue/will/abi	업겠어? 업겠지? 업겠니? 업으리? 업을 거야? 업을 거지? 업을 거니? 업을 수 있겠어?	업겠는가?
imperative		업어, 업지, 업으렴, 업으려무나, 업으라니까	업게
suggestive		업어, 업지, 업자니까	업세
exclamatory		업어! 업지! 업으리!	업네!

low non-honorific lev		indicative style	retrospective style
declarative	present	업는다	업더라
	present-continuous	업고 있다, 업는 중이다	업고 있더라
	past-perfect	업었다	업었더라
	future-gue/will/abi	업겠다, 업으리다, 업으련다, 업을 거다, 업을 수 있다	업겠더라
introgative	present	업느냐?	업더냐?
	past-perfect	업었느냐?	업었더냐?
	future-gue/will/abi	업겠느냐?	업겠더냐?
imperative		업어라	
suggestive		업자	
exclamatory		업는구나! 업는다! 업는도다!	업더구나!

connective	endings	connective	endings
serial	업고, 업으며	comparison	업느니
selection	업거나, 업든지, 업든가	degree	업으리만큼
contrast	업어도, 업지만, 업으나, 업는데, 업으면서도, 업되, 업지	condition	업으면, 업거든, 업거들랑, 업어야, 업는다면, 업었던들
simultaneity	업으면서, 업으며	circumstance	업는데, 업으니, 업다시피
completion	업고서, 업어서, 업자, 업자마자	figure	업듯이
conversion	업다가	proportion	업을수록
concession	업어도, 업더라도, 업을지라도, 업을지언정, 업은들, 업는데도, 업기로서니, 업으나마, 업을망정, 업어 보았자	cause	업어서, 업으니까, 업느라고, 업기에, 업길래, 업느니만큼, 업는지라, 업을세라, 업으므로
intention	업으러, 업으려고, 업고자	addition	업거니와, 업을뿐더러, 업으려니와
result	업도록, 업게끔	repetition	업곤

Basic sentences

- 엄마가 아기를 업고 있다. The mother is carrying her baby on her back.
- 네가 업고 있는 아이의 이름이 뭐냐?
  What is the name of the baby you are carrying on your back?
- 아빠가 아기를 업으니까 울지 않는구나.
  The baby is not crying because the father is carrying him on his back

없다 [업:따, əp:t'a]

'ㅄ' regular conjugation, Dv

to be not, not exis, not have ; to be lake ; to be lost ; to be gone

causative	없애다, 없게 하다, 없게 만들다	passive	*없히다, 없게 되다, 없어지다

adnominal : present-conti	past-perfect	past-retrospective	past-perfect-retro	future-gue/will
없는	없은	없던	없었던	없을

quotational : declarative	interrogative	imperative	suggestive	nominal	adverbial
없다고	없느냐고	*없으라고	*없자고	없기, 없음	없어, 없게

high honorific level		indicative style	retrospective style
declarative	present	없습니다	없습디다
	present-continuous	*없고 있습니다, *없는 중입니다	*없고 있습디다
	past-perfect	없었습니다	없었습디다
	past-experience	없었었습니다	없었었습디다
	past-guessing	없었겠습니다	없었겠습디다
	future-gue/will/abi	없겠습니다, *없으렵니다, 없을 겁니다, 없을 수 있습니다	없겠습디다
introgative	present	없습니까?	없습디까?
	past-perfect	없었습니까?	없었습디까?
	past-experience	없었었습니까?	없었었습디까?
	future-gue/will/abi	없겠습니까? *없으렵니까? *없을 겁니까? *없으리이까? *없을 수 있겠습니까?	없겠습디까?
imperative		*없으시오, *없으십시오	
suggestive		*없읍시다, *없으십시다	
exclamatory		없으시구나!	

ordinary honorific lev		'-어요' form	'-으오' form
declarative	present	없어요, 없지요, 없으세요, *없을래요, 없을걸요, 없는데요, 없대요, *없을게요, 없잖아요	없으오
	present-continuous	*없고 있어요, *없고 있지요, *없고 있으세요, *없는 중이에요	*없고 있소
	past-perfect	없었어요, 없었지요, 없었으세요, 없었잖아요	없었소
	past-experience	없었었어요, 없었었지요, 없었었으세요	없었었소
	past-guessing	없었겠어요, 없었겠지요, 없었겠으세요	없었겠소
	future-gue/will/abi	없겠어요, 없겠지요, 없겠으세요, 없을 수 있어요	없겠소
introgative	present	없어요? 없지요? 없으세요? 없나요? 없을까요? *없을래요? 없는가요? 없는데요? 없대요? 없다면서요? 없다지요?	없으오? 없소?
	past-perfect	없었어요? 없었지요? 없었으세요?	없었소?
	past-experience	없었었어요? 없었었지요? 없었었으세요?	없었었소?
	future-gue/will/abi	없겠어요? 없겠지요? 없겠으세요? 없으리요? *없을 거예요? *없을 거지요? *없을 수 있겠어요?	없겠소?
imperative		*없어요, *없지요, *없으세요, *없으라니까요	*없으오, *없구려
suggestive		*없어요, *없지요, *없으세요, *없자니까요	*없으오
exclamatory		없군요! 없으리요!	없구려!

ordinary non-honorific lev		'-어' form	'-네' form
declarative	present	없어, 없지, *없을래, 없을걸, 없는데, 없대, *없을게, 없단다, *없으마, 없잖아	없네
	present-continuous	*없고 있어, *없고 있지, *없는 중이야	*없고 있네
	past-perfect	없었어, 없었지, 없었잖아	없었네
	future-gue/will/abi	없겠어, 없겠지, 없을 수 있어	없겠네
introgative	present	없어? 없지? 없니? 없나? 없을까? 없으랴? *없을래? 없는데? 없대? 없다면서? 없다지?	없는가?
	past-perfect	없었어? 없었지? 없었니? 없었을까? 없었대? 없었다면서?	없었는가?
	future-gue/will/abi	없겠어? 없겠지? 없겠니? 없으리? *없을 거야? *없을 거지? *없을 거니? *없을 수 있겠어?	없겠는가?
imperative		*없어, *없지, *없으렴, *없으려무나, *없으라니까	*없게
suggestive		*없어, *없지, *없자니까	*없세
exclamatory		없어! 없지! 없으리!	없네!

low non-honorific lev		indicative style	retrospective style
declarative	present	없다	없더라
	present-continuous	*없고 있다, *없는 중이다	*없고 있더라
	past-perfect	없었다	없었더라
	future-gue/will/abi	없겠다, *없으리다, *없으련다, 없을 거다, 없을 수 있다	없겠더라
introgative	present	없느냐?	없더냐?
	past-perfect	없었느냐?	없었더냐?
	future-gue/will/abi	없겠느냐?	없겠더냐?
imperative		*없어라	
suggestive		*없자	
exclamatory		없구나! 없다! 없도다!	없더구나!

connective	endings	connective	endings
serial	없고, 없으며	comparison	*없느니
selection	없거나, 없든지, 없든가	degree	없으리만큼
contrast	없어도, 없지만, 없으나, 없는데, 없으면서도, 없되, 없지	condition	없으면, 없거든, 없거들랑, 없어야, 없다면, 없었던들
simultaneity	없으면서, 없으며	circumstance	없는데, 없으니, *없다시피
completion	*없고서, *없어서, *없자, *없자마자	figure	없듯이
conversion	없다가	proportion	없을수록
concession	없어도, 없더라도, 없을지라도, 없을지언정, 없은들, 없는데도, 없기로서니, 없으나마, 없을망정, 없어 보았자	cause	없어서, 없으니까, *없느라고, 없기에, 없길래, 없으니만큼, 없는지라, 없을세라, 없으므로
intention	*없으러, *없으려고, *없고자	addition	없거니와, 없을뿐더러, 없으려니와
result	없도록, 없게끔	repetition	없곤

- 그 할아버지는 재산이 별로 없다. That grandfather has very little property.
- 결점이 없는 사람은 아무도 없다. There is no one without a defect.
- 그녀는 상식이 없어도 너무 없다. She does not have any common sense at all.

여위다 [여위다, jəyda]

'위' regular conjugation, Avi

to become lean ; to lose (one's) weight

adnominal : present-conti	past-perfect	past-retrospective	past-perfect-retro	future-gue/will
여위는	여윈	여위던	여위었던	여윌

causative	*여위히다, 여위게 하다, 여위게 만들다	passive	*여위히다, 여위게 되다, 여위어지다

quotational : declarative	interrogative	imperative	suggestive	nominal	adverbial
여윈다고	여위느냐고	여위라고	여위자고	여위기, 여윔	여위어, 여위게

high honorific level		indicative style	retrospective style
declarative	present	여윕니다	여윕디다
	present-continuous	여위고 있습니다, 여위는 중입니다	여위고 있습디다
	past-perfect	여위었습니다	여위었습디다
	past-experience	여위었었습니다	여위었었습디다
	past-guessing	여위었겠습니다	여위었겠습디다
	future-gue/will/abi	여위겠습니다, 여위렵니다, 여윌 겁니다, 여윌 수 있습니다	여위겠습디다
introgative	present	여윕니까?	여윕디까?
	past-perfect	여위었습니까?	여위었습디까?
	past-experience	여위었었습니까?	여위었었습디까?
	future-gue/will/abi	여위겠습니까? 여위렵니까? 여윌 겁니까? 여위리이까? 여윌 수 있겠습니까?	여위겠습디까?
imperative		여위시오, 여위십시오	
suggestive		여윕시다, 여위십시다	
exclamatory		여위시는구나!	

ordinary honorific lev		'-어요' form	'-으오' form
declarative	present	여위어요, 여위지요, 여위세요, 여윌래요, 여윌걸요, 여위는데요, 여윈대요, 여윌게요, 여위잖아요	여위오
	present-continuous	여위고 있어요, 여위고 있지요, 여위고 있으세요, 여위는 중이에요	여위고 있소
	past-perfect	여위었어요, 여위었지요, 여위었으세요, 여위었잖아요	여위었소
	past-experience	여위었었어요, 여위었었지요, 여위었었으세요	여위었었소
	past-guessing	여위었겠어요, 여위었겠지요, 여위었겠으세요	여위었겠소
	future-gue/will/abi	여위겠어요, 여위겠지요, 여위겠으세요, 여윌 수 있어요	여위겠소
introgative	present	여위어요? 여위지요? 여위세요? 여위나요? 여윌까요? 여윌래요? 여위는가요? 여위는데요? 여윈대요? 여윈다면서요? 여윈다지요?	여위오? *여위소?
	past-perfect	여위었어요? 여위었지요? 여위었으세요?	여위었소?
	past-experience	여위었었어요? 여위었었지요? 여위었었으세요?	여위었었소?
	future-gue/will/abi	여위겠어요? 여위겠지요? 여위겠으세요? 여위리요? 여윌 거예요? 여윌 거지요? 여윌 수 있겠어요?	여위겠소?
imperative		여위어요, 여위지요, 여위세요, 여위라니까요	여위오, 여위구려
suggestive		여위어요, 여위지요, 여위세요, 여위자니까요	여위오
exclamatory		여위는군요! 여위리요!	여위오!

ordinary non-honorific lev		'-어' form	'-네' form
declarative	present	여위어, 여위지, 여윌래, 여윌걸, 여위는데, 여윈대, 여윌게, 여윈단다, 여위마, 여위잖아	여위네
	present-continuous	여위고 있어, 여위고 있지, 여위는 중이야	여위고 있네
	past-perfect	여위었어, 여위었지, 여위었잖아	여위었네
	future-gue/will/abi	여위겠어, 여위겠지, 여윌 수 있어	여위겠네
introgative	present	여위어? 여위지? 여위니? 여위나? 여윌까? 여위랴? 여윌래? 여위는데? 여윈대? 여윈다면서? 여윈다지?	여위는가?
	past-perfect	여위었어? 여위었지? 여위었니? 여위었을까? 여위었대? 여위었다면서?	여위었는가?
	future-gue/will/abi	여위겠어? 여위겠지? 여위겠니? 여위리? 여윌 거야? 여윌 거지? 여윌 거니? 여윌 수 있겠어?	여위겠는가?
imperative		여위어, 여위지, 여위렴, 여위려무나, 여위라니까	여위게
suggestive		여위어, 여위지, 여위자니까	여위세
exclamatory		여위어! 여위지! 여위리!	여위네!

low non-honorific lev		indicative style	retrospective style
declarative	present	여윈다	여위더라
	present-continuous	여위고 있다, 여위는 중이다	여위고 있더라
	past-perfect	여위었다	여위었더라
	future-gue/will/abi	여위겠다, 여위리다, 여위련다, 여윌 거다, 여윌 수 있다	여위겠더라
introgative	present	여위느냐?	여위더냐?
	past-perfect	여위었느냐?	여위었더냐?
	future-gue/will/abi	여위겠느냐?	여위겠더냐?
imperative		여위어라	
suggestive		여위자	
exclamatory		여위는구나! 여윈다! 여위는도다!	여위더구나!

connective	endings	connective	endings
serial	여위고, 여위며	comparison	여위느니
selection	여위거나, 여위든지, 여위든가	degree	여위리만큼
contrast	여위어도, 여위지만, 여위나, 여위는데, 여위면서도, 여위되, 여위지	condition	여위면, 여위거든, 여위거들랑, 여위어야, 여윈다면, 여위었던들
simultaneity	여위면서, 여위며	circumstance	여위는데, 여위니, 여위다시피
completion	여위고서, 여위어서, 여위자, 여위자마자	figure	여위듯이
conversion	여위다가	proportion	여윌수록
concession	여위어도, 여위더라도, 여윌지라도, 여윌지언정, 여윈들, 여위는데도, 여위기로서니, 여위나마, 여윌망정, 여위어 보았자	cause	여위어서, 여위니까, 여위느라고, 여위기에, 여위길래, 여위느니만큼, 여위는지라, 여윌세라, 여위므로
intention	여위러, 여위려고, 여위고자	addition	여위거니와, 여윌뿐더러, 여위려니와
result	여위도록, 여위게끔	repetition	여위곤

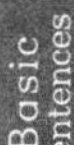

- 그녀는 질병으로 몸이 몹시 여위었다. She got really thin because of the illness.
- 대부분의 여성들은 약간 여윈 듯한 몸매를 갖기를 원한다. Most woman want to be slim.
- 그가 너무나 여위어서 나는 매우 안타까웠다. I am fretful because he was so slim.

열다2 [열:다, jəl:da]

'ㄹ' irregular conjugation, Avt

to open, unfold, unlock ; to set up ; to give open ; to make way ; to start

causative	*열히다, 열게 하다, 열게 만들다	passive	열리다, 열게 되다, 열어지다

adnominal : present-conti	past-perfect	past-retrospective	past-perfect-retro	future-gue/will
여는	연	열던	열었던	열

quotational : declarative	interrogative	imperative	suggestive	nominal	adverbial
연다고	여느냐고	열라고	열자고	열기, 엶	열어, 열게

high honorific level		indicative style	retrospective style
declarative	present	엽니다	엽디다
	present-continuous	열고 있습니다, 여는 중입니다	열고 있습디다
	past-perfect	열었습니다	열었습디다
	past-experience	열었었습니다	열었었습디다
	past-guessing	열었겠습니다	열었겠습디다
	future-gue/will/abi	열겠습니다, 열렵니다, 열 겁니다, 열 수 있습니다	열겠습디다
introgative	present	엽니까?	엽디까?
	past-perfect	열었습니까?	열었습디까?
	past-experience	열었었습니까?	열었었습디까?
	future-gue/will/abi	열겠습니까? 열렵니까? 열 겁니까? 열리이까? 열 수 있겠습니까?	열겠습디까?
imperative		여시오, 여십시오	
suggestive		엽시다, 여십시다	
exclamatory		여시는구나!	

ordinary honorific lev		'-어요' form	'-으오' form
declarative	present	열어요, 열지요, 여세요, 열래요, 열걸요, 여는데요, 연대요, 열게요, 열잖아요	여오
	present-continuous	열고 있어요, 열고 있지요, 열고 있으세요, 여는 중이에요	열고 있소
	past-perfect	열었어요, 열었지요, 열었으세요, 열었잖아요	열었소
	past-experience	열었었어요, 열었었지요, 열었었으세요	열었었소
	past-guessing	열었겠어요, 열었겠지요, 열었겠으세요	열었겠소
	future-gue/will/abi	열겠어요, 열겠지요, 열겠으세요, 열 수 있어요	열겠소
introgative	present	열어요? 열지요? 여세요? 여나요? 열까요? 열래요? 여는가요? 여는데요? 연대요? 연다면서요? 연다지요?	여오? *열소?
	past-perfect	열었어요? 열었지요? 열었으세요?	열었소?
	past-experience	열었었어요? 열었었지요? 열었었으세요?	열었었소?
	future-gue/will/abi	열겠어요? 열겠지요? 열겠으세요? 열리요? 열 거예요? 열 거지요? 열 수 있겠어요?	열겠소?
imperative		열어요, 열지요, 열세요, 열라니까요	여오, 열구려
suggestive		열어요, 열지요, 열세요, 열자니까요	여오
exclamatory		여는군요! 열리요!	여오!

ordinary non-honorific lev		'-어' form	'-네' form
declarative	present	열어, 열지, 열래, 열걸, 여는데, 연대, 열게, 연단다, 열마, 열잖아	여네
	present-continuous	열고 있어, 열고 있지, 여는 중이야	열고 있네
	past-perfect	열었어, 열었지, 열었잖아	열었네
	future-gue/will/abi	열겠어, 열겠지, 열 수 있어	열겠네
introgative	present	열어? 열지? 여니? 여나? 열까? 열랴? 열래? 여는데? 연대? 연다면서? 연다지?	여는가?
	past-perfect	열었어? 열었지? 열었니? 열었을까? 열었대? 열었다면서?	열었는가?
	future-gue/will/abi	열겠어? 열겠지? 열겠니? 열리? 열 거야? 열 거지? 열 거니? 열 수 있겠어?	열겠는가?
imperative		열어, 열지, 열렴, 열려무나, 열라니까	열게
suggestive		열어, 열지, 열자니까	여세
exclamatory		열어! 열지! 열리!	여네!

low non-honorific lev		indicative style	retrospective style
declarative	present	연다	열더라
	present-continuous	열고 있다, 여는 중이다	열고 있더라
	past-perfect	열었다	열었더라
	future-gue/will/abi	열겠다, 열리다, 열련다, 열 거다, 열 수 있다	열겠더라
introgative	present	여느냐?	열더냐?
	past-perfect	열었느냐?	열었더냐?
	future-gue/will/abi	열겠느냐?	열겠더냐?
imperative		열어라	
suggestive		열자	
exclamatory		여는구나! 연다! 여는도다!	열더구나!

connective	endings	connective	endings
serial	열고, 열며	comparison	여느니
selection	열거나, 열든지, 열든가	degree	열리만큼
contrast	열어도, 열지만, 여나, 여는데, 열면서도, 열되, 열지	condition	열면, 열거든, 열거들랑, 열어야, 연다면, 열었던들
simultaneity	열면서, 열며	circumstance	여는데, 여니, 열다시피
completion	열고서, 열어서, 열자, 열자마자	figure	열듯이
conversion	열다가	proportion	열수록
concession	열어도, 열더라도, 열지라도, 열지언정, 연들, 여는데도, 열기로서니, 여나마, 열망정, 열어 보았자	cause	열어서, 여니까, 여느라고, 열기에, 열길래, 여느니만큼, 여는지라, 열세라, 열므로
intention	열러, 열려고, 열고자	addition	열거니와, 열뿐더러, 열려니와
result	열도록, 열게끔	repetition	열곤

Basic sentences

- 더울 때는 창문을 열어 두어라. Open the window when it's hot.
- 회의를 열 때가 됐지? Isn't about time to start the meeting?
- 마음의 문을 열고 대화를 해 봅시다. Let's have a conversation with an open heart.

오다1 [오다, oda]

'너라' irregular conjugation, Avi

to come ; to arrive at ; to be due date ; to draw near

causative	*오히다, 오게 하다, 오게 만들다	passive	*오히다, 오게 되다, 와지다

adnominal : present-conti	past-perfect	past-retrospective	past-perfect-retro	future-gue/will
오는	온	오던	왔던	올

quotational : declarative	interrogative	imperative	suggestive	nominal	adverbial
온다고	오느냐고	오라고	오자고	오기, 옴	와, 오게

high honorific level		indicative style	retrospective style
declarative	present	옵니다	옵디다
	present-continuous	오고 있습니다, 오는 중입니다	오고 있습디다
	past-perfect	왔습니다	왔습디다
	past-experience	왔었습니다	왔었습디다
	past-guessing	왔겠습니다	왔겠습디다
	future-gue/will/abi	오겠습니다, 오렵니다, 올 겁니다, 올 수 있습니다	오겠습디다
introgative	present	옵니까?	옵디까?
	past-perfect	왔습니까?	왔습디까?
	past-experience	왔었습니까?	왔었습디까?
	future-gue/will/abi	오겠습니까? 오렵니까? 올 겁니까? 오리이까? 올 수 있겠습니까?	오겠습디까?
imperative		오시오, 오십시오	
suggestive		옵시다, 오십시다	
exclamatory		오시는구나!	

ordinary honorific lev		'-어요' form	'-으오' form
declarative	present	와요, 오지요, 오세요, 올래요, 올걸요, 오는데요, 온대요, 올게요, 오잖아요	오오
	present-continuous	오고 있어요, 오고 있지요, 오고 있으세요, 오는 중이에요	오고 있소
	past-perfect	왔어요, 왔지요, 왔으세요, 왔잖아요	왔소
	past-experience	왔었어요, 왔었지요, 왔었으세요	왔었소
	past-guessing	왔겠어요, 왔겠지요, 왔겠으세요	왔겠소
	future-gue/will/abi	오겠어요, 오겠지요, 오겠으세요, 올 수 있어요	오겠소
introgative	present	와요? 오지요? 오세요? 오나요? 올까요? 올래요? 오는가요? 오는데요? 온대요? 온다면서요? 온다지요?	오오? *오소?
	past-perfect	왔어요? 왔지요? 왔으세요?	왔소?
	past-experience	왔었어요? 왔었지요? 왔었으세요?	왔었소?
	future-gue/will/abi	오겠어요? 오겠지요? 오겠으세요? 오리요? 올 거예요? 올 거지요? 올 수 있겠어요?	오겠소?
imperative		와요, 오지요, 오세요, 오라니까요	오오, 오구려
suggestive		와요, 오지요, 오세요, 오자니까요	오오
exclamatory		오는군요! 오리요!	오오!

ordinary non-honorific lev		'-어' form	'-네' form
declarative	present	와, 오지, 올래, 올걸, 오는데, 온대, 올게, 온단다, 오마, 오잖아	오네
	present-continuous	오고 있어, 오고 있지, 오는 중이야	오고 있네
	past-perfect	왔어, 왔지, 왔잖아	왔네
	future-gue/will/abi	오겠어, 오겠지, 올 수 있어	오겠네
introgative	present	와? 오지? 오니? 오나? 올까? 오랴? 올래? 오는데? 온대? 온다면서? 온다지?	오는가?
	past-perfect	왔어? 왔지? 왔니? 왔을까? 왔대? 왔다면서?	왔는가?
	future-gue/will/abi	오겠어? 오겠지? 오겠니? 오리? 올 거야? 올 거지? 올 거니? 올 수 있겠어?	오겠는가?
imperative		와, 오지, 오렴, 오려무나, 오라니까	오게
suggestive		와, 오지, 오자니까	오세
exclamatory		와! 오지! 오리!	오네!

low non-honorific lev		indicative style	retrospective style
declarative	present	온다	오더라
	present-continuous	오고 있다, 오는 중이다	오고 있더라
	past-perfect	왔다	왔더라
	future-gue/will/abi	오겠다, 오리다, 오련다, 올 거다, 올 수 있다	오겠더라
introgative	present	오느냐?	오더냐?
	past-perfect	왔느냐?	왔더냐?
	future-gue/will/abi	오겠느냐?	오겠더냐?
imperative		와라/오너라	
suggestive		오자	
exclamatory		오는구나! 온다! 오는도다!	오더구나!

connective	endings	connective	endings
serial	오고, 오며	comparison	오느니
selection	오거나, 오든지, 오든가	degree	오리만큼
contrast	와도, 오지만, 오나, 오는데, 오면서도, 오되, 오지	condition	오면, 오거든, 오거들랑, 와야, 온다면, 왔던들
simultaneity	오면서, 오며	circumstance	오는데, 오니, 오다시피
completion	오고서, 와서, 오자, 오자마자	figure	오듯이
conversion	오다가	proportion	올수록
concession	와도, 오더라도, 올지라도, 올지언정, 온들, 오는데도, 오기로서니, 오나마, 올망정, 와 보았자	cause	와서, 오니까, 오느라고, 오기에, 오길래, 오느니만큼, 오는지라, 올세라, 오므로
intention	오러, 오려고, 오고자	addition	오거니와, 올뿐더러, 오려니와
result	오도록, 오게끔	repetition	오곤

- 감기에 걸려서 오늘은 일찍 집에 왔다. I came home early because I got a cold.
- 비가 올 듯 하늘이 잔뜩 찌푸려 있다. The cloud is dark and heavy, like it is about to rain.
- 집으로 오다가 우연히 친구를 만났다. I met a friend coincidently on the way home.

오르다 [오르다, orida]

'ㄹ' irregular conjugation, Avi

to climb, go up ; to rise ; to reach ; to be registered ; to be talked

causative	*올리다, 오르게 하다, 오르게 만들다	passive	*오르히다, 오르게 되다, 올려지다

adnominal : present-conti	past-perfect	past-retrospective	past-perfect-retro	future-gue/will
오르는	오른	오르던	올랐던	오를

quotational : declarative	interrogative	imperative	suggestive	nominal	adverbial
오른다고	오르느냐고	오르라고	오르자고	오르기, 오름	올라, 오르게

high honorific level		indicative style	retrospective style
declarative	present	오릅니다	오릅디다
	present-continuous	오르고 있습니다, 오르는 중입니다	오르고 있습디다
	past-perfect	올랐습니다	올랐습디다
	past-experience	올랐었습니다	올랐었습디다
	past-guessing	올랐겠습니다	올랐겠습디다
	future-gue/will/abi	오르겠습니다, 오르렵니다, 오를 겁니다, 오를 수 있습니다	오르겠습디다
introgative	present	오릅니까?	오릅디까?
	past-perfect	올랐습니까?	올랐습디까?
	past-experience	올랐었습니까?	올랐었습디까?
	future-gue/will/abi	오르겠습니까? 오르렵니까? 오를 겁니까? 오르리이까? 오를 수 있겠습니까?	오르겠습디까?
imperative		오르시오, 오르십시오	
suggestive		오릅시다, 오르십시다	
exclamatory		오르시는구나!	

ordinary honorific lev		'-어요' form	'-으오' form
declarative	present	올라요, 오르지요, 오르세요, 오를래요, 오를걸요, 오르는데요, 오른대요, 오를게요, 오르잖아요	오르오
	present-continuous	오르고 있어요, 오르고 있지요, 오르고 있으세요, 오르는 중이에요	오르고 있소
	past-perfect	올랐어요, 올랐지요, 올랐으세요, 올랐잖아요	올랐소
	past-experience	올랐었어요, 올랐었지요, 올랐었으세요	올랐었소
	past-guessing	올랐겠어요, 올랐겠지요, 올랐겠으세요	올랐겠소
	future-gue/will/abi	오르겠어요, 오르겠지요, 오르겠으세요, 오를 수 있어요	오르겠소
introgative	present	올라요? 오르지요? 오르세요? 오르나요? 오를까요? 오를래요? 오르는가요? 오르는데요? 오른대요? 오른다면서요? 오른다지요?	오르오? *오르소?
	past-perfect	올랐어요? 올랐지요? 올랐으세요?	올랐소?
	past-experience	올랐었어요? 올랐었지요? 올랐었으세요?	올랐었소?
	future-gue/will/abi	오르겠어요? 오르겠지요? 오르겠으세요? 오르리요? 오를 거예요? 오를 거지요? 오를 수 있겠어요?	오르겠소?
imperative		올라요, 오르지요, 오르세요, 오르라니까요	오르오, 오르구려
suggestive		올라요, 오르지요, 오르세요, 오르자니까요	오르오
exclamatory		오르는군요! 오르리요!	오르오!

ordinary non-honorific lev		'-어' form	'-네' form
declarative	present	올라, 오르지, 오를래, 오를걸, 오르는데, 오른대, 오를게, 오른단다, 오르마, 오르잖아	오르네
	present-continuous	오르고 있어, 오르고 있지, 오르는 중이야	오르고 있네
	past-perfect	올랐어, 올랐지, 올랐잖아	올랐네
	future-gue/will/abi	오르겠어, 오르겠지, 오를 수 있어	오르겠네
introgative	present	올라? 오르지? 오르니? 오르나? 오를까? 오르랴? 오를래? 오르는데? 오른대? 오른다면서? 오른다지?	오르는가?
	past-perfect	올랐어? 올랐지? 올랐니? 올랐을까? 올랐대? 올랐다면서?	올랐는가?
	future-gue/will/abi	오르겠어? 오르겠지? 오르겠니? 오르리? 오를 거야? 오를 거지? 오를 거니? 오를 수 있겠어?	오르겠는가?
imperative		올라, 오르지, 오르렴, 오르려무나, 오르라니까	오르게
suggestive		올라, 오르지, 오르자니까	오르세
exclamatory		올라! 오르지! 오르리!	오르네!

low non-honorific lev		indicative style	retrospective style
declarative	present	오른다	오르더라
	present-continuous	오르고 있다, 오르는 중이다	오르고 있더라
	past-perfect	올랐다	올랐더라
	future-gue/will/abi	오르겠다, 오르리다, 오르련다, 오를 거다, 오를 수 있다	오르겠더라
introgative	present	오르느냐?	오르더냐?
	past-perfect	올랐느냐?	올랐더냐?
	future-gue/will/abi	오르겠느냐?	오르겠더냐?
imperative		올라라	
suggestive		오르자	
exclamatory		오르는구나! 오른다! 오르는도다!	오르더구나!

connective	endings	connective	endings
serial	오르고, 오르며	comparison	오르느니
selection	오르거나, 오르든지, 오르든가	degree	오르리만큼
contrast	올라도, 오르지만, 오르나, 오르는데, 오르면서도, 오르되, 오르지	condition	오르면, 오르거든, 오르거들랑, 올라야, 오른다면, 올랐던들
simultaneity	오르면서, 오르며	circumstance	오르는데, 오르니, 오르다시피
completion	오르고서, 올라서, 오르자, 오르자마자	figure	오르듯이
conversion	오르다가	proportion	오를수록
concession	올라도, 오르더라도, 오를지라도, 오를지언정, 오른들, 오르는데도, 오르기로서니, 오르나마, 오를망정, 올라 보았자	cause	올라서, 오르니까, 오르느라고, 오르기에, 오르길래, 오르느니만큼, 오르는지라, 오를세라, 오르므로
intention	오르러, 오르려고, 오르고자	addition	오르거니와, 오를뿐더러, 오르려니와
result	오르도록, 오르게끔	repetition	오르곤

Basic sentences

- 그들은 어제 백두산 정상에 올랐다. They arrived at the peak of the Baekdusan yesterday.
- 축구 천재의 반열에 오른 박지성이 한국에 돌아왔다.
  Park Ji-seong, who reached the top of the soccer rank returned to Korea.
- 가수 윤시내가 무대에 오르자 환호성이 터져 나왔다.
  There was a loud cheer when the singer Yeun See-Nea stood on the stage.

외롭다 [외롭따, ø ropt'a]

'ㅂ' irregular conjugation, Dv

to be lonely, to be lonesome ; to be solitary

causative	*외롭히다, 외롭게 하다, 외롭게 만들다	passive	*외롭히다, 외롭게 되다, 외로워지다

adnominal : present-conti	past-perfect	past-retrospective	past-perfect-retro	future-gue/will
외로운	외로운	외롭던	외로웠던	외로울

quotational : declarative	interrogative	imperative	suggestive	nominal	adverbial
외롭다고	외로우냐고	*오로우라고	*외롭자고	*외롭기, 외로움	외로워, 외롭게

high honorific level		indicative style	retrospective style
declarative	present	외롭습니다	외롭습디다
	present-continuous	*외롭고 있습니다, *외롭는 중입니다	*외롭고 있습디다
	past-perfect	외로웠습니다	외로웠습디다
	past-experience	외로웠었습니다	외로웠었습디다
	past-guessing	외로웠겠습니다	외로웠겠습디다
	future-gue/will/abi	외롭겠습니다, *외로우렵니다, 외로울 겁니다, 외로울 수 있습니다	외롭겠습디다
introgative	present	외롭습니까?	외롭습디까?
	past-perfect	외로웠습니까?	외로웠습디까?
	past-experience	외로웠었습니까?	외로웠었습디까?
	future-gue/will/abi	외롭겠습니까? *외로우렵니까? *외로울 겁니까? 외로우리이까? *외로울 수 있겠습니까?	외롭겠습디까?
imperative		*외로우시오, *외로우십시오	
suggestive		*외로웁시다, *외로우십시다	
exclamatory		외로우시구나!	

ordinary honorific lev		'-어요' form	'-으오' form
declarative	present	외로워요, 외롭지요, 외로우세요, *외로울래요, 외로울걸요, 외로운데요, 외롭대요, *외로울게요, 외롭잖아요	외로우오
	present-continuous	*외롭고 있어요, *외롭고 있지요, *외롭고 있으세요, *외롭는 중이에요	*외롭고 있소
	past-perfect	외로웠어요, 외로웠지요, 외로웠으세요, 외로웠잖아요	외로웠소
	past-experience	외로웠었어요, 외로웠었지요, 외로웠었으세요	외로웠었소
	past-guessing	외로웠겠어요, 외로웠겠지요, 외로웠겠으세요	외로웠겠소
	future-gue/will/abi	외롭겠어요, 외롭겠지요, 외롭겠으세요, 외로울 수 있어요	외롭겠소
introgative	present	외로워요? 외롭지요? 외로우세요? 외롭나요? 외로울까요? *외로울래요? 외로운가요? 외로운데요? 외롭대요? 외롭다면서요? 외롭다지요?	외로우오? 외롭소?
	past-perfect	외로웠어요? 외로웠지요? 외로웠으세요?	외로웠소?
	past-experience	외로웠었어요? 외로웠었지요? 외로웠었으세요?	외로웠었소?
	future-gue/will/abi	외롭겠어요? 외롭겠지요? 외롭겠으세요? 외로우리요? *외로울 거예요? *외로울 거지요? *외로울 수 있겠어요?	외롭겠소?
imperative		*외로워요, *외롭지요, *외로우세요, *외로우라니까요	*외로우오, *외롭구려
suggestive		*외로워요, *외롭지요, *외로우세요, *외롭자니까요	*외로우오
exclamatory		외롭군요! 외로우리요!	외로우오!

ordinary non-honorific lev		'-어' form	'-네' form
declarative	present	외로워, 외롭지, *외로울래, 외로울걸, 외로운데, 외롭대, *외로울게, 외롭단다, *외로우마, 외롭잖아	외롭네
	present-continuous	*외롭고 있어, *외롭고 있지, *외롭는 중이야	*외롭고 있네
	past-perfect	외로웠어, 외로웠지, 외로웠잖아	외로웠네
	future-gue/will/abi	외롭겠어, 외롭겠지, 외로울 수 있어	외롭겠네
introgative	present	외로워? 외롭지? 외롭니? 외롭나? 외로울까? 외로우랴? *외로울래? 외로운데? 외롭대? 외롭다면서? 외롭다지?	외로운가?
	past-perfect	외로웠어? 외로웠지? 외로웠니? 외로웠을까? 외로웠대? 외로웠다면서?	외로웠는가?
	future-gue/will/abi	외롭겠어? 외롭겠지? 외롭겠니? 외로우리? *외로울 거야? *외로울 거지? *외로울 거니? *외로울 수 있겠어?	외롭겠는가?
imperative		*외로워, *외롭지, *외로우렴, *외로우려무나, *외로우라니까	*외롭게
suggestive		*외로워, *외롭지, *외롭자니까	*외롭세
exclamatory		외로워! 외롭지! 외로우리!	외롭네!

low non-honorific lev		indicative style	retrospective style
declarative	present	외롭다	외롭더라
	present-continuous	*외롭고 있다, *외롭는 중이다	*외롭고 있더라
	past-perfect	외로웠다	외로웠더라
	future-gue/will/abi	외롭겠다, *외로우리다, *외로우련다, 외로울 거다, 외로울 수 있다	외롭겠더라
introgative	present	외로우냐?	외롭더냐?
	past-perfect	외로웠느냐?	외로웠더냐?
	future-gue/will/abi	외롭겠느냐?	외롭겠더냐?
imperative		*외로워라	
suggestive		*외롭자	
exclamatory		외롭구나! 외롭다! 외롭도다!	외롭더구나!

connective	endings	connective	endings
serial	외롭고, 외로우며	comparison	*외롭느니
selection	외롭거나, 외롭든지, 외롭든가	degree	외로우리만큼
contrast	외로워도, 외롭지만, 외로우나, 외로운데, 외로우면서도, 외롭되, 외롭지	condition	외로우면, 외롭거든, 외롭거들랑, 외로워야, 외롭다면, 외로웠던들
simultaneity	외로우면서, 외로우며	circumstance	외로운데, 외로우니, *외롭다시피
completion	*외롭고서, *외로워서, *외롭자, *외롭자마자	figure	외롭듯이
conversion	외롭다가	proportion	외로울수록
concession	외로워도, 외롭더라도, 외로울지라도, 외로울지언정, 외로운들, 외로운데도, 외롭기로서니, 외로우나마, 외로울망정, 외로워 보았자	cause	외로워서, 외로우니까, *외롭느라고, 외롭기에, 외롭길래, 외로우니만큼, 외로운지라, 외로울세라, 외로우므로
intention	*외로우러, *외로우려고, *외롭고자	addition	외롭거니와, 외로울뿐더러, 외로우려니와
result	외롭도록, 외롭게끔	repetition	외롭곤

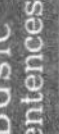

- 외톨이로 지내면 늘 외롭다. It's lonely to be alone.
- 인생은 외로운 나그네 길이다. Life is a lonely journey.
- 외국에서 살면 외로워도 잘 참아야 한다.
  Though it's lonely living oversees, you have to hold on.

외우다 [외우다, ø uda]

'우' regular conjugation, Avt

to recite from memory, learn by heart, memorize

causative	*외우히다, 외우게 하다, 외우게 만들다	passive	*외우히다, 외우게 되다, 외워지다

adnominal : present-conti	past-perfect	past-retrospective	past-perfect-retro	future-gue/will
외우는	외운	외우던	외웠던	외울

quotational : declarative	interrogative	imperative	suggestive	nominal	adverbial
외운다고	외우느냐고	외우라고	외우자고	외우기, 외움	외워, 외우게

high honorific level		indicative style	retrospective style
declarative	present	외웁니다	외웁디다
	present-continuous	외우고 있습니다, 외우는 중입니다	외우고 있습디다
	past-perfect	외웠습니다	외웠습디다
	past-experience	외웠었습니다	외웠었습디다
	past-guessing	외웠겠습니다	외웠겠습디다
	future-gue/will/abi	외우겠습니다, 외우렵니다, 외울 겁니다, 외울 수 있습니다	외우겠습디다
introgative	present	외웁니까?	외웁디까?
	past-perfect	외웠습니까?	외웠습디까?
	past-experience	외웠었습니까?	외웠었습디까?
	future-gue/will/abi	외우겠습니까? 외우렵니까? 외울 겁니까? 외우리이까? 외울 수 있겠습니까?	외우겠습디까?
imperative		외우시오, 외우십시오	
suggestive		외웁시다, 외우십시다	
exclamatory		외우시는구나!	

ordinary honorific lev		'-어요' form	'-으오' form
declarative	present	외워요, 외우지요, 외우세요, 외울래요, 외울걸요, 외우는데요, 외운대요, 외울게요, 외우잖아요	외우오
	present-continuous	외우고 있어요, 외우고 있지요, 외우고 있으세요, 외우는 중이에요	외우고 있소
	past-perfect	외웠어요, 외웠지요, 외웠으세요, 외웠잖아요	외웠소
	past-experience	외웠었어요, 외웠었지요, 외웠었으세요	외웠었소
	past-guessing	외웠겠어요, 외웠겠지요, 외웠겠으세요	외웠겠소
	future-gue/will/abi	외우겠어요, 외우겠지요, 외우겠으세요, 외울 수 있어요	외우겠소
introgative	present	외워요? 외우지요? 외우세요? 외우나요? 외울까요? 외울래요? 외우는가요? 외우는데요? 외운대요? 외운다면서요? 외운다지요?	외우오? *외우소?
	past-perfect	외웠어요? 외웠지요? 외웠으세요?	외웠소?
	past-experience	외웠었어요? 외웠었지요? 외웠었으세요?	외웠었소?
	future-gue/will/abi	외우겠어요? 외우겠지요? 외우겠으세요? 외우리요? 외울 거예요? 외울 거지요? 외울 수 있겠어요?	외우겠소?
imperative		외워요, 외우지요, 외우세요, 외우라니까요	외우오, 외우구려
suggestive		외워요, 외우지요, 외우세요, 외우자니까요	외우오
exclamatory		외우는군요! 외우리요!	외우오!

ordinary non-honorific lev		'-어' form	'-네' form
declarative	present	외워, 외우지, 외울래, 외울걸, 외우는데, 외운대, 외울게, 외운단다, 외우마, 외우잖아	외우네
	present-continuous	외우고 있어, 외우고 있지, 외우는 중이야	외우고 있네
	past-perfect	외웠어, 외웠지, 외웠잖아	외웠네
	future-gue/will/abi	외우겠어, 외우겠지, 외울 수 있어	외우겠네
introgative	present	외워? 외우지? 외우니? 외우나? 외울까? 외우랴? 외울래? 외우는데? 외운대? 외운다면서? 외운다지?	외우는가?
	past-perfect	외웠어? 외웠지? 외웠니? 외웠을까? 외웠대? 외웠다면서?	외웠는가?
	future-gue/will/abi	외우겠어? 외우겠지? 외우겠니? 외우리? 외울 거야? 외울 거지? 외울 거니? 외울 수 있겠어?	외우겠는가?
imperative		외워, 외우지, 외우렴, 외우려무나, 외우라니까	외우게
suggestive		외워, 외우지, 외우자니까	외우세
exclamatory		외워! 외우지! 외우리!	외우네!

low non-honorific lev		indicative style	retrospective style
declarative	present	외운다	외우더라
	present-continuous	외우고 있다, 외우는 중이다	외우고 있더라
	past-perfect	외웠다	외웠더라
	future-gue/will/abi	외우겠다, 외우리다, 외우련다, 외울 거다, 외울 수 있다	외우겠더라
introgative	present	외우느냐?	외우더냐?
	past-perfect	외웠느냐?	외웠더냐?
	future-gue/will/abi	외우겠느냐?	외우겠더냐?
imperative		외워라	
suggestive		외우자	
exclamatory		외우는구나! 외운다! 외우는도다!	외우더구나!

connective	endings	connective	endings
serial	외우고, 외우며	comparison	외우느니
selection	외우거나, 외우든지, 외우든가	degree	외우리만큼
contrast	외워도, 외우지만, 외우나, 외우는데, 외우면서도, 외우되, 외우지	condition	외우면, 외우거든, 외우거들랑, 외워야, 외운다면, 외웠던들
simultaneity	외우면서, 외우며	circumstance	외우는데, 외우니, 외우다시피
completion	외우고서, 외워서, 외우자, 외우자마자	figure	외우듯이
conversion	외우다가	proportion	외울수록
concession	외워도, 외우더라도, 외울지라도, 외울지언정, 외운들, 외우는데도, 외우기로서니, 외우나마, 외울망정, 외워 보았자	cause	외워서, 외우니까, 외우느라고, 외우기에, 외우길래, 외우느니만큼, 외우는지라, 외울세라, 외우므로
intention	외우러, 외우려고, 외우고자	addition	외우거니와, 외울뿐더러, 외우려니와
result	외우도록, 외우게끔	repetition	외우곤

Basic sentences

- 그는 '서시'라는 시를 통째로 외웠다. He memorized all of the poem, 'Seo-Si'.
- 주기도문을 모두 외운 사람은 손을 들어 보세요.
  Those who memorized the load's prayer raise your hand.
- 이것을 한꺼번에 모두 외우려고 하지 마세요. Do not try to memorize all of this at once.

웃다 [욷:따, ut:t'a]

'ㅅ' regular conjugation, Avi

to laugh, smile ; to giggle ; to sneer at

causative	웃기다, 웃게 하다, 웃게 만들다	passive	*웃히다, 웃게 되다, 웃어지다

adnominal : present-conti	past-perfect	past-retrospective	past-perfect-retro	future-gue/will
웃는	웃은	웃던	웃었던	웃을

quotational : declarative	interrogative	imperative	suggestive	nominal	adverbial
웃는다고	웃느냐고	웃으라고	웃자고	웃기, 웃음	웃어, 웃게

high honorific level		indicative style	retrospective style
declarative	present	웃습니다	웃습디다
	present-continuous	웃고 있습니다, 웃는 중입니다	웃고 있습디다
	past-perfect	웃었습니다	웃었습디다
	past-experience	웃었었습니다	웃었었습디다
	past-guessing	웃었겠습니다	웃었겠습디다
	future-gue/will/abi	웃겠습니다, 웃으렵니다, 웃을 겁니다, 웃을 수 있습니다	웃겠습디다
introgative	present	웃습니까?	웃습디까?
	past-perfect	웃었습니까?	웃었습디까?
	past-experience	웃었었습니까?	웃었었습디까?
	future-gue/will/abi	웃겠습니까? 웃으렵니까? 웃을 겁니까? 웃으리이까? 웃을 수 있겠습니까?	웃겠습디까?
imperative		웃으시오, 웃으십시오	
suggestive		웃읍시다, 웃으십시다	
exclamatory		웃으시는구나!	

ordinary honorific lev		'-어요' form	'-으오' form
declarative	present	웃어요, 웃지요, 웃으세요, 웃을래요, 웃을걸요, 웃는데요, 웃는대요, 웃을게요, 웃잖아요	웃으오
	present-continuous	웃고 있어요, 웃고 있지요, 웃고 있으세요, 웃는 중이에요	웃고 있소
	past-perfect	웃었어요, 웃었지요, 웃었으세요, 웃었잖아요	웃었소
	past-experience	웃었었어요, 웃었었지요, 웃었었으세요	웃었었소
	past-guessing	웃었겠어요, 웃었겠지요, 웃었겠으세요	웃었겠소
	future-gue/will/abi	웃겠어요, 웃겠지요, 웃겠으세요, 웃을 수 있어요	웃겠소
introgative	present	웃어요? 웃지요? 웃으세요? 웃나요? 웃을까요? 웃을래요? 웃는가요? 웃는데요? 웃는대요? 웃는다면서요? 웃는다지요?	웃으오? 웃소?
	past-perfect	웃었어요? 웃었지요? 웃었으세요?	웃었소?
	past-experience	웃었었어요? 웃었었지요? 웃었었으세요?	웃었었소?
	future-gue/will/abi	웃겠어요? 웃겠지요? 웃겠으세요? 웃으리요? 웃을 거예요? 웃을 거지요? 웃을 수 있겠어요?	웃겠소?
imperative		웃어요, 웃지요, 웃으세요, 웃으라니까요	웃으오, 웃구려
suggestive		웃어요, 웃지요, 웃으세요, 웃자니까요	웃으오
exclamatory		웃는군요! 웃으리요!	웃으오!

ordinary non-honorific lev		'-어' form	'-네' form
declarative	present	웃어, 웃지, 웃을래, 웃을걸, 웃는데, 웃는대, 웃을게, 웃는단다, 웃으마, 웃잖아	웃네
	present-continuous	웃고 있어, 웃고 있지, 웃는 중이야	웃고 있네
	past-perfect	웃었어, 웃었지, 웃었잖아	웃었네
	future-gue/will/abi	웃겠어, 웃겠지, 웃을 수 있어	웃겠네
introgative	present	웃어? 웃지? 웃니? 웃나? 웃을까? 웃으랴? 웃을래? 웃는데? 웃는대? 웃는다면서? 웃는다지?	웃는가?
	past-perfect	웃었어? 웃었지? 웃었니? 웃었을까? 웃었대? 웃었다면서?	웃었는가?
	future-gue/will/abi	웃겠어? 웃겠지? 웃겠니? 웃으리? 웃을 거야? 웃을 거지? 웃을 거니? 웃을 수 있겠어?	웃겠는가?
imperative		웃어, 웃지, 웃으렴, 웃으려무나, 웃으라니까	웃게
suggestive		웃어, 웃지, 웃자니까	웃세
exclamatory		웃어! 웃지! 웃으리!	웃네!

low non-honorific lev		indicative style	retrospective style
declarative	present	웃는다	웃더라
	present-continuous	웃고 있다, 웃는 중이다	웃고 있더라
	past-perfect	웃었다	웃었더라
	future-gue/will/abi	웃겠다, 웃으리다, 웃으련다, 웃을 거다, 웃을 수 있다	웃겠더라
introgative	present	웃느냐?	웃더냐?
	past-perfect	웃었느냐?	웃었더냐?
	future-gue/will/abi	웃겠느냐?	웃겠더냐?
imperative		웃어라	
suggestive		웃자	
exclamatory		웃는구나! 웃는다! 웃는도다!	웃더구나!

connective	endings	connective	endings
serial	웃고, 웃으며	comparison	웃느니
selection	웃거나, 웃든지, 웃든가	degree	웃으리만큼
contrast	웃어도, 웃지만, 웃으나, 웃는데, 웃으면서도, 웃되, 웃지	condition	웃으면, 웃거든, 웃거들랑, 웃어야, 웃는다면, 웃었던들
simultaneity	웃으면서, 웃으며	circumstance	웃는데, 웃으니, 웃다시피
completion	웃고서, 웃어서, 웃자, 웃자마자	figure	웃듯이
conversion	웃다가	proportion	웃을수록
concession	웃어도, 웃더라도, 웃을지라도, 웃을지언정, 웃은들, 웃는데도, 웃기로서니, 웃으나마, 웃을망정, 웃어 보았자	cause	웃어서, 웃으니까, 웃느라고, 웃기에, 웃길래, 웃느니만큼, 웃는지라, 웃을세라, 웃으므로
intention	웃으러, 웃으려고, 웃고자	addition	웃거니와, 웃을뿐더러, 웃으려니와
result	웃도록, 웃게끔	repetition	웃곤

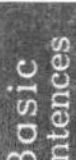

- 그는 늘 호탕하게 웃었다. He always laughs vigorously.
- 웃는 낯에 침 못 뱉는다. Nobody spits on a smiling face.
- 아빠도 반갑다는 듯이 웃으면서 나를 맞아 주었다.
  My father gladly welcomed me with a smile.

원하다 [원:하다, wən:hada]

'여' irregular conjugation, Avt

to want ; to hope, wish ; to expect ; to desire

causative	*원하히다, 원하게 하다, 원하게 만들다	passive	*원하히다, 원하게 되다, 원하여지다

adnominal : present-conti	past-perfect	past-retrospective	past-perfect-retro	future-gue/will
원하는	원한	원하던	원했던	원할

quotational : declarative	interrogative	imperative	suggestive	nominal	adverbial
원한다고	원하느냐고	원하라고	원하자고	원하기, 원함	원해, 원하게

high honorific level		indicative style	retrospective style
declarative	present	원합니다	원합디다
	present-continuous	원하고 있습니다, 원하는 중입니다	원하고 있습디다
	past-perfect	원했습니다	원했습디다
	past-experience	원했었습니다	원했었습디다
	past-guessing	원했겠습니다	원했겠습디다
	future-gue/will/abi	원하겠습니다, 원하렵니다, 원할 겁니다, 원할 수 있습니다	원하겠습디다
introgative	present	원합니까?	원합디까?
	past-perfect	원했습니까?	원했습디까?
	past-experience	원했었습니까?	원했었습디까?
	future-gue/will/abi	원하겠습니까? 원하렵니까? 원할 겁니까? 원하리이까? 원할 수 있겠습니까?	원하겠습디까?
imperative		원하시오, 원하십시오	
suggestive		원합시다, 원하십시다	
exclamatory		원하시는구나!	

ordinary honorific lev		'-어요' form	'-으오' form
declarative	present	원해요, 원하지요, 원하세요, 원할래요, 원할걸요, 원하는데요, 원한대요, 원할게요, 원하잖아요	원하오
	present-continuous	원하고 있어요, 원하고 있지요, 원하고 있으세요, 원하는 중이에요	원하고 있소
	past-perfect	원했어요, 원했지요, 원했으세요, 원했잖아요	원했소
	past-experience	원했었어요, 원했었지요, 원했었으세요	원했었소
	past-guessing	원했겠어요, 원했겠지요, 원했겠으세요	원했겠소
	future-gue/will/abi	원하겠어요, 원하겠지요, 원하겠으세요, 원할 수 있어요	원하겠소
introgative	present	원해요? 원하지요? 원하세요? 원하나요? 원할까요? 원할래요? 원하는가요? 원하는데요? 원한대요? 원한다면서요? 원한다지요?	원하오? 원하소?
	past-perfect	원했어요? 원했지요? 원했으세요?	원했소?
	past-experience	원했었어요? 원했었지요? 원했었으세요?	원했었소?
	future-gue/will/abi	원하겠어요? 원하겠지요? 원하겠으세요? 원하리요? 원할 거예요? 원할 거지요? 원할 수 있겠어요?	원하겠소?
imperative		원해요, 원하지요, 원하세요, 원하라니까요	원하오, 원하구려
suggestive		원해요, 원하지요, 원하세요, 원하자니까요	원하오
exclamatory		원하는군요! 원하리요!	원하오!

ordinary non-honorific lev		'-어' form	'-네' form
declarative	present	원해, 원하지, 원할래, 원할걸, 원하는데, 원한대, 원할게, 원한단다, 원하마, 원하잖아	원하네
	present-continuous	원하고 있어, 원하고 있지, 원하는 중이야	원하고 있네
	past-perfect	원했어, 원했지, 원했잖아	원했네
	future-gue/will/abi	원하겠어, 원하겠지, 원할 수 있어	원하겠네
introgative	present	원해? 원하지? 원하니? 원하나? 원할까? 원하랴? 원할래? 원하는데? 원한대? 원한다면서? 원한다지?	원하는가?
	past-perfect	원했어? 원했지? 원했니? 원했을까? 원했대? 원했다면서?	원했는가?
	future-gue/will/abi	원하겠어? 원하겠지? 원하겠니? 원하리? 원할 거야? 원할 거지? 원할 거니? 원할 수 있겠어?	원하겠는가?
imperative		원해, 원하지, 원하렴, 원하려무나, 원하라니까	원하게
suggestive		원해, 원하지, 원하자니까	원하세
exclamatory		원해! 원하지! 원하리!	원하네!

low non-honorific lev		indicative style	retrospective style
declarative	present	원한다	원하더라
	present-continuous	원하고 있다, 원하는 중이다	원하고 있더라
	past-perfect	원했다	원했더라
	future-gue/will/abi	원하겠다, 원하리다, 원하련다, 원할 거다, 원할 수 있다	원하겠더라
introgative	present	원하느냐?	원하더냐?
	past-perfect	원했느냐?	원했더냐?
	future-gue/will/abi	원하겠느냐?	원하겠더냐?
imperative		원해라	
suggestive		원하자	
exclamatory		원하는구나! 원한다! 원하는도다!	원하더구나!

connective	endings	connective	endings
serial	원하고, 원하며	comparison	원하느니
selection	원하거나, 원하든지, 원하든가	degree	원하리만큼
contrast	원해도, 원하지만, 원하나, 원하는데, 원하면서도, 원하되, 원하지	condition	원하면, 원하거든, 원하거들랑, 원해야, 원한다면, 원했던들
simultaneity	원하면서, 원하며	circumstance	원하는데, 원하니, 원하다시피
completion	원하고서, 원해서, 원하자, 원하자마자	figure	원하듯이
conversion	원하다가	proportion	원할수록
concession	원해도, 원하더라도, 원할지라도, 원할지언정, 원한들, 원하는데도, 원하기로서니, 원하나마, 원할망정, 원해 보았자	cause	원해서, 원하니까, 원하느라고, 원하기에, 원하길래, 원하느니만큼, 원하는지라, 원할세라, 원하므로
intention	원하러, 원하려고, 원하고자	addition	원하거니와, 원할뿐더러, 원하려니와
result	원하도록, 원하게끔	repetition	원하곤

- 나는 우리 아이가 성공하기를 원한다. I wish my child becomes successful.
- 네가 원하는 대로 하렴. Do as you wish.
- 그녀가 마약을 하기 원해도 절대 허용해서는 안 된다.
  You should never allow her to do drugs even if she wants.

읊다 [읍따, ɨpt'a]

'ㄿ' regular conjugation, Avt

to recite, chant

causative	*읊히다, 읊게 하다, 읊게 만들다	passive	읊히다, 읊게 되다, 읊어지다

adnominal : present-conti	past-perfect	past-retrospective	past-perfect-retro	future-gue/will
읊는	읊은	읊던	읊었던	읊을

quotational : declarative	interrogative	imperative	suggestive	nominal	adverbial
읊는다고	읊느냐고	읊으라고	읊자고	읊기, 읊음	읊어, 읊게

high honorific level		indicative style	retrospective style
declarative	present	읊습니다	읊습디다
	present-continuous	읊고 있습니다, 읊는 중입니다	읊고 있습디다
	past-perfect	읊었습니다	읊었습디다
	past-experience	읊었었습니다	읊었었습디다
	past-guessing	읊었겠습니다	읊었겠습디다
	future-gue/will/abi	읊겠습니다, 읊으렵니다, 읊을 겁니다, 읊을 수 있습니다	읊겠습디다
introgative	present	읊습니까?	읊습디까?
	past-perfect	읊었습니까?	읊었습디까?
	past-experience	읊었었습니까?	읊었었습디까?
	future-gue/will/abi	읊겠습니까? 읊으렵니까? 읊을 겁니까? 읊으리이까? 읊을 수 있겠습니까?	읊겠습디까?
imperative		읊으시오, 읊으십시오	
suggestive		읊읍시다, 읊으십시다	
exclamatory		읊으시는구나!	

ordinary honorific lev		'-어요' form	'-으오' form
declarative	present	읊어요, 읊지요, 읊으세요, 읊을래요, 읊을걸요, 읊는데요, 읊는대요, 읊을게요, 읊잖아요	읊으오
	present-continuous	읊고 있어요, 읊고 있지요, 읊고 있으세요, 읊는 중이에요	읊고 있소
	past-perfect	읊었어요, 읊었지요, 읊었으세요, 읊었잖아요	읊었소
	past-experience	읊었었어요, 읊었었지요, 읊었었으세요	읊었었소
	past-guessing	읊었겠어요, 읊었겠지요, 읊었겠으세요	읊었겠소
	future-gue/will/abi	읊겠어요, 읊겠지요, 읊겠으세요, 읊을 수 있어요	읊겠소
introgative	present	읊어요? 읊지요? 읊으세요? 읊나요? 읊을까요? 읊을래요? 읊는가요? 읊는데요? 읊는대요? 읊는다면서요? 읊는다지요?	읊으오? 읊소?
	past-perfect	읊었어요? 읊었지요? 읊었으세요?	읊었소?
	past-experience	읊었었어요? 읊었었지요? 읊었었으세요?	읊었었소?
	future-gue/will/abi	읊겠어요? 읊겠지요? 읊겠으세요? 읊으리요? 읊을 거예요? 읊을 거지요? 읊을 수 있겠어요?	읊겠소?
imperative		읊어요, 읊지요, 읊으세요, 읊으라니까요	읊으오, 읊구려
suggestive		읊어요, 읊지요, 읊으세요, 읊자니까요	읊으오
exclamatory		읊는군요! 읊으리요!	읊으오!

ordinary non-honorific lev		'-어' form	'-네' form
declarative	present	읊어, 읊지, 읊을래, 읊을걸, 읊는데, 읊는대, 읊을게, 읊는단다, 읊으마, 읊잖아	읊네
	present-continuous	읊고 있어, 읊고 있지, 읊는 중이야	읊고 있네
	past-perfect	읊었어, 읊었지, 읊었잖아	읊었네
	future-gue/will/abi	읊겠어, 읊겠지, 읊을 수 있어	읊겠네
introgative	present	읊어? 읊지? 읊니? 읊나? 읊을까? 읊으랴? 읊을래? 읊는데? 읊는대? 읊는다면서? 읊는다지?	읊는가?
	past-perfect	읊었어? 읊었지? 읊었니? 읊었을까? 읊었대? 읊었다면서?	읊었는가?
	future-gue/will/abi	읊겠어? 읊겠지? 읊겠니? 읊으리? 읊을 거야? 읊을 거지? 읊을 거니? 읊을 수 있겠어?	읊겠는가?
imperative		읊어, 읊지, 읊으렴, 읊으려무나, 읊으라니까	읊게
suggestive		읊어, 읊지, 읊자니까	읊세
exclamatory		읊어! 읊지! 읊으리!	읊네!

low non-honorific lev		indicative style	retrospective style
declarative	present	읊는다	읊더라
	present-continuous	읊고 있다, 읊는 중이다	읊고 있더라
	past-perfect	읊었다	읊었더라
	future-gue/will/abi	읊겠다, 읊으리다, 읊으련다, 읊을 거다, 읊을 수 있다	읊겠더라
introgative	present	읊느냐?	읊더냐?
	past-perfect	읊었느냐?	읊었더냐?
	future-gue/will/abi	읊겠느냐?	읊겠더냐?
imperative		읊어라	
suggestive		읊자	
exclamatory		읊는구나! 읊는다! 읊는도다!	읊더구나!

connective	endings	connective	endings
serial	읊고, 읊으며	comparison	읊느니
selection	읊거나, 읊든지, 읊든가	degree	읊으리만큼
contrast	읊어도, 읊지만, 읊으나, 읊는데, 읊으면서도, 읊되, 읊지	condition	읊으면, 읊거든, 읊거들랑, 읊어야, 읊는다면, 읊었던들
simultaneity	읊으면서, 읊으며	circumstance	읊는데, 읊으니, 읊다시피
completion	읊고서, 읊어서, 읊자, 읊자마자	figure	읊듯이
conversion	읊다가	proportion	읊을수록
concession	읊어도, 읊더라도, 읊을지라도, 읊을지언정, 읊은들, 읊는데도, 읊기로서니, 읊으나마, 읊을망정, 읊어 보았자	cause	읊어서, 읊으니까, 읊느라고, 읊기에, 읊길래, 읊느니만큼, 읊는지라, 읊을세라, 읊으므로
intention	읊으러, 읊으려고, 읊고자	addition	읊거니와, 읊을뿐더러, 읊으려니와
result	읊도록, 읊게끔	repetition	읊곤

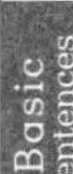

- 그녀는 김소월의 '진달래꽃'이라는 시를 읊고 있다.
  She recited the poem 'Gindalreakkot' by Seo-wall Kim.
- 누구나 아름다운 풍경을 보면 시 한 수쯤은 읊었을 것이다.
  Most people would have recited a peom in from of beautiful landscape.
- 나는 노년에는 시를 읊으면서 살고 싶다. I would like to live reciting old peoms.

이다 [이다, ida]

'이' regular conjugation, copular

to be

causative	*이히다, 이게 하다, *이게 만들다	passive	*이히다, 이게 되다, *이어지다

adnominal : present-conti	past-perfect	past-retrospective	past-perfect-retro	future-gue/will
인	인	이던	이었던	일

quotational : declarative	interrogative	imperative	suggestive	nominal	adverbial
이라고	이냐고	*이라고	*이자고	이기, 임	이어, 이게

high honorific level		indicative style	retrospective style
declarative	present	입니다	입디다
	present-continuous	*이고 있습니다, *이는 중입니다	*이고 있습디다
	past-perfect	이었습니다	이었습디다
	past-experience	이었었습니다	이었었습디다
	past-guessing	이었겠습니다	이었겠습디다
	future-gue/will/abi	이겠습니다, *이렵니다, 일 겁니다, 일 수 있습니다	*이겠습디다
introgative	present	입니까?	입디까?
	past-perfect	이었습니까?	이었습디까?
	past-experience	이었었습니까?	이었었습디까?
	future-gue/will/abi	이겠습니까? *이렵니까? *일 겁니까? *이리이까? 일 수 있겠습니까?	이겠습디까?
imperative		*이시오, *이십시오	
suggestive		*입시다, *이십시다	
exclamatory		이시구나!	

ordinary honorific lev		'-어요' form	'-으오' form
declarative	present	이어요/이에요/예요, 이지요, 이세요, *일래요, 일걸요, 인데요, 이래요, *일게요, 이잖아요	이오
	present-continuous	*이고 있어요, *이고 있지요, *이고 있으세요, *이는 중이에요	이고 있소
	past-perfect	이었어요, 이었지요, 이었으세요, 이었잖아요	이었소
	past-experience	이었었어요, 이었었지요, 이었었으세요	이었었소
	past-guessing	이었겠어요, 이었겠지요, 이었겠으세요	이었겠소
	future-gue/will/abi	이겠어요, 이겠지요, 이겠으세요, 일 수 있어요	이겠소
introgative	present	이어요?/이에요?/예요? 이지요? 이세요? *이나요? 일까요? *일래요? 인가요? 인데요? 이래요? 이라면서요? 이라지요?	이오? *이소?
	past-perfect	이었어요? 이었지요? 이었으세요?	이었소?
	past-experience	이었었어요? 이었었지요? 이었었으세요?	이었었소?
	future-gue/will/abi	이겠어요? 이겠지요? 이겠으세요? 이리요? *일 거예요? *일 거지요? 일 수 있겠어요?	이겠소?
imperative		*이어요, *이지요, *이세요, *이라니까요	*이오, *이구려
suggestive		*이어요, *이지요, *이세요, *이자니까요	*이오
exclamatory		이군요! 이리요!	이오!

ordinary non-honorific lev		'-어' form	'-네' form
declarative	present	이야, 이지, *일래, 일걸, 인데, 이래, *일게, 이란다, *이마, 이잖아	이네
	present-continuous	*이고 있어, *이고 있지, *이는 중이야	*이고 있네
	past-perfect	이었어, 이었지, 이었잖아	이었네
	future-gue/will/abi	이겠어, 이겠지, 일 수 있어	이겠네
introgative	present	이야? 이지? 이니? 이냐? 일까? 이랴? *일래? 인데? 이래? 이라면서? 이라지?	인가?
	past-perfect	이었어? 이었지? 이었니? 이었을까? 이었대? 이었다면서?	이었는가?
	future-gue/will/abi	이겠어? 이겠지? 이겠니? 이리? *일 거야? *일 거지? *일 거니? 일 수 있겠어?	이겠는가?
imperative		*이야, *이지, *이렴, *이려무나, *이라니까	*이게
suggestive		*이야, *이지, *이자니까	*이세
exclamatory		이어! 이지! 이리!	이네!

low non-honorific lev		indicative style	retrospective style
declarative	present	이다	이더라
	present-continuous	*이고 있다, *이는 중이다	*이고 있더라
	past-perfect	이었다	이었더라
	future-gue/will/abi	이겠다, *이리다, *이련다, 일 거다, 일 수 있다	이겠더라
introgative	present	이냐?	이더냐?
	past-perfect	이었느냐?	이었더냐?
	future-gue/will/abi	이겠느냐?	이겠더냐?
imperative		*이어라	
suggestive		*이자	
exclamatory		이구나! 이다! 이로다!	이더구나!

connective	endings	connective	endings
serial	이고, 이며	comparison	*이느니
selection	이거나, 이든지, 이든가	degree	이리만큼
contrast	이어도, 이지만, 이나, 인데, 이면서도, 이되, 이지	condition	이면, 이거든, 이거들랑, 이어야, 이라면, 이었던들
simultaneity	이면서, 이며	circumstance	인데, 이니, *이다시피
completion	이고서, 이어서, 이자, 이자마자	figure	이듯이
conversion	이다가	proportion	일수록
concession	이어도, 이더라도, 일지라도, 일지언정, 인들, 인데도, 이기로서니, 이나마, 일망정, *이어 보았자	cause	이어서, 이니까, *이느라고, 이기에, 이길래, 이니만큼, 인지라, 일세라, 이므로
intention	*이러, *이려고, *이고자	addition	이거니와, 일뿐더러, 이려니와
result	*이도록, *이게끔	repetition	*이곤

Basic sentences

- 여기가 바로 한국의 독도다. This is Korean Dokdo island.
- 수영 선수인 그는 요즘 금메달을 따기 위해 열심히 훈련 중이다.
  He who is simmer is in a hard training to earn the gold medal.
- 그는 언행은 비도덕적이었지만 위법은 아니었다. His speech were immoral but it was not illegal.

이렇다 [이러타, irətʰa]

'ㅎ' irregular conjugation, Dv

to be like this, be this way ; to be worth mentioning

causative	*이렇히다, 이렇게 하다, 이렇게 만들다	passive	*이렇히다, 이렇게 되다, 이래지다

adnominal : present-conti	past-perfect	past-retrospective	past-perfect-retro	future-gue/will
이런	이런	이렇던	이랬던	이럴

quotational : declarative	interrogative	imperative	suggestive	nominal	adverbial
이렇다고	이러냐고	*이러라고	*이러자고	이렇기, 이럼	이래, 이렇게

high honorific level		indicative style	retrospective style
declarative	present	이렇습니다	이렇습디다
	present-continuous	*이렇고 있습니다, *이렇는 중입니다	*이렇고 있습디다
	past-perfect	이랬습니다	이랬습디다
	past-experience	이랬었습니다	이랬었습디다
	past-guessing	이랬겠습니다	이랬겠습디다
	future-gue/will/abi	이렇겠습니다, *이러렵니다, 이럴 겁니다, 이럴 수 있습니다	이렇겠습디다
introgative	present	이렇습니까?	이렇습디까?
	past-perfect	이랬습니까?	이랬습디까?
	past-experience	이랬었습니까?	이랬었습디까?
	future-gue/will/abi	이렇겠습니까? *이러렵니까? *이럴 겁니까? *이러리이까? 이럴 수 있겠습니까?	이렇겠습디까?
imperative		*이러시오, *이러십시오	
suggestive		*이럽시다, *이러십시다	
exclamatory		이러시구나!	

ordinary honorific lev		'-어요' form	'-으오' form
declarative	present	이래요, 이렇지요, 이러세요, *이럴래요, 이럴걸요, 이런데요, 이렇대요, 이럴게요, 이렇잖아요	이러오
	present-continuous	*이렇고 있어요, *이렇고 있지요, *이렇고 있으세요, *이렇는 중이에요	*이렇고 있소
	past-perfect	이랬어요, 이랬지요, 이랬으세요, 이랬잖아요	이랬소
	past-experience	이랬었어요, 이랬었지요, 이랬었으세요	이랬었소
	past-guessing	이랬겠어요, 이랬겠지요, 이랬겠으세요	이랬겠소
	future-gue/will/abi	이렇겠어요, 이렇겠지요, 이렇겠으세요, 이럴 수 있어요	이렇겠소
introgative	present	이래요? 이렇지요? 이러세요? 이렇나요? 이럴까요? *이럴래요? 이런가요? 이런데요? 이렇대요? 이렇다면서요? 이렇다지요?	이러오? 이렇소?
	past-perfect	이랬어요? 이랬지요? 이랬으세요?	이랬소?
	past-experience	이랬었어요? 이랬었지요? 이랬었으세요?	이랬었소?
	future-gue/will/abi	이렇겠어요? 이렇겠지요? 이렇겠으세요? 이러리요? *이럴 거예요? *이럴 거지요? 이럴 수 있겠어요?	이렇겠소?
imperative		*이래요, *이렇지요, *이러세요, *이러라니까요	*이러오, *이렇구려
suggestive		*이래요, *이렇지요, *이러세요, *이렇자니까요	*이러오
exclamatory		이렇군요! 이러리요!	이러오!

ordinary non-honorific lev		'-어' form	'-네' form
declarative	present	이래, 이렇지, *이럴래, 이럴걸, 이런데, 이렇대, 이럴게, 이렇단다, *이러마, 이렇잖아	이렇네
	present-continuous	*이렇고 있어, *이렇고 있지, *이렇는 중이야	*이렇고 있네
	past-perfect	이랬어, 이랬지, 이랬잖아	이랬네
	future-gue/will/abi	이렇겠어, 이렇겠지, 이럴 수 있어	이렇겠네
introgative	present	이래? 이렇지? 이렇니? 이렇나? 이럴까? 이러랴? *이럴래? 이런데? 이렇대? 이렇다면서? 이렇다지?	이런가?
	past-perfect	이랬어? 이랬지? 이랬니? 이랬을까? 이랬대? 이랬다면서?	이랬는가?
	future-gue/will/abi	이렇겠어? 이렇겠지? 이렇겠니? 이러리? *이럴 거야? *이럴 거지? *이럴 거니? 이럴 수 있겠어?	이렇겠는가?
imperative		*이래, *이렇지, *이러렴, *이러려무나, *이러라니까	*이렇게
suggestive		*이래, *이렇지, *이렇자니까	*이렇세
exclamatory		이래! 이렇지! 이러리!	이렇네!

low non-honorific lev		indicative style	retrospective style
declarative	present	이렇다	이렇더라
	present-continuous	*이렇고 있다, *이렇는 중이다	*이렇고 있더라
	past-perfect	이랬다	이랬더라
	future-gue/will/abi	이렇겠다, *이러리다, *이러련다, 이럴 거다, 이럴 수 있다	이렇겠더라
introgative	present	이러냐?	이렇더냐?
	past-perfect	이랬느냐?	이랬더냐?
	future-gue/will/abi	이렇겠느냐?	이렇겠더냐?
imperative		*이래라	
suggestive		*이렇자	
exclamatory		이렇구나! 이렇다! 이렇도다!	이렇더구나!

connective	endings	connective	endings
serial	이렇고, 이러며	comparison	*이렇느니
selection	이렇거나, 이렇든지, 이렇든가	degree	이러리만큼
contrast	이래도, 이렇지만, 이러나, 이런데, 이러면서도, 이렇되, 이렇지	condition	이러면, 이렇거든, 이렇거들랑, 이래야, 이렇다면, 이랬던들
simultaneity	이러면서, 이러며	circumstance	이런데, 이러니, *이렇다시피
completion	*이렇고서, *이래서, *이렇자, *이렇자마자	figure	이렇듯이
conversion	이렇다가	proportion	이럴수록
concession	이래도, 이렇더라도, 이럴지라도, 이럴지언정, 이런들, 이런데도, 이렇기로서니, 이러나마, 이럴망정, 이래 보았자	cause	이래서, 이러니까, 이러느라고, 이렇기에, 이렇길래, 이러니만큼, 이런지라, 이럴세라, 이러므로
intention	*이러러, *이러려고, *이렇고자	addition	이렇거니와, 이럴뿐더러, 이러려니와
result	이렇도록, 이렇게끔	repetition	*이렇곤

Basic sentences

- 한국의 경제 현실이 이렇습니다. This is Korea's economic reality.
- 이렇게 하면 문을 열 수 있습니다. You can open the door this way.
- 그는 이래서 항상 사랑을 많이 받는다. This is why he is loved all the time.

이루다 [이루다, iruda]

'우' regular conjugation, Avt

to accomplish, achieve ; to realize ; to complete, finish ; to make up

causative	*이루히다, 이루게 하다, 이루게 만들다	passive	*이루히다, 이루게 되다, 이루어지다

adnominal : present-conti	past-perfect	past-retrospective	past-perfect-retro	future-gue/will
이루는	이룬	이루던	이루었던	이룰

quotational : declarative	interrogative	imperative	suggestive	nominal	adverbial
이룬다고	이루느냐고	이루라고	이루자고	이루기, 이룸	이루어, 이루게

high honorific level		indicative style	retrospective style
declarative	present	이룹니다	이룹디다
	present-continuous	이루고 있습니다, 이루는 중입니다	이루고 있습디다
	past-perfect	이루었습니다	이루었습디다
	past-experience	이루었었습니다	이루었었습디다
	past-guessing	이루었겠습니다	이루었겠습디다
	future-gue/will/abi	이루겠습니다, 이루렵니다, 이룰 겁니다, 이룰 수 있습니다	이루겠습디다
introgative	present	이룹니까?	이룹디까?
	past-perfect	이루었습니까?	이루었습디까?
	past-experience	이루었었습니까?	이루었었습디까?
	future-gue/will/abi	이루겠습니까? 이루렵니까? 이룰 겁니까? 이루리이까? 이룰 수 있겠습니까?	이루겠습디까?
imperative		이루시오, 이루십시오	
suggestive		이룹시다, 이루십시다	
exclamatory		이루시는구나!	

ordinary honorific lev		'-어요' form	'-으오' form
declarative	present	이뤄요, 이루지요, 이루세요, 이룰래요, 이룰걸요, 이루는데요, 이룬대요, 이룰게요, 이루잖아요	이루오
	present-continuous	이루고 있어요, 이루고 있지요, 이루고 있으세요, 이루는 중이에요	이루고 있소
	past-perfect	이루었어요, 이루었지요, 이루었으세요, 이루었잖아요	이루었소
	past-experience	이루었었어요, 이루었었지요, 이루었었으세요	이루었었소
	past-guessing	이루었겠어요, 이루었겠지요, 이루었겠으세요	이루었겠소
	future-gue/will/abi	이루겠어요, 이루겠지요, 이루겠으세요, 이룰 수 있어요	이루겠소
introgative	present	이뤄요? 이루지요? 이루세요? 이루나요? 이룰까요? 이룰래요? 이루는가요? 이루는데요? 이룬대요? 이룬다면서요? 이룬다지요?	이루오? *이루소?
	past-perfect	이루었어요? 이루었지요? 이루었으세요?	이루었소?
	past-experience	이루었었어요? 이루었었지요? 이루었었으세요?	이루었었소?
	future-gue/will/abi	이루겠어요? 이루겠지요? 이루겠으세요? 이루리요? 이룰 거예요? 이룰 거지요? 이룰 수 있겠어요?	이루겠소?
imperative		이뤄요, 이루지요, 이루세요, 이루라니까요	이루오, 이루구려
suggestive		이뤄요, 이루지요, 이루세요, 이루자니까요	이루오
exclamatory		이루는군요! 이루리요!	이루오!

ordinary non-honorific lev		'-어' form	'-네' form
declarative	present	이뤄, 이루지, 이룰래, 이룰걸, 이루는데, 이룬대, 이룰게, 이룬단다, 이루마, 이루잖아	이루네
	present-continuous	이루고 있어, 이루고 있지, 이루는 중이야	이루고 있네
	past-perfect	이루었어, 이루었지, 이루었잖아	이루었네
	future-gue/will/abi	이루겠어, 이루겠지, 이룰 수 있어	이루겠네
introgative	present	이뤄? 이루지? 이루니? 이루나? 이룰까? 이루랴? 이룰래? 이루는데? 이룬대? 이룬다면서? 이룬다지?	이루는가?
	past-perfect	이루었어? 이루었지? 이루었니? 이루었을까? 이루었대? 이루었다면서?	이루었는가?
	future-gue/will/abi	이루겠어? 이루겠지? 이루겠니? 이루리? 이룰 거야? 이룰 거지? 이룰 거니? 이룰 수 있겠어?	이루겠는가?
imperative		이뤄, 이루지, 이루렴, 이루려무나, 이루라니까	이루게
suggestive		이뤄, 이루지, 이루자니까	이루세
exclamatory		이뤄! 이루지! 이루리!	이루네!

low non-honorific lev		indicative style	retrospective style
declarative	present	이룬다	이루더라
	present-continuous	이루고 있다, 이루는 중이다	이루고 있더라
	past-perfect	이루었다	이루었더라
	future-gue/will/abi	이루겠다, 이루리다, 이루련다, 이룰 거다, 이룰 수 있다	이루겠더라
introgative	present	이루느냐?	이루더냐?
	past-perfect	이루었느냐?	이루었더냐?
	future-gue/will/abi	이루겠느냐?	이루겠더냐?
imperative		이루어라	
suggestive		이루자	
exclamatory		이루는구나! 이룬다! 이루는도다!	이루더구나!

connective	endings	connective	endings
serial	이루고, 이루며	comparison	이루느니
selection	이루거나, 이루든지, 이루든가	degree	이루리만큼
contrast	이뤄도, 이루지만, 이루나, 이루는데, 이루면서도, 이루되, 이루지	condition	이루면, 이루거든, 이루거들랑, 이루어야, 이룬다면, 이루었던들
simultaneity	이루면서, 이루며	circumstance	이루는데, 이루니, 이루다시피
completion	이루고서, 이뤄서, 이루자, 이루자마자	figure	이루듯이
conversion	이루다가	proportion	이룰수록
concession	이뤄도, 이루더라도, 이룰지라도, 이룰지언정, 이룬들, 이루는데도, 이루기로서니, 이루나마, 이룰망정, 이루어 보았자	cause	이뤄서, 이루니까, 이루느라고, 이루기에, 이루길래, 이루느니만큼, 이루는지라, 이룰세라, 이루므로
intention	이루러, 이루려고, 이루고자	addition	이루거니와, 이룰뿐더러, 이루려니와
result	이루도록, 이루게끔	repetition	이루곤

Basic sentences

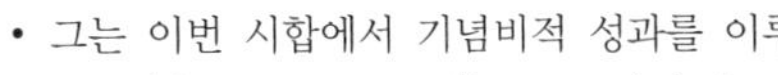

- 그는 이번 시합에서 기념비적 성과를 이루었다.
  He achieve an outstanding record during this match.
- 요즘은 잠을 잘 이루지 못해 매우 피곤하다.
  I am very stressed out and not able to sleep now a days.
- 개미들은 집단을 이루어서 살고 있다. Ants live by making groups.

이르다1 [이르다, irida]

'ㄹ' irregular conjugation, Dv

to be early ; to be premature

causative	*이르히다, 이르게 하다, 이르게 만들다	passive	*이르히다, 이르게 되다, 일러지다

adnominal : present-conti	past-perfect	past-retrospective	past-perfect-retro	future-gue/will
이른	이른	이르던	일렀던	이를

quotational : declarative	interrogative	imperative	suggestive	nominal	adverbial
이르다고	이르냐고	*이르라고	*이르자고	이르기, 이름	일러, 이르게

high honorific level		indicative style	retrospective style
declarative	present	이릅니다	이릅디다
	present-continuous	*이르고 있습니다, *이르는 중입니다	*이르고 있습디다
	past-perfect	일렀습니다	일렀습디다
	past-experience	일렀었습니다	일렀었습디다
	past-guessing	일렀겠습니다	일렀겠습디다
	future-gue/will/abi	이르겠습니다, *이르렵니다, 이를 겁니다, 이를 수 있습니다	이르겠습디다
introgative	present	이릅니까?	이릅디까?
	past-perfect	일렀습니까?	일렀습디까?
	past-experience	일렀었습니까?	일렀었습디까?
	future-gue/will/abi	이르겠습니까? *이르렵니까? *이를 겁니까? *이르리이까? *이를 수 있겠습니까?	이르겠습디까?
imperative		*이르시오, *이르십시오	
suggestive		*이릅시다, *이르십시다	
exclamatory		*이르시구나!	

ordinary honorific lev		'-어요' form	'-으오' form
declarative	present	일러요, 이르지요, 이르세요, *이를래요, 이를걸요, 이른데요, 이르대요, *이를게요, 이르잖아요	이르오
	present-continuous	*이르고 있어요, *이르고 있지요, *이르고 있으세요, *이르는 중이에요	*이르고 있소
	past-perfect	일렀어요, 일렀지요, 일렀으세요, 일렀잖아요	일렀소
	past-experience	일렀었어요, 일렀었지요, 일렀었으세요	일렀었소
	past-guessing	일렀겠어요, 일렀겠지요, 일렀겠으세요	일렀겠소
	future-gue/will/abi	이르겠어요, 이르겠지요, 이르겠으세요, 이를 수 있어요	이르겠소
introgative	present	일러요? 이르지요? 이르세요? 이르나요? 이를까요? *이를래요? 이른가요? 이른데요? 이르대요? 이르다면서요? 이르다지요?	이르오? *이르소?
	past-perfect	일렀어요? 일렀지요? 일렀으세요?	일렀소?
	past-experience	일렀었어요? 일렀었지요? 일렀었으세요?	일렀었소?
	future-gue/will/abi	*이르겠어요? 이르겠지요? 이르겠으세요? 이르리요? *이를 거예요? *이를 거지요? *이를 수 있겠어요?	이르겠소?
imperative		*일러요, *이르지요, *이르세요, *이르라니까요	*이르오, *이르구려
suggestive		*일러요, *이르지요, *이르세요, *이르자니까요	*이르오
exclamatory		이르군요! 이르리요!	이르오!

ordinary non-honorific lev		'-어' form	'-네' form
declarative	present	일러, 이르지, *이를래, 이를걸, 이른데, 이르대, *이를게, 이르단다, 이르마, 이르잖아	이르네
	present-continuous	*이르고 있어, *이르고 있지, *이르는 중이야	*이르고 있네
	past-perfect	일렀어, 일렀지, 일렀잖아	일렀네
	future-gue/will/abi	이르겠어, 이르겠지, 이를 수 있어	이르겠네
introgative	present	일러? 이르지? 이르니? 이르나? 이를까? 이르랴? *이를래? 이른데? 이르대? 이르다면서? 이르다지?	이른가?
	past-perfect	일렀어? 일렀지? 일렀니? 일렀을까? 일렀대? 일렀다면서?	일렀는가?
	future-gue/will/abi	이르겠어? 이르겠지? 이르겠니? *이르리? *이를 거야? *이를 거지? *이를 거니? *이를 수 있겠어?	이르겠는가?
imperative		*일러, *이르지, *이르렴, *이르려무나, *이르라니까	*이르게
suggestive		*일러, *이르지, *이르자니까	*이르세
exclamatory		일러! 이르지! 이르리!	이르네!

low non-honorific lev		indicative style	retrospective style
declarative	present	이르다	이르더라
	present-continuous	*이르고 있다, *이르는 중이다	*이르고 있더라
	past-perfect	일렀다	일렀더라
	future-gue/will/abi	이르겠다, *이르리다, *이르련다, 이를 거다, 이를 수 있다	이르겠더라
introgative	present	이르냐?	이르더냐?
	past-perfect	일렀느냐?	일렀더냐?
	future-gue/will/abi	이르겠느냐?	이르겠더냐?
imperative		*일러라	
suggestive		*이르자	
exclamatory		이르구나! 이르다! 이르도다!	이르더구나!

connective	endings	connective	endings
serial	이르고, 이르며	comparison	*이르느니
selection	이르거나, 이르든지, 이르든가	degree	이르리만큼
contrast	일러도, 이르지만, 이르나, 이른데, 이르면서도, 이르되, 이르지	condition	이르면, 이르거든, 이르거들랑, 일러야, 이르다면, 일렀던들
simultaneity	이르면서, 이르며	circumstance	이른데, 이르니, *이르다시피
completion	*이르고서, *일러서, *이르자, *이르자마자	figure	이르듯이
conversion	이르다가	proportion	이를수록
concession	일러도, 이르더라도, 이를지라도, 이를지언정, 이른들, 이른데도, 이르기로서니, 이르나마, 이를망정, 일러 보았자	cause	일러서, 이르니까, *이르느라고, 이르기에, 이르길래, 이르니만큼, 이른지라, *이를세라, 이르므로
intention	*이르러, *이르려고, *이르고자	addition	이르거니와, 이를뿐더러, 이르려니와
result	이르도록, 이르게끔	repetition	이르곤

Basic sentences

- 아직도 속단을 하기에는 일러요. It's still to early to make immediate judgments.
- 이른 아침에 서울로 출발했다. We left for Seoul early in the morning.
- 때가 좀 이르기는 하지만 사과를 살 수는 있을 거야.
  Though it's quite early we can still buy some apples.

이르다2 [이르다, irida]

'러' irregular conjugation, Avi

to reach, arrive ; to extend to ; to end in ; to approach

causative	*이르히다, 이르게 하다, 이르게 만들다	passive	*이르히다, 이르게 되다, *이르러지다

adnominal : present-conti	past-perfect-perfect	past-perfect-retrospective	past-perfect-perfect-retro	future-gue/will
이르는	이른	이르던	이르렀던	이를

quotational : declarative	interrogative	imperative	suggestive	nominal	adverbial
이른다고	이르느냐고	이르라고	이르자고	이르기, 이름	이르러, 이르게

high honorific level		indicative style	retrospective style
declarative	present	이릅니다	이릅디다
	present-continuous	이르고 있습니다, 이르는 중입니다	이르고 있습디다
	past-perfect	이르렀습니다	이르렀습디다
	past-experience	이르렀었습니다	이르렀었습디다
	past-guessing	이르렀겠습니다	이르렀겠습디다
	future-gue/will/abi	이르겠습니다, 이르렵니다, 이를 겁니다, 이를 수 있습니다	이르겠습디다
introgative	present	이릅니까?	이릅디까?
	past-perfect	이르렀습니까?	이르렀습디까?
	past-experience	이르렀었습니까?	이르렀었습디까?
	future-gue/will/abi	이르겠습니까? 이르렵니까? 이를 겁니까? 이르리이까? 이를 수 있겠습니까?	이르겠습디까?
imperative		이르시오, 이르십시오	
suggestive		이릅시다, 이르십시다	
exclamatory		이르시는구나!	

ordinary honorific lev		'-어요' form	'-으오' form
declarative	present	이르러요, 이르지요, 이르세요, 이를래요, 이를걸요, 이르는데요, 이른대요, 이를게요, 이르잖아요	이르오
	present-continuous	이르고 있어요, 이르고 있지요, 이르고 있으세요, 이르는 중이에요	이르고 있소
	past-perfect	이르렀어요, 이르렀지요, 이르렀으세요, 이르렀잖아요	이르렀소
	past-experience	이르렀었어요, 이르렀었지요, 이르렀었으세요	이르렀었소
	past-guessing	이르렀겠어요, 이르렀겠지요, 이르렀겠으세요	이르렀겠소
	future-gue/will/abi	이르겠어요, 이르겠지요, 이르겠으세요, 이를 수 있어요	이르겠소
introgative	present	이르러요? 이르지요? 이르세요? 이르나요? 이를까요? 이를래요? 이르는가요? 이르는데요? 이른대요? 이른다면서요? 이른다지요?	이르오? *이르소?
	past-perfect	이르렀어요? 이르렀지요? 이르렀으세요?	이르렀소?
	past-experience	이르렀었어요? 이르렀었지요? 이르렀었으세요?	이르렀었소?
	future-gue/will/abi	이르겠어요? 이르겠지요? 이르겠으세요? 이르리요? 이를 거예요? 이를 거지요? 이를 수 있겠어요?	이르겠소?
imperative		이르러요, 이르지요, 이르세요, 이르라니까요	이르오, 이르구려
suggestive		이르러요, 이르지요, 이르세요, 이르자니까요	이르오
exclamatory		이르는군요! 이르리요!	이르오!

ordinary non-honorific lev		'-어' form	'-네' form
declarative	present	이르러, 이르지, 이를래, 이를걸, 이르는데, 이른대, 이를게, 이르단다, 이르마, 이르잖아	이르네
	present-continuous	이르고 있어, 이르고 있지, 이르는 중이야	이르고 있네
	past-perfect	이르렀어, 이르렀지, 이르렀잖아	이르렀네
	future-gue/will/abi	이르겠어, 이르겠지, 이를 수 있어	이르겠네
introgative	present	이르러? 이르지? 이르니? 이르나? 이를까? 이르랴? 이를래? 이르는데? 이른대? 이른다면서? 이른다지?	이르는가?
	past-perfect	이르렀어? 이르렀지? 이르렀니? 이르렀을까? 이르렀대? 이르렀다면서?	이르렀는가?
	future-gue/will/abi	이르겠어? 이르겠지? 이르겠니? 이르리? 이를 거야? 이를 거지? 이를 거니? 이를 수 있겠어?	이르겠는가?
imperative		이르러, 이르지, 이르렴, 이르려무나, 이르라니까	이르게
suggestive		이르러, 이르지, 이르자니까	이르세
exclamatory		이르러! 이르지! 이르리!	이르네!

low non-honorific lev		indicative style	retrospective style
declarative	present	이른다	이르더라
	present-continuous	이르고 있다, 이르는 중이다	이르고 있더라
	past-perfect	이르렀다	이르렀더라
	future-gue/will/abi	이르겠다, 이르리다, 이르련다, 이를 거다, 이를 수 있다	이르겠더라
introgative	present	이르느냐?	이르더냐?
	past-perfect	이르렀느냐?	이르렀더냐?
	future-gue/will/abi	이르겠느냐?	이르겠더냐?
imperative		이르러라	
suggestive		이르자	
exclamatory		이르는구나! 이른다! 이르는도다!	이르더구나!

connective	endings	connective	endings
serial	이르고, 이르며	comparison	이르느니
selection	이르거나, 이르든지, 이르든가	degree	이르리만큼
contrast	이르러도, 이르지만, 이르나, 이르는데, 이르면서도, 이르되, 이르지	condition	이르면, 이르거든, 이르거들랑, 이르러야, 이른다면, 이르렀던들
simultaneity	이르면서, 이르며	circumstance	이르는데, 이르니, 이르다시피
completion	이르고서, 이르러서, 이르자, 이르자마자	figure	이르듯이
conversion	이르다가	proportion	이를수록
concession	이르러도, 이르더라도, 이를지라도, 이를지언정, 이른들, 이르는데도, 이르기로서니, 이르나마, 이를망정, 이르러 보았자	cause	이르러서, 이르니까, 이르느라고, 이르기에, 이르길래, 이르느니만큼, 이르는지라, 이를세라, 이르므로
intention	이르러, 이르려고, 이르고자	addition	이르거니와, 이를뿐더러, 이르려니와
result	이르도록, 이르게끔	repetition	이르곤

- 나는 드디어 백두산 천지에 이르렀다. I have finally reached Baekdusan's peak.
- 경찰이 사고현장에 이른 시각이 정각 10시였다.
  The time that the police arrived at the crime scene was exactly 10 am.
- 우리는 시험에 이르러서야 공부를 하기 시작했다. We started to study when the test approached.

이르다3 [이르다, irida]

'ㄹ' irregular conjugation, Avt

to say, tell on ; to report ; to advise

causative	*이르히다, 이르게 하다, 이르게 만들다	passive	*이르히다, 이르게 되다, 일러지다

adnominal : present-conti	past-perfect	past-retrospective	past-perfect-retro	future-gue/will
이르는	이른	이르던	일렀던	이를

quotational : declarative	interrogative	imperative	suggestive	nominal	adverbial
이른다고	이르느냐고	이르라고	이르자고	이르기, 이름	일러, 이르게

high honorific level		indicative style	retrospective style
declarative	present	이릅니다	이릅디다
	present-continuous	이르고 있습니다, 이르는 중입니다	이르고 있습디다
	past-perfect	일렀습니다	일렀습디다
	past-experience	일렀었습니다	일렀었습디다
	past-guessing	일렀겠습니다	일렀겠습디다
	future-gue/will/abi	이르겠습니다, 이르렵니다, 이를 겁니다, 이를 수 있습니다	이르겠습디다
introgative	present	이릅니까?	이릅디까?
	past-perfect	일렀습니까?	일렀습디까?
	past-experience	일렀었습니까?	일렀었습디까?
	future-gue/will/abi	이르겠습니까? 이르렵니까? 이를 겁니까? 이르리이까? 이를 수 있겠습니까?	이르겠습디까?
imperative		이르시오, 이르십시오	
suggestive		이릅시다, 이르십시다	
exclamatory		이르시는구나!	

ordinary honorific lev		'-어요' form	'-으오' form
declarative	present	일러요, 이르지요, 이르세요, 이를래요, 이를걸요, 이르는데요, 이르는대요, 이를게요, 이르잖아요	이르오
	present-continuous	이르고 있어요, 이르고 있지요, 이르고 있으세요, 이르는 중이에요	이르고 있소
	past-perfect	일렀어요, 일렀지요, 일렀으세요, 일렀잖아요	일렀소
	past-experience	일렀었어요, 일렀었지요, 일렀었으세요	일렀었소
	past-guessing	일렀겠어요, 일렀겠지요, 일렀겠으세요	일렀겠소
	future-gue/will/abi	이르겠어요, 이르겠지요, 이르겠으세요, 이를 수 있어요	이르겠소
introgative	present	일러요? 이르지요? 이르세요? 이르나요? 이를까요? 이를래요? 이르는가요? 이르는데요? 이른대요? 이른다면서요? 이른다지요?	이르오? *이르소?
	past-perfect	일렀어요? 일렀지요? 일렀으세요?	일렀소?
	past-experience	일렀었어요? 일렀었지요? 일렀었으세요?	일렀었소?
	future-gue/will/abi	이르겠어요? 이르겠지요? 이르겠으세요? 이르리요? 이를 거예요? 이를 거지요? 이를 수 있겠어요?	이르겠소?
imperative		일러요, 이르지요, 이르세요, 이르라니까요	이르오, 이르구려
suggestive		일러요, 이르지요, 이르세요, 이르자니까요	이르오
exclamatory		이르는군요! 이르리요!	이르오!

ordinary non-honorific lev		'-어' form	'-네' form
declarative	present	일러, 이르지, 이를래, 이를걸, 이르는데, 이른대, 이를게, 이른단다, 이르마, 이르잖아	이르네
	present-continuous	이르고 있어, 이르고 있지, 이르는 중이야	이르고 있네
	past-perfect	일렀어, 일렀지, 일렀잖아	일렀네
	future-gue/will/abi	이르겠어, 이르겠지, 이를 수 있어	이르겠네
introgative	present	일러? 이르지? 이르니? 이르나? 이를까? 이르랴? 이를래? 이르는데? 이른대? 이른다면서? 이른다지?	이르는가?
	past-perfect	일렀어? 일렀지? 일렀니? 일렀을까? 일렀대? 일렀다면서?	일렀는가?
	future-gue/will/abi	이르겠어? 이르겠지? 이르겠니? 이르리? 이를 거야? 이를 거지? 이를 거니? 이를 수 있겠어?	이르겠는가?
imperative		일러, 이르지, 이르렴, 이르려무나, 이르라니까	이르게
suggestive		일러, 이르지, 이르자니까	이르세
exclamatory		일러! 이르지! 이르리!	이르네!

low non-honorific lev		indicative style	retrospective style
declarative	present	이른다	이르더라
	present-continuous	이르고 있다, 이르는 중이다	이르고 있더라
	past-perfect	일렀다	일렀더라
	future-gue/will/abi	이르겠다, 이르리다, 이르련다, 이를 거다, 이를 수 있다	이르겠더라
introgative	present	이르느냐?	이르더냐?
	past-perfect	일렀느냐?	일렀더냐?
	future-gue/will/abi	이르겠느냐?	이르겠더냐?
imperative		일러라	
suggestive		이르자	
exclamatory		이르는구나! 이른다! 이르는도다!	이르더구나!

connective	endings	connective	endings
serial	이르고, 이르며	comparison	이르느니
selection	이르거나, 이르든지, 이르든가	degree	이르리만큼
contrast	일러도, 이르지만, 이르나, 이르는데, 이르면서도, 이르되, 이르지	condition	이르면, 이르거든, 이르거들랑, 일러야, 이른다면, 일렀던들
simultaneity	이르면서, 이르며	circumstance	이르는데, 이르니, 이르다시피
completion	이르고서, 일러서, 이르자, 이르자마자	figure	이르듯이
conversion	이르다가	proportion	이를수록
concession	일러도, 이르더라도, 이를지라도, 이를지언정, 이른들, 이르는데도, 이르기로서니, 이르나마, 이를망정, 일러 보았자	cause	일러서, 이르니까, 이르느라고, 이르기에, 이르길래, 이르느니만큼, 이르는지라, 이를세라, 이르므로
intention	이르러, 이르려고, 이르고자	addition	이르거니와, 이를뿐더러, 이르려니와
result	이르도록, 이르게끔	습관	이르곤

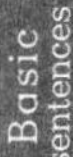

- 제 잘못을 엄마께 이르지 마세요. Do not tell my mother about my faults.
- 어제 일러 준 말을 다 기억하고 있지? Do you remember what I told you yesterday?
- 알아듣도록 일렀건만 결국 내 말을 듣지 않았다.
  I told it to you to understand but you eventually didn't listen to me.

일하다 [일:하다, il:hada]

'여' irregular conjugation, Avt

to work, labor ; to serve (as)

causative	일시키다, 일하게 하다, 일하게 만들다	passive	*일하히다, 일하게 되다, 일해지다

adnominal : present-conti	past-perfect	past-retrospective	past-perfect-retro	future-gue/will
일하는	일한	일하던	일했던	일할

quotational : declarative	interrogative	imperative	suggestive	nominal	adverbial
일한다고	일하느냐고	일하라고	일하자고	일하기, 일함	일해, 일하게

high honorific level		indicative style	retrospective style
declarative	present	일합니다	일합디다
	present-continuous	일하고 있습니다, 일하는 중입니다	일하고 있습디다
	past-perfect	일했습니다	일했습디다
	past-experience	일했었습니다	일했었습디다
	past-guessing	일했겠습니다	일했겠습디다
	future-gue/will/abi	일하겠습니다, 일하렵니다, 일할 겁니다, 일할 수 있습니다	일하겠습디다
introgative	present	일합니까?	일합디까?
	past-perfect	일했습니까?	일했습디까?
	past-experience	일했었습니까?	일했었습디까?
	future-gue/will/abi	일하겠습니까? 일하렵니까? 일할 겁니까? 일하리이까? 일할 수 있겠습니까?	일하겠습디까?
imperative		일하시오, 일하십시오	
suggestive		일합시다, 일하십시다	
exclamatory		일하시는구나!	

ordinary honorific lev		'-어요' form	'-으오' form
declarative	present	일해요, 일하지요, 일하세요, 일할래요, 일할걸요, 일하는데요, 일한대요, 일할게요, 일하잖아요	일하오
	present-continuous	일하고 있어요, 일하고 있지요, 일하고 있으세요, 일하는 중이에요	일하고 있소
	past-perfect	일했어요, 일했지요, 일했으세요, 일했잖아요	일했소
	past-experience	일했었어요, 일했었지요, 일했었으세요	일했었소
	past-guessing	일했겠어요, 일했겠지요, 일했겠으세요	일했겠소
	future-gue/will/abi	일하겠어요, 일하겠지요, 일하겠으세요, 일할 수 있어요	일하겠소
introgative	present	일해요? 일하지요? 일하세요? 일하나요? 일할까요? 일할래요? 일하는가요? 일하는데요? 일한대요? 일한다면서요? 일한다지요?	일하오? *일하소?
	past-perfect	일했어요? 일했지요? 일했으세요?	일했소?
	past-experience	일했었어요? 일했었지요? 일했었으세요?	일했었소?
	future-gue/will/abi	일하겠어요? 일하겠지요? 일하겠으세요? 일하리요? 일할 거예요? 일할 거지요? 일할 수 있겠어요?	일하겠소?
imperative		일해요, 일하지요, 일하세요, 일하라니까요	일하오, 일하구려
suggestive		일해요, 일하지요, 일하세요, 일하자니까요	일하오
exclamatory		일하는군요! 일하리요!	일하오!

ordinary non-honorific lev		'-어' form	'-네' form
declarative	present	일해, 일하지, 일할래, 일할걸, 일하는데, 일한대, 일할게, 일한단다, 일하마, 일하잖아	일하네
	present-continuous	일하고 있어, 일하고 있지, 일하는 중이야	일하고 있네
	past-perfect	일했어, 일했지, 일했잖아	일했네
	future-gue/will/abi	일하겠어, 일하겠지, 일할 수 있어	일하겠네
introgative	present	일해? 일하지? 일하니? 일하나? 일할까? 일하랴? 일할래? 일한대? 일하는데? 일한다면서? 일한다지?	일하는가?
	past-perfect	일했어? 일했지? 일했니? 일했을까? 일했대? 일했다면서?	일했는가?
	future-gue/will/abi	일하겠어? 일하겠지? 일하겠니? 일하리? 일할 거야? 일할 거지? 일할 거니? 일할 수 있겠어?	일하겠는가?
imperative		일해, 일하지, 일하렴, 일하려무나, 일하라니까	일하게
suggestive		일해, 일하지, 일하자니까	일하세
exclamatory		일해! 일하지! 일하리!	일하네!

low non-honorific lev		indicative style	retrospective style
declarative	present	일한다	일하더라
	present-continuous	일하고 있다, 일하는 중이다	일하고 있더라
	past-perfect	일했다	일했더라
	future-gue/will/abi	일하겠다, 일하리다, 일하련다, 일할 거다, 일할 수 있다	일하겠더라
introgative	present	일하느냐?	일하더냐?
	past-perfect	일했느냐?	일했더냐?
	future-gue/will/abi	일하겠느냐?	일하겠더냐?
imperative		일해라	
suggestive		일하자	
exclamatory		일하는구나! 일한다! 일하는도다!	일하더구나!

connective	endings	connective	endings
serial	일하고, 일하며	comparison	일하느니
selection	일하거나, 일하든지, 일하든가	degree	일하리만큼
contrast	일해도, 일하지만, 일하나, 일하는데, 일하면서도, 일하되, 일하지	condition	일하면, 일하거든, 일하거들랑, 일해야/일해야, 일한다면, 일했던들
simultaneity	일하면서, 일하며	circumstance	일하는데, 일하니, 일하다시피
completion	일하고서, 일해서, 일하자, 일하자마자	figure	일하듯이
conversion	일하다가	proportion	일할수록
concession	일해도, 일하더라도, 일할지라도, 일할지언정, 일한들, 일하는데도, 일하기로서니, 일하나마, 일할망정, 일해 보았자	cause	일해서, 일하니까, 일하느라고, 일하기에, 일하길래, 일하느니만큼, 일하는지라, 일할세라, 일하므로
intention	일하러, 일하려고, 일하고자	addition	일하거니와, 일할뿐더러, 일하려니와
result	일하도록, 일하게끔	습관	일하곤

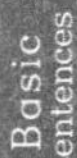

- 그는 한국 대사관에서 일하고 있다. He is working at the Korean Embassy.
- 그녀의 일하는 모습이 너무 멋있다. She looks very attractive when working.
- 너와 함께 일할수록 재미가 있다. The more I work with you, the more fun it gets.

읽다 [일따, ilt'a]

'ㄺ' regular conjugation, Avt

to read ; to peruse, know ; to become aware

causative	읽히다, 읽게 하다, 읽게 만들다	passive	읽히다, 읽게 되다, 읽어지다, 읽혀지다

adnominal : present-conti	past-perfect	past-retrospective	past-perfect-retro	future-gue/will
읽는	읽은	읽던	읽었던	읽을

quotational : declarative	interrogative	imperative	suggestive	nominal	adverbial
읽는다고	읽느냐고	읽으라고	읽자고	읽기, 읽음	읽어, 읽게

high honorific level		indicative style	retrospective style
declarative	present	읽습니다	읽습디다
	present-continuous	읽고 있습니다, 읽는 중입니다	읽고 있습디다
	past-perfect	읽었습니다	읽었습디다
	past-experience	읽었었습니다	읽었었습디다
	past-guessing	읽었겠습니다	읽었겠습디다
	future-gue/will/abi	읽겠습니다, 읽으렵니다, 읽을 겁니다, 읽을 수 있습니다	읽겠습디다
introgative	present	읽습니까?	읽습디까?
	past-perfect	읽었습니까?	읽었습디까?
	past-experience	읽었었습니까?	읽었었습디까?
	future-gue/will/abi	읽겠습니까? 읽으렵니까? 읽을 겁니까? 읽으리이까? 읽을 수 있겠습니까?	읽겠습디까?
imperative		읽으시오, 읽으십시오	
suggestive		읽읍시다, 읽으십시다	
exclamatory		읽으시는구나!	

ordinary honorific lev		'-어요' form	'-으오' form
declarative	present	읽어요, 읽지요, 읽으세요, 읽을래요, 읽을걸요, 읽는데요, 읽는대요, 읽을게요, 읽잖아요	읽으오
	present-continuous	읽고 있어요, 읽고 있지요, 읽고 있으세요, 읽는 중이에요	읽고 있소
	past-perfect	읽었어요, 읽었지요, 읽었으세요, 읽었잖아요	읽었소
	past-experience	읽었었어요, 읽었었지요, 읽었었으세요	읽었었소
	past-guessing	읽었겠어요, 읽었겠지요, 읽었겠으세요	읽었겠소
	future-gue/will/abi	읽겠어요, 읽겠지요, 읽겠으세요, 읽을 수 있어요	읽겠소
introgative	present	읽어요? 읽지요? 읽으세요? 읽나요? 읽을까요? 읽을래요? 읽는가요? 읽는데요? 읽는대요? 읽는다면서요? 읽는다지요?	읽으오? 읽소?
	past-perfect	읽었어요? 읽었지요? 읽었으세요?	읽었소?
	past-experience	읽었었어요? 읽었었지요? 읽었었으세요?	읽었었소?
	future-gue/will/abi	읽겠어요? 읽겠지요? 읽겠으세요? 읽으리요? 읽을 거예요? 읽을 거지요? 읽을 수 있겠어요?	읽겠소?
imperative		읽어요, 읽지요, 읽으세요, 읽으라니까요	읽으오, 읽구려
suggestive		읽어요, 읽지요, 읽으세요, 읽자니까요	읽으오
exclamatory		읽는군요! 읽으리요!	읽으오!

ordinary non-honorific lev		'-어' form	'-네' form
declarative	present	읽어, 읽지, 읽을래, 읽을걸, 읽는데, 읽는대, 읽을게, 읽는단다, 읽으마, 읽잖아	읽네
	present-continuous	읽고 있어, 읽고 있지, 읽는 중이야	읽고 있네
	past-perfect	읽었어, 읽었지, 읽었잖아	읽었네
	future-gue/will/abi	읽겠어, 읽겠지, 읽을 수 있어	읽겠네
introgative	present	읽어? 읽지? 읽니? 읽나? 읽을까? 읽으랴? 읽을래? 읽는데? 읽는대? 읽는다면서? 읽는다지?	읽는가?
	past-perfect	읽었어? 읽었지? 읽었니? 읽었을까? 읽었대? 읽었다면서?	읽었는가?
	future-gue/will/abi	읽겠어? 읽겠지? 읽겠니? 읽으리? 읽을 거야? 읽을 거지? 읽을 거니? 읽을 수 있겠어?	읽겠는가?
imperative		읽어, 읽지, 읽으렴, 읽으려무나, 읽으라니까	읽게
suggestive		읽어, 읽지, 읽자니까	읽세
exclamatory		읽어! 읽지! 읽으리!	읽네!

low non-honorific lev		indicative style	retrospective style
declarative	present	읽는다	읽더라
	present-continuous	읽고 있다, 읽는 중이다	읽고 있더라
	past-perfect	읽었다	읽었더라
	future-gue/will/abi	읽겠다, 읽으리다, 읽으련다, 읽을 거다, 읽을 수 있다	읽겠더라
introgative	present	읽느냐?	읽더냐?
	past-perfect	읽었느냐?	읽었더냐?
	future-gue/will/abi	읽겠느냐?	읽겠더냐?
imperative		읽어라	
suggestive		읽자	
exclamatory		읽는구나! 읽는다! 읽는도다!	읽더구나!

connective	endings	connective	endings
serial	읽고, 읽으며	comparison	읽느니
selection	읽거나, 읽든지, 읽든가	degree	읽으리만큼
contrast	읽어도, 읽지만, 읽으나, 읽는데, 읽으면서도, 읽되, 읽지	condition	읽으면, 읽거든, 읽거들랑, 읽어야, 읽는다면, 읽었던들
simultaneity	읽으면서, 읽으며	circumstance	읽는데, 읽으니, 읽다시피
completion	읽고서, 읽어서, 읽자, 읽자마자	figure	읽듯이
conversion	읽다가	proportion	읽을수록
concession	읽어도, 읽더라도, 읽을지라도, 읽을지언정, 읽은들, 읽는데도, 읽기로서니, 읽으나마, 읽을망정, 읽어 보았자	cause	읽어서, 읽으니까, 읽느라고, 읽기에, 읽길래, 읽느니만큼, 읽는지라, 읽을세라, 읽으므로
intention	읽으러, 읽으려고, 읽고자	addition	읽거니와, 읽을뿐더러, 읽으려니와
result	읽도록, 읽게끔	repetition	읽곤

- 그는 '사랑'이라는 한국 소설을 읽고 있다. He is reading korean novel 'sarang'
- 나는 그녀의 마음을 읽을 수가 없다. I cannot read her mind.
- 책을 읽든지 음악을 듣든지 네 마음대로 하렴.
  Whether you read or listen to music, do as you please.

잃다 [일타, ilt^ha]

'ㅀ' regular conjugation, Avt

to lose, miss ; to be deprived of

causative	잃히다, 잃게 하다, 잃게 만들다	passive	잃히다, 잃게 되다, 잃어지다

adnominal : present-conti	past-perfect	past-retrospective	past-perfect-retro	future-gue/will
잃는	잃은	잃던	잃었던	잃을

quotational : declarative	interrogative	imperative	suggestive	nominal	adverbial
잃는다고	잃느냐고	잃으라고	잃자고	잃기, 잃음	잃어, 잃게

high honorific level		indicative style	retrospective style
declarative	present	잃습니다	잃습디다
	present-continuous	잃고 있습니다, 잃는 중입니다	잃고 있습디다
	past-perfect	잃었습니다	잃었습디다
	past-experience	잃었었습니다	잃었었습디다
	past-guessing	잃었겠습니다	잃었겠습디다
	future-gue/will/abi	잃겠습니다, 잃으렵니다, 잃을 겁니다, 잃을 수 있습니다	잃겠습디다
introgative	present	잃습니까?	잃습디까?
	past-perfect	잃었습니까?	잃었습디까?
	past-experience	잃었었습니까?	잃었었습디까?
	future-gue/will/abi	잃겠습니까? 잃으렵니까? 잃을 겁니까? 잃으리이까? 잃을 수 있겠습니까?	잃겠습디까?
imperative		잃으시오, 잃으십시오	
suggestive		잃읍시다, 잃으십시다	
exclamatory		잃으시는구나!	

ordinary honorific lev		'-어요' form	'-으오' form
declarative	present	잃어요, 잃지요, 잃으세요, 잃을래요, 잃을걸요, 잃는데요, 잃는대요, 잃을게요, 잃잖아요	잃으오
	present-continuous	잃고 있어요, 잃고 있지요, 잃고 있으세요, 잃는 중이에요	잃고 있소
	past-perfect	잃었어요, 잃었지요, 잃었으세요, 잃었잖아요	잃었소
	past-experience	잃었었어요, 잃었었지요, 잃었었으세요	잃었었소
	past-guessing	잃었겠어요, 잃었겠지요, 잃었겠으세요	잃었겠소
	future-gue/will/abi	잃겠어요, 잃겠지요, 잃겠으세요, 잃을 수 있어요	잃겠소
introgative	present	잃어요? 잃지요? 잃으세요? 잃나요? 잃을까요? 잃을래요? 잃는가요? 잃는데요? 잃는대요? 잃는다면서요? 잃는다지요?	잃으오? 잃소?
	past-perfect	잃었어요? 잃었지요? 잃었으세요?	잃었소?
	past-experience	잃었었어요? 잃었었지요? 잃었었으세요?	잃었었소?
	future-gue/will/abi	잃겠어요? 잃겠지요? 잃겠으세요? 잃으리요? 잃을 거예요? 잃을 거지요? 잃을 수 있겠어요?	잃겠소?
imperative		잃어요, 잃지요, 잃으세요, 잃으라니까요	잃으오, 잃구려
suggestive		잃어요, 잃지요, 잃으세요, 잃자니까요	잃으오
exclamatory		잃는군요! 잃으리요!	잃으오!

ordinary non-honorific lev		'-어' form	'-네' form
declarative	present	잃어, 잃지, 잃을래, 잃을걸, 잃는데, 잃는대, 잃을게, 잃는단다, 잃으마, 잃잖아	잃네
	present-continuous	잃고 있어, 잃고 있지, 잃는 중이야	잃고 있네
	past-perfect	잃었어, 잃었지, 잃었잖아	잃었네
	future-gue/will/abi	잃겠어, 잃겠지, 잃을 수 있어	잃겠네
introgative	present	잃어? 잃지? 잃니? 잃나? 잃을까? 잃으랴? 잃을래? 잃는데? 잃는대? 잃는다면서? 잃는다지?	잃는가?
	past-perfect	잃었어? 잃었지? 잃었니? 잃었을까? 잃었대? 잃었다면서?	잃었는가?
	future-gue/will/abi	잃겠어? 잃겠지? 잃겠니? 잃으리? 잃을 거야? 잃을 거지? 잃을 거니? 잃을 수 있겠어?	잃겠는가?
imperative		잃어, 잃지, 잃으렴, 잃으려무나, 잃으라니까	잃게
suggestive		잃어, 잃지, 잃자니까	잃세
exclamatory		잃어! 잃지! 잃으리!	잃네!

low non-honorific lev		indicative style	retrospective style
declarative	present	잃는다	잃더라
	present-continuous	잃고 있다, 잃는 중이다	잃고 있더라
	past-perfect	잃었다	잃었더라
	future-gue/will/abi	잃겠다, 잃으리다, 잃으련다, 잃을 거다, 잃을 수 있다	잃겠더라
introgative	present	잃느냐?	잃더냐?
	past-perfect	잃었느냐?	잃었더냐?
	future-gue/will/abi	잃겠느냐?	잃겠더냐?
imperative		잃어라	
suggestive		잃자	
exclamatory		잃는구나! 잃는다! 잃는도다!	잃더구나!

connective	endings	connective	endings
serial	잃고, 잃으며	comparison	잃느니
selection	잃거나, 잃든지, 잃든가	degree	잃으리만큼
contrast	잃어도, 잃지만, 잃으나, 잃는데, 잃으면서도, 잃되, 잃지	condition	잃으면, 잃거든, 잃거들랑, 잃어야, 잃는다면, 잃었던들
simultaneity	잃으면서, 잃으며	circumstance	잃는데, 잃으니, 잃다시피
completion	잃고서, 잃어서, 잃자, 잃자마자	figure	잃듯이
conversion	잃다가	proportion	잃을수록
concession	잃어도, 잃더라도, 잃을지라도, 잃을지언정, 잃은들, 잃는데도, 잃기로서니, 잃으나마, 잃을망정, 잃어 보았자	cause	잃어서, 잃으니까, 잃느라고, 잃기에, 잃길래, 잃느니만큼, 잃는지라, 잃을세라, 잃으므로
intention	잃으러, 잃으려고, 잃고자	addition	잃거니와, 잃을뿐더러, 잃으려니와
result	잃도록, 잃게끔	repetition	잃곤

- 그는 지하철에서 지갑을 잃어 버렸다. He lost his wallet at the subway station.
- 이라크와의 전쟁 때 목숨을 잃은 사람이 매우 많다. Many lost their lives at the Iraq war.
- 신용카드를 잃어 버리지 않도록 주의하세요. Be cautious to not lose your credit card.

입다 [입따, ipt'a]

'ㅂ' regular conjugation, Avt

to wear, put on ; to get (a favor), receive ; to suffer

causative	입히다, 입게 하다, 입게 만들다	passive	입히다, 입게 되다, 입어지다, 입혀지다

adnominal : present-conti	past-perfect	past-retrospective	past-perfect-retro	future-gue/will
입는	입은	입던	입었던	입을

quotational : declarative	interrogative	imperative	suggestive	nominal	adverbial
입는다고	입느냐고	입으라고	입자고	입기, 입음	입어, 입게

high honorific level		indicative style	retrospective style
declarative	present	입습니다	입습디다
	present-continuous	입고 있습니다, 입는 중입니다	입고 있습디다
	past-perfect	입었습니다	입었습디다
	past-experience	입었었습니다	입었었습디다
	past-guessing	입었겠습니다	입었겠습디다
	future-gue/will/abi	입겠습니다, 입으렵니다, 입을 겁니다, 입을 수 있습니다	입겠습디다
introgative	present	입습니까?	입습디까?
	past-perfect	입었습니까?	입었습디까?
	past-experience	입었었습니까?	입었었습디까?
	future-gue/will/abi	입겠습니까? 입으렵니까? 입을 겁니까? 입으리이까? 입을 수 있겠습니까?	입겠습디까?
imperative		입으시오, 입으십시오	
suggestive		입읍시다, 입으십시다	
exclamatory		입으시는구나!	

ordinary honorific lev		'-어요' form	'-으오' form
declarative	present	입어요, 입지요, 입으세요, 입을래요, 입을걸요, 입는데요, 입는대요, 입을게요, 입잖아요	입으오
	present-continuous	입고 있어요, 입고 있지요, 입고 있으세요, 입는 중이에요	입고 있소
	past-perfect	입었어요, 입었지요, 입었으세요, 입었잖아요	입었소
	past-experience	입었었어요, 입었었지요, 입었었으세요	입었었소
	past-guessing	입었겠어요, 입었겠지요, 입었겠으세요	입었겠소
	future-gue/will/abi	입겠어요, 입겠지요, 입겠으세요, 입을 수 있어요	입겠소
introgative	present	입어요? 입지요? 입으세요? 입나요? 입을까요? 입을래요? 입는가요? 입는데요? 입는대요? 입는다면서요? 입는다지요?	입으오? 입소?
	past-perfect	입었어요? 입었지요? 입었으세요?	입었소?
	past-experience	입었었어요? 입었었지요? 입었었으세요?	입었었소?
	future-gue/will/abi	입겠어요? 입겠지요? 입겠으세요? 입으리요? 입을 거예요? 입을 거지요? 입을 수 있겠어요?	입겠소?
imperative		입어요, 입지요, 입으세요, 입으라니까요	입으오, 입구려
suggestive		입어요, 입지요, 입으세요, 입자니까요	입으오
exclamatory		입는군요! 입으리요!	입으오!

ordinary non-honorific lev		'-어' form	'-네' form
declarative	present	입어, 입지, 입을래, 입을걸, 입는데, 입는대, 입을게, 입는단다, 입으마, 입잖아	입네
	present-continuous	입고 있어, 입고 있지, 입는 중이야	입고 있네
	past-perfect	입었어, 입었지, 입었잖아	입었네
	future-gue/will/abi	입겠어, 입겠지, 입을 수 있어	입겠네
introgative	present	입어? 입지? 입니? 입나? 입을까? 입으랴? 입을래? 입는데? 입는대? 입는다면서? 입는다지?	입는가?
	past-perfect	입었어? 입었지? 입었니? 입었을까? 입었대? 입었다면서?	입었는가?
	future-gue/will/abi	입겠어? 입겠지? 입겠니? 입으리? 입을 거야? 입을 거지? 입을 거니? 입을 수 있겠어?	입겠는가?
imperative		입어, 입지, 입으렴, 입으려무나, 입으라니까	입게
suggestive		입어, 입지, 입자니까	입세
exclamatory		입어! 입지! 입으리!	입네!

low non-honorific lev		indicative style	retrospective style
declarative	present	입는다	입더라
	present-continuous	입고 있다, 입는 중이다	입고 있더라
	past-perfect	입었다	입었더라
	future-gue/will/abi	입겠다, 입으리다, 입으련다, 입을 거다, 입을 수 있다	입겠더라
introgative	present	입느냐?	입더냐?
	past-perfect	입었느냐?	입었더냐?
	future-gue/will/abi	입겠느냐?	입겠더냐?
imperative		입어라	
suggestive		입자	
exclamatory		입는구나! 입는다! 입는도다!	입더구나!

connective	endings	connective	endings
serial	입고, 입으며	comparison	입느니
selection	입거나, 입든지, 입든가	degree	입으리만큼
contrast	입어도, 입지만, 입으나, 입는데, 입으면서도, 입되, 입지	condition	입으면, 입거든, 입거들랑, 입어야, 입는다면, 입었던들
simultaneity	입으면서, 입으며	circumstance	입는데, 입으니, 입다시피
completion	입고서, 입어서, 입자, 입자마자	figure	입듯이
conversion	입다가	proportion	입을수록
concession	입어도, 입더라도, 입을지라도, 입을지언정, 입은들, 입는데도, 입기로서니, 입으나마, 입을망정, 입어 보았자	cause	입어서, 입으니까, 입느라고, 입기에, 입길래, 입느니만큼, 입는지라, 입을세라, 입으므로
intention	입으러, 입으려고, 입고자	addition	입거니와, 입을뿐더러, 입으려니와
result	입도록, 입게끔	repetition	입곤

- 영수는 명절에 늘 한복을 입는다. Young Soo always wears Hanbok at national holidays.
- 은혜를 입은 사람은 그 은혜를 갚아야 한다.
  You must return the favor when you receive one.
- 장마에 큰 피해를 입었지만 실망은 하지 않겠다.
  Though there were great damages because of the monsson, I will not be disappointed.

잇다 [읻:따, it:t'a]

'ㅅ' irregular conjugation, Avt

to connect, join, link ; to continue, follow ; to go on

causative	*잇히다, 잇게 하다, 잇게 만들다	passive	*잇히다, 잇게 되다, 이어지다

adnominal : present-conti	past-perfect	past-retrospective	past-perfect-retro	future-gue/will
잇는	이은	잇던	이었던	이을

quotational : declarative	interrogative	imperative	suggestive	nominal	adverbial
잇는다고	잇느냐고	이으라고	잇자고	잇기, 이음	이어, 잇게

high honorific level		indicative style	retrospective style
declarative	present	잇습니다	잇습디다
	present-continuous	잇고 있습니다, 잇는 중입니다	잇고 있습디다
	past-perfect	이었습니다	이었습디다
	past-experience	이었었습니다	이었었습디다
	past-guessing	이었겠습니다	이었겠습디다
	future-gue/will/abi	잇겠습니다, 이으렵니다, 이을 겁니다, 이을 수 있습니다	잇겠습디다
introgative	present	잇습니까?	잇습디까?
	past-perfect	이었습니까?	이었습디까?
	past-experience	이었었습니까?	이었었습디까?
	future-gue/will/abi	잇겠습니까? 이으렵니까? 이을 겁니까? 이으리이까? 이을 수 있겠습니까?	잇겠습디까?
imperative		이으시오, 이으십시오	
suggestive		이읍시다, 이으십시다	
exclamatory		이으시는구나!	

ordinary honorific lev		'-어요' form	'-으오' form
declarative	present	이어요, 잇지요, 이으세요, 이을래요, 이을걸요, 잇는데요, 잇는대요, 이을게요, 잇잖아요	이으오
	present-continuous	잇고 있어요, 잇고 있지요, 잇고 있으세요, 잇는 중이에요	잇고 있소
	past-perfect	이었어요, 이었지요, 이었으세요, 이었잖아요	이었소
	past-experience	이었었어요, 이었었지요, 이었었으세요	이었었소
	past-guessing	이었겠어요, 이었겠지요, 이었겠으세요	이었겠소
	future-gue/will/abi	잇겠어요, 잇겠지요, 잇겠으세요, 이을 수 있어요	잇겠소
introgative	present	이어요? 잇지요? 이으세요? 잇나요? 이을까요? 이을래요? 잇는가요? 잇는데요? 잇는대요? 잇는다면서요? 잇는다지요?	이으오? 잇소?
	past-perfect	이었어요? 이었지요? 이었으세요?	이었소?
	past-experience	이었었어요? 이었었지요? 이었었으세요?	이었었소?
	future-gue/will/abi	잇겠어요? 잇겠지요? 잇겠으세요? 이으리요? 이을 거예요? 이을 거지요? 이을 수 있겠어요?	잇겠소?
imperative		이어요, 잇지요, 이으세요, 이으라니까요	이으오, 잇구려
suggestive		이어요, 잇지요, 이으세요, 잇자니까요	이으오
exclamatory		잇는군요! 이으리요!	이으오!

ordinary non-honorific lev		'-어' form	'-네' form
declarative	present	이어, 잇지, 이을래, 이을걸, 잇는데, 잇는대, 이을게, 잇는단다, 이으마, 잇잖아	잇네
	present-continuous	잇고 있어, 잇고 있지, 잇는 중이야	잇고 있네
	past-perfect	이었어, 이었지, 이었잖아	이었네
	future-gue/will/abi	잇겠어, 잇겠지, 이을 수 있어	잇겠네
introgative	present	이어? 잇지? 잇니? 잇나? 이을까? 이으랴? 이을래? 잇는데? 잇는대? 잇는다면서? 잇는다지?	잇는가?
	past-perfect	이었어? 이었지? 이었니? 이었을까? 이었대? 이었다면서?	이었는가?
	future-gue/will/abi	잇겠어? 잇겠지? 잇겠니? 이으리? 이을 거야? 이을 거지? 이을 거니? 이을 수 있겠어?	잇겠는가?
imperative		이어, 잇지, 이으렴, 이으려무나, 이으라니까	잇게
suggestive		이어, 잇지, 잇자니까	잇세
exclamatory		이어! 잇지! 이으리!	잇네!

low non-honorific lev		indicative style	retrospective style
declarative	present	잇는다	잇더라
	present-continuous	잇고 있다, 잇는 중이다	잇고 있더라
	past-perfect	이었다	이었더라
	future-gue/will/abi	잇겠다, 이으리다, 이으련다, 이을 거다, 이을 수 있다	잇겠더라
introgative	present	잇느냐?	잇더냐?
	past-perfect	이었느냐?	이었더냐?
	future	잇겠느냐?	잇겠더냐?
imperative		이어라	
suggestive		잇자	
exclamatory		잇는구나! 잇는다! 잇는도다!	잇더구나!

connective	endings	connective	endings
serial	잇고, 이으며	comparison	잇느니
selection	잇거나, 잇든지, 잇든가	degree	이으리만큼
contrast	이어도, 잇지만, 이으나, 잇는데, 이으면서도, 잇되, 잇지	condition	이으면, 잇거든, 잇거들랑, 이어야, 잇는다면, 이었던들
simultaneity	이으면서, 이으며	circumstance	잇는데, 이으니, 잇다시피
completion	잇고서, 이어서, 잇자, 잇자마자	figure	잇듯이
conversion	잇다가	proportion	이을수록
concession	이어도, 잇더라도, 이을지라도, 이을지언정, 이은들, 잇는데도, 잇기로서니, 이으나마, 이을망정, 이어 보았자	cause	이어서, 이으니까, 잇느라고, 잇기에, 잇길래, 잇느니만큼, 잇는지라, 이을세라, 이으므로
intention	이으러, 이으려고, 잇고자	addition	잇거니와, 이을뿐더러, 이으려니와
result	잇도록, 잇게끔	repetition	잇곤

Basic sentences

- 끊어진 전화선을 이었다. I connected the disconnected phone line.
- 할머니는 옛 이야기를 계속 이어 갔다. Grandmother continued the old stories.
- 수도관을 잇자마자 곧 수돗물을 쓸 수 있었다.
  After linking the water supply pipe, the water could be used.

있다 [읻따, idt'a]

'ㅆ' regular conjugation, Dv

to be ; to be located ; to stay ; to stop ; to remain ; to stand ; to have

causative	*있히다, 있게 하다, 있게 만들다	passive	*있히다, 있게 되다, *있어지다

adnominal : present-conti	past-perfect	past-retrospective	past-perfect-retro	future-gue/will
있는	있은	있던	있었던	있을

quotational : declarative	interrogative	imperative	suggestive	nominal	adverbial
있다고	있느냐고	있으라고	있자고	있기, 있음	있어, 있게

high honorific level		indicative style	retrospective style
declarative	present	있습니다	있습디다
	present-continuous	*있고 있습니다, 있는 중입니다	있는 중입디다
	past-perfect	있었습니다	있었습디다
	past-experience	있었었습니다	있었었습디다
	past-guessing	있었겠습니다	있었겠습디다
	future-gue/will/abi	있겠습니다, 있으렵니다, 있을 겁니다, 있을 수 있습니다	있겠습디다
introgative	present	있습니까?	있습디까?
	past-perfect	있었습니까?	있었습디까?
	past-experience	있었었습니까?	있었었습디까?
	future-gue/will/abi	있겠습니까? 있으렵니까? 있을 겁니까? 있으리이까? 있을 수 있겠습니까?	있겠습디까?
imperative		있으시오, 있으십시오	
suggestive		있읍시다, 있으십시다	
exclamatory		있으시구나!	

ordinary honorific lev		'-어요' form	'-으오' form
declarative	present	있어요, 있지요, 있으세요, 있을래요, 있을걸요, 있는데요, 있는대요, 있을게요, 있잖아요	있으오
	present-continuous	*있고 있어요, *있고 있지요, *있고 있으세요, 있는 중이에요	있는 중이오
	past-perfect	있었어요, 있었지요, 있었으세요, 있었잖아요	있었소
	past-experience	있었었어요, 있었었지요, 있었었으세요	있었었소
	past-guessing	있었겠어요, 있었겠지요, 있었겠으세요	있었겠소
	future-gue/will/abi	있겠어요, 있겠지요, 있겠으세요, 있을 수 있어요	있겠소
introgative	present	있어요? 있지요? 있으세요? 있나요? 있을까요? 있을래요? 있는가요? 있는데요? 있는대요? 있는다면서요? 있는다지요?	있으오? 있소?
	past-perfect	있었어요? 있었지요? 있었으세요?	있었소?
	past-experience	있었었어요? 있었었지요? 있었었으세요?	있었었소?
	future-gue/will/abi	있겠어요? 있겠지요? 있겠으세요? 있으리요? 있을 거예요? 있을 거지요? 있을 수 있겠어요?	있겠소?
imperative		있어요, 있지요, 있으세요, 있으라니까요	있으오, 있구려
suggestive		있어요, 있지요, 있으세요, 있자니까요	있으오
exclamatory		있군요! 있으리요!	있으오!

ordinary non-honorific lev		'-어' form	'-네' form
declarative	present	있어, 있지, 있을래, 있을걸, 있는데, 있는대, 있을게, 있는단다, 있으마, 있잖아	있네
	present-continuous	*있고 있어, *있고 있지, 있는 중이야	있는 중이네
	past-perfect	있었어, 있었지, 있었잖아	있었네
	future-gue/will/abi	있겠어, 있겠지, 있을 수 있어	있겠네
introgative	present	있어? 있지? 있니? 있나? 있을까? 있으랴? 있을래? 있는데? 있는대? 있는다면서? 있는다지?	있는가?
	past-perfect	있었어? 있었지? 있었니? 있었을까? 있었대? 있었다면서?	있었는가?
	future-gue/will/abi	있겠어? 있겠지? 있겠니? 있으리? 있을 거야? 있을 거지? 있을 거니? 있을 수 있겠어?	있겠는가?
imperative		있어, 있지, 있으렴, 있으려무나, 있으라니까	있게
suggestive		있어, 있지, 있자니까	있세
exclamatory		있어! 있지! 있으리!	있네!

low non-honorific lev		indicative style	retrospective style
declarative	present	있는다/있다	있더라
	present-continuous	*있고 있다, 있는 중이다	있고 있더라
	past-perfect	있었다	있었더라
	future-gue/will/abi	있겠다, 있으리다, 있으련다, 있을 거다, 있을 수 있다	있겠더라
introgative	present	있느냐?	있더냐?
	past-perfect	있었느냐?	있었더냐?
	future-gue/will/abi	있겠느냐?	있겠더냐?
imperative		있어라	
suggestive		있자	
exclamatory		있구나! 있다! 있도다!	있더구나!

connective	endings	connective	endings
serial	있고, 있으며	comparison	있느니
selection	있거나, 있든지, 있든가	degree	있으리만큼
contrast	있어도, 있지만, 있으나, 있는데, 있으면서도, 있되, 있지	condition	있으면, 있거든, 있거들랑, 있어야, 있는다면, 있었던들
simultaneity	있으면서, 있으며	circumstance	있는데, 있으니, 있다시피
completion	있고서, 있어서, 있자, 있자마자	figure	있듯이
conversion	있다가	proportion	있을수록
concession	있어도, 있더라도, 있을지라도, 있을지언정, 있은들, 있는데도, 있기로서니, 있으나마, 있을망정, 있어 보았자	cause	있어서, 있으니까, 있느라고, 있기에, 있길래, 있느니만큼, 있는지라, 있을세라, 있으므로
intention	있으러, 있으려고, 있고자	addition	있거니와, 있을뿐더러, 있으려니와
result	있도록, 있게끔	repetition	있곤

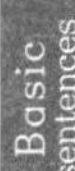

- 한국은행은 학교 근처에 있다. The korean bank is near the school.
- 한국에 있는 동안 여러 곳을 구경하시기 바랍니다.
  Please have lots of tours while you stay at Korea.
- 내게 돈이 조금만 더 있었던들 그런 설움을 당하지 않았을 것이다.
  If only I had some more money, I wouldn't be that miserable.

자다 [자다, tɕada]

'아' regular conjugation, Avt

to sleep, go bed ; to die ; to become calm ; to have sexual

causative	재우다, 자게 하다, 자게 만들다	passive	*자히다, 자게 되다, 자지다, 재워지다

adnominal : present-conti	past-perfect	past-retrospective	past-perfect-retro	future-gue/will
자는	잔	자던	잤던	잘

quotational : declarative	interrogative	imperative	suggestive	nominal	adverbial
잔다고	자느냐고	자라고	자자고	자기, 잠	자, 자게

high honorific level		indicative style	retrospective style
declarative	present	잡니다	잡디다
	present-continuous	자고 있습니다, 자는 중입니다	자고 있습디다
	past-perfect	잤습니다	잤습디다
	past-experience	잤었습니다	잤었습디다
	past-guessing	잤겠습니다	잤겠습디다
	future-gue/will/abi	자겠습니다, 자렵니다, 잘 겁니다, 잘 수 있습니다	자겠습디다
introgative	present	잡니까?	잡디까?
	past-perfect	잤습니까?	잤습디까?
	past-experience	잤었습니까?	잤었습디까?
	future-gue/will/abi	자겠습니까? 자렵니까? 잘 겁니까? 자리이까? 잘 수 있겠습니까?	자겠습디까?
imperative		자시오, 자십시오	
suggestive		잡시다, 자십시다	
exclamatory		자시는구나!	

ordinary honorific lev		'-어요' form	'-으오' form
declarative	present	자요, 자지요, 자세요, 잘래요, 잘걸요, 자는데요, 잔대요, 잘게요, 자잖아요	자오
	present-continuous	자고 있어요, 자고 있지요, 자고 있으세요, 자는 중이에요	자고 있소
	past-perfect	잤어요, 잤지요, 잤으세요, 잤잖아요	잤소
	past-experience	잤었어요, 잤었지요, 잤었으세요	잤었소
	past-guessing	잤겠어요, 잤겠지요, 잤겠으세요	잤겠소
	future-gue/will/abi	자겠어요, 자겠지요, 자겠으세요, 잘 수 있어요	자겠소
introgative	present	자요? 자지요? 자세요? 자나요? 잘까요? 잘래요? 자는가요? 자는데요? 잔대요? 잔다면서요? 잔다지요?	자오? *자소?
	past-perfect	잤어요? 잤지요? 잤으세요?	잤소?
	past-experience	잤었어요? 잤었지요? 잤었으세요?	잤었소?
	future-gue/will/abi	자겠어요? 자겠지요? 자겠으세요? 자리요? 잘 거예요? 잘 거지요? 잘 수 있겠어요?	자겠소?
imperative		자요, 자지요, 자세요, 자라니까요	자오, 자구려
suggestive		자요, 자지요, 자세요, 자자니까요	자오
exclamatory		자는군요! 자리요!	자오!

ordinary non-honorific lev		'-어' form	'-네' form
declarative	present	자, 자지, 잘래, 잘걸, 자는데, 잔대, 잘게, 잔단다, 자마, 자잖아	자네
	present-continuous	자고 있어, 자고 있지, 자는 중이야	자고 있네
	past-perfect	잤어, 잤지, 잤잖아	잤네
	future-gue/will/abi	자겠어, 자겠지, 잘 수 있어	자겠네
introgative	present	자? 자지? 자니? 자나? 잘까? 자랴? 잘래? 자는데? 잔대? 잔다면서? 잔다지?	자는가?
	past-perfect	잤어? 잤지? 잤니? 잤을까? 잤대? 잤다면서?	잤는가?
	future-gue/will/abi	자겠어? 자겠지? 자겠니? 자리? 잘 거야? 잘 거지? 잘 거니? 잘 수 있겠어?	자겠는가?
imperative		자, 자지, 자렴, 자려무나, 자라니까	자게
suggestive		자, 자지, 자자니까	자세
exclamatory		자! 자지! 자리!	자네!

low non-honorific lev		indicative style	retrospective style
declarative	present	잔다	자더라
	present-continuous	자고 있다, 자는 중이다	자고 있더라
	past-perfect	잤다	잤더라
	future-gue/will/abi	자겠다, 자리다, 자련다, 잘 거다, 잘 수 있다	자겠더라
introgative	present	자느냐?	자더냐?
	past-perfect	잤느냐?	잤더냐?
	future-gue/will/abi	자겠느냐?	자겠더냐?
imperative		자라	
suggestive		자자	
exclamatory		자는구나! 잔다! 자는도다!	자더구나!

connective	endings	connective	endings
serial	자고, 자며	comparison	자느니
selection	자거나, 자든지, 자든가	degree	자리만큼
contrast	자도, 자지만, 자나, 자는데, 자면서도, 자되, 자지	condition	자면, 자거든, 자거들랑, 자야, 잔다면, 잤던들
simultaneity	자면서, 자며	circumstance	자는데, 자니, 자다시피
completion	자고서, 자서, 자자, 자자마자	figure	자듯이
conversion	자다가	proportion	잘수록
concession	자도, 자더라도, 잘지라도, 잘지언정, 잔들, 자는데도, 자기로서니, 자나마, 잘망정, 자 보았자	cause	자서, 자니까, 자느라고, 자기에, 자길래, 자느니만큼, 자는지라, 잘세라, 자므로
intention	자러, 자려고, 자고자	addition	자거니와, 잘뿐더러, 자려니와
result	자도록, 자게끔	repetition	자곤

- 나는 어제 저녁에 잠을 푹 잤다. I slept well last night.
- 이제 잘 시간이 됐다. It's now time to sleep.
- 바람이 자서 바다수영을 하기가 좋았다.
  It was good to swim in the beach, because there was less wind.

잠그다1 [잠그다, tɕamkɨda]

'으' irregular conjugation, Avt

to lock, to fasten (the lock of) ; to turn off

causative	잠구다, 잠그게 하다, 잠그게 만들다	passive	잠기다, 잠그게 되다, 잠가지다

adnominal : present-conti	past-perfect	past-retrospective	past-perfect-retro	future-gue/will
잠그는	잠근	잠그던	잠갔던	잠글

quotational : declarative	interrogative	imperative	suggestive	nominal	adverbial
잠근다고	잠그느냐고	잠그라고	잠그자고	잠그기, 잠금	잠가, 잠그게

high honorific level		indicative style	retrospective style
declarative	present	잠급니다	잠급디다
	present-continuous	잠그고 있습니다, 잠그는 중입니다	잠그고 있습디다
	past-perfect	잠갔습니다	잠갔습디다
	past-experience	잠갔었습니다	잠갔었습디다
	past-guessing	잠갔겠습니다	잠갔겠습디다
	future-gue/will/abi	잠그겠습니다, 잠그렵니다, 잠글 겁니다, 잠글 수 있습니다	잠그겠습디다
introgative	present	잠급니까?	잠급디까?
	past-perfect	잠갔습니까?	잠갔습디까?
	past-experience	잠갔었습니까?	잠갔었습디까?
	future-gue/will/abi	잠그겠습니까? 잠그렵니까? 잠글 겁니까? 잠그리이까? 잠글 수 있겠습니까?	잠그겠습디까?
imperative		잠그시오, 잠그십시오	
suggestive		잠급시다, 잠그십시다	
exclamatory		잠그시는구나!	

ordinary honorific lev		'-어요' form	'-으오' form
declarative	present	잠가요, 잠그지요, 잠그세요, 잠글래요, 잠글걸요, 잠그는데요, 잠근대요, 잠글게요, 잠그잖아요	잠그오
	present-continuous	잠그고 있어요, 잠그고 있지요, 잠그고 있으세요, 잠그는 중이에요	잠그고 있소
	past-perfect	잠갔어요, 잠갔지요, 잠갔으세요, 잠갔잖아요	잠갔소
	past-experience	잠갔었어요, 잠갔었지요, 잠갔었으세요	잠갔었소
	past-guessing	잠갔겠어요, 잠갔겠지요, 잠갔겠으세요	잠갔겠소
	future-gue/will/abi	잠그겠어요, 잠그겠지요, 잠그겠으세요, 잠글 수 있어요	잠그겠소
introgative	present	잠가요? 잠그지요? 잠그세요? 잠그나요? 잠글까요? 잠글래요? 잠그는가요? 잠그는데요? 잠근대요? 잠근다면서요? 잠근다지요?	잠그오? *잠그소?
	past-perfect	잠갔어요? 잠갔지요? 잠갔으세요?	잠갔소?
	past-experience	잠갔었어요? 잠갔었지요? 잠갔었으세요?	잠갔었소?
	future-gue/will/abi	잠그겠어요? 잠그겠지요? 잠그겠으세요? 잠그리요? 잠글 거예요? 잠글 거지요? 잠글 수 있겠어요?	잠그겠소?
imperative		잠가요, 잠그지요, 잠그세요, 잠그라니까요	잠그오, 잠그구려
suggestive		잠가요, 잠그지요, 잠그세요, 잠그자니까요	잠그오
exclamatory		잠그는군요! 잠그리요!	잠그오!

ordinary non-honorific lev		'-어' form	'-네' form
declarative	present	잠가, 잠그지, 잠글래, 잠글걸, 잠그는데, 잠근대, 잠글게, 잠근단다, 잠그마, 잠그잖아	잠그네
	present-continuous	잠그고 있어, 잠그고 있지, 잠그는 중이야	잠그고 있네
	past-perfect	잠갔어, 잠갔지, 잠갔잖아	잠갔네
	future-gue/will/abi	잠그겠어, 잠그겠지, 잠글 수 있어	잠그겠네
introgative	present	잠가? 잠그지? 잠그니? 잠그나? 잠글까? 잠그랴? 잠글래? 잠그는데? 잠근대? 잠근다면서? 잠근다지?	잠그는가?
	past-perfect	잠갔어? 잠갔지? 잠갔니? 잠갔을까? 잠갔대? 잠갔다면서?	잠갔는가?
	future-gue/will/abi	잠그겠어? 잠그겠지? 잠그겠니? 잠그리? 잠글 거야? 잠글 거지? 잠글 거니? 잠글 수 있겠어?	잠그겠는가?
imperative		잠가, 잠그지, 잠그렴, 잠그려무나, 잠그라니까	잠그게
suggestive		잠가, 잠그지, 잠그자니까	잠그세
exclamatory		잠가! 잠그지! 잠그리!	잠그네!

low non-honorific lev		indicative style	retrospective style
declarative	present	잠근다	잠그더라
	present-continuous	잠그고 있다, 잠그는 중이다	잠그고 있더라
	past-perfect	잠갔다	잠갔더라
	future-gue/will/abi	잠그겠다, 잠그리다, 잠그련다, 잠글 거다, 잠글 수 있다	잠그겠더라
introgative	present	잠그느냐?	잠그더냐?
	past-perfect	잠갔느냐?	잠갔더냐?
	future-gue/will/abi	잠그겠느냐?	잠그겠더냐?
imperative		잠가라	
suggestive		잠그자	
exclamatory		잠그는구나! 잠근다! 잠그는도다!	잠그더구나!

connective	endings	connective	endings
serial	잠그고, 잠그며	comparison	잠그느니
selection	잠그거나, 잠그든지, 잠그든가	degree	잠그리만큼
contrast	잠가도, 잠그지만, 잠그나, 잠그는데, 잠그면서도, 잠그되, 잠그지	condition	잠그면, 잠그거든, 잠그거들랑, 잠가야, 잠근다면, 잠갔던들
simultaneity	잠그면서, 잠그며	circumstance	잠그는데, 잠그니, 잠그다시피
completion	잠그고서, 잠가서, 잠그자, 잠그자마자	figure	잠그듯이
conversion	잠그다가	proportion	잠글수록
concession	잠가도, 잠그더라도, 잠글지라도, 잠글지언정, 잠근들, 잠그는데도, 잠그기로서니, 잠그나마, 잠글망정, 잠가 보았자	cause	잠가서, 잠그니까, 잠그느라고, 잠그기에, 잠그길래, 잠그느니만큼, 잠그는지라, 잠글세라, 잠그므로
intention	잠그러, 잠그려고, 잠그고자	addition	잠그거니와, 잠글뿐더러, 잠그려니와
result	잠그도록, 잠그게끔	repetition	잠그곤

Basic sentences

- 자동차 문을 잠갔니? Did you lock the door to the car?
- 보석함을 잠근 뒤에 은행에 맡겨 두었다.
  After locking my jewelry box, I had it kept save in the bank.
- 외출하기 전에 수도꼭지를 잠갔는지 꼭 확인을 하도록 해라.
  Check to see if the water tap is closed before leaving the house.

잡다 [잡따, tɕapt'a]

'ㅂ' regular conjugation, Avt

to catch, seize ; to arrest ; to find (a fault) ; to kill off

causative	잡히다, 잡게 하다, 잡게 만들다	passive	잡히다, 잡게 되다, 잡아지다, 잡혀지다

adnominal : present-conti	past-perfect	past-retrospective	past-perfect-retro	future-gue/will
잡는	잡은	잡던	잡았던	잡을

quotational : declarative	interrogative	imperative	suggestive	nominal	adverbial
잡는다고	잡느냐고	잡으라고	잡자고	잡기, 잡음	잡아, 잡게

high honorific level		indicative style	retrospective style
declarative	present	잡습니다	잡습디다
	present-continuous	잡고 있습니다, 잡는 중입니다	잡고 있습디다
	past-perfect	잡았습니다	잡았습디다
	past-experience	잡았었습니다	잡았었습디다
	past-guessing	잡았겠습니다	잡았겠습디다
	future-gue/will/abi	잡겠습니다, 잡으렵니다, 잡을 겁니다, 잡을 수 있습니다	잡겠습디다
introgative	present	잡습니까?	잡습디까?
	past-perfect	잡았습니까?	잡았습디까?
	past-experience	잡았었습니까?	잡았었습디까?
	future-gue/will/abi	잡겠습니까? 잡으렵니까? 잡을 겁니까? 잡으리이까? 잡을 수 있겠습니까?	잡겠습디까?
imperative		잡으시오, 잡으십시오	
suggestive		잡읍시다, 잡으십시다	
exclamatory		잡으시는구나!	

ordinary honorific lev		'-어요' form	'-으오' form
declarative	present	잡아요, 잡지요, 잡으세요, 잡을래요, 잡을걸요, 잡는데요, 잡는대요, 잡을게요, 잡잖아요	잡으오
	present-continuous	잡고 있어요, 잡고 있지요, 잡고 있으세요, 잡는 중이에요	잡고 있소
	past-perfect	잡았어요, 잡았지요, 잡았으세요, 잡았잖아요	잡았소
	past-experience	잡았었어요, 잡았었지요, 잡았었으세요	잡았었소
	past-guessing	잡았겠어요, 잡았겠지요, 잡았겠으세요	잡았겠소
	future-gue/will/abi	잡겠어요, 잡겠지요, 잡겠으세요, 잡을 수 있어요	잡겠소
introgative	present	잡아요? 잡지요? 잡으세요? 잡나요? 잡을까요? 잡을래요? 잡는가요? 잡는데요? 잡는대요? 잡는다면서요? 잡는다지요?	잡으오? 잡소?
	past-perfect	잡았어요? 잡았지요? 잡았으세요?	잡았소?
	past-experience	잡았었어요? 잡았었지요? 잡았었으세요?	잡았었소?
	future-gue/will/abi	잡겠어요? 잡겠지요? 잡겠으세요? 잡으리요? 잡을 거예요? 잡을 거지요? 잡을 수 있겠어요?	잡겠소?
imperative		잡아요, 잡지요, 잡으세요, 잡으라니까요	잡으오, 잡구려
suggestive		잡아요, 잡지요, 잡으세요, 잡자니까요	잡으오
exclamatory		잡는군요! 잡으리요!	잡으오!

ordinary non-honorific lev		'-어' form	'-네' form
declarative	present	잡아, 잡지, 잡을래, 잡을걸, 잡는데, 잡는대, 잡을게, 잡는단다, 잡으마, 잡잖아	잡네
	present-continuous	잡고 있어, 잡고 있지, 잡는 중이야	잡고 있네
	past-perfect	잡았어, 잡았지, 잡았잖아	잡았네
	future-gue/will/abi	잡겠어, 잡겠지, 잡을 수 있어	잡겠네
introgative	present	잡아? 잡지? 잡니? 잡나? 잡을까? 잡으랴? 잡을래? 잡는데? 잡는대? 잡는다면서? 잡는다지?	잡는가?
	past-perfect	잡았어? 잡았지? 잡았니? 잡았을까? 잡았대? 잡았다면서?	잡았는가?
	future-gue/will/abi	잡겠어? 잡겠지? 잡겠니? 잡으리? 잡을 거야? 잡을 거지? 잡을 거니? 잡을 수 있겠어?	잡겠는가?
imperative		잡아, 잡지, 잡으렴, 잡으려무나, 잡으라니까	잡게
suggestive		잡아, 잡지, 잡자니까	잡세
exclamatory		잡아! 잡지! 잡으리!	잡네!

low non-honorific lev		indicative style	retrospective style
declarative	present	잡는다	잡더라
	present-continuous	잡고 있다, 잡는 중이다	잡고 있더라
	past-perfect	잡았다	잡았더라
	future-gue/will/abi	잡겠다, 잡으리다, 잡으련다, 잡을 거다, 잡을 수 있다	잡겠더라
introgative	present	잡느냐?	잡더냐?
	past-perfect	잡았느냐?	잡았더냐?
	future-gue/will/abi	잡겠느냐?	잡겠더냐?
imperative		잡아라	
suggestive		잡자	
exclamatory		잡는구나! 잡는다! 잡는도다!	잡더구나!

connective	endings	connective	endings
serial	잡고, 잡으며	comparison	잡느니
selection	잡거나, 잡든지, 잡든가	degree	잡으리만큼
contrast	잡아도, 잡지만, 잡으나, 잡는데, 잡으면서도, 잡되, 잡지	condition	잡으면, 잡거든, 잡거들랑, 잡아야, 잡는다면, 잡았던들
simultaneity	잡으면서, 잡으며	circumstance	잡는데, 잡으니, 잡다시피
completion	잡고서, 잡아서, 잡자, 잡자마자	figure	잡듯이
conversion	잡다가	proportion	잡을수록
concession	잡아도, 잡더라도, 잡을지라도, 잡을지언정, 잡은들, 잡는데도, 잡기로서니, 잡으나마, 잡을망정, 잡아 보았자	cause	잡아서, 잡으니까, 잡느라고, 잡기에, 잡길래, 잡느니만큼, 잡는지라, 잡을세라, 잡으므로
intention	잡으러, 잡으려고, 잡고자	addition	잡거니와, 잡을뿐더러, 잡으려니와
result	잡도록, 잡게끔	repetition	잡곤

Basic sentences

- 그는 공을 잡았다. He catched a ball.
- 나는 요즈음 들뜬 마음을 잡을 수가 없다. I am very excited nowadays.
- 그녀는 물고기를 잡으러 강으로 갔다. She went to rive fishing.

잣다 [잗:따, tɕat:t'a]

'ㅅ' irregular conjugation, Avt

to pump up ; to draw up ; to spin

causative	*잣히다, 잣게 하다, 잣게 만들다	passive	*잣히다, 잣게 되다, 자아지다

adnominal : present-conti	past-perfect	past-retrospective	past-perfect-retro	future-gue/will
잣는	자은	잣던	자았던	자을

quotational : declarative	interrogative	imperative	suggestive	nominal	adverbial
잣는다고	잣느냐고	자으라고	잣자고	잣기, 자음	자아, 잣게

high honorific level		indicative style	retrospective style
declarative	present	잣습니다	잣습디다
	present-continuous	잣고 있습니다, 잣는 중입니다	잣고 있습디다
	past-perfect	자았습니다	자았습디다
	past-experience	자았었습니다	자았었습디다
	past-guessing	자았겠습니다	자았겠습디다
	future-gue/will/abi	잣겠습니다, 자으렵니다, 자을 겁니다, 자을 수 있습니다	잣겠습디다
introgative	present	잣습니까?	잣습디까?
	past-perfect	자았습니까?	자았습디까?
	past-experience	자았었습니까?	자았었습디까?
	future-gue/will/abi	잣겠습니까? 자으렵니까? 자을 겁니까? 자으리이까? 자을 수 있겠습니까?	잣겠습디까?
imperative		자으시오, 자으십시오	
suggestive		자읍시다, 자으십시다	
exclamatory		자으시는구나!	

ordinary honorific lev		'-어요' form	'-으오' form
declarative	present	자아요, 잣지요, 자으세요, 자을래요, 자을걸요, 잣는데요, 잣는대요, 자을게요, 잣잖아요	자으오
	present-continuous	잣고 있어요, 잣고 있지요, 잣고 있으세요, 잣는 중이에요	잣고 있소
	past-perfect	자았어요, 자았지요, 자았으세요, 자았잖아요	자았소
	past-experience	자았었어요, 자았었지요, 자았었으세요	자았었소
	past-guessing	자았겠어요, 자았겠지요, 자았겠으세요	자았겠소
	future-gue/will/abi	잣겠어요, 잣겠지요, 잣겠으세요, 자을 수 있어요	잣겠소
introgative	present	자아요? 잣지요? 자으세요? 잣나요? 자을까요? 자을래요? 잣는가요? 잣는데요? 잣는대요? 잣는다면서요? 잣는다지요?	자으오? 잣소?
	past-perfect	자았어요? 자았지요? 자았으세요?	자았소?
	past-experience	자았었어요? 자았었지요? 자았었으세요?	자았었소?
	future-gue/will/abi	잣겠어요? 잣겠지요? 잣겠으세요? 자으리요? 자을 거예요? 자을 거지요? 자을 수 있겠어요?	잣겠소?
imperative		자아요, 잣지요, 자으세요, 자으라니까요	자으오, 잣구려
suggestive		자아요, 잣지요, 자으세요, 잣자니까요	자으오
exclamatory		잣는군요! 자으리요!	지으오!

ordinary non-honorific lev		'-어' form	'-네' form
declarative	present	자아, 잣지, 자을래, 자을걸, 잣는데, 잣는대, 자을게, 잣는단다, 자으마, 잣잖아	잣네
	present-continuous	잣고 있어, 잣고 있지, 잣는 중이야	잣고 있네
	past-perfect	자았어, 자았지, 자았잖아	자았네
	future-gue/will/abi	잣겠어, 잣겠지, 자을 수 있어	잣겠네
introgative	present	자아? 잣지? 잣니? 잣나? 자을까? 자으랴? 자을래? 잣는데? 잣는대? 잣는다면서? 잣는다지?	잣는가?
	past-perfect	자았어? 자았지? 자았니? 자았을까? 자았대? 자았다면서?	자았는가?
	future-gue/will/abi	잣겠어? 잣겠지? 잣겠니? 자으리? 자을 거야? 자을 거지? 자을 거니? 자을 수 있겠어?	잣겠는가?
imperative		자아, 잣지, 자으렴, 자으려무나, 자으라니까	잣게
suggestive		자아, 잣지, 잣자니까	잣세
exclamatory		자아! 잣지! 자으리!	잣네!

low non-honorific lev		indicative style	retrospective style
declarative	present	잣는다	잣더라
	present-continuous	잣고 있다, 잣는 중이다	잣고 있더라
	past-perfect	자았다	자았더라
	future-gue/will/abi	잣겠다, 자으리다, 자으련다, 자을 거다, 자을 수 있다	잣겠더라
introgative	present	잣느냐?	잣더냐?
	past-perfect	자았느냐?	자았더냐?
	future-gue/will/abi	잣겠느냐?	잣겠더냐?
imperative		자아라	
suggestive		잣자	
exclamatory		잣는구나! 잣는다! 잣는도다!	잣더구나!

connective	endings	connective	endings
serial	잣고, 자으며	comparison	잣느니
selection	잣거나, 잣든지, 잣든가	degree	자으리만큼
contrast	자아도, 잣지만, 자으나, 잣는데, 자으면서도, 잣되, 잣지	condition	자으면, 잣거든, 잣거들랑, 자아야, 잣는다면, 자았던들
simultaneity	자으면서, 자으며	circumstance	잣는데, 자으니, 잣다시피
completion	잣고서, 자아서, 잣자, 잣자마자	figure	잣듯이
conversion	잣다가	proportion	자을수록
concession	자아도, 잣더라도, 자을지라도, 자을지언정, 자은들, 잣는데도, 잣기로서니, 자으나마, 자을망정, 자아 보았자	cause	자아서, 자으니까, 잣느라고, 잣기에, 잣길래, 잣느니만큼, 잣는지라, 자을세라, 자으므로
intention	자으러, 자으려고, 잣고자	addition	잣거니와, 자을뿐더러, 자으려니와
result	잣도록, 잣게끔	repetition	잣곤

Basic sentences

- 가뭄이 들면 양수기로 물을 자아 올렸다.
  When there were droughts, we drew water with the water meter.
- 펌프로 자아 올린 물은 여름에는 시원하고 겨울에는 따뜻하다.
  The water that we pump makes us cool in the summer and warm in the winter time.
- 어머니는 물레로 실을 자아서 팔곤 하셨다.
  My mother used to sell tread spun by the spinning wheel.

적다 [적:따, tɕək:t'a]

'ㄱ' regular conjugation, Dv

to be little, be few ; to be short of ; to be not sufficient

causative	*적이다, 적게 하다, 적게 만들다	passive	*적히다, 적게 되다, 적어지다

adnominal : present-conti	past-perfect	past-retrospective	past-perfect-retro	future-gue/will
적은	적은	적던	적었던	적을

quotational : declarative	interrogative	imperative	suggestive	nominal	adverbial
적다고	적으냐고	*적으라고	*적자고	적기, 적음	적어, 적게

high honorific level		indicative style	retrospective style
declarative	present	적습니다	적습디다
	present-continuous	*적고 있습니다, *적는 중입니다	*적고 있습디다
	past-perfect	적었습니다	적었습디다
	past-experience	적었었습니다	적었었습디다
	past-guessing	적었겠습니다	적었겠습디다
	future-gue/will/abi	적겠습니다, *적으렵니다, 적을 겁니다, 적을 수 있습니다	적겠습디다
introgative	present	적습니까?	적습디까?
	past-perfect	적었습니까?	적었습디까?
	past-experience	적었었습니까?	적었었습디까?
	future-gue/will/abi	적겠습니까? *적으렵니까? *적을 겁니까? *적으리이까? *적을 수 있겠습니까?	적겠습디까?
imperative		*적으시오, *적으십시오	
suggestive		*적읍시다, *적으십시다	
exclamatory		적으시구나!	

ordinary honorific lev		'-어요' form	'-으오' form
declarative	present	적어요, 적지요, 적으세요, *적을래요, 적을걸요, 적은데요, 적대요, *적을게요, 적잖아요	적으오
	present-continuous	*적고 있어요, *적고 있지요, *적고 있으세요, *적는 중이에요	*적고 있소
	past-perfect	적었어요, 적었지요, 적었으세요, 적었잖아요	적었소
	past-experience	적었었어요, 적었었지요, 적었었으세요	적었었소
	past-guessing	적었겠어요, 적었겠지요, 적었겠으세요	적었겠소
	future-gue/will/abi	적겠어요, 적겠지요, 적겠으세요, 적을 수 있어요	적겠소
introgative	present	적어요? 적지요? 적으세요? 적나요? 적을까요? *적을래요? 적은가요? 적은데요? 적대요? 적다면서요? 적다지요?	적으오? 적소?
	past-perfect	적었어요? 적었지요? 적었으세요?	적었소?
	past-experience	적었었어요? 적었었지요? 적었었으세요?	적었었소?
	future-gue/will/abi	적겠어요? 적겠지요? 적겠으세요? 적으리요? *적을 거예요? *적을 거지요? *적을 수 있겠어요?	적겠소?
imperative		*적어요, *적지요, *적으세요, *적으라니까요	*적으오, *적구려
suggestive		*적어요, *적지요, *적으세요, *적자니까요	*적으오
exclamatory		적군요! 적으리요!	적으오!

ordinary non-honorific lev		'-어' form	'-네' form
declarative	present	적어, 적지, *적을래, 적을걸, 적은데, 적대, *적을게, 적단다, *적으마, 적잖아	적네
	present-continuous	*적고 있어, *적고 있지, *적는 중이야	*적고 있네
	past-perfect	적었어, 적었지, 적었잖아	적었네
	future-gue/will/abi	적겠어, 적겠지, 적을 수 있어	적겠네
introgative	present	적어? 적지? 적니? 적나? 적을까? 적으랴? *적을래? 적은데? 적대? 적다면서? 적다지?	적은가?
	past-perfect	적었어? 적었지? 적었니? 적었을까? 적었대? 적었다면서?	적었는가?
	future-gue/will/abi	적겠어? 적겠지? 적겠니? 적으리? *적을 거야? *적을 거지? *적을 거니? *적을 수 있겠어?	적겠는가?
imperative		*적어, *적지, *적으렴, *적으려무나, *적으라니까	*적게
suggestive		*적어, *적지, *적자니까	*적세
exclamatory		적어! 적지! 적으리!	적네!

low non-honorific lev		indicative style	retrospective style
declarative	present	적다	적더라
	present-continuous	*적고 있다, *적는 중이다	*적고 있더라
	past-perfect	적었다	적었더라
	future-gue/will/abi	적겠다, *적으리다, *적으련다, 적을 거다, 적을 수 있다	적겠더라
introgative	present	적으냐?	적더냐?
	past-perfect	적었느냐?	적었더냐?
	future-gue/will/abi	적겠느냐?	적겠더냐?
imperative		*적어라	
suggestive		*적자	
exclamatory		적구나! 적다! 적도다!	적더구나!

connective	endings	connective	endings
serial	적고, 적으며	comparison	*적느니
selection	적거나, 적든지, 적든가	degree	적으리만큼
contrast	적어도, 적지만, 적으나, 적은데, 적으면서도, 적되, 적지	condition	적으면, 적거든, 적거들랑, 적어야, 적다면, 적었던들
simultaneity	적으면서, 적으며	circumstance	적은데, 적으니, *적다시피
completion	*적고서, *적어서, *적자, *적자마자	figure	적듯이
conversion	적다가	proportion	적을수록
concession	적어도, 적더라도, 적을지라도, 적을지언정, 적은들, 적은데도, 적기로서니, 적으나마, 적을망정, 적어 보았자	cause	적어서, 적으니까, *적느라고, 적기에, 적길래, 적으니만큼, 적은지라, 적을세라, 적으므로
intention	*적으러, *적으려고, *적고자	addition	적거니와, 적을뿐더러, 적으려니와
result	적도록, 적게끔	repetition	적곤

Basic sentences

- 요즘은 일자리가 매우 적다. There is only a few job opportunities nowadays.
- 그는 적은 수입으로 겨우 살아가고 있다. He barely survives with his little income.
- 그녀는 월급이 적어도 열심히 일했다. She worked hard, although her salary was insufficient.

접다 [접따, tɕəpt'a]

'ㅂ' regular conjugation, Avt

to fold up ; to strike (a tent) ; to furl (a flag) ; to abandon, give up

causative	접히다, 접게 하다, 접게 만들다	passive	접히다, 접게 되다, 접어지다, 접혀지다

adnominal : present-conti	past-perfect	past-retrospective	past-perfect-retro	future-gue/will
접는	접은	접던	접었던	접을

quotational : declarative	interrogative	imperative	suggestive	nominal	adverbial
접는다고	접느냐고	접으라고	접자고	접기, 접음	접어, 접게

high honorific level		indicative style	retrospective style
declarative	present	접습니다	접습디다
	present-continuous	접고 있습니다, 접는 중입니다	접고 있습디다
	past-perfect	접었습니다	접었습디다
	past-experience	접었었습니다	접었었습디다
	past-guessing	접었겠습니다	접었겠습디다
	future-gue/will/abi	접겠습니다, 접으렵니다, 접을 겁니다, 접을 수 있습니다	접겠습디다
introgative	present	접습니까?	접습디까?
	past-perfect	접었습니까?	접었습디까?
	past-experience	접었었습니까?	접었었습디까?
	future-gue/will/abi	접겠습니까? 접으렵니까? 접을 겁니까? 접으리이까? 접을 수 있겠습니까?	접겠습디까?
imperative		접으시오, 접으십시오	
suggestive		접읍시다, 접으십시다	
exclamatory		접으시는구나!	

ordinary honorific lev		'-어요' form	'-으오' form
declarative	present	접어요, 접지요, 접으세요, 접을래요, 접을걸요, 접는데요, 접는대요, 접을게요, 접잖아요	접으오
	present-continuous	접고 있어요, 접고 있지요, 접고 있으세요, 접는 중이에요	접고 있소
	past-perfect	접었어요, 접었지요, 접었으세요, 접었잖아요	접었소
	past-experience	접었었어요, 접었었지요, 접었었으세요	접었었소
	past-guessing	접었겠어요, 접었겠지요, 접었겠으세요	접었겠소
	future-gue/will/abi	접겠어요, 접겠지요, 접겠으세요, 접을 수 있어요	접겠소
introgative	present	접어요? 접지요? 접으세요? 접나요? 접을까요? 접을래요? 접는가요? 접는데요? 접는대요? 접는다면서요? 접는다지요?	접으오? 접소?
	past-perfect	접었어요? 접었지요? 접었으세요?	접었소?
	past-experience	접었었어요? 접었었지요? 접었었으세요?	접었었소?
	future-gue/will/abi	접겠어요? 접겠지요? 접겠으세요? 접으리요? 접을 거예요? 접을 거지요? 접을 수 있겠어요?	접겠소?
imperative		접어요, 접지요, 접으세요, 접으라니까요	접으오, 접구려
suggestive		접어요, 접지요, 접으세요, 접자니까요	접으오
exclamatory		접는군요! 접으리요!	접으오!

ordinary non-honorific lev		'-어' form	'-네' form
declarative	present	접어, 접지, 접을래, 접을걸, 접는데, 접는대, 접을게, 접는단다, 접으마, 접잖아	접네
	present-continuous	접고 있어, 접고 있지, 접는 중이야	접고 있네
	past-perfect	접었어, 접었지, 접었잖아	접었네
	future-gue/will/abi	접겠어, 접겠지, 접을 수 있어	접겠네
introgative	present	접어? 접지? 접니? 접나? 접을까? 접으랴? 접을래? 접는데? 접는대? 접는다면서? 접는다지?	접는가?
	past-perfect	접었어? 접었지? 접었니? 접었을까? 접었대? 접었다면서?	접었는가?
	future-gue/will/abi	접겠어? 접겠지? 접겠니? 접으리? 접을 거야? 접을 거지? 접을 거니? 접을 수 있겠어?	접겠는가?
imperative		접어, 접지, 접으렴, 접으려무나, 접으라니까	접게
suggestive		접어, 접지, 접자니까	접세
exclamatory		접어! 접지! 접으리!	접네!

low non-honorific lev		indicative style	retrospective style
declarative	present	접는다	접더라
	present-continuous	접고 있다, 접는 중이다	접고 있더라
	past-perfect	접었다	접었더라
	future-gue/will/abi	접겠다, 접으리다, 접으련다, 접을 거다, 접을 수 있다	접겠더라
introgative	present	접느냐?	접더냐?
	past-perfect	접었느냐?	접었더냐?
	future-gue/will/abi	접겠느냐?	접겠더냐?
imperative		접어라	
suggestive		접자	
exclamatory		접는구나! 접는다! 접는도다!	접더구나!

connective	endings	connective	endings
serial	접고, 접으며	comparison	접느니
selection	접거나, 접든지, 접든가	degree	접으리만큼
contrast	접어도, 접지만, 접으나, 접는데, 접으면서도, 접되, 접지	condition	접으면, 접거든, 접거들랑, 접어야, 접는다면, 접었던들
simultaneity	접으면서, 접으며	circumstance	접는데, 접으니, 접다시피
completion	접고서, 접어서, 접자, 접자마자	figure	접듯이
conversion	접다가	proportion	접을수록
concession	접어도, 접더라도, 접을지라도, 접을지언정, 접은들, 접는데도, 접기로서니, 접으나마, 접을망정, 접어 보았자	cause	접어서, 접으니까, 접느라고, 접기에, 접길래, 접느니만큼, 접는지라, 접을세라, 접으므로
intention	접으러, 접으려고, 접고자	addition	접거니와, 접을뿐더러, 접으려니와
result	접도록, 접게끔	repetition	접곤

Basic sentences

- 그녀는 말없이 빨래만 접고 있었다. She was folding her laundry without any word.
- 접은 편지는 봉투에 넣어라. Fold the letter and put it in the envelop.
- 종이를 접어서 비행기를 만들었다. We made a airplane by folding a paper.

젓다 [전:따, tɕəːt'a]

'ㅅ' irregular conjugation, Avt

to row (a boat) ; to stir up ; to scull ; to shake

causative	*젓히다, 젓게 하다, 젓게 만들다	passive	*젓히다, 젓게 되다, 저어지다

adnominal : present-conti	past-perfect	past-retrospective	past-perfect-retro	future-gue/will
젓는	저은	젓던	저었던	저을

quotational : declarative	interrogative	imperative	suggestive	nominal	adverbial
젓는다고	젓느냐고	저으라고	젓자고	젓기, 저음	저어, 젓게

high honorific level		indicative style	retrospective style
declarative	present	젓습니다	젓습디다
	present-continuous	젓고 있습니다, 젓는 중입니다	젓고 있습디다
	past-perfect	저었습니다	저었습디다
	past-experience	저었었습니다	저었었습디다
	past-guessing	저었겠습니다	저었겠습디다
	future-gue/will/abi	젓겠습니다, 저으렵니다, 저을 겁니다, 저을 수 있습니다	젓겠습디다
introgative	present	젓습니까?	젓습디까?
	past-perfect	저었습니까?	저었습디까?
	past-experience	저었었습니까?	저었었습디까?
	future-gue/will/abi	젓겠습니까? 저으렵니까? 저을 겁니까? 저으리이까? 저을 수 있겠습니까?	젓겠습디까?
imperative		저으시오, 저으십시오	
suggestive		저읍시다, 저으십시다	
exclamatory		저으시는구나!	

ordinary honorific lev		'-어요' form	'-으오' form
declarative	present	저어요, 젓지요, 저으세요, 저을래요, 저을걸요, 젓는데요, 젓는대요, 저을게요, 젓잖아요	저으오
	present-continuous	젓고 있어요, 젓고 있지요, 젓고 있으세요, 젓는 중이에요	젓고 있소
	past-perfect	저었어요, 저었지요, 저었으세요, 저었잖아요	저었소
	past-experience	저었었어요, 저었었지요, 저었었으세요	저었었소
	past-guessing	저었겠어요, 저었겠지요, 저었겠으세요	저었겠소
	future-gue/will/abi	젓겠어요, 젓겠지요, 젓겠으세요, 저을 수 있어요	젓겠소
introgative	present	저어요? 젓지요? 저으세요? 젓나요? 저을까요? 저을래요? 젓는가요? 젓는데요? 젓는대요? 젓는다면서요? 젓는다지요?	저으오? 젓소?
	past-perfect	저었어요? 저었지요? 저었으세요?	저었소?
	past-experience	저었었어요? 저었었지요? 저었었으세요?	저었었소?
	future-gue/will/abi	젓겠어요? 젓겠지요? 젓겠으세요? 저으리요? 저을 거예요? 저을 거지요? 저을 수 있겠어요?	젓겠소?
imperative		저어요, 젓지요, 저으세요, 저으라니까요	저으오, 젓구려
suggestive		저어요, 젓지요, 저으세요, 젓자니까요	저으오
exclamatory		젓는군요! 저으리요!	저으오!

ordinary non-honorific lev		'-어' form	'-네' form
declarative	present	저어, 젓지, 저을래, 저을걸, 젓는데, 젓는대, 저을게, 젓는단다, 저으마, 젓잖아	젓네
	present-continuous	젓고 있어, 젓고 있지, 젓는 중이야	젓고 있네
	past-perfect	저었어, 저었지, 저었잖아	저었네
	future-gue/will/abi	젓겠어, 젓겠지, 저을 수 있어	젓겠네
introgative	present	저어? 젓지? 젓니? 젓나? 저을까? 저으랴? 저을래? 젓는데? 젓는대? 젓는다면서? 젓는다지?	젓는가?
	past-perfect	저었어? 저었지? 저었니? 저었을까? 저었대? 저었다면서?	저었는가?
	future-gue/will/abi	젓겠어? 젓겠지? 젓겠니? 저으리? 저을 거야? 저을 거지? 저을 거니? 저을 수 있겠어?	젓겠는가?
imperative		저어, 젓지, 저으렴, 저으려무나, 저으라니까	젓게
suggestive		저어, 젓지, 젓자니까	젓세
exclamatory		저어! 젓지! 저으리!	젓네!

low non-honorific lev		indicative style	retrospective style
declarative	present	젓는다	젓더라
	present-continuous	젓고 있다, 젓는 중이다	젓고 있더라
	past-perfect	저었다	저었더라
	future-gue/will/abi	젓겠다, 저으리다, 저으련다, 저을 거다, 저을 수 있다	젓겠더라
introgative	present	젓느냐?	젓더냐?
	past-perfect	저었느냐?	저었더냐?
	future-gue/will/abi	젓겠느냐?	젓겠더냐?
imperative		저어라	
suggestive		젓자	
exclamatory		젓는구나! 젓는다! 젓는도다!	젓더구나!

connective	endings	connective	endings
serial	젓고, 저으며	comparison	젓느니
selection	젓거나, 젓든지, 젓든가	degree	저으리만큼
contrast	저어도, 젓지만, 저으나, 젓는데, 저으면서도, 젓되, 젓지	condition	저으면, 젓거든, 젓거들랑, 저어야, 젓는다면, 저었던들
simultaneity	저으면서, 저으며	circumstance	젓는데, 저으니, 젓다시피
completion	젓고서, 저어서, 젓자, 젓자마자	figure	젓듯이
conversion	젓다가	proportion	저을수록
concession	저어도, 젓더라도, 저을지라도, 저을지언정, 저은들, 젓는데도, 젓기로서니, 저으나마, 저을망정, 저어 보았자	cause	저어서, 저으니까, 젓느라고, 젓기에, 젓길래, 젓느니만큼, 젓는지라, 저을세라, 저으므로
intention	저으러, 저으려고, 젓고자	addition	젓거니와, 저을뿐더러, 저으려니와
result	젓도록, 젓게끔	repetition	젓곤

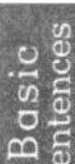

- 뱃사공이 노를 열심히 저었다. The boatman rowed the paddle very enthusiastically.
- 고개를 젓고 있는 저분은 누구인가? Who is the person shaking his head?
- 강아지가 꼬리를 저으며 내게 다가왔다. The puppy came to me shaking its tail.

좁다 [좁따, tɕopt'a]

'ㅂ' regular conjugation, Dv

to be narrow, be small, be limited ; to be narrow minded ; to be small

causative	좁히다, 좁게 하다, 좁게 만들다	passive	좁히다, 좁게 되다, 좁아지다, 좁혀지다

adnominal : present-conti	past-perfect	past-retrospective	past-perfect-retro	future-gue/will
좁은	좁은	좁던	좁았던	좁을

quotational : declarative	interrogative	imperative	suggestive	nominal	adverbial
좁다고	좁으냐고	*좁으라고	*좁자고	좁기, 좁음	좁아, 좁게

high honorific level		indicative style	retrospective style
declarative	present	좁습니다	좁습디다
	present-continuous	*좁고 있습니다, *좁는 중입니다	*좁고 있습디다
	past-perfect	좁았습니다	좁았습디다
	past-experience	좁았었습니다	좁았었습디다
	past-guessing	좁았겠습니다	좁았겠습디다
	future-gue/will/abi	좁겠습니다, *좁으렵니다, 좁을 겁니다, 좁을 수 있습니다	좁겠습디다
introgative	present	좁습니까?	좁습디까?
	past-perfect	좁았습니까?	좁았습디까?
	past-experience	좁았었습니까?	좁았었습디까?
	future-gue/will/abi	좁겠습니까? *좁으렵니까? *좁을 겁니까? 좁으리이까? *좁을 수 있겠습니까?	좁겠습디까?
imperative		*좁으시오, *좁으십시오	
suggestive		*좁읍시다, *좁으십시다	
exclamatory		좁으시구나!	

ordinary honorific lev		'-어요' form	'-으오' form
declarative	present	좁아요, 좁지요, 좁으세요, *좁을래요, 좁을걸요, 좁은데요, 좁대요, *좁을게요, 좁잖아요	좁으오
	present-continuous	*좁고 있어요, *좁고 있지요, *좁고 있으세요, *좁는 중이에요	*좁고 있소
	past-perfect	좁았어요, 좁았지요, 좁았으세요, 좁았잖아요	좁았소
	past-experience	좁았었어요, 좁았었지요, 좁았었으세요	좁았었소
	past-guessing	좁았겠어요, 좁았겠지요, 좁았겠으세요	좁았겠소
	future-gue/will/abi	좁겠어요, 좁겠지요, 좁겠으세요, 좁을 수 있어요	좁겠소
introgative	present	좁아요? 좁지요? 좁으세요? 좁나요? 좁을까요? *좁을래요? 좁은가요? 좁은데요? 좁대요? 좁다면서요? 좁다지요?	좁으오? 좁소?
	past-perfect	좁았어요? 좁았지요? 좁았으세요?	좁았소?
	past-experience	좁았었어요? 좁았었지요? 좁았었으세요?	좁았었소?
	future-gue/will/abi	좁겠어요? 좁겠지요? 좁겠으세요? 좁으리요? *좁을 거예요? *좁을 거지요? *좁을 수 있겠어요?	좁겠소?
imperative		*좁아요, *좁지요, *좁으세요, *좁으라니까요	*좁으오, *좁구려
suggestive		*좁아요, *좁지요, *좁으세요, *좁자니까요	*좁으오
exclamatory		좁군요! 좁으리요!	좁으오!

ordinary non-honorific lev		'-어' form	'-네' form
declarative	present	좁아, 좁지, *좁을래, 좁을걸, 좁은데, 좁대, *좁을게, 좁단다, *좁으마, 좁잖아	좁네
	present-continuous	*좁고 있어, *좁고 있지, *좁는 중이야	*좁고 있네
	past-perfect	좁았어, 좁았지, 좁았잖아	좁았네
	future-gue/will/abi	좁겠어, 좁겠지, 좁을 수 있어	좁겠네
introgative	present	좁아? 좁지? 좁니? 좁나? 좁을까? 좁으랴? *좁을래? 좁은데? 좁대? 좁다면서? 좁다지?	좁은가?
	past-perfect	좁았어? 좁았지? 좁았니? 좁았을까? 좁았대? 좁았다면서?	좁았는가?
	future-gue/will/abi	좁겠어? 좁겠지? 좁겠니? 좁으리? *좁을 거야? *좁을 거지? *좁을 거니? *좁을 수 있겠어?	좁겠는가?
imperative		*좁아, *좁지, *좁으렴, *좁으려무나, *좁으라니까	*좁게
suggestive		*좁아, *좁지, *좁자니까	*좁세
exclamatory		좁아! 좁지! 좁으리!	좁네!

low non-honorific lev		indicative style	retrospective style
declarative	present	좁다	좁더라
	present-continuous	*좁고 있다, *좁는 중이다	*좁고 있더라
	past-perfect	좁았다	좁았더라
	future-gue/will/abi	좁겠다, *좁으리다, *좁으련다, 좁을 거다, 좁을 수 있다	좁겠더라
introgative	present	좁으냐?	좁더냐?
	past-perfect	좁았느냐?	좁았더냐?
	future-gue/will/abi	좁겠느냐?	좁겠더냐?
imperative		*좁아라	
suggestive		*좁자	
exclamatory		좁구나! 좁다! 좁도다!	좁더구나!

connective	endings	connective	endings
serial	좁고, 좁으며	comparison	*좁느니
selection	좁거나, 좁든지, 좁든가	degree	좁으리만큼
contrast	좁아도, 좁지만, 좁으나, 좁은데, 좁으면서도, 좁되, 좁지	condition	좁으면, 좁거든, 좁거들랑, 좁아야, 좁다면, 좁았던들
simultaneity	좁으면서, 좁으며	circumstance	좁은데, 좁으니, *좁다시피
completion	*좁고서, *좁아서, *좁자, *좁자마자	figure	좁듯이
conversion	좁다가	proportion	좁을수록
concession	좁아도, 좁더라도, 좁을지라도, 좁을지언정, 좁은들, 좁은데도, 좁기로서니, 좁으나마, 좁을망정, 좁아 보았자	cause	좁아서, 좁으니까, *좁느라고, 좁기에, 좁길래, 좁으니만큼, 좁은지라, 좁을세라, 좁으므로
intention	*좁으러, *좁으려고, *좁고자	addition	좁거니와, 좁을뿐더러, 좁으려니와
result	좁도록, 좁게끔	repetition	*좁곤

- 길이 너무 좁다 The road is too narrow.
- 좁았던 마음이 나이가 들면서 넓어졌다. My narrow mind got bigger as I grew up.
- 집이 좀 좁아도 생활하기는 괜찮다.
  Though my house is a bit, it's enough to live in.

ㅈ

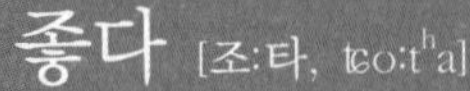

좋다 [조:타, tɕo:tʰa]

'ㅎ' regular conjugation, Dv

to be good, be nice ; to be beneficial ; to be right ; to be better

causative	*좋히다, 좋게 하다, 좋게 만들다	passive	*좋히다, 좋게 되다, 좋아지다

adnominal : present-conti	past-perfect	past-retrospective	past-perfect-retro	future-gue/will
좋은	좋은	좋던	좋았던	좋을

quotational : declarative	interrogative	imperative	suggestive	nominal	adverbial
좋다고	좋으냐고	*좋으라고	*좋자고	좋기, 좋음	좋아, 좋게

high honorific level		indicative style	retrospective style
declarative	present	좋습니다	좋습디다
	present-continuous	*좋고 있습니다, *좋는 중입니다	*좋고 있습디다
	past-perfect	좋았습니다	좋았습디다
	past-experience	좋았었습니다	좋았었습디다
	past-guessing	좋았겠습니다	좋았겠습디다
	future-gue/will/abi	좋겠습니다, *좋으렵니다, 좋을 겁니다, 좋을 수 있습니다	좋겠습디다
introgative	present	좋습니까?	좋습디까?
	past-perfect	좋았습니까?	좋았습디까?
	past-experience	좋았었습니까?	좋았었습디까?
	future-gue/will/abi	좋겠습니까? *좋으렵니까? *좋을 겁니까? *좋으리이까? *좋을 수 있겠습니까?	좋겠습디까?
imperative		*좋으시오, *좋으십시오	
suggestive		*좋읍시다, *좋으십시다	
exclamatory		좋으시구나!	

ordinary honorific lev		'-어요' form	'-으오' form
declarative	present	좋아요, 좋지요, 좋으세요, *좋을래요, 좋을걸요, 좋은데요, 좋대요, *좋을게요, 좋잖아요	좋으오
	present-continuous	*좋고 있어요, *좋고 있지요, *좋고 있으세요, *좋은 중이에요	*좋고 있소
	past-perfect	좋았어요, 좋았지요, 좋았으세요, 좋았잖아요	좋았소
	past-experience	좋았었어요, 좋았었지요, 좋았었으세요	좋았었소
	past-guessing	좋았겠어요, 좋았겠지요, 좋았겠으세요	좋았겠소
	future-gue/will/abi	좋겠어요, 좋겠지요, 좋겠으세요, 좋을 수 있어요	좋겠소
introgative	present	좋아요? 좋지요? 좋으세요? 좋나요? 좋을까요? *좋을래요? 좋은가요? 좋은데요? 좋대요? 좋다면서요? 좋다지요?	좋으오? 좋소?
	past-perfect	좋았어요? 좋았지요? 좋았으세요?	좋았소?
	past-experience	좋았었어요? 좋았었지요? 좋았었으세요?	좋았었소?
	future-gue/will/abi	좋겠어요? 좋겠지요? 좋겠으세요? 좋으리요? *좋을 거예요? *좋을 거지요? *좋을 수 있겠어요?	좋겠소?
imperative		*좋아요, *좋지요, *좋으세요, *좋으라니까요	*좋으오, *좋구려
suggestive		*좋아요, *좋지요, *좋으세요, *좋자니까요	*좋으오
exclamatory		좋군요! 좋으리요!	좋으오!

ordinary non-honorific lev		'-어' form	'-네' form
declarative	present	좋아, 좋지, *좋을래, 좋을걸, 좋은데, 좋대, *좋을게, 좋단다, *좋으마, 좋잖아	좋네
	present-continuous	*좋고 있어, *좋고 있지, *좋는 중이야	*좋고 있네
	past-perfect	좋았어, 좋았지, 좋았잖아	좋았네
	future-gue/will/abi	좋겠어, 좋겠지, 좋을 수 있어	좋겠네
introgative	present	좋아? 좋지? 좋니? 좋나? 좋을까? 좋으랴? *좋을래? 좋은데? 좋대? 좋다면서? 좋다지?	좋은가?
	past-perfect	좋았어? 좋았지? 좋았니? 좋았을까? 좋았대? 좋았다면서?	좋았는가?
	future-gue/will/abi	좋겠어? 좋겠지? 좋겠니? 좋으리? *좋을 거야? *좋을 거지? *좋을 거니? *좋을 수 있겠어?	좋겠는가?
imperative		*좋아, *좋지, *좋으렴, *좋으려무나, *좋으라니까	*좋게
suggestive		*좋아, *좋지, *좋자니까	*좋세
exclamatory		좋아! 좋지! 좋으리!	좋네!

low non-honorific lev		indicative style	retrospective style
declarative	present	좋다	좋더라
	present-continuous	*좋고 있다, *좋는 중이다	*좋고 있더라
	past-perfect	좋았다	좋았더라
	future-gue/will/abi	좋겠다, *좋으리다, *좋으련다, 좋을 거다, 좋을 수 있다	좋겠더라
introgative	present	좋으냐?	좋더냐?
	past-perfect	좋았느냐?	좋았더냐?
	future-gue/will/abi	좋겠느냐?	좋겠더냐?
imperative		*좋아라	
suggestive		*좋자	
exclamatory		좋구나! 좋다! 좋도다!	좋더구나!

connective	endings	connective	endings
serial	좋고, 좋으며	comparison	*좋느니
selection	좋거나, 좋든지, 좋든가	degree	좋으리만큼
contrast	좋아도, 좋지만, 좋으나, 좋은데, 좋으면서도, 좋되, 좋지	condition	좋으면, 좋거든, 좋거들랑, 좋아야, 좋다면, 좋았던들
simultaneity	좋으면서, 좋으며	circumstance	좋은데, 좋으니, *좋다시피
completion	*좋고서, *좋아서, *좋자, *좋자마자	figure	좋듯이
conversion	좋다가	proportion	좋을수록
concession	좋아도, 좋더라도, 좋을지라도, 좋을지언정, 좋은들, 좋은데도, 좋기로서니, 좋으나마, 좋을망정, 좋아 보았자	cause	좋아서, 좋으니까, *좋느라고, 좋기에, 좋길래, 좋으니만큼, 좋은지라, 좋을세라, 좋으므로
intention	*좋으러, *좋으려고, *좋고자	addition	좋거니와, 좋을뿐더러, 좋으려니와
result	좋도록, 좋게끔	repetition	좋곤

- 한국은 가을 날씨가 참 좋다. Korean fall weather is very nice.
- 그녀는 좋은 집안에서 태어났다. She grew up in a nice and rich house.
- 어제는 일진이 좋아서 돈을 많이 벌었다.
  I earned lots of money because I was lucky yesterday.

주다1 [주다, tɕuda]

'우' regular conjugation, Avt

to give, bestow ; to present ; to confer ; to do for

causative	*주히다, 주게 하다, 주게 만들다	passive	*주히다, 주게 되다, 줘지다

adnominal : present-conti	past-perfect	past-retrospective	past-perfect-retro	future-gue/will
주는	준	주던	주었던	줄

quotational : declarative	interrogative	imperative	suggestive	nominal	adverbial
준다고	주느냐고	주라고	주자고	주기, 줌	주어, 주게

high honorific level		indicative style	retrospective style
declarative	present	줍니다	줍디다
	present-continuous	주고 있습니다, 주는 중입니다	주고 있습디다
	past-perfect	주었습니다	주었습디다
	past-experience	주었었습니다	주었었습디다
	past-guessing	주었겠습니다	주었겠습디다
	future-gue/will/abi	주겠습니다, 주렵니다, 줄 겁니다, 줄 수 있습니다	주겠습디다
introgative	present	줍니까?	줍디까?
	past-perfect	주었습니까?	주었습디까?
	past-experience	주었었습니까?	주었었습디까?
	future-gue/will/abi	주겠습니까? 주렵니까? 줄 겁니까? 주리이까? 줄 수 있겠습니까?	주겠습디까?
imperative		주시오, 주십시오	
suggestive		줍시다, 주십시다	
exclamatory		주시는구나!	

ordinary honorific lev		'-어요' form	'-으오' form
declarative	present	줘요, 주지요, 주세요, 줄래요, 줄걸요, 주는데요, 준대요, 줄게요, 주잖아요	주오
	present-continuous	주고 있어요, 주고 있지요, 주고 있으세요, 주는 중이에요	주고 있소
	past-perfect	주었어요, 주었지요, 주었으세요, 주었잖아요	주었소
	past-experience	주었었어요, 주었었지요, 주었었으세요	주었었소
	past-guessing	주었겠어요, 주었겠지요, 주었겠으세요	주었겠소
	future-gue/will/abi	주겠어요, 주겠지요, 주겠으세요, 줄 수 있어요	주겠소
introgative	present	줘요? 주지요? 주세요? 주나요? 줄까요? 줄래요? 주는가요? 주는데요? 준대요? 준다면서요? 준다지요?	주오? *주소?
	past-perfect	주었어요? 주었지요? 주었으세요?	주었소?
	past-experience	주었었어요? 주었었지요? 주었었으세요?	주었었소?
	future-gue/will/abi	주겠어요? 주겠지요? 주겠으세요? 주리요? 줄 거예요? 줄 거지요? 줄 수 있겠어요?	주겠소?
imperative		줘요, 주지요, 주세요, 주라니까요	주오, 주구려
suggestive		줘요, 주지요, 주세요, 주자니까요	주오
exclamatory		주는군요! 주리요!	주오!

ordinary non-honorific lev		'-어' form	'-네' form
declarative	present	줘, 주지, 줄래, 줄걸, 주는데, 준대, 줄게, 준단다, 주마, 주잖아	주네
	present-continuous	주고 있어, 주고 있지, 주는 중이야	주고 있네
	past-perfect	주었어, 주었지, 주었잖아	주었네
	future-gue/will/abi	주겠어, 주겠지, 줄 수 있어	주겠네
introgative	present	줘? 주지? 주니? 주나? 줄까? 주랴? 줄래? 주는데? 준대? 준다면서? 준다지?	주는가?
	past-perfect	주었어? 주었지? 주었니? 주었을까? 주었대? 주었다면서?	주었는가?
	future-gue/will/abi	주겠어? 주겠지? 주겠니? 주리? 줄 거야? 줄 거지? 줄 거니? 줄 수 있겠어?	주겠는가?
imperative		줘, 주지, 주렴, 주려무나, 주라니까	주게
suggestive		줘, 주지, 주자니까	주세
exclamatory		줘! 주지! 주리!	주네!

low non-honorific lev		indicative style	retrospective style
declarative	present	준다	주더라
	present-continuous	주고 있다, 주는 중이다	주고 있더라
	past-perfect	주었다	주었더라
	future-gue/will/abi	주겠다, 주리다, 주련다, 줄 거다, 줄 수 있다	주겠더라
introgative	present	주느냐?	주더냐?
	past-perfect	주었느냐?	주었더냐?
	future-gue/will/abi	주겠느냐?	주겠더냐?
imperative		줘라	
suggestive		주자	
exclamatory		주는구나! 준다! 주는도다!	주더구나!

connective	endings	connective	endings
serial	주고, 주며	comparison	주느니
selection	주거나, 주든지, 주든가	degree	주리만큼
contrast	줘도, 주지만, 주나, 주는데, 주면서도, 주되, 주지	condition	주면, 주거든, 주거들랑, 줘야, 준다면, 주었던들
simultaneity	주면서, 주며	circumstance	주는데, 주니, 주다시피
completion	주고서, 줘서, 주자, 주자마자	figure	주듯이
conversion	주다가	proportion	줄수록
concession	줘도, 주더라도, 줄지라도, 줄지언정, 준들, 주는데도, 주기로서니, 주나마, 줄망정, 줘 보았자	cause	줘서, 주니까, 주느라고, 주기에, 주길래, 주느니만큼, 주는지라, 줄세라, 주므로
intention	주러, 주려고, 주고자	addition	주거니와, 줄뿐더러, 주려니와
result	주도록, 주게끔	repetition	주곤

Basic sentences

- 어머니는 내게 생일선물을 주셨다. My mother gave me my birthday gift.
- 해마다 농작물에 가장 큰 피해를 주는 것은 바로 태풍이다.
  The storm causes the biggest damage on the farm every year.
- 네게 선물로 주려고 이 만년필을 샀다. I bought a fountain pen as a gift for you.

죽이다 [주기다, tɕukida]

'이' regular conjugation, Avt

to kill, saly, murder

causative	*죽이히다, 죽이게 하다, 죽이게 만들다	passive	*죽이히다, 죽이게 되다, 죽여지다

adnominal : present-conti	past-perfect	past-retrospective	past-perfect-retro	future-gue/will
죽이는	죽인	죽이던	죽였던	죽일

quotational : declarative	interrogative	imperative	suggestive	nominal	adverbial
죽인다고	죽이느냐고	죽이라고	죽이자고	죽이기, 죽임	죽어, 죽게

high honorific level		indicative style	retrospective style
declarative	present	죽입니다	죽입디다
	present-continuous	죽이고 있습니다, 죽이는 중입니다	죽이고 있습디다
	past-perfect	죽였습니다	죽였습디다
	past-experience	죽였었습니다	죽였었습디다
	past-guessing	죽였겠습니다	죽였겠습디다
	future-gue/will/abi	죽이겠습니다, 죽이렵니다, 죽일 겁니다, 죽일 수 있습니다	죽이겠습디다
introgative	present	죽입니까?	죽입디까?
	past-perfect	죽였습니까?	죽였습디까?
	past-experience	죽였었습니까?	죽였었습디까?
	future-gue/will/abi	죽이겠습니까? 죽이렵니까? 죽일 겁니까? 죽이리이까? 죽일 수 있겠습니까?	죽이겠습디까?
imperative		죽이시오, 죽이십시오	
suggestive		죽입시다, 죽이십시다	
exclamatory		죽이시는구나!	

ordinary honorific lev		'-어요' form	'-으오' form
declarative	present	죽여요, 죽이지요, 죽이세요, 죽일래요, 죽일걸요, 죽이는데요, 죽인대요, 죽일게요, 죽이잖아요	죽이오
	present-continuous	죽이고 있어요, 죽이고 있지요, 죽이고 있으세요, 죽이는 중이에요	죽이고 있소
	past-perfect	죽였어요, 죽였지요, 죽였으세요, 죽였잖아요	죽였소
	past-experience	죽였었어요, 죽였었지요, 죽였었으세요	죽였었소
	past-guessing	죽였겠어요, 죽였겠지요, 죽였겠으세요	죽였겠소
	future-gue/will/abi	죽이겠어요, 죽이겠지요, 죽이겠으세요, 죽일 수 있어요	죽이겠소
introgative	present	죽여요? 죽이지요? 죽이세요? 죽이나요? 죽일까요? 죽일래요? 죽이는가요? 죽이는데요? 죽인대요? 죽인다면서요? 죽인다지요?	죽이오? *죽이소?
	past-perfect	죽였어요? 죽였지요? 죽였으세요?	죽였소?
	past experience	죽였었어요? 죽였었지요? 죽였었으세요?	죽였었소?
	future-gue/will/abi	죽이겠어요? 죽이겠지요? 죽이겠으세요? 죽이리요? 죽일 거예요? 죽일 거지요? 죽일 수 있겠어요?	죽이겠소?
imperative		죽여요, 죽이지요, 죽이세요, 죽이라니까요	죽이오, 죽이구려
suggestive		죽여요, 죽이지요, 죽이세요, 죽이자니까요	죽이오
exclamatory		죽이는군요! 죽이리요!	죽이오!

ordinary non-honorific lev		'-어' form	'-네' form
declarative	present	죽여, 죽이지, 죽일래, 죽일걸, 죽이는데, 죽인대, 죽일게, 죽인단다, 죽이마, 죽이잖아	죽이네
	present-continuous	죽이고 있어, 죽이고 있지, 죽이는 중이야	죽이고 있네
	past-perfect	죽였어, 죽였지, 죽였잖아	죽였네
	future-gue/will/abi	죽이겠어, 죽이겠지, 죽일 수 있어	죽이겠네
introgative	present	죽여? 죽이지? 죽이니? 죽이나? 죽일까? 죽이랴? 죽일래? 죽이는데? 죽인대? 죽인다면서? 죽인다지?	죽이는가?
	past-perfect	죽였어? 죽였지? 죽였니? 죽였을까? 죽였대? 죽였다면서?	죽였는가?
	future-gue/will/abi	죽이겠어? 죽이겠지? 죽이겠니? 죽이리? 죽일 거야? 죽일 거지? 죽일 거니? 죽일 수 있겠어?	죽이겠는가?
imperative		죽여, 죽이지, 죽이렴, 죽이려무나, 죽이라니까	죽이게
suggestive		죽여, 죽이지, 죽이자니까	죽이세
exclamatory		죽여! 죽이지! 죽이리!	죽네!

low non-honorific lev		indicative style	retrospective style
declarative	present	죽인다	죽이더라
	present-continuous	죽이고 있다, 죽이는 중이다	죽이고 있더라
	past-perfect	죽였다	죽였더라
	future-gue/will/abi	죽이겠다, 죽이리다, 죽이련다, 죽일 거다, 죽일 수 있다	죽이겠더라
introgative	present	죽이느냐?	죽이더냐?
	past-perfect	죽였느냐?	죽였더냐?
	future-gue/will/abi	죽이겠느냐?	죽이겠더냐?
imperative		죽여라	
suggestive		죽이자	
exclamatory		죽이는구나! 죽인다! 죽이는도다!	죽이더구나!

connective	endings	connective	endings
serial	죽이고, 죽이며	comparison	죽이느니
selection	죽이거나, 죽이든지, 죽이든가	degree	죽이리만큼
contrast	죽여도, 죽이지만, 죽이나, 죽이는데, 죽이면서도, 죽이되, 죽이지	condition	죽이면, 죽이거든, 죽이거들랑, 죽여야, 죽인다면, 죽였던들
simultaneity	죽이면서, 죽이며	circumstance	죽이는데, 죽이니, 죽이다시피
completion	죽이고서, 죽여서, 죽이자, 죽이자마자	figure	죽이듯이
conversion	죽이다가	proportion	죽일수록
concession	죽여도, 죽이더라도, 죽일지라도, 죽일지언정, 죽인들, 죽이는데도, 죽이기로서니, 죽이나마, 죽일망정, 죽여 보았자	cause	죽여서, 죽이니까, 죽이느라고, 죽이기에, 죽이길래, 죽이느니만큼, 죽이는지라, 죽일세라, 죽이므로
intention	죽이러, 죽이려고, 죽이고자	addition	죽이거니와, 죽일뿐더러, 죽이려니와
result	죽이도록, 죽이게끔	repetition	죽이곤

Basic sentences

- 그는 많은 사람을 죽였다. He killed many people.
- 사람을 죽인 사람을 살인자라고 합니다.
  We call him a murder when he murders another person.
- 목소리를 좀 죽여서 말씀해 주세요. Please talk quitely.

줍다 [줍:따, tɕup:t'a]

'ㅂ' irregular conjugation, Avt

to pick up, gather, collect

causative	*줍히다, 줍게 하다, 줍게 만들다	passive	*줍히다, 줍게 되다, 주워지다

adnominal : present-conti	past-perfect	past-retrospective	past-perfect-retro	future-gue/will
줍는	주운	줍던	주웠던	주울

quotational : declarative	interrogative	imperative	suggestive	nominal	adverbial
줍는다고	줍느냐고	주우라고	줍자고	줍기, 주움	주워, 줍게

high honorific level		indicative style	retrospective style
declarative	present	줍습니다	줍습디다
	present-continuous	줍고 있습니다, 줍는 중입니다	줍고 있습디다
	past-perfect	주웠습니다	주웠습디다
	past-experience	주웠었습니다	주웠었습디다
	past-guessing	주웠겠습니다	주웠겠습디다
	future-gue/will/abi	줍겠습니다, 주우렵니다, 주울 겁니다, 주울 수 있습니다	줍겠습디다
introgative	present	줍습니까?	줍습디까?
	past-perfect	주웠습니까?	주웠습디까?
	past-experience	주웠었습니까?	주웠었습디까?
	future-gue/will/abi	줍겠습니까? 주우렵니까? 주울 겁니까? 주우리이까? 주울 수 있겠습니까?	줍겠습디까?
imperative		주우시오, 주우십시오	
suggestive		주웁시다, 주우십시다	
exclamatory		주우시는구나!	

ordinary honorific lev		'-어요' form	'-으오' form
declarative	present	주워요, 줍지요, 주우세요, 주울래요, 주울걸요, 줍는데요, 줍는대요, 주울게요, 줍잖아요	주우오
	present-continuous	줍고 있어요, 줍고 있지요, 줍고 있으세요, 줍는 중이에요	줍고 있소
	past-perfect	주웠어요, 주웠지요, 주웠으세요, 주웠잖아요	주웠소
	past-experience	주웠었어요, 주웠었지요, 주웠었으세요	주웠었소
	past-guessing	주웠겠어요, 주웠겠지요, 주웠겠으세요	주웠겠소
	future-gue/will/abi	줍겠어요, 줍겠지요, ?줍겠으세요, 주울 수 있어요	줍겠소
introgative	present	주워요? 줍지요? 주우세요? 줍나요? 주울까요? 주울래요? 줍는가요? 줍는데요? 줍는대요? 줍는다면서요? 줍는다지요?	주우오? 줍소?
	past-perfect	주웠어요? 주웠지요? 주웠으세요?	주웠소?
	past-experience	주웠었어요? 주웠었지요? 주웠었으세요?	주웠었소?
	future-gue/will/abi	줍겠어요? 줍겠지요? 줍겠으세요? 주우리요? 주울 거예요? 주울 거지요? 주울 수 있겠어요?	줍겠소?
imperative		주워요, 줍지요, 주우세요, 주우라니까요	주우오, 줍구려
suggestive		주워요, 줍지요, 주우세요, 줍자니까요	주우오
exclamatory		줍는군요! 주우리요!	주우오!

ordinary non-honorific lev		'-어' form	'-네' form
declarative	present	주워, 줍지, 주울래, 주울걸, 줍는데, 줍는대, 주울게, 줍는단다, 주우마, 줍잖아	줍네
	present-continuous	줍고 있어, 줍고 있지, 줍는 중이야	줍고 있네
	past-perfect	주웠어, 주웠지, 주웠잖아	주웠네
	future-gue/will/abi	줍겠어, 줍겠지, 주울 수 있어	줍겠네
introgative	present	주워? 줍지? 줍니? 줍나? 주울까? 주우랴? 주울래? 줍는데? 줍는대? 줍는다면서? 줍는다지?	줍는가?
	past-perfect	주웠어? 주웠지? 주웠니? 주웠을까? 주웠대? 주웠다면서?	주웠는가?
	future-gue/will/abi	줍겠어? 줍겠지? 줍겠니? 주우리? 주울 거야? 주울 거지? 주울 거니? 주울 수 있겠어?	줍겠는가?
imperative		주워, 줍지, 주우렴, 주우려무나, 주우라니까	줍게
suggestive		주워, 줍지, 줍자니까	주우세
exclamatory		주워! 줍지! 주우리!	줍네!

low non-honorific lev		indicative style	retrospective style
declarative	present	줍는다	줍더라
	present-continuous	줍고 있다, 줍는 중이다	줍고 있더라
	past-perfect	주웠다	주웠더라
	future-gue/will/abi	줍겠다, 주우리다, 주우련다, 주울 거다, 주울 수 있다	줍겠더라
introgative	present	줍느냐?	줍더냐?
	past-perfect	주웠느냐?	주웠더냐?
	future-gue/will/abi	줍겠느냐?	줍겠더냐?
imperative		주워라	
suggestive		줍자	
exclamatory		줍는구나! 줍는다! 줍는도다!	줍더구나!

connective	endings	connective	endings
serial	줍고, 주우며	comparison	줍느니
selection	줍거나, 줍든지, 줍든가	degree	주우리만큼
contrast	주워도, 줍지만, 주우나, 줍는데, 주우면서도, 줍되, 줍지	condition	주우면, 줍거든, 줍거들랑, 주워야, 줍는다면, 주웠던들
simultaneity	주우면서, 주우며	circumstance	줍는데, 주우니, 줍다시피
completion	줍고서, 주워서, 줍자, 줍자마자	figure	줍듯이
conversion	줍다가	proportion	주울수록
concession	주워도, 줍더라도, 주울지라도, 주울지언정, 주운들, 줍는데도, 줍기로서니, 주우나마, 주울망정, 주워 보았자	cause	주워서, 주우니까, 줍느라고, 줍기에, 줍길래, 줍느니만큼, 줍는지라, 주울세라, 주우므로
intention	주우러, 주우려고, 줍고자	addition	줍거니와, 주울뿐더러, 주우려니와
result	줍도록, 줍게끔	repetition	줍곤

Basic sentences

- 그는 길을 가다가 돈을 주웠다. He picked some money while walking.
- 그것을 좀 주워 주시겠어요? Please, pick it up for me?
- 그녀에게 쓰레기를 주우라고 말했습니까? Did you tell her to pick up the trash?

쥐다 [쥐:다, tɕy:da]

'위' regular conjugation, Avt

to hold ; to grasp ; to seize ; to have

causative	*쥐히다, 쥐게 하다, 쥐게 만들다	passive	쥐이다, 쥐게 되다, 쥐어지다

adnominal : present-conti	past-perfect	past-retrospective	past-perfect-retro	future-gue/will
쥐는	쥔	쥐던	쥐었던	쥘

quotational : declarative	interrogative	imperative	suggestive	nominal	adverbial
쥔다고	쥐느냐고	쥐라고	쥐자고	쥐기, 쥠	쥐어, 쥐게

high honorific level		indicative style	retrospective style
declarative	present	쥡니다	쥡디다
	present-continuous	쥐고 있습니다, 쥐는 중입니다	쥐고 있습디다
	past-perfect	쥐었습니다	쥐었습디다
	past-experience	쥐었었습니다	쥐었었습디다
	past-guessing	쥐었겠습니다	쥐었겠습디다
	future-gue/will/abi	쥐겠습니다, 쥐렵니다, 쥘 겁니다, 쥘 수 있습니다	쥐겠습디다
introgative	present	쥡니까?	쥡디까?
	past-perfect	쥐었습니까?	쥐었습디까?
	past-experience	쥐었었습니까?	쥐었었습디까?
	future-gue/will/abi	쥐겠습니까? 쥐렵니까? 쥘 겁니까? 쥐리이까? 쥘 수 있겠습니까?	쥐겠습디까?
imperative		쥐시오, 쥐십시오	
suggestive		쥡시다, 쥐십시다	
exclamatory		쥐시는구나!	

ordinary honorific lev		'-어요' form	'-으오' form
declarative	present	쥐어요, 쥐지요, 쥐세요, 쥘래요, 쥘걸요, 쥐는데요, 쥔대요, 쥘게요, 쥐잖아요	쥐오
	present-continuous	쥐고 있어요, 쥐고 있지요, 쥐고 있으세요, 쥐는 중이에요	쥐고 있소
	past-perfect	쥐었어요, 쥐었지요, 쥐었으세요, 쥐었잖아요	쥐었소
	past-experience	쥐었었어요, 쥐었었지요, 쥐었었으세요	쥐었었소
	past-guessing	쥐었겠어요, 쥐었겠지요, 쥐었겠으세요	쥐었겠소
	future-gue/will/abi	쥐겠어요, 쥐겠지요, 쥐겠으세요, 쥘 수 있어요	쥐겠소
introgative	present	쥐어요? 쥐지요? 쥐세요? 쥐나요? 쥘까요? 쥘래요? 쥐는가요? 쥐는데요? 쥔대요? 쥔다면서요? 쥔다지요?	쥐오? *쥐소?
	past-perfect	쥐었어요? 쥐었지요? 쥐었으세요?	쥐었소?
	past-experience	쥐었었어요? 쥐었었지요? 쥐었었으세요?	쥐었었소?
	future-gue/will/abi	쥐겠어요? 쥐겠지요? 쥐겠으세요? 쥐리요? 쥘 거예요? 쥘 거지요? 쥘 수 있겠어요?	쥐겠소?
imperative		쥐어요, 쥐지요, 쥐세요, 쥐라니까요	쥐오, 쥐구려
suggestive		쥐어요, 쥐지요, 쥐세요, 쥐자니까요	쥐오
exclamatory		쥐는군요! 쥐리요!	쥐오!

ordinary non-honorific lev		'-어' form	'-네' form
declarative	present	쥐어, 쥐지, 쥘래, 쥘걸, 쥐는데, 쥔대, 쥘게, 쥔단다, 쥐마, 쥐잖아	쥐네
	present-continuous	쥐고 있어, 쥐고 있지, 쥐는 중이야	쥐고 있네
	past-perfect	쥐었어, 쥐었지, 쥐었잖아	쥐었네
	future-gue/will/abi	쥐겠어, 쥐겠지, 쥘 수 있어	쥐겠네
introgative	present	쥐어? 쥐지? 쥐니? 쥐나? 쥘까? 쥐랴? 쥘래? 쥐는데? 쥔대? 쥔다면서? 쥔다지?	쥐는가?
	past-perfect	쥐었어? 쥐었지? 쥐었니? 쥐었을까? 쥐었대? 쥐었다면서?	쥐었는가?
	future-gue/will/abi	쥐겠어? 쥐겠지? 쥐겠니? 쥐리? 쥘 거야? 쥘 거지? 쥘 거니? 쥘 수 있겠어?	쥐겠는가?
imperative		쥐어, 쥐지, 쥐렴, 쥐려무나, 쥐라니까	쥐게
suggestive		쥐어, 쥐지, 쥐자니까	쥐세
exclamatory		쥐어! 쥐지! 쥐리!	쥐네!

low non-honorific lev		indicative style	retrospective style
declarative	present	쥔다	쥐더라
	present-continuous	쥐고 있다, 쥐는 중이다	쥐고 있더라
	past-perfect	쥐었다	쥐었더라
	future-gue/will/abi	쥐겠다, 쥐리다, 쥐련다, 쥘 거다, 쥘 수 있다	쥐겠더라
introgative	present	쥐느냐?	쥐더냐?
	past-perfect	쥐었느냐?	쥐었더냐?
	future-gue/will/abi	쥐겠느냐?	쥐겠더냐?
imperative		쥐어라	
suggestive		쥐자	
exclamatory		쥐는구나! 쥔다! 쥐는도다!	쥐더구나!

connective	endings	connective	endings
serial	쥐고, 쥐며	comparison	쥐느니
selection	쥐거나, 쥐든지, 쥐든가	degree	쥐리만큼
contrast	쥐어도, 쥐지만, 쥐나, 쥐는데, 쥐면서도, 쥐되, 쥐지	condition	쥐면, 쥐거든, 쥐거들랑, 쥐어야, 쥔다면, 쥐었던들
simultaneity	쥐면서, 쥐며	circumstance	쥐는데, 쥐니, 쥐다시피
completion	쥐고서, 쥐어서, 쥐자, 쥐자마자	figure	쥐듯이
conversion	쥐다가	proportion	쥘수록
concession	쥐어도, 쥐더라도, 쥘지라도, 쥘지언정, 쥔들, 쥐는데도, 쥐기로서니, 쥐나마, 쥘망정, 쥐어 보았자	cause	쥐어서, 쥐니까, 쥐느라고, 쥐기에, 쥐길래, 쥐느니만큼, 쥐는지라, 쥘세라, 쥐므로
intention	쥐러, 쥐려고, 쥐고자	addition	쥐거니와, 쥘뿐더러, 쥐려니와
result	쥐도록, 쥐게끔	repetition	쥐곤

Basic sentences

- 그는 주먹을 꽉 쥐었다. He grasped his fist.
- 그 사건의 열쇠를 쥐고 있는 분이 바로 우리 아버지시다. My father holds the key to incident.
- 그는 그렇게 많은 권력을 쥐고서도 더 가지고 싶어 했다.
  He wants to have more authority though he has enough.

즐겁다 [즐겁따, tɕɨlkəpt'a]

'ㅂ' irregular conjugation, Dv

to be pleasant, be happy, be cheerful, be pleasant ; to be fun

causative	*즐겁히다, 즐겁게 하다, 즐겁게 만들다	passive	*즐겁히다, 즐겁게 되다, 즐거워지다

adnominal : present-conti	past-perfect	past-retrospective	past-perfect-retro	future-gue/will
즐거운	즐거운	즐겁던	즐거웠던	즐거울

quotational : declarative	interrogative	imperative	suggestive	nominal	adverbial
즐겁다고	즐거우냐고	*즐거우라고	*즐겁자고	즐겁기, 즐거움	즐거워, 즐겁게

high honorific level		indicative style	retrospective style
declarative	present	즐겁습니다	즐겁습디다
	present-continuous	*즐겁고 있습니다, *즐겁는 중입니다	*즐겁고 있습디다
	past-perfect	즐거웠습니다	즐거웠습디다
	past-experience	즐거웠었습니다	즐거웠었습디다
	past-guessing	즐거웠겠습니다	즐거웠겠습디다
	future-gue/will/abi	즐겁겠습니다, *즐거우렵니다, 즐거울 겁니다, 즐거울 수 있습니다	즐겁겠습디다
introgative	present	즐겁습니까?	즐겁습디까?
	past-perfect	즐거웠습니까?	즐거웠습디까?
	past-experience	즐거웠었습니까?	즐거웠었습디까?
	future-gue/will/abi	즐겁겠습니까? *즐거우렵니까? *즐거울 겁니까? 즐거우리이까? *즐거울 수 있겠습니까?	즐겁겠습디까?
imperative		*즐거우시오, *즐거우십시오	
suggestive		*즐거웁시다, *즐거우십시다	
exclamatory		즐거우시구나!	

ordinary honorific lev		'-어요' form	'-으오' form
declarative	present	즐거워요, 즐겁지요, 즐거우세요, *즐거울래요, 즐거울걸요, 즐거운데요, 즐겁대요, *즐거울게요, 즐겁잖아요	즐거우오
	present-continuous	*즐겁고 있어요, *즐겁고 있지요, *즐겁고 있으세요, *즐겁는 중이에요	*즐겁고 있소
	past-perfect	즐거웠어요, 즐거웠지요, 즐거웠으세요, 즐거웠잖아요	즐거웠소
	past-experience	즐거웠었어요, 즐거웠었지요, 즐거웠었으세요	즐거웠었소
	past-guessing	즐거웠겠어요, 즐거웠겠지요, 즐거웠겠으세요	즐거웠겠소
	future-gue/will/abi	즐겁겠어요, 즐겁겠지요, 즐겁겠으세요, 즐거울 수 있어요	즐겁겠소
introgative	present	즐거워요? 즐겁지요? 즐거우세요? 즐겁나요? 즐거울까요? *즐거울래요? 즐거운가요? 즐거운데요? 즐겁대요? 즐겁다면서요? 즐겁다지요?	즐거우오? 즐겁소?
	past-perfect	즐거웠어요? 즐거웠지요? 즐거웠으세요?	즐거웠소?
	past-experience	즐거웠었어요? 즐거웠었지요? 즐거웠었으세요?	즐거웠었소?
	future-gue/will/abi	즐겁겠어요? 즐겁겠지요? 즐겁겠으세요? 즐거우리요? *즐거울 거예요? *즐거울 거지요? *즐거울 수 있겠어요?	즐겁겠소?
imperative		*즐거워요, *즐겁지요, *즐거우세요, *즐거우라니까요	*즐거우오, *즐겁구려
suggestive		*즐거워요, *즐겁지요, *즐거우세요, *즐겁자니까요	*즐거우오
exclamatory		즐겁군요! 즐거우리요!	즐거우오!

ordinary non-honorific lev		'-어' form	'-네' form
declarative	present	즐거워, 즐겁지, *즐거울래, 즐거울걸, 즐거운데, 즐겁대, *즐거울게, 즐겁단다, *즐거우마, 즐겁잖아	즐겁네
	present-continuous	*즐겁고 있어, *즐겁고 있지, *즐겁는 중이야	*즐겁고 있네
	past-perfect	즐거웠어, 즐거웠지, 즐거웠잖아	즐거웠네
	future-gue/will/abi	즐겁겠어, 즐겁겠지, 즐거울 수 있어	즐겁겠네
introgative	present	즐거워? 즐겁지? 즐겁니? 즐겁나? 즐거울까? 즐거우랴? *즐거울래? 즐거운데? 즐겁대? 즐겁다면서? 즐겁다지?	즐거운가?
	past-perfect	즐거웠어? 즐거웠지? 즐거웠니? 즐거웠을까? 즐거웠대? 즐거웠다면서?	즐거웠는가?
	future-gue/will/abi	즐겁겠어? 즐겁겠지? 즐겁겠니? 즐거우리? *즐거울 거야? *즐거울 거지? *즐거울 거니? *즐거울 수 있겠어?	즐겁겠는가?
imperative		*즐거워, *즐겁지, *즐거우렴, *즐거우려무나, *즐거우라니까	*즐겁게
suggestive		*즐거워, *즐겁지, *즐겁자니까	*즐겁세
exclamatory		즐거워! 즐겁지! 즐거우리!	즐겁네!

low non-honorific lev		indicative style	retrospective style
declarative	present	즐겁다	즐겁더라
	present-continuous	*즐겁고 있다, *즐겁는 중이다	*즐겁고 있더라
	past-perfect	즐거웠다	즐거웠더라
	future-gue/will/abi	즐겁겠다, *즐거우리다, *즐거우련다, 즐거울 거다, 즐거울 수 있다	즐겁겠더라
introgative	present	즐거우냐?	즐겁더냐?
	past-perfect	즐거웠느냐?	즐거웠더냐?
	future-gue/will/abi	즐겁겠느냐?	즐겁겠더냐?
imperative		*즐거워라	
suggestive		*즐겁자	
exclamatory		즐겁구나! 즐겁다! 즐겁도다!	즐겁더구나!

connective	endings	connective	endings
serial	즐겁고, 즐거우며	comparison	*즐겁느니
selection	즐겁거나, 즐겁든지, 즐겁든가	degree	즐거우리만큼
contrast	즐거워도, 즐겁지만, 즐거우나, 즐거운데, 즐거우면서도, 즐겁되, 즐겁지	condition	즐거우면, 즐겁거든, 즐겁거들랑, 즐거워야, 즐겁다면, 즐거웠던들
simultaneity	즐거우면서, 즐거우며	circumstance	즐거운데, 즐거우니, *즐겁다시피
completion	*즐겁고서, *즐거워서, *즐겁자, *즐겁자마자	figure	즐겁듯이
conversion	즐겁다가	proportion	즐거울수록
concession	즐거워도, 즐겁더라도, 즐거울지라도, 즐거울지언정, 즐거운들, 즐거운데도, 즐겁기로서니, 즐거우나마, 즐거울망정, 즐거워 보았자	cause	즐거워서, 즐거우니까, *즐겁느라고, 즐겁기에, 즐겁길래, 즐거우니만큼, 즐거운지라, 즐거울세라, 즐거우므로
intention	*즐거우러, *즐거우려고, *즐겁고자	addition	즐겁거니와, 즐거울뿐더러, 즐거우려니와
result	즐겁도록, 즐겁게끔	repetition	즐겁곤

Basic sentences

- 나는 이번 제주 여행이 매우 즐거웠다. Jeju trip this week was so much fun.
- 즐거운 생활이 행복감을 높입니다. Pleasant life increases your happiness.
- 토요일은 언제나 즐거워서 기다려진다. Saturday is always so good that I wait for it.

짓다 [짇:따, tɕit:t'a]

'ㅅ' irregular conjugation, Avt

to make ; to build ; to write ; to cultivate ; to commit ; to show

causative	*짓히다, 짓게 하다, 짓게 만들다	passive	*짓히다, 짓게 되다, 지어지다

adnominal : present-conti	past-perfect	past-retrospective	past-perfect-retro	future-gue/will
짓는	지은	짓던	지었던	지을

quotational : declarative	interrogative	imperative	suggestive	nominal	adverbial
짓는다고	짓느냐고	지으라고	짓자고	짓기, 지음	지어, 짓게

high honorific level		indicative style	retrospective style
declarative	present	짓습니다	짓습디다
	present-continuous	짓고 있습니다, 짓는 중입니다	짓고 있습디다
	past-perfect	지었습니다	지었습디다
	past-experience	지었었습니다	지었었습디다
	past-guessing	지었겠습니다	지었겠습디다
	future-gue/will/abi	짓겠습니다, 지으렵니다, 지을 겁니다, 지을 수 있습니다	짓겠습디다
introgative	present	짓습니까?	짓습디까?
	past-perfect	지었습니까?	지었습디까?
	past-experience	지었었습니까?	지었었습디까?
	future-gue/will/abi	짓겠습니까? 지으렵니까? 지을 겁니까? 지으리이까? 지을 수 있겠습니까?	짓겠습디까?
imperative		지으시오, 지으십시오	
suggestive		지읍시다, 지으십시다	
exclamatory		지으시는구나!	

ordinary honorific lev		'-어요' form	'-으오' form
declarative	present	지어요, 짓지요, 지으세요, 지을래요, 지을걸요, 짓는데요, 짓는대요, 지을게요, 짓잖아요	지으오
	present-continuous	짓고 있어요, 짓고 있지요, 짓고 있으세요, 짓는 중이에요	짓고 있소
	past-perfect	지었어요, 지었지요, 지었으세요, 지었잖아요	지었소
	past-experience	지었었어요, 지었었지요, 지었었으세요	지었었소
	past-guessing	지었겠어요, 지었겠지요, 지었겠으세요	지었겠소
	future-gue/will/abi	짓겠어요, 짓겠지요, 짓겠으세요, 지을 수 있어요	짓겠소
introgative	present	지어요? 짓지요? 지으세요? 짓나요? 지을까요? 지을래요? 짓는가요? 짓는데요? 짓는대요? 짓는다면서요? 짓는다지요?	지으오? 짓소?
	past-perfect	지었어요? 지었지요? 지었으세요?	지었소?
	past-experience	지었었어요? 지었었지요? 지었었으세요?	지었었소?
	future-gue/will/abi	짓겠어요? 짓겠지요? 짓겠으세요? 지으리요? 지을 거예요? 지을 거지요? 지을 수 있겠어요?	짓겠소?
imperative		지어요, 짓지요, 지으세요, 지으라니까요	지으오, 짓구려
suggestive		지어요, 짓지요, 지으세요, 짓자니까요	지으오
exclamatory		짓는군요! 지으리요!	지으오!

ordinary non-honorific lev		'-어' form	'-네' form
declarative	present	지어, 짓지, 지을래, 지을걸, 짓는데, 짓는대, 지을게, 짓는단다, 지으마, 짓잖아	짓네
	present-continuous	짓고 있어, 짓고 있지, 짓는 중이야	짓고 있네
	past-perfect	지었어, 지었지, 지었잖아	지었네
	future-gue/will/abi	짓겠어, 짓겠지, 지을 수 있어	짓겠네
introgative	present	지어? 짓지? 짓니? 짓나? 지을까? 지으랴? 지을래? 짓는데? 짓는대? 짓는다면서? 짓는다지?	짓는가?
	past-perfect	지었어? 지었지? 지었니? 지었을까? 지었대? 지었다면서?	지었는가?
	future-gue/will/abi	짓겠어? 짓겠지? 짓겠니? 지으리? 지을 거야? 지을 거지? 지을 거니? 지을 수 있겠어?	짓겠는가?
imperative		지어, 짓지, 지으렴, 지으려무나, 지으라니까	짓게
suggestive		지어, 짓지, 짓자니까	짓세
exclamatory		지어! 짓지! 지으리!	짓네!

low non-honorific lev		indicative style	retrospective style
declarative	present	짓는다	짓더라
	present-continuous	짓고 있다, 짓는 중이다	짓고 있더라
	past-perfect	지었다	지었더라
	future-gue/will/abi	짓겠다, 지으리다, 지으련다, 지을 거다, 지을 수 있다	짓겠더라
introgative	present	짓느냐?	짓더냐?
	past-perfect	지었느냐?	지었더냐?
	future-gue/will/abi	짓겠느냐?	짓겠더냐?
imperative		지어라	
suggestive		짓자	
exclamatory		짓는구나! 짓는다! 짓는도다!	짓더구나!

connective	endings	connective	endings
serial	짓고, 지으며	comparison	짓느니
selection	짓거나, 짓든지, 짓든가	degree	지으리만큼
contrast	지어도, 짓지만, 지으나, 짓는데, 지으면서도, 짓되, 짓지	condition	지으면, 짓거든, 짓거들랑, 지어야, 짓는다면, 지었던들
simultaneity	지으면서, 지으며	circumstance	짓는데, 지으니, 짓다시피
completion	짓고서, 지어서, 짓자, 짓자마자	figure	짓듯이
conversion	짓다가	proportion	지을수록
concession	지어도, 짓더라도, 지을지라도, 지을지언정, 지은들, 짓는데도, 짓기로서니, 지으나마, 지을망정, 지어 보았자	cause	지어서, 지으니까, 짓느라고, 짓기에, 짓길래, 짓느니만큼, 짓는지라, 지을세라, 지으므로
intention	지으러, 지으려고, 짓고자	addition	짓거니와, 지을뿐더러, 지으려니와
result	짓도록, 짓게끔	repetition	짓곤

- 그는 2년 전에 전원주택을 지었다. He built a rural house two years ago.
- 어머님을 위해 지은 것이 바로 이 한약이다. It's the Han Yak made for my mother.
- 빨리 이 사건을 마무리 짓도록 합시다. Let's try to finish this case as soon as possible.

짧다 [짤따, tɕ'alt'a]

'ㄼ' regular conjugation, Dv

to be short, be brief ; to be wanting ; to be not enough

causative	*짧히다, 짧게 하다, 짧게 만들다	passive	*짧히다, 짧게 되다, 짧아지다

adnominal : present-conti	past-perfect	past-retrospective	past-perfect-retro	future-gue/will
짧은	짧은	짧던	짧았던	짧을

quotational : declarative	interrogative	imperative	suggestive	nominal	adverbial
짧다고	짧으냐고	*짧으라고	*짧자고	짧기, 짧음	짧아, 짧게

high honorific level		indicative style	retrospective style
declarative	present	짧습니다	짧습디다
	present-continuous	*짧고 있습니다, *짧는 중입니다	*짧고 있습디다
	past-perfect	짧았습니다	짧았습디다
	past-experience	짧았었습니다	짧았었습디다
	past-guessing	짧았겠습니다	짧았겠습디다
	future-gue/will/abi	짧겠습니다, *짧으렵니다, 짧을 겁니다, 짧을 수 있습니다	짧겠습디다
introgative	present	짧습니까?	짧습디까?
	past-perfect	짧았습니까?	짧았습디까?
	past-experience	짧았었습니까?	짧았었습디까?
	future-gue/will/abi	짧겠습니까? *짧으렵니까? *짧을 겁니까? *짧으리이까? *짧을 수 있겠습니까?	짧겠습디까?
imperative		*짧으시오, *짧으십시오	
suggestive		*짧읍시다, *짧으십시다	
exclamatory		짧으시구나!	

ordinary honorific lev		'-어요' form	'-으오' form
declarative	present	짧아요, 짧지요, 짧으세요, *짧을래요, 짧을걸요, 짧은데요, 짧대요, *짧을게요, 짧잖아요	짧으오
	present-continuous	*짧고 있어요, *짧고 있지요, *짧고 있으세요, *짧는 중이에요	*짧고 있소
	past-perfect	짧았어요, 짧았지요, 짧았으세요, 짧았잖아요	짧았소
	past-experience	짧았었어요, 짧았었지요, 짧았었으세요	짧았었소
	past-guessing	짧았겠어요, 짧았겠지요, 짧았겠으세요	짧았겠소
	future-gue/will/abi	짧겠어요, 짧겠지요, 짧겠으세요, 짧을 수 있어요	짧겠소
introgative	present	짧아요? 짧지요? 짧으세요? 짧나요? 짧을까요? *짧을래요? 짧은가요? 짧은데요? 짧대요? 짧다면서요? 짧다지요?	짧으오? 짧소?
	past-perfect	짧았어요? 짧았지요? 짧았으세요?	짧았소?
	past-experience	짧았었어요? 짧았었지요? 짧았었으세요?	짧았었소?
	future-gue/will/abi	짧겠어요? 짧겠지요? 짧겠으세요? 짧으리요? *짧을 거예요? *짧을 거지요? *짧을 수 있겠어요?	짧겠소?
imperative		*짧아요, *짧지요, *짧으세요, *짧으라니까요	*짧으오, *짧구려
suggestive		*짧아요, *짧지요, *짧으세요, *짧자니까요	*짧으오
exclamatory		짧군요! 짧으리요!	짧으오!

ordinary non-honorific lev		'-어' form	'-네' form
declarative	present	짧아, 짧지, *짧을래, 짧을걸, 짧은데, 짧대, *짧을게, 짧단다, *짧으마, 짧잖아	짧네
	present-continuous	*짧고 있어, *짧고 있지, *짧는 중이야	*짧고 있네
	past-perfect	짧았어, 짧았지, 짧았잖아	짧았네
	future-gue/will/abi	짧겠어, 짧겠지, 짧을 수 있어	짧겠네
introgative	present	짧아? 짧지? 짧니? 짧나? 짧을까? 짧으랴? *짧을래? 짧은데? 짧대? 짧다면서? 짧다지?	짧은가?
	past-perfect	짧았어? 짧았지? 짧았니? 짧았을까? 짧았대? 짧았다면서?	짧았는가?
	future-gue/will/abi	짧겠어? 짧겠지? 짧겠니? 짧으리? *짧을 거야? *짧을 거지? *짧을 거니? *짧을 수 있겠어?	짧겠는가?
imperative		*짧아, *짧지, *짧으렴, *짧으려무나, *짧으라니까	*짧게
suggestive		*짧아, *짧지, *짧자니까	*짧세
exclamatory		짧아! 짧지! 짧으리!	짧네!

low non-honorific lev		indicative style	retrospective style
declarative	present	짧다	짧더라
	present-continuous	*짧고 있다, *짧는 중이다	*짧고 있더라
	past-perfect	짧았다	짧았더라
	future-gue/will/abi	짧겠다, *짧으리다, *짧으련다, 짧을 거다, 짧을 수 있다	짧겠더라
introgative	present	짧으냐?	짧더냐?
	past-perfect	짧았느냐?	짧았더냐?
	future-gue/will/abi	짧겠느냐?	짧겠더냐?
imperative		*짧아라	
suggestive		*짧자	
exclamatory		짧구나! 짧다! 짧도다!	짧더구나!

connective	endings	connective	endings
serial	짧고, 짧으며	comparison	*짧느니
selection	짧거나, 짧든지, 짧든가	degree	짧으리만큼
contrast	짧아도, 짧지만, 짧으나, 짧은데, 짧으면서도, 짧되, 짧지	condition	짧으면, 짧거든, 짧거들랑, 짧아야, 짧다면, 짧았던들
simultaneity	짧으면서, 짧으며	circumstance	짧은데, 짧으니, *짧다시피
completion	*짧고서, *짧아서, *짧자, *짧자마자	figure	짧듯이
conversion	짧다가	proportion	짧을수록
concession	짧아도, 짧더라도, 짧을지라도, 짧을지언정, 짧은들, 짧은데도, 짧기로서니, 짧으나마, 짧을망정, 짧아 보았자	cause	짧아서, 짧으니까, *짧느라고, 짧기에, 짧길래, 짧으니만큼, 짧은지라, 짧을세라, 짧으므로
intention	*짧으러, *짧으려고, *짧고자	addition	짧거니와, 짧을뿐더러, 짧으려니와
result	짧도록, 짧게끔	repetition	짧곤

Basic sentences

- 올해 장마는 예년에 비해 짧다. Compared to last year, this year's monsoon is short.
- 그녀는 짧은 치마를 좋아한다. She likes short skirt.
- 인생은 짧고 예술은 길다. Life is short and art is long.

쫓다1 [쫃따, tɕ'odt'a]

'ㅊ' regular conjugation, Avt

to run after, chase ; to follow ; to catch up with

causative	*쫓히다, 쫓게 하다, 쫓게 만들다	passive	쫓기다, 쫓게 되다, 쫓아지다

adnominal : present-conti	past-perfect	past-retrospective	past-perfect-retro	future-gue/will
쫓는	쫓은	쫓던	쫓았던	쫓을

quotational : declarative	interrogative	imperative	suggestive	nominal	adverbial
쫓는다고	쫓느냐고	쫓으라고	쫓자고	쫓기, 쫓음	쫓아, 쫓게

high honorific level		indicative style	retrospective style
declarative	present	쫓습니다	쫓습디다
	present-continuous	쫓고 있습니다, 쫓는 중입니다	쫓고 있습디다
	past-perfect	쫓았습니다	쫓았습디다
	past-experience	쫓았었습니다	쫓았었습디다
	past-guessing	쫓았겠습니다	쫓았겠습디다
	future-gue/will/abi	쫓겠습니다, 쫓으렵니다, 쫓을 겁니다, 쫓을 수 있습니다	쫓겠습디다
introgative	present	쫓습니까?	쫓습디까?
	past-perfect	쫓았습니까?	쫓았습디까?
	past-experience	쫓았었습니까?	쫓았었습디까?
	future-gue/will/abi	쫓겠습니까? 쫓으렵니까? 쫓을 겁니까? 쫓으리이까? 쫓을 수 있겠습니까?	쫓겠습디까?
imperative		쫓으시오, 쫓으십시오	
suggestive		쫓읍시다, 쫓으십시다	
exclamatory		쫓으시는구나!	

ordinary honorific lev		'-어요' form	'-으오' form
declarative	present	쫓아요, 쫓지요, 쫓으세요, 쫓을래요, 쫓을걸요, 쫓는데요, 쫓는대요, 쫓을게요, 쫓잖아요	쫓으오
	present-continuous	쫓고 있어요, 쫓고 있지요, 쫓고 있으세요, 쫓는 중이에요	쫓고 있소
	past-perfect	쫓았어요, 쫓았지요, 쫓았으세요, 쫓았잖아요	쫓았소
	past-experience	쫓았었어요, 쫓았었지요, 쫓았었으세요	쫓았었소
	past-guessing	쫓았겠어요, 쫓았겠지요, 쫓았겠으세요	쫓았겠소
	future-gue/will/abi	쫓겠어요, 쫓겠지요, 쫓겠으세요, 쫓을 수 있어요	쫓겠소
introgative	present	쫓아요? 쫓지요? 쫓으세요? 쫓나요? 쫓을까요? 쫓을래요? 쫓는가요? 쫓는데요? 쫓는대요? 쫓는다면서요? 쫓는다지요?	쫓으오? 쫓소?
	past-perfect	쫓았어요? 쫓았지요? 쫓았으세요?	쫓았소?
	past-experience	쫓았었어요? 쫓았었지요? 쫓았었으세요?	쫓았었소?
	future-gue/will/abi	쫓겠어요? 쫓겠지요? 쫓겠으세요? 쫓으리요? 쫓을 거예요? 쫓을 거지요? 쫓을 수 있겠어요?	쫓겠소?
imperative		쫓아요, 쫓지요, 쫓으세요, 쫓으라니까요	쫓으오, 쫓구려
suggestive		쫓아요, 쫓지요, 쫓으세요, 쫓자니까요	쫓으오
exclamatory		쫓는군요! 쫓으리요!	쫓으오!

ordinary non-honorific lev		'-어' form	'-네' form
declarative	present	쫓아, 쫓지, 쫓을래, 쫓을걸, 쫓는데, 쫓는대, 쫓을게, 쫓는단다, 쫓으마, 쫓잖아	쫓네
	present-continuous	쫓고 있어, 쫓고 있지, 쫓는 중이야	쫓고 있네
	past-perfect	쫓았어, 쫓았지, 쫓았잖아	쫓았네
	future-gue/will/abi	쫓겠어, 쫓겠지, 쫓을 수 있어	쫓겠네
introgative	present	쫓아? 쫓지? 쫓니? 쫓나? 쫓을까? 쫓으랴? 쫓을래? 쫓는데? 쫓는대? 쫓는다면서? 쫓는다지?	쫓는가?
	past-perfect	쫓았어? 쫓았지? 쫓았니? 쫓았을까? 쫓았대? 쫓았다면서?	쫓았는가?
	future-gue/will/abi	쫓겠어? 쫓겠지? 쫓겠니? 쫓으리? 쫓을 거야? 쫓을 거지? 쫓을 거니? 쫓을 수 있겠어?	쫓겠는가?
imperative		쫓아, 쫓지, 쫓으렴, 쫓으려무나, 쫓으라니까	쫓게
suggestive		쫓아, 쫓지, 쫓자니까	쫓세
exclamatory		쫓아! 쫓지! 쫓으리!	쫓네!

low non-honorific lev		indicative style	retrospective style
declarative	present	쫓는다	쫓더라
	present-continuous	쫓고 있다, 쫓는 중이다	쫓고 있더라
	past-perfect	쫓았다	쫓았더라
	future-gue/will/abi	쫓겠다, 쫓으리다, 쫓으련다, 쫓을 거다, 쫓을 수 있다	쫓겠더라
introgative	present	쫓느냐?	쫓더냐?
	past-perfect	쫓았느냐?	쫓았더냐?
	future-gue/will/abi	쫓겠느냐?	쫓겠더냐?
imperative		쫓아라	
suggestive		쫓자	
exclamatory		쫓는구나! 쫓는다! 쫓는도다!	쫓더구나!

connective	endings	connective	endings
serial	쫓고, 쫓으며	comparison	쫓느니
selection	쫓거나, 쫓든지, 쫓든가	degree	쫓으리만큼
contrast	쫓아도, 쫓지만, 쫓으나, 쫓는데, 쫓으면서도, 쫓되, 쫓지	condition	쫓으면, 쫓거든, 쫓거들랑, 쫓아야, 쫓는다면, 쫓았던들
simultaneity	쫓으면서, 쫓으며	circumstance	쫓는데, 쫓으니, 쫓다시피
completion	쫓고서, 쫓아서, 쫓자, 쫓자마자	figure	쫓듯이
conversion	쫓다가	proportion	쫓을수록
concession	쫓아도, 쫓더라도, 쫓을지라도, 쫓을지언정, 쫓은들, 쫓는데도, 쫓기로서니, 쫓으나마, 쫓을망정, 쫓아 보았자	cause	쫓아서, 쫓으니까, 쫓느라고, 쫓기에, 쫓길래, 쫓느니만큼, 쫓는지라, 쫓을세라, 쫓으므로
intention	쫓으러, 쫓으려고, 쫓고자	addition	쫓거니와, 쫓을뿐더러, 쫓으려니와
result	쫓도록, 쫓게끔	repetition	쫓곤

- 할머니가 모기를 쫓았다. The grandmother chased the mosquito away.
- 강도를 쫓고 있는 저 사람이 누구냐? Who is the person chasing the robber.
- 그녀는 늘 유행을 쫓아서 살아가고 있다. She always run after the fashion.

쬐다 [쬐다, tɕ'ø da]

'외' regular conjugation, Avt

to shine, expose to the sun

causative	*쬐히다, 쬐게 하다, 쬐게 만들다	passive	쬐이다, 쬐게 되다, 쬐어지다

adnominal : present-conti	past-perfect	past-retrospective	past-perfect-retro	future-gue/will
쬐는	쬔	쬐던	쬐었던	쬘

quotational : declarative	interrogative	imperative	suggestive	nominal	adverbial
쬔다고	쬐느냐고	쬐라고	쬐자고	쬐기, 쬠	쬐어, 쬐게

high honorific level		indicative style	retrospective style
declarative	present	쬡니다	쬡디다
	present-continuous	쬐고 있습니다, 쬐는 중입니다	쬐고 있습디다
	past-perfect	쬐었습니다	쬐었습디다
	past-experience	쬐었었습니다	쬐었었습디다
	past-guessing	쬐었겠습니다	쬐었겠습디다
	future-gue/will/abi	쬐겠습니다, 쬐렵니다, 쬘 겁니다, 쬘 수 있습니다	쬐겠습디다
introgative	present	쬡니까?	쬡디까?
	past-perfect	쬐었습니까?	쬐었습디까?
	past-experience	쬐었었습니까?	쬐었었습디까?
	future-gue/will/abi	쬐겠습니까? 쬐렵니까? 쬘 겁니까? 쬐리이까? 쬘 수 있겠습니까?	쬐겠습디까?
imperative		쬐시오, 쬐십시오	
suggestive		쬡시다, 쬐십시다	
exclamatory		쬐시는구나!	

ordinary honorific lev		'-어요' form	'-으오' form
declarative	present	쬐어요, 쬐지요, 쬐세요, 쬘래요, 쬘걸요, 쬐는데요, 쬔대요, 쬘게요, 쬐잖아요	쬐오
	present-continuous	쬐고 있어요, 쬐고 있지요, 쬐고 있으세요, 쬐는 중이에요	쬐고 있소
	past-perfect	쬐었어요, 쬐었지요, 쬐었으세요, 쬐었잖아요	쬐었소
	past-experience	쬐었었어요, 쬐었었지요, 쬐었었으세요	쬐었었소
	past-guessing	쬐었겠어요, 쬐었겠지요, 쬐었겠으세요	쬐었겠소
	future-gue/will/abi	쬐겠어요, 쬐겠지요, 쬐겠으세요, 쬘 수 있어요	쬐겠소
introgative	present	쬐어요? 쬐지요? 쬐세요? 쬐나요? 쬘까요? 쬘래요? 쬐는가요? 쬐는데요? 쬔대요? 쬔다면서요? 쬔다지요?	쬐오? *쬐소?
	past-perfect	쬐었어요? 쬐었지요? 쬐었으세요?	쬐었소?
	past-experience	쬐었었어요? 쬐었었지요? 쬐었었으세요?	쬐었었소?
	future-gue/will/abi	쬐겠어요? 쬐겠지요? 쬐겠으세요? 쬐리요? 쬘 거예요? 쬘 거지요? 쬘 수 있겠어요?	쬐겠소?
imperative		쬐어요, 쬐지요, 쬐세요, 쬐라니까요	쬐오, 쬐구려
suggestive		쬐어요, 쬐지요, 쬐세요, 쬐자니까요	쬐오
exclamatory		쬐는군요! 쬐리요!	쬐오!

ordinary non-honorific lev		'-어' form	'-네' form
declarative	present	쬐어, 쬐지, 쬘래, 쬘걸, 쬐는데, 쬔대, 쬘게, 쬔단다, 쬐마, 쬐잖아	쬐네
	present-continuous	쬐고 있어, 쬐고 있지, 쬐는 중이야	쬐고 있네
	past-perfect	쬐었어, 쬐었지, 쬐었잖아	쬐었네
	future-gue/will/abi	쬐겠어, 쬐겠지, 쬘 수 있어	쬐겠네
introgative	present	쬐어? 쬐지? 쬐니? 쬐나? 쬘까? 쬐랴? 쬘래? 쬐는데? 쬔대? 쬔다면서? 쬔다지?	쬐는가?
	past-perfect	쬐었어? 쬐었지? 쬐었니? 쬐었을까? 쬐었대? 쬐었다면서?	쬐었는가?
	future-gue/will/abi	쬐겠어? 쬐겠지? 쬐겠니? 쬐리? 쬘 거야? 쬘 거지? 쬘 거니? 쬘 수 있겠어?	쬐겠는가?
imperative		쬐어, 쬐지, 쬐렴, 쬐려무나, 쬐라니까	쬐게
suggestive		쬐어, 쬐지, 쬐자니까	쬐세
exclamatory		쬐어! 쬐지! 쬐리!	쬐네!

low non-honorific lev		indicative style	retrospective style
declarative	present	쬔다	쬐더라
	present-continuous	쬐고 있다, 쬐는 중이다	쬐고 있더라
	past-perfect	쬐었다	쬐었더라
	future-gue/will/abi	쬐겠다, 쬐리다, 쬐련다, 쬘 거다, 쬘 수 있다	쬐겠더라
introgative	present	쬐느냐?	쬐더냐?
	past-perfect	쬐었느냐?	쬐었더냐?
	future-gue/will/abi	쬐겠느냐?	쬐겠더냐?
imperative		쬐어라	
suggestive		쬐자	
exclamatory		쬐는구나! 쬔다! 쬐는도다!	쬐더구나!

connective	endings	connective	endings
serial	쬐고, 쬐며	comparison	쬐느니
selection	쬐거나, 쬐든지, 쬐든가	degree	쬐리만큼
contrast	쬐어도, 쬐지만, 쬐나, 쬐는데, 쬐면서도, 쬐되, 쬐지	condition	쬐면, 쬐거든, 쬐거들랑, 쬐어야, 쬔다면, 쬐었던들
simultaneity	쬐면서, 쬐며	circumstance	쬐는데, 쬐니, 쬐다시피
completion	쬐고서, 쬐어서, 쬐자, 쬐자마자	figure	쬐듯이
conversion	쬐다가	proportion	쬘수록
concession	쬐어도, 쬐더라도, 쬘지라도, 쬘지언정, 쬔들, 쬐는데도, 쬐기로서니, 쬐나마, 쬘망정, 쬐어 보았자	cause	쬐어서, 쬐니까, 쬐느라고, 쬐기에, 쬐길래, 쬐느니만큼, 쬐는지라, 쬘세라, 쬐므로
intention	쬐러, 쬐려고, 쬐고자	addition	쬐거니와, 쬘뿐더러, 쬐려니와
result	쬐도록, 쬐게끔	repetition	쬐곤

Basic sentences

- 고양이가 햇볕을 쬐고 있다. The cat is sun bathing.
- 여기는 햇볕이 쨍쨍 내려 쬐는 곳이다. This is the place where sunlight is hot.
- 난로 불에 쬐어도 여전히 손이 시리다.
  It's still cool although I am warming my hand on the fire.

찧다 [찌타, tɕ'itʰa]

'ㅎ' regular conjugation, Avt

to pound (rice) ; to hull, husk ; to ram one's head ; to gossip

causative	*찧히다, 찧게 하다, 찧게 만들다	passive	찧이다, 찧게 되다, 찧어지다

adnominal : present-conti	past-perfect	past-retrospective	past-perfect-retro	future-gue/will
찧는	찧은	찧던	찧었던	찧을

quotational : declarative	interrogative	imperative	suggestive	nominal	adverbial
찧는다고	찧느냐고	찧으라고	찧자고	찧기, 찌음	찌어, 찧게

high honorific level		indicative style	retrospective style
declarative	present	찧습니다	찧습디다
	present-continuous	찧고 있습니다, 찧는 중입니다	찧고 있습디다
	past-perfect	찧었습니다	찧었습디다
	past-experience	찧었었습니다	찧었었습디다
	past-guessing	찧었겠습니다	찧었겠습디다
	future-gue/will/abi	찧겠습니다, 찧으렵니다, 찧을 겁니다, 찧을 수 있습니다	찧겠습디다
introgative	present	찧습니까?	찧습디까?
	past-perfect	찧었습니까?	찧었습디까?
	past-experience	찧었었습니까?	찧었었습디까?
	future-gue/will/abi	찧겠습니까? 찧으렵니까? 찧을 겁니까? 찧으리이까? 찧을 수 있겠습니까?	찧겠습디까?
imperative		찧으시오, 찧으십시오	
suggestive		찧읍시다, 찧으십시다	
exclamatory		찧으시는구나!	

ordinary honorific lev		'-어요' form	'-으오' form
declarative	present	찧어요, 찧지요, 찧으세요, 찧을래요, 찧을걸요, 찧는데요, 찧는대요, 찧을게요, 찧잖아요	찧으오
	present-continuous	찧고 있어요, 찧고 있지요, 찧고 있으세요, 찧는 중이에요	찧고 있소
	past-perfect	찧었어요, 찧었지요, 찧었으세요, 찧었잖아요	찧었소
	past-experience	찧었었어요, 찧었었지요, 찧었었으세요	찧었었소
	past-guessing	찧었겠어요, 찧었겠지요, 찧었겠으세요	찧었겠소
	future-gue/will/abi	찧겠어요, 찧겠지요, 찧겠으세요, 찧을 수 있어요	찧겠소
introgative	present	찧어요? 찧지요? 찧으세요? 찧나요? 찧을까요? 찧을래요? 찧는가요? 찧는데요? 찧는대요? 찧는다면서요? 찧는다지요?	찧으오? 찧소?
	past-perfect	찧었어요? 찧었지요? 찧었으세요?	찧었소?
	past-experience	찧었었어요? 찧었었지요? 찧었었으세요?	찧었었소?
	future-gue/will/abi	찧겠어요? 찧겠지요? 찧겠으세요? 찧으리요? 찧을 거예요? 찧을 거지요? 찧을 수 있겠어요?	찧겠소?
imperative		찧어요, 찧지요, 찧으세요, 찧으라니까요	찧으오, 찧구려
suggestive		찧어요, 찧지요, 찧으세요, 찧자니까요	찧으오
exclamatory		찧는군요! 찧으리요!	찧으오!

ordinary non-honorific lev		'-어' form	'-네' form
declarative	present	찧어, 찧지, 찧을래, 찧을걸, 찧는데, 찧는대, 찧을게, 찧는단다, 찧으마, 찧잖아	찧네
	present-continuous	찧고 있어, 찧고 있지, 찧는 중이야	찧고 있네
	past-perfect	찧었어, 찧었지, 찧었잖아	찧었네
	future-gue/will/abi	찧겠어, 찧겠지, 찧을 수 있어	찧겠네
introgative	present	찧어? 찧지? 찧니? 찧나? 찧을까? 찧으랴? 찧을래? 찧는데? 찧는대? 찧는다면서? 찧는다지?	찧는가?
	past-perfect	찧었어? 찧었지? 찧었니? 찧었을까? 찧었대? 찧었다면서?	찧었는가?
	future-gue/will/abi	찧겠어? 찧겠지? 찧겠니? 찧으리? 찧을 거야? 찧을 거지? 찧을 거니? 찧을 수 있겠어?	찧겠는가?
imperative		찧어, 찧지, 찧으렴, 찧으려무나, 찧으라니까	찧게
suggestive		찧어, 찧지, 찧자니까	찧세
exclamatory		찧어! 찧지! 찧으리!	찧네!

low non-honorific lev		indicative style	retrospective style
declarative	present	찧는다	찧더라
	present-continuous	찧고 있다, 찧는 중이다	찧고 있더라
	past-perfect	찧었다	찧었더라
	future-gue/will/abi	찧겠다, 찧으리다, 찧으련다, 찧을 거다, 찧을 수 있다	찧겠더라
introgative	present	찧느냐?	찧더냐?
	past-perfect	찧었느냐?	찧었더냐?
	future-gue/will/abi	찧겠느냐?	찧겠더냐?
imperative		찧어라	
suggestive		찧자	
exclamatory		찧는구나! 찧는다! 찧는도다!	찧더구나!

connective	endings	connective	endings
serial	찧고, 찧으며	comparison	찧느니
selection	찧거나, 찧든지, 찧든가	degree	찧으리만큼
contrast	찧어도, 찧지만, 찧으나, 찧는데, 찧으면서도, 찧되, 찧지	condition	찧으면, 찧거든, 찧거들랑, 찧어야, 찧는다면, 찧었던들
simultaneity	찧으면서, 찧으며	circumstance	찧는데, 찧으니, 찧다시피
completion	찧고서, 찧어서, 찧자, 찧자마자	figure	찧듯이
conversion	찧다가	proportion	찧을수록
concession	찧어도, 찧더라도, 찧을지라도, 찧을지언정, 찧은들, 찧는데도, 찧기로서니, 찧으나마, 찧을망정, 찧어 보았자	cause	찧어서, 찧으니까, 찧느라고, 찧기에, 찧길래, 찧느니만큼, 찧는지라, 찧을세라, 찧으므로
intention	찧으러, 찧으려고, 찧고자	addition	찧거니와, 찧을뿐더러, 찧으려니와
result	찧도록, 찧게끔	repetition	찧곤

Basic sentences

- 예전에는 다들 방아를 찧어서 먹었다. They used to pound mill for meal in past.
- 입방아를 찧었던 곳이 바로 여기다. This is where they used to gossip.
- 그녀는 봉숭아를 찧어서 손톱에 물을 들였다.
  She dyed her nail with the pounded bal-sam.

차다3 [차다, tɕʰada]

'아' regular conjugation, Avt

to kick ; to reject, refuse ; to click (one's tongue)

causative	*차히다, 차게 하다, 차게 만들다	passive	차이다, 차게 되다, 차지다, 차여지다

adnominal : present-conti	past-perfect	past-retrospective	past-perfect-retro	future-gue/will
차는	찬	차던	찼던	찰

quotational : declarative	interrogative	imperative	suggestive	nominal	adverbial
찬다고	차느냐고	차라고	차자고	차기, 참	차, 차게

high honorific level		indicative style	retrospective style
declarative	present	찹니다	찹디다
	present-continuous	차고 있습니다, 차는 중입니다	차고 있습디다
	past-perfect	찼습니다	찼습디다
	past-experience	찼었습니다	찼었습디다
	past-guessing	찼겠습니다	찼겠습디다
	future-gue/will/abi	차겠습니다, 차렵니다, 찰 겁니다, 찰 수 있습니다	차겠습디다
introgative	present	찹니까?	찹디까?
	past-perfect	찼습니까?	찼습디까?
	past-experience	찼었습니까?	찼었습디까?
	future-gue/will/abi	차겠습니까? 차렵니까? 찰 겁니까? 차리이까? 찰 수 있겠습니까?	차겠습디까?
imperative		차시오, 차십시오	
suggestive		찹시다, 차십시다	
exclamatory		차시는구나!	

ordinary honorific lev		'-어요' form	'-으오' form
declarative	present	차요, 차지요, 차세요, 찰래요, 찰걸요, 차는데요, 찬대요, 찰게요, 차잖아요	차오
	present-continuous	차고 있어요, 차고 있지요, 차고 있으세요, 차는 중이에요	차고 있소
	past-perfect	찼어요, 찼지요, 찼으세요, 찼잖아요	찼소
	past-experience	찼었어요, 찼었지요, 찼었으세요	찼었소
	past-guessing	찼겠어요, 찼겠지요, 찼겠으세요	찼겠소
	future-gue/will/abi	차겠어요, 차겠지요, 차겠으세요, 찰 수 있어요	차겠소
introgative	present	차요? 차지요? 차세요? 차나요? 찰까요? 찰래요? 차는가요? 차는데요? 찬대요? 찬다면서요? 찬다지요?	차오? *차소?
	past-perfect	찼어요? 찼지요? 찼으세요?	찼소?
	past-experience	찼었어요? 찼었지요? 찼었으세요?	찼었소?
	future-gue/will/abi	차겠어요? 차겠지요? 차겠으세요? 차리요? 찰 거예요? 찰 거지요? 찰 수 있겠어요?	차겠소?
imperative		차요, 차지요, 차세요, 차라니까요	차오, 차구려
suggestive		차요, 차지요, 차세요, 차자니까요	차오
exclamatory		차는군요! 차리요!	차오!

ordinary non-honorific lev		'-어' form	'-네' form
declarative	present	차, 차지, 찰래, 찰걸, 차는데, 찬대, 찰게, 찬단다, 차마, 차잖아	차네
	present-continuous	차고 있어, 차고 있지, 차는 중이야	차고 있네
	past-perfect	찼어, 찼지, 찼잖아	찼네
	future-gue/will/abi	차겠어, 차겠지, 찰 수 있어	차겠네
introgative	present	차? 차지? 차니? 차나? 찰까? 차랴? 찰래? 차는데? 찬대? 찬다면서? 찬다지?	차는가?
	past-perfect	찼어? 찼지? 찼니? 찼을까? 찼대? 찼다면서?	찼는가?
	future-gue/will/abi	차겠어? 차겠지? 차겠니? 차리? 찰 거야? 찰 거지? 찰 거니? 찰 수 있겠어?	차겠는가?
imperative		차, 차지, 차렴, 차려무나, 차라니까	차게
suggestive		차, 차지, 차자니까	차세
exclamatory		차! 차지! 차리!	차네!

low non-honorific lev		indicative style	retrospective style
declarative	present	찬다	차더라
	present-continuous	차고 있다, 차는 중이다	차고 있더라
	past-perfect	찼다	찼더라
	future-gue/will/abi	차겠다, 차리다, *차련다, 찰 거다, 찰 수 있다	차겠더라
introgative	present	차느냐?	차더냐?
	past-perfect	찼느냐?	찼더냐?
	future-gue/will/abi	차겠느냐?	차겠더냐?
imperative		차라	
suggestive		차자	
exclamatory		차는구나! 찬다! 차는도다!	차더구나!

connective	endings	connective	endings
serial	차고, 차며	comparison	차느니
selection	차거나, 차든지, 차든가	degree	차리만큼
contrast	차도, 차지만, 차나, 차는데, 차면서도, 차되, 차지	condition	차면, 차거든, 차거들랑, 차야, 찬다면, 찼던들
simultaneity	차면서, 차며	circumstance	차는데, 차니, 차다시피
completion	차고서, 차서, 차자, 차자마자	figure	차듯이
conversion	차다가	proportion	찰수록
concession	차도, 차더라도, 찰지라도, 찰지언정, 찬들, 차는데도, 차기로서니, 차나마, 찰망정, 차 보았자	cause	차서, 차니까, 차느라고, 차기에, 차길래, 차느니만큼, 차는지라, 찰세라, 차므로
intention	차러, 차려고, 차고자	addition	차거니와, 찰뿐더러, 차려니와
result	차도록, 차게끔	repetition	차곤

Basic sentences

- 그는 골문을 향해 힘껏 공을 찼다.
  He kicked the ball with all his strength towards the goalpost.
- 과일 박스를 발로 차는 저 사람이 누구냐? Who is that person kicking the fruit box?
- 그는 혀를 끌끌 차며 안타까워했다. He was very fretful.

ㅊ

찾다 [찬따, tɕʰadt'a]

'ㅈ' regular conjugation, Avt

to look for, search for ; to find (out) ; to take back ; to refer to (a dictionary)

causative	*찾히다, 찾게 하다, 찾게 만들다	passive	*찾히다, 찾게 되다, 찾아지다

adnominal : present-conti	past-perfect	past-retrospective	past-perfect-retro	future-gue/will
찾는	찾은	찾던	찾았던	찾을

quotational : declarative	interrogative	imperative	suggestive	nominal	adverbial
찾는다고	찾느냐고	찾으라고	찾자고	찾기, 찾음	찾어, 찾게

high honorific level		indicative style	retrospective style
declarative	present	찾습니다	찾습디다
	present-continuous	찾고 있습니다, 찾는 중입니다	찾고 있습디다
	past-perfect	찾았습니다	찾았습디다
	past-experience	찾았었습니다	찾았었습디다
	past-guessing	찾았겠습니다	찾았겠습디다
	future-gue/will/abi	찾겠습니다, 찾으렵니다, 찾을 겁니다, 찾을 수 있습니다	찾겠습디다
introgative	present	찾습니까?	찾습디까?
	past-perfect	찾았습니까?	찾았습디까?
	past-experience	찾았었습니까?	찾았었습디까?
	future-gue/will/abi	찾겠습니까? 찾으렵니까? 찾을 겁니까? 찾으리이까? 찾을 수 있겠습니까?	찾겠습디까?
imperative		찾으시오, 찾으십시오	
suggestive		찾읍시다, 찾으십시다	
exclamatory		찾으시는구나!	

ordinary honorific lev		'-어요' form	'-으오' form
declarative	present	찾아요, 찾지요, 찾으세요, 찾을래요, 찾을걸요, 찾는데요, 찾는대요, 찾을게요, 찾잖아요	찾으오
	present-continuous	찾고 있어요, 찾고 있지요, 찾고 있으세요, 찾는 중이에요	찾고 있소
	past-perfect	찾았어요, 찾았지요, 찾았으세요, 찾았잖아요	찾았소
	past-experience	찾았었어요, 찾았었지요, 찾았었으세요	찾았었소
	past-guessing	찾았겠어요, 찾았겠지요, 찾았겠으세요	찾았겠소
	future-gue/will/abi	찾겠어요, 찾겠지요, 찾겠으세요, 찾을 수 있어요	찾겠소
introgative	present	찾아요? 찾지요? 찾으세요? 찾나요? 찾을까요? 찾을래요? 찾는가요? 찾는데요? 찾는대요? 찾는다면서요? 찾는다지요?	찾으오? 찾소?
	past-perfect	찾았어요? 찾았지요? 찾았으세요?	찾았소?
	past-experience	찾았었어요? 찾았었지요? 찾았었으세요?	찾았었소?
	future-gue/will/abi	찾겠어요? 찾겠지요? 찾겠으세요? 찾으리요? 찾을 거예요? 찾을 거지요? 찾을 수 있겠어요?	찾겠소?
imperative		찾아요, 찾지요, 찾으세요, 찾으라니까요	찾으오, 찾구려
suggestive		찾아요, 찾지요, 찾으세요, 찾자니까요	찾으오
exclamatory		찾는군요! 찾으리요!	찾으오!

ordinary non-honorific lev		'-어' form	'-네' form
declarative	present	찾아, 찾지, 찾을래, 찾을걸, 찾는데, 찾는대, 찾을게, 찾는단다, 찾으마, 찾잖아	찾네
	present-continuous	찾고 있어, 찾고 있지, 찾는 중이야	찾고 있네
	past-perfect	찾았어, 찾았지, 찾았잖아	찾았네
	future-gue/will/abi	찾겠어, 찾겠지, 찾을 수 있어	찾겠네
introgative	present	찾아? 찾지? 찾니? 찾나? 찾을까? 찾으랴? 찾을래? 찾는데? 찾는대? 찾는다면서? 찾는다지?	찾는가?
	past-perfect	찾았어? 찾았지? 찾았니? 찾았을까? 찾았대? 찾았다면서?	찾았는가?
	future-gue/will/abi	찾겠어? 찾겠지? 찾겠니? 찾으리? 찾을 거야? 찾을 거지? 찾을 거니? 찾을 수 있겠어?	찾겠는가?
imperative		찾아, 찾지, 찾으렴, 찾으려무나, 찾으라니까	찾게
suggestive		찾아, 찾지, 찾자니까	찾세
exclamatory		찾아! 찾지! 찾으리!	찾네!

low non-honorific lev		indicative style	retrospective style
declarative	present	찾는다	찾더라
	present-continuous	찾고 있다, 찾는 중이다	찾고 있더라
	past-perfect	찾았다	찾았더라
	future-gue/will/abi	찾겠다, 찾으리다, 찾으련다, 찾을 거다, 찾을 수 있다	찾겠더라
introgative	present	찾느냐?	찾더냐?
	past-perfect	찾았느냐?	찾았더냐?
	future-gue/will/abi	찾겠느냐?	찾겠더냐?
imperative		찾아라	
suggestive		찾자	
exclamatory		찾는구나! 찾는다! 찾는도다!	찾더구나!

connective	endings	connective	endings
serial	찾고, 찾으며	comparison	찾느니
selection	찾거나, 찾든지, 찾든가	degree	찾으리만큼
contrast	찾아도, 찾지만, 찾으나, 찾는데, 찾으면서도, 찾되, 찾지	condition	찾으면, 찾거든, 찾거들랑, 찾아야, 찾는다면, 찾았던들
simultaneity	찾으면서, 찾으며	circumstance	찾는데, 찾으니, 찾다시피
completion	찾고서, 찾아서, 찾자, 찾자마자	figure	찾듯이
conversion	찾다가	proportion	찾을수록
concession	찾아도, 찾더라도, 찾을지라도, 찾을지언정, 찾은들, 찾는데도, 찾기로서니, 찾으나마, 찾을망정, 찾아 보았자	cause	찾아서, 찾으니까, 찾느라고, 찾기에, 찾길래, 찾느니만큼, 찾는지라, 찾을세라, 찾으므로
intention	찾으러, 찾으려고, 찾고자	addition	찾거니와, 찾을뿐더러, 찾으려니와
result	찾도록, 찾게끔	repetition	찾곤

Basic sentences

- 그는 잃어버렸던 지갑을 찾았다. He found his lost wallet.
- 나는 그녀의 집을 찾을 수가 없었다. I was not able to find her house.
- 아무리 찾아도 내 애완견이 눈에 띄지 않았다.
  No matter how hard I searched for my pet dog, I couldn't find him.

춥다 [춥따, tɕʰupt'a]

'ㅂ' irregular conjugation, Dv

to be cold, be chilly [weather]

causative	*춥히다, 춥게 하다, 춥게 만들다	passive	*춥히다, 춥게 되다, 추워지다

adnominal : present-conti	past-perfect	past-retrospective	past-perfect-retro	future-gue/will
추운	추운	춥던	추웠던	추울

quotational : declarative	interrogative	imperative	suggestive	nominal	adverbial
춥다고	추우냐고	*추우라고	*춥자고	춥기, 추움	추워, 춥게

high honorific level		indicative style	retrospective style
declarative	present	춥습니다	춥습디다
	present-continuous	*춥고 있습니다, *춥는 중입니다	*춥고 있습디다
	past-perfect	추웠습니다	추웠습디다
	past-experience	추웠었습니다	추웠었습디다
	past-guessing	추웠겠습니다	추웠겠습디다
	future-gue/will/abi	춥겠습니다, *추우렵니다, 추울 겁니다, 추울 수 있습니다	춥겠습디다
introgative	present	춥습니까?	춥습디까?
	past-perfect	추웠습니까?	추웠습디까?
	past-experience	추웠었습니까?	추웠었습디까?
	future-gue/will/abi	춥겠습니까? *추우렵니까? *추울 겁니까? *추우리이까? *추울 수 있겠습니까?	춥겠습디까?
imperative		*추우시오, *추우십시오	
suggestive		*추웁시다, *추우십시다	
exclamatory		추우시구나!	

ordinary honorific lev		'-어요' form	'-으오' form
declarative	present	추워요, 춥지요, 추우세요, *추울래요, 추울걸요, 추운데요, 춥대요, *추울게요, 춥잖아요	추우오
	present-continuous	*춥고 있어요, *춥고 있지요, *춥고 있으세요, *춥는 중이에요	*춥고 있소
	past-perfect	추웠어요, 추웠지요, 추웠으세요, 추웠잖아요	추웠소
	past-experience	추웠었어요, 추웠었지요, 추웠었으세요	추웠었소
	past-guessing	추웠겠어요, 추웠겠지요, 추웠겠으세요	추웠겠소
	future-gue/will/abi	춥겠어요, 춥겠지요, 춥겠으세요, 추울 수 있어요	춥겠소
introgative	present	추워요? 춥지요? 추우세요? 춥나요? 추울까요? *추울래요? 추운가요? 추운데요? 춥대요? 춥다면서요? 춥다지요?	추우오? 춥소?
	past-perfect	추웠어요? 추웠지요? 추웠으세요?	추웠소?
	past-experience	추웠었어요? 추웠었지요? 추웠었으세요?	추웠었소?
	future-gue/will/abi	춥겠어요? 춥겠지요? 춥겠으세요? 추우리요? *추울 거예요? *추울 거지요? *추울 수 있겠어요?	춥겠소?
imperative		*추워요, *춥지요, *추우세요, *추우라니까요	*추우오, *춥구려
suggestive		*추워요, *춥지요, *추우세요, *춥자니까요	*추우오
exclamatory		춥군요! 추우리요!	추우오!

ordinary non-honorific lev		'-어' form	'-네' form
declarative	present	추워, 춥지, *추울래, 추울걸, 추운데, 춥대, *추울게, 춥단다, *추우마, 춥잖아	춥네
	present-continuous	*춥고 있어, *춥고 있지, *춥는 중이야	*춥고 있네
	past-perfect	추웠어, 추웠지, 추웠잖아	추웠네
	future-gue/will/abi	춥겠어, 춥겠지, 추울 수 있어	춥겠네
introgative	present	추워? 춥지? 춥니? 춥나? 추울까? 추우랴? *추울래? 추운데? 춥대? 춥다면서? 춥다지?	추운가?
	past-perfect	추웠어? 추웠지? 추웠니? 추웠을까? 추웠대? 추웠다면서?	추웠는가?
	future-gue/will/abi	춥겠어? 춥겠지? 춥겠니? 추우리? *추울 거야? *추울 거지? *추울 거니? *추울 수 있겠어?	춥겠는가?
imperative		*추워, *춥지, *추우렴, *추우려무나, *추우라니까	*춥게
suggestive		*추워, *춥지, *춥자니까	*춥세
exclamatory		추워! 춥지! 추우리!	춥네!

low non-honorific lev		indicative style	retrospective style
declarative	present	춥다	춥더라
	present-continuous	*춥고 있다, *춥는 중이다	*춥고 있더라
	past-perfect	추웠다	추웠더라
	future-gue/will/abi	춥겠다, *추우리다, *추우련다, 추울 거다, 추울 수 있다	춥겠더라
introgative	present	추우냐?	춥더냐?
	past-perfect	추웠느냐?	추웠더냐?
	future-gue/will/abi	춥겠느냐?	춥겠더냐?
imperative		*추워라	
suggestive		*춥자	
exclamatory		춥구나! 춥다! 춥도다!	춥더구나!

connective	endings	connective	endings
serial	춥고, 추우며	comparison	*춥느니
selection	춥거나, 춥든지, 춥든가	degree	추우리만큼
contrast	추워도, 춥지만, 추우나, 추운데, 추우면서도, 춥되, 춥지	condition	추우면, 춥거든, 춥거들랑, 추워야, 춥다면, 추웠던들
simultaneity	추우면서, 추우며	circumstance	추운데, 추우니, *춥다시피
completion	*춥고서, *추워서, *춥자, *춥자마자	figure	춥듯이
conversion	춥다가	proportion	추울수록
concession	추워도, 춥더라도, 추울지라도, 추울지언정, 추운들, 추운데도, 춥기로서니, 추우나마, 추울망정, 추워 보았자	cause	추워서, 추우니까, *춥느라고, 춥기에, 춥길래, 추우니만큼, 추운지라, 추울세라, 추우므로
intention	*추우러, *추우려고, *춥고자	addition	춥거니와, 추울뿐더러, 추우려니와
result	춥도록, 춥게끔	repetition	춥곤

Basic sentences

- 날씨가 매우 춥다. It is very cold.
- 곰은 추운 곳에 사는 동물이다. Bears live in cold places.
- 이번 겨울은 추워서 얼음이 잘 얼겠다.
  Things will freeze easily this winter, because it will be cold.

치다1 [치다, tɕʰida]

'이' regular conjugation, Avi

to wave, roll (in waves) ; to rage ; to bluster

causative	*치기다, 치게 하다, 치게 만들다	passive	*치이다, 치게 되다, 쳐지다

adnominal : present-conti	past-perfect	past-retrospective	past-perfect-retro	future-gue/will
치는	친	치던	쳤던	칠

quotational : declarative	interrogative	imperative	suggestive	nominal	adverbial
친다고	치느냐고	치라고	치자고	치기, 침	쳐, 치게

high honorific level		indicative style	retrospective style
declarative	present	칩니다	칩디다
	present-continuous	치고 있습니다, 치는 중입니다	치고 있습디다
	past-perfect	쳤습니다	쳤습디다
	past-experience	쳤었습니다	쳤었습디다
	past-guessing	쳤겠습니다	쳤겠습디다
	future-gue/will/abi	치겠습니다, 치렵니다, 칠 겁니다, 칠 수 있습니다	치겠습디다
introgative	present	칩니까?	칩디까?
	past-perfect	쳤습니까?	쳤습디까?
	past-experience	쳤었습니까?	쳤었습디까?
	future-gue/will/abi	치겠습니까? 치렵니까? 칠 겁니까? 치리이까? 칠 수 있겠습니까?	치겠습디까?
imperative		치시오, 치십시오	
suggestive		칩시다, 치십시다	
exclamatory		치시는구나!	

ordinary honorific lev		'-어요' form	'-으오' form
declarative	present	쳐요, 치지요, 치세요, 칠래요, 칠걸요, 치는데요, 친대요, 칠게요, 치잖아요	치오
	present-continuous	치고 있어요, 치고 있지요, 치고 있으세요, 치는 중이에요	치고 있소
	past-perfect	쳤어요, 쳤지요, 쳤으세요, 쳤잖아요	쳤소
	past-experience	쳤었어요, 쳤었지요, 쳤었으세요	쳤었소
	past-guessing	쳤겠어요, 쳤겠지요, 쳤겠으세요	쳤겠소
	future-gue/will/abi	치겠어요, 치겠지요, 치겠으세요, 칠 수 있어요	치겠소
introgative	present	쳐요? 치지요? 치세요? 치나요? 칠까요? 칠래요? 치는가요? 치는데요? 친대요? 친다면서요? 친다지요?	치오? 치소?
	past-perfect	쳤어요? 쳤지요? 쳤으세요?	쳤소?
	past-experience	쳤었어요? 쳤었지요? 쳤었으세요?	쳤었소?
	future-gue/will/abi	치겠어요? 치겠지요? 치겠으세요? 치리요? 칠 거예요? 칠 거지요? 칠 수 있겠어요?	치겠소?
imperative		쳐요, 치지요, 치세요, 치라니까요	치오, 치구려
suggestive		쳐요, 치지요, 치세요, 치자니까요	치오
exclamatory		치는군요! 치리요!	치오!

ordinary non-honorific lev		'-어' form	'-네' form
declarative	present	쳐, 치지, 칠래, 칠걸, 치는데, 친대, 칠게, 친단다, 치마, 치잖아	치네
	present-continuous	치고 있어, 치고 있지, 치는 중이야	치고 있네
	past-perfect	쳤어, 쳤지, 쳤잖아	쳤네
	future-gue/will/abi	치겠어, 치겠지, 칠 수 있어	치겠네
introgative	present	쳐? 치지? 치니? 치나? 칠까? 치랴? 칠래? 치는데? 친대? 친다면서? 친다지?	치는가?
	past-perfect	쳤어? 쳤지? 쳤니? 쳤을까? 쳤대? 쳤다면서?	쳤는가?
	future-gue/will/abi	치겠어? 치겠지? 치겠니? 치리? 칠 거야? 칠 거지? 칠 거니? 칠 수 있겠어?	치겠는가?
imperative		쳐, 치지, 치렴, 치려무나, 치라니까	치게
suggestive		쳐, 치지, 치자니까	치세
exclamatory		쳐! 치지! 치리!	치네!

low non-honorific lev		indicative style	retrospective style
declarative	present	친다	치더라
	present-continuous	치고 있다, 치는 중이다	치고 있더라
	past-perfect	쳤다	쳤더라
	future-gue/will/abi	치겠다, 치리다, 치련다, 칠 거다, 칠 수 있다	치겠더라
introgative	present	치느냐?	치더냐?
	past-perfect	쳤느냐?	쳤더냐?
	future-gue/will/abi	치겠느냐?	치겠더냐?
imperative		쳐라	
suggestive		치자	
exclamatory		치는구나! 친다! 치는도다!	치더구나!

connective	endings	connective	endings
serial	치고, 치며	comparison	치느니
selection	치거나, 치든지, 치든가	degree	치리만큼
contrast	쳐도, 치지만, 치나, 치는데, 치면서도, 치되, 치지	condition	치면, 치거든, 치거들랑, 쳐야, 친다면, 쳤던들
simultaneity	치면서, 치며	circumstance	치는데, 치니, 치다시피
completion	치고서, 쳐서, 치자, 치자마자	figure	치듯이
conversion	치다가	proportion	칠수록
concession	쳐도, 치더라도, 칠지라도, 칠지언정, 친들, 치는데도, 치기로서니, 치나마, 칠망정, 쳐 보았자	cause	쳐서, 치니까, 치느라고, 치기에, 치길래, 치느니만큼, 치는지라, 칠세라, 치므로
intention	치러, 치려고, 치고자	addition	치거니와, 칠뿐더러, 치려니와
result	치도록, 치게끔	repetition	치곤

- 오늘은 파도가 너무 세게 친다. The waves are too big today.
- 벼락이 치는 곳에는 가지 마세요. Don't go where the lightning strikes.
- 눈보라가 심하게 치면 여행을 떠나지 마세요.
  Don't go on a trip if there's a severe thunderstorm.

켜다1 [켜다, kʰjəda]

'여' regular conjugation, Avt

to light, turn on, switch, illuminate

causative	켜히다, 켜게 하다, 켜게 만들다	passive	켜히다, 켜게 되다, 켜지다, 켜혀지다

adnominal : present-conti	past-perfect	past-retrospective	past-perfect-retro	future-gue/will
켜는	켠	켜던	켰던	켤

quotational : declarative	interrogative	imperative	suggestive	nominal	adverbial
켠다고	켜느냐고	켜라고	켜자고	켜기, 켬	켜, 켜게

high honorific level		indicative style	retrospective style
declarative	present	켭니다	켭디다
	present-continuous	켜고 있습니다, 켜는 중입니다	켜고 있습디다
	past-perfect	켰습니다	켰습디다
	past-experience	켰었습니다	켰었습디다
	past-guessing	켰겠습니다	켰겠습디다
	future-gue/will/abi	켜겠습니다, 켜렵니다, 켤 겁니다, 켤 수 있습니다	켜겠습디다
introgative	present	켭니까?	켭디까?
	past-perfect	켰습니까?	켰습디까?
	past-experience	켰었습니까?	켰었습디까?
	future-gue/will/abi	켜겠습니까? 켜렵니까? 켤 겁니까? 켜리이까? 켤 수 있겠습니까?	켜겠습디까?
imperative		켜시오, 켜십시오	
suggestive		켭시다, 켜십시다	
exclamatory		켜시는구나!	

ordinary honorific lev		'-어요' form	'-으오' form
declarative	present	켜요, 켜지요, 켜세요, 켤래요, 켤걸요, 켜는데요, 켠대요, 켤게요, 켜잖아요	켜오
	present-continuous	켜고 있어요, 켜고 있지요, 켜고 있으세요, 켜는 중이에요	켜고 있소
	past-perfect	켰어요, 켰지요, 켰으세요, 켰잖아요	켰소
	past-experience	켰었어요, 켰었지요, 켰었으세요	켰었소
	past-guessing	켰겠어요, 켰겠지요, 켰겠으세요	켰겠소
	future-gue/will/abi	켜겠어요, 켜겠지요, 켜겠으세요, 켤 수 있어요	켜겠소
introgative	present	켜요? 켜지요? 켜세요? 켜나요? 켤까요? 켤래요? 켜는가요? 켜는데요? 켠대요? 켠다면서요? 켠다지요?	켜오? *켜소?
	past-perfect	켰어요? 켰지요? 켰으세요?	켰소?
	past-experience	켰었어요? 켰었지요? 켰었으세요?	켰었소?
	future-gue/will/abi	켜겠어요? 켜겠지요? 켜겠으세요? 켜리요? 켤 거예요? 켤 거지요? 켤 수 있겠어요?	켜겠소?
imperative		켜요, 켜지요, 켜세요, 켜라니까요	켜오, 켜구려
suggestive		켜요, 켜지요, 켜세요, 켜자니까요	켜오
exclamatory		켜는군요! 켜리요!	켜오!

ordinary non-honorific lev		'-어' form	'-네' form
declarative	present	켜, 켜지, 켤래, 켤걸, 켜는데, 켠대, 켤게, 켠단다, 켜마, 켜잖아	켜네
	present-continuous	켜고 있어, 켜고 있지, 켜는 중이야	켜고 있네
	past-perfect	켰어, 켰지, 켰잖아	켰네
	future-gue/will/abi	켜겠어, 켜겠지, 켤 수 있어	켜겠네
introgative	present	켜? 켜지? 켜니? 켜나? 켤까? 켜랴? 켤래? 켜는데? 켠대? 켠다면서? 켠다지?	켜는가?
	past-perfect	켰어? 켰지? 켰니? 켰을까? 켰대? 켰다면서?	켰는가?
	future-gue/will/abi	켜겠어? 켜겠지? 켜겠니? 켜리? 켤 거야? 켤 거지? 켤 거니? 켤 수 있겠어?	켜겠는가?
imperative		켜, 켜지, 켜렴, 켜려무나, 켜라니까	켜게
suggestive		켜, 켜지, 켜자니까	켜세
exclamatory		켜! 켜지! 켜리!	켜네!

low non-honorific lev		indicative style	retrospective style
declarative	present	켠다	켜더라
	present-continuous	켜고 있다, 켜는 중이다	켜고 있더라
	past-perfect	켰다	켰더라
	future-gue/will/abi	켜겠다, 켜리다, 켜련다, 켤 거다, 켤 수 있다	켜겠더라
introgative	present	켜느냐?	켜더냐?
	past-perfect	켰느냐?	켰더냐?
	future-gue/will/abi	켜겠느냐?	켜겠더냐?
imperative		켜라	
suggestive		켜자	
exclamatory		켜는구나! 켠다! 켜는도다!	켜더구나!

connective	endings	connective	endings
serial	켜고, 켜며	comparison	켜느니
selection	켜거나, 켜든지, 켜든가	degree	켜리만큼
contrast	켜도, 켜지만, 켜나, 켜는데, 켜면서도, 켜되, 켜지	condition	켜면, 켜거든, 켜거들랑, 켜야, 켠다면, 켰던들
simultaneity	켜면서, 켜며	circumstance	켜는데, 켜니, 켜다시피
completion	켜고서, 켜서, 켜자, 켜자마자	figure	켜듯이
conversion	켜다가	proportion	켤수록
concession	켜도, 켜더라도, 켤지라도, 켤지언정, 켠들, 켜는데도, 켜기로서니, 켜나마, 켤망정, 켜 보았자	cause	켜서, 켜니까, 켜느라고, 켜기에, 켜길래, 켜느니만큼, 켜는지라, 켤세라, 켜므로
intention	켜러, 켜려고, 켜고자	addition	켜거니와, 켤뿐더러, 켜려니와
result	켜도록, 켜게끔	repetition	켜곤

Basic sentences

- 전등을 좀 켜 주세요. Please turn on the light.
- 가스등을 켜고 있는 저분이 누굽니까? Who is the person lighting a gas lamp?
- 그는 전등을 켜서 방을 밝게 했다. He switch on the light then to make the room light up.

크다1 [크다, kʰɨda]

'으' irregular conjugation, Dv/Avi

to be big, be large, be great ; to be mighty ; to be huge

causative	*크히다, 크게 하다, 크게 만들다	passive	*크히다, 크게 되다, 커지다

adnominal : present-conti	past-perfect	past-retrospective	past-perfect-retro	future-gue/will
큰	큰	크던	컸던	클

quotational : declarative	interrogative	imperative	suggestive	nominal	adverbial
크다고/큰다고	크냐고/크느냐고	*크라고	*크자고	크기, 큼	커서, 크게

high honorific level		indicative style	retrospective style
declarative	present	컵니다	컵디다
	present-continuous	크고 있습니다, 크는 중입니다	크고 있습디다
	past-perfect	컸습니다	컸습디다
	past-experience	컸었습니다	컸었습디다
	past-guessing	컸겠습니다	컸겠습디다
	future-gue/will/abi	크겠습니다, *크렵니다, 클 겁니다, 클 수 있습니다	크겠습디다
introgative	present	컵니까?	컵디까?
	past-perfect	컸습니까?	컸습디까?
	past-experience	컸었습니까?	컸었습디까?
	future-gue/will/abi	크겠습니까? *크렵니까? *클 겁니까? *크리이까? *클 수 있겠습니까?	크겠습디까?
imperative		*크시오, *크십시오	
suggestive		*큽시다, *크십시다	
exclamatory		크시구나!/크시는구나!	

ordinary honorific lev		'-어요' form	'-으오' form
declarative	present	커요, 크지요, 크세요, *클래요, 클걸요, 큰데요, 크대요, *클게요, 크잖아요	크오
	present-continuous	크고 있어요, 크고 있지요, 크고 있으세요, 크는 중이에요	크고 있소
	past-perfect	컸어요, 컸지요, 컸으세요, 컸잖아요	컸소
	past-experience	컸었어요, 컸었지요, 컸었으세요	컸었소
	past-guessing	컸겠어요, 컸겠지요, 컸겠으세요	컸겠소
	future-gue/will/abi	크겠어요, 크겠지요, 크겠으세요, 클 수 있어요	크겠소
introgative	present	커요? 크지요? 크세요? 크나요? 클까요? *클래요? 큰가요? 큰데요? 크대요? 크다면서요? 크다지요?	크오? *크소?
	past-perfect	컸어요? 컸지요? 컸으세요?	컸소?
	past-experience	컸었어요? 컸었지요? 컸었으세요?	컸었소?
	future-gue/will/abi	크겠어요? 크겠지요? 크겠으세요? 크리요? *클 거예요? *클 거지요? *클 수 있겠어요?	크겠소?
imperative		*커요, *크지요, *크세요, *크라니까요	*크오, *크구려
suggestive		*커요, *크지요, *크세요, *크자니까요	*크오
exclamatory		크군요!/크는군요! 크리요!	크오!

ordinary non-honorific lev		'-어' form	'-네' form
declarative	present	커, 크지, *클래, 클걸, 큰데, 크대, *클게, 크단다, *크마, 크잖아	크네
	present-continuous	크고 있어, 크고 있지, 크는 중이야	크고 있네
	past-perfect	컸어, 컸지, 컸잖아	컸네
	future-gue/will/abi	크겠어, 크겠지, 클 수 있어	크겠네
introgative	present	커? 크지? 크니? 크나? 클까? 크랴? *클래? 큰데? 크대? 크다면서? 크다지?	큰가?
	past-perfect	컸어? 컸지? 컸니? 컸을까? 컸대? 컸다면서?	컸는가?
	future-gue/will/abi	크겠어? 크겠지? 크겠니? 크리? *클 거야? *클 거지? *클 거니? *클 수 있겠어?	크겠는가?
imperative		*커, *크지, *크렴, *크려무나, *크라니까	*크게
suggestive		*커, *크지, *크자니까	*크세
exclamatory		커! 크지!/크는지! 크리!	크네!

ㅋ

low non-honorific lev		indicative style	retrospective style
declarative	present	크다	크더라
	present-continuous	크고 있다, 크는 중이다	크고 있더라
	past-perfect	컸다	컸더라
	future-gue/will/abi	크겠다, *크리다, *크련다, 클 거다, 클 수 있다	크겠더라
introgative	present	크냐?	크더냐?
	past-perfect	컸느냐?	컸더냐?
	future-gue/will/abi	크겠느냐?	크겠더냐?
imperative		*커라	
suggestive		*크자	
exclamatory		크구나!/크는구나! 크다!/큰다! 크도다!/크는도다!	크더구나!

connective	endings	connective	endings
serial	크고, 크며	comparison	*크느니
selection	크거나, 크든지, 크든가	degree	크리만큼
contrast	커도, 크지만, 크나, 큰데, 크면서도, 크되, 크지	condition	크면, 크거든, 크거들랑, 커야, 크다면, 컸던들
simultaneity	크면서, 크며	circumstance	큰데, 크니, *크다시피
completion	*크고서, *커서, *크자, *크자마자	figure	크듯이
conversion	크다가	proportion	클수록
concession	커도, 크더라도, 클지라도, 클지언정, 큰들, 큰데도, 크기로서니, 크나마, 클망정, 커 보았자	cause	커서, 크니까, *크느라고, 크기에, 크길래, *크니만큼, 큰지라, 클세라, 크므로
intention	*크러, *크려고, *크고자	addition	크거니와, 클뿐더러, 크려니와
result	크도록, 크게끔	repetition	크곤

Basic sentences

- 그는 키가 매우 크다. He is very tall.
- 키 크고 싱겁지 않은 사람은 없다. There isn't any tall person who isn't interesting.
- 순희는 키가 큰데도 농구는 잘 못한다.
  Though Soon-Hui may be tall, she is not good at basketball.

파랗다 [파:라타, p^ha:rat^ha]

'ㅎ' irregular conjugation, Dv

to be blue ; to be green ; to be pale

causative	*파랗히다, 파랗게 하다, 파랗게 만들다	passive	*파랗히다, 파랗게 되다, 파래지다

adnominal : present-conti	past-perfect	past-retrospective	past-perfect-retro	future-gue/will
파란	파란	파랗던	파랬던	파랄

quotational : declarative	interrogative	imperative	suggestive	nominal	adverbial
파랗다고	파라냐고	*파라라고	*파랗자고	파랗기, 파람	파래, 파랗게

high honorific level		indicative style	retrospective style
declarative	present	파랗습니다	파랗습디다
	present-continuous	*파랗고 있습니다, *파랗는 중입니다	*파랗고 있습디다
	past-perfect	파랬습니다	파랬습디다
	past-experience	파랬었습니다	파랬었습디다
	past-guessing	파랬겠습니다	파랬겠습디다
	future-gue/will/abi	파랗겠습니다, *파라렵니다, 파랄 겁니다, 파랄 수 있습니다	파랗겠습디다
introgative	present	파랗습니까?	파랗습디까?
	past-perfect	파랬습니까?	파랬습디까?
	past-experience	파랬었습니까?	파랬었습디까?
	future-gue/will/abi	파랗겠습니까? *파라렵니까? *파랄 겁니까? *파라리이까? *파랄 수 있겠습니까?	파랗겠습디까?
imperative		*파라시오, *파라십시오	
suggestive		*파랍시다, *파라십시다	
exclamatory		파라시구나!	

ordinary honorific lev		'-어요' form	'-으오' form
declarative	present	파래요, 파랗지요, 파라세요, *파랄래요, 파랄걸요, 파란데요, 파랗대요, *파랄게요, 파랗잖아요	파라오
	present-continuous	*파랗고 있어요, *파랗고 있지요, *파랗고 있으세요, *파랗는 중이에요	*파랗고 있소
	past-perfect	파랬어요, 파랬지요, 파랬으세요, 파랬잖아요	파랬소
	past-experience	파랬었어요, 파랬었지요, 파랬었으세요	파랬었소
	past-guessing	파랬겠어요, 파랬겠지요, 파랬겠으세요	파랬겠소
	future-gue/will/abi	파랗겠어요, 파랗겠지요, 파랗겠으세요, 파랄 수 있어요	파랗겠소
introgative	present	파래요? 파랗지요? 파라세요? 파랗나요? 파랄까요? *파랄래요? 파란가요? 파란데요? 파랗대요? 파랗다면서요? 파랗다지요?	파라오? 파랗소?
	past-perfect	파랬어요? 파랬지요? 파랬으세요?	파랬소?
	past-experience	파랬었어요? 파랬었지요? 파랬었으세요?	파랬었소?
	future-gue/will/abi	파랗겠어요? 파랗겠지요? 파랗겠으세요? 파라리요? *파랄 거예요? *파랄 거지요? *파랄 수 있겠어요?	파랗겠소?
imperative		*파래요, *파랗지요, *파라세요, *파라라니까요	*파라오, *파랗구려
suggestive		*파래요, *파랗지요, *파라세요, *파랗자니까요	*파라오
exclamatory		파랗군요! 파라리요!	파라오!

ordinary non-honorific lev		'-어' form	'-네' form
declarative	present	파래, 파랗지, *파랄래, 파랄걸, 파란데, 파랗대, *파랄게, 파랗단다, *파라마, 파랗잖아	파랗네
	present-continuous	*파랗고 있어, *파랗고 있지, *파랗는 중이야	*파랗고 있네
	past-perfect	파랬어, 파랬지, 파랬잖아	파랬네
	future-gue/will/abi	파랗겠어, 파랗겠지, 파랄 수 있어	파랗겠네
introgative	present	파래? 파랗지? 파랗니? 파랗나? 파랄까? 파라랴? *파랄래? 파란데? 파랗대? 파랗다면서? 파랗다지?	파란가?
	past-perfect	파랬어? 파랬지? 파랬니? 파랬을까? 파랬대? 파랬다면서?	파랬는가?
	future-gue/will/abi	파랗겠어? 파랗겠지? 파랗겠니? 파라리? *파랄 거야? *파랄 거지? *파랄 거니? *파랄 수 있겠어?	파랗겠는가?
imperative		*파래, *파랗지, *파라렴, *파라려무나, *파라라니까	*파랗게
suggestive		*파래, *파랗지, *파랗자니까	*파랗세
exclamatory		파래! 파랗지! 파라리!	파랗네!

ㅍ

low non-honorific lev		indicative style	retrospective style
declarative	present	파랗다	파랗더라
	present-continuous	*파랗고 있다, *파랗는 중이다	*파랗고 있더라
	past-perfect	파랬다	파랬더라
	future-gue/will/abi	파랗겠다, *파라리다, *파라련다, 파랄 거다, 파랄 수 있다	파랗겠더라
introgative	present	파라냐?	파랗더냐?
	past-perfect	파랬느냐?	파랬더냐?
	future-gue/will/abi	파랗겠느냐?	파랗겠더냐?
imperative		*파래라	
suggestive		*파랗자	
exclamatory		파랗구나! 파랗다! 파랗도다!	파랗더구나!

connective	endings	connective	endings
serial	파랗고, 파라며	comparison	*파랗느니
selection	파랗거나, 파랗든지, 파랗든가	degree	파라리만큼
contrast	파래도, 파랗지만, 파라나, 파란데, 파라면서도, 파랗되, 파랗지	condition	파라면, 파랗거든, 파랗거들랑, 파래야, 파랗다면, 파랬던들
simultaneity	파라면서, 파라며	circumstance	파란데, 파라니, *파랗다시피
completion	*파랗고서, *파래서, *파랗자, *파랗자마자	figure	파랗듯이
conversion	파랗다가	proportion	파랄수록
concession	파래도, 파랗더라도, 파랄지라도, 파랄지언정, 파란들, 파란데도, 파랗기로서니, 파라나마, 파랄망정, 파래 보았자	cause	파래서, 파라니까, *파랗느라고, 파랗기에, 파랗길래, 파라니만큼, 파란지라, 파랄세라, 파라므로
intention	*파라러, *파라려고, *파랗고자	addition	파랗거니와, 파랄뿐더러, 파라려니와
result	파랗도록, 파랗게끔	repetition	파랗곤

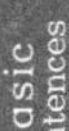

- 오늘은 하늘이 매우 파랗다. Today, the sky is very blue.
- 그녀가 왜 파랗게 질린 얼굴을 하고 있어요? Why is her face so pale?
- 새싹이 파랗게 올라온 것을 보고 봄이 왔음을 알았다.
  I could know that the spring is by the corner because of the green sprout.

팔다 [팔다, p^halda]

'ㄹ' irregular conjugation, Avt

to sell ; to betray ; to take advantage of (one's name)

causative	팔리다, 팔게 하다, 팔게 만들다	passive	팔리다, 팔게 되다, 팔려지다

adnominal : present-conti	past-perfect	past-retrospective	past-perfect-retro	future-gue/will
파는	판	팔던	팔았던	팔

quotational : declarative	interrogative	imperative	suggestive	nominal	adverbial
판다고	파느냐고	팔라고	팔자고	팔기, 팖	팔아, 팔게

high honorific level		indicative style	retrospective style
declarative	present	팝니다	팝디다
	present-continuous	팔고 있습니다, 파는 중입니다	팔고 있습디다
	past-perfect	팔았습니다	팔았습디다
	past-experience	팔았었습니다	팔았었습디다
	past-guessing	팔았겠습니다	팔았겠습디다
	future-gue/will/abi	팔겠습니다, 팔렵니다, 팔 겁니다, 팔 수 있습니다	팔겠습디다
introgative	present	팝니까?	팝디까?
	past-perfect	팔았습니까?	팔았습디까?
	past-experience	팔았었습니까?	팔았었습디까?
	future-gue/will/abi	팔겠습니까? 팔렵니까? 팔 겁니까? 팔리이까? 팔 수 있겠습니까?	팔겠습디까?
imperative		파시오, 파십시오	
suggestive		팝시다, 파십시다	
exclamatory		파시는구나!	

ordinary honorific lev		'-어요' form	'-으오' form
declarative	present	팔아요, 팔지요, 파세요, 팔래요, 팔걸요, 파는데요, 판대요, 팔게요, 팔잖아요	파오
	present-continuous	팔고 있어요, 팔고 있지요, 팔고 있으세요, 파는 중이에요	팔고 있소
	past-perfect	팔았어요, 팔았지요, 팔았으세요, 팔았잖아요	팔았소
	past-experience	팔았었어요, 팔았었지요, 팔았었으세요	팔았었소
	past-guessing	팔았겠어요, 팔았겠지요, 팔았겠으세요	팔았겠소
	future-gue/will/abi	팔겠어요, 팔겠지요, 팔겠으세요, 팔 수 있어요	팔겠소
introgative	present	팔아요? 팔지요? 파세요? 파나요? 팔까요? 팔래요? 파는가요? 파는데요? 판대요? 판다면서요? 판다지요?	파오? *팔소?
	past-perfect	팔았어요? 팔았지요? 팔았으세요?	팔았소?
	past-experience	팔았었어요? 팔았었지요? 팔았었으세요?	팔았었소?
	future-gue/will/abi	팔겠어요? 팔겠지요? 팔겠으세요? 팔리요? 팔 거예요? 팔 거지요? 팔 수 있겠어요?	팔겠소?
imperative		팔아요, 팔지요, 파세요, 팔라니까요	파오, 팔구려
suggestive		팔아요, 팔지요, 파세요, 팔자니까요	파오
exclamatory		파는군요! 팔리요!	파오!

ordinary non-honorific lev		'-어' form	'-네' form
declarative	present	팔아, 팔지, 팔래, 팔걸, 파는데, 판대, 팔게, 판단다, 팔마, 팔잖아	파네
	present-continuous	팔고 있어, 팔고 있지, 파는 중이야	팔고 있네
	past-perfect	팔았어, 팔았지, 팔았잖아	팔았네
	future-gue/will/abi	팔겠어, 팔겠지, 팔 수 있어	팔겠네
introgative	present	팔아? 팔지? 파니? 파나? 팔까? 팔랴? 팔래? 파는데? 판대? 판다면서? 판다지?	파는가?
	past-perfect	팔았어? 팔았지? 팔았니? 팔았을까? 팔았대? 팔았다면서?	팔았는가?
	future-gue/will/abi	팔겠어? 팔겠지? 팔겠니? 팔리? 팔 거야? 팔 거지? 팔 거니? 팔 수 있겠어?	팔겠는가?
imperative		팔아, 팔지, 팔렴, 팔려무나, 팔라니까	팔게
suggestive		팔아, 팔지, 팔자니까	파세
exclamatory		팔아! 팔지! 팔리!	파네!

low non-honorific lev		indicative style	retrospective style
declarative	present	판다	팔더라
	present-continuous	팔고 있다, 파는 중이다	팔고 있더라
	past-perfect	팔았다	팔았더라
	future-gue/will/abi	팔겠다, 팔리다, 팔련다, 팔 거다, 팔 수 있다	팔겠더라
introgative	present	팔느냐?	팔더냐?
	past-perfect	팔았느냐?	팔았더냐?
	future-gue/will/abi	팔겠느냐?	팔겠더냐?
imperative		팔아라	
suggestive		팔자	
exclamatory		파는구나! 판다! 파는도다!	팔더구나!

connective	endings	connective	endings
serial	팔고, 팔며	comparison	파느니
selection	팔거나, 팔든지, 팔든가	degree	팔리만큼
contrast	팔아도, 팔지만, 파나, 파는데, 팔면서도, 팔되, 팔지	condition	팔면, 팔거든, 팔거들랑, 팔아야, 판다면, 팔았던들
simultaneity	팔면서, 팔며	circumstance	파는데, 파니, 팔다시피
completion	팔고서, 팔아서, 팔자, 팔자마자	figure	팔듯이
conversion	팔다가	proportion	팔수록
concession	팔아도, 팔더라도, 팔지라도, 팔지언정, 판들, 파는데도, 팔기로서니, 파나마, 팔망정, 팔아 보았자	cause	팔아서, 파니까, 파느라고, 팔기에, 팔길래, 파느니만큼, 파는지라, 팔세라, 팔므로
intention	팔러, 팔려고, 팔고자	addition	팔거니와, 팔뿐더러, 팔려니와
result	팔도록, 팔게끔	repetition	팔곤

Basic sentences

- 살림살이가 어려워져서 차를 팔았다. I sold the car because of economical problems.
- 커피를 파는 곳이 어디예요? Where is coffee sold at?
- 양심을 팔고 살지는 말아야 한다. Should not live without conscientious.

펴다 [펴다, p^hjədal]

'여' regular conjugation, Avt

to spread, open ; to feel at easy

causative	*펴히다, 펴게 하다, 펴게 만들다	passive	*펴히다, 펴이다, 펴게 되다, 펴지다

adnominal : present-conti	past-perfect	past-retrospective	past-perfect-retro	future-gue/will
펴는	편	펴던	폈던	펼

quotational : declarative	interrogative	imperative	suggestive	nominal	adverbial
편다고	펴느냐고	펴라고	펴자고	펴기, 폄	펴, 펴게

high honorific level		indicative style	retrospective style
declarative	present	폅니다	폅디다
	present-continuous	펴고 있습니다, 펴는 중입니다	펴고 있습디다
	past-perfect	폈습니다	폈습디다
	past-experience	폈었습니다	폈었습디다
	past-guessing	폈겠습니다	폈겠습디다
	future-gue/will/abi	펴겠습니다, 펴렵니다, 펼 겁니다, 펼 수 있습니다	펴겠습디다
introgative	present	폅니까?	폅디까?
	past-perfect	폈습니까?	폈습디까?
	past-experience	폈었습니까?	폈었습디까?
	future-gue/will/abi	펴겠습니까? 펴렵니까? 펼 겁니까? 펴리이까? 펼 수 있겠습니까?	펴겠습디까?
imperative		펴시오, 펴십시오	
suggestive		폅시다, 펴십시다	
exclamatory		펴시는구나!	

ordinary honorific lev		'-어요' form	'-으오' form
declarative	present	펴요, 펴지요, 펴세요, 펼래요, 펼걸요, 펴는데요, 편대요, 펼게요, 펴잖아요	펴오
	present-continuous	펴고 있어요, 펴고 있지요, 펴고 있으세요, 펴는 중이에요	펴고 있소
	past-perfect	폈어요, 폈지요, 폈으세요, 폈잖아요	폈소
	past-experience	폈었어요, 폈었지요, 폈었으세요	폈었소
	past-guessing	폈겠어요, 폈겠지요, 폈겠으세요	폈겠소
	future-gue/will/abi	펴겠어요, 펴겠지요, 펴겠으세요, 펼 수 있어요	펴겠소
introgative	present	펴요? 펴지요? 펴세요? 펴나요? 펼까요? 펼래요? 펴는가요? 펴는데요? 편대요? 편다면서요? 편다지요?	펴오? *펴소?
	past-perfect	폈어요? 폈지요? 폈으세요?	폈소?
	past-experience	폈었어요? 폈었지요? 폈었으세요?	폈었소?
	future-gue/will/abi	펴겠어요? 펴겠지요? 펴겠으세요? 펴리요? 펼 거예요? 펼 거지요? 펼 수 있겠어요?	펴겠소?
imperative		펴요, 펴지요, 펴세요, 펴라니까요	펴오, 펴구려
suggestive		펴요, 펴지요, 펴세요, 펴자니까요	펴오
exclamatory		펴는군요! 펴리요!	펴오!

ordinary non-honorific lev		'-어' form	'-네' form
declarative	present	펴, 펴지, 펼래, 펼걸, 펴는데, 편대, 펼게, 편단다, 펴마, 펴잖아	펴네
	present-continuous	펴고 있어, 펴고 있지, 펴는 중이야	펴고 있네
	past-perfect	폈어, 폈지, 폈잖아	폈네
	future-gue/will/abi	펴겠어, 펴겠지, 펼 수 있어	펴겠네
introgative	present	펴? 펴지? 펴니? 펴나? 펼까? 펴랴? 펼래? 펴는데? 편대? 편다면서? 편다지?	펴는가?
	past-perfect	폈어? 폈지? 폈니? 폈을까? 폈대? 폈다면서?	폈는가?
	future-gue/will/abi	펴겠어? 펴겠지? 펴겠니? 펴리? 펼 거야? 펼 거지? 펼 거니? 펼 수 있겠어?	펴겠는가?
imperative		펴, 펴지, 펴렴, 펴려무나, 펴라니까	펴게
suggestive		펴, 펴지, 펴자니까	펴세
exclamatory		펴! 펴지! 펴리!	펴네!

low non-honorific lev		indicative style	retrospective style
declarative	present	편다	펴더라
	present-continuous	펴고 있다, 펴는 중이다	펴고 있더라
	past-perfect	폈다	폈더라
	future-gue/will/abi	펴겠다, 펴리다, 펴련다, 펼 거다, 펼 수 있다	펴겠더라
introgative	present	펴느냐?	펴더냐?
	past-perfect	폈느냐?	폈더냐?
	future-gue/will/abi	펴겠느냐?	펴겠더냐?
imperative		펴라	
suggestive		펴자	
exclamatory		펴는구나! 편다! 펴는도다!	펴더구나!

connective	endings	connective	endings
serial	펴고, 펴며	comparison	펴느니
selection	펴거나, 펴든지, 펴든가	degree	펴리만큼
contrast	펴도, 펴지만, 펴나, 펴는데, 펴면서도, 펴되, 펴지	condition	펴면, 펴거든, 펴거들랑, 펴야, 편다면, 폈던들
simultaneity	펴면서, 펴며	circumstance	펴는데, 펴니, 펴다시피
completion	펴고서, 펴서, 펴자, 펴자마자	figure	펴듯이
conversion	펴다가	proportion	펼수록
concession	펴도, 펴더라도, 펼지라도, 펼지언정, 편들, 펴는데도, 펴기로서니, 펴나마, 펼망정, 펴 보았자	cause	펴서, 펴니까, 펴느라고, 펴기에, 펴길래, 펴느니만큼, 펴는지라, 펼세라, 펴므로
intention	펴러, 펴려고, 펴고자	addition	펴거니와, 펼뿐더러, 펴려니와
result	펴도록, 펴게끔	repetition	펴곤

Basic sentences

- 그녀는 이부자리를 폈다. She spreaded her blanket.
- 옷의 구김을 펴는 데는 다리미가 필요하다. We need iron to spread the cloth.
- 얘야, 가슴을 펴고 씩씩하게 걸어라. Widen your chest while walking, sonny.

푸다 [푸다, p^huda]

'우' irregular conjugation, Avt

to dip out ; to pump ; to scoop out, take out

causative	*푸히다, 푸게 하다, 푸게 만들다	passive	*푸히다, 푸이다, 푸게 되다, 퍼지다

adnominal : present-conti	past-perfect	past-retrospective	past-perfect-retro	future-gue/will
푸는	푼	푸던	펐던	풀

quotational : declarative	interrogative	imperative	suggestive	nominal	adverbial
푼다고	푸느냐고	푸라고	푸자고	푸기, 품	퍼, 푸게

high honorific level		indicative style	retrospective style
declarative	present	풉니다	풉디다
	present-continuous	푸고 있습니다, 푸는 중입니다	푸고 있습디다
	past-perfect	펐습니다	펐습디다
	past-experience	펐었습니다	펐었습디다
	past-guessing	펐겠습니다	펐겠습디다
	future-gue/will/abi	푸겠습니다, 푸렵니다, 풀 겁니다, 풀 수 있습니다	푸겠습디다
introgative	present	풉니까?	풉디까?
	past-perfect	펐습니까?	펐습디까?
	past-experience	펐었습니까?	펐었습디까?
	future-gue/will/abi	푸겠습니까? 푸렵니까? 풀 겁니까? 푸리이까? 풀 수 있겠습니까?	푸겠습디까?
imperative		푸시오, 푸십시오	
suggestive		풉시다, 푸십시다	
exclamatory		푸시는구나!	

ordinary honorific lev		'-어요' form	'-으오' form
declarative	present	퍼요, 푸지요, 푸세요, 풀래요, 풀걸요, 푸는데요, 푼대요, 풀게요, 푸잖아요	푸오
	present-continuous	푸고 있어요, 푸고 있지요, 푸고 있으세요, 푸는 중이에요	푸고 있소
	past-perfect	펐어요, 펐지요, 펐으세요, 펐잖아요	펐소
	past-experience	펐었어요, 펐었지요, 펐었으세요	펐었소
	past-guessing	펐겠어요, 펐겠지요, 펐겠으세요	펐겠소
	future-gue/will/abi	푸겠어요, 푸겠지요, 푸겠으세요, 풀 수 있어요	푸겠소
introgative	present	퍼요? 푸지요? 푸세요? 푸나요? 풀까요? 풀래요? 푸는가요? 푸는데요? 푼대요? 푼다면서요? 푼다지요?	푸오? *푸소?
	past-perfect	펐어요? 펐지요? 펐으세요?	펐소?
	past-experience	펐었어요? 펐었지요? 펐었으세요?	펐었소?
	future-gue/will/abi	푸겠어요? 푸겠지요? 푸겠으세요? 푸리요? 풀 거예요? 풀 거지요? 풀 수 있겠어요?	푸겠소?
imperative		퍼요, 푸지요, 푸세요, 푸라니까요	푸오, 푸구려
suggestive		퍼요, 푸지요, 푸세요, 푸자니까요	푸오
exclamatory		푸는군요! 푸리요!	푸오!

ordinary non-honorific lev		'-어' form	'-네' form
declarative	present	퍼, 푸지, 풀래, 풀걸, 푸는데, 푼대, 풀게, 푼단다, 푸마, 푸잖아	푸네
	present-continuous	푸고 있어, 푸고 있지, 푸는 중이야	푸고 있네
	past-perfect	펐어, 펐지, 펐잖아	펐네
	future-gue/will/abi	푸겠어, 푸겠지, 풀 수 있어	푸겠네
introgative	present	퍼? 푸지? 푸니? 푸나? 풀까? 푸랴? 풀래? 푸는데? 푼대? 푼다면서? 푼다지?	푸는가?
	past-perfect	펐어? 펐지? 펐니? 펐을까? 펐대? 펐다면서?	펐는가?
	future-gue/will/abi	푸겠어? 푸겠지? 푸겠니? 푸리? 풀 거야? 풀 거지? 풀 거니? 풀 수 있겠어?	푸겠는가?
imperative		퍼, 푸지, 푸렴, 푸려무나, 푸라니까	푸게
suggestive		퍼, 푸지, 푸자니까	푸세
exclamatory		퍼! 푸지! 푸리!	푸네!

low non-honorific lev		indicative style	retrospective style
declarative	present	푼다	푸더라
	present-continuous	푸고 있다, 푸는 중이다	푸고 있더라
	past-perfect	펐다	펐더라
	future-gue/will/abi	푸겠다, 푸리다, 푸련다, 풀 거다, 풀 수 있다	푸겠더라
introgative	present	푸느냐?	푸더냐?
	past-perfect	펐느냐?	펐더냐?
	future-gue/will/abi	푸겠느냐?	푸겠더냐?
imperative		퍼라	
suggestive		푸자	
exclamatory		푸는구나! 푼다! 푸는도다!	푸더구나!

connective	endings	connective	endings
serial	푸고, 푸며	comparison	푸느니
selection	푸거나, 푸든지, 푸든가	degree	푸리만큼
contrast	퍼도, 푸지만, 푸나, 푸는데, 푸면서도, 푸되, 푸지	condition	푸면, 푸거든, 푸거들랑, 퍼야, 푼다면, 펐던들
simultaneity	푸면서, 푸며	circumstance	푸는데, 푸니, 푸다시피
completion	푸고서, 퍼서, 푸자, 푸자마자	figure	푸듯이
conversion	푸다가	proportion	풀수록
concession	퍼도, 푸더라도, 풀지라도, 풀지언정, 푼들, 푸는데도, 푸기로서니, 푸나마, 풀망정, 퍼 보았자	cause	퍼서, 푸니까, 푸느라고, 푸기에, 푸길래, 푸느니만큼, 푸는지라, 풀세라, 푸므로
intention	푸러, 푸려고, 푸고자	addition	푸거니와, 풀뿐더러, 푸려니와
result	푸도록, 푸게끔	repetition	푸곤

Basic sentences

- 일꾼들을 위해 일부러 밥을 많이 펐다. I intentionally scoop out more rice for the workers.
- 방금 푼 국을 누구에게 줬니? Who did you give the soup that you just took?
- 양수기로 아무리 물을 퍼도 이번 가뭄은 이기기가 어려웠다. No matter how hard you pump the water out of the water meter, I think it would be hard to over come this drought.

푸르다 [푸르다, p^hurida]

'러' irregular conjugation, Dv

to be blue ; to be green ; to be young

causative	*푸르히다, 푸르게 하다, 푸르게 만들다	passive	*푸르히다, 푸르게 되다, 푸르러지다

adnominal : present-conti	past-perfect	past-retrospective	past-perfect-retro	future-gue/will
푸른	푸른	푸르던	푸르렀던	푸를

quotational : declarative	interrogative	imperative	suggestive	nominal	adverbial
푸르다고	푸르냐고	*푸르라고	*푸르자고	푸르기, 푸름	푸르러, 푸르게

high honorific level		indicative style	retrospective style
declarative	present	푸릅니다	푸릅디다
	present-continuous	*푸르고 있습니다, *푸르는 중입니다	*푸르고 있습디다
	past-perfect	푸르렀습니다	푸르렀습디다
	past-experience	푸르렀었습니다	푸르렀었습디다
	past-guessing	푸르렀겠습니다	푸르렀겠습디다
	future-gue/will/abi	푸르겠습니다, *푸르렵니다, 푸를 겁니다, 푸를 수 있습니다	푸르겠습디다
introgative	present	푸릅니까?	푸릅디까?
	past-perfect	푸르렀습니까?	푸르렀습디까?
	past-experience	푸르렀었습니까?	푸르렀었습디까?
	future-gue/will/abi	푸르겠습니까? *푸르렵니까? *푸를 겁니까? *푸르리이까? *푸를 수 있겠습니까?	푸르겠습디까?
imperative		*푸르시오, *푸르십시오	
suggestive		*푸릅시다, *푸르십시다	
exclamatory		푸르시구나!	

ordinary honorific lev		'-어요' form	'-으오' form
declarative	present	푸르러요, 푸르지요, 푸르세요, *푸를래요, 푸를걸요, 푸른데요, 푸르대요, *푸르를게요, 푸르잖아요	푸르오
	present-continuous	*푸르고 있어요, *푸르고 있지요, *푸르고 있으세요, *푸르는 중이에요	*푸르고 있소
	past-perfect	푸르렀어요, 푸르렀지요, 푸르렀으세요, 푸르렀잖아요	푸르렀소
	past-experience	푸르렀었어요, 푸르렀었지요, 푸르렀었으세요	푸르렀었소
	past-guessing	푸르렀겠어요, 푸르렀겠지요, 푸르렀겠으세요	푸르렀겠소
	future-gue/will/abi	푸르겠어요, 푸르겠지요, 푸르겠으세요, 푸르을 수 있어요	푸르겠소
introgative	present	푸르러요? 푸르지요? 푸르세요? 푸르나요? 푸를까요? *푸를래요? 푸른가요? 푸른데요? 푸르대요? 푸르다면서요? 푸르다지요?	푸르오? 푸르소?
	past-perfect	푸르렀어요? 푸르렀지요? 푸르렀으세요?	푸르렀소?
	past-experience	푸르렀었어요? 푸르렀었지요? 푸르렀었으세요?	푸르렀었소?
	future-gue/will/abi	푸르겠어요? 푸르겠지요? 푸르겠으세요? 푸르리요? *푸를 거예요? *푸를 거지요? *푸를 수 있겠어요?	푸르겠소?
imperative		*푸르러요, *푸르지요, *푸르세요, *푸르라니까요	*푸르오, *푸르구려
suggestive		*푸르러요, *푸르지요, *푸르세요, *푸르자니까요	*푸르오
exclamatory		푸르군요! 푸르리요!	푸르오!

ordinary non-honorific lev		'-어' form	'-네' form
declarative	present	푸르러, 푸르지, *푸르럴래, 푸르럴걸, 푸른데, 푸르대, *푸르럴게, 푸르단다, *푸르마, 푸르잖아	푸르네
	present-continuous	*푸르고 있어, *푸르고 있지, *푸르는 중이야	*푸르고 있네
	past-perfect	푸르렀어, 푸르렀지, 푸르렀잖아	푸르렀네
	future-gue/will/abi	푸르겠어, 푸르겠지, 푸르럴 수 있어	푸르겠네
introgative	present	푸르러? 푸르지? 푸르니? *푸르나? 푸르럴까? 푸르랴? *푸르럴래? 푸른데? 푸르대? 푸르다면서? 푸르다지?	푸른가?
	past-perfect	푸르렀어? 푸르렀지? 푸르렀니? 푸르렀을까? 푸르렀대? 푸르렀다면서?	푸르렀는가?
	future-gue/will/abi	푸르겠어? 푸르겠지? 푸르겠니? 푸르리? *푸르럴 거야? *푸르럴 거지? *푸르럴 거니? *푸를 수 있겠어?	푸르겠는가?
imperative		*푸르러, *푸르지, *푸르렴, *푸르려무나, *푸르라니까	*푸르게
suggestive		*푸르러, *푸르지, *푸르자니까	*푸르세
exclamatory		푸르러! 푸르지! 푸르리!	푸르네!

low non-honorific lev		indicative style	retrospective style
declarative	present	푸르다	푸르더라
	present-continuous	*푸르고 있다, *푸르는 중이다	*푸르고 있더라
	past-perfect	푸르렀다	푸르렀더라
	future-gue/will/abi	푸르겠다, *푸르리다, *푸르련다, 푸를 거다, 푸를 수 있다	푸르겠더라
introgative	present	푸르냐?	푸르더냐?
	past-perfect	푸르렀느냐?	푸르렀더냐?
	future-gue/will/abi	푸르겠느냐?	푸르겠더냐?
imperative		*푸르러라	
suggestive		*푸르자	
exclamatory		푸르구나! 푸르다! 푸르도다!	푸르더구나!

connective	endings	connective	endings
serial	푸르고, 푸르며	comparison	*푸르느니
selection	푸르거나, 푸르든지, 푸르든가	degree	푸르리만큼
contrast	푸르러도, 푸르지만, 푸르나, 푸른데, 푸르면서도, 푸르되, 푸르지	condition	푸르면, 푸르거든, 푸르거들랑, 푸르러야, 푸르다면, 푸르렀던들
simultaneity	푸르면서, 푸르며	circumstance	푸른데, 푸르니, *푸르다시피
completion	푸르고서, *푸르러서, *푸르자, *푸르자마자	figure	푸르듯이
conversion	푸르다가	proportion	푸를수록
concession	푸르러도, 푸르더라도, 푸를지라도, 푸를지언정, 푸른들, 푸른데도, 푸르기로서니, 푸르나마, 푸를망정, 푸르러 보았자	cause	푸르러서, 푸르니까, *푸르느라고, 푸르기에, 푸르길래, 푸르니만큼, 푸른지라, 푸를세라, 푸르므로
intention	*푸르러, *푸르려고, *푸르고자	addition	푸르거니와, 푸를뿐더러, 푸르려니와
result	푸르도록, 푸르게끔	repetition	푸르곤

Basic sentences

- 하늘이 바닷물처럼 푸르다. The sky is pure blue like the ocean.
- 산천이 푸른 초목으로 덮여 있다. The mountain was covered with green plants.
- 한국은 산이 푸르고 물이 맑은 나라다.
  In Korea, the mountains are green and the water is clean.

풀다1 [풀다, pʰulda]

'ㄹ' irregular conjugation, Avt

to untie ; to undergo ; to solve ; to resolve ; to vent ; to dissolve

causative	풀리다, 풀게 하다, 풀게 만들다	passive	풀리다, 풀게 되다, 풀어지다, 풀려지다

adnominal : present-conti	past-perfect	past-retrospective	past-perfect-retro	future-gue/will
푸는	푼	풀던	풀었던	풀

quotational : declarative	interrogative	imperative	suggestive	nominal	adverbial
푼다고	푸느냐고	풀라고	풀자고	풀기, 풂	풀어, 풀게

high honorific level		indicative style	retrospective style
declarative	present	풉니다	풉디다
	present-continuous	풀고 있습니다, 푸는 중입니다	풀고 있습디다
	past-perfect	풀었습니다	풀었습디다
	past-experience	풀었었습니다	풀었었습디다
	past-guessing	풀었겠습니다	풀었겠습디다
	future-gue/will/abi	풀겠습니다, 풀렵니다, 풀 겁니다, 풀 수 있습니다	풀겠습디다
introgative	present	풉니까?	풉디까?
	past-perfect	풀었습니까?	풀었습디까?
	past-experience	풀었었습니까?	풀었었습디까?
	future-gue/will/abi	풀겠습니까? 풀렵니까? 풀 겁니까? 풀리이까? 풀 수 있겠습니까?	풀겠습디까?
imperative		푸시오, 푸십시오	
suggestive		풉시다, 푸십시다	
exclamatory		푸시는구나!	

ordinary honorific lev		'-어요' form	'-으오' form
declarative	present	풀어요, 풀지요, 푸세요, 풀래요, 풀걸요, 푸는데요, 푼대요, 풀게요, 풀잖아요	푸오
	present-continuous	풀고 있어요, 풀고 있지요, 풀고 있으세요, 푸는 중이에요	풀고 있소
	past-perfect	풀었어요, 풀었지요, 풀었으세요, 풀었잖아요	풀었소
	past-experience	풀었었어요, 풀었었지요, 풀었었으세요	풀었었소
	past-guessing	풀었겠어요, 풀었겠지요, 풀었겠으세요	풀었겠소
	future-gue/will/abi	풀겠어요, 풀겠지요, 풀겠으세요, 풀 수 있어요	풀겠소
introgative	present	풀어요? 풀지요? 푸세요? 푸나요? 풀까요? 풀래요? 푸는가요? 푸는데요? 푼대요? 푼다면서요? 푼다지요?	푸오? *풀소?
	past-perfect	풀었어요? 풀었지요? 풀었으세요?	풀었소?
	past-experience	풀었었어요? 풀었었지요? 풀었었으세요?	풀었었소?
	future-gue/will/abi	풀겠어요? 풀겠지요? 풀겠으세요? 풀리요? 풀 거예요? 풀 거지요? 풀 수 있겠어요?	풀겠소?
imperative		풀어요, 풀지요, 푸세요, 풀라니까요	푸오, 풀구려
suggestive		풀어요, 풀지요, 푸세요, 풀자니까요	푸오
exclamatory		푸는군요! 풀리요!	푸오!

ordinary non-honorific lev		'-어' form	'-네' form
declarative	present	풀어, 풀지, 풀래, 풀걸, 푸는데, 푼대, 풀게, 푼단다, 풀마, 풀잖아	푸네
	present-continuous	풀고 있어, 풀고 있지, 푸는 중이야	풀고 있네
	past-perfect	풀었어, 풀었지, 풀었잖아	풀었네
	future-gue/will/abi	풀겠어, 풀겠지, 풀 수 있어	풀겠네
introgative	present	풀어? 풀지? 푸니? 푸나? 풀까? 풀랴? 풀래? 푸는데? 푼대? 푼다면서? 푼다지?	푸는가?
	past-perfect	풀었어? 풀었지? 풀었니? 풀었을까? 풀었대? 풀었다면서?	풀었는가?
	future-gue/will/abi	풀겠어? 풀겠지? 풀겠니? 풀리? 풀 거야? 풀 거지? 풀 거니? 풀 수 있겠어?	풀겠는가?
imperative		풀어, 풀지, 푸렴, 풀려무나, 풀라니까	풀게
suggestive		풀어, 풀지, 풀자니까	푸세
exclamatory		풀어! 풀지! 풀리!	푸네!

low non-honorific lev		indicative style	retrospective style
declarative	present	푼다	풀더라
	present-continuous	풀고 있다, 푸는 중이다	풀고 있더라
	past-perfect	풀었다	풀었더라
	future-gue/will/abi	풀겠다, 푸리다, 풀련다, 풀 거다, 풀 수 있다	풀겠더라
introgative	present	푸느냐?	풀더냐?
	past-perfect	풀었느냐?	풀었더냐?
	future-gue/will/abi	풀겠느냐?	풀겠더냐?
imperative		풀어라	
suggestive		풀자	
exclamatory		푸는구나! 푼다! 푸는도다!	풀더구나!

connective	endings	connective	endings
serial	풀고, 풀며	comparison	푸느니
selection	풀거나, 풀든지, 풀든가	degree	푸리만큼
contrast	풀어도, 풀지만, 푸나, 푸는데, 풀면서도, 풀되, 풀지	condition	풀면, 풀거든, 풀거들랑, 풀어야, 푼다면, 풀었던들
simultaneity	풀면서, 풀며	circumstance	푸는데, 푸니, 풀다시피
completion	풀고서, 풀어서, 풀자, 풀자마자	figure	풀듯이
conversion	풀다가	proportion	풀수록
concession	풀어도, 풀더라도, 풀지라도, 풀지언정, 푼들, 푸는데도, 풀기로서니, 푸나마, 풀망정, 풀어 보았자	cause	풀어서, 푸니까, 푸느라고, 풀기에, 풀길래, 푸느니만큼, 푸는지라, 풀세라, 풀므로
intention	풀러, 풀려고, 풀고자	addition	풀거니와, 풀뿐더러, 풀려니와
result	풀도록, 풀게끔	repetition	풀곤

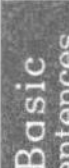

Basic sentences

- 이제 보따리를 풀어 보아라. Now open up the case.
- 어떻게든 오해를 푸는 것은 중요하다.
  No matter what, it is important to solve the misunderstandings.
- 전경을 풀어서 수색을 강화했다.
  They enforced the search by releasing the Military Police.

피다 [피다, p^h ida]

'이' regular conjugation, Avi

to flower ; to come out

causative	피우다, 피게 하다, 피게 만들다	passive	*피히다, 피게 되다, 피어지다

adnominal : present-conti	past-perfect	past-retrospective	past-perfect-retro	future-gue/will
피는	핀	피던	피었던	필

quotational : declarative	interrogative	imperative	suggestive	nominal	adverbial
핀다고	피느냐고	피라고	피자고	피기, 핌	피어, 피게

high honorific level		indicative style	retrospective style
declarative	present	핍니다	핍디다
	present-continuous	피고 있습니다, 피는 중입니다	피고 있습디다
	past-perfect	피었습니다	피었습디다
	past-experience	피었었습니다	피었었습디다
	past-guessing	피었겠습니다	피었겠습디다
	future-gue/will/abi	피겠습니다, *피렵니다, 필 겁니다, 필 수 있습니다	피겠습디다
introgative	present	핍니까?	핍디까?
	past-perfect	피었습니까?	피었습디까?
	past-experience	피었었습니까?	피었었습디까?
	future-gue/will/abi	피겠습니까? *피렵니까? *필 겁니까? 피리이까? 필 수 있겠습니까?	피겠습디까?
imperative		피시오, 피십시오	
suggestive		핍시다, 피십시다	
exclamatory		피시는구나!	

ordinary honorific lev		'-어요' form	'-으오' form
declarative	present	피어요, 피지요, 피세요, *필래요, 필걸요, 피는데요, 핀대요, *필게요, 피잖아요	피오
	present-continuous	피고 있어요, 피고 있지요, 피고 있으세요, 피는 중이에요	피고 있소
	past-perfect	피었어요, 피었지요, 피었으세요, 피었잖아요	피었소
	past-experience	피었었어요, 피었었지요, 피었었으세요	피었었소
	past-guessing	피었겠어요, 피었겠지요, 피었겠으세요	피었겠소
	future-gue/will/abi	피겠어요, 피겠지요, 피겠으세요, 필 수 있어요	피겠소
introgative	present	피어요? 피지요? 피세요? 피나요? 필까요? *필래요? 피는가요? 피는데요? 핀대요? 핀다면서요? 핀다지요?	피오? *피소?
	past-perfect	피었어요? 피었지요? 피었으세요?	피었소?
	past-experience	피었었어요? 피었었지요? 피었었으세요?	피었었소?
	future-gue/will/abi	피겠어요? 피겠지요? 피겠으세요? 피리요? *필 거예요? *필 거지요? 필 수 있겠어요?	피겠소?
imperative		피어요, 피지요, 피세요, 피라니까요	피오, 피구려
suggestive		피어요, 피지요, 피세요, 피자니까요	피오
exclamatory		피는군요! 피리요!	피오!

ordinary non-honorific lev		'-어' form	'-네' form
declarative	present	피어, 피지, 필래, 필걸, 피는데, 핀대, *필게, 핀단다, *피마, 피잖아	피네
	present-continuous	피고 있어, 피고 있지, 피는 중이야	피고 있네
	past-perfect	피었어, 피었지, 피었잖아	피었네
	future-gue/will/abi	피겠어, 피겠지, 필 수 있어	피겠네
introgative	present	피어? 피지? 피니? 피나? 필까? 피랴? *필래? 피는데? 핀대? 핀다면서? 핀다지?	피는가?
	past-perfect	피었어? 피었지? 피었니? 피었을까? 피었대? 피었다면서?	피었는가?
	future-gue/will/abi	피겠어? 피겠지? 피겠니? 피리? *필 거야? *필 거지? *필 거니? 필 수 있겠어?	피겠는가?
imperative		피어, 피지, 피렴, 피려무나, 피라니까	피게
suggestive		피어, 피지, 피자니까	피세
exclamatory		피어! 피지! 피리!	피네!

low non-honorific lev		indicative style	retrospective style
declarative	present	핀다	피더라
	present-continuous	피고 있다, 피는 중이다	피고 있더라
	past-perfect	피었다	피었더라
	future-gue/will/abi	피겠다, *피리다, *피련다, 필 거다, 필 수 있다	피겠더라
introgative	present	피느냐?	피더냐?
	past-perfect	피었느냐?	피었더냐?
	future-gue/will/abi	피겠느냐?	피겠더냐?
imperative		피어라	
suggestive		피자	
exclamatory		피는구나! 핀다! 피는도다!	피더구나!

connective	endings	connective	endings
serial	피고, 피며	comparison	피느니
selection	피거나, 피든지, 피든가	degree	피리만큼
contrast	피어도, 피지만, 피나, 피는데, 피면서도, 피되, 피지	condition	피면, 피거든, 피거들랑, 피어야, 핀다면, 피었던들
simultaneity	피면서, 피며	circumstance	피는데, 피니, 피다시피
completion	피고서, 피어서, 피자, 피자마자	figure	피듯이
conversion	피다가	proportion	필수록
concession	피어도, 피더라도, 필지라도, 필지언정, 핀들, 피는데도, 피기로서니, 피나마, 필망정, 피어 보았자	cause	피어서, 피니까, 피느라고, 피기에, 피길래, 피느니만큼, 피는지라, 필세라, 피므로
intention	*피러, 피려고, *피고자	addition	피거니와, 필뿐더러, 피려니와
result	피도록, 피게끔	repetition	피곤

Basic sentences

- 무궁화가 활짝 피어 있다. The MooGoong flower blossomed entirely.
- 그녀는 얼굴이 활짝 핀 숙녀가 되었다. Her face matured fully.
- 난로가 피어 있어서 실내가 한결 따뜻했다. The fire made the room warmer.

피우다 [피우다, pʰiuda]

'우' regular conjugation, Avt

to make a fire ; to smoke (tobacco) ; to give off ; to raise (dust), to make (flower)

causative	*피우히다, 피우게 하다, 피우게 만들다	passive	*피우히다, 피우게 되다, 피워지다

adnominal : present-conti	past-perfect	past-retrospective	past-perfect-retro	future-gue/will
피우는	피운	피우던	피웠던	피울

quotational : declarative	interrogative	imperative	suggestive	nominal	adverbial
피운다고	피우느냐고	피우라고	피우자고	피우기, 피움	피워, 피우게

high honorific level		indicative style	retrospective style
declarative	present	피웁니다	피웁디다
	present-continuous	피우고 있습니다, 피우는 중입니다	피우고 있습디다
	past-perfect	피웠습니다	피웠습디다
	past-experience	피웠었습니다	피웠었습디다
	past-guessing	피웠겠습니다	피웠겠습디다
	future-gue/will/abi	피우겠습니다, 피우렵니다, 피울 겁니다, 피울 수 있습니다	피우겠습디다
introgative	present	피웁니까?	피웁디까?
	past-perfect	피웠습니까?	피웠습디까?
	past-experience	피웠었습니까?	피웠었습디까?
	future-gue/will/abi	피우겠습니까? 피우렵니까? 피울 겁니까? 피우리이까? 피울 수 있겠습니까?	피우겠습디까?
imperative		피우시오, 피우십시오	
suggestive		피웁시다, 피우십시다	
exclamatory		피우시는구나!	

ordinary honorific lev		'-어요' form	'-으오' form
declarative	present	피워요, 피우지요, 피우세요, 피울래요, 피울걸요, 피우는데요, 피운대요, 피울게요, 피우잖아요	피우오
	present-continuous	피우고 있어요, 피우고 있지요, 피우고 있으세요, 피우는 중이에요	피우고 있소
	past-perfect	피웠어요, 피웠지요, 피웠으세요, 피웠잖아요	피웠소
	past-experience	피웠었어요, 피웠었지요, 피웠었으세요	피웠었소
	past-guessing	피웠겠어요, 피웠겠지요, 피웠겠으세요	피웠겠소
	future-gue/will/abi	피우겠어요, 피우겠지요, 피우겠으세요, 피울 수 있어요	피우겠소
introgative	present	피워요? 피우지요? 피우세요? 피우나요? 피울까요? 피울래요? 피우는가요? 피우는데요? 피운대요? 피운다면서요? 피운다지요?	피우오? *피우소?
	past-perfect	피웠어요? 피웠지요? 피웠으세요?	피웠소?
	past-experience	피웠었어요? 피웠었지요? 피웠었으세요?	피웠었소?
	future-gue/will/abi	피우겠어요? 피우겠지요? 피우겠으세요? 피우리요? 피울 거예요? 피울 거지요? 피울 수 있겠어요?	피우겠소?
imperative		피워요, 피우지요, 피우세요, 피우라니까요	피우오, 피우구려
suggestive		피워요, 피우지요, 피우세요, 피우자니까요	피우오
exclamatory		피우는군요! 피우리요!	피우오!

ordinary non-honorific lev		'-어' form	'-네' form
declarative	present	피워, 피우지, 피울래, 피울걸, 피우는데, 피운대, 피울게, 피운단다, 피우마, 피우잖아	피우네
	present-continuous	피우고 있어, 피우고 있지, 피우는 중이야	피우고 있네
	past-perfect	피웠어, 피웠지, 피웠잖아	피웠네
	future-gue/will/abi	피우겠어, 피우겠지, 피울 수 있어	피우겠네
introgative	present	피워? 피우지? 피우니? 피우나? 피울까? 피우랴? 피울래? 피우는데? 피운대? 피운다면서? 피운다지?	피우는가?
	past-perfect	피웠어? 피웠지? 피웠니? 피웠을까? 피웠대? 피웠다면서?	피웠는가?
	future-gue/will/abi	피우겠어? 피우겠지? 피우겠니? 피우리? 피울 거야? 피울 거지? 피울 거니? 피울 수 있겠어?	피우겠는가?
imperative		피워, 피우지, 피우렴, 피우려무나, 피우라니까	피우게
suggestive		피워, 피우지, 피우자니까	피우세
exclamatory		피워! 피우지! 피우리!	피우네!

low non-honorific lev		indicative style	retrospective style
declarative	present	피운다	피우더라
	present-continuous	피우고 있다, 피우는 중이다	피우고 있더라
	past-perfect	피웠다	피웠더라
	future-gue/will/abi	피우겠다, 피우리다, 피우련다, 피울 거다, 피울 수 있다	피우겠더라
introgative	present	피우느냐?	피우더냐?
	past-perfect	피웠느냐?	피웠더냐?
	future-gue/will/abi	피우겠느냐?	피우겠더냐?
imperative		피워라	
suggestive		피우자	
exclamatory		피우는구나! 피운다! 피우는도다!	피우더구나!

connective	endings	connective	endings
serial	피우고, 피우며	comparison	피우느니
selection	피우거나, 피우든지, 피우든가	degree	피우리만큼
contrast	피워도, 피우지만, 피우나, 피우는데, 피우면서도, 피우되, 피우지	condition	피우면, 피우거든, 피우거들랑, 피워야, 피운다면, 피웠던들
simultaneity	피우면서, 피우며	circumstance	피우는데, 피우니, 피우다시피
completion	피우고서, 피워서, 피우자, 피우자마자	figure	피우듯이
conversion	피우다가	proportion	피울수록
concession	피워도, 피우더라도, 피울지라도, 피울지언정, 피운들, 피우는데도, 피우기로서니, 피우나마, 피울망정, 피워 보았자	cause	피워서, 피우니까, 피우느라고, 피우기에, 피우길래, 피우느니만큼, 피우는지라, 피울세라, 피우므로
intention	피우러, 피우려고, 피우고자	addition	피우거니와, 피울뿐더러, 피우려니와
result	피우도록, 피우게끔	repetition	피우곤

Basic sentences

- 그녀는 담배를 많이 피우고 있다. She is smoking a lot.
- 그는 우리들에게 공원에서는 불을 피우지 말라고 했다. He told us not to make fire at the park.
- 게으름을 피우려면 이곳을 떠나라. Leave this place, if you want to be lazy.

하다2 [하다, hada](원형)

'여' irregular conjugation, Avt

to do, act, practice, engaged ; to have ; to know ; to play ; to call

causative	*하히다, 하게 하다, 하게 만들다	passive	*하히다, 하게 되다, 해지다

adnominal : present-conti	past-perfect	past-retrospective	past-perfect-retro	future-gue/will
하는	한	하던	하였던	할

quotational : declarative	interrogative	imperative	suggestive	nominal	adverbial
한다고	하느냐고	하라고	하자고	하기, 함	하여, 하게

high honorific level		indicative style	retrospective style
declarative	present	합니다	합디다
	present-continuous	하고 있습니다, 하는 중입니다	하고 있습디다
	past-perfect	하였습니다	하였습디다
	past-experience	하였었습니다	하였었습디다
	past-guessing	하였겠습니다	하였겠습디다
	future-gue/will/abi	하겠습니다, 하렵니다, 할 겁니다, 할 수 있습니다	하겠습디다
introgative	present	합니까?	합디까?
	past-perfect	하였습니까?	하였습디까?
	past-experience	하였었습니까?	하였었습디까?
	future-gue/will/abi	하겠습니까? 하렵니까? 할 겁니까? 하리이까? 할 수 있겠습니까?	하겠습디까?
imperative		하시오, 하십시오	
suggestive		합시다, 하십시다	
exclamatory		하시는구나!	

ordinary honorific lev		'-어요' form	'-으오' form
declarative	present	*하여요, 하지요, 하세요, 할래요, 할걸요, 하는데요, 한대요, 할게요, 하잖아요	하오
	present-continuous	하고 있어요, 하고 있지요, 하고 있으세요, 하는 중이에요	하고 있소
	past-perfect	하였어요, 하였지요, 하였으세요 하였잖아요	하였소
	past-experience	하였었어요, 하였었지요, 하였었으세요	하였었소
	past-guessing	하였겠어요, 하였겠지요, 하였겠으세요	하였겠소
	future-gue/will/abi	하겠어요, 하겠지요, 하겠으세요, 할 수 있어요	하겠소
introgative	present	*하여요? 하지요? 하세요? 하나요? 할까요? 할래요? 하는가요? 하는데요? 한대요? 한다면서요? 한다지요?	하오? *하소?
	past-perfect	하였어요? 하였지요? 하였으세요?	하였소?
	past-experience	하였었어요? 하였었지요? 하였었으세요?	하였었소?
	future-gue/will/abi	하겠어요? 하겠지요? 하겠으세요? 하리요? 할 거예요? 할 거지요? 할 수 있겠어요?	하겠소?
imperative		하여요, 하지요, 하세요, 하라니까요	하오, 하구려
suggestive		하여요, 하지요, 하세요, 하자니까요	하오
exclamatory		하는군요! 하리요!	하오!

ordinary non-honorific lev		'-어' form	'-네' form
declarative	present	*하여, 하지, 할래, 할걸, 하는데, 한대, 할게, 한단다, 하마, 하잖아	하네
	present-continuous	하고 있어, 하고 있지, 하는 중이야	하고 있네
	past-perfect	하였어, 하였지, 하였잖아	하였네
	future-gue/will/abi	하겠어, 하겠지, 할 수 있어	하겠네
introgative	present	*하여? 하지? 하니? 하나? 할까? 하랴? 할래? 하는데? 한대? 한다면서? 한다지?	하는가?
	past-perfect	하였어? 하였지? 하였니? 하였을까? 하였대? 하였다면서?	하였는가?
	future-gue/will/abi	하겠어? 하겠지? 하겠니? 하리? 할 거야? 할 거지? 할 거니? 할 수 있겠어?	하겠는가?
imperative		*하여, 하지, 하렴, 하려무나, 하라니까	하게
suggestive		*하여, 하지, 하자니까	하세
exclamatory		*하여! 하지! 하리!	하네!

low non-honorific lev		indicative style	retrospective style
declarative	present	한다	하더라
	present-continuous	하고 있다, 하는 중이다	하고 있더라
	past-perfect	하였다	하였더라
	future-gue/will/abi	하겠다, 하리다, 하련다, 할 거다, 할 수 있다	하겠더라
introgative	present	하느냐?	하더냐?
	past-perfect	하였느냐?	하였더냐?
	future-gue/will/abi	하겠느냐?	하겠더냐?
imperative		하여라	
suggestive		하자	
exclamatory		하는구나! 한다! 하는도다!	하더구나!

connective	endings	connective	endings
serial	하고, 하며	comparison	하느니
selection	하거나, 하든지, 하든가	degree	하리만큼
contrast	하여도, 하지만, 하나, 하는데, 하면서도, 하되, 하지	condition	하면, 하거든, 하거들랑, 하여야 한다면, 하였던들
simultaneity	하면서, 하며	circumstance	하는데, 하니, 하다시피
completion	하고서, 하여서, 하자, 하자마자	figure	하듯이
conversion	하다가	proportion	할수록
concession	하여도, 하더라도, 할지라도, 할지언정, 한들, 하는데도, 하기로서니, 하나마, 할망정, 하여	cause	하여서, 하니까, 하느라고, 하기에, 하길래, 하느니만큼, 하는지라, 할세라, 하므로
intention	하러, 하려고, 하고자	addition	하거니와, 할뿐더러, 하려니와
result	하도록, 하게끔	repetition	하곤

Basic sentences

- 그는 학교 다녀오면 숙제부터 하였다.
  He started doing his homework right after he got back from school.
- 2년 전에 유럽여행을 하였던 기억이 난다.
  I remember the time, when I used to travel Europe two years ago.
- 서울에 가기로 약속하였으면 그 약속을 꼭 지키도록 하여라.
  If you made a promise of going to Seoul, please try to keep it.

하다2 [하다, hada](축약형)

'여' irregular conjugation, Avt

to do, act, practice, engage ; to have ; to know ; to play ; to call

causative	*하히다, 하게 하다, 하게 만들다	passive	*하히다, 하게 되다, 해지다

adnominal : present-conti	past-perfect	past-retrospective	past-perfect-retro	future-gue/will
하는	한	하던	했던	할

quotational : declarative	interrogative	imperative	suggestive	nominal	adverbial
한다고	하느냐고	하라고	하자고	하기, 함	해, 하게

high honorific level		indicative style	retrospective style
declarative	present	합니다	합디다
	present-continuous	하고 있습니다, 하는 중입니다	하고 있습디다
	past-perfect	했습니다	했습디다
	past-experience	했었습니다	했었습디다
	past-guessing	했겠습니다	했겠습디다
	future-gue/will/abi	하겠습니다, 하렵니다, 할 겁니다, 할 수 있습니다	하겠습디다
introgative	present	합니까?	합디까?
	past-perfect	했습니까?	했습디까?
	past-experience	했었습니까?	했었습디까?
	future-gue/will/abi	하겠습니까? 하렵니까? 할 겁니까? 하리이까? 할 수 있겠습니까?	하겠습디까?
imperative		하시오, 하십시오	
suggestive		합시다, 하십시다	
exclamatory		하시는구나!	

ordinary honorific lev		'-어요' form	'-으오' form
declarative	present	해요, 하지요, 하세요, 할래요, 할걸요, 하는데요, 한대요, 할게요, 하잖아요	하오
	present-continuous	하고 있어요, 하고 있지요, 하고 있으세요, 하는 중이에요	하고 있소
	past-perfect	했어요, 했지요, 했으세요, 했잖아요	했소
	past-experience	했었어요, 했었지요, 했었으세요	했었소
	past-guessing	했겠어요, 했겠지요, 했겠으세요	했겠소
	future-gue/will/abi	하겠어요, 하겠지요, 하겠으세요, 할 수 있어요	하겠소
introgative	present	해요? 하지요? 하세요? 하나요? 할까요? 할래요? 하는가요? 하는데요? 한대요? 한다면서요? 한다지요?	하오? *하소?
	past-perfect	했어요? 했지요? 했으세요?	했소?
	past-experience	했었어요? 했었지요? 했었으세요?	했었소?
	future-gue/will/abi	하겠어요? 하겠지요? 하겠으세요? 하리요? 할 거예요? 할 거지요? 할 수 있겠어요?	하겠소?
imperative		해요, 하지요, 하세요, 하라니까요	하오, 하구려
suggestive		해요, 하지요, 하세요, 하자니까요	하오
exclamatory		하는군요! 하리요!	하오!

ordinary non-honorific lev		'-어' form	'-네' form
declarative	present	해, 하지, 할래, 할걸, 하는데, 한대, 할게, 한단다, 하마, 하잖아	하네
	present-continuous	하고 있어, 하고 있지, 하는 중이야	하고 있네
	past-perfect	했어, 했지, 했잖아	했네
	future-gue/will/abi	하겠어, 하겠지, 할 수 있어	하겠네
introgative	present	해? 하지? 하니? 하나? 할까? 하랴? 할래? 하는데? 한대? 한다면서? 한다지?	하는가?
	past-perfect	했어? 했지? 했니? 했을까? 했대? 했다면서?	했는가?
	future-gue/will/abi	하겠어? 하겠지? 하겠니? 하리? 할 거야? 할 거지? 할 거니? 할 수 있겠어?	하겠는가?
imperative		해, 하지, 하렴, 하려무나, 하라니까	하게
suggestive		해, 하지, 하자니까	하세
exclamatory		해! 하지! 하리!	하네!

low non-honorific lev		indicative style	retrospective style
declarative	present	한다	하더라
	present-continuous	하고 있다, 하는 중이다	하고 있더라
	past-perfect	하였다	했더라
	future-gue/will/abi	하겠다, 하리다, 하련다, 할 거다, 할 수 있다	하겠더라
introgative	present	하느냐?	하더냐?
	past-perfect	하였느냐?	했더냐?
	future-gue/will/abi	하겠느냐?	하겠더냐?
imperative		해라	
suggestive		하자	
exclamatory		하는구나! 한다! 하는도다!	하더구나!

connective	endings	connective	endings
serial	하고, 하며	comparison	하느니
selection	하거나, 하든지, 하든가	degree	하리만큼
contrast	해도, 하지만, 하나, 하는데, 하면서도, 하되, 하지	condition	하면, 하거든, 하거들랑, 해야, 한다면, 했던들
simultaneity	하면서, 하며	circumstance	하는데, 하니, 하다시피
completion	하고서, 해서, 하자, 하자마자	figure	하듯이
conversion	하다가	proportion	할수록
concession	해도, 하더라도, 할지라도, 할지언정, 한들, 하는데도, 하기로서니, 하나마, 할망정, 해 보았자	cause	해서, 하니까, 하느라고, 하기에, 하길래, 하느니만큼, 하는지라, 할세라, 하므로
intention	하러, 하려고, 하고자	addition	하거니와, 할뿐더러, 하려니와
result	하도록, 하게끔	repetition	하곤

Basic sentences

- 그는 학교 다녀오면 숙제부터 했다.
  He started doing his homework right after he got back from school.
- 2년 전에 유럽여행을 했던 기억이 난다.
  I remember the time, when I used to travel Europe two years ago.
- 서울에 가기로 약속했으면 그 약속을 꼭 지키도록 해라.
  If you made a promise going from Seoul, please try to keep it.

하얗다 [하야타, hajat^ha]

'ㅎ' irregular conjugation, Dv

to be white, be snowy-white

causative	*하얗히다, 하얗게 하다, 하얗게 만들다	passive	*하얗히다, 하얗게 되다, 하예지다

adnominal : present-conti	past-perfect	past-retrospective	past-perfect-retro	future-gue/will
하얀	하얀	하얗던	하얬던	하얄

quotational : declarative	interrogative	imperative	suggestive	nominal	adverbial
하얗다고	하야냐고	*하야라고	*하얗자고	하얗기, 하얌	하얘, 하얗게

high honorific level		indicative style	retrospective style
declarative	present	하얗습니다	하얗습디다
	present-continuous	*하얗고 있습니다, *하얗는 중입니다	*하얗고 있습디다
	past-perfect	하얬습니다	하얬습디다
	past-experience	하얬었습니다	하얬었습디다
	past-guessing	하얬겠습니다	하얬겠습디다
	future-gue/will/abi	하얗겠습니다, *하야렵니다, 하얄 겁니다, 하얄 수 있습니다	하얗겠습디다
introgative	present	하얗습니까?	하얗습디까?
	past-perfect	하얬습니까?	하얬습디까?
	past-experience	하얬었습니까?	하얬었습디까?
	future-gue/will/abi	하얗겠습니까? *하야렵니까? *하얄 겁니까? *하야리이까? *하얄 수 있겠습니까?	하얗겠습디까?
imperative		*하야시오, *하야십시오	
suggestive		*하얍시다, *하야십시다	
exclamatory		하야시구나!	

ordinary honorific lev		'-어요' form	'-으오' form
declarative	present	하얘요, 하얗지요, 하야세요, *하얄래요, 하얄걸요, 하얀데요, 하얗대요, *하얄게요, 하얗잖아요	하야오
	present-continuous	*하얗고 있어요, *하얗고 있지요, *하얗고 있으세요, 하얗는 중이에요	*하얗고 있소
	past-perfect	하얬어요, 하얬지요, 하얬으세요, 하얬잖아요	하얬소
	past-experience	하얬었어요, 하얬었지요, 하얬었으세요	하얬었소
	past-guessing	하얬겠어요, 하얬겠지요, 하얬겠으세요	하얬겠소
	future-gue/will/abi	하얗겠어요, 하얗겠지요, 하얗겠으세요, 하얄 수 있어요	하얗겠소
introgative	present	하얘요? 하얗지요? 하야세요? 하얗나요? 하얄까요? *하얄래요? 하얀가요? 하얀데요? 하얗대요? 하얗다면서요? 하얗다지요?	하야오? 하얗소?
	past-perfect	하얬어요? 하얬지요? 하얬으세요?	하얬소?
	past-experience	하얬었어요? 하얬었지요? 하얬었으세요?	하얬었소?
	future-gue/will/abi	하얗겠어요? 하얗겠지요? 하얗겠으세요? 하야리요? *하얄 거예요? *하얄 거지요? *하얄 수 있겠어요?	하얗겠소?
imperative		*하얘요, *하얗지요, *하야세요, *하야라니까요	*하야오, *하얗구려
suggestive		*하얘요, *하얗지요, *하야세요, *하얗자니까요	*하야오
exclamatory		하얗군요! 하야리요!	하야오!

ordinary non-honorific lev		'-어' form	'-네' form
declarative	present	하얘, 하얗지, *하얄래, 하얄걸, 하얀데, 하얗대, *하얄게, 하얗단다, *하야마, 하얗잖아	하얗네
	present-continuous	*하얗고 있어, *하얗고 있지, *하얗는 중이야	*하얗고 있네
	past-perfect	하얬어, 하얬지, 하얬잖아	하얬네
	future-gue/will/abi	하얗겠어, 하얗겠지, 하얄 수 있어	하얗겠네
introgative	present	하얘? 하얗지? 하얗니? 하얗나? 하얄까? *하야랴? *하얄래? 하얀데? 하얗대? 하얗다면서? 하얗다지?	하얀가?
	past-perfect	하얬어? 하얬지? 하얬니? 하얬을까? 하얬대? 하얬다면서?	하얬는가?
	future-gue/will/abi	하얗겠어? 하얗겠지? 하얗겠니? *하야리? *하얄 거야? *하얄 거지? *하얄 거니? *하얄 수 있겠어?	하얗겠는가?
imperative		*하얘, *하얗지, *하야렴, *하야려무나, *하야라니까	*하얗게
suggestive		*하얘, *하얗지, *하얗자니까	*하얗세
exclamatory		하얘! 하얗지! *하야리!	하얗네!

low non-honorific lev		indicative style	retrospective style
declarative	present	하얗다	하얗더라
	present-continuous	*하얗고 있다, *하얗는 중이다	*하얗고 있더라
	past-perfect	하얬다	하얬더라
	future-gue/will/abi	하얗겠다, *하야리다, *하야련다, *하얄 거다, 하얄 수 있다	하얗겠더라
introgative	present	하얗느냐?	하얗더냐?
	past-perfect	하얬었느냐?	하얗었더냐?
	future-gue/will/abi	하얗겠느냐?	하얗겠더냐?
imperative		*하얘라	
suggestive		*하얗자	
exclamatory		하얗구나! 하얗다! 하얗도다!	하얗더구나!

connective	endings	connective	endings
serial	하얗고, 하야며	comparison	*하얗느니
selection	하얗거나, 하얗든지, 하얗든가	degree	하야리만큼
contrast	하얘도, 하얗지만, 하야나, 하얀데, 하야면서도, 하얗되, 하얗지	condition	하야면, 하얗거든, 하얗거들랑, 하얘야, 하얗다면, 하얬던들
simultaneity	하야면서, 하야며	circumstance	하얀데, 하야니, *하얗다시피
completion	*하얗고서, *하얘서, *하얗자, *하얗자마자	figure	하얗듯이
conversion	하얗다가	proportion	하얄수록
concession	하얘도, 하얗더라도, 하얄지라도, 하얄지언정, 하얀들, 하얀데도, 하얗기로서니, 하야나마, 하얄망정, 하얘 보았자	cause	하얘서, 하야니까, *하얗느라고, 하얗기에, 하얗길래, 하야니만큼, 하얀지라, 하얄세라, 하야므로
intention	*하야러, *하야려고, *하얗고자	addition	하얗거니와, 하얄뿐더러, 하야려니와
result	하얗도록, 하얗게끔	repetition	하얗곤

Basic sentences

- 그녀는 얼굴이 하얗다. Her face is white.
- 꽃가루가 하얗게 날리고 있다. The flower powder was blowing white.
- 그의 얼굴이 하얗다면 그가 건강하다는 증거다.
  If his face is white, then it means he is healthy.

핥다 [할따, halt'a]

'ㄾ' regular conjugation, Avt

to lick, lap

causative	*핥히다, 핥게 하다, 핥게 만들다	passive	*핥히다, 핥게 되다, 핥어지다

adnominal : present-conti	past-perfect	past-retrospective	past-perfect-retro	future-gue/will
핥는	핥은	핥던	핥았던	핥을

quotational : declarative	interrogative	imperative	suggestive	nominal	adverbial
핥는다고	핥느냐고	핥으라고	핥자고	핥기, 핥음	핥아, 핥게

high honorific level		indicative style	retrospective style
declarative	present	핥습니다	핥습디다
	present-continuous	핥고 있습니다, 핥는 중입니다	핥고 있습디다
	past-perfect	핥았습니다	핥았습디다
	past-experience	핥았었습니다	핥았었습디다
	past-guessing	핥았겠습니다	핥았겠습디다
	future-gue/will/abi	핥겠습니다, 핥으렵니다, 핥을 겁니다, 핥을 수 있습니다	핥겠습디다
introgative	present	핥습니까?	핥습디까?
	past-perfect	핥았습니까?	핥았습디까?
	past-experience	핥았었습니까?	핥았었습디까?
	future-gue/will/abi	핥겠습니까? 핥으렵니까? 핥을 겁니까? 핥으리이까? 핥을 수 있겠습니까?	핥겠습디까?
imperative		핥으시오, 핥으십시오	
suggestive		핥읍시다, 핥으십시다	
exclamatory		핥으시는구나!	

ordinary honorific lev		'-어요' form	'-으오' form
declarative	present	핥아요, 핥지요, 핥으세요, 핥을래요, 핥을걸요, 핥는데요, 핥는대요, 핥을게요, 핥잖아요	핥으오
	present-continuous	핥고 있어요, 핥고 있지요, 핥고 있으세요, 핥는 중이에요	핥고 있소
	past-perfect	핥았어요, 핥았지요, 핥았으세요, 핥았잖아요	핥았소
	past-experience	핥았었어요, 핥았었지요, 핥았었으세요	핥았었소
	past-guessing	핥았겠어요, 핥았겠지요, 핥았겠으세요	핥았겠소
	future-gue/will/abi	핥겠어요, 핥겠지요, 핥겠으세요, 핥을 수 있어요	핥겠소
introgative	present	핥아요? 핥지요? 핥으세요? 핥나요? 핥을까요? 핥을래요? 핥는가요? 핥는데요? 핥는대요? 핥는다면서요? 핥는다지요?	핥으오? 핥소?
	past-perfect	핥았어요? 핥았지요? 핥았으세요?	핥았소?
	past-experience	핥았었어요? 핥았었지요? 핥았었으세요?	핥았었소?
	future-gue/will/abi	핥겠어요? 핥겠지요? 핥겠으세요? 핥으리요? 핥을 거예요? 핥을 거지요? 핥을 수 있겠어요?	핥겠소?
imperative		핥아요, 핥지요, 핥으세요, 핥으라니까요	핥으오, 핥구려
suggestive		핥아요, 핥지요, 핥으세요, 핥자니까요	핥으오
exclamatory		핥는군요! 핥으리요!	핥으오!

ordinary non-honorific lev		'-어' form	'-네' form
declarative	present	핥아, 핥지, 핥을래, 핥을걸, 핥는데, 핥는대, 핥을게, 핥는단다, 핥으마, 핥잖아	핥네
	present-continuous	핥고 있어, 핥고 있지, 핥는 중이야	핥고 있네
	past-perfect	핥았어, 핥았지, 핥았잖아	핥았네
	future-gue/will/abi	핥겠어, 핥겠지, 핥을 수 있어	핥겠네
introgative	present	핥아? 핥지? 핥니? 핥나? 핥을까? 핥으랴? 핥을래? 핥는데? 핥는대? 핥는다면서? 핥는다지?	핥는가?
	past-perfect	핥았어? 핥았지? 핥았니? 핥았을까? 핥았대? 핥았다면서?	핥았는가?
	future-gue/will/abi	핥겠어? 핥겠지? 핥겠니? 핥으리? 핥을 거야? 핥을 거지? 핥을 거니? 핥을 수 있겠어?	핥겠는가?
imperative		핥아, 핥지, 핥으렴, 핥으려무나, 핥으라니까	핥게
suggestive		핥아, 핥지, 핥자니까	핥세
exclamatory		핥아! 핥지! 핥으리!	핥네!

low non-honorific lev		indicative style	retrospective style
declarative	present	핥는다	핥더라
	present-continuous	핥고 있다, 핥는 중이다	핥고 있더라
	past-perfect	핥았다	핥았더라
	future-gue/will/abi	핥겠다, 핥으리다, 핥으련다, 핥을 거다, 핥을 수 있다	핥겠더라
introgative	present	핥느냐?	핥더냐?
	past-perfect	핥았느냐?	핥았더냐?
	future-gue/will/abi	핥겠느냐?	핥겠더냐?
imperative		핥아라	
suggestive		핥자	
exclamatory		핥는구나! 핥는다! 핥는도다!	핥더구나!

connective	endings	connective	endings
serial	핥고, 핥으며	comparison	핥느니
selection	핥거나, 핥든지, 핥든가	degree	핥으리만큼
contrast	핥아도, 핥지만, 핥으나, 핥는데, 핥으면서도, 핥되, 핥지	condition	핥으면, 핥거든, 핥거들랑, 핥어야, 핥는다면, 핥았던들
simultaneity	핥으면서, 핥으며	circumstance	핥는데, 핥으니, 핥다시피
completion	핥고서, 핥어서, 핥자, 핥자마자	figure	핥듯이
conversion	핥다가	proportion	핥을수록
concession	핥아도, 핥더라도, 핥을지라도, 핥을지언정, 핥은들, 핥는데도, 핥기로서니, 핥으나마, 핥을망정, 핥어 보았자	cause	핥아서, 핥으니까, 핥느라고, 핥기에, 핥길래, 핥느니만큼, 핥는지라, 핥을세라, 핥으므로
intention	핥으러, 핥으려고, 핥고자	addition	핥거니와, 핥을뿐더러, 핥으려니와
result	핥도록, 핥게끔	repetition	핥곤

Basic sentences

- 아이들이 아이스크림을 핥아 먹고 있다. The kids were licking the icecream.
- 강아지가 핥고 있는 것은 나중에 알고 보니 고급 청자였다. We found out the truth that the dog was licking the celadon porcelain later.
- 강한 파도가 방파제를 핥고 지나갔다. A strong wave lapped and passed the bulwark.

ㅎ

향기롭다 [향기롭따, hja ŋ kiropt'a]

'ㅂ' irregular conjugation, Dv

to be fragrant, be aromatic, be sweet-smalling

causative	*향기롭히다, 향기롭게 하다, 향기롭게 만들다	passive	*향기롭히다, 향기롭게 되다, 향기로워지다

adnominal : present-conti	past-perfect	past-retrospective	past-perfect-retro	future-gue/will
향기로운	향기로운	향기롭던	향기로웠던	향기로울

quotational : declarative	interrogative	imperative	suggestive	nominal	adverbial
향기롭다고	향기로우냐고	향기로우라고	향기롭자고	향기롭기, 향기로움	향기로워, 향기롭게

high honorific level		indicative style	retrospective style
declarative	present	향기롭습니다	향기롭습디다
	present-continuous	*향기롭고 있습니다, *향기롭는 중입니다	*향기롭고 있습디다
	past-perfect	향기로웠습니다	향기로웠습디다
	past-experience	향기로웠었습니다	향기로웠었습디다
	past-guessing	향기로웠겠습니다	향기로웠겠습디다
	future-gue/will/abi	향기롭겠습니다, *향기로우렵니다, 향기로울 겁니다, 향기로울 수 있습니다	향기롭겠습디다
introgative	present	향기롭습니까?	향기롭습디까?
	past-perfect	향기로웠습니까?	향기로웠습디까?
	past-experience	향기로웠었습니까?	향기로웠었습디까?
	future-gue/will/abi	향기롭겠습니까? *향기로우렵니까? *향기로울 겁니까? *향기로우리이까? *향기로울 수 있겠습니까?	향기롭겠습디까?
imperative		*향기로우시오, *향기로우십시오	
suggestive		*향기로웁시다, *향기로우십시다	
exclamatory		향기로우시구나!	

ordinary honorific lev		'-어요' form	'-으오' form
declarative	present	향기로워요, 향기롭지요, 향기로우세요, *향기로울래요, 향기로울걸요, 향기로운데요, 향기롭대요, *향기로울게요, 향기롭잖아요	향기로우오
	present-continuous	*향기롭고 있어요, *향기롭고 있지요, *향기롭고 있으세요, *향기롭는 중이에요	*향기롭고 있소
	past-perfect	향기로웠어요, 향기로웠지요, 향기로웠으세요, 향기로웠잖아요	향기로웠소
	past-experience	향기로웠었어요, 향기로웠었지요, 향기로웠었으세요	향기로웠었소
	past-guessing	향기로웠겠어요, 향기로웠겠지요, 향기로웠겠으세요	향기로웠겠소
	future-gue/will/abi	향기롭겠어요, 향기롭겠지요, 향기롭겠으세요, 향기로울 수 있어요	향기롭겠소
introgative	present	향기로워요? 향기롭지요? 향기로우세요? 향기롭나요? 향기로울까요? *향기로울래요? 향기로운가요? 향기로운데요? 향기롭대요? 향기롭다면서요? 향기롭다지요?	향기로우오? 향기롭소?
	past-perfect	향기로웠어요? 향기로웠지요? 향기로웠으세요?	향기로웠소?
	past-experience	향기로웠었어요? 향기로웠었지요? 향기로웠었으세요?	향기로웠었소?
	future-gue/will/abi	향기롭겠어요? 향기롭겠지요? 향기롭겠으세요? 향기로우리요? *향기로울 거예요? *향기로울 거지요? *향기로울 수 있겠어요?	향기롭겠소?
imperative		*향기로워요, *향기롭지요, *향기로우세요, *향기로우라니까요	*향기로우오, *향기롭구려
suggestive		*향기로워요, *향기롭지요, *향기로우세요, *향기롭자니까요	*향기로우오
exclamatory		향기롭군요! 향기로우리요!	향기로우오!

ordinary non-honorific lev		'-어' form	'-네' form
declarative	present	향기로워, 향기롭지, *향기로울래, 향기로울걸, 향기로운데, 향기롭대, *향기로울게, 향기롭단다, *향기로우마, 향기롭잖아	향기롭네
	present-continuous	*향기롭고 있어, *향기롭고 있지, *향기롭는 중이야	*향기롭고 있네
	past-perfect	향기로웠어, 향기로웠지, 향기로웠잖아	향기로웠네
	future-gue/will/abi	향기롭겠어, 향기롭겠지, 향기로울 수 있어	향기롭겠네
introgative	present	향기로워? 향기롭지? 향기롭니? 향기롭나? 향기로울까? 향기로우랴? *향기로울래? 향기로운데? 향기롭대? 향기롭다면서? 향기롭다지?	향기로운가?
	past-perfect	향기로웠어? 향기로웠지? 향기로웠니? 향기로웠을까? 향기로웠대? 향기로웠다면서?	향기로웠는가?
	future-gue/will/abi	향기롭겠어? 향기롭겠지? 향기롭겠니? 향기로우리? *향기로울 거야? *향기로울 거지? *향기로울 거니? *향기로울 수 있겠어?	향기롭겠는가?
imperative		*향기로워, *향기롭지, *향기로우렴, *향기로우려무나, *향기로우라니까	*향기롭게
suggestive		*향기로워, *향기롭지, *향기롭자니까	*향기롭세
exclamatory		향기로워! 향기롭지! 향기로우리!	향기롭네!

low non-honorific lev		indicative style	retrospective style
declarative	present	향기롭다	향기롭더라
	present-continuous	*향기롭고 있다, *향기롭는 중이다	*향기롭고 있더라
	past-perfect	향기로웠다	향기로웠더라
	future-gue/will/abi	향기롭겠다, *향기로우리다, *향기로우련다, 향기로울 거다, 향기로울 수 있다	향기롭겠더라
introgative	present	향기로우냐?	향기롭더냐?
	past-perfect	향기로웠느냐?	향기로웠더냐?
	future-gue/will/abi	향기롭겠느냐?	향기롭겠더냐?
imperative		*향기로워라	
suggestive		*향기롭자	
exclamatory		향기롭구나! 향기롭다! 향기롭도다!	향기롭더구나!

connective	endings	connective	endings
serial	향기롭고, 향기로우며	comparison	*향기롭느니
selection	향기롭거나, 향기롭든지, 향기롭든가	degree	향기로우리만큼
contrast	향기로워도, 향기롭지만, 향기로우나, 향기로운데, 향기로우면서도, 향기롭되, 향기롭지	condition	향기로우면, 향기롭거든, 향기롭거들랑, 향기로워야, 향기롭다면, 향기로웠던들
simultaneity	향기로우면서, 향기로우며	circumstance	향기로운데, 향기로우니, *향기롭다시피
completion	*향기롭고서, *향기로워서, *향기롭자, *향기롭자마자	figure	향기롭듯이
conversion	향기롭다가	proportion	향기로울수록
concession	향기로워도, 향기롭더라도, 향기로울지라도, 향기로울지언정, 향기로운들, 향기로운데도, 향기롭기로서니, 향기로우나마, 향기로울망정, 향기로워 보았자	cause	향기로워서, 향기로우니까, *향기롭느라고, 향기롭기에, 향기롭길래, 향기로우니만큼, 향기로운지라, 향기로울세라, 향기로우므로
intention	*향기로우러, *향기로우려고, *향기롭고자	addition	향기롭거니와, 향기로울뿐더러, 향기로우려니와
result	향기롭도록, 향기롭게끔	repetition	*향기롭곤

- 난초꽃이 매우 향기롭구나. The fragrance of the orchid is very aromatic.
- 향기로운 냄새가 풍겨왔다. It was filled with fragrance.
- 당신의 목소리는 향기롭고 아름답습니다. Your voice is very sweat and beautiful.

홈치다1 [훔치다, humtɕʰida]

'이' regular conjugation, Avt

to streal ; to pilfer, rob

causative	*훔치히다, 훔치게 하다, 훔치게 만들다	passive	훔치히다, 훔치게 되다, 훔쳐지다

adnominal : present-conti	past-perfect	past-retrospective	past-perfect-retro	future-gue/will
훔치는	훔친	훔치던	훔쳤던	훔칠

quotational : declarative	interrogative	imperative	suggestive	nominal	adverbial
훔친다고	훔치느냐고	훔치라고	훔치자고	훔치기, 훔침	훔쳐, 훔치게

high honorific level		indicative style	retrospective style
declarative	present	훔칩니다	훔칩디다
	present-continuous	훔치고 있습니다, 훔치는 중입니다	훔치고 있습디다
	past-perfect	훔쳤습니다	훔쳤습디다
	past-experience	훔쳤었습니다	훔쳤었습디다
	past-guessing	훔쳤겠습니다	훔쳤겠습디다
	future-gue/will/abi	훔치겠습니다, 훔치렵니다, 훔칠 겁니다, 훔칠 수 있습니다	훔치겠습디다
introgative	present	훔칩니까?	훔칩디까?
	past-perfect	훔쳤습니까?	훔쳤습디까?
	past-experience	훔쳤었습니까?	훔쳤었습디까?
	future-gue/will/abi	훔치겠습니까? 훔치렵니까? 훔칠 겁니까? 훔치리이까? 훔칠 수 있겠습니까?	훔치겠습디까?
imperative		훔치시오, 훔치십시오	
suggestive		훔칩시다, 훔치십시다	
exclamatory		훔치시는구나!	

ordinary honorific lev		'-어요' form	'-으오' form
declarative	present	훔쳐요, 훔치지요, 훔치세요, 훔칠래요, 훔칠걸요, 훔치는데요, 훔친대요, 훔칠게요, 훔치잖아요	훔치오
	present-continuous	훔치고 있어요, 훔치고 있지요, 훔치고 있으세요, 훔치는 중이에요	훔치고 있소
	past-perfect	훔쳤어요, 훔쳤지요, 훔쳤으세요, 훔쳤잖아요	훔쳤소
	past-experience	훔쳤었어요, 훔쳤었지요, 훔쳤었으세요	훔쳤었소
	past-guessing	훔쳤겠어요, 훔쳤겠지요, 훔쳤겠으세요	훔쳤겠소
	future-gue/will/abi	훔치겠어요, 훔치겠지요, 훔치겠으세요, 훔칠 수 있어요	훔치겠소
introgative	present	훔쳐요? 훔치지요? 훔치세요? 훔치나요? 훔칠까요? 훔칠래요? 훔치는가요? 훔치는데요? 훔친대요? 훔친다면서요? 훔친다지요?	훔치오? *훔치소?
	past-perfect	훔쳤어요? 훔쳤지요? 훔쳤으세요?	훔쳤소?
	past-experience	훔쳤었어요? 훔쳤었지요? 훔쳤었으세요?	훔쳤었소?
	future-gue/will/abi	훔치겠어요? 훔치겠지요? 훔치겠으세요? 훔치리요? 훔칠 거예요? 훔칠 거지요? 훔칠 수 있겠어요?	훔치겠소?
imperative		훔쳐요, 훔치지요, 훔치세요, 훔치라니까요	훔치오, 훔치구려
suggestive		훔쳐요, 훔치지요, 훔치세요, 훔치자니까요	훔치오
exclamatory		훔치는군요! 훔치리요!	훔치오!

ordinary non-honorific lev		'-어' form	'-네' form
declarative	present	훔쳐, 훔치지, 훔칠래, 훔칠걸, 훔치는데, 훔친대, 훔칠게, 훔친단다, 훔치마, 훔치잖아	훔치네
	present-continuous	훔치고 있어, 훔치고 있지, 훔치는 중이야	훔치고 있네
	past-perfect	훔쳤어, 훔쳤지, 훔쳤잖아	훔쳤네
	future-gue/will/abi	훔치겠어, 훔치겠지, 훔칠 수 있어	훔치겠네
introgative	present	훔쳐? 훔치지? 훔치니? 훔치나? 훔칠까? 훔치랴? 훔칠래? 훔치는데? 훔친대? 훔친다면서? 훔친다지?	훔치는가?
	past-perfect	훔쳤어? 훔쳤지? 훔쳤니? 훔쳤을까? 훔쳤대? 훔쳤다면서?	훔쳤는가?
	future-gue/will/abi	훔치겠어? 훔치겠지? 훔치겠니? 훔치리? 훔칠 거야? 훔칠 거지? 훔칠 거니? 훔칠 수 있겠어?	훔치겠는가?
imperative		훔쳐, 훔치지, 훔치렴, 훔치려무나, 훔치라니까	훔치게
suggestive		훔쳐, 훔치지, 훔치자니까	훔치세
exclamatory		훔쳐! 훔치지! 훔치리!	훔치네!

low non-honorific lev		indicative style	retrospective style
declarative	present	훔친다	훔치더라
	present-continuous	훔치고 있다, 훔치는 중이다	훔치고 있더라
	past-perfect	훔쳤다	훔쳤더라
	future-gue/will/abi	훔치겠다, 훔치리다, 훔치련다, 훔칠 거다, 훔칠 수 있다	훔치겠더라
introgative	present	훔치느냐?	훔치더냐?
	past-perfect	훔쳤느냐?	훔쳤더냐?
	future-gue/will/abi	훔치겠느냐?	훔치겠더냐?
imperative		훔쳐라	
suggestive		훔치자	
exclamatory		훔치는구나! 훔친다! 훔치는도다!	훔치더구나!

connective	endings	connective	endings
serial	훔치고, 훔치며	comparison	훔치느니
selection	훔치거나, 훔치든지, 훔치든가	degree	훔치리만큼
contrast	훔쳐도, 훔치지만, 훔치나, 훔치는데, 훔치면서도, 훔치되, 훔치지	condition	훔치면, 훔치거든, 훔치거들랑, 훔쳐야, 훔친다면, 훔쳤던들
simultaneity	훔치면서, 훔치며	circumstance	훔치는데, 훔치니, 훔치다시피
completion	훔치고서, 훔쳐서, 훔치자, 훔치자마자	figure	훔치듯이
conversion	훔치다가	proportion	훔칠수록
concession	훔쳐도, 훔치더라도, 훔칠지라도, 훔칠지언정, 훔친들, 훔치는데도, 훔치기로서니, 훔치나마, 훔칠망정, 훔쳐 보았자	cause	훔쳐서, 훔치니까, 훔치느라고, 훔치기에, 훔치길래, 훔치느니만큼, 훔치는지라, 훔칠세라, 훔치므로
intention	훔치러, 훔치려고, 훔치고자	addition	훔치거니와, 훔칠뿐더러, 훔치려니와
result	훔치도록, 훔치게끔	repetition	훔치곤

Basic sentences

- 그는 남의 지갑을 훔쳤다. He stole the man's wallet.
- 먼지를 훔쳐낸 걸레는 반드시 빨아 놓아라. Wash the mop that wiped the dust.
- 강도가 은행에서 돈을 훔쳐 달아났다. The thief robbed money from the bank and ran away.

흐르다 [흐르다, hirida]

'르' irregular conjugation, Avi

to flow, stream, run (down) ; to float ; to incline

causative	흘리다, 흐르게 하다, 흐르게 만들다	passive	*흘리다, 흐르게 되다, 흘러지다

adnominal : present-conti	past-perfect	past-retrospective	past-perfect-retro	future-gue/will
흐르는	흐른	흐르던	흘렀던	흐를

quotational : declarative	interrogative	imperative	suggestive	nominal	adverbial
흐른다고	흐르느냐고	흐르라고	흐르자고	흐르기, 흐름	흘러, 흐르게

high honorific level		indicative style	retrospective style
declarative	present	흐릅니다	흐릅디다
	present-continuous	흐르고 있습니다, 흐르는 중입니다	흐르고 있습디다
	past-perfect	흘렀습니다	흘렀습디다
	past-experience	흘렀었습니다	흘렀었습디다
	past-guessing	흘렀겠습니다	흘렀겠습디다
	future-gue/will/abi	흐르겠습니다, 흐르렵니다, 흐를 겁니다, 흐를 수 있습니다	흐르겠습디다
introgative	present	흐릅니까?	흐릅디까?
	past-perfect	흘렀습니까?	흘렀습디까?
	past-experience	흘렀었습니까?	흘렀었습디까?
	future-gue/will/abi	흐르겠습니까? *흐르렵니까? *흐를 겁니까? *흐르리이까? 흐를 수 있겠습니까?	흐르겠습디까?
imperative		*흐르시오, *흐르십시오	
suggestive		*흐릅시다, *흐르십시다	
exclamatory		흐르시는구나!	

ordinary honorific lev		'-어요' form	'-으오' form
declarative	present	흘러요, 흐르지요, 흐르세요, *흐를래요, 흐를걸요, 흐르는데요, 흐른대요, *흐를게요, 흐르잖아요	흐르오
	present-continuous	흐르고 있어요, 흐르고 있지요, 흐르고 있으세요, 흐르는 중이에요	흐르고 있소
	past-perfect	흘렀어요, 흘렀지요, 흘렀으세요, 흘렀잖아요	흘렀소
	past-experience	흘렀었어요, 흘렀었지요, 흘렀었으세요	흘렀었소
	past-guessing	흘렀겠어요, 흘렀겠지요, 흘렀겠으세요	흘렀겠소
	future-gue/will/abi	흐르겠어요, 흐르겠지요, 흐르겠으세요, 흐를 수 있어요	흐르겠소
introgative	present	흘러요? 흐르지요? 흐르세요? 흐르나요? 흐를까요? *흐를래요? 흐르는가요? 흐르는데요? 흐른대요? 흐른다면서요? 흐른다지요?	흐르오? *흐르소?
	past-perfect	흘렀어요? 흘렀지요? 흘렀으세요?	흘렀소?
	past-experience	흘렀었어요? 흘렀었지요? 흘렀었으세요?	흘렀었소?
	future-gue/will/abi	흐르겠어요? 흐르겠지요? 흐르겠으세요? 흐르리요? *흐를 거예요? *흐를 거지요? 흐를 수 있겠어요?	흐르겠소?
imperative		*흘러요, *흐르지요, *흐르세요, *흐르라니까요	*흐르오, *흐르구려
suggestive		*흘러요, *흐르지요, *흐르세요, *흐르자니까요	*흐르오
exclamatory		흐르는군요! 흐르리요!	흐르오!

ordinary non-honorific lev		'-어' form	'-네' form
declarative	present	흘러, 흐르지, *흐를래, 흐를걸, 흐르는데, 흐른대, *흐를게, 흐른단다, *흐르마, 흐르잖아	흐르네
	present-continuous	흐르고 있어, 흐르고 있지, 흐르는 중이야	흐르고 있네
	past-perfect	흘렀어, 흘렀지, 흘렀잖아	흘렀네
	future-gue/will/abi	흐르겠어, 흐르겠지, 흐를 수 있어	흐르겠네
introgative	present	흘러? 흐르지? 흐르니? 흐르나? 흐를까? 흐르랴? *흐를래? 흐르는데? 흐른대? 흐른다면서? 흐른다지?	흐르는가?
	past-perfect	흘렀어? 흘렀지? 흘렀니? 흘렀을까? 흘렀대? 흘렀다면서?	흘렀는가?
	future-gue/will/abi	흐르겠어? 흐르겠지? 흐르겠니? *흐르리? *흐를 거야? *흐를 거지? *흐를 거니? 흐를 수 있겠어?	흐르겠는가?
imperative		*흘러, *흐르지, *흐르렴, *흐르려무나, *흐르라니까	*흐르게
suggestive		*흘러, *흐르지, *흐르자니까	*흐르세
exclamatory		흘러! 흐르지! 흐르리!	흐르네!

low non-honorific lev		indicative style	retrospective style
declarative	present	흐른다	흐르더라
	present-continuous	흐르고 있다, 흐르는 중이다	흐르고 있더라
	past-perfect	흘렀다	흘렀더라
	future-gue/will/abi	흐르겠다, 흐르리다, *흐르련다, 흐를 거다, 흐를 수 있다	흐르겠더라
introgative	present	흐르느냐?	흐르더냐?
	past-perfect	흘렀느냐?	흘렀더냐?
	future-gue/will/abi	흐르겠느냐?	흐르겠더냐?
imperative		*흘러라	
suggestive		*흐르자	
exclamatory		흐르는구나! 흐른다! 흐르는도다!	흐르더구나!

connective	endings	connective	endings
serial	흐르고, 흐르며	comparison	흐르느니
selection	흐르거나, 흐르든지, 흐르든가	degree	흐르니만큼
contrast	흘러도, 흐르지만, 흐르나, 흐르는데, 흐르면서도, 흐르되, 흐르지	condition	흐르면, 흐르거든, 흐르거들랑, 흘러야, 흐른다면, 흘렀던들
simultaneity	흐르면서, 흐르며	circumstance	흐르는데, 흐르니, 흐르다시피
completion	흐르고서, 흘러서, 흐르자, 흐르자마자	figure	흐르듯이
conversion	흐르다가	proportion	흐를수록
concession	흘러도, 흐르더라도, 흐를지라도, 흐를지언정, 흐른들, 흐르는데도, 흐르기로서니, 흐르나마, 흐를망정, 흘러 보았자	cause	흘러서, 흐르니까, 흐르느라고, 흐르기에, 흐르길래, 흐르느니만큼, 흐르는지라, 흐를세라, 흐르므로
intention	흐르러, 흐르려고, 흐르고자	addition	흐르거니와, 흐를뿐더러, 흐르려니와
result	흐르도록, 흐르게끔	repetition	흐르곤

Basic sentences

- 계곡이 물이 많이 흐른다. Lots of water is flowing from the valley.
- 흐르는 세월을 어찌 막을 수 있으랴! How can you stop the passing time.
- 음악이 낮게 흘러서 듣기가 좋았다.
  It's good to hear music because it is flowing very slowly.

희다 [희다, hida]

'의' regular conjugation, Dv

to be white, be gray

causative	*희히다, 희게 하다, 희게 만들다	passive	*희히다, 희게 되다, 희어지다

adnominal : present-conti	past-perfect	past-retrospective	past-perfect-retro	future-gue/will
흰	흰	희던	희었던	흴

quotational : declarative	interrogative	imperative	suggestive	nominal	adverbial
희다고	희냐고	*희라고	*희자고	희기, 흼	희어, 희게

high honorific level		indicative style	retrospective style
declarative	present	흽니다	흽디다
	present-continuous	*희고 있습니다, *희는 중입니다	*희고 있습디다
	past-perfect	희었습니다	희었습디다
	past-experience	희었었습니다	희었었습디다
	past-guessing	희었겠습니다	희었겠습디다
	future-gue/will/abi	희겠습니다, *희렵니다, 흴 겁니다, 흴 수 있습니다	희겠습디다
introgative	present	흽니까?	흽디까?
	past-perfect	희었습니까?	희었습디까?
	past-experience	희었었습니까?	희었었습디까?
	future-gue/will/abi	희겠습니까? *희렵니까? *흴 겁니까? *희리이까? *흴 수 있겠습니까?	희겠습디까?
imperative		*희시오, *희십시오	
suggestive		*흽시다, *희십시다	
exclamatory		희시구나!	

ordinary honorific lev		'-어요' form	'-으오' form
declarative	present	희어요, 희지요, 희세요, *흴래요, 흴걸요, 흰데요, 희대요, *흴게요, 희잖아요	희오
	present-continuous	*희고 있어요, *희고 있지요, *희고 있으세요, *희는 중이에요	*희고 있소
	past-perfect	희었어요, 희었지요, 희었으세요, 희었잖아요	희었소
	past-experience	희었었어요, 희었었지요, 희었었으세요	희었었소
	past-guessing	희었겠어요, 희었겠지요, 희었겠으세요	희었겠소
	future-gue/will/abi	희겠어요, 희겠지요, 희겠으세요, 흴 수 있어요	희겠소
introgative	present	희어요? 희지요? 희세요? 희나요? 흴까요? *흴래요? 흰가요? 흰데요? 희대요? 희다면서요? 희다지요?	희오? *희소?
	past-perfect	희었어요? 희었지요? 희었으세요?	희었소?
	past-experience	희었었어요? 희었었지요? 희었었으세요?	희었었소?
	future-gue/will/abi	희겠어요? 희겠지요? 희겠으세요? 희리요? *흴 거예요? *흴 거지요? *흴 수 있겠어요?	희겠소?
imperative		*희어요, *희지요, *희으세요, *희으라니까요	*희오, *희구려
suggestive		*희어요, *희지요, *희으세요, *희자니까요	*희오
exclamatory		희군요! 희리요!	희오!

ordinary non-honorific lev		'-어' form	'-네' form
declarative	present	희어, 희지, *흴래, 흴걸, 흰데, 희대, *흴게, 희단다, *희마, 희잖아	희네
	present-continuous	*희고 있어, *희고 있지, *희는 중이야	*희고 있네
	past-perfect	희었어, 희었지, 희었잖아	희었네
	future-gue/will/abi	희겠어, 희겠지, 흴 수 있어	희겠네
introgative	present	희어? 희지? 희니? 희나? 흴까? 희랴? *흴래? 흰데? 희대? 희다면서? 희다지?	흰가?
	past-perfect	희었어? 희었지? 희었니? 희었을까? 희었대? 희었다면서?	희었는가?
	future-gue/will/abi	희겠어? 희겠지? 희겠니? 희리? *흴 거야? *흴 거지? *흴 거니? *흴 수 있겠어?	희겠는가?
imperative		*희어, *희지, *희렴, *희려무나, *희라니까	*희게
suggestive		*희어, *희지, *희자니까	*희세
exclamatory		희어! 희지! 희으리!	희네!

low non-honorific lev		indicative style	retrospective style
declarative	present	희다	희더라
	present-continuous	*희고 있다, *희는 중이다	*희고 있더라
	past-perfect	희었다	희었더라
	future-gue/will/abi	희겠다, *희리다, *희련다, 흴 거다, 흴 수 있다	희겠더라
introgative	present	희냐?	희더냐?
	past-perfect	희었느냐?	희었더냐?
	future-gue/will/abi	희겠느냐?	희겠더냐?
imperative		*희어라	
suggestive		*희자	
exclamatory		희구나! 희다! 희도다!	희더구나!

connective	endings	connective	endings
serial	희고, 희며	comparison	*희느니
selection	희거나, 희든지, 희든가	degree	희리만큼
contrast	희어도, 희지만, 희나, 흰데, 희면서도, 희되, 희지	condition	희면, 희거든, 희거들랑, 희어야, 희다면, 희었던들
simultaneity	희면서, 희며	circumstance	흰데, 희니, *희다시피
completion	*희고서, *희어서, *희자, *희자마자	figure	희듯이
conversion	희다가	proportion	흴수록
concession	희어도, 희더라도, 흴지라도, 흴지언정, 흰들, 흰데도, 희기로서니, 희나마, 흴망정, 희어 보았자	cause	희어서, 희니까, *희느라고, 희기에, 희길래, 희니만큼, 흰지라, 흴세라, 희므로
intention	*희러, *희려고, *희고자	addition	희거니와, 흴뿐더러, 희려니와
result	희도록, 희게끔	repetition	희곤

Basic sentences

- 그녀는 피부가 매우 희다. Her skin is very white.
- 그는 흰 옷을 자주 입는다. She often wears white clothes.
- 머리카락이 희다면 일단 연세가 높은 사람이라고 생각하세요.
  If a person's hair is gray, assume that the person is elderly.

힘들다 [힘들다, himdilda]

'ㄹ' irregular conjugation, Dv

to be hard, be difficult, be stiff ; to be painful

causative	*힘들히다, 힘들게 하다, 힘들게 만들다	passive	*힘들히다, 힘들게 되다, 힘들어지다

adnominal : present-conti	past-perfect	past-retrospective	past-perfect-retro	future-gue/will
힘든	힘든	힘들던	힘들었던	힘들

quotational : declarative	interrogative	imperative	suggestive	nominal	adverbial
힘든다고	힘드냐고	*힘들라고	*힘들자고	힘들기, 힘듦	힘들어, 힘들게

high honorific level		indicative style	retrospective style
declarative	present	힘듭니다	힘듭디다
	present-continuous	*힘들고 있습니다, *힘드는 중입니다	*힘들고 있습디다
	past-perfect	힘들었습니다	힘들었습디다
	past-experience	힘들었었습니다	힘들었었습디다
	past-guessing	힘들었겠습니다	힘들었겠습디다
	future-gue/will/abi	힘들겠습니다, *힘들렵니다, 힘들 겁니다, 힘들 수 있습니다	힘들겠습디다
introgative	present	힘듭니까?	힘듭디까?
	past-perfect	힘들었습니까?	힘들었습디까?
	past-experience	힘들었었습니까?	힘들었었습디까?
	future-gue/will/abi	힘들겠습니까? *힘들렵니까? *힘들 겁니까? *힘들리이까? *힘들 수 있겠습니까?	힘들겠습디까?
imperative		*힘드시오, *힘드십시오	
suggestive		*힘듭시다, *힘드십시다	
exclamatory		힘드시구나!	

ordinary honorific lev		'-어요' form	'-으오' form
declarative	present	힘들어요, 힘들지요, 힘드세요, *힘들래요, 힘들걸요, 힘든데요, 힘들대요, *힘들게요, 힘들잖아요	힘드오
	present-continuous	*힘들고 있어요, *힘들고 있지요, *힘들고 있으세요, *힘드는 중이에요	*힘들고 있소
	past-perfect	힘들었어요, 힘들었지요, 힘들었으세요, 힘들었잖아요	힘들었소
	past-experience	힘들었었어요, 힘들었었지요, 힘들었었으세요	힘들었었소
	past-guessing	힘들었겠어요, 힘들었겠지요, 힘들었겠으세요	힘들었겠소
	future-gue/will/abi	힘들겠어요, 힘들겠지요, 힘들겠으세요, 힘들 수 있어요	힘들겠소
introgative	present	힘들어요? 힘들지요? 힘드세요? 힘드나요? 힘들까요? *힘들래요? 힘든가요? 힘든데요? 힘들대요? 힘들다면서요? 힘들다지요?	힘드오? *힘들소?
	past-perfect	힘들었어요? 힘들었지요? 힘들었으세요?	힘들었소?
	past-experience	힘들었었어요? 힘들었었지요? 힘들었었으세요?	힘들었었소?
	future-gue/will/abi	힘들겠어요? 힘들겠지요? 힘들겠으세요? 힘들리요? *힘들 거예요? *힘들 거지요? *힘들 수 있겠어요?	힘들겠소?
imperative		*힘들어요, *힘들지요, *힘드세요, *힘들라니까요	*힘드오, *힘들구려
suggestive		*힘들어요, *힘들지요, *힘드세요, *힘들자니까요	*힘드오
exclamatory		힘들군요! 힘들리요!	힘드오!

ordinary non-honorific lev		'-어' form	'-네' form
declarative	present	힘들어, 힘들지, *힘들래, 힘들걸, 힘든데, 힘들대, *힘들게, 힘들단다, *힘들마, 힘들잖아	힘드네
	present-continuous	*힘들고 있어, *힘들고 있지, *힘드는 중이야	*힘들고 있네
	past-perfect	힘들었어, 힘들었지, 힘들었잖아	힘들었네
	future-gue/will/abi	힘들겠어, 힘들겠지, 힘들 수 있어	힘들겠네
introgative	present	힘들어? 힘들지? 힘드니? 힘드나? 힘들까? 힘들랴? *힘들래? 힘든데? 힘들대? 힘들다면서? 힘들다지?	힘든가?
	past-perfect	힘들었어? 힘들었지? 힘들었니? 힘들었을까? 힘들었대? 힘들었다면서?	힘들었는가?
	future-gue/will/abi	힘들겠어? 힘들겠지? 힘들겠니? *힘들리? *힘들 거야? *힘들 거지? *힘들 거니? *힘들 수 있겠어?	힘들겠는가?
imperative		*힘들어, *힘들지, *힘들렴, *힘들려무나, *힘들라니까	*힘들게
suggestive		*힘들어, *힘들지, *힘들자니까	*힘드세
exclamatory		힘들어! 힘들지! 힘들리!	힘드네!

low non-honorific lvl		indicative style	retrospective style
declarative	present	힘들다	힘들더라
	present-continuous	*힘들고 있다, *힘드는 중이다	*힘들고 있더라
	past-perfect	힘들었다	힘들었더라
	future-gue/will/abi	힘들겠다, *힘들리다, *힘들련다, 힘들 거다, 힘들 수 있다	힘들겠더라
introgative	present	힘드냐?	힘들더냐?
	past-perfect	힘들었느냐?	힘들었더냐?
	future-gue/will/abi	힘들겠느냐?	힘들겠더냐?
imperative		*힘들어라	
suggestive		*힘들자	
exclamatory		힘들구나! 힘들다! 힘들도다!	힘들더구나!

connective	endings	connective	endings
serial	힘들고, 힘들며	comparison	*힘드느니
selection	힘들거나, 힘들든지, 힘들든가	degree	힘들리만큼
contrast	힘들어도, 힘들지만, 힘드나, 힘든데, 힘들면서도, 힘들되, 힘들지	condition	힘들면, 힘들거든, 힘들거들랑, 힘들어야, 힘들다면, 힘들었던들
simultaneity	힘들면서, 힘들며	circumstance	힘든데, 힘드니, *힘들다시피
completion	*힘들고서, *힘들어서, *힘들자, *힘들자마자	figure	힘들듯이
conversion	힘들다가	proportion	힘들수록
concession	힘들어도, 힘들더라도, 힘들지라도, 힘들지언정, 힘든들, 힘든데도, 힘들기로서니, 힘드나마, 힘들망정, 힘들어 보았자	cause	힘들어서, 힘드니까, *힘드느라고, 힘들기에, 힘들길래, 힘드니만큼, 힘든지라, 힘들세라, 힘들므로
intention	*힘들러, *힘들려고, *힘들고자	addition	힘들거니와, 힘들뿐더러, 힘들려니와
result	힘들도록, 힘들게끔	repetition	힘들곤

Basic sentences

- 일자리를 구하기가 힘들다. It difficult to find a job
- 골프 선수가 되는 것은 여간 힘드는 일이 아니다. It not an easy job becoming a golf player.
- 요즘은 몸은 힘들어도 마음은 편하다.
  Though I am physically tired now a days, my mind is very comfortable.

chapter 03

Examples of 2020 Korean verb conjunction

Korean verb	Conjugation type	verb sort	same type	page	English translations
가까이하다	여 irreg/yin	Avt	하다2	488	to bring closer
가깝다	ㅂ irreg/yin	Dv	덥다	176	to be near ; to be close by ; to be resemble ; to be friendly, be intimate
가꾸다	우 reg/yin	Avt	주다1	438	to grow, cultivate ; to decorate
가난하다	여 irreg/yin	Dv	깨끗하다	117	to be poor, be needy, be poverty-stricken
가늘다	ㄹ irreg/yin	Dv	길다	112	to be thin ; to be fine ; to be slender
가다1	거라 irreg/yang	Avi	가다1	64	to go ; to travel ; to attend ; to be out ; to die, pass away
가다2	거라 irreg/yang	Aux	가다1	64	to progress, go on
가다듬다	ㅁ reg/yin	Avt	읽다	410	to brace one's sprits, calm oneself ; to put sth in order ; to recall sth to one's mind
가두다	우 reg/yin	Avt	주다1	438	to imprison
가득하다	여 irreg/yin	Dv	깨끗하다	118	to be full
가라앉다	ㄵ reg/yang	Avi	남다	138	to sink (under water), go under ; to calm oneself
가라앉히다	이 reg/yin	Avt	버리다1	266	to sink, submerge ; to be calm, quiet, composed
가렵다	ㅂ irreg/yin	Dv	덥다	176	to be itchy, be itching
가로막다	ㄱ reg/yang	Avt	찾다	460	to obstruct ; to block
가르다	르 irreg/yin	Avt	부르다2	278	to divide, part ; to distribute ; to classify ; to separate, distinguish
가르치다	이 reg/yin	Avt	버리다1	266	to teach, advice
가리다1	이 reg/yin	Avi	내리다1	144	to be screened
가리다2	이 reg/yin	Avt	버리다1	266	to screen, hide, shield, shut out
가리다3	이 reg/yin	Avt	버리다1	266	to choose, select ; to pay a bill ; to distinguish
가리키다	이 reg/yin	Avt	버리다1	266	to indicate, point at
가만두다	우 reg/yin	Avt	주다1	438	to let sth be as it is
가만있다	ㅆ reg/yin	Avi	숨다	322	to be still, not move, not budge
가볍다	ㅂ irreg/yin	Dv	덥다	176	to be light [not heavy]
가쁘다	으 irreg/yin	Dv	나쁘다	132	to be gasping/panting (for breath)
가시다	이 reg/yin	Avi	내리다1	144	to wash out ; to rinse out ; to kill, take off/away ; to disappear, be gone, fade away
가엾다	ㅄ reg/yin	Dv	깊다	114	to be poor, be pitiable, be pitiful
가져가다	거라 irreg/yang	Avt	가다	64	to take sth and go with it
가져오다	너라 irreg/yang	Avt	오다1	382	to take sth and come with it
가지다	이 reg/yin	Avt	가지다	70	to have with one, have, own ; to conceive, become pregnant
가파르다	르 irreg/yin	Dv	다르다	166	to be steep, be precipitous
가하다	여 irreg/yin	Avt	하다2	488	to add/sum up ; to increase ; to inflict
각오하다	여 irreg/yin	Avt	하다2	488	to be ready for, prepared for, make up one's mind
간단하다	여 irreg/yin	Dv	깨끗하다	118	to be simple, be brief, be short, be plain

Korean verb	Conjugation type	verb sort	same type	page	English translations
간사하다	여 irreg/yin	Dv	깨끗하다	118	to be cunning, be sly, be foxy, be crafty
간섭하다	여 irreg/yin	Avt	하다2	488	to interfere (in/with), meddle (in), intervene (in), intrude oneself (into an affair)
간주하다	여 irreg/yin	Avt	하다2	488	to regard, consider
간지럽다	ㅂ irreg/yin	Dv	덥다	176	to feel ticklish ; to feel itchy
간청하다	여 irreg/yin	Avt	하다2	488	to entreat, request ; to beg (earnestly) ; to seech
간추리다	이 reg/yin	Avt	버리다1	266	to summarize briefly, abridge, make a digest of
갇히다	이 reg/yin	Avi	내리다1	144	to confined/shut up ; to be locked in ; to imprisoned
갈다1	ㄹ irreg/yang	Avt	팔다	472	to change
갈다2	ㄹ irreg/yang	Avt	팔다	427	to cultivate
갈다3	ㄹ irreg/yang	Avt	팔다	472	to renew ; to sharpen, grind, rub
갈라서다	어 reg/yin	Avi	서다	312	to break off relations ; to be divorced from
갈라지다	이 reg/yin	Avi	다니다	164	to burst, break asunder, split, branch off
갈리다1	이 reg/yin	Avi	내리다1	144	to be separated, come apart
갈리다2	이 reg/yin	Avi	내리다1	144	to be changed
갈아입다	ㅂreg/yin	Avt	접다	430	to change one's clothes
갈아타다	아 reg/yang	Avt	사다	302	to change vehicles, transfer
감기다1	이 reg/yin	Avi	내리다1	144	to be coiled
감기다2	이 reg/yin	Avt	버리다1	266	to have/make sb close their eyes
감기다3	이 reg/yin	Avt	버리다1	266	to have/make sb wash their hair
감다1	자음 reg/yang	Avt	찾다	460	to make coil, roll sth round
감다2	ㅁ reg/yang	Avt	찾다	460	to shut/close one's eyes
감다3	ㅁ reg/yang	Avt	찾다	460	to wash one's hair ; to bathe (in a river), have a swim
감동하다	여 irreg/yin	Avi	말하다	220	to be deepky moved, be impressed, feel emotion at
감사하다 1	여 irreg/yin	Dv	깨끗하다	118	to be grateful, be thankful, be appreciative
감사하다 2	여 irreg/yin	Avti	하다2	492	to thank, appreciate
감시하다	여 irreg/yin	Avt	하다2	492	to inspect
감싸다	아 reg/yang	Avt	사다	302	to wrap ; to protect
감추다	우 reg/yin	Avt	주다1	438	to hide sth, cloak, keep secret
감탄하다	여 irreg/yin	Avt	하다2	488	to admire ; to be struck with wonder
갑갑하다	여 irreg/yin	Dv	깨끗하다	118	to stifling, stuffy ; to be confined (space) ; to feel heavy (in the chest) ; to be boring, be tedious
값지다	이 reg/yin	Dv	어리다1	370	to be valuable, be precious
강요하다	여 irreg/yin	Avt	하다2	492	to force, impose, demand forcibly
강조하다	여 irreg/yin	Avt	하다2	488	to emphasize, stress, accentuate
강하다	여 irreg/yin	Dv	깨끗하다	118	to be strong, be powerful, be mighty
갖추다	우 reg/yin	Avti	주다1	438	to be ready ; to prepare, equip ; to assort

Korean verb	Conjugation type	verb sort	same type	page	English translations
같다	ㅌ reg/yang	Dv	높다	150	to be similar, be like sth else, be identical, be equal
갚다	자음 reg/yang	Avt	찾다	460	to pay back, repay, recompense ; to revenge
개다1	애 reg/yin	Avi	새다2	310	to clear up (weather)
개다2	애 reg/yin	Avt	매다1	222	to fold up (bedding)
개발하다	여 irreg/yin	Avt	하다2	488	to develop ; to exploit (resources) ; to enlighten
개척하다	여 irreg/yin	Avt	하다2	488	to develop/exploit (resources) ; to open up (a new field) ; to reclaim/clear (wasteland), bring (wasteland) under cultivation
개최하다	여 irreg/yin	Avt	하다2	488	to hold (a meeting), open (an exhibition)
개통하다	여 irreg/yin	Avti	하다2	488	to open up ; to be opened for traffic
개편하다	여 irreg/yin	Avt	하다2	488	to reorganize, reshuffle, remodel
개혁하다	여 irreg/yin	Avt	하다2	488	to reform, renovate, innovate
개화하다	여 irreg/yin	Avi	말하다	220	to civilize, enlighten ; to flower, bloom
갸름하다	여 irreg/yin	Dv	깨끗하다	118	to be slender, be somewhat long
거꾸러지다	이 reg/yin	Avi	내리다1	144	to fall down ; to go/roll over ; to be off one's feet ; to tumble down ; to die
거느리다	이 reg/yin	Avt	버리다1	266	to lead, command (an army) ; to rule, govern ; to takr care of
거닐다	ㄹ irreg/yin	Avi	물다	248	to stroll/ramble about (the street)
거두다1	우 reg/yin	Avt	주다1	438	to collect ; to harvest
거두다2	우 reg/yin	Avt	주다1	438	to win
거두다3	우 reg/yin	Avt	주다1	438	to take care of
거두다4	우 reg/yin	Avt	주다1	438	to stop, cease, end, quit, cease
거들다	ㄹ irreg/yin	Avt	물다1	248	to help, assist, add, give a heland
거듭나다	아 reg/yang	Avi	나가다	128	to be born again, be reborn
거래하다	여 irreg/yin	Avt	하다2	488	to deal with, have an account
거룩하다	여 irreg/yin	Dv	깨끗하다	118	to be holy, be divine, be sacred
거르다1	르 irreg/yin	Avt	부르다2	278	to filter
거르다2	르 irreg/yin	Avt	부르다2	278	to skip, jump over, omit
거멓다	ㅎ irreg/yin	Dv	이렇다	398	to be deep-black
거세다	에 reg/yin	Dv	세다1	316	to be exaspirated, be violent, be strong, be furious
거스르다	르 irreg/yin	Avt	부르다2	278	to go against, disobey
거슬리다	이 reg/yin	Avt	버리다1	266	to offend ; to be offensive ; to be against the grain
거역하다	여 irreg/yin	Avt	하다2	488	to disobey, protest against
거절하다	여 irreg/yin	Avt	하다2	488	to refuse, reject, turn down
거치다	이 reg/yin	Avt	가지다	70	to pass by/through, go by way (of)
거칠다	ㄹ irreg/yin	Dv	길다	112	to be rough, be wild

Korean verb	Conjugation type	verb sort	same type	page	English translations
걱정하다	여 irreg/yin	Avti	하다2	488	to feel anxiety, be anxious (about), take (a matter) to heart
건강하다	여 irreg/yin	Dv	깨끗하다	118	to be healthy, be sound, be well, be wholesome
건너다	어 reg/yin	Avt	건너다	72	to go[pass] over ; to cross over ; to ferry
건네다	에 reg/yin	Avt	베다	270	to hand over, pass over ; to speak to a person
건드리다	이 reg/yin	Avt	가지다	70	to touch, jog ; to irritate, provoke, vex
건방지다	이 reg/yin	Dv	어리다1	368	to be conceited, be pretentious, be presumptuous
건지다1	이 reg/yin	Avt	가지다	70	to take/bring out of water, pick up a watch sunk in the water
건지다2	이 reg/yin	Avt	가지다	70	to rescue (a one) from ; to take/get back, regain, save, recover
걷다1	ㄷ irreg/yin	Avi	걷다1	74	to walk, go on, step
걷다2	ㄷ reg/yin	Avt	믿다	252	to clear away, lift
걷다3	ㄷ reg/yin	Avt	믿다	252	to collect, gather ; to roll up ; to fold up
걷히다	이 reg/yin	Avi	내리다1	144	to be lifted, be dispelled, be cleared away ; to be gathered, be collected
걸다1	ㄹ irreg/yin	Dv	길다	112	to be rich, be fertile ; to be thick ; to be foul-mouthed
걸다2	ㄹ irreg/yin	Avt	물다1	248	to hang ; to pay ; to risk
걸다3	ㄹ irreg/yin	Avt	물다1	248	to lock ; to start going ; to bet, put up, offer
걸리다1	이 reg/yin	Avi	내리다1	144	to speak to, call
걸리다2	이 reg/yin	Avi	내리다1	144	to be hanged ; to be hung, suspended, caught, hooked
걸리다3	이 reg/yin	Avi	내리다1	144	to take time
걸어가다	아 reg/yang	Avi	나가다	128	to walk, go on foot
걸치다1	이 reg/yin	Avi	다니다	164	to range (from A to B), extend, spread (over), cover, span
걸치다2	이 reg/yin	Avt	버리다1	266	to put (a thing) on ; to drink
걸터앉다	ㄵ reg/yang	Avi	남다	138	to sit (on a chair), perch (on a stool)
검다	ㅁ reg/yin	Dv	깊다	114	to be black ; to be dark
검소하다	여 irreg/yin	Dv	깨끗하다	118	to be simple, be plain ; to be frugal, be thrifty
겁나다	아 reg/yang	Avi	나가다	126	to be frightened, be overcome with fear
겁내다	애 reg/yin	Avt	매다	222	to fear, dread, be afraid (of)
겁먹다	ㄱ reg/yin	Avi	숨다	322	to be frightened (by/at)
겁주다	우 reg/yin	Avi	주다1	438	to threaten, scare, terrify
겁탈하다	여 irreg/yin	Avt	하다2	488	to plunder, pillage ; to violate, rape
게으르다	르 irreg/yin	Dv	다르다	166	to be idle, be lazy, be indolent, be slothful
겨루다	우 reg/yin	Avt	주다1	438	to compete, struggle, emulate
격렬하다	여 irreg/yin	Dv	깨끗하다	118	to be violent, be severe, be intense
겪다	ㄲ reg/yin	Avt	읽다	410	to experience, undergo, go through ; to suffer, meet with

Korean verb	Conjugation type	verb sort	same type	page	English translations
견디다	이 reg/yin	Avt	버리다1	266	to bear, stand
견주다	우 reg/yin	Avt	주다1	438	to compare
결심하다	여 irreg/yin	Avt	하다2	488	to decide, make up one's mind
결정하다	여 irreg/yin	Avt	하다2	488	to decide, determine, settle
결합하다	여 irreg/yin	Avti	하다2	488	to combine, join, connect
결혼하다	여 irreg/yin	Avi	말하다	220	to marry, get married
겸손하다	여 irreg/yin	Dv	깨끗하다	118	to be modest, be humble
겹치다1	이 reg/yin	Avi	다니다	164	to overlap ; to fall on
겹치다2	이 reg/yin	Avt	가지다	70	to put one upon another ; to pile up, heap up
경계하다	여 irreg/yin	Avti	하다2	488	to look out, watch for ; to guard
경고하다	여 irreg/yin	Avt	하다2	488	to warn, caution
경쟁하다	여 irreg/yin	Avi	말하다	220	to compete/content (with a person for)
경험하다	여 irreg/yin	Avt	하다2	488	to experience
계산하다	여 irreg/yin	Avt	하다2	488	to calculate, count, reckon ; to measure
계속하다	여 irreg/yin	Avti	하다2	488	to continue
계시다	이 reg/yin	Avi	내리다1	144	to be ; to stay (honorific expression)
계획하다	여 irreg/yin	Avt	하다2	488	to plan
고달프다	으 irreg/yin	Dv	슬프다	328	to be tired (out), be fatigued, be worn out
고되다	외 reg/yin	Dv	고되다	80	to be tired, be hard (to bear), be painful
고려하다	여 irreg/yin	Avt	하다2	488	to consider, think over
고르다1	르 irreg/yin	Dv	다르다	166	to be even ; to be equal ; to be fair, be impartial ; to be regular
고르다2	르 irreg/yin	Avt	부르다2	278	to make level, make even
고르다3	르 irreg/yin	Avt	부르다2	278	to select, choose, pick out
고맙다	ㅂ irreg/yin	Dv	덥다	176	to be thankful, be grateful, be appreciate
고백하다	여 irreg/yin	Avt	하다2	488	to confess
고생하다	여 irreg/yin	Avi	말하다	220	to suffer pain, have a hard time
고소하다1	여 irreg/yin	Dv	깨끗하다	118	to be sweet, be tasty, be savory, be nice ; to enjoy other's mishap
고소하다2	여 irreg/yin	Avt	하다2	488	to accuse (a person of a crime), bring a charge (against)
고약하다	여 irreg/yin	Dv	깨끗하다	118	to be ugly, be bad-looking ; to be evil, be wicked, be ill-natured
고요하다	여 irreg/yin	Dv	깨끗하다	118	to be still, be silent, be calm
고치다	이 reg/yin	Avt	가지다	70	to mend, repair, fix up ; to heal, cure ; to change, alter ; to renew ; to correct
고통스럽다	ㅂ irreg/yin	Dv	덥다	176	to feel pain, be agony, be anguish
고프다	으 irreg/yin	Dv	슬프다	328	to be hungry, be famished
곤란하다	여 irreg/yin	Dv	깨끗하다	118	to be difficult, be hard, be tough, be troublesome
곧다	ㄷ reg/yang	Dv	곧다	90	to be straight, be erect, be upright

Korean verb	Conjugation type	verb sort	same type	page	English translations
곧이듣다	ㄷ irreg/yin	Avt	듣다2	192	to take (a thing) for truth, accept (a remark)
골다	ㄹ irreg/yang	Avt	팔다	472	to snore
골라내다	애 reg/yin	Avt	매다1	222	to pick out, choose (from), select (out of many)
곪다	ㄻ reg/yang	Avi	남다	138	to fester, mature, generate pus
곯다1	ㅀ reg/yang	Avi	남다	138	to go bad, rot, spoil ; to suffer damage
곯다2	ㅀ reg/yang	Avi	남다	138	to go hungry, starve
곯리다1	이 reg/yin	Avt	버리다1	266	to let/make sth rot, spoil ; to have sb ruined ; to harm, inflict damage (upon sb)
곯리다2	이 reg/yin	Avt	버리다1	266	to starve, make sb go hungry
곱다1	ㅂ reg/yang	Dv	좁다	434	to be numb, be stiff, be deadened
곱다2	ㅂ irreg/yang	Dv	곱다2	94	to be beautiful, be pretty, be lovely, be fine
공격하다	여 irreg/yin	Avt	하다2	488	to attack
공경하다	여 irreg/yin	Avt	하다2	488	to respect, esteem, honor
공부하다	여 irreg/yin	Avt	하다2	488	to study, learn, work at (one's studies)
공연하다	여 irreg/yin	Avti	하다2	488	to perform, play, stage, present
공평하다	여 irreg/yin	Dv	깨끗하다	118	to be impartial, be unbiased, be fair, be equitable
공헌하다	여 irreg/yin	Avti	하다2	488	to contribute (to), make a contribution
관리하다	여 irreg/yin	Avt	하다2	488	to administer, manage, control ; to take charge of, care for
괜찮다	ㄶ reg/yang	Dv	높다	150	to be all right, OK, no problem
괴다1	외 reg/yin	Avi	되다2	184	to collect, gather, be stagnant
괴다2	외 reg/yin	Avt	쬐다	454	to prop, support, file up
괴롭다	ㅂ irreg/yin	Dv	덥다	176	to be distressing, be painful, be troublesome, be agonizing, be hard, be difficult
괴롭히다	이 reg/yin	Avt	버리다1	266	to bother
괴상하다	여 irreg/yin	Dv	깨끗하다	118	to be strange, be queer, be curious
굉장하다	여 irreg/yin	Dv	깨끗하다	118	to be grand, be magnificent ; to be excellent, be superb
교류하다	여 irreg/yin	Avti	말하다	220	to interchange, exchange
구경하다	여 irreg/yin	Avt	하다2	488	to see (a play), visit ; to watch, look on (at)
구르다1	르 irreg/yin	Avi	흐르다	498	to roll (over), tumble
구르다2	르 irreg/yin	Avt	부르다2	278	to stamp one's feet
구리다	이 reg/yin	Dv	어리다1	368	to be ill-smelling, be foul-smelling ; to be stinking, be stinky ; to be suspicious, be dubious
구별하다	여 irreg/yin	Avt	하다2	488	to tell [know] (A from B), distinguish (between A and B) ; to classify
구분하다	여 irreg/yin	Avt	하다2	488	to divide into, section ; to classify
구석지다	이 reg/yin	Dv	어리다1	368	to be recessed, be retired, be sequestered, be out-of-the-way
구성지다	이 reg/yin	Dv	어리다1	368	to be attractive, be charming, be tasteful
구성하다	여 irreg/yin	Avt	하다2	488	to make, compose, constitute, organize

Korean verb	Conjugation type	verb sort	same type	page	English translations
구수하다	여 irreg/yin	Dv	깨끗하다	118	to be tasty, be present-tasting ; to be savory ; to be nice-smelling, be sweet-smelling
구원하다	여 irreg/yin	Avt	하다2	488	to relieve (a pitcher), rescue, deliver
구제하다	여 irreg/yin	Avt	하다2	488	to save, relieve, give relief [aid] to, help
구하다1	여 irreg/yin	Avt	하다2	488	to save
구하다2	여 irreg/yin	Avt	하다2	488	to demand, ask, request
굳다1	ㄷ reg/yin	Dv	굳다	98	to be firm, be strong ; to be hard ; to be tight-fisted
굳다2	ㄷ reg/yin	Avi	닫다	168	to become hard, become stiffened ; to congeal ; to be saved
굳세다	에 reg/yin	Dv	세다1	316	to be strong, be firm, be stout
굳히다	이 reg/yin	Avt	버리다1	266	to become hard ; to become stiff ; to be saved
굴다	ㄹ irreg/yin	Avi	물다	248	to act, behave (toward), conduct[bear] oneself, treat
굵다	ㄺ reg/yin	Dv	깊다	114	to be thick, be fat, be deep, be sturdy
굶다	ㄻ reg/yin	Avt	읽다	410	to starve, be hungry, be famished
굶주리다	이 reg/yin	Avi	내리다1	144	to go hungry, starve ; to be famished
굽다1	ㅂ reg/yin	Avi	굽다1	98	to bend, curve ; to stoop ; to wind
굽다2	ㅂ irreg/yin	Avt	굽다2	100	to roast, broil, bake ; to toast ; to grill ; to burn
굽실거리다	이 reg/yin	Avi	내리다1	144	to bow (and scrape)
굽어보다	오 reg/yang	Avt	보다	272	to look down, overlook, take a bird's-eye view of
굽히다	이 reg/yin	Avt	버리다1	266	to bend, fold, twist
궁금하다	여 irreg/yin	Dv	깨끗하다	118	to wonder (about/if/whether/how/when/ who)
궂다	ㅈ reg/yin	Dv	깊다	114	to be bad, ill, undesirable ; to be nasty, inclement
권하다	여 irreg/yin	Avt	하다2	488	to recommend ; to advise, counsel, persuade ; to offer
귀띔하다	여 irreg/yin	Avt	하다2	488	to tell (a person) secretly ; to give (a person) a tip
귀엽다	ㅂ irreg/yin	Dv	덥다	176	to be cute ; to be charming ; to be lovely, be sweet ; to be precious
귀찮다	ㄶ reg/yang	Dv	높다	150	to be troublesome, be annoying, be bothersome
귀하다	여 irreg/yin	Dv	깨끗하다	118	to be noble, be exalted, be honorable ; to be rare, be scarce, be few
규탄하다	여 irreg/yin	Avt	하다2	488	to impeach, censure, denounce
그럴듯하다	여 irreg/yin	Dv	깨끗하다	118	to be likely, be plausible ; to be fair, be passable, be considerable
그렇다	ㅎ irreg/yin	Dv	이렇다	398	to be like that ; yes ; so
그르다	르 irreg/yin	Dv	다르다	166	to be bad, be wrong, not right
그르치다	이 reg/yin	Avi	내리다1	144	to mistake, err ; to spoil, ruin, destory
그리다	이 reg/yin	Avt	버리다1	266	to draw, paint, write [a picture]
그리워하다	여 irreg/yin	Avt	하다2	488	to long for ; to yearn after
그립다	ㅂ irreg/yin	Dv	덥다	176	to miss, long for

Korean verb	Conjugation type	verb sort	same type	page	English translations
그만두다	우 reg/yin	Avt	주다1	438	to stop, cease ; to give up, abandon ; to resign, retire
그만하다	여 irreg/yin	Dv	깨끗하다	118	to be almost/nearly same
그슬리다	이 reg/yin	Avi	내리다1	144	to burn, scorch, sear, broil
그윽하다	여 irreg/yin	Dv	깨끗하다	118	to be secluded, be deep-down, be profound
그치다	이 reg/yin	Avti	내리다1	144	to stop, cease, end ; to be limited
극복하다	여 irreg/yin	Avt	하다2	488	to overcome
근면하다	여 irreg/yin	Dv	깨끗하다	118	to be diligent, be hardworking, be industrious
근심스럽다	ㅂ irreg/yin	Dv	덥다	176	to be anxious, be worried, be concerned
근심하다	여 irreg/yin	Avti	하다2	488	to feel anxious (about), worry (about/ over)
근지럽다	ㅂ irreg/yin	Dv	덥다	176	to be itchy, be scratchy
긁다	ㄺ reg/yin	Avt	읽다	410	to scratch, scrape off ; to offend, irritate, nag at, find fault with
금지하다	여 irreg/yin	Avt	하다2	488	to forbid, prohibit, proscribe, ban ; to suppress, repress ; to abstain from
급하다	여 irreg/yin	Dv	깨끗하다	118	to be urgent, be pressing ; to be hasty, be impatient ; to be critical, be serious ; to be steep, be precipitous
긋다1	ㅅ irreg/yin	Avi	잇다	416	to stop, hold up ; to take shelter/refuge from (rain)
긋다2	ㅅ irreg/yin	Avt	잇다	416	to draw, mark, strike ; paint ; write ; to charge
기다	이 reg/yin	Avi	까맣다	116	to crawl, creep, climb
기다랗다	ㅎ irreg/yang	Dv	까맣다	116	to be rather long, be lengthy
기다리다	이 reg/yin	Avt	버리다1	266	to wait ; to expect, look for
기대다	애 reg/yin	Avt	매다1	222	to lean on ; to turn to sb for help ; to rely on, lean on, depend on, recline on
기대하다	여 irreg/yin	Avt	하다2	488	to expect
기도하다1	여 irreg/yin	Avi	말하다	220	to pray
기도하다2	여 irreg/yin	Avt	하다2	488	to plan, project, scheme
기르다	르 irreg/yin	Avt	부르다2	278	to rear, bring up, raise ; to cultivate, educate ; to breed ; to grow a beard
기리다	이 reg/yin	Avt	버리다1	266	to applaud, praise, admire
기막히다	이 reg/yin	Dv	어리다1	368	to be stifled, be dumbfounded, be tongue-tied, at a loss for words
기묘하다	여 irreg/yin	Dv	깨끗하다	118	to be strange, be curious, be queer, be odd, be singular
기발하다	여 irreg/yin	Dv	깨끗하다	118	to be uncommon, be extraordinary, be peculiar
기뻐하다	여 irreg/yin	Avti	하다2	488	to be pleased, glad, delighted with sth ; to be happy
기쁘다	으 irreg/yin	Dv	슬프다	328	to be glad, be joyful, be pleasant ; to be happy
기어가다	아 reg/yang	Avti	나가다	128	to creep about on all fours, crawl around on hands and knees

Korean verb	Conjugation type	verb sort	same type	page	English translations
기억하다	여 irreg/yin	Avti	하다2	488	to remember, remain[live] in one's memory, memorize
기울다	ㄹ irreg/yin	Avi	물다1	248	to lean, incline
기울이다	이 reg/yin	Avt	버리다1	266	to tilt, lean, incline ; to concentrate (one's energy, powers, etc.), devote oneself (to)
기웃거리다	이 reg/yin	Avt	버리다1	266	to peep, snoop, crane one's neck
기이하다	여 irreg/yin	Dv	깨끗하다	118	to be strange, be unfamiliar, be new ; to be unaccustomed to
기죽다	ㄱ reg/yin	Avi	숨다	322	to be discouraged ; to be dispirited
기차다	아 reg/yang	Dv	싸다1	336	to be dumbfounded, be flabergasted, be stunned (by) ; to be wonderful
기특하다	여 irreg/yin	Dv	깨끗하다	118	to be commendable, be admirable
긴장하다	여 irreg/yin	Avi	말하다	220	to be nervous, tense ; to be under strain, feel tension
긷다	ㄷ irreg/yin	Avt	듣다2	192	to draw, ladle
길다	ㄹ irreg/yin	Dv	길다	112	to be long
깁다	ㅂ irreg/yin	Avt	굽다2	100	to patch up, stitch, darn, mend
깊다	ㅍ reg/yin	Dv	깊다	114	to be deep, be dark, be difficult ; to be profound ; to be close, be intimate
까다	아 reg/yang	Avt	사다	302	to peel (an orange), pare (an apple), hull (peas) ; to skin ; to hatch out ; to speak ill of ; to be a glib talker
까다롭다	ㅂ irreg/yin	Dv	덥다	176	to be complicated, be particular
까맣다	ㅎ irreg/yang	Dv	까맣다	116	to be black ; to be dark-colored ; to be black-hearted ; to be evil-hearted
까불다	ㄹ irreg/yin	Avi	물다1	248	to behave lightly
깎다	ㄲ reg/yang	Avt	찾다	460	to cut, clip, crop ; to shave, shear ; to beat down (the price)
깔끔하다	여 irreg/yin	Dv	깨끗하다	118	to be neat
깔다	ㄹ irreg/yang	Avt	팔다	472	to cover with, spread
깔리다	이 reg/yin	Avi	내리다1	144	to be overspread, covered ; to be lent/ loaned widely
깔보다	오 reg/yang	Avt	보다	272	to despise, look down upon
깜박거리다	이 reg/yin	Avi	내리다1	144	to twinkle, flicker, waver, shimmer ; to blink (one's eyes)
깜찍하다	여 irreg/yin	Dv	깨끗하다	118	to be cute, be saucy ; to be too clever for one's age, be precocious
깨끗하다	여 irreg/yin	Dv	깨끗하다	118	to be clean, be neat, be smart ; be clear, be pure ; to be fair, be just
깨다1	애 reg/yin	Avti	매다1	222	to wake up ; to become sober up ; to become civilized, become enlightened
깨다2	애 reg/yin	Avt	매다1	222	to break, beat ; to be hatched

Korean verb	Conjugation type	verb sort	same type	page	English translations
깨닫다	ㄷ irreg/yang	Avt	깨닫다	122	to perceive, realize, understand ; to be spiritually awakened
깨물다	ㄹ irreg/yin	Avt	물다1	248	to bite, gnaw
깨우다	우 reg/yin	Avt	주다1	438	to wake ; to make (a person) sober
깨우치다	이 reg/yin	Avt	가지다	70	to make realize, understand
깨지다	이 reg/yin	Avi	다니다	164	to be broken ; to fail ; to be dampened/ spoiled
꺼내다	애 reg/yin	Avt	매다1	222	to pull out, bring out, take out
꺼뜨리다	이 reg/yin	Avt	버리다1	266	to put out a fire [light] by mistake, let the fire die[go] out
꺼리다	이 reg/yin	Avt	버리다1	266	to abstain from ; to loathe ; to shun, avoid ; to dislike ; to hesitate
꺼지다1	이 reg/yin	Avi	다니다	164	to be extinguished, go out ; to be softened, appeased ; to disappear, vanish, fade away
꺼지다2	이 reg/yin	Avi	다니다	164	to become hungry
꺼지다3	이 reg/yin	Avi	다니다	164	to go away, get lost ; to sink, fall, cave in
꺾다	ㄲ reg/yin	Avt	읽다	410	to break off, crush, snap off ; to discourage, yield ; to turn ; to fold ; to interrupt, obstruct
꺾이다	이 reg/yin	Avi	내리다1	144	to be broken, snap ; to turn, be bent ; to be discouraged, be disheartened
껴안다	ㄴ reg/yang	Avt	찾다	460	to embrace, hug, hold (a person) to one's breast
껴입다	ㅂ reg/yin	Avt	읽다	410	to wear (a shirt) underneath one's outer clothes
꼬다	오 reg/yang	Avt	보다	272	to twist, twist together ; to speak in a roundabout way
꼬이다	이 reg/yin	Avi	내리다1	144	to get snarled, twisted, be entangled ; to go wrong, get cross, sour
꼬집다	ㅂ reg/yin	Avt	접다	430	to pinch, nip ; to make cynical remarks about, say spiteful things ; criticize
꼽다	ㅂ reg/yang	Avt	잡다	424	to count (on one's fingers), number, reckon, take a count
꽂다	ㅈ reg/yang	Avt	찾다	410	to stick, fix, pin, put, place (in a vase)
꾀다1	외 reg/yin	Avi	되다2	184	to swarm, gather, crowd, flock
꾀다2	외 reg/yin	Avt	쬐다	454	to tempt, lure, entice, seduce
꾀하다	여 irreg/yin	Avt	하다2	488	to scheme, plan, devise ; to seek, intend (to do) ; to exert oneself for
꾸다	우 reg/yin	Avt	주다	438	to dream ; to borrow (a thing from a person), have (money) on loan
꾸리다1	이 reg/yin	Avt	버리다1	266	to pack (luggage)
꾸미다	이 reg/yin	Avt	버리다1	266	to decorate ; to draw up, write out ; to complete ; to invent, fabricate
꾸짖다	ㅈ reg/yin	Avt	읽다	410	to scold, rebuke, reprimand
꿇다	ㅀ reg/yin	Avt	읽다	410	to bend one's knees

Korean verb	Conjugation type	verb sort	same type	page	English translations
꿇어앉다	ㄹㅎ reg/yang	Avi	숨다	322	to sit on one's knees
꿈꾸다	우 reg/yin	Avti	주다1	438	to dream ; to fancy oneself, desire
꿰다1	웨 reg/yin	Avt	꿰다1	124	to thread, run a thread through a needle
꿰다2	웨 reg/yin	Avt	꿰다1	124	to have a thorough knowledge of sth.
꿰뚫다	ㄹㅎ reg/yin	Avt	읽다	150	to pierce, penetrate ; to go through ; to perceive by s sort of instinct
끄다	으 irreg/yin	Avt	쓰다2	348	to extinguish, put out, turn off, blow out ; switch off ; to stop (an engin) ; to pay back
끄덕이다	이 reg/yin	Avt	버리다1	266	to nod one's head
끄떡없다	ㅄ reg/yin	Dv	깊다	114	to be safe (and sound), all right ; to be unmoved, be unflinching
끄르다	르 irreg/yin	Avt	부르다2	278	to untie, loosen, undo ; to unbutton
끈질기다	이 reg/yin	Dv	어리다1	368	to be strong and sticky ; to be persistent, be tenacious
끊다	ㄴㅎ reg/yin	Avt	읽다	410	to cut, sever, snap off ; to turn off ; to hang up ; to abstain from ; to kill oneself
끊어지다	이 reg/yin	Avi	다니다	164	to break, snap, be cut ; to break off, come to an end ; to expire, terminate, fall due, run out
끊이다	이 reg/yin	Avi	내리다1	144	to cease, discontinue, come to an end
끌다	ㄹ irreg/yin	Avt	물다1	248	to pull, draw ; to drag, trail ; to prolong ; to attract ; to install (telephone, etc.)
끌리다	이 reg/yin	Avi	내리다1	144	to be pulled, be drawn (by) ; to be attracted ; to be prolonged, be delayed
끌어당기다	이 reg/yin	Avt	버리다1	266	to pull, draw near, attract
끌어올리다	이 reg/yin	Avt	버리다1	266	to drag [pull/draw/lug] up ; to prompt
끓다	ㄹㅎ reg/yin	Avi	숨다	322	to boil, bubble, seethe ; to stir ; to rumble ; to obstruct the throat ; to swarm
끔찍하다	여 irreg/yin	Dv	깨끗하다	118	to be cruel, be atrocious
끝나다	아 reg/yang	Avi	나가다	128	to end, close, be concluded, be over (with), be finished, be completed
끝내다	애 reg/yin	Avt	매다1	222	to end, finish, complete, close, conclude ; to wind up
끼다1	이 reg/yin	Avi	내리다1	144	to become cloudy, foggy, dirty, moss- grown
끼다2	이 reg/yin	Avi	내리다1	144	to join, participate in
끼다3	이 reg/yin	Avi	내리다1	144	to put/get/let in ; to fix/fit (into) ; to hold sb in one's arms ; to fold
끼얹다	ㄵ reg/yin	Avt	읽다	410	to pour/splash on ; to shower on
끼우다	우 reg/yin	Avt	주다1	438	to put [get/let] in, insert (in), hold between
끼이다	이 reg/yin	Avi	내리다1	144	to be between, get jammed in ; to be tightened ; to take part in
끼치다	이 reg/yin	Avt	가지다	70	to give sb trouble, exert (influence) ; to hand down, leave, behind

Korean verb	Conjugation type	verb sort	same type	page	English translations
나가다	거라 irreg/yang	Avi	가다	64	to go out ; to go forth ; to go out of one's mind ; to be spent ; to sell ; to run for
나누다	우 reg/yin	Avt	주다1	438	to divide, split ; to distribute ; to classify ; to share ; to exchange
나뉘다	위 reg/yin	Avi	쉬다3	324	to be[get] divided, be separated
나다1	아 reg/yang	Avi	나가다	128	to be born, come out, flow out ; to happen ; to be opened ; to be produced
나다2	아 reg/yang	Avi	나가다	128	to pass one's time, go through, get through
나돌다	ㄹ irreg/yang	Avi	살다	308	to get abroad ; to be rumored ; to arrive [appear] on the market
나르다	르 irreg/yin	Avt	부르다2	278	to carry, convey, transport
나무라다	아 reg/yang	Avt	사다	302	to rebuke, scold, blame,
나부끼다	이 reg/yin	Avi	내리다1	144	to flutter, blow, wave, stream, fly
나쁘다	으 irreg/yin	Dv	나쁘다	132	to be bad ; be evil ; to be wrong, be immoral, be sinful ; to be wicked, be ill-natured ; to be criminal ; to be ill ; to be inferior ; to be harmful ; to be poor ; to be unhappy
나서다	어 reg/yin	Avi	서다	312	to come[step] forward, appear, come out ; to turn up, be found ; to leave, set out, start
나오다1	너라 irreg/yang	Avi	오다1	382	to come out, flow out
나오다2	너라 irreg/yang	Avi	오다1	382	to graduate from
나타나다	아 reg/yang	Avi	나가다	128	to appear, come out, turn up, show up, be expressed
나타내다	애 reg/yin	Avt	매다1	222	to show, display ; to expose ; to express ; to represent, stand for
낚다	ㄲ reg/yang	Avt	찾다	460	to fish, angle for fish, catch ; to decoy, allure, entice, entrap
날다	ㄹ irreg/yang	Avi	살다	308	to fly ; to flee, escape ; to go very fast
날뛰다	위 reg/yin	Avi	쉬다3	324	to jump/spring (up) ; to be behave/act violently
날래다	애 reg/yin	Dv	날래다	136	to be quick, be speedy (horse), be fast ; to be swift, be nimble
날리다1	이 reg/yin	Avt	버리다1	266	to be borne ; to raise (dust) ; to be blown off
날리다2	이 reg/yin	Avt	버리다1	266	to waste (money) ; to make oneself famous ; to make (a kite) fly
날쌔다	애 reg/yin	Dv	날래다	136	to be quick, be agile, be nimble
날씬하다	여 irreg/yin	Dv	깨끗하다	118	to be slender (in build), be thin, be slim
날아가다	거라 irreg/yang	Avi	가다	64	to fly away ; to be gone ; to be dismissed
날카롭다	ㅂ irreg/yin	Dv	덥다	176	to be sharp, be pointed, be violent, be acute
낡다	ㄺ reg/yang	Dv	높다	150	to be old, be aged, be antiquated ; to be old-fashioned, be outmoded ; to be stale, be threadbare, be hackneyed
남기다	이 reg/yin	Avt	버리다1	266	to leave over, leave unfinished ; to hand down ; leave one's footprints ; to gain, profit

Korean verb	Conjugation type	verb sort	same type	page	English translations
남다	ㅁ reg/yang	Avi	남다	138	to remain ; to linger ; to be left ; to survive ; to stay ; to make a profit
납치하다	여 irreg/yin	Avt	하다2	488	to kidnap, carry away, take (a person) away
낫다1	ㅅ irreg/yang	Dv	낫다1	140	to be better (than), be superior to, be preferable
낫다2	ㅅ irreg/yang	Avi	낫다2	142	to recover, heal, get well (from illness)
낭비하다	여 irreg/yin	Avt	하다2	488	to waste, spent wastefully, use no purpose
낮다	ㅈ reg/yang	Dv	높다	150	to be low, be inferior, be humble
낮추다	우 reg/yin	Avt	주다1	438	to lower ; to make low, bring down ; to sub due, drop ; to turn down ; to reduce (a soldier) to a low rank, demote to, degrade, debase
낯설다	ㄹ irreg/yin	Dv	길다	112	to be strange, be unfamiliar, be new ; to be unaccustomed to
낳다	ㅎ reg/yang	Avt	놓다1	152	to bear, give birth to ; to bring forth ; to produce
내놓다	ㅎ reg/yang	Avt	놓다1	152	to put out, take out, bring out ; to expose, bare ; to pay ; to lay (articles) out for sale
내다1	애 reg/yin	Avi	새다2	310	to become smoky
내다2	애 reg/yin	Avt	매다1	222	to come back, to return
내다3	애 reg/yin	Avt	매다1	222	to pay, send ; to put bring out ; to get (a license) ; to set up ; to open (a shop) ; to be empty ; to offer
내다4	애 reg/yin	Avt	매다1	222	to produce, yield, result in
내다보다	오 reg/yang	Avt	보다	272	to look out (of/over/on), see from within ; to anticipate, expect
내려가다	아 reg/yang	Avi	나가다	128	to go/come down, get down, step down, move down
내리다1	이 reg/yin	Avi	내리다1	144	to come down ; to get off ; to land ; to fall ; to go down ; to take (root) ; to be possessed (by a spirit)
내리다2	이 reg/yin	Avt	버리다1	266	to take down ; to drop (a curtain) ; to get sb off ; to cut (price) ; to grant, order
내밀다	ㄹ irreg/yin	Avti	물다1	248	to push out, protrude
내보내다	애 reg/yin	Avt	매다1	222	to drive away/out, let sb go out ; to expel, turn out
내뿜다	ㅁ reg/yin	Avt	읽다	410	to spout (out), gush out, erupt, break out
내쉬다	위 reg/yin	Avt	쥐다	444	to breathe out, exhale
내쫓다	ㅊ reg/yang	Avt	찾다	460	to expel, force to leave
내키다	이 reg/yin	Avi	내리다1	144	to feel like
냉랭하다	여 irreg/yin	Dv	깨끗하다	118	to be cold, be chilly ; to be indifferent, be half-hearted
너그럽다	ㅂ irreg/yin	Dv	덥다	176	to be lenient, be generous, be broad- minded
너르다	르 irreg/yin	Dv	다르다	166	to be wide, be spacious, be open, be extensive
넉넉하다	여 irreg/yin	Dv	깨끗하다	118	to be enough, be sufficient, be adequate ; to be rich, be wealthy

Korean verb	Conjugation type	verb sort	same type	page	English translations
널다	ㄹ irreg/yin	Avt	물다1	248	to spread out, hang out, stretch
넓다	ㄼ reg/yin	Dv	깊다	114	to be wide, be broad ; to be generous
넓히다	이 reg/yin	Avt	버리다1	266	to expand, increase, widen, enlarge
넘기다	이 reg/yin	Avt	가지다	70	to pass (a thing) over ; to fell, throw down ; to turn over/up ; to carry/bring over ; to get through/over ; to pass, spend, exceed ; to hand over ; to transfer, transmit
넘다1	ㅁ reg/yin	Avi	숨다	322	to exceed ; to go too far
넘다2	ㅁ reg/yin	Avti	읽다	410	to cross over, step over, jump
넘어가다	거라 irreg/yang	Avti	가다	64	to fall down, stumble ; to be ruined ; to set ; to pass by ; to go over ; to sink, go down ; to be deceived ; to be attracted
넘어오다	너라 irreg/yang	Avti	오다1	382	to come over (a mountain), come beyond ; to come into, transfer ; to vomit
넘어지다	이 reg/yin	Avi	다니다	164	to fall (down/over) ; to be defeated
넘치다	이 reg/yin	Avi	다니다	164	to overflow, run over, be superabundant
넣다	ㅎ reg/yin	Avt	읽다	410	to put in, pour in, insert ; to include ; to admit into ; to deposit
노닐다	ㄹ irreg/yin	Avi	물다1	248	to stroll[ramble] about, wander about
노랗다	ㅎ irreg/yang	Dv	까맣다	116	to be yellow, be golden ; to hold no promise of success
노략질하다	여 irreg/yin	Avt	하다2	488	to plunder, pillage
노려보다	오 reg/yang	Avt	보다	272	to glare at, stare fiercely
노리다1	이 reg/yin	Dv	어리다1	368	to be stinking, be rank, be foul-smelling ; to be sordid, be stingy, be miserly
노리다2	이 reg/yin	Avt	버리다1	266	to aim at, have an eye (on), watch for, stalk
노엽다	ㅂ irreg/yin	Dv	덥다	176	to be offended, be indignant
노출하다	여 irreg/yin	Avti	하다2	488	to expose, disclose
녹다	ㄱ reg/yang	Avi	남다	138	to melt, thaw ; to dissolve ; to be warmed ; to be deeply in love
녹이다	이 reg/yin	Avt	버리다1	266	to dissolve, melt ; to charm
놀다1	ㄹ irreg/yang	Avi	살다	308	to play, enjoy oneself ; to amuse oneself ; to make merry ; to shake ; to move
놀다2	ㄹ irreg/yang	Avi	살다	308	to be idle, unoccupied, doing nothing
놀라다	아 reg/yang	Avi	나가다	128	to wonder (at), be surprised, be frightened, be astonished, be amazed
놀랍다	ㅂ irreg/yin	Dv	덥다	176	to be wonderful, be marvelous, be amazing
놀래다	애 reg/yin	Avi	새다2	310	to surprise, astonish, amaze ; to frighten, terrify, terrorize
놀리다1	이 reg/yin	Avt	버리다1	266	to joke, make fun of ; to handle, manage
놀리다2	이 reg/yin	Avt	버리다1	266	to move, set in motion

Korean verb	Conjugation type	verb sort	same type	page	English translations
높다	ㅍ reg/yang	Dv	높다	150	to be high, be tall ; to be lofty, be noble ; to be loud ; to be expensive
높다랗다	ㅎ irreg/yang	Dv	까맣다	116	to be remarkably high, be lofty
놓다1	ㅎ reg/yang	Avt	놓다1	152	to put, lay down, place ; to release ; to let go ; to set (fire) ; to relax ; to construct ; to fire, shoot ; to inject
놓다2	ㅎ reg/yang	Aux	놓다1	152	to keep, have, leave
놓이다	이 reg/yin	Avi	다니다	164	to be put, laid ; to feel relieved, be relaxed
놓치다	이 reg/yin	Avt	가지다	70	to miss, fail ; to let pass (an opportunity) ; to lose sight of
누다	우 reg/yin	Avt	주다1	438	to evacuate, discharge, pass
누렇다	ㅎ irreg/yin	Dv	이렇다	398	to be golden yellow, be deep yellow, be ripe yellow
누르다1	러 irreg	Dv	푸르다	478	to be golden yellow
누르다2	르 irreg/yin	Avt	부르다2	278	to press, suppress
누리다1	이 reg/yin	Dv	어리다1	368	to stink , be rank, be foul-smelling, fetid
누리다2	이 reg/yin	Avt	버리다1	266	to enjoy, have, be blessed with
누비다	이 reg/yin	Avt	버리다1	266	to quilt ; to thread/weave one's way
눅다	ㄱ reg/yin	Dv	깊다	114	to become milder, be warm up
눋다	ㄷ irreg/yin	Avi	걷다1	74	to be burn, be scorched ; to get scorched
눕다	ㅂ irreg/yin	Avi	눕다	158	to lie down ; to lay oneself down ; to recline
뉘우치다	이 reg/yin	Avt	가지다	70	to repent, regret ; to be penitent ; be sorry for
느긋하다	여 irreg/yin	Dv	깨끗하다	118	to quite satisfied [contented/gratified] (with) ; to be comfortable, be relaxed
느끼다	이 reg/yin	Avt	버리다1	266	to feel, be conscious of ; to be impressed (by/with)
느끼하다	여 irreg/yin	Dv	깨끗하다	118	to be greasy, be fatty, be oily, be thick
느리다	이 reg/yin	Dv	어리다1	368	to be slow ; to be tardy
느슨하다	여 irreg/yin	Dv	깨끗하다	118	to be loose, be slack, be relaxed
늘다	ㄹ irreg/yin	Avi	물다1	248	to grow, increase, multiply, improve, make progress
늘리다	이 reg/yin	Avt	버리다1	266	to increase, raise, multiply ; to extand, expand ; to widen
늘어나다	아 reg/yang	Avi	나가다	128	to extend, lengthen ; to expand, stretch ; to increase, multiply, swell
늘이다	이 reg/yin	Avt	버리다1	266	to lengthen ; make (something) longer
늙다	ㄺ reg/yin	Avi	숨다	322	to become old
능숙하다	여 irreg/yin	Dv	깨끗하다	118	to be skilled, be skillful, be expert
능통하다	여 irreg/yin	Dv	깨끗하다	118	to be expert, be accomplished
늦다1	ㅈ reg/yin	Dv	깊다	114	to be late, be delayed, be overdue ; to be slow
늦다2	ㅈ reg/yin	Dv	깊다	114	to be loose, be slack

Korean verb	Conjugation type	verb sort	same type	page	English translations
늦다3	ㅈ reg/yin	Avi	숨다	322	to become late, be behind time, delayed, overdue
늦추다	우 reg/yin	Avt	주다1	438	to loosen, unbend ; to slow down ; to delay, prolong
다가가다	거라 irreg/yang	Avi	가다	64	to approach, go nearer
다가앉다	ㄵ reg/yang	Avi	남다	138	to sit closer
다가오다	너라 irreg/yang	Avi	오다1	382	to approach, come nearer
다그치다	이 reg/yin	Avt	가지다	70	to urge, prompt
다녀가다	거라 irreg/yang	Avi	가다	64	to go visit and then leave again
다녀오다	너라 irreg/yang	Avi	오다1	382	to come visit and then leave again
다니다	이 reg/yin	Avi	내리다1	144	to come and go ; to attend (school) ; to visit (a place)
다다르다	으 irreg/yin	Avi	따르다	196	to reach, arrive, be sufficient
다독거리다	이 reg/yin	Avt	버리다1	266	to gather (things) up and press in order, arrange in good order ; to caress
다듬다	ㅁ reg/yin	Avt	읽다	410	to polish, make pretty, refine ; to smooth ; to finish off ; to plume
다루다	우 reg/yin	Avt	주다1	438	to treat, deal with, manage
다르다	르 irreg/yin	Dv	다르다	166	to be different ; to be uncommon ; to be unusual ; to be disagree
다리다	이 reg/yin	Avt	버리다1	266	to iron
다물다	ㄹ irreg/yin	Avt	물다1	248	to shut, close (one's mouth) ; to be quiet, not speak
다부지다	이 reg/yin	Dv	어리다1	368	to be staunch, be firm, be determined, be stout-hearted
다스리다	이 reg/yin	Avt	버리다1	266	to rule, govern
다양하다	여 irreg/yin	Dv	깨끗하다	118	to be varied, be various
다지다1	이 reg/yin	Avt	가지다	70	to harden, make hard ; to emphasize, make sure of ; to strengthen, confirm
다지다2	이 reg/yin	Avt	가지다	70	to chop fine, chop (up), cut fine
다짐하다	여 irreg/yin	Avi	말하다	220	to assure, pledge, make sure
다치다	이 reg/yin	Avt	가지다	70	to get wounded, be injured
다투다	우 reg/yin	Avti	주다1	438	to dispute, argue ; to quarrel ; to compete
다하다1	여 irreg/yin	Avti	하다2	488	to run out ; to die
다하다2	여 irreg/yin	Avt	하다2	488	to finish, go through
닥치다1	이 reg/yin	Avi	다니다	164	to approach [an ominous thing]
닥치다2	이 reg/yin	Avt	가지다	70	to shut one's mouth ; to hold one's tongue, be(come) silent
닦다	ㄲ reg/yang	Avt	찾다	460	to polish, scrub ; to wipe clean ; cultivate, train ; to prepare the ground for
단단하다	여 irreg/yin	Dv	깨끗하다	118	to be hard, be solid ; to be tight, be compact, be close

Korean verb	Conjugation type	verb sort	same type	page	English translations
단련하다	여 irreg/yin	Avt	하다2	488	to discipline, train
단순하다	여 irreg/yin	Dv	깨끗하다	118	to be simple-minded
닫다	ㄷ reg/yang	Avt	찾다	460	to shut, close
달그락거리다	이 reg/yin	Avi	내리다1	144	to rattle, clatter
달다1	ㄹ irreg/yang	Dv	달다1	170	to be sweet, be sugary ; to have sweet sleep
달다2	ㄹ irreg/yang	Avt	팔다	472	to hang out, suspend ; to attach, fix ; to add ; to weight
달래다	애 reg/yin	Avt	매다1	222	to coax, humor ; to soothe, pacify, calm (down), mollify
달려가다	거라 irreg/yang	Avi	가다	64	to run
달려오다	너라 irreg/yang	Avi	오다1	382	to come running, hasten [hurry/rush] to (a place)
달리다1	이 reg/yin	Avi	내리다1	144	to run, rush, dash, jog, sail
달리다2	이 reg/yin	Avi	내리다1	144	to be no match for ; to fall behind ; to be not enough
달리다3	이 reg/yin	Avi	내리다1	144	to hang down, dangle, be suspand from ; to depend on, turn on ; to be attached, be fixed, be coupled
달아나다	아 reg/yang	Avi	나가다	128	to run away, flee,
달콤하다	여 irreg/yin	Dv	깨끗하다	118	to be sweet, be sugary, be honey
닮다	ㄻ reg/yang	Avti	찾다	460	to resemble, be alike, take after
닳다	ㅀ reg/yang	Avi	남다	138	to wear [be worn] out, be rubbed off
담그다	으 irreg/yin	Avt	따르다1	196	to soak (sth with water) ; to put sth in ; to prepare (kimchi)
담기다	이 reg/yin	Avi	내리다1	144	to be filled, be put in, hold
담다	ㅁ reg/yang	Avt	찾다	460	to put in, fill ; to put into, incorporate (in), include ; to use foul language, speak ill (of)
답답하다	여 irreg/yin	Dv	깨끗하다	118	to be stuffy, be close, be stifling ; to be unadaptable
당기다	이 reg/yin	Avt	버리다1	266	to draw, pull, haul ; to stretch (a rope) tight, strain ; to stimulate (one's appetite)
당당하다	여 irreg/yin	Dv	깨끗하다	118	to be stately, be imposing, be dignified ; to be fair, be open
당연하다	여 irreg/yin	Dv	깨끗하다	118	to be rightful, be proper, be fair, be reasonable
당하다	여 irreg/yin	Avti	하다2	488	to encounter, experience ; to match [equal/rival] (a person) ; to be deceived
당황하다	여 irreg/yin	Avi	말하다	220	to be confused, be perplexed, puzzled ; to be embarrassed, be upset
닿다	ㅎ reg/yang	Avi	놓다1	152	to touch, be in contact with
대견하다	여 irreg/yin	Dv	깨끗하다	488	to be satisfied, be contented, be content
대다1	애 reg/yin	Avt	매다1	222	to put (a thing) on ; to touch
대다2	애 reg/yin	Avt	매다1	222	to compare (A with B)

Korean verb	Conjugation type	verb sort	same type	page	English translations
대다3	애 reg/yin	Avt	매다1	222	to start, set about
대다4	애 reg/yin	Avt	매다1	222	to drive up, bring to
대다5	애 reg/yin	Avt	매다1	222	to supply/provide/furnish (a person) with
대다6	애 reg/yin	Aux	새다2	310	to repeat with effort
대단찮다	ㄶ reg/yang	Dv	깊다	114	to not so many/much, be a small sum of money ; to be a little importance, be insignificant, be trivial, be slight ; to not be serious ; to not be severe
대단하다	여 irreg/yin	Dv	깨끗하다	118	to be many/much, be a great ; to be important, be serious ; to be severe, be intensive ; to be wonderful, be amazing
대답하다	여 irreg/yin	Avi	말하다	220	to reply, answer, respond
대들다	ㄹ irreg/yin	Avi	물다1	248	to oppose, defy, rise against, challenge
contrast하다	여 irreg/yin	Avi	말하다	220	to be opposed to (each other), be pitted against
대접하다	여 irreg/yin	Avt	하다2	488	to treat, receive ; to entertain, show sb hospitality
대항하다	여 irreg/yin	Avti	하다2	488	to oppose, confront, face, counter ; to compete with
더듬다1	ㅁ reg/yin	Avi	숨다	322	to stammer, falter, stutter
더듬다2	ㅁ reg/yin	Avt	깊다	114	to grope (for), fumble (in the darkness) for (a thing)
더하다	여 irreg/yin	Avt	하다2	488	to add[sum] ; to plus ; to increase, grow, gain
더럽다	ㅂ irreg/yin	Dv	덥다	176	to be dirty, be unclean, be nasty, be shabby ; to be mean, be base ; to be stingy, be niggardly
던지다	이 reg/yin	Avt	가지다	70	to throw, hurl ; to pitch ; to vote, ballot ; to cast at ; to abandon
덜다	ㄹ irreg/yin	Avt	물다1	248	to subtract, deduct ; to lessen, ease, relieve
덤벼들다	ㄹ irreg/yin	Avi	물다1	248	to go at, set (upon)
덤비다	이 reg/yin	Avi	내리다1	144	to go at, turn[fall] upon, defy, challenge ; to hurry, hasten
덥다	ㅂ irreg/yin	Dv	덥다	176	to feel hot ; to be hot, be warm
덧나다1	아 reg/yang	Avi	나가다	128	to get worse ; to get inflamed
덧나다2	아 reg/yang	Avi	나가다	128	to grow beyond the rest
덮다	ㅍ reg/yin	Avt	읽다	410	to cover with, spread over ; to veil, hide, conceal
덮이다	이 reg/yin	Avi	내리다1	144	to be hidden, be closed
덮치다	이 reg/yin	Avt	가지다	70	to attack ; to hold sb down
데다	에 reg/yin	Avi	데다	178	to burnt, be scalded ; to suffer a burn ; to have a bad experience
데우다	우 reg/yin	Avt	주다1	438	to make warm/hot ; to heat up
도달하다	여 irreg/yin	Avi	말하다	220	to arrive at ; reach, attain
도망가다	거라 irreg/yang	Avi	가다	64	to flee, run away ; to escape
도착하다	여 irreg/yin	Avi	말하다	220	to arrive at, reach

Korean verb	Conjugation type	verb sort	same type	page	English translations
독특하다	여 irreg/yin	Dv	깨끗하다	118	to be unique, be peculiar, be special, be original
돋다	ㄷ reg/yang	Avi	남다	138	to raise, come up, arouse ; to grow up, sprout ; to come out
돋우다	우 reg/yin	Avt	주다1	438	to raise, lift up ; to encourage, stir up
돌다	ㄹ irreg/yang	Avi	살다	308	to turn around ; to turn about ; to take effect ; to circulate ; to prevail ; to go off one's head ; to be dizzy
돌리다1	이 reg/yin	Avt	버리다1	266	to turn, spin, wheel ; to shift ; to change, alter
돌리다2	이 reg/yin	Avt	버리다1	266	to borrow, have (money) on loan
돌보다	오 reg/yang	Avt	보다	272	to care for, take care of, look after, tend, attend to
돌아가다1	거라 irreg/yang	Avi	가다	64	to die
돌아가다2	거라 irreg/yang	Avi	가다	64	to go/turn back ; to return
돌아다니다	이 reg/yin	Avi	내리다1	144	to look around, see while walking ; to wander, tramp ; to go around
돌아보다	오 reg/yang	Avt	보다	272	to look back upon, review, retrospect, reflect ; to make a round ; to patrol
돌아오다	너라 irreg/yang	Avi	오다1	382	to return, come back ; to recover ; to be allotted
돌이키다	이 reg/yin	Avt	버리다1	266	to turn one's face/head ; to change one's mind ; to recover, get back, restre
돕다	ㅂ irreg/yang	Avt	돕다	180	to help ; to aid ; to relieve ; to promote ; to contribute
동거하다	여 irreg/yin	Avi	말하다	220	to live together, live with (a family) ; to cohabit (with)
동행하다	여 irreg/yin	Avi	말하다	220	to go (along) with, accompany (a person)
되다1	외 reg/yin	Dv	고되다	80	to be hard, be thick ; to be tight, tense ; to be tough ; to be severe
되다2	외 reg/yin	Avi	되다2	184	to become ; to turn into ; to be done ; to grow up ; to begin to ; to result ; to consist ; to succeed
되다3	외 reg/yin	Aux	되다2	184	to become
되돌리다	이 reg/yin	Avt	버리다1	266	to return, give back ; to restore ; to put back ; to reject
되찾다	ㅈ reg/yang	Avt	찾다	460	to recover, get/take (sth) back
되풀이하다	여 irreg/yin	Avt	하다2	488	to repeat
두근거리다	이 reg/yin	Avi	내리다1	144	to throb, palpitate, pulsate, pulse
두껍다	ㅂ irreg/yin	Dv	덥다	176	to be thick
두다1	우 reg/yin	Avt	주다1	438	to put, place, set, lay ; to leave ; to move
두다2	우 reg/yin	Aux	주다1	438	to do sth to get
두드리다	이 reg/yin	Avt	버리다1	266	to strike, beat, hit, knock ; to tap
두려워하다	여 irreg/yin	Avt	하다2	488	to fear, dread ; to be afraid of ; to apprehend ; to be in awe of
두렵다	ㅂ irreg/yin	Dv	덥다	176	to be frightened, be fearful, be afraid ; to be in awe of, be awed by

Korean verb	Conjugation type	verb sort	same type	page	English translations
두르다	르 irreg/yin	Avt	부르다2	278	to surround, wear wrapped around, enclose
두리번거리다	이 reg/yin	Avt	버리다1	266	to look around (restlessly), glance round
두텁다	ㅂ irreg/yin	Dv	덥다	176	to be thick, be generous, be warm, be cordial, be deep
둔하다	여 irreg/yin	Dv	깨끗하다	118	to be dull ; to be stupid ; to be slow
둘러보다	오 reg/yang	Avt	보다	272	to look around, survey
둥글다	ㄹ irreg/yin	Dv	길다	112	to be round, to be circular ; to be globular
뒤따르다	으 irreg/yin	Avt	따르다1	196	to follow
뒤섞다	ㄲ reg/yin	Avt	읽다	410	to mix/jumble together, blend ; to compound
뒤엎다	ㅍ reg/yin	Avt	읽다	410	to upset, overturn, turn sth upside down
뒤지다1	이 reg/yin	Avi	다니다	164	to ransack, rummage, search for, fumble in
뒤지다2	이 reg/yin	Avt	가지다	70	to fall/drop behind ; to get behind the times/ ages
뒤집다	ㅂreg/yin	Avt	읽다	410	to turn the other side ; to reverse, invert ; to upset, overturn
뒤집어씌우다	우 reg/yin	Avt	주다1	438	to cover with ; to put the blame on
뒤쫓다	ㅊ reg/yang	Avt	찾다	460	to pursue/chase after, trail ; to hunt up
뒹굴다	ㄹ irreg/yin	Avi	물다1	248	to lay down, roll over ; to idle away, do nothing, be lazy
드나들다	ㄹ irreg/yin	Avi	물다1	248	to come and go, visit frequently
드높다	ㅍ reg/yang	Dv	높다	150	to be high, be tall, be lofty, be eminent
드러나다	아 reg/yang	Avi	나가다	128	to be known ; to come out, appear ; to be found out, be revealed ; to show/ display itself
드러내다	애 reg/yin	Avt	매다1	222	to expose, lay bare ; to bring sth to light ; to make sb famous ; to reveal, show, betray
드러눕다	ㅂ irreg/yin	Avi	눕다	158	to lie down, lay oneself down
드리다1	이 reg/yin	Avt	버리다1	266	to give, offer, present,
드리다2	이 reg/yin	Avt	버리다1	266	to make, institute ; to put in
드리다3	이 reg/yin	Aux	버리다1	266	to service
드물다	ㄹ irreg/yin	Dv	길다	112	to be rare ; to be unusual, be uncommon ; to be few ; to be few and far
든든하다	여 irreg/yin	Dv	깨끗하다	118	to be solid, be firm, be robust, be stout, be strong ; to be secure
듣다1	ㄷ irreg/yin	Avi	걷다1	74	to be effective, have an effect
듣다2	ㄷ irreg/yin	Avt	듣다2	192	to hear, listen to ; to praise ; to obey, follow
들다1	ㄹ irreg/yin	Avi	물다1	248	to grow older
들다2	ㄹ irreg/yin	Avi	물다1	248	to go in, get in, move in ; to hold, contain, to join, enter ; to be dyed, take color
들다3	ㄹ irreg/yin	Avt	물다1	248	to raise, lift ; to hold sth in one's hand ; to give (an example), mention (a fact) ; to eat, drink
들뜨다	으 irreg/yin	Avi	뜨다2	204	to grow restless, drift, wander, become fickle

Korean verb	Conjugation type	verb sort	same type	page	English translations
들르다	으 irreg/yin	Avi	뜨다2	204	to drop in, stay by, go by
들리다1	이 reg/yin	Avi	내리다1	144	to be heard, be audible ; to reach one's ear ; to be said/told ; to come to one's ears
들리다2	이 reg/yin	Avi	내리다1	144	to be possessed (by an evil spirit) ; to be taken (ill) ; to be attacked by
들리다3	이 reg/yin	Avi	내리다1	144	to be lifted up, be raised
들어가다	거라 irreg/yang	Avi	가다	64	to enter, go in ; to sink ; to contain, hold, be included ; to be put in
들어오다	너라 irreg/yang	Avi	오다1	382	to come in
들어주다	우 reg/yin	Avt	주다1	438	to comply with a person's request
들추다	우 reg/yin	Avt	주다1	438	to disclose, uncover, reveal ; to ransack, search
들키다	이 reg/yin	Avi	내리다1	144	to be found, be detected
디디다	이 reg/yin	Avt	버리다1	206	to step on, tread on
따갑다	ㅂ irreg/yang	Dv	곱다1	94	to be prickly, be pricking, be smarting
따끔하다	여 irreg/yin	Dv	깨끗하다	118	to be prickly, be pricking ; to be severe, be harsh, be sharp
따다	아 reg/yang	Avt	사다	302	to pick, pluck, nip off ; to open (a can) ; to quote
따라오다	오 reg/yang	Avt	보다	272	to come with, follow, accompany, keep up with ; to do likewise ; to compete, rival
따돌리다	이 reg/yin	Avt	버리다1	266	to leave (a person) out (in the cold), leave (a person) severely alone, exclude, disdain
따라가다	거라 irreg/yang	Avt	가다	64	to follow, go with, accompany ; to keep up with ; to obey ; to compete with, be a match for
따라다니다	이 reg/yin	Avt	버리다1	266	to follow (around), go around with ; to shadow
따르다1	으 irreg/yin	Avt	쓰다2	348	to follow, accompany go after ; to imitate, model after ; to obey ; to agree ; to act on
따르다2	으 irreg/yin	Avt	쓰다2	348	to pour (into/out)
따지다	이 reg/yin	Avt	가지다	70	to distinguish right from wrong ; to inquire into ; to count, calculate
딱하다	여 irreg/yin	Dv	깨끗하다	118	to be pitiful, be pitiable ; to be embarrassing
때다	애 reg/yin	Avt	매다1	222	to make a fire, burn
때리다	이 reg/yin	Avt	버리다1	266	to beat, strike, hit, slap, box, drub, knock sb down
때우다	우 reg/yin	Avt	주다1	438	to solder, tinker, braze ; to make shift (with)
떠나다	아 reg/yang	Avi	나가다	128	to leave, start out, depart from, set off ; to part from ; to die
떠들다	ㄹ irreg/yin	Avi	물다1	248	to make a noise, gabble ; to clamor ; to be rumored
떠오르다	르 irreg/yin	Avi	흐르다	498	to rise/come up to the surface (of water) ; to come across one's mind
떨다1	ㄹ irreg/yin	Avi	물다1	248	to tremble, quake, shake ; to thrill, vibrate ; to shudder

Korean verb	Conjugation type	verb sort	same type	page	English translations
떨다2	ㄹ irreg/yin	Avt	물다1	248	to sweep/brush off (dust) ; to take off/ away ; to sell off, dispose of
떨리다1	이 reg/yin	Avi	내리다1	144	to shake, tremble, shiver, quake
떨리다2	이 reg/yin	Avi	내리다1	144	to be shaken off, be beaten [thrown] off, fall off ; to be excluded
떨어뜨리다	이 reg/yin	Avt	버리다1	266	to drop, to let fall, throw down ; to degrade ; to lessen, decrease
떨어지다	이 reg/yin	Avi	다니다	164	to fall, drop ; to fail, be defeated ; to separate, part from
떨치다	이 reg/yin	Avt	가지다	70	to be widely felt, become well known ; to shake off, beat
떫다	ㄼ reg/yin	Dv	깊다	114	to be astringent
떼다	에 reg/yin	Avt	베다	270	to remove, take off, detach, keep apart ; to cut sth open
떼밀다	ㄹ irreg/yin	Avt	물다1	248	to push a person around
떼이다	이 reg/yin	Avt	버리다1	266	to have a loan uncollected
똑똑하다	여 irreg/yin	Dv	깨끗하다	118	to be clever, be bright, be brainy ; to be clear, be distinct, be plain, be definite
뚜렷하다	여 irreg/yin	Dv	깨끗하다	118	to be distinct, be obvious
뚫다	ㅀ reg/yin	Avt	읽다	410	to punch/poke (a hole) ; to elude (a law)
뚱뚱하다	여 irreg/yin	Dv	깨끗하다	118	to be fat, be stout, be corpulent
뛰다	위 reg/yin	Avi	쉬다3	324	to jump, spring, hop ; run, gallop, dash ; to spatter, splash ; to flee
뛰어나다	아 reg/yang	Dv	싸다1	336	to be outstanding, be remarkable ; to be noted
뜨겁다	ㅂ irreg/yin	Dv	덥다	176	to be hot ; to be heated ; to be burning ; to be passionate
뜨다1	으 irreg/yin	Dv	슬프다	328	to be slow, be slow-footed ; to be dull ; to be taciturn, be reticent ; to be blunt
뜨다2	으 irreg/yin	Avi	뜨다2	204	to float ; to rise ; to get loose ; to be a part from
뜨다3	으 irreg/yin	Avi	뜨다2	204	to leave ; to quit ; to resign (office) ; to move out of place ; to die, depart
뜨다4	으 irreg/yin	Avt	쓰다2	348	to open one's eyes, begin to hear
뜨다5	으 irreg/yin	Avt	쓰다2	348	to cut off ; to scoop up ; to cut up
뜨다6	으 irreg/yin	Avt	쓰다2	348	to toss up, lift up
뜨다7	으 irreg/yin	Avt	쓰다2	348	to net, weave, knit, sew
뜯다	ㄷ reg/yin	Avt	믿다	252	to pluck, pick off ; to unsew
뜯어내다	애 reg/yin	Avt	매다1	222	to take off, tear off
뜻있다	ㅆ reg/yin	Avi	숨다	322	to be significant, meaningful
뜻하다	여 irreg/yin	Avt	하다2	488	to intend to, plan
띄다	이 reg/yin	Avi	내리다1	144	to be opened, awake ; to be seen ; to be found ; to be prominent

Korean verb	Conjugation type	verb sort	same type	page	English translations
띠다	이 reg/yin	Avt	버리다1	266	to put on, tie ; to wear, carry
마감하다	여 irreg/yin	Avt	하다2	488	to close, finish ; to end
마련하다	여 irreg/yin	Avt	하다2	488	to prepare, provide, furnish, get ready for
마렵다	ㅂ irreg/yin	Dv	덥다	176	to feel an urge to urinate [defecate]
마르다1	르 irreg/yin	Avi	흐르다	498	to dry (up), be dry ; to be thirsty ; to become thin ; to lose weight ; to run out
마르다2	르 irreg/yin	Avt	부르다2	278	to cut out (a dress), make by cutting
마무리하다	여 irreg/yin	Avt	하다2	488	to finish, complete
마시다	이 reg/yin	Avt	가지다	70	to drink, suck in ; to breathe in
마주보다	오 reg/yang	Avti	보다	272	to look at one another
마주치다	이 reg/yin	Avt	가지다	70	to run against ; to happen to meet
마찬가지다	이 reg/yin	Avi	다니다	164	to be the same, be equivalent, be like
마치다	이 reg/yin	Avt	가지다	70	to complete, finish, be ready, be through with
막다	ㄱ reg/yang	Avt	사다	302	to block, stop up, prevent, fence around, enclose, to screen off ; to defend, protect, keep away
막연하다	여 irreg/yin	Dv	깨끗하다	118	to be vague, be obscure, be ambiguous
막히다	이 reg/yin	Avi	내리다1	144	to be blocked, separated ; to be at a loss for (answer)
만나다	아 reg/yang	Avti	나가다	128	to meet, encounter, find
만들다1	ㄹ irreg/yin	Avt	물다1	248	to make, manufacture ; to create ; to make out ; to form, constitute ; to organize ; to invent ; to prepare (a food) ; to write ; to coin ; to cook
만들다2	ㄹ irreg/yin	Avt	물다1	248	to make sb do, get sb to do
만류하다	여 irreg/yin	Avt	하다2	488	to detain, keep/hold back
만만하다	여 irreg/yin	Dv	깨끗하다	118	to be full of (ambition), be brimming with (vigor), be filled with (courage)
만족하다	여 irreg/yin	Dv	깨끗하다	118	to be contented, be satisified, be gratified
만지다	이 reg/yin	Avt	가지다	70	to touch, finger, brush ; to handle
많다	ㄶ reg/yang	Dv	높다	150	to be many, be numerous ; to be much ; to be plenty ; to be frequent, be often to be many ; to be abundant, be plentiful
말갛다	ㅎ irreg/yang	Dv	까맣다	116	to be clear, be clean, be limpid
말끔하다	여 irreg/yin	Dv	깨끗하다	118	to be neat and tidy
말다1	ㄹ irreg/yang	Avt	팔다	472	to roll up (a carpet)
말다2	ㄹ irreg/yang	Avt	팔다	472	to mix sth with
말다3	ㄹ irreg/yang	Avt	팔다	472	to stop, cease ; to give up ; to leave off work
말다4	ㄹ irreg/yang	Avt	팔다	472	to prohibit ; to refrain from ; to end up
말리다1	이 reg/yin	Avt	가지다	70	to dry up ; to make/let dry
말리다2	이 reg/yin	Avt	가지다	70	to stop (a person from doing) ; to advise (a person) not to do ; to forbid (a person to do), prohibit

Korean verb	Conjugation type	verb sort	same type	page	English translations
말씀하다	여 irreg/yin	Avti	하다2	488	to say, speak, talk, converse, tell, state, mention, remark, explain
말하다	여 irreg/yin	Avti	하다2	488	to say, speak, talk, converse, tell ; to state, mention, remark, explain
맑다	ㄺ reg/yang	Dv	높다	150	to be clear, be limpid ; to be pure ; to be fine (weather)
망명하다	여 irreg/yin	Avi	말하다	220	to flee from one's own country (for political reasons), exile oneself, seek [take] refuge (in a foreign country)
망설이다	이 reg/yin	Avi	내리다1	144	to hesitate, waver, hold back
망치다	이 reg/yin	Avt	가지다	70	to spoil, ruin, destory, damage
망하다1	여 irreg/yin	Dv	깨끗하다	118	to be ugly, be bad-looking ; to be evil, be wicked, be ill-natured
망하다2	여 irreg/yin	Avi	말하다	220	to fall, perish, go bankrupt ; to be ruined
맞다1	ㅈ reg/yang	Avi	남다	138	to be right, be correct
맞다2	ㅈ reg/yang	Avi	남다	138	to be fitting, appropriate ; to meet, receive ; to get wet
맞다3	ㅈ reg/yang	Avt	찾다	460	to hit (the mark) ; to get scolded ; to be beaten, struck ; to get (an injection)
맞다4	ㅈ reg/yang	Avt	찾다	460	to meet, receive, welcome, make sb welcome ; to greet (the New Year) ; to meet with, encounter
맞닿다	ㅎ reg/yang	Avi	찧다	456	to come into contact with, touch
맞대다	애 reg/yin	Avt	매다1	222	to bring into contact with, face with, confront
맞들다	ㄹ irreg/yin	Avt	물다1	248	to lift up together, hold up together
맞먹다	ㄱ reg/yin	Avi	숨다	322	to be of equal (strength), of equal (birth)
맞붙다	ㅌ reg/yin	Avi	숨다	322	to stick together
맞서다	어 reg/yin	Avi	서다	312	to stand face to face (with), face each other, be opposite ; to stand against
맞이하다	여 irreg/yin	Avt	하다2	488	to meet, welcome ; to receive, play host to ; to be confronted (by)
맞추다	우 reg/yin	Avt	주다1	438	to adjust, regulate, correct ; to compare with, fix up ; to put together ; to tune ; to adapt, accommodate
맞히다1	이 reg/yin	Avt	버리다1	266	to guess right, find something out
맞히다2	이 reg/yin	Avt	버리다1	266	to have sb hit
맡기다	이 reg/yin	Avt	버리다1	266	to entrust ; to allow, put in charge ; to deposit ; to leave
맡다1	ㅌ reg/yang	Avt	찾다	460	to smell ; to scent ; to sniff out ; to get wind
맡다2	ㅌ reg/yang	Avt	찾다	460	to keep, receive ; to under take ; to get, obtain
매기다	이 reg/yin	Avt	가지다	70	to decide, set ; to grade ; to rate
매다1	애 reg/yin	Avt	매다1	222	to bind, tie, fasten a belt ; to chain, lash ; to stretch, string ; to wear

Korean verb	Conjugation type	verb sort	same type	page	English translations
매다2	애 reg/yin	Avt	매다1	222	to weed out
매달다	ㄹ irreg/yang	Avt	팔다	472	to hang (up), suspend
매달리다	이 reg/yin	Avi	내리다1	144	to hang down (from), be hung (down) ; to cling to, hang on ; to adhere to ; to depend ; to appeal to
맵다	ㅂ irreg/yin	Dv	덥다	176	to be spicy, be hot, be pungent ; to be severe, be strict
맺다	ㅈ reg/yin	Avt	읽다	410	to tie up, knot ; to bear, product ; to close, finish ; to cherish, nurse ; to enter
맺히다	이 reg/yin	Avi	내리다1	144	to be tied, come into bearing, be pent up
머금다	ㅁ reg/yin	Avt	읽다	410	to hold in the mouth, to bear in mind ; to contain, have, hold
머무르다	르 irreg/yin	Avi	흐르다	498	to stay over, stop over, take lodgings
머뭇거리다	이 reg/yin	Avi	내리다1	144	to hesitate
먹다1	ㄱ reg/yin	Avi	숨다	322	to go deaf, lose one's hearing
먹다2	ㄱ reg/yin	Avt	읽다	410	to eat, have, take ; to drink, smoke ; to undergo, to suffer ; to receive, be given ; to decide, determine
먹이다1	이 reg/yin	Avt	버리다1	266	to feed, keep ; to infect ; to offer (a bribe) ; to put sb to shame
먹이다2	이 reg/yin	Avt	버리다1	266	to soak (sth with water) ; to apply (oil) ; to put sth in
멀다1	ㄹ irreg/yin	Dv	길다	112	to be far, be distant, be remote
멀다2	ㄹ irreg/yin	Avi	물다1	248	to become blind, lose one's sight to be hard of hearing
멈추다	우 reg/yin	Avti	주다1	438	to stop, cease, halt ; to discontinue
멋있다	ㅆ reg/yin	Dv	깊다	114	to be handsome, be elegant
멋쩍다	ㄱ reg/yin	Dv	깊다	114	to be awkward ; to be embarrassing ; to be embarrassed ; to feel awkward
멎다	ㅈ reg/yin	Avi	숨다	322	to stop, cease, die away
메다1	에 reg/yin	Avi	데다	178	to be choked, be stopped, blocked ; to get clogged
메다2	에 reg/yin	Avt	베다2	270	to carry (on the shoulders) ; to take charge of ; to shoulder ; to wear
메마르다	르 irreg/yin	Dv	다르다	166	to dry, be dried up ; to thirst for ; to be sterile
메스껍다	ㅂ irreg/yin	Dv	덥다	176	to be sickening, be nauseating ; to feel sick
메우다1	우 reg/yin	Avt	주다1	438	to fill up, plug up ; to supply, make up for ; to compensate, replace, make good
메이다	이 reg/yin	Avi	내리다1	144	to pull tight (net, drumskin, tires, etc.)
면하다1	여 irreg/yin	Avi	말하다	220	to be at the front of
면하다2	여 irreg/yin	Avt	하다2	488	to escape, be saved from
멸망하다	여 irreg/yin	Avi	말하다	220	to perish, die out, be destroyed

Korean verb	Conjugation type	verb sort	same type	page	English translations
imperative 하다	여 irreg/yin	Avt	하다2	488	to order, command, direct
모르다	르 irreg/yin	Avt	부르다2	278	to do not know ; to be unaware ; to be ignorant ; to do not understand, not be acquainted ; to be insensible ; to do not feel ; to do not remember
모방하다	여 irreg/yin	Avt	하다2	488	to imitate, copy, model after
모시다	이 reg/yin	Avt	가지다	70	to serve, wait/attend upon ; to invite, ask ; to have (a person) over ; to worship as
모으다	으 irreg/yin	Avt	따르다1	196	to gather, get together, collect ; to focus, concentrate ; to save, lay by, store, accumulate, amass ; to file up ; to attract
모이다	이 reg/yin	Avi	내리다1	144	to come together ; to crowd ; to meet, assemble ; to center on ; to focus on ; to be saved
모자라다	아 reg/yang	Avi	나가다	128	to be lack, not be/have enough, be insufficient ; to be dull, be half-witted
모질다	ㄹ irreg/yin	Dv	길다	112	to be ruthless, be cruel, be harsh ; to be patient, be persevering, be long-suffering
몰다1	ㄹ irreg/yang	Avt	팔다	472	to drive (a car, horse)
몰다2	ㄹ irreg/yang	Avt	팔다	472	to pursue, run after ; to hunt up ; to drive (into a corner) ; to charge (a person with a crime), accuse
몰라보다	오 reg/yang	Avt	보다	272	to fail to recognize
몰려들다	ㄹ irreg/yin	Avi	물다1	248	to be driven ; to come in groups
몰리다	이 reg/yin	Avi	내리다1	144	to be pressed, driven ; to be driven to a corner ; to be accused of, be charged with, be blamed for
몰아내다	애 reg/yin	Avt	매다1	222	to turn/get out, expel, evict
몰아치다	이 reg/yin	Avi	내리다1	144	to rush for ; to strom ; to drive/chase to
못나다	아 reg/yang	Dv	싸다1	336	to be ugly, be plain, be bad-looking ; to be foolish, be stupid, be silly, be dull
못마땅하다	여 irreg/yin	Dv	깨끗하다	118	to be disagreeable, be undesirable, be displeased, unacceptable to
못생기다	이 reg/yin	Dv	어리다1	368	to be ugly, be bad-looking
못지않다	ㄶ reg/yang	Dv	높다	150	to not be inferior (to), no less than
못하다1	여 irreg/yin	Dv	깨끗하다	118	can not ; to be inferior, to be worse than, to beblow ; not as good as ; to be impossible, fail ; to not be good
못하다2	여 irreg/yin	Aux	하다2	492	to be not
못하다3	여 irreg/yin	Aux	깨끗하다	118	can not (do), to be unable (to do sth), to be incapable ; to stop ; to be prevented from doing sth
무겁다	ㅂ irreg/yin	Dv	덥다	176	to be heavy, be weighty ; to be serious, be important ; to be severe, be serious
무너뜨리다	이 reg/yin	Avt	버리다1	266	to break down, destroy, demolish ; to pull down

Korean verb	Conjugation type	verb sort	same type	page	English translations
무너지다	이 reg/yin	Avi	다니다	164	to collapse, fall to pieces, to be destroyed
무덥다	ㅂ irreg/yin	Dv	덥다	76	to be humid, be hot and damp ; to be muggy ; to be sultry, be sweltering
무디다	이 reg/yin	Dv	어리다1	368	to be dull ; to be blunt ; to be slow ; to be slow –witted
무례하다	여 irreg/yin	Dv	깨끗하다	118	to be impolite, be rude, be discourteous
무르다1	르 irreg/yin	Dv	다르다	166	to be softened, get soft ; to become tender
무르다2	르 irreg/yin	Avt	부르다2	278	to cancel, return
무르익다	ㄱ reg/yin	Avi	숨다	322	to ripen, become ripe ; to mellow, mature, come to maturity
무릅쓰다	으 irreg/yin	Avt	쓰다2	348	to run a risk, to face, venture
무섭다	ㅂ irreg/yin	Dv	덥다	176	to be fearful, be deadful, be terrible ; to be frightened
무성하다	여 irreg/yin	Dv	깨끗하다	118	to be thick, be dense, be luxuriant, be exuberant
무시하다	여 irreg/yin	Avt	하다2	488	to disregard, ignore, discount, neglect
무찌르다	르 irreg/yin	Avt	부르다2	278	to kill off, mow down, wipe out, defeat, destroy
묵다1	ㄱ reg/yin	Avi	숨다	322	to become old, to be out of date ; to lie idle, remain unsold
묵다2	ㄱ reg/yin	Avi	숨다	322	to stay at, lodge at
묵히다	이 reg/yin	Avt	버리다1	266	to leave unused, let sth lie idle, keep (money) idle
묶다	ㄲ reg/yin	Avt	읽다	410	to bind, tie, fasten ; to chain ; to bundle
묶이다	이 reg/yin	Avi	내리다1	144	to be tied, be bound
문의하다	여 irreg/yin	Avt	하다2	488	to make inquiries (about), check, ask
묻다1	ㄷ reg/yin	Avi	묻다1	244	to stick(to), adhere(to) ; to be stained with ; to be stuck to
묻다2	ㄷ irreg/yin	Avt	듣다2	192	to inquire, ask, question ; to call sb to account ; to inquire of ; to charge of
묻다3	ㄷ reg/yin	Avt	믿다	252	to bury (in), inter, inhume
묻히다1	이 reg/yin	Avt	버리다1	266	to be buried in, be covered with
묻히다2	이 reg/yin	Avt	버리다1	266	to have sth stained/smeared/applied
물다1	ㄹ irreg/yin	Avt	물다1	248	to bite ; to hold in the mouth ; to gear with ; to get, obtain
물다2	ㄹ irreg/yin	Avt	물다1	248	to pay a fine/penalty, compensate sb for the loss of sth
물러가다	거라 irreg/yang	Avi	가다	64	to step back, retreat, recede ; to go backwards ; to draw back
물러나다	아 reg/yang	Avi	나가다	128	to retreat, recede, withdraw ; to move backwards ; to retire
물러서다	어 reg/yin	Avi	서다	312	to step down/back, to step aside ; to withdraw, retire, resign
물려받다	ㄷ reg/yang	Avt	찾다	460	to inherit, take over (a task) ; to succeed to, receive a gift

Korean verb	Conjugation type	verb sort	same type	page	English translations
물려주다	우 reg/yin	Avt	주다1	438	to hand down/over, transfer, leave ; to abdicate, devise
물리다1	이 reg/yin	Avi	내리다1	144	to get tired/sick of ; to put/take away ; to move back
물리다2	이 reg/yin	Avi	내리다1	144	to be bitten
물리다3	이 reg/yin	Avt	버리다	266	to put off, postpone
물리다4	이 reg/yin	Avt	버리다1	266	to make sb compensate, make sb pay for damage
물리치다	이 reg/yin	Avt	가지다	70	to refuse, reject ; to turn down ; to beat off ; to drive away
물어주다	우 reg/yin	Avt	주다1	438	to pay for, to compensate ; to make good, make up for
묽다	ㄺ reg/yin	Dv	깊다	114	to be watery, be washy (milk), be thin (coffee), be sloppy (food)
뭉치다	이 reg/yin	Avi	다니다	164	to coagulate ; to lump, mass ; to unify, band together
미끄러지다	이 reg/yin	Avi	내리다1	144	to slide, glide, slip ; to skid
미끄럽다	ㅂ irreg/yin	Dv	덥다	176	to be slippery
미끈하다	여 irreg/yin	Dv	깨끗하다	118	to be sleek, be slick, be smooth
미루다1	우 reg/yin	Avt	주다1	438	to lay/throw, shift
미루다2	우 reg/yin	Avt	주다1	438	to postpone, put off, defer
미안하다	여 irreg/yin	Dv	깨끗하다	118	to be sorry ; to be uneasy ; to be regret
미약하다	여 irreg/yin	Dv	깨끗하다	118	to be feeble, be weak, be faint
미워하다	여 irreg/yin	Avt	하다2	488	to hate, detest, abominate
미치다1	이 reg/yin	Avi	다니다	164	to be crazy, mad, insane ; to become insensed ; to be a fanatic
미치다2	이 reg/yin	Avi	다니다	164	to reach ; to extend over, range over ; to match, equal, come up with
민감하다	여 irreg/yin	Dv	깨끗하다	118	to be sensitive, be susceptible
민박하다	여 irreg/yin	Avi	말하다	220	to lodge in a private house
믿기다	이 reg/yin	Avi	내리다1	144	to be believed
믿다	ㄷ reg/yin	Avt	믿다	252	to believe, credit ; to trust ; to be sure of ; to have faith in
밀다1	ㄹ irreg/yin	Avt	물다1	248	to push, thrust ; to shave, plane (a board smooth)
밀다2	ㄹ irreg/yin	Avt	물다1	248	to recommend, support ; to back up
밀리다	이 reg/yin	Avi	내리다1	144	to be pushed, driven away ; to be left undone, be delayed/retarded, be accumulated
밀치다	이 reg/yin	Avt	가지다	70	to push, trust
밉다	ㅂ irreg/yin	Dv	덥다	176	to be hateful, be detestable, be abominable, be spiteful
바꾸다	우 reg/yin	Avt	주다1	438	to change, alter, shift, convert ; to exchange, trade barter ; to substitute, replace, transform ; to reform, reverse, renew

Korean verb	Conjugation type	verb sort	same type	page	English translations
바라다	아 reg/yang	Avt	사다	302	to hope/expect for, look forward to ; to desire, wish, want ; to beg, request, ask ; to prefer, choose
바라보다	오 reg/yang	Avt	보다	272	to look at, watch, see ; to look on, sit back and watch
바래다	애 reg/yin	Avi	새다2	310	to fade, lose color, discolor
바로잡다	ㅂ reg/yang	Avt	잡다	424	to correct, reform ; to straighten
바르다1	르 irreg/yin	Avt	부르다2	278	to apply oil/ointment, spread on ; to paint, plaster ; to rub in ; to plaster, stick, post
바르다2	르 irreg/yin	Dv	다르다	166	to be straight, be right, be erect ; to be honest, be true, be right ; to be sunny
바쁘다	으 irreg/yin	Dv	나쁘다	132	to be busy ; to be urgent, be immediate ; to be not free
바치다	이 reg/yin	Avt	가지다	70	to offer, give, present ; to sacrifice, devote ; to pay, supply
박다	ㄱ reg/yang	Avt	찾다	460	to strike/drive in, ram down (a stake) ; to sew with a machine ; to inlay, set
박이다	이 reg/yin	Avi	내리다1	144	to become callous, have a callus/corn ; to be deep-rooted rancor ; to put into print
박히다	이 reg/yin	Avi	내리다1	144	to be stuck ; to run into ; to be placed, be printed
반갑다	ㅂ irreg/yang	Dv	덥다	176	to be pleased, be glad ; to be joyful, be happy, be delightful ; to welcome
반기다	이 reg/yin	Avt	버리다1	266	to greet, welcome ; to be glad, pleasure
반대하다	여 irreg/yin	Avt	하다2	488	to oppose, object to, disagree with
반듯하다	여 irreg/yin	Dv	깨끗하다	118	to be straight, be upright, be erect ; to be neat, be tidy
반성하다	여 irreg/yin	Avt	하다2	488	to reflect upon, reconsider
반짝이다	이 reg/yin	Avi	내리다1	144	to glitter, shine, sparkle, gleam
반하다1	여 irreg/yin	Avi	말하다	220	to be opposed to, be contrary
반하다2	여 irreg/yin	Avi	말하다	220	to fall in love with
반항하다	여 irreg/yin	Avi	말하다	220	to oppose, resist, offer resistance ; to disobey, be insubordinate
받다1	ㄷreg/yang	Avt	찾다	460	to receive, take ; to accept ; to catch ; to charge ; to suffer ; to undergo
받다2	ㄷreg/yang	Avi	남다	138	to suit one's taste ; to agree with (a person)
받다3	ㄷreg/yang	Avt	찾다	460	to butt, gore, bump one's head against
받들다	ㄹ irreg/yin	Avt	물다1	248	to lift up, hold up ; to uphold, raise ; to support, sustain, assist ; to respect, honor, serve ; to worship, idolize
받아쓰다	으 irreg/yin	Avt	쓰다2	348	to write down, dictate
받치다	이 reg/yin	Avt	가지다	70	to support, uphold, prop/bolster up
받히다	이 reg/yin	Avi	내리다1	144	to be pushed, hit, to be run against

Korean verb	Conjugation type	verb sort	same type	page	English translations
발견하다	여 irreg/yin	Avt	하다2	488	to discover ; to find out
발달하다	여 irreg/yin	Avi	말하다	220	to develop, grow (up), progress, advance
발명하다	여 irreg/yin	Avt	하다2	488	to invent, devise, contrive
발전하다	여 irreg/yin	Avi	말하다	220	to develop, grow, expand, prosper
발표하다	여 irreg/yin	Avt	하다2	488	to announce ; to publish ; to present, express
밝다1	ㄺ reg/yang	Dv	높다	150	to be light, be bright ; to be cheerful, be sunny, be clean ; to be familiar/ acquainted with
밝다2	ㄺ reg/yang	Avi	남다	138	to dawn, begin
밝히다1	이 reg/yin	Avt	버리다1	266	to light up, brighten, illuminate
밝히다2	이 reg/yin	Avt	버리다1	266	to make (a matter) clear, clarify ; to make (a matter) public ; to sit/stay up all night
밟다	ㄼ reg/yang	Avt	찾다	460	to step on, tread upon ; to go through, take proceedings
밟히다	이 reg/yin	Avi	내리다1	144	to be stepped on ; be trampled on
방해하다	여 irreg/yin	Avt	하다2	488	to disturb, interrupt, interfere with, block
배고프다	으 irreg/yin	Dv	나쁘다	132	to be hungry
배다1	애 reg/yin	Avi	새다2	310	to soak, permeate, penetrate ; to be accustomed to
배다2	애 reg/yin	Avt	매다1	222	to conceive, get pregnant
배부르다	르 irreg/yin	Dv	다르다	166	to be full [satiated] (with food) ; to be paunchy ; to be big (with child)
배신하다	여 irreg/yin	Avti	하다2	488	to betray (a person's) confidence ; break faith with (one's friend)
배우다	우 reg/yin	Avt	주다1	438	to learn, take lessons, study, practice ; to be taught
배웅하다	여 irreg/yin	Avt	하다2	488	to see/send off
뱉다	ㅌ reg/yin	Avt	읽다	410	to spit, expectorate
버릇없다	ㅄ reg/yin	Dv	깊다	114	to be rude, be ill-mannered, be ill- behaved, be impolite, be churlish
버리다1	이 reg/yin	Avt	버리다1	266	to get rid of, throw away ; to abandon, desert ; to give up, sacrifice ; to spoil, ruin, soil
버리다2	이 reg/yin	Aux	버리다1	266	to finish, get through, completely
버티다1	이 reg/yin	Avt	버리다1	266	to bear up (well), endure, tolerate, persist
버티다2	이 reg/yin	Avt	버리다1	266	to oppose, not give in to, stand up to, hold one's ground ; to insist
번성하다	여 irreg/yin	Avi	말하다	220	to flourish, prosper
번영하다	여 irreg/yin	Avi	말하다	220	to prosper, thrive, flourish
번지다	이 reg/yin	Avi	다니다	164	to penetrate, blot ; to spread, prevail
번쩍거리다	이 reg/yin	Avi	내리다1	144	to glitter, glisten
번화하다	여 irreg/yin	Dv	깨끗하다	118	to be prosperous, be flourishing, be thriving (town), be bustling (street)

Korean verb	Conjugation type	verb sort	same type	page	English translations
벌다	ㄹ irreg/yin	Avt	물다1	248	to earn/make money
벌리다1	이 reg/yin	Avi	내리다1	144	to be profitable, to make a profit
벌리다2	이 reg/yin	Avt	버리다	266	to open wide, leave a space
벌어지다	이 reg/yin	Avi	내리다1	144	to crack apart, become wider
벌이다	이 reg/yin	Avt	버리다1	266	to begin, open, start ; to hold/give (a party) ; to arrange, display, spread
벌주다	우 reg/yin	Avi	주다1	438	to punish, penalize ; to bring (a person) to justice
벗기다	이 reg/yin	Avt	버리다1	266	to unclothe, undress, strip ; to peel, flay, skin, strip
벗다	ㅅ reg/yin	Avt	씻다	352	to undress, take/put off clothes ; to strip oneself of ; to remove ; to be freed from ; to get rid of ; to pay off
벗삼다	ㅁ reg/yang	Avt	찾다	460	to associate (with), make friends (with), become acquainted with sb
벗어나다	아 reg/yang	Avti	나가다	128	to escape, get away ; to get rid of ; to free oneself from
벗하다	여 irreg/yin	Avi	말하다	220	to become friends (with)
베끼다	이 reg/yin	Avt	버리다	266	to copy (sth written), to transcribe
베다1	에 reg/yin	Avt	베다2	270	to lay one's head on (a pillow)
베다2	에 reg/yin	Avt	베다2	270	to cut, slice, cut down, mow
베풀다	ㄹ irreg/yin	Avt	물다1	248	to give/have (party) ; to hold (a banquet) ; to give (money) to charity
벼르다	르 irreg/yin	Avt	부르다2	278	to plan, design, aim, have in mind
변하다	여 irreg/yin	Avi	말하다	220	to change, become different, turn into
보관하다	여 irreg/yin	Avt	하다2	488	to keep ; to take custody of ; to hold (money) on deposit
보급하다	여 irreg/yin	Avt	하다2	488	to spread ; to diffuse ; to propagate, extend, make popular
보내다	애 reg/yin	Avt	매다1	222	to send, mail, transmit ; to remit ; to see/send off ; to pass, lead (a lonely life)
보다1	오 reg/yang	Avt	보다	272	to see, look at ; to observe, view, inspect ; to read, subscribe ; to look after ; to go through
보다2	오 reg/yang	Aux	보다	272	to try, attempt ; to guess
보답하다	여 irreg/yin	Avi	말하다	220	to repay, return, requite, recompense
보살피다	이 reg/yin	Avt	버리다1	266	to take care of, look after (a person)
보아주다	우 reg/yin	Avt	주다1	438	to look/see after, take care of
보얗다	ㅎ irreg/yang	Dv	까맣다	116	to be milk-white, be pearly, be frosty, be cream -colored
보이다	이 reg/yin	Avi	내리다1	144	to be seen/visible, to be in-sight
보장하다	여 irreg/yin	Avt	하다2	488	to guarantee, secure, assure
보존하다	여 irreg/yin	Avt	하다2	488	to preserve, conserve, keep

Korean verb	Conjugation type	verb sort	same type	page	English translations
보채다	애 reg/yin	Avi	새다2	310	to grizzle ; to fret ; to be peevish ; to cry for (something), beg/whine for (things)
보태다	애 reg/yin	Avt	매다1	222	to add, sum up, make up, supply, help out
보호하다	여 irreg/yin	Avt	하다2	488	to protect, take care of, preserve, conserve
복습하다	여 irreg/yin	Avt	하다2	488	to review, go over
복원하다	여 irreg/yin	Avt	하다2	488	to demobilize, disband, deactivate
볶다	ㄲ reg/yang	Avt	찾다	460	to parch, roast ; to tease, pester, annoy
본받다	ㄷ reg/yang	Avt	찾다	460	to imitate, follow, copy, pattern after
봉하다	여 irreg/yin	Avt	하다2	488	to seal up (an envelope) ; to close, fasten ; to shut ; to close up (a hole)
뵙다	ㅂ irreg/yin	Avt	뵙다	274	to see, meet, look at [humble, i.e., first person reference only]
부끄럽다	ㅂ irreg/yin	Dv	덥다	176	to be ashamed
부드럽다	ㅂ irreg/yin	Dv	덥다	176	to be soft, be tender ; to be mellow ; to be subdue ; to be gentle, be mild, be smooth
부딪치다	이 reg/yin	Avi	다니다	164	to strike, hit ; to face, be confronted by
부딪히다	이 reg/yin	Avi	내리다1	144	to be run/crashed/bumped (against) ; to be collided with
부러워하다	여 irreg/yin	Avt	하다2	488	to envy, feel envious of
부러지다	이 reg/yin	Avi	다니다	164	to be broken, fractured
부럽다	ㅂ irreg/yin	Dv	덥다	176	to be enviable ; to eye sth enviously
부려먹다	ㄱ reg/yin	Avt	읽다	410	to work (a person) hard
부르다1	르 irreg/yin	Dv	다르다	166	to be full, be satisfied ; to be pregnant ; to be swollen/bulging
부르다2	르 irreg/yin	Avt	부르다2	278	to call ; to invite, ask ; to quote ; to name, term ; to sing, chant
부르짖다	ㅈ reg/yin	Avi	숨다	322	to cry out, shout, exclaim ; to advocate, clamor
부릅뜨다	으 irreg/yin	Avt	쓰다2	348	to make (one's eyes) glare, glare fiercely, goggle
부리다1	이 reg/yin	Avt	버리다1	266	to manage, tame ; to play, practice, exercise ; to do sth intentionally ; to work, operate, handle
부리다2	이 reg/yin	Avt	버리다1	266	to unload
부상하다	여 irreg/yin	Avti	하다2	488	to be broken, be destroyed, be cracked
부서지다	이 reg/yin	Avi	다니다	164	to be broken, be cracked, be smashed
부수다	우 reg/yin	Avt	주다1	438	to break, smash, destroy, demolish ; to win
부시다	이 reg/yin	Dv	어리다1	368	to be dazzleing, be glaring ; to be blinding (flash) ; to be radient
부인하다	여 irreg/yin	Avt	하다2	488	to deny, negate, disavow, disown
부임하다	여 irreg/yin	Avi	말하다	220	to start out for one's new post, proceed to one's post
부자연스럽다	ㅂ irreg/yin	Dv	덥다	176	to be unnatural, be against nature, be artificial
부족하다	여 irreg/yin	Dv	깨끗하다	118	to be lacking, be insufficient, be short, be wanting

Korean verb	Conjugation type	verb sort	same type	page	English translations
부지런하다	여 irreg/yin	Dv	깨끗하다	118	to be diligent, be industrious, be hard working
부추기다	이 reg/yin	Avt	버리다	266	to stir up, instigate, incite
부축하다	여 irreg/yin	Avt	하다2	488	to help (a person) by holding (his) arms, help, support
부치다1	이 reg/yin	Avi	다니다	164	to be beyond one's capacity
부치다2	이 reg/yin	Avt	가지다	70	to fan
부치다3	이 reg/yin	Avt	가지다	70	to send, forward, transmit
부치다4	이 reg/yin	Avt	가지다	70	to griddle, fry, cook in a greased pan
부탁하다	여 irreg/yin	Avt	하다2	488	to ask, beg, request, make (a person) a request
부패하다	여 irreg/yin	Avi	말하다	220	to rot, become rotten, putrefy, decompose
부풀다	ㄹ irreg/yin	Avi	물다1	248	to swell out ; get big ; to be buoyant, be lighthearted
부풀리다	이 reg/yin	Avt	버리다1	266	to make swell up, exaggerate ; to raise (bread)
분리하다	여 irreg/yin	Avti	하다2	488	to separate (from), secede, disjoin ; to isolate
분명하다	여 irreg/yin	Dv	깨끗하다	118	to be clear, be obvious, be evident, be plain
분주하다	여 irreg/yin	Dv	깨끗하다	118	to be busy
분하다	여 irreg/yin	Dv	깨끗하다	118	to be vexatious, be mortifying ; to be regretful, be sorry
붇다1	ㄷ irreg/yin	Avi	걷다1	74	to swell up, grow[become] sodden
붇다2	ㄷ irreg/yin	Avi	걷다1	74	to increase, gain, go up
불가능하다	여 irreg/yin	Dv	깨끗하다	118	to be impossible, be unable
불공평하다	여 irreg/yin	Dv	깨끗하다	118	to be unfair, be partial, be unjust
불다1	ㄹ irreg/yin	Avi	물다1	248	to blow (out)
불다2	ㄹ irreg/yin	Avt	물다1	248	to breathe out ; to play (the flute), sound (a trumpet) ; to confess
불리다1	이 reg/yin	Avi	내리다1	144	to be blown
불리다2	이 reg/yin	Avi	내리다1	144	to be called
불리다3	이 reg/yin	Avt	버리다1	266	to temper (iron) ; to winnow (wheat)
불리다4	이 reg/yin	Avt	버리다1	266	to fill one's stomach ; to enrich oneself, feather one's nest
불리다5	이 reg/yin	Avt	버리다1	266	to steep, soak, saturate, make sodden
불리하다	여 irreg/yin	Dv	깨끗하다	118	to be disadvantageous, be unfavorable
불쌍하다	여 irreg/yin	Dv	깨끗하다	118	to be poor, be pitiful, be sad, be pitiable
불안하다	여 irreg/yin	Dv	깨끗하다	118	to be uneasy, be ill at ease, be restless
불쾌하다	여 irreg/yin	Dv	깨끗하다	118	to be displeased, be ill-humored ; to be not well, be [feel] unwell, be indisposed
불타다	아 reg/yang	Avi	나가다	128	to burn, blaze, be in flames
불편하다	여 irreg/yin	Dv	깨끗하다	118	to be uncomfortable, be inconvenient, be incommodious
불평하다	여 irreg/yin	Avt	하다2	488	to complain, grumble, murmur

Korean verb	Conjugation type	verb sort	same type	page	English translations
불행하다	여 irreg/yin	Dv	깨끗하다	118	to be unhappy, be miserable, be wretched, be unfortunate, be unlucky
붉다	ㄺ reg/yin	Dv	깊다	114	to be red, be crimson, be scarlet
붉히다	이 reg/yin	Avt	버리다	266	to blush, get red-faced with anger
붐비다	이 reg/yin	Avi	내리다1	144	to be crowded, packed, overcrowded
붓다1	ㅅ irreg/yin	Avi	붓다1	282	to swell up (body part) ; to bloat (out) ; to become sullen ; to get sulky/cross ; to get angry
붓다2	ㅅ irreg/yin	Avt	잇다	416	to pour ; to sow ; to pay in
붕괴하다	여 irreg/yin	Avi	말하다	220	to fall down, break down, collapse
붙다	ㅌ reg/yin	Avi	숨다	322	to adhere, glue, stick to ; to keep close ; to join, attach oneself ; to succeed in (an examination)
붙들다	ㄹ irreg/yin	Avt	물다1	248	to arrest, capture, catch hold of, seize, take hold of, grasp
붙들리다	이 reg/yin	Avi	내리다1	144	to get arrested, be caught
붙이다	이 reg/yin	Avt	버리다1	266	to glue, stick on ; to add, attach ; to mate, couple
붙잡다	ㅂ reg/yang	Avt	찾다	460	to grab, catch hold of ; to arrest, capture ; to detain ; to help, give a hand
비교하다	여 irreg/yin	Avt	하다2	488	to compare ; to contrast
비기다	이 reg/yin	Avti	내리다1	144	to ene in a tie, come out even
비꼬다	오 reg/yang	Avt	보다	272	to twist, entwist, give a sarcastic remarks
비난하다	여 irreg/yin	Avt	하다2	488	to criticize unfavorably, blame ; to blast, cry out (at)
비다	이 reg/yin	Avi	내리다1	144	to be empty, be vacant, be hollow ; to be unoccupied
비리다	이 reg/yin	Dv	어리다1	368	to be fishy, be smelling of blood ; to be stingy, be miserly
비비다	이 reg/yin	Avt	버리다	266	to rub, scrub ; to mix (food)
비슷하다	여 irreg/yin	Dv	깨끗하다	118	to be similar, be alike, be like ; to be resemble
비싸다	아 reg/yang	Dv	싸다1	336	to be expansive, be dear, be costly, be high price
비우다	우 reg/yin	Avt	주다1	438	to empty out, vacate ; to evacuate(a house)
비웃다	ㅅ reg/yin	Avt	씻다	352	to laugh mockingly/scornfully, sneer at
비유하다	여 irreg/yin	Avt	하다2	488	to compare (to), liken (to), use a metaphor
비장하다	여 irreg/yin	Dv	깨끗하다	118	to be pathetic, be touching, be tragic ; to store in secrecy, be cherish
비추다	우 reg/yin	Avt	주다1	438	to shine on, flash ; to reflect, mirror
비치다	이 reg/yin	Avi	다니다	164	to shine, glimmer ; to be reflected, be mirrored ; to impress, appear to ; to show through
비키다	이 reg/yin	Avi	내리다1	144	to get out of the way, step/move aside (from), sidestep
비틀다	ㄹ irreg/yin	Avt	물다1	248	to twist, screw ; to wrench ; to wrest, distort

Korean verb	Conjugation type	verb sort	same type	page	English translations
비하다	여 irreg/yin	Avt	하다2	488	to compare (one thing) with (another)
빌다1	ㄹ irreg/yin	Avt	물다1	248	to borrow, have the loan of sth
빌다2	ㄹ irreg/yin	Avt	물다1	248	to pray, invoke ; to wish, beg
빌리다	이 reg/yin	Avt	버리다1	266	to borrow, get (the loan), rent
빗나가다	거라 irreg/yang	Avi	가다	64	to turn aside, miss the target, go astray, wander, fail, go wrong, deviate
빗다	ㅅ reg/yin	Avt	씻다	352	to comb
빚다	ㅈ reg/yin	Avt	읽다	410	to brew wine, shape dough ; to bring about, cause, evoke
빛나다	아 reg/yang	Avi	나가다	128	to shine, flash, twinkle, glimmer, glitter ; to be glorious ; to be outstanding, cut a figure (among)
빠뜨리다	이 reg/yin	Avt	버리다1	266	to let (a person/a thing) fall into ; to drop (something) in ; to sink ; to omit, miss ; to entrap, tempt
빠르다	르 irreg/yin	Dv	다르다	166	to be fast, be quick, be speedy ; to be early, be soon ; to be easy
빠지다1	이 reg/yin	Avi	다니다	164	to fall into, run into
빠지다2	이 reg/yin	Avi	다니다	164	to be left out, omitted
빠지다3	이 reg/yin	Avi	다니다	164	to be lean, thin ; to lose weight
빨갛다	ㅎ irreg/yang	Dv	까맣다	116	to be red, be crimson, be vermillion, be scarlet
빨다1	ㄹ irreg/yang	Avt	팔다	472	to suck up ; to draw at ; to absorb
빨다2	ㄹ irreg/yang	Avt	팔다	472	to wash, cleanse, launder
빨리다1	이 reg/yin	Avi	내리다1	144	to be sucked ; to be squeezed
빨리다2	이 reg/yin	Avt	버리다	266	to have sb cleansed
빻다	ㅎ reg/yang	Avt	놓다1	152	to grind down, pound/crush up
빼내다	애 reg/yin	Avt	매다1	222	to extract, pull [draw/pluck/take] out ; to select, pick out ; to set free
빼다1	애 reg/yin	Avt	매다1	222	to take/draw/pull out ; to deduct, subtract, extract ; to remove, exclude, omit ; to evade, shirk, excuse oneself ; to loose
빼다2	애 reg/yin	Avi	새다2	310	to assume airs, be prudish
빼돌리다	이 reg/yin	Avt	버리다1	266	to hide away, hoard secretly, keep secret, conceal
빼앗기다	이 reg/yin	Avt	버리다1	266	to have taken away, be deprived of
빼앗다	ㅅ reg/yang	Avt	빼앗다	300	to take sth by force ; to deduct, subtract, remove, extract, take/draw/pull out
빼어나다	아 reg/yang	Dv	나가다	128	to distinguish oneself, be outstanding, be prominent, be high above the rest
빽빽하다	여 irreg/yin	Dv	깨끗하다	118	to be dense, be thick, be close-packed ; to be stopped up, be blocked
뻔뻔하다	여 irreg/yin	Dv	깨끗하다	118	to be impudent, be cheeky
뻗다1	ㄷ reg/yin	Avi	묻다1	244	to spread ; to extend
뻗다2	ㄷ reg/yin	Avti	믿다	252	to stretch (out), hold out

Korean verb	Conjugation type	verb sort	same type	page	English translations
뻗치다	이 reg/yin	Avt	가지다	70	to stretch (out), hold out, extend (one's arm)
뽐내다	애 reg/yin	Avt	매다1	222	to be proud (of/that), take pride in
뽑다	ㅂ reg/yang	Avt	잡다	424	to pull[draw/pluck/take] out, extract ; to pick [single] out, select ; to elect
뾰족하다	여 irreg/yin	Dv	깨끗하다	118	to be pointed, be sharp, be peaked ; to be marvelous, be extraordinary
뿌리다	이 reg/yin	Avt	버리다1	266	to drizzle, rain in sprinkles, snow in flurries ; to sprinkle, scatter ; to spread, spray
뿌옇다	ㅎ irreg/yin	Dv	이렇다	398	to be foggy, be hazy, be misty ; to be milk-white, be cream-colored
뿜다	ㅁ reg/yin	Avt	읽다	410	to spout out, gush/shoot out ; to blow off ; to send out ; to emit ; to belch forth (fire)
삐다	이 reg/yin	Avt	가지다	70	to dislocate, sprain/wrench (one's ankles)
사과하다	여 irreg/yin	Avt	하다2	488	to apologize ; to ask/beg one's pardon ; to acknowledge one's fault
사귀다	위 reg/yin	Avt	쥐다	444	to make friends with, get acquainted with, keep company with
사납다	ㅂ irreg/yin	Dv	덥다	176	to be fierce, be rough, be rude, be wild ; to be unlucky
사냥하다	여 irreg/yin	Avti	하다2	488	to hunt, go hunting
사다	아 reg/yang	Avt	사다	302	to buy, purchase ; to incur, invite ; to recognize ; to appreciate, give (a person) credit for
사라지다	이 reg/yin	Avi	다니다	164	to disappear, die away, fade away, vanish, go out of sight
사랑하다	여 irreg/yin	Avt	하다2	488	to love, be fond of, be attached to, have a tender feeling for, give one's heart to
사랑스럽다	ㅂ irreg/yin	Dv	덥다	176	to be lovable, be lovely, be charming
사무치다	이 reg/yin	Avi	내리다1	144	to pierece, penetrate ; to touch the heart ; to strike (one) home
사양하다	여 irreg/yin	Avt	하다2	488	to decline (something) in favor of another, give way to (another), concession ; to refuse courteously ; to be reserved
사용하다	여 irreg/yin	Avt	하다2	488	to use, make use of ; to put (a thing) to private use
사정하다1	여 irreg/yin	Avi	말하다	220	to assess (taxes), make an assessment of
사정하다2	여 irreg/yin	Avt	하다2	488	to beg sb's consideration, entreat sb for/to do sth, plead for sb's help
사치스럽다	ㅂ irreg/yin	Dv	덥다	176	to be luxurious, be extravagant, be expensive
삭다	ㄱ reg/yang	Avi	남다	138	to wear thin, decay, get rotten ; to become sloopy ; to be digested ; to be alleviated ; to acquire [pick up/absorb/develop] a flavor
삭이다	이 reg/yin	Avt	버리다1	266	to digest (food) ; to resolve ; to mitigate/ appease/ alleviate one's anger
살다	ㄹ irreg/yang	Avi	살다	308	to live, dwell, reside, inhabit ; to subsist, be alive ; to be safe ; revive

Korean verb	Conjugation type	verb sort	same type	page	English translations
살리다	이 reg/yin	Avt	버리다1	266	to save sb's life ; to rescue, revive, bring /restore sb to life
살아가다	거라 irreg/yang	Avi	가다	64	to lead a life (of), live, get along, keep on living ; to earn one's livelihood [bread]
살찌다	이 reg/yin	Avi	다니다	164	to get/grow fat, gain/put on weight
살펴보다	오 reg/yang	Avt	보다	272	to examine, go through (papers), look thoroughly, observe ; to look around
살피다	이 reg/yin	Avt	버리다1	266	to look at, see ; to observe, examine ; to inspect ; to study ; to look around ; to pay attention to ; to take into consideration
삶다	ㄻ reg/yang	Avt	찾다	460	to boil, cook ; to coax, cajole ; to appease
삼가다	아 reg/yang	Avt	사다	302	to restrain oneself, abstain/refrain/keep from ; to hold back, be moderate in, careful about, cautious, prudent/discreet
삼다	ㅁ reg/yang	Avt	찾다	460	to determine to do ; to adapt (a thing) ; to have (sth for companions)
삼키다	이 reg/yin	Avt	버리다1	266	to swallow whole, choke down, gulp down ; to bear, suppress ; to misappropriate
상납하다	여 irreg/yin	Avt	하다2	488	to pay to the government [authorities] ; to offer a (regular) bribe (to)
상냥하다	여 irreg/yin	Dv	깨끗하다	118	to be gentle, be tender, be soft
상담하다	여 irreg/yin	Avti	하다2	488	to advise, consult ; to confer with ; to seek/ask one's advice, take counsel with
상상하다	여 irreg/yin	Avti	하다2	488	to imagine, fancy ; to suppose
상하다	여 irreg/yin	Avti	하다2	488	to damaged, hurt, injure, injured ; to spoiled ; to become worn out ; to be bruised ; to rot ; to turn sour
새기다1	이 reg/yin	Avt	버리다1	266	to carve, engrave, sculpt, inscribe ; to impress deeply
새기다2	이 reg/yin	Avt	버리다	266	to interpret, paraphrase, explain
새다1	애 reg/yin	Avi	새다2	310	to dawn ; to stay up all night
새다2	애 reg/yin	Avi	새다2	310	to leak out ; to shine through ; to be heard outside ; to get out ; to become known
새롭다	ㅂ irreg/yin	Dv	덥다	176	to be new, be novel ; to be fresh ; to be renewed, be renovated
새우다	우 reg/yin	Avt	주다1	438	to stay up all night
샘내다	애 reg/yin	Avt	매다1	222	to be envious, jealous
생각하다	여 irreg/yin	Avti	하다2	488	to think, consider ; to intend to, plan to ; to expect, hope ; to judge, imagine, suppose ; to consider ; to recall, remember ; to take a view
생기다	이 reg/yin	Avi	내리다1	144	to happen, occur, take place ; to come into being, form ; to obtain, get, come by ; to look, seem, appear
서늘하다	여 irreg/yin	Dv	깨끗하다	118	to be cool, be refreshing ; to be horrified, be frightened

Korean verb	Conjugation type	verb sort	same type	page	English translations
서다	어 reg/yin	Avi	서다	312	to stand (up), stand erect ; to stop, halt ; to run down ; to be built, established ; to be in good order ; to stand out (sharply) ; to make up one's mind
서두르다	르 irreg/yin	Avt	부르다2	278	to hurry up, be in a hurry
서럽다	ㅂ irreg/yin	Dv	덥다	176	to be sad, be sorrowful, be mournful, be doleful
서리다	이 reg/yin	Avi	내리다1	144	to steam/fog/cloud up ; to be covered (with soot) ; to feel the air
서운하다	여 irreg/yin	Dv	깨끗하다	118	to be sorry, be regrettable, be unsatisfied ; to be heartless, be indifferent, be unkind
서투르다	르 irreg/yin	Dv	다르다	166	to be unskilled, be clumsy, be inexperienced, be awkward
서툴다	ㄹ irreg/yin	Dv	길다	112	to be unskilled, be clumsy, be inexperienced, be awkward ; to be poor ; to be not flunt ; to be not familiar
섞다	ㄲ reg/yin	Avt	읽다	410	to mix, compound, mingle, blend
섞이다	이 reg/yin	Avi	내리다1	144	to be/get mixed/mingled/blended together
선물하다	여 irreg/yin	Avt	하다2	488	to present, give sb a present
선선하다	여 irreg/yin	Dv	깨끗하다	118	to be cool, be refreshing
선언하다	여 irreg/yin	Avt	하다2	488	to declare, make a declaration (of), proclaim, announce
선전하다1	여 irreg/yin	Avt	하다2	488	to advertize ; to propagate, publicize
선전하다2	여 irreg/yin	Avt	하다2	488	to fight well, make[put up] a good fight
선출하다	여 irreg/yin	Avt	하다2	488	to elect
선택하다	여 irreg/yin	Avt	하다2	488	to select, choose, pick out, make one's choice
선포하다	여 irreg/yin	Avt	하다2	488	to proclaim, make public
설계하다	여 irreg/yin	Avt	하다2	488	to plan, design, make architectural designs
설득하다	여 irreg/yin	Avt	하다2	484	to persuade
설레다	에 reg/yin	Avi	데다	178	to throb audibly ; to beat high (with the hope of)
설명하다	여 irreg/yin	Avt	하다2	488	to explain, account (for) ; to make clear
설치하다	여 irreg/yin	Avt	하다2	488	to equip (with), fit out (with), install ; to found, institute
섬기다	이 reg/yin	Avt	버리다1	266	to serve (one's master), render service to (one's country), work under (another)
섭섭하다	여 irreg/yin	Dv	깨끗하다	118	to be sad, be sorry, be heartbreaking, be regretful ; to be disappointed, be rueful
성가시다	이 reg/yin	Dv	어리다1	368	to troublesome, be annoying, harassing, bothersome
성공하다	여 irreg/yin	Avi	말하다	220	to suceed, be successful ; to make a hit
성장하다	여 irreg/yin	Avi	말하다	220	to grow (up)
세다1	에 reg/yin	Dv	세다1	316	to be strong, be powerful, be mighty, be vigorous ; to be violent, be hard, be severe ; to be unlucky, be ill-fated

Korean verb	Conjugation type	verb sort	same type	page	English translations
세다2	에 reg/yin	Avi	데다	178	to turn white/gray
세다3	에 reg/yin	Avt	베다2	270	to count, calculate, enumerate, number, reckon
세우다	우 reg/yin	Avt	주다1	438	to found, establish, build, stand, raise, set up ; to stop ; to lay down ; to form
셈하다	여 irreg/yin	Avt	하다2	488	to count, reckon, calculate ; to pay a bill
소란하다	여 irreg/yin	Dv	깨끗하다	118	to be noisy, be boisterous, be clamorous, be uproarious ; to be disturbing
소리치다	이 reg/yin	Avi	다니다	166	to shout, yell, scream
소중하다	여 irreg/yang	Dv	깨끗하다	118	to be precious, be important, be significant ; to be valuable, be dear,
속다	ㄱ reg/yin	Avi	숨다	322	to be cheated, deceived, fooled, defrauded ; to be imposed on, be taken in
속삭이다	이 reg/yin	Avi	내리다1	144	to whisper, mutter, murmur
속이다	이 reg/yin	Avt	버리다1	266	to deceive, trick, cheat, swindle
속하다	여 irreg/yang	Avi	말하다	220	to belong (to/in/among/with), come under
솎다	ㄲ reg/yang	Avt	찾다	460	to thin/cull out (plants)
손잡다	ㅂ reg/yin	Avi	숨다	322	to take (a person) by the hand, grasp anothers hand ; to make peace (with) ; to cooperate (with)
손질하다	여 irreg/yin	Avt	하다2	488	to repair, take care of, tend to ; to trim ; to reform
솔깃하다	여 irreg/yin	Dv	깨끗하다	118	to be welcome, be encouraging, be inviting
솔직하다	여 irreg/yin	Dv	깨끗하다	118	to be frank, be plain-spoken, be straight, be candid
솟다	ㅅ reg/yang	Avi	솟다	320	to rise, tower over, soar ; to gush out, spring forth
솟아나다	아 reg/yin	Avi	나가다	128	to gush/spring out, stream out/forth ; to flame/blaze up
수교하다	여 irreg/yin	Avi	말하다2	220	to form a friendly relationship ; to deliver, hand over (to)
수립하다	여 irreg/yin	Avt	하다2	488	to establish, found, set up
수습하다	여 irreg/yin	Avt	하다2	488	to control, get under control ; to save
수입하다	여 irreg/yin	Avt	하다2	488	to import, introduce
수줍다	ㅂ irreg/yin	Dv	덥다	176	to be shy, be bashful, be diffident
수출하다	여 irreg/yin	Avt	하다2	488	to export, ship abroad
수행하다	여 irreg/yin	Avt	하다2	488	to carry/put (a project) into excution ; to achieve (one's end) ; to accomplish (one's purpose)
숙이다	이 reg/yin	Avt	버리다	266	to band oneself forword ; to hang down one's head ; to bow/drop one's head
순교하다	여 irreg/yin	Avt	하다2	488	to martyrize oneself ; to die for one's belief/faith
순하다	여 irreg/yin	Avt	하다2	488	to be gentle, be mild, be meek ; to be obedient, be submissive ; to be tame

Korean verb	Conjugation type	verb sort	same type	page	English translations
숨기다	이 reg/yin	Avt	버리다1	266	to keep, hide, cover up, conceal (one's money), bury (one's mistake)
숨다	ㅁ irreg/yin	Avi	숨다	322	to hide, conceal oneself ; to live in seclusion ; to be hidden, be unknown, be unrecognized ; to seek refuge
숨돌리다	이 reg/yin	Avi	내리다1	144	to take/gather breath ; to recover one's breath ; to pause for breath
숨차다	아 reg/yin	Avi	나가다	128	to be short of breath, be short-winded
숱하다	여 irreg/yin	Dv	깨끗하다	118	to be plentiful, be abundant, be copious, be rich ; very many, numerous
쉬다1	위 reg/yin	Avi	쉬다3	324	to get hoarse
쉬다2	위 reg/yin	Avi	쥐다	444	to go bad ; to turn sour ; to spoiled (rice)
쉬다3	위 reg/yin	Avti	쥐다	444	to rest (up), stop (from work) ; to suspend (business) ; to pause, discontinue ; to stay/keep away (from work)
쉬다4	위 reg/yin	Avt	쥐다	444	to breathe, respire, draw breath
쉽다	ㅂ irreg/yin	Dv	덥다	176	to be easy, be plain, be simple ; to be apt/liable/prone/ready to, tend to
스미다	이 reg/yin	Avi	내리다1	144	to soak/sink in, penetrate into, permeate ; to sink/filter into ; to be impressed
스치다	이 reg/yin	Avi	다니다	164	to graze, go past by, scrape, brush past ; to skim along
슬기롭다	ㅂ irreg/yang	Dv	덥다	176	to be intelligent, be sagacious, be wise
슬다	ㄹ irreg/yin	Avi	물다1	248	to rust ; to get/become musty/moldy ; to lay (eggs), blow, spawn
슬퍼하다	여 irreg/yin	Avt	하다2	488	to feel sad, grieve (over), have a broken heart ; to deplore, lament, mourn (over/for)
슬프다	으 irreg/yin	Dv	슬프다	328	to be sad, be sorrowful ; to be unhappy, be doleful, be mournful, to be pathetic
습격하다	여 irreg/yin	Avt	하다2	488	to attack, assault, charge, raid
승리하다	여 irreg/yin	Avi	말하다	220	to win a victory, score a triumph
시꺼멓다	ㅎ irreg/yin	Dv	이렇다	398	to be jet-black, be coal-black ; to be wicked, be blackhearted, be malicious
시끄럽다	ㅂ irreg/yin	Dv	덥다	176	to be noisy, be loud ; to be much-talked of, be much discussed, vexed ; to be troublesome, be annpying
시달리다	이 reg/yin	Avi	내리다1	144	to suffer, be troubled (with), be worried (by), be annoyed
시도하다	여 irreg/yang	Avt	하다2	488	to try out, attempt, make plans to carry out
시들다	ㄹ irreg/yin	Avi	물다1	248	to wither, droop ; to fade (away)
시원찮다	ㄶ reg/yin	Dv	깊다	114	to be not good, be poor, be humble ; to be unsatisfactory ; to be little, be small
시원하다	여 irreg/yin	Dv	깨끗하다	118	to be cool ; to be refreshing, be invigorating

Korean verb	Conjugation type	verb sort	same type	page	English translations
시작하다	여 irreg/yin	Avt	하다2	488	to begin, start, open, commence ; to set about, enter into [upon]
시키다	이 reg/yin	Avt	버리다1	268	to force, make sb do sth
시퍼렇다	ㅎ irreg/yin	Dv	깊다	114	to be deep-blue, be deadly pale ; to be pallid
시행하다	여 irreg/yin	Avt	하다2	488	to carry out, conduct, enforce, put in force, put into operation
식다	ㄱ reg/yin	Avi	숨다	322	to cool off, get cold ; to abate, subside
식히다	이 irreg/yin	Avt	읽다	410	to let sth cool ; to make cold ; dampan (one's eagerness)
신경쓰다	으 irreg/yin	Avti	쓰다2	348	to care, be concerned about
신기다	이 reg/yin	Avt	버리다1	266	to put on shoes or socks
신기하다	여 irreg/yang	Dv	깨끗하다	118	to be marvelous, be miraculous ; to be wonderful
신나다	아 reg/yang	Avi	나가다	128	to be very glad/happy/pleased ; to be very interesting/entertaining, be highly exciting/amusing
신다	ㄴ reg/yin	Avt	읽다	410	to wear shoes or socks, wear
신비스럽다	ㅂ irreg/yin	Dv	덥다	176	to be mysterious, be mystic(al), be miraculous
신선하다	여 irreg/yin	Dv	깨끗하다	118	to be fresh, be new, be green
신청하다	여 irreg/yin	Avt	하다2	488	to apply (for a position), file an application
신호하다	여 irreg/yin	Avti	하다2	488	to signal, give/make a signal
싣다	ㄷ irreg/yin	Avt	읽다	410	to load, ship ; to carry (a story), record
실리다	이 reg/yin	Avi	내리다1	144	to be printed, be published, be recorded, be reported, be written ; to be loaded, be put on board
실망하다	여 irreg/yin	Avi	말하다	220	to be discouraged, be disappointed (at/in/of/with), lose one's heart, despair
실수하다	여 irreg/yin	Avi	말하다	220	to err, make a mistake, commit an error
실시하다	여 irreg/yin	Avt	하다2	488	to put into effect, put (a law) into force, enforce (a law)
실천하다	여 irreg/yin	Avt	하다2	488	to practice, put (a theory) into practice, execute
실패하다	여 irreg/yin	Avti	하다2	488	to fail, be unsuccessful
싫다	ㅀ reg/yin	Dv	깊다	114	to be disagreeable, be unpleasant ; to be hateful ;· to be unwilling to
싫어하다	여 irreg/yin	Avt	하다2	488	to dislike, have a dislike to [for], be unwilling (to do)
심각하다	여 irreg/yin	Dv	깨끗하다	118	to be serious, be grave, be keen, be acute, be poignant
심다	ㅁ reg/yin	Avt	읽다	410	to plant, sow ; to grow, raise ; to implant
심술궂다	ㅈ reg/yin	Dv	깊다	114	to be obstinate, be pig-headed, be ill-natured ; to be perverse, have a bad temper
심하다	여 irreg/yin	Dv	깨끗하다	118	to be serious, be extreme, be excessive ; to be severe, be violent, be hard

Korean verb	Conjugation type	verb sort	same type	page	English translations
싱겁다	ㅂ irreg/yin	Dv	덥다	176	to be slightly salted, not well salted ; to be tasteless ; to be waterly/light (liquor) ; to be mild/weak (cigarett)
싶다1	ㅍ reg/yin	Aux	깊다	114	to want/wish (to do) ; would/should like to (do) ; to be desirous to (do) ; to feel like (doing)
싫어하다	여 irreg/yin	Aux	말하다	220	to want to, desire to, be desirous of
싸다1	아 reg/yang	Dv	싸다1	336	to be cheap, be inexpensive
싸다2	아 reg/yang	Dv	싸다1	336	to be talkative, be garrolous, be glib-tongued ; to be fast
싸다3	아 reg/yang	Avt	사다	302	to wrap/pack up, cover with
싸다4	아 reg/yin	Avt	사다	302	to excrete (urine, feces), void, discharge, urinate, wet one's bed
싸매다	애 reg/yin	Avt	매다1	222	to wrap and tie up ; to tie/bind up
싸우다	우 reg/yin	Avt	주다1	438	to fight, argue, quarrel, wrangle ; to dispute ; to open hostilities ; to make war ; to engage in contest ; to struggle
쌀쌀하다	여 irreg/yin	Dv	깨끗하다	118	to be chilly, be rather cold ; to be cool ; to be cold hearted
쌓다1	ㅎ reg/yang	Avt	놓다1	152	to file up, stack ; to build ; to accumulate ; to store up
쌓다2	ㅎ reg/yang	Aux	놓다1	152	to repeat
쌓이다	이 reg/yin	Avi	내리다1	144	to be piled up ; to be stagnant ; to be pent up ; to be congested
썩다	ㄱ reg/yin	Avi	숨다	322	to spoil, go bad, rot, decay ; to gather dust ; to remain in obscurity ; to be worried ; to be corrupted
썩이다	이 reg/yin	Avt	버리다1	266	to let spoil, go bad ; to pester, bother, burden ; to keep sth idle ; to worry oneself about
썰다	ㄹ irreg/yin	Avt	물다1	248	to cut, slice, hack
쏘다	오 reg/yang	Avt	보다	272	to shoot (arrow), fire (a gun) ; to sting, bite ; to say spiteful things, blow (a person) up
쏘다니다	이 reg/yin	Avi	내리다1	144	to loiter, go around like a vagabond, wander about, run abour
쏘이다	이 reg/yin	Avi	내리다1	144	to be stung
쏟다	ㄷ reg/yang	Avt	찾다	460	to pour out, spill empty ; to concentrate (one's effort)
쏟아지다	이 reg/yin	Avi	다니다	164	to pour out, gush out ; to spout ; to get spilt
쐬다	외 reg/yin	Avt	쬐다	454	to expose (to the wind)
쑤다	우 reg/yin	Avt	주다1	438	to boil/prepare (rice gruel)
쑤시다1	이 reg/yin	Avi	다니다	164	to be painful, ache ; to feel sharp pains all over one's body
쑤시다2	이 reg/yin	Avt	가지다	70	to pick, poke, clean with a stick/ toothpick
쓰다1	으 irreg/yin	Dv	슬프다	328	to be bitter ; to be hard ; to feel unpleasant

Korean verb	Conjugation type	verb sort	same type	page	English translations
쓰다2	으 irreg/yin	Avt	쓰다2	348	to write, compose (an essay), pen (a story)
쓰다3	으 irreg/yin	Avt	쓰다2	348	to put on, wear (a mask) ; to hold up (an umbrella) ; to be covered with ; to be falsely charged
쓰다4	으 irreg/yin	Avt	쓰다2	348	to usc, put to use ; to engage, hire ; to adopt, apply ; to spend ; to exert, exercise
쓰다듬다	ㅁ reg/yin	Avt	읽다	410	to stroke, smooth down (hair), pat, caress
쓰라리다	이 reg/yin	Dv	어리다1	368	to be smart, be sore, be tingling
쓰러지다	이 reg/yin	Avi	다니다	164	to fall down, collapse ; to die, deteriorate ; to break down (from disease) ; to be ruined
쓰리다	이 reg/yin	Avi	내리다1	144	to be smart, be sore, be tingling
쓰이다1	이 reg/yin	Avi	내리다1	144	to be used ; to be employed ; to be spent ; to be consumed ; to be needed
쓰이다2	이 reg/yin	Avi	내리다1	144	to be written
쓸다	ㄹ irreg/yin	Avt	물다1	248	to sweep (out) ; to spread, prevail ; to sweep the gambling board
쓸데없다	ㅄ reg/yin	Dv	깊다	114	to be useless, be needless, be unnecessary
쓸리다	이 reg/yin	Avi	내리다1	144	to be swept out/away, be rubbed ; to be chafed, be grazed
쓸쓸하다	여 irreg/yin	Dv	깨끗하다	118	to be lonely, be alone, be lonesome, be solitary
씁쓸하다	여 irreg/yin	Dv	깨끗하다	118	to be slightly bitter, be (taste) bitter
씌우다	우 reg/yin	Avt	주다1	438	to cover (a thing) with ; to put (a thing) on ; to charge (a guilt on a person)
씩씩하다	여 irreg/yin	Dv	깨끗하다	118	to be valiant, be spirted
씹다	ㅂ reg/yin	Avt	접다	430	to chew ; to masticate ; to speak ill of ; to criticize ; to blame
씹히다	이 reg/yin	Avi	내리다1	144	to be chewed, be masticated
씻다	ㅅ reg/yin	Avt	씻다	352	to wash ; to cleanse, to bathe ; to rinse ; to wipe out
아깝다	ㅂ irreg/yin	Dv	덥다	176	to be regrettable, be pitiful ; to be precious, be valuable
아끼다	이 reg/yin	Avt	버리다1	266	to economize, save, be stingy ; to prize, value
아늑하다	여 irreg/yin	Dv	깨끗하다	118	to be snug, be cozy
아니다	이 reg/yin	Copular	아니다	354	to be not [identifying, defining] ; no
아름답다	ㅂ irreg/yin	Dv	덥다	176	to be beautiful, be pretty, be lovely, be fine, be handsome, be good-looking, be fair
아물다	ㄹ irreg/yin	Avi	물다1	248	to heal/close up
아쉽다	ㅂ irreg/yin	Dv	덥다	176	to miss sth, be lack, want for
아첨하다	여 irreg/yin	Avi	말하다	220	to flatter, adulate, fawn upon
아파하다	여 irreg/yin	Avi	말하다	220	to express/show pain
아프다	으 irreg/yin	Dv	나쁘다	132	to be painful, be ill, be sick, be grieved at ; to be distressed

Korean verb	Conjugation type	verb sort	same type	page	English translations
악하다	여 irreg/yin	Dv	깨끗하다	118	to be bad, be evil, be ill ; to be wrong ; to be immoral ; to be sinful, be wicked, be malicious
안기다1	이 reg/yin	Avi	내리다1	144	to be embraced, held in sb's arms
안기다2	이 reg/yin	Avt	내리다1	144	to make sb hold sb else in his arms ; to make responsible for
안다	ㄴ reg/yang	Avt	찾다	460	to embrace, hug ; to run against the wind ; to suffer, receivedamage ; to hold, bear ; to undertake
안전하다	여 irreg/yin	Dv	깨끗하다	118	to be safe, be secure, be free from danger
안치다	이 reg/yin	Avt	가지다	70	to get (rice) ready to cook
안타깝다	ㅂ irreg/yin	Dv	덥다	176	to be impatient, be irritated, be irritating ; to be tantalizing, be vexatious ; to be deplorable, be regrettable
앉다	ㄵ reg/yang	Avi	남다	138	to sit, take a seat ; to take one's post ; to perch ; to be covered ; to be located
앉히다	이 reg/yin	Avt	버리다1	266	to seat/sit sb, have sb sit down ; to place/install (a person in a position)
않다1	여 irreg/yang	Aux	하다2	488	to not do
않다2	여 irreg/yang	Aux	하다2	488	to not be
알다	ㄹ irreg/yang	Avt	팔다	472	to know, be aware of ; to understand, comprehend ; to guess ; to recognize, realize ; to find, see, notice ; to feel, to be conscious
알리다	이 reg/yin	Avt	버리다1	266	to inform, advise, notify, acquaint ; to report ; to let know
알맞다	ㅈ reg/yang	Dv	높다	150	to be appropriate, be fitting, be suitable, be adequate, be becoming, be behoving
알쏭달쏭하다	여 irreg/yin	Dv	깨끗하다	118	to be variegated, diversified ; to be equivocate ; to be vague
알아내다	애 reg/yin	Avt	매다1	222	to get (information) out of (a person), find out (the truth), discover, detect
알아듣다	ㄷ irreg/yin	Avt	듣다2	192	to understand, hear out, recognize, tell by hearing ; to get/catch the meaning of sb's words
알아맞히다	이 reg/yin	Avt	버리다1	266	to guess right, make a good guess
알아보다	오 reg/yang	Avt	보다	272	to investigate, examine into, survey
알아주다	우 reg/yin	Avt	주다1	438	to recognize, appreciate, acknowledge
알아차리다	이 reg/yin	Avt	버리다	266	to perceive, recognize, grasp, realize, know
알아채다	애 reg/yin	Avt	매다1	222	to become aware of ; to be conscious (of), scent
앓다	ㅀ reg/yang	Avt	찾다	460	to be sick, be il l ; to be afflicted, be troubled ; to suffer from
암살하다	여 irreg/yin	Avt	하다2	488	to assassinate
앞당기다	이 reg/yin	Avt	버리다1	266	to finish early, reschedule for an earlier date
앞서다	어 reg/yin	Avt	서다	312	to be in the lead, in advance
앞세우다	우 reg/yin	Avt	주다1	438	to let go ahead/in advance, let precede

Korean verb	Conjugation type	verb sort	same type	page	English translations
애달프다	으 irreg/yin	Dv	슬프다	328	to be sorrowful, be lamentable ; to be anguishing, be heartbreaking, be painful
애매하다	여 irreg/yin	Dv	깨끗하다	118	to be vague, be ambiguous ; to obscure ; to be dubious
애석하다	여 irreg/yin	Dv	깨끗하다	118	to be sad, be sorrowful, be pitiful ; to be regrettable
애쓰다	으 irreg/yin	Avi	뜨다2	204	to make an effort, try hard
애원하다	여 irreg/yin	Avt	하다2	488	to entreat (a person to do) ; to implore (pardon from a person)
애처롭다	ㅂ irreg/yang	Dv	덥다	176	to be pitiful, be touching ; to be pathetic, be sad
야단맞다	ㅈ reg/yang	Avi	남다	138	to be scolded[rebuked] (by)
야단치다	이 reg/yin	Avt	가지다	70	to scold, chide, rebuke
야무지다	이 reg/yin	Dv	어리다1	368	to be hard, be strong, be tough, be firm, be solid
약다	ㄱ reg/yang	Dv	높다	150	to be smartish, be shrewd, be clever, be smart ; to be sharp, be cunning ; to be tactful
약속하다	여 irreg/yin	Avt	하다2	488	to make an appointment [engagement] (with)
약탈하다	여 irreg/yin	Avt	하다2	488	to plunder, pillage, ravage, vandalize, sack, loot, despoil
약하다	여 irreg/yin	Dv	깨끗하다	118	to be weak, be feeble ; to be frail, be fragile ; to be light, be mild
얄밉다	ㅂ irreg/yin	Dv	덥다	176	to be hateful, be detestable
얇다	ㄼ reg/yang	Dv	높다	150	to be thin
얌전하다	여 irreg/yin	Dv	깨끗하다	118	to be gentle, be mild, be quit, be good, be obedient, be modest
양보하다	여 irreg/yin	Avt	하다2	488	to concede, make a concession, compromise, give way to
얕다	ㅌ reg/yang	Dv	깨끗하다	118	to be shallow, be superficial, be low
얕보다	오 reg/yang	Avt	보다	272	to have contempt for, look down on, think little of
어긋나다	아 reg/yang	Avi	나가다	128	to cross (each other), be out of joint, go crisscross, run counter, go against
어기다	이 reg/yin	Avt	버리다1	266	to act/go against, be contrary to ; to disobey ; to violate, infringe, break one's word
어둡다	ㅂ irreg/yin	Dv	덥다	176	to be dark, be dim, be gloomy ; to be ignorant, be not familiar with ; to be hard of hearing
어떻다	ㅎ irreg/yin	Dv	이렇다	398	to be a certain way ; to be how ; to be like what
어렵다	ㅂ irreg/yin	Dv	덥다	176	to be difficult, be hard ; to be troublesome, be awkward, be delicate ; to be poor, be indigent
어리다1	이 reg/yin	Dv	어리다1	368	to be very young, be infant, be juvenile
어리다2	이 reg/yin	Avi	내리다1	144	to have tears in one's eyes

Korean verb	Conjugation type	verb sort	same type	page	English translations
어리둥절하다	여 irreg/yin	Dv	깨끗하다	118	to be embarrassed, be perplexed, be puzzled, be confused
어리석다	ㄱ reg/yin	Dv	깊다	114	to be foolish, be stupid ; to be silly ; to lack intelligence
어색하다	여 irreg/yin	Dv	깨끗하다	118	to feel awkward/embarrassed ; to be at a loss for words
어수선하다	여 irreg/yin	Dv	깨끗하다	118	to be in disorder [disarray/confusion], be out of order ; to be troublous, be tumultuous
어슬렁거리다	이 reg/yin	Avi	내리다1	144	to stroll about, saunter along
어울리다	이 reg/yin	Avi	내리다1	144	to join, associate, mix ; to match, suit, be becoming, harmonize
어이없다	ㅄ reg/yin	Dv	깊다	114	to be absurd, be ridiculous, be amazing
어지럽다	ㅂ irreg/yin	Dv	덥다	176	to be dizzy, be giddy ; to be confused
어질다	ㄹ irreg/yin	Dv	길다	112	to be benignant, be good-natured, be benevolent, be merciful
억세다	에 reg/yin	Dv	세다1	316	to be tough, be hard, be stiff ; to be stout, sturdy, be stalwart ; to be strong
억울하다	여 irreg/yin	Dv	깨끗하다	118	to be mortified (by), be undeserved punishment
억제하다	여 irreg/yin	Avt	하다2	488	to restrain, control, repress, hold in check
언짢다	ㄶ reg/yang	Dv	높다	150	to be unpleasant, be disagreeable, be bad
얹다	ㄵ reg/yin	Avt	읽다	410	to set or place sth above sth else
얹히다1	이 reg/yin	Avi	내리다1	144	to sit/lie heavy on the stomach ; to be stranded, run ashore
얹히다2	이 reg/yin	Avt	버리다1	266	to be placed on
얻다	ㄷ reg/yin	Avt	믿다	252	to receive, get, obtain, acquire ; to secure ; to earn ; to win ; to take (a woman) in marriage
얻어먹다	ㄱ reg/yin	Avt	읽다	410	to beg one's bread, beg food
얼다	ㄹ irreg/yin	Avi	물다1	248	to freeze ; to be frozen ; to be cowed, be scared stiff ; to feel timid ; to get nervous ; to lost on's composure
얼리다	이 reg/yin	Avt	버리다1	266	to freeze, refrigerate
얽다1	ㄺ reg/yin	Avi	숨다	322	to be pitted (with smallpox), be/get pockmarked
얽다2	ㄺ reg/yin	Avt	읽다	410	to bind, tie, fasten ; to weave
얽매다	애 reg/yin	Avt	매다1	222	to tie, bind, fasten ; to restrict
얽매이다	이 reg/yin	Avi	내리다1	144	to be bound, be tied ; to be restricted /restrained
얽히다	이 reg/yin	Avi	내리다1	144	to get twisted (a)round, coil around
엄격하다	여 irreg/yin	Dv	깨끗하다	118	to be strict, be severe
엄청나다	아 reg/yang	Dv	싸다1	336	to be exorbitant, be preposterous, be extraordinary, be extravagant, be excessive
엄하다	여 irreg/yin	Dv	깨끗하다	118	to be severe, be strict, be stern

Korean verb	Conjugation type	verb sort	same type	page	English translations
업다	ㅂ reg/yin	Avt	접다	430	to carry on one's back
업신여기다	이 reg/yin	Avt	버리다1	266	to despise, look down on, hold (a person) in contempt for, ignore, slight
업히다	이 reg/yin	Avi	내리다1	144	to be carried on the back, be ride on sb's back, be carried piggy-back
없다	ㅄ reg/yin	Dv	깊다	114	to be not, not have, not exist ; to be gone/missing ; to be lack, be wanting
없애다	애 reg/yin	Avt	매다1	222	to remove, eliminate, get rid of ; to take sth away ; to waste, use up ; to abolish
없어지다	이 reg/yin	Avi	다니다	164	to be lost, be missing ; to disappear, vanish, come to an end ; to run short/out of, be exhausted/used up
엇갈리다	이 reg/yin	Avi	내리다1	144	to cross paths, miss each other on the way
엇걸다	ㄹ irreg/yin	Avt	물다1	248	to cross[intersect/cut] (each other)
엉기다	이 reg/yin	Avi	내리다1	144	to coagulate, curdle, congeal
엉뚱하다	여 irreg/yin	Dv	깨끗하다	118	to be unexpected, be strange ; to be fantastic, be irrelevant, be impertinent
엉큼하다	여 irreg/yin	Dv	깨끗하다	118	to be wily, be insidious, be treacherous
엎다	ㅍ reg/yin	Avt	읽다	410	to turn upside down
엎드리다	이 reg/yin	Avi	내리다1	144	to prostrate oneself before, bow down to, lie on one's face
엎지르다	르 irreg/yin	Avt	부르다2	278	to spill ; to slop
에워싸다	아 reg/yang	Avt	사다	302	to surround, crowd round ; to enclose, encircle
여기다	이 reg/yin	Avt	버리다1	266	to think, believe, regard ; to take for, consider
여물다1	ㄹ irreg/yin	Dv	길다	112	to be tight, be firm frugal
여물다2	ㄹ irreg/yin	Avi	물다1	248	to fill with the corn, grow[get/become] ripe, ripen, mature
여위다	위 reg/yin	Avi	내리다1	144	to become lean/thin/slim ; to lose (one's) weight
여쭈다	우 reg/yin	Avt	주다1	438	to ask (a person about something),
엮다	ㄲ reg/yin	Avt	읽다	410	to plait, weave, entwine, braid ; to compile ; to edit
엮이다	이 reg/yin	Avi	내리다1	144	to be woven, be composed
연결하다	여 irreg/yin	Avt	하다2	488	to connect, be linked, couple, attach, join, interlink
연구하다	여 irreg/yin	Avt	하다2	488	to study, research
연기하다1	여 irreg/yin	Avt	하다2	488	to act, perform [drama, etc.]
연기하다2	여 irreg/yin	Avt	하다2	488	to postpone, put off, defer, adjourn, extend deadline
연습하다	여 irreg/yin	Avt	하다2	488	to practice, drill, do exercises
연애하다	여 irreg/yin	Avi	말하다	220	to love, be/fall in love with
연하다	여 irreg/yin	Dv	깨끗하다	118	to be soft, be tender ; to be light (color), be mild (shade), be mellow (light)

Korean verb	Conjugation type	verb sort	same type	page	English translations
열거하다	여 irreg/yin	Avt	하다2	488	to enumerate, list, name one by one
열다1	ㄹ irreg/yin	Avi	물다1	248	to bear/produce (fruit)
열다2	ㄹ irreg/yin	Avt	물다1	248	to open, unfold, unlock ; to hold (a party, etc.), start/set up (a store) ; to clear (the way for) ; to make (way for sb) ; to start
열리다1	이 reg/yin	Avi	내리다1	144	to bear (fruit) ; to grow (on a tree)
열리다2	이 reg/yin	Avi	내리다1	144	to be opened ; to be held ; to begin, start
엷다	ㄼ reg/yin	Dv	깊다	114	to be thin ; to be light (color) ; to be pale ; to be faint
염려스럽다	ㅂ irreg/yin	Dv	덥다	176	to feel anxiety, be anxious[apprehensive/ concerned/ worried]
염려하다	여 irreg/yin	Avti	하다2	488	to feel anxiety, be anxious [apprehensive/ concerned/worried]
엿듣다	ㄷ irreg/yin	Avt	듣다2	192	to overhear, eavesdrop, listen secretively ; to tap (wires) ; to bug (telephone)
엿보다	오 reg/yang	Avt	보다	272	to steal a glace at, look furtively, spy upon, observe secretly ; to watch for a chance
영롱하다	여 irreg/yin	Dv	깨끗하다	118	to be brilliant, be clear and bright, be bright and translucent, be clear
영리하다	여 irreg/yin	Dv	깨끗하다	118	to be clever, be bright, be wise, be intelligent, be brainy ; to be smart
영원하다	여 irreg/yin	Dv	깨끗하다	118	to be eternal, be everlasting, be perpetual ; to be immoral, be permanent ; to be imperishable
예쁘다	으 irreg/yin	Dv	슬프다	328	to be pretty, be lovely, be comely, be beautiful ; to be nice, fine
예사롭다	ㅂ irreg/yin	Dv	덥다	176	to be common, commonplace, ordinary
예상하다	여 irreg/yin	Avti	하다2	488	to expect, forecast, anticipate, estimate, presume, suppose
예습하다	여 irreg/yin	Avt	하다2	488	to prepare one's lesson(s), do one's homework ; to prepare
예측하다	여 irreg/yin	Avti	하다2	488	to predict, estimate ; to presuppose, forecast, foretell
오가다	거라 irreg/yang	Avti	가다	64	to come and go
오다1	너라 irreg/yang	Avi	오다1	382	to come ; to arrive at ; to be due date ; to draw near ; to reach ; to come around
오다2	너라 irreg/yang	Aux	오다1	382	to gradually come, become, grow
오래다	애 reg/yin	Dv	날래다	136	to be long, be long-continued ; to be a long time
오르내리다	이 reg/yin	Avt	버리다1	266	to go up and down, ascend and desend ; to rise and fall
오르다	르 irreg/yin	Avi	흐르다	498	to go up, ascend ; to mount, step on ; to be gossiped about ; to be promoted ; to progress ; to rise ; to be recorded/registered ; to be talked ; to reach

Korean verb	Conjugation type	verb sort	same type	page	English translations
오묘하다	여 irreg/yin	Dv	깨끗하다	118	to be profound, be abstruse, be deep
오해하다	여 irreg/yin	Avt	하다2	488	to misunderstand, mistake, misapprehend
온순하다	여 irreg/yin	Dv	깨끗하다	118	to be gentle, be obedient
올라가다	거라 irreg/yang	Avi	가다	64	to go[walk] up, climb (up), rise, ascend
올라오다	너라 irreg/yang	Avi	오다1	382	to come up
올리다1	이 reg/yin	Avt	버리다1	266	to raise, lift (up), upraise, elevate ; to increase, raise ; to give, offer, present
올바르다	르 irreg/yin	Dv	다르다	166	to be right, be just, be proper ; to be rightful, be truthful ; to be correct, be exact, be accurate
옮기다	이 reg/yin	Avt	버리다1	266	to move/remove/shift ; to transfuse, pour in ; to divert, turn, direct ; to communicate ; to infect
옮다	ㄻ reg/yang	Avi	남다	138	to be infected, catch, take
옳다	ㅀ reg/yang	Dv	높다	150	to be just, be righteous ; to be right, be correct, be proper
완성하다	여 irreg/yin	Avti	하다2	488	to accomplish, finish, complete
왕래하다	여 irreg/yin	Avi	말하다	220	to come and go, visit each other, have intercourse
외롭다	ㅂ irreg/yin	Dv	덥다	176	to be lonely, be alone, be lonesome ; to be solitarily
외우다	우 reg/yin	Avt	주다1	438	to memorize, learn by heart, recite/say from memory
외출하다	여 irreg/yin	Avi	말하다	220	to go out, step out, be absent (from one's office, etc.)
외치다	이 reg/yin	Avt	가지다	70	to shout, utter to cry, exclaim ; to scream
요구하다	여 irreg/yin	Avti	하다2	488	to require, claim, demand, request
요리하다	여 irreg/yin	Avti	하다2	488	to cook, prepare food
요청하다	여 irreg/yin	Avt	하다2	488	to request, demand
욕하다	여 irreg/yin	Avti	하다2	488	to speak ill of, swear at ; to speak critically ; to shame, disgrace
용감하다	여 irreg/yin	Dv	깨끗하다	118	to be brave, be gallant ; to be heroic ; to be valiant ; to be courageous
용서하다	여 irreg/yin	Avti	하다2	488	to pardon, forgive, excuse ; to have mercy on
우거지다	이 reg/yin	Avi	다니다	164	to grow thick [dense/rampant]
우기다	이 reg/yin	Avt	버리다1	266	to inist on, persist in ; to maintain an opinion
우러나오다	너라 irreg/yang	Avi	오다1	382	to spring up, well up, soak out ; to come off
우러르다	러 irreg	Avi	이르다	166	to raise one's head, look up ; to respect
우렁차다	아 reg/yang	Dv	싸다1	336	to be sonorous, be rotund ; to be rich and full ; to be resounding
우세하다	여 irreg/yin	Dv	깨끗하다	118	to be superior, be predominant
우습다	ㅂ irreg/yin	Dv	덥다	176	to be laughable, be funny, be amusing, be comic ; to be ridiculous

Korean verb	Conjugation type	verb sort	same type	page	English translations
우울하다	여 irreg/yin	Dv	깨끗하다	118	to be depressed, be cheerless, be dejected ; to be gloomy, be blue
운동하다	여 irreg/yin	Avti	하다2	488	to exercise, practice sports
운반하다	여 irreg/yin	Avt	하다2	488	to carry, transport, convey
울다1	ㄹ irreg/yin	Avi	물다1	248	to cry, weep, shed tears, sob, wail, lament ; to sing, chrip, twitter ; to howl, roar ; to ring
울다2	ㄹ irreg/yin	Avi	물다1	248	to wrinkle
울리다	이 reg/yin	Avt	버리다1	266	to make sb cry, move sb to tears
움직이다	이 reg/yin	Avti	버리다1	266	to move, stir ; to work, operate, run ; to be moved, touched, influenced ; to vary, change
웃기다	이 reg/yin	Avt	버리다1	266	to make laugh, excite sb to laughter
웃다	ㅅ reg/yin	Avi	웃다	390	to laugh, smile, chuckle ; to giggle, titter ; to sneer at
웅장하다	여 irreg/yin	Dv	깨끗하다	118	to be grand, be magnificent, be majestic
웅크리다	이 reg/yin	Avt	버리다1	266	to crouch (down), huddle[curl] oneself up
원망하다	여 irreg/yin	Avt	하다2	488	to have [hold/bear] a grudge against, feel/show resentment at, blame, reproach
원통하다	여 irreg/yin	Dv	깨끗하다	118	to be vexatious, be vexing, be mortifying ; to be regrettable, be sorry
원하다	여 irreg/yin	Avt	하다2	488	to want ; to hope ; to expect ; to desire ; to request
위급하다	여 irreg/yin	Dv	깨끗하다	118	to be critical, be exigent, be imminent
위대하다	여 irreg/yin	Dv	깨끗하다	118	to be great, be grand, be mighty
위로하다	여 irreg/yin	Avti	하다2	488	to console, solace, comfort
위태롭다	ㅂ irreg/yin	Dv	덥다	176	to be dangerous, be hazardous, be perilous
위험하다	여 irreg/yin	Dv	깨끗하다	118	to be dangerous, be perilous, be risky
위협하다	여 irreg/yin	Avt	하다2	488	to intimidate, threaten, scare
유명하다	여 irreg/yin	Dv	깨끗하다	118	to be famous, be famed, be noted, be well-known, be distinguished
유용하다	여 irreg/yin	Dv	깨끗하다	118	to be useful (to/for), be helpful, be valuable
유지하다	여 irreg/yin	Avti	하다2	488	to maintain, keep, sustain
유쾌하다	여 irreg/yin	Dv	깨끗하다	118	to be pleasant, be enjoyable, be merry
유행하다	여 irreg/yin	Avi	말하다	220	to be in fashion [vogue] ; to become popular
유혹하다	여 irreg/yin	Avti	하다2	488	to tempt, lure, entice
으뜸가다	아 reg/yang	Dv	싸다1	336	to be at the head (of), stand [rank] first (among)
으르렁거리다	이 reg/yin	Avi	내리다1	144	to snarl, growl ; to quarrel, squabble, brawl
으스대다	애 reg/yin	Avi	새다2	310	to be proud/arrogant, be swagger (about)
은은하다	여 irreg/yin	Dv	깨끗하다	118	to be dim, be slight, be vague, be misty ; to faint, be distant
읊다	ㄺ reg/yin	Avt	읽다	410	to recite ; chant
응시하다1	여 irreg/yin	Avi	말하다	220	to apply for an examination, register for a test

Korean verb	Conjugation type	verb sort	same type	page	English translations
응시하다2	여 irreg/yin	Avt	하다2	488	to stare at, look hard at
응하다	여 irreg/yin	Avi	말하다	220	to answer, reply to ; to meet, obey ; to subscribe for, apply for ; to satisfy
의논하다	여 irreg/yin	Avt	하다2	488	to talk (with), consult, confer (with), discuss
의롭다	ㅂ irreg/yin	Dv	덥다	176	to be righteous, be just
의미하다	여 irreg/yin	Avt	하다2	488	to mean, signify, purport, imply
의심스럽다	ㅂ irreg/yin	Dv	덥다	176	to be doubtful, be dubious, be suspicious, be questionable
의심하다	여 irreg/yin	Avt	하다2	488	to doubt, mistrust, be suspicious of
의젓하다	여 irreg/yin	Dv	깨끗하다	118	to be dignified, be imposing, majestic
의존하다	여 irreg/yin	Avi	말하다	220	to depend on, rely on
의지하다	여 irreg/yin	Avt	하다2	488	to lean on, recline ; to depend/rely on
이기다1	이 reg/yin	Avt	버리다1	266	to win, conquer, beat, defeat ; to overcome, surmount, get over
이기다2	이 reg/yin	Avt	버리다1	266	to knead (dought), mash (potatoes)
이끌다	ㄹ irreg/yin	Avt	물다1	248	to lead, command, take along ; to guide ; to head (a party)
이끌리다	이 reg/yin	Avi	내리다1	144	to be led, be headed, be commanded
이다	이 reg/yin	Copular	이다	396	to be [identifying, defining]
이렇다	ㅎ irreg/yin	Dv	이렇다	398	to be like this, be this way, be as follows ; to be worth mentioning
이롭다	ㅂ irreg/yin	Dv	덥다	176	to be profitable, be advantageous, be favorable, be beneficial, be helpful, be instructive
이루다	우 reg/yin	Avt	주다1	438	to accomplish, achieve, attain ; to finish, complete, fulfill ; to perform, realize ; to form, make up, constitute
이루어지다	이 reg/yin	Avi	다니다	164	to be fulfilled, be completed, be realized
이르다1	르 irreg/yin	Dv	다르다	166	to be early ; to be premature
이르다2	러 irreg/yin	Avi	이르다2	404	to arrive, reach ; to attain (to) ; to end in, lead to ; to approach
이르다3	르 irreg/yin	Avt	부르다2	278	to say, tell, inform, report ; to advise
이바지하다	여 irreg/yin	Avti	하다2	488	to contribute
이상하다	여 irreg/yin	Dv	깨끗하다	118	to be strange, be unusual, be extraordinary, be abnormal ; to be suspicious
이식하다	여 irreg/yin	Avti	하다2	488	to transplant, replant ; to implant ; to graft
이야기하다	여 irreg/yin	Avti	하다2	488	to talk, speak, converse
이어받다	ㄷ reg/yang	Avt	찾다	460	to succeed to, accede to ; to take over
이어지다	이 reg/yin	Avi	다니다	164	to be [get] connected, be joined [linked] together
이용하다	여 irreg/yin	Avti	하다2	488	to make use of, utilize
이해하다	여 irreg/yin	Avti	하다2	488	to understand, apprehend, appreciate
이혼하다	여 irreg/yin	Avi	말하다	220	to divorce, be divorced from, have one's marriage annulled

Korean verb	Conjugation type	verb sort	same type	page	English translations
익다1	ㄱ reg/yin	Dv	깊다	114	to be used to, be skillful, be skilled, be experienced, be accustomed ; to be familiar with
익다2	ㄱ reg/yin	Avi	숨다	322	to ripen, mellow, mature ; to be boiled/ cooked, be done
익숙하다	여 irreg/yin	Dv	깨끗하다	118	to be familiar with, be accustomed to ; to be skilled at, be skillful, be experienced
익히다1	이 reg/yin	Avt	버리다1	266	to get used to ; to make sb familiar with
익히다2	이 reg/yin	Avt	버리다1	266	to make ripen ; to make boil/cook
인사하다	여 irreg/yin	Avi	말하다	220	to greet, salute, say hello ; to make a (polite) bow, pay one's respects
인접하다	여 irreg/yin	Avi	말하다	220	to be close by, adjoin
인정하다	여 irreg/yin	Avti	하다2	488	to admit, recognize, acknowledge ; to authorize
일깨우다	우 reg/yin	Avt	주다1	438	to awaken ; to enlighten
일다	ㄹ irreg/yin	Avi	물다1	248	to run high, rise, get up ; to grow violent, flourish
일렁거리다	이 reg/yin	Avi	내리다1	144	to sway, toss (on the waves), rock, pitch
일어나다	아 reg/yang	Avi	나가다	128	to get up, rise ; to occur, happen ; to stand up ; to originate in, arise/result from ; to be generated/ produced
일어서다	어 reg/yin	Avi	서다	312	to stand/get up ; to rise up, be up
일으키다	이 reg/yin	Avt	버리다1	266	to raise up, set up ; to commence, open, begi n ; to give rise to, cause, bring about ; to wake up, arouse
일컫다	ㄷ irreg/yin	Avt	듣다2	202	to call, name, designate
일하다	여 irreg/yin	Avi	말하다	220	to work, labor ; to serve (as)
읽다	ㄺ reg/yin	Avt	읽다	410	to read ; to peruse, know ; to become aware
읽히다1	이 reg/yin	Avt	가지다	70	to get (a person) to read ; to set (a person) to reading ; to have (a book) read (by a person)
읽히다2	이 reg/yin	Avi	내리다1	144	to be read
잃다	ㅀ reg/yin	Avt	읽다	410	to lose, miss ; to be deprived/bereft of
임명하다	여 irreg/yin	Avt	하다2	488	to appoint (a person to an office)
입다	ㅂ reg/yin	Avt	접다	430	to wear, dress, to put on clothes ; to get (a favor), receive ; to suffer
입학하다	여 irreg/yin	Avi	말하다	220	to enter (a) school
입히다	이 reg/yin	Avt	가지다	70	to be dress, clothe, put on ; to plate, coat, gild ; to cover ; to inflict (injury upon), cause (damage to)
잇다	ㅅ irreg/yin	Avt	잇다	416	to connect, link, join ; to succeed to ; to inherit ; to sustain, maintain, preserve ; to continue, follow ; to go on
있다1	ㅆ reg/yin	Dv	있다	418	to be ; to be exist ; to be located ; to stay ; to stop ; to remain ; to stand ; to have ; to be found ; to be located ; to be held ; to be open ; to have, possess, own ; to be, keep, remain ; to be doing sth

Korean verb	Conjugation type	verb sort	same type	page	English translations
있다2	ㅆ reg/yin	보조Dv	있다	418	to be
있다3	ㅆ reg/yin	Aux	있다	418	to be
잊다	ㅈ reg/yin	Avt	읽다	410	to forget ; to dismiss
잊히다	이 reg/yin	Avi	내리다1	144	to be forgotten
자다	아 reg/yang	Avi	나가다	128	to sleep, go bed ; to become calm ; to have sexual
자라다1	아 reg/yang	Avi	나가다	128	to be enough, be sufficient ; to be reach, come up to
자라다2	아 reg/yang	Avi	나가다	128	to grow up, be brought up
자랑스럽다	ㅂ irreg/yin	Dv	덥다	176	to be proud (of), be boastful
자랑하다	여 irreg/yin	Avt	하다2	488	to be proud of, boast [brag] of, make a boast of
자르다	르 irreg/yin	Avt	부르다2	278	to cut, chop, sever ; to refuse ; to declare, avow ; to dismiss, fire
자리잡다	ㅂ reg/yang	Avi	남다	138	to take a [one's] seat ; to be located ; to settle down
자빠지다	이 reg/yin	Avi	다니다	164	to fall on one's back
자시다	이 reg/yin	Avt	버리다1	266	to eat[honorific]
자연스럽다	ㅂ irreg/yin	Dv	덥다	176	to be natural
자유롭다	ㅂ irreg/yin	Dv	덥다	176	to be free, be liberal, unrestricted
작다	ㄱ reg/yang	Dv	높다	150	to be small, be tiny, be petty, be trifling ; to be trivial ; to be insignificient, be slight
작정하다	여 irreg/yin	Avti	하다2	488	to decide, determine, resolve, make up one's mind
잔잔하다	여 irreg/yin	Dv	깨끗하다	118	to be still, be quiet, be calm, be tranquil
잘다	ㄹ irreg/yang	Dv	팔다	472	to be small, be fine, be tiny ; to be petty, be narrow-minded
잘되다	외 reg/yin	Avi	되다2	184	to make a success in life [the world] ; to go well [right], work well ; to be done [made] well, be of fine make
잘못하다	여 irreg/yin	Avti	하다2	488	to make a mistake [an error], err, do wrongly [improperly/amiss], blunder
잠그다1	으 irreg/yin	Avt	따르다1	196	to lock (up), fasten (the lock of), close ; to turn off
잠그다2	으 irreg/yin	Avt	따르다1	196	to sink, soak, immerse ; to put under water
잠기다1	이 reg/yin	Avi	내리다1	144	to be locked/tied/fastened ; to be soaked, immersed
잠기다2	이 reg/yin	Avi	내리다1	144	to immerse, dip, submerge ; to put under water
잠들다	ㄹ irreg/yin	Avi	물다1	248	to fall asleep, go off to sleep ; to die, pass away
잠잠하다	여 irreg/yin	Dv	깨끗하다	118	to be silent, be (deathly) quiet, be still

Korean verb	Conjugation type	verb sort	same type	page	English translations
잡다	ㅂ reg/yang	Avt	잡다	424	to catch, seize, grasp, grab, take hold of ; to arrest, capture ; to fine (a fault) ; to kill off
잡수다	우 reg/yin	Avt	주다1	438	to eat, drink [honorific]
잡아가다	거라 irreg/yang	Avt	가다	64	to take [walk] by force (e.g., a suspect to a police station)
잡히다1	이 reg/yin	Avi	내리다1	144	to be arrested ; to be seized, be taken up ; to be caught, be captured ; to be found fault with ; to be pleated
잡히다2	이 reg/yin	Avt	버리다1	266	to make (a person) take/catch ; to give (a thing as security) ; to have (a weakness) discovered
잣다	ㅅ irreg/yang	Avt	잣다	424	to pump up ; to draw up ; to spin
장난하다	여 irreg/yin	Avi	말하다	220	to play a joke, do mischief, be mischievous, do a naughty thing
장식하다	여 irreg/yin	Avti	하다2	488	to decorate, ornament, deck out
장하다	여 irreg/yin	Dv	깨끗하다	118	to be proud, be glorious, be splendid, be magnificent
잦다	ㅈ reg/yang	Dv	높다	150	to be frequent, be repeated ; to be quick, be rapid
재다1	애 reg/yin	Avi	새다2	310	to put on airs, give oneself airs
재다2	애 reg/yin	Avt	매다1	222	to measure, gauge ; to guess, surmise
재미없다	ㅄ reg/yin	Dv	깊다	114	to be uninteresting, be dull, be unamusing
재미있다	ㅆ reg/yin	Dv	깊다	114	to be interesting, be amusing, be entertaining
재배하다	여 irreg/yin	Avt	하다2	488	to cultivate, grow, raise
재빠르다	르 irreg/yin	Dv	다르다	166	to be quick, be rapid, be fast ; to be fleet, be speedy
재우다	우 reg/yin	Avt	주다1	438	to put sb to sleep ; give lodging/food/ shelter to
재촉하다	여 irreg/yin	Avt	하다2	488	to press (a person for a thing), hurry up
재판하다	여 irreg/yin	Avti	하다2	488	to judge [try] a person [a case]
쟁쟁하다	여 irreg/yin	Dv	깨끗하다	118	to be clear, be sonorous ; to be prominent, be eminent, be outstanding
저렇다	ㅎ irreg/yin	Dv	이렇다	398	to be like this ; to be that way
저물다	ㄹ irreg/yin	Avi	물다1	248	to grow dark, become evening ; to come to an end
저장하다	여 irreg/yin	Avti	하다2	488	to store (up), lay by, preserve, conserve
저지르다	르 irreg/yin	Avt	부르다2	278	to commit (a fault), make a mistake, do a bad act
저축하다	여 irreg/yin	Avt	하다2	488	to save up, store up, lay by
적다1	ㄱ reg/yin	Dv	깊다	114	to be little, be few ; to be short of ; to be not sufficient
적다2	ㄱ reg/yin	Avt	읽다	410	to write down, record ; to sign
적당하다	여 irreg/yin	Dv	깨끗하다	118	to be suitable, be proper, be suited
적시다	이 reg/yin	Avt	가지다	70	to dampen, make wet, saturate ; to soak

Korean verb	Conjugation type	verb sort	same type	page	English translations
적용하다	여 irreg/yin	Avt	하다2	488	to apply (a rule) to (a case)
적합하다	여 irreg/yin	Dv	깨끗하다	118	to be fit, be suitable, be proper, be befitting, be adequate
전념하다	여 irreg/yin	Avi	말하다	220	to be devoted (to), devote oneself, concentrate on, attend to
전망하다	여 irreg/yin	Avti	하다2	488	to have a prospect, outlook, forecast
전파하다	여 irreg/yin	Avti	하다2	488	to spread, propagate, get abroad
전하다	여 irreg/yin	Avt	하다2	488	to convey, report, deliver ; to teach, impart, initate ; to hand down ; to transmit
전화하다	여 irreg/yin	Avi	말하다	220	to make a phone call, dial
절망하다	여 irreg/yin	Avi	말하다	220	to despair of (one's future), be driven to despair, give up (all) hope
절약하다	여 irreg/yin	Avti	하다2	488	to economize, spare, save
절이다	이 reg/yin	Avt	버리다1	266	to pickle/salt (vegetables) ; to salt down ; to corn (meat)
절하다	여 irreg/yin	Avi	말하다	220	to bow down
젊다	ㄻ reg/yin	Dv	깊다	114	to be young, be youthful, be juvenile
점잖다	ㄶ reg/yang	Dv	높다	150	to be dignified, be well-behaved, be gentle ; to be quiet, sober
점치다	이 reg/yin	Avt	가지다	70	to tell (a person's) fortune, divine ; to forecast
접근하다	여 irreg/yin	Avi	말하다	220	to approach, come close (to)
접다	ㅂ reg/yin	Avt	접다	430	to fold/double up ; to strike (a tent) ; to furl (a flag) ; to abandon, give up
접촉하다	여 irreg/yin	Avi	말하다	220	to contact, touch ; to make contact
접히다	이 reg/yin	Avi	내리다1	144	to be folded, be doubled up ; to be turned down
젓다	ㅅ irreg/yin	Avt	잇다	416	to row (a boat), work at (oars) ; to scull, paddle ; to stir up, churn ; to shake
정결하다	여 irreg/yin	Dv	깨끗하다	118	to be chaste and pure
정돈하다	여 irreg/yin	Avt	읽다	410	to arrange, put in order, tidy up ; to put/ set to rights
정리하다	여 irreg/yin	Avt	하다2	488	to arrange, put in order ; to regulate, consolidate
정비하다	여 irreg/yin	Avti	하다2	488	to set (a thing) in good condition/ working order ; to fully equip (a factory) with (machinery)
정성스럽다	ㅂ irreg/yin	Dv	덥다	176	to do with one's whole heart, be sincere, be heartfelt, be truehearted
정직하다	여 irreg/yin	Dv	깨끗하다	118	to be honest, be upright ; to be frank
정하다	여 irreg/yin	Avt	하다2	488	to fix up, decide, determine ; to settle, set ; to make up one's mind
정확하다	여 irreg/yin	Dv	깨끗하다	118	to be exact, be accurate, be correct, be precise
젖다	ㅈ reg/yin	Avi	숨다	322	to get wet, become damp/moist ; to be addicted, give oneself up to

Korean verb	Conjugation type	verb sort	same type	page	English translations
제공하다	여 irreg/yin	Avti	하다2	488	to offer, give, provide
제안하다	여 irreg/yin	Avt	하다2	488	to propose, suggest
제치다	이 reg/yin	Avt	가지다	70	to put/lay aside ; to leave sb out
조르다	르 irreg/yin	Avt	부르다2	278	to strangle, choke, tighten ; to press/ importune sb for sth ; to ask (a person) importunately
조리다	이 reg/yin	Avt	버리다	266	to boil down
조마조마하다	여 irreg/yin	Dv	깨끗하다	118	to be nervous, be feel uneasy, be kept in suspense, be kept fidgeting
조사하다	여 irreg/yin	Avti	하다2	488	to investigate, survey, examine
조심하다	여 irreg/yin	Avti	하다2	488	to take care (of), be careful [cautious]
조용하다	여 irreg/yin	Dv	깨끗하다	118	to be quiet, be tranquil, be peaceful, be silent, be still [of a place]
조직하다	여 irreg/yin	Avti	하다2	488	to organize, form ; to compose, constitute ; to incorporate
조화롭다	ㅂ irreg/yin	Dv	덥다	176	to be in harmony, be agreement, be symphony
존경하다	여 irreg/yin	Avt	하다2	488	to respect, esteem, reverate
존중하다	여 irreg/yin	Avti	하다2	488	to respect a person, hold sb in esteem
졸다1	ㄹ irreg/yang	Avi	살다	308	to get sleepy, doze, ; to nap (in one's seat) ; to drowse, snooze
졸다2	ㄹ irreg/yang	Avi	살다	308	to get boiled down, be boiled dry
졸리다	이 reg/yin	Avi	내리다1	144	to become sleepy
졸이다1	이 reg/yin	Avt	버리다1	266	to boil down, dry
졸이다2	이 reg/yin	Avt	버리다1	266	to worry (oneself), feel uneasy/nervous
좁다	ㅂ reg/yang	Dv	좁다	434	to be narrow, be small, be limited ; to be narrow minded ; to be small
좋다	ㅎ reg/yang	Dv	좋다	436	to be good, be nice, be fine ; to be bright, be clever ; to be well ; to be lucky ; to be proper, be suitable ; to be beneficial ; to be right ; to be better
좋아하다	여 irreg/yin	Avt	하다2	488	to like, love, be fond (of), have a liking for
죄다	외 reg/yin	Avt	쬐다	454	to fasten, tighten ; to strain
죄송하다	여 irreg/yin	Dv	깨끗하다	118	to be sorry for having done sth wrong, to apologize
주고받다	ㄷ reg/yang	Avt	닫다	168	to give and take reciprocally, exchange, interchange
주다1	우 reg/yin	Avt	주다1	438	to give, bestow ; to present ; to award, to confer, assign ; to provide, furnish, supply ; to do for
주다2	우 reg/yin	Aux	주다1	438	to do a service for sb
주무르다	르 irreg/yin	Avt	부르다2	278	to rub and press with the fingers ; to fumble with, tamper with ; to knead, massage ; to make a fool of

Korean verb	Conjugation type	verb sort	same type	page	English translations
주무시다	이 reg/yin	Avi	다니다	164	to sleep [honorific]
주문하다	여 irreg/yin	Avti	하다2	488	to order (goods or services)
주의하다	여 irreg/yin	Avti	하다2	488	to give attention, observe, take care of
주장하다	여 irreg/yin	Avti	하다2	488	to insist on, persist (in), assert ; to emphasize, stress
주저하다	여 irreg/yin	Avti	하다2	488	to hesitate ; to waver, have scruples/ compunctions about
죽다	ㄱ reg/yin	Avi	숨다	322	to die, pass away ; to lose one's life ; to be killed ; to be wither, perish ; to be discourged/ disheartened/disspirited ; to feel depressed
죽이다	이 reg/yin	Avt	버리다1	266	to kill, saly, murder
준비하다	여 irreg/yin	Avti	하다2	488	to prepare (for), ready, arrange ; to provide for
줄다	ㄹ irreg/yin	Avi	물다1	144	to decrease, diminish, decline, lessen, shrink, grow smaller
줄이다	이 reg/yin	Avt	버리다1	266	to make/cause to/have lessen, reduce, decrease, shorten, cut down ; to economize ; to contract
줍다	ㅂ irreg/yin	Avt	굽다2	100	to pick up, gather, collect, find sth on the ground
중대하다	여 irreg/yin	Dv	깨끗하다	118	to be important, be serious, be grave
중얼거리다	이 reg/yin	Avi	내리다1	144	to mutter, mumble, grumble
중요하다	여 irreg/yin	Dv	깨끗하다	118	to be important, be principal, be cardinal
쥐다	위 reg/yin	Avt	쥐다	444	to hold ; to grasp, clench, grip, clutch ; to seize
즐겁다	ㅂ irreg/yin	Dv	덥다	176	to be joyful, be merry, be happy, be delightful, be pleasant, be cheerful ; to be fun ; to be good
즐기다	이 reg/yin	Avt	버리다1	266	to take pleasure/delight in, enjoy/amuse oneself ; to like, love, be fond of
증가하다	여 irreg/yin	Avti	하다2	488	to increase, rise, grow
지겹다	ㅂ irreg/yin	Dv	덥다	176	to be disgusting, be nasty, be boring, be tedious
지극하다	여 irreg/yin	Dv	깨끗하다	118	to be extreme, be utmost, be exceeding
지나다	아 reg/yang	Avi	나가다	128	to pass through, pass by ; to go past ; to go on ; to exceed, go beyond ; to be over
지나치다1	이 reg/yin	Avi	다니다	164	to go too far ; to exceed, go beyond bounds ; to be excessive ; to ignore
지나치다2	이 reg/yin	Avt	가지다	70	to pass by, go past
지내다1	애 reg/yin	Avi	새다2	310	to live, get on
지내다2	애 reg/yin	Avt	매다1	222	to spend time ; to serve as ; to hold, observe
지니다	이 reg/yin	Avt	버리다1	266	to wear, carry, have, own, hold ; to entertain, retain, harbor
지다1	이 reg/yin	Avi	다니다	164	to sink, set, go down ; to fell ; to scatter ; to come out ; to be removed, be taken off
지다2	이 reg/yin	Avi	다니다	164	to be defeated ; to suffer a defeat ; to lose (a battle, game)

Korean verb	Conjugation type	verb sort	same type	page	English translations
지다3	이 reg/yin	Avt	가지다	70	to be shaded ; to become stained/blotted ; to be flooded
지다4	이 reg/yin	Avt	가지다	70	to bear (a heavy burden) ; to fall/run/get into (debt) ; to owe (a duty)
지다5	이 reg/yin	Aux	다니다	164	to become, be done [passive voice]
지루하다	여 irreg/yin	Dv	깨끗하다	118	to be bored, be tedious, be tiresome
지르다1	르 irreg/yin	Avt	부르다2	278	to shout, yell ; to bawl ; to give a loud cry
지르다2	르 irreg/yin	Avt	부르다2	278	to set fire to
지르다3	르 irreg/yin	Avt	부르다2	278	to beat, strike, hit ; to insert, put into ; to take a shorter way ; to cut off, clip ; to bet, stake, wager
지배하다	여 irreg/yin	Avti	하다2	488	to manage, control, govern, reign (over), dominate
지시하다	여 irreg/yin	Avi	말하다	220	to direct, indicate, instruct
지우다	우 reg/yin	Avt	주다1	438	to erase ; to rub out ; to wipe away/out ; to efface
지저귀다	위 reg/yin	Avi	쉬다3	324	to sing [birds], chirp, twitter, warble,
지저분하다	여 irreg/yin	Dv	깨끗하다	118	to be dirty, be filthy, be unclean ; be scattered about, be in disorder
지지다	이 reg/yin	Avt	가지다	70	to stew, cauterize, sear, brand
지지하다	여 irreg/yin	Avt	하다2	488	to support, back (up), give [render] support
지체하다	여 irreg/yin	Avi	말하다	220	to delay, defer, hold off, procrastinate
지치다	이 reg/yin	Avi	다니다	164	to be tired, worn-out, exhausted
지키다	이 reg/yin	Avt	버리다1	266	to protect, defend ; to keep, guard, look after ; to obey, observe (a custom)
지혜롭다	ㅂ irreg/yin	Dv	덥다	176	to be wise, be intellegent, be resourceful, be sagacious
지휘하다	여 irreg/yin	Avt	하다2	488	to command, lead, head ; to conduct
진격하다	여 irreg/yin	Avi	말하다	220	to charge (at/on), attack, advance
진압하다	여 irreg/yin	Avti	하다2	488	to suppress, repress, subjugate ; put down, quell down
진지하다	여 irreg/yin	Dv	깨끗하다	118	to be serious, be earnest, be sober
진하다	여 irreg/yin	Dv	깨끗하다	118	to be dark, be deep, saturated ; to be thick, be
진행하다	여 irreg/yin	Avti	하다2	488	to advance, progress, proceed, go on
질다	ㄹ irreg/yin	Dv	길다	112	to be soft,
질리다	이 reg/yin	Avi	내리다1	144	to be disgusted, be fed up ; to turn pale, be amazed/stunned
짊어지다	이 reg/yin	Avt	가지다	70	to take (a burden) on one's back, encumber [saddle/burden] oneself
짐작하다	여 irreg/yin	Avti	하다2	488	to guess, presume, conjecture, estimate
집다	ㅂ reg/yin	Avt	접다	430	to pick/take up sth with one's fingers

Korean verb	Conjugation type	verb sort	same type	page	English translations
집요하다	여 irreg/yin	Dv	깨끗하다	118	to be obstinate, be persistent, be stubborn
집중하다	여 irreg/yin	Avti	하다2	488	to concentrate (upon), converge (into/on), focus (on), center on
짓다	ㅅ irreg/yin	Avt	잇다	416	to make, manufacture ; to build, elect, construct ; to write, compose ; to make up ; to cultivate ; to commit ; to show
징그럽다	ㅂ irreg/yin	Dv	덥다	176	to be creepy, be crawly, disgusting
짖다	ㅈ reg/yin	Avi	숨다	322	to bark, bay, yelp/yap ; to howl ; to caw, croak
짙다	ㅌ reg/yin	Dv	깊다	114	to be dark, be deep, be rich ; to be dense, be thick, be gross ; to be heavy
짚다	ㅍ reg/yin	Avt	읽다	410	to rest (on), lean (on) ; to touch, feel ; to guess, have a shot (at)
짜다1	아 reg/yang	Dv	싸다1	336	to be salty, be briny ; to be stingy, be grudging ; to be strict, be severe
짜다2	아 reg/yang	Avt	사다	302	to put/piece/fit together, frame ; to form, organize, compose ; to weave ; to knit
짜다3	아 reg/yang	Avt	사다	302	to wring, squeeze ; to extract, press ; to extort
짜증나다	아 reg/yang	Avi	나가다	128	to fret, be vexed/irritated, show temper ; to be angry
짧다	ㄼ reg/yang	Dv	높다	150	to be short, be brief ; to be wanting, be lacking, be poor, be insufficient ; to be not enough
쩔쩔매다	애 reg/yin	Avi	새다2	310	to be nonplused, be perplexwd ; to be completely puzzled ; to feel embrassed
쪼개다	애 reg/yin	Avt	매다1	222	to divide, split, cleave, splinter
쪼그리다	이 reg/yin	Avt	버리다1	266	to crouch, squat, bend low ; to press, squeeze flat
쪼다	오 reg/yang	Avt	보다	272	to peck, pick at ; to chisel, carve
쪼들리다	이 reg/yin	Avi	내리다1	144	to be pinched`with poverty, be harassed with debts
쫓겨나다	아 reg/yang	Avi	나가다	128	to be expelled, turned-out, be kicked out ; to be dismissed, get fired
쫓기다	이 reg/yin	Avi	내리다1	144	to be driven away/out ; to be pursed/ chased ; to be run/taken after
쫓다1	ㅊ reg/yang	Avt	찾다	460	to follow, go after ; to pursue, chase, run after ; to obey
쫓다2	ㅊ reg/yang	Avt	찾다	460	to expel, turn/get/send out ; to discharge, dismiss
쫓아가다	거라 irreg/yang	Avti	가다	64	to pursue, chase away, run after
쬐다	외 reg/yin	Avti	쬐다	454	to warm oneself at a fire ; to sunbathe, shine on/over ; to expose sth to the sun
찌다1	이 reg/yin	Avi	다니다	164	to gain/put on weight, get/grow fat
찌다2	이 reg/yin	Avi	다니다	164	to feel the heat very much ; to become/ get hot
찌다3	이 reg/yin	Avt	다니다	164	to steam, heat with steam
찌르다	르 irreg/yin	Avt	부르다2	278	to thrust, pierce, prick, stab, poke ; to attack, assail, strike ; to be pungent ; to inform, report

Korean verb	Conjugation type	verb sort	same type	page	English translations
찌푸리다	이 reg/yin	Avt	버리다1	266	to grimace at, frown, scowl ; to knit one's brows ; to become cloudy ; to look dark
찍다1	ㄱ reg/yin	Avt	읽다	410	to print ; to stamp, seal ; to impress, put on, dip into, mark, dot
찍다2	ㄱ reg/yin	Avt	읽다	410	to cut down, chop (with an axe), hew, hack
찍히다1	이 reg/yin	Avi	내리다1	144	to be printed, stamped ; to be marked out ; to be spotted ; to be taken ; to come out
찍히다2	이 reg/yin	Avi	내리다1	144	to be cut down, chopped (with an axe) ; to be hewed, be hacked
찔리다	이 reg/yin	Avi	내리다1	144	to get (something) pierced
찡그리다	이 reg/yin	Avt	가지다	70	to distort/contort/twist (one's face)
찢기다	이 reg/yin	Avi	내리다1	144	to get torn/rent/ripped
찢다	ㅈ reg/yin	Avt	읽다	410	to tear, rend, rip, split
찧다	ㅎ reg/yin	Avt	찧다	456	to pound (rice), hull (rice), to husk ; to ram ; to gossip
차갑다	ㅂ irreg/yang	Dv	덥다	176	to be cold, chilly, icy ; to be cold-hearted, be ice-cold
차다1	아 reg/yang	Dv	싸다1	336	to be cold, be chilly [weather], be icy, be freezing
차다2	아 reg/yang	Avi	나가다	128	to fill up, become full of ; to be satisfied with ; to be content with ; to measure up to ; to full, wax
차다3	아 reg/yang	Avt	사다	302	to kick ; to reject, refuse, jilt (one's lover) ; to click (one's tongue)
차리다1	이 reg/yin	Avt	버리다1	266	to collect oneself, concentrate (one's mind) ; to put one's own intrests above everything else
차리다2	이 reg/yin	Avt	버리다1	266	to make/get ready ; to set up
차지하다	여 irreg/yin	Avt	하다2	488	to occupy, hold, have possess
착하다	여 irreg/yin	Dv	깨끗하다	118	to be good natured, be kindhearted, be nice
찬란하다	여 irreg/yin	Dv	깨끗하다	118	to be brilliant, be bright, be shining ; to be lustrous
찬성하다	여 irreg/yin	Avt	하다2	488	to agree ; to approve of ; to support
찬양하다	여 irreg/yin	Avt	하다2	488	to praise, admire, laud
참가하다	여 irreg/yin	Avi	말하다	220	to participate (in), take part (in) ; to enter, join
참견하다	여 irreg/yin	Avti	하다2	488	to meddle [interfere] in (another's affair) ; to participate (in)
참다	ㅁ reg/yang	Avt	찾다	460	to endure, bear, forbear ; to control, restrain ; to be patient
참석하다	여 irreg/yin	Avi	말하다	220	to attend, participate in, take part in ; to be present at
참하다	여 irreg/yin	Dv	깨끗하다	118	to be nice, be fair, be neat ; to be quiet and gentle
창피하다	여 irreg/yin	Dv	깨끗하다	118	to be shameful, be dishonorable, be disgraceful

Korean verb	Conjugation type	verb sort	same type	page	English translations
찾다	ㅈ reg/yang	Avt	찾다	460	to look for, search for ; to find out, discover ; to call on, visit ; to take back ; to refer to a dictionary
찾아가다	거라 irreg/yang	Avt	가다	64	to look for, go looking for ; to take sth along, take away
찾아오다	너라 irreg/yang	Avt	오다1	382	to look for, come looking for ; to take sth along/away
채다1	애 reg/yin	Avi	새다2	310	to get kicked
채다2	애 reg/yin	Avt	매다1	222	to snatch away, carry off ; to kidnap ; to seize, take forcefully
채다3	애 reg/yin	Avt	매다1	222	to sense ; to become aware ; to smell ; to send out
채용하다	여 irreg/yin	Avti	하다2	488	to employ
채우다1	우 reg/yin	Avt	주다1	438	to put/keep sth in cold water
채우다2	우 reg/yin	Avt	주다1	438	to fasten (a lock) ; to lock (a door)
채우다3	우 reg/yin	Avt	주다1	438	to make full, fill up ; to complete (a period) ; to satisfy, appease ; to gratify
챙기다	이 reg/yin	Avt	버리다1	266	to put/set sth in (good) order
처형하다	여 irreg/yin	Avt	하다2	454	to punish, execute
천연덕스럽다	ㅂ irreg/yin	Dv	덥다	176	to be looking like the truth, tell a clever lie ; to be cool, be calm
천연스럽다	ㅂ irreg/yin	Dv	덥다	176	to be natural, be unartificial ; to be looking like the truth, tell a clever lie ; to be cool, be calm
천하다	여 irreg/yin	Dv	깨끗하다	118	to be humble, be low ; to be vulgar, be base, be mean
철없다	ㅄ reg/yin	Dv	깊다	114	to have no sense, be lack discretion/ judgment, be thoughless
철저하다	여 irreg/yin	Dv	깨끗하다	118	to be through going, be exhaustive, be complete, be perfect
청렴하다	여 irreg/yin	Dv	깨끗하다	118	to be clean-handed, be upright
청소하다	여 irreg/yin	Avt	하다2	488	to clean (up/out), sweep ; to dust ; to scrub
쳐다보다	오 reg/yang	Avt	보다	272	to look up (at), look upword, lift (up)[raise] one's eyes
쳐들어오다	너라 irreg/yang	Avt	오다1	382	to invade, drive [penetrate] deep into (enemy territory)
초대하다	여 irreg/yin	Avti	하다2	488	to invite, ask, extend an invitation
초라하다	여 irreg/yin	Dv	깨끗하다	118	to be shabby, be poor looking
초조하다	여 irreg/yin	Dv	깨끗하다	118	to be nervous, be fretful, be impatient, be anxious
총명하다	여 irreg/yin	Dv	깨끗하다	118	to be clever, be intelligent, be bright
추격하다	여 irreg/yin	Avt	하다2	488	to pursue, chase
추다	우 reg/yin	Avt	주다1	438	to dance
추리다	이 reg/yin	Avt	버리다1	266	to select, choose from, pick out

Korean verb	Conjugation type	verb sort	same type	page	English translations
추스르다	르 irreg/yin	Avt	부르다2	278	to pick up and put in place ; to set (things) in order, manage
추측하다	여 irreg/yin	Avti	하다2	488	to suppose, guess
축이다	이 reg/yin	Avt	버리다1	266	to wet, moisten, dampen
축축하다	여 irreg/yin	Dv	깨끗하다	118	to be damp, be humid, be moist, be wet
축하하다	여 irreg/yin	Avt	하다2	488	to congratulate, celebrate, commemorate
출근하다	여 irreg/yin	Avi	말하다	220	to go to work
출발하다	여 irreg/yin	Avti	하다2	488	to start from, depart from, leave, set out
출세하다	여 irreg/yin	Avi	말하다	220	to succeed in life, rise [go up] in the world ; to win[get/obtain] promotion
춥다	ㅂ irreg/yin	Dv	덥다	176	to be cold, be chilly [weather]
충분하다	여 irreg/yin	Dv	깨끗하다	118	to be enough, be sufficient ; to be full, be plenty
취급하다	여 irreg/yin	Avti	하다2	488	to treat, deal with ; to handle, manipulate
취하다1	여 irreg/yin	Avt	하다2	488	to adopt, take, assume ; to prefer, choose, pick
취하다2	여 irreg/yin	Avt	하다2	488	to get drunk [intoxicated/tipsy]
치다1	이 reg/yin	Avi	다니다	164	to wave, roll (in waves) ; to rage ; to bluster
치다2	이 reg/yin	Avt	가지다	70	to run over
치다3	이 reg/yin	Avt	가지다	70	to hit, beat, strike ; to beat (a drum), ring (a bell) ; to strike (two) ; to drive (a nail) ; to cut, nip
치다4	이 reg/yin	Avt	가지다	70	to draw a line ; to write
치다5	이 reg/yin	Avt	가지다	70	to shout, cry/call out ; to paddle one's feet in water
치다6	이 reg/yin	Avt	가지다	70	to put (soy)
치닫다	ㄷ irreg/yang	Avi	깨닫다	122	to go[run]up, run uphill
치료하다	여 irreg/yin	Avti	하다2	488	to cure, treat (an illness)
치르다	으 irreg/yin	Avt	쓰다2	348	to pay off ; to undergo, go [pass] through
치우다1	우 reg/yin	Avt	주다1	438	to put[take] away, clear away[off], work off
치우다2	우 reg/yin	Avt	주다1	438	to finish, put an end to
치우치다	이 reg/yin	Avi	다니다	164	to lean (to/toward), incline (toward) ; to be partial (to)
친하다	여 irreg/yin	Dv	깨끗하다	118	to be close, be friendly ; to be intimate, be familiar
침몰하다	여 irreg/yin	Avi	말하다	220	to sink, go down, go to the bottom
침범하다	여 irreg/yin	Avt	하다2	488	to invade, intrude, raid
침울하다	여 irreg/yin	Dv	깨끗하다	118	to be melancholy, be dismal, be gloomy ; to be depressed, to be heavey-hearted
침입하다	여 irreg/yin	Avti	하다2	488	to invade, raid, enter (into)
침착하다	여 irreg/yin	Dv	깨끗하다	118	to be composed, be self-possessed, be calm, be cool

Korean verb	Conjugation type	verb sort	same type	page	English translations
칭얼거리다	이 reg/yin	Avi	내리다1	144	to fret, be peevish, be fussy
칭찬하다	여 irreg/yin	Avt	하다2	488	to praise, commend, admire ; to applaud
캄캄하다	여 irreg/yin	Dv	깨끗하다	118	to be pitch-dark ; to be gloomy, be dismal ; to be ignorant (of), be not familiar ; to be hopeless
캐다	애 reg/yin	Avt	매다1	222	to dig up, grub up ; to examine closely ; to pry into
커다랗다	ㅎ irreg/yang	Dv	까맣다	116	to be huge, be great, be gigantic
커지다	이 reg/yin	Avi	다니다	164	to grow larger, expand, be enlarged ; to increase in size
컨닝하다	여 irreg/yin	Avti	하다2	488	to cheat [on a test]
켜다1	여 reg/yin	Avt	켜다1	466	to turn on, switch on, light, illuminate
켜다2	여 reg/yin	Avt	켜다1	466	to saw (wood) ; to play (the violin)
켜다3	여 reg/yin	Avt	켜다1	466	to stretch oneself
쿵쾅거리다	이 reg/yin	Avi	내리다1	144	to make a din, raise a racket, romp about
크다1	으 irreg/yin	Dv	슬프다	328	to be large, be big, be great ; to be mighty, be powerful, be heavy ; to be huge
크다2	으 irreg/yin	Avi	뜨다2	204	to grow up ; to become taller, grow larger ; to increase in size
큼직하다	여 irreg/yin	Dv	깨끗하다	118	to be quite big, be good-sized, be fair -sized
키우다	우 reg/yin	Avt	주다1	438	to rear, bring up, raise, cultivate ; to foster, nurse ; to promote ; to bring up, raise, nurse ; to promote, support
타다1	아 reg/yang	Avi	나가다	128	to burn, blaze ; to be scorched/charred/ singed ; to dry up, be dried up
타다2	아 reg/yang	Avt	사다	302	to ride (in or on) ; to climb (a mountain, tree), walk up ; to be broadcast (by radio) ; to seize (an opportunity)
타다3	아 reg/yang	Avt	사다	302	to add, mix, put in
타다4	아 reg/yang	Avt	사다	302	to part (one's hair)
타다5	아 reg/yang	Avt	사다	302	to be sensitive to, be apt to feel ; to be tender
타오르다	르 irreg/yin	Avi	흐르다	498	to blaze[light] up, burn[go] up (in a flame), burst into flame(s)
타이르다	르 irreg/yin	Avt	부르다2	278	to admonish ; to counsel/advise ; to persuade
타협하다	여 irreg/yin	Avti	하다2	488	to compromise (with), come to terms (with), make[effect] a compromise
탄로나다	아 reg/yang	Avi	나가다	128	to get found out, be laid bare, be disclosed, be revealed
탄압하다	여 irreg/yin	Avt	하다2	488	to suppress, oppress, repress
탈진하다	여 irreg/yin	Avi	말하다	220	to be utterly exhausted, be tired to death
탈출하다	여 irreg/yin	Avti	하다2	488	to escape from (prison), get out of, extricate oneself from
탐내다	애 reg/yin	Avt	매다1	222	to want, covet, desire, wish for ; to be greedy (after)

Korean verb	Conjugation type	verb sort	same type	page	English translations
탐닉하다	여 irreg/yin	Avti	말하다	220	to indulge in, be addicted to
탐스럽다	ㅂ irreg/yin	Dv	덥다	176	to be desirable, be appetizing, be attractive
태어나다	아 reg/yang	Avi	나가다	128	to be born, come into being existence, see the light
태연하다	여 irreg/yin	Dv	깨끗하다	118	to be calm, be cool, be unmoved
태우다1	우 reg/yin	Avt	주다1	438	to burn, fire ; to scorch, singe ; to cremate ; to burn (one's soul)
태우다2	우 reg/yin	Avt	주다1	438	to carry, take in, give (a person) a ride ; to put in and out
택하다	여 irreg/yin	Avt	하다2	488	to prefer, choose, select, pick, take
터뜨리다	이 reg/yin	Avt	버리다1	266	to break sth ; to burst ; to tear, explode, detonate ; to tear
터무니없다	ㅄ reg/yin	Dv	깊다	114	to have no foundation, be extraordinary, be reckless
터지다	이 reg/yin	Avi	다니다	164	to break down, get broken, break split ; to explode, burst out
털다	ㄹ irreg/yin	Avt	물다1	248	to dust off, shake off ; to empty (one's purse) ; to rob (a bank)
털어놓다	ㅎ reg/yang	Avt	놓다1	152	to empty out, throw out ; to disclose, reveal ; to confide in
토론하다	여 irreg/yin	Avt	하다2	488	to debate, discuss
토하다	여 irreg/yin	Avt	하다2	488	to vomit, bring/fetch up, throw/cast up ; to puff out (smoke)
통곡하다	여 irreg/yin	Avi	말하다	220	to weep bitterly, lament,
통과하다	여 irreg/yin	Avti	하다2	488	to pass (through), go [get] through, be carried
통치하다	여 irreg/yin	Avti	하다2	488	to rule over, govern, administer, guide
통하다	여 irreg/yin	Avti	하다2	488	to communicate with ; to be opened to pass/run/go through ; to flow, transmit ; to vent (through a chimney) ; (the phone) be working
투과하다	여 irreg/yin	Avi	말하다	220	to penetrate, transmit
투덜거리다	이 reg/yin	Avi	내리다	144	to complain, grumble, mutter, murmur
투명하다	여 irreg/yin	Dv	깨끗하다	118	to be transparent, be limpid, be clear
튀기다1	이 reg/yin	Avt	버리다1	266	to fillip, snap, split ; to splash, dabble
튀기다2	이 reg/yin	Avt	버리다1	266	to fry, frizzle ; to pop
튀다	위 reg/yin	Avi	쉬다3	324	to bound, spring, bounce ; to snap, crack ; to splash, spatter, sputter ; to fly (away)
트다1	으 irreg/yin	Avi	뜨다2	204	to sprout, bud out, shoot ; to chap, to be cracked ; to break, dawn, turn gray
트다2	으 irreg/yin	Avt	뜨다2	204	to break sth open, cut, open ; to begin
특별하다	여 irreg/yin	Dv	깨끗하다	118	to be special, be particular, be extraordinary
특이하다	여 irreg/yin	Dv	깨끗하다	118	to be singular, be peculiar, be unique

Korean verb	Conjugation type	verb sort	same type	page	English translations
튼튼하다	여 irreg/yin	Dv	깨끗하다	118	to be well and strong ; to be strong, be solid, be stout, sturdy
틀다	ㄹ irreg/yin	Avt	물다	248	to turn, twist, wrench, wring ; to thwart, counteract ; to work against
틀리다1	이 reg/yin	Avi	내리다1	144	to be mistaken, be wrong, to be incorrect
틀리다2	이 reg/yin	Avi	내리다1	144	to get twisted/wrenched ; to be distorted, twisted
틀림없다	ㅄ reg/yin	Dv	깊다	114	to be exact, be correct, be sure ; to be reliable ; to be solid
파견하다	여 irreg/yin	Avti	하다2	488	to dispatch, send ; to detail (troops)
파고들다	ㄹ irreg/yin	Avti	물다1	248	to inquire into
파내다	애 reg/yin	Avt	매다1	222	to unearth, dig out/up, disinter, excavate
파다	아 reg/yang	Avt	사다	302	to dig, delve ; to carve in/on, engrave ; to make a search ; to study hard
파다하다	여 irreg/yin	Dv	깨끗하다	118	to be abundant, be numerous ; to be widely known
파랗다	ㅎ irreg/yang	Dv	까맣다	116	to be blue ; to be green ; to be pale
파렴치하다	여 irreg/yin	Dv	깨끗하다	118	to be shameless, be infamous, be disgraceful
파묻다1	ㄷ reg/yin	Avt	믿다	252	to bury (in), inter, inhume
파묻다2	ㄷ irreg/yin	Avt	듣다2	192	to question, be inquisitive, inquire throughly
판단하다	여 irreg/yin	Avti	하다2	488	to judge, conclude, decide ; to interpret ; to understand
판매하다	여 irreg/yin	Avti	하다2	488	to sell, deal in ; to handle
팔다	ㄹ irreg/yang	Avt	팔다	472	to sell, deal in (goods) ; to work for wages ; to betray ; to turn one's eyes ; to take advantage (one's name)
팔리다	이 reg/yin	Avi	내리다1	144	to be sold ; to be well-known
패다1	애 reg/yin	Avi	새다2	310	to come into (ears)
패다2	애 reg/yin	Avt	매다1	222	to beat, strike, thrash, assault ; to chop up, split (fire wood)
패하다	여 irreg/yin	Avi	말하다	220	to be defeated ; to lose (a game/a battle/the day)
퍼뜨리다	이 reg/yin	Avt	버리다1	266	to spread ; to diffuse ; to propagate, expand, become known
퍼붓다	ㅅ irreg/yin	Avt	잇다	416	to pour (water) on ; to dash (water) over ; to pour down, fall heavily ; to heap/ shower/rain (abuses) upon
퍼올리다	이 reg/yin	Avt	버리다1	266	to draw up, pump up, ladle out
퍼지다	이 reg/yin	Avi	다니다	164	to become wide, spread out, broaden ; to be circulated ; to prevail
펴내다	애 reg/yin	Avt	매다1	222	to publish, issue
펴다	여 reg/yin	Avt	건너다	72	to spread, lay out, open, unfold ; to stretch ; to uncoil, unroll ; to feel at easy

Korean verb	Conjugation type	verb sort	same type	page	English translations
편안하다	여 irreg/yin	Dv	깨끗하다	118	to be safe, be peaceful, be comfortable
편찬하다	여 irreg/yin	Avti	하다2	488	to compile (a dictionary), edit (an anthology)
편찮다	ㄶ reg/yang	Dv	높다	150	to be painful, be sore, be uncomfortable ; to be sick ; to be uneasy, be unwell
편하다	여 irreg/yin	Dv	깨끗하다	118	to be comfortable, be easy, be carefree
펼치다	이 reg/yin	Avt	가지다	70	to unfold (a package) ; to lay out (one's clothes) ; to unroll
폄하하다	여 irreg/yin	Avti	하다2	488	to speak ill [evil] of, disparage, despise
평범하다	여 irreg/yin	Dv	깨끗하다	118	to be ordinary, be common ; to be commonplace ; to be banal
평평하다	여 irreg/yin	Dv	깨끗하다	118	to be flat, be even, be level ; to be plain, be common, be ordinary
평하다	여 irreg/yin	Avti	하다2	488	to criticize, comment (on)
평화롭다	ㅂ irreg/yin	Dv	덥다	176	to be peaceful, be pacific
포개다	애 reg/yin	Avt	매다1	222	to put one upon [over] another ; to overlap ; to pile up, stack
포근하다	여 irreg/yin	Dv	깨끗하다	118	to be comfortably warm ; to be snug ; to be soft, be mild, be moderate
포기하다	여 irreg/yin	Avti	하다2	488	to abandon, give up, resign, relinquish
포위하다	여 irreg/yin	Avti	하다2	488	to surround, encircle, envelop
포장하다	여 irreg/yin	Avt	하다2	488	to pack up, package ; to wrap
포함하다	여 irreg/yin	Avti	하다2	488	to include, comprise, comprehend
폭로하다	여 irreg/yin	Avti	하다2	488	to disclose, expose, betray
폭발하다	여 irreg/yin	Avi	하다2	488	to explode, burst
폭행하다	여 irreg/yin	Avt	하다2	488	to violate, assault, attack ; to rape
표시하다	여 irreg/yin	Avti	하다2	488	to indicate, show, manifest, give expression to
표하다	여 irreg/yin	Avt	하다2	488	to mark (a thing)
표현하다	여 irreg/yin	Avti	하다2	488	to express, represent, manifest ; to utter
푸다	우 irreg/yin	Avt	푸다	476	to take out ; to dip ; to scoop up ; to pump
푸르다	러 irreg/yin	Dv	푸르다	478	to be blue ; to be green, be azure ; to be young, be youthful, be juvenile
풀다1	ㄹ irreg/yin	Avt	물다1	248	to untie, unbind ; to dissolive ; to dispel(doubts) ; to relax ; to under go ; to solve ; to release
풀다2	ㄹ irreg/yin	Avt	물다1	248	to blow (one's nose)
풀리다	이 reg/yin	Avi	내리다1	144	to come untied/undone, get loose ; to be frayed ; to be allayed ; to be solved/ resolved ; to work out ; to be released ; to be removed ; to circulate, pass current ; to dissolve ; to relax, remit ; to abate, moderate ; to be relived (of one's fatigue)
품다	ㅁ reg/yin	Avt	읽다	410	to embrace, hold in one's arms ; to entertain (hope/a doupt) ; to brood, sit (on eggs)

Korean verb	Conjugation type	verb sort	same type	page	English translations
풍기다	이 reg/yin	Avt	버리다	266	to scent ; to give out (an odor of) ; to smell of
피곤하다	여 irreg/yin	Dv	깨끗하다	118	to be tired, be weary, be fatigued, be exhausted
피다	이 reg/yin	Avi	내리다1	144	to bloom, flower ; to be out/open ; to begin to burn, get lively ; to become moldy ; to come out
피신하다	여 irreg/yin	Avi	말하다	220	to escape, flee
피우다	우 reg/yin	Avt	주다1	438	to make a fire ; to smoke (tobacco) ; to give off ; to raise (dust), to make (flower)
피하다	여 irreg/yin	Avt	하다2	488	to avoid, escape, evade ; to keep away from
필요하다	여 irreg/yin	Dv	깨끗하다	118	to be necessary, be needed, be needful
하다1	여 irreg/yin	보조Dv	깨끗하다	118	to be do
하다2	여 irreg/yin	Avt	하다2	488	to do, act, practice, perform, attempt, engage ; to have, eat, smoke ; to know ; to play ; to wear ; to call ; to fix
하다3	여 irreg/yin	Aux	하다2	488	to do
하얗다	ㅎ irreg/yang	Dv	까맣다	116	to be white, be snowy-white
하찮다	ㄶ reg/yang	Dv	높다	150	to be trivial, be insignificant ; to be worthless, be useless
한결같다	ㅌ reg/yang	Dv	높다	150	to be costant, be unchanging, be consistent
한심하다	여 irreg/yin	Dv	깨끗하다	118	to be pitiful, be pitiable, be sorry
한없다	ㅄ reg/yin	Dv	깊다	114	to be unlimited, be limitless
한탄하다	여 irreg/yin	Avt	하다2	488	to deplore, lament, regret, grieve
할퀴다	위 reg/yin	Avt	쥐다	444	to claw, scratch
핥다	ㄾ reg/yang	Avt	찾다	460	to lick, lap
합격하다	여 irreg/yin	Avi	말하다	220	to pass an examination ; to succeed in an examination
합의하다	여 irreg/yin	Avti	하다2	488	to come to an agreement ; to be agreed (on)
합치다	이 reg/yin	Avt	가지다	70	to combine, unite, together ; to merge
합하다	여 irreg/yin	Avi	말하다	220	to put/join together, combine, unite, amalgamate ; to merge ; to sum up, add up, total
항복하다	여 irreg/yin	Avi	말하다	220	to surrender (oneself) (to), capitulate (to the enemy) ; to submit
항의하다	여 irreg/yin	Avti	하다2	488	to protest, object
해결하다	여 irreg/yin	Avti	하다2	488	to solve, settle ; to effect
해롭다	ㅂ irreg/yin	Dv	덥다	176	to be harmful, be injurious, be bad
해방하다	여 irreg/yin	Avti	하다2	488	to release, disengage, free (a person) from (bondage, restraint, etc.), rescue
해치다	이 reg/yin	Avt	가지다	70	to injure, harm, hurt ; to spoil ; to damage
행동하다	여 irreg/yin	Avi	말하다	220	to act, behave
행복하다	여 irreg/yin	Dv	깨끗하다	118	to be happy, be blessed, be blissful
행하다	여 irreg/yin	Avt	하다2	488	to do, act, behave (oneself) ; to practice, carry out ; to give effect to

Korean verb	Conjugation type	verb sort	same type	page	English translations
향기롭다	ㅂ irreg/yin	Dv	깊다	114	to be sweet-smelling, be fragrant, be aromatic
향상되다	외 reg/yin	Avi	되다2	184	to be elevated, become higher, improve, advance, progress
향하다	여 irreg/yin	Avti	하다2	488	to face, look to, front (on), turn ; proceed (to), repair (to), go (to/toward)
허기지다	이 reg/yin	Avi	내리다1	144	to go hungry ; to be famished
허다하다	여 irreg/yin	Dv	깨끗하다	118	to be many, be numerous, be abundant, be common
허덕이다	이 reg/yin	Avi	내리다1	144	to suffer from ; to be distressed ; to struggle
허무하다	여 irreg/yin	Dv	깨끗하다	118	to be vain, be nonexistent, be null, be futile
허물다	ㄹ irreg/yin	Avt	물다	248	to pull/tear down, break up, demolish , destroy
허우적거리다	이 reg/yin	Avt	버리다	266	to struggle, flounder
허전하다	여 irreg/yin	Dv	깨끗하다	118	to feel empty, to miss something
허탕치다	이 reg/yin	Avi	다니다	164	to come to nothing, prove fruitless, make vain efforts
헐다1	ㄹ irreg/yin	Avi	물다1	248	to form a boil ; to be inflamed ; to become old, be worn out
헐다2	ㄹ irreg/yin	Avt	물다1	248	to break down, to demolish
험악하다	여 irreg/yin	Dv	깨끗하다	118	to be dangerous ; to be serious
험준하다	여 irreg/yin	Dv	깨끗하다	118	to be steep, be precipitous, be rugged
험하다	여 irreg/yin	Dv	깨끗하다	118	to be rough, be rude
헤매다	애 reg/yin	Avti	매다1	222	to wander/roam around ; to hover, stray about
헤아리다	이 reg/yin	Avt	버리다1	266	to consider, think over, estimate ; to calculate ; to deliberate ; to guess
헤어지다	이 reg/yin	Avi	다니다	164	to part from ; to scatter ; to be separate ; to break up
헤치다	이 reg/yin	Avt	가지다	70	to dig ; to overcome ; to make a way through
헤프다	으 irreg/yin	Dv	슬프다	328	to not stand long use ; to be wasteful, be prodigal ; to be loose in morals, be dissipated
헷갈리다	이 reg/yin	Avi	내리다1	144	to be confused, be mixed up
헹구다	우 reg/yin	Avt	주다1	438	to wash out, rinse
현명하다	여 irreg/yin	Dv	깨끗하다	118	to be wise, be intelligent
현혹하다	여 irreg/yin	Avti	하다2	488	to dazzle, daze ; to make dizzy/giddy
협력하다	여 irreg/yin	Avi	말하다	220	to cooperate (with), work together, collaborate (with)
협박하다	여 irreg/yin	Avt	하다2	488	to threaten, intimidate, menace, blackmail
형편없다	ㅄ reg/yin	Dv	깊다	114	to be terrible, be dreadful, be frightful ; to be awful, be bad ; to be absurd
호위하다	여 irreg/yin	Avt	하다2	488	to guard, escort ; convoy (a ship/supplies)
호응하다	여 irreg/yin	Avi	말하다	220	to hail to each other ; to act in concert

Korean verb	Conjugation type	verb sort	same type	page	English translations
혼나다	아 reg/yang	Avi	나가다	128	to suffer, have bitter experience
혼내다	애 reg/yin	Avt	매다1	222	to give sb a hard time, scold ; to treat sb cruelly
혼동하다	여 irreg/yin	Avti	하다2	488	to confuse [confound/mix up] one thing with another ; to mistake for
혼란스럽다	ㅂ irreg/yin	Dv	덥다	176	to be confused, be disordered, be disorderly, be chaotic
혼인하다	여 irreg/yin	Avi	말하다	220	to get married
홀리다	이 reg/yin	Avi	내리다1	144	to be possessed by ; to be tempted, seduced ; to be captivated/fascinated
화려하다	여 irreg/yin	Dv	깨끗하다	118	to be splendid, be magnificent, be gorgeous
화목하다	여 irreg/yin	Dv	깨끗하다	118	to be harmonious, be peaceful, be happy
화창하다	여 irreg/yin	Dv	깨끗하다	118	to be bright and clear ; to be splendid, be glorious
확실하다	여 irreg/yin	Dv	깨끗하다	118	to be certain, be sure (method), be secure, be positive
확인하다	여 irreg/yin	Avti	하다2	488	to confirm, certify ; to validate ; to identify ; to ascertain, make sure
환하다	여 irreg/yin	Dv	깨끗하다	118	to be bright, be light ; to be open, be clear ; to be evident (proof), be obvious, be patent ; to be familiar with
활약하다	여 irreg/yin	Avi	말하다	220	to be active (in), take [play] an active part (in), participate actively (in)
황홀하다	여 irreg/yin	Dv	깨끗하다	118	to be charmed, be enchanted, be enraptured
회복하다	여 irreg/yin	Avti	하다2	488	to get back, recover ; to regain ; to restore ; to retrieve
효도하다	여 irreg/yin	Avi	말하다	220	to be dutiful [obedient/devoted] to one's parents ; to be a good son[daughter]
후퇴하다	여 irreg/yin	Avi	말하다	220	to retreat, go[fall] back, back (away)
후회하다	여 irreg/yin	Avti	하다2	488	to repent (of), regret ; to be sorry for ; to be penitent for
훌륭하다	여 irreg/yin	Dv	깨끗하다	118	to be fine, be nice, be excellent
훌쩍거리다	이 reg/yin	Avi	내리다1	144	to sip[sup/suck] (up), slurp (up) ; to sniffle, snivel ; to snivel, sob, blubber
훑다	ㄾ reg/yin	Avt	읽다	410	to remove, scrub ; to hack, thrash, strip
훑어보다	오 reg/yang	Avt	보다	272	to look (a person) up and down ; to go over (the page)
훔치다1	이 reg/yin	Avt	가지다	70	to steal ; to pilfer, rob
훔치다2	이 reg/yin	Avt	가지다	70	to wipe off, mop
휘날리다	이 reg/yin	Avi	내리다1	144	to wave, flutter, flap, fly, float, stream
휘다1	위 reg/yin	Avi	쉬다3	324	to bend, curve, warp
휘다2	위 reg/yin	Avt	쥐다	444	to make bend, make curve, make warp
휘두르다	르 irreg/yin	Avt	부르다2	278	to swing, sway, wield, brandish, flourish, whirl around
휘젓다	ㅅ irreg/yin	Avt	잇다	416	to stir ; to beat up (cream) ; to swing (one's arm)

Korean verb	Conjugation type	verb sort	same type	page	English translations
휩싸다	아 reg/yang	Avt	사다	302	to wrap/lap in ; to protect ; to cover, shield
휩싸이다	이 reg/yin	Avi	내리다1	144	to be wrapped up, be bundled
휩쓸다	ㄹ irreg/yin	Avt	물다1	248	to weep away, clear off ; to overwhelm, sway
흉보다	오 reg/yang	Avt	보다	272	to find fault with, speak ill of, abuse, censure
흐느끼다	이 reg/yin	Avi	내리다1	144	to sob, blubber ; to whimper, whine ; to be choked with tears
흐르다	르 irreg/yin	Avi	숨다	322	to flow, stream, run, trickle ; to float, drift, wander ; to fall, spill ; to incline
흐리다1	이 reg/yin	Dv	어리다1	368	to be vague, be obscure, be indistinct ; to be hazzy, be misty, be muddy ; to be cloudy, be murky
흐리다2	이 reg/yin	Avt	버리다1	266	to make cloudy, muddy/turbid, murky ; to tarnish, blemish, disgrace, stain
흐뭇하다	여 irreg/yin	Dv	깨끗하다	118	to be satisfying, be gratified ; to be pleasing, be pleasant ; to be joyful, be delightful
흐트러지다	이 reg/yin	Avi	다니다	164	to disperse, be scattered ; to be disheveled
흔들다	ㄹ irreg/yin	Avt	물다1	248	to wave, shake, swing, rock, wag, oscillate
흔하다	여 irreg/yin	Dv	깨끗하다	118	to be abundant, be plentiful, be rich, be ample ; to be common
흘기다	이 reg/yin	Avt	버리다1	266	to give a sharp sidelong glance/glare
흘리다	이 reg/yin	Avt	버리다1	266	to shed, spill, slop ; to pour over ; to lose, drop
흡족하다	여 irreg/yin	Dv	깨끗하다	118	to be sufficient, be ample, be enough, be full
흥미있다	ㅆ reg/yin	Dv	깊다	114	to be interesting, be exciting
흥분하다	여 irreg/yin	Avi	말하다	220	to be excited, be stimulated, get hot ; to be hotheaded
흥정하다	여 irreg/yin	Avt	하다2	488	to buy and sell, make a deal (with), do business (with)
흩어지다	이 reg/yin	Avi	다니다	164	to be difficult, hard, toilsome, painful ; to be stiff/sticky
희다	의 reg/yin	Dv	희다	500	to be white, be gray
희망하다	여 irreg/yin	Avt	하다2	488	to hope (for), wish, aspire to, expect, be anxious for (peace)
희미하다	여 irreg/yin	Dv	깨끗하다	118	to be dim, be faint, be vague, be indistinct, be misty, be hazy
희생하다	여 irreg/yin	Avti	하다2	488	to sacrifice, victimize, make a sacrifice [scapegoat/victim] of (a person)
히죽거리다	이 reg/yin	Avi	내리다1	144	to give one sweet smile after another
힘겹다	ㅂ irreg/yin	Dv	덥다	176	to be beyond one's ability, be too much for one (to manage)
힘들다	ㄹ irreg/yin	Avi	물다1	248	to be hard, be difficult, be stiff ; to be painful
힘세다	에 reg/yin	Dv	세다1	316	to be strong, be powerful, be mighty
힘쓰다	으 irreg/yin	Avt	쓰다2	348	to exert oneself ; to help, aid ; to put forth one's strength

Bibliography

Alexander Arguelles & Jong Rok Kim(2004), *A Handbook of Korean Verbal Conjugation.* Dunwoody Press.

Cheol Eui Song(1993), "Pronunciation of Korean consonants", *Saegugeusaenghwal*, Vol.3 No.1, The National Institute of the Korean Language.

Hangeulhakhoe(1991), *Great Korean Dictionary*, Eumungak.

Ho Yeong Lee(1996), *Korean Phonetics*, Thaehaksa.

Hyeon Bae Choi(1937=1980), *Korean Grammar,* 8th edition, Jeongeumsa.

In Han Kwon(1993), "The rule of Standard Pronunciation and North Korean Pronunciation", *Saegugeusaenghwal* Vol.3 No.1, The National Institute of the Korean Language.

Institute of Social Science(1992), *Great North Korean Dictionary*, Social Science Press.

Jae il Kwon(1992), *Korean Syntax*, Minumsa.

Jeong Su Seo(1994), *Korean Grammar*, Ppurigipeunnamu.

Jin U Kim(1985), *Language : The theory and application*, Thap Press.

Ji Ryong Lim and Jong Rok Kim et al.(2005), *Korean School Grammar and Grammar Education*, Pagijong Press.

Jong Rok Kim(2005), "A Basic Study to develop a *Dictionary of Korean Verbal Conjugation for foreigners*", *Hangeul* Vol.270, Hangeulhakhoe.

Jong Rok Kim(2008), *Standard Korean Grammar for foreigners*, Pagijong Press.

Jong Rok Kim(2012), "Reflective Study of *Korean Verbal Conjugation Dictionary for foreigners*", *Hangeul* Vol. 295, Hangeulhakhoe.

Ju Won Kim(1993), *A Study of Korean Vowel harmony*, Yeungnam Univ. Press.

KBS(1993), *Great Korean Pronunciation Dictionary*, Eumungak.

Ki Sim Nam and Yeong Keun Ko(1993), *A study of Standard Korean Grammar*, Thap Press.

Min Su Kim et el(1991), *Great Korean Dictionary*, Geumseongsa Press.

MunKyobu(1988), *Rule Book of Korean Orthography*, Korea Textbook Press Inc.

Mun Kyu Lee(2004), *Contemporary Korean Phonology for Korean Language education*, Hankukmunhwasa.

Sang Tae Lee(1995), *A Syntecto-semantic study of Korean Connective endings*, Hyungseul Press.

Seok Choong Song(1988), *201 KOREAN VERBS*, Barron's Educational Series, Inc.

Seoul National Univ. Korean Language Education Research Institute(2002), *Korean Grammar for highschool students*, The Ministry of Education and Human Resources Development.

Seung Jae Lee(1993), "Pronunciation of Korean vowels", *New Korean Life*, Vol.3-1, The National Institute of the Korean Language.

The National Institute of the Korean Language(1999), *Standard Korean Dictionary*, Doosandonga Press, Inc.

The National Institute of the Korean Language(2005), *Korean Grammar for foreigners1*, Communications Books.

Ung Heo(1985), *Korean Phonology : Yesterday and today of Korean sound*, Saemmunwhasa.

Ung Heo(1995), *20th century Korean Morphology*, Saemmunwhasa.

Yonsei Univ. Institute of Language and Information Studies(1998), *Yunsei Korean Dictionary*, Doosandonga Press, Inc.